»Kurzweil viel
ohn' Maß und Ziel«

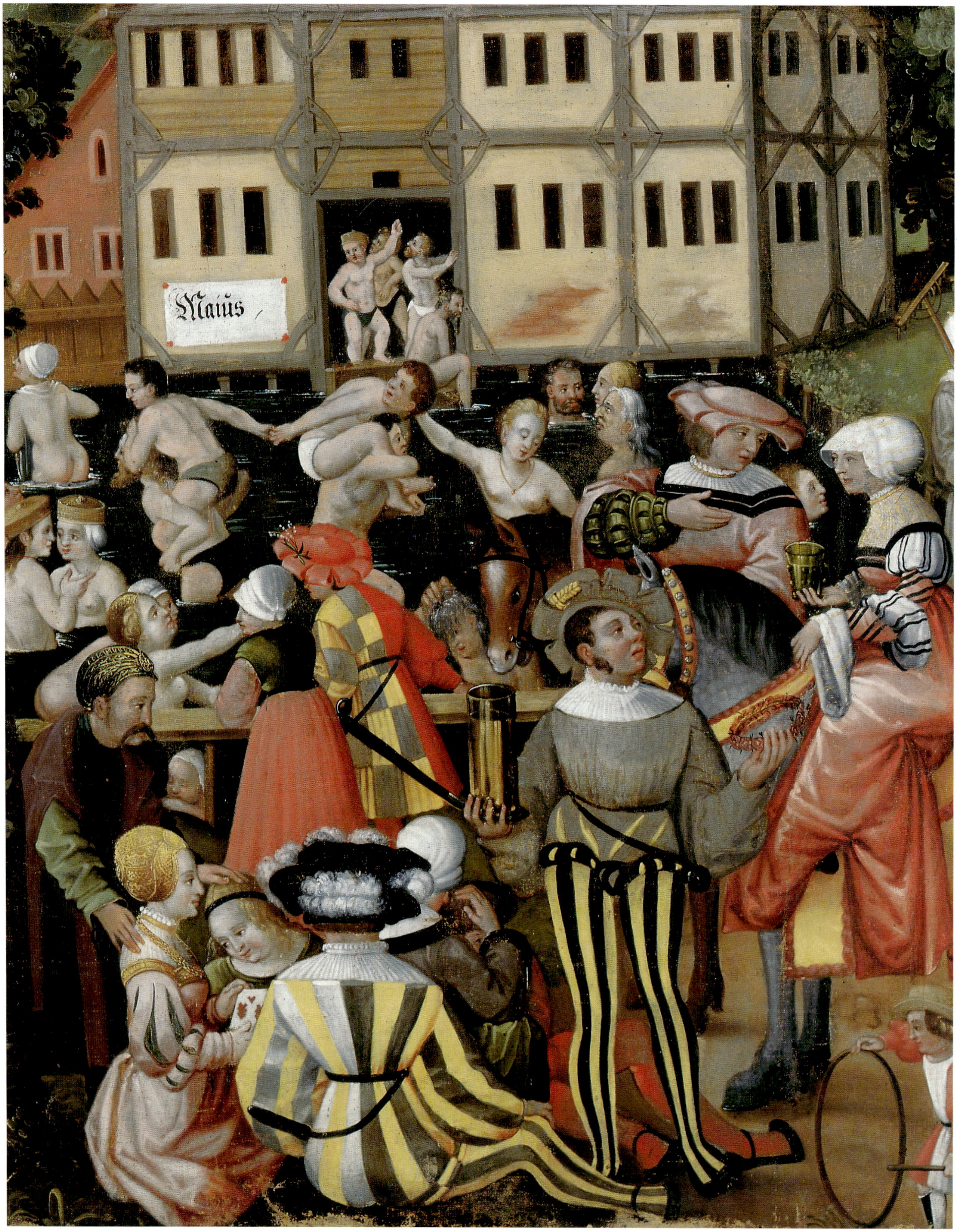
Maius

Heinz Schilling

»Ruhe im Sturm« – der historische Hintergrund der Augsburger Jahreszeiten-Bilder

Nicht viele Städte waren zu Beginn der Neuzeit in der Lage, Gemälde nach Art des Augsburger Jahreszeiten-Zyklus hervorzubringen. Denn das verlangte qualitative und quantitative Urbanität, politische Macht, sozioökonomische Differenziertheit und last not least einen leistungsfähigen »Kunstbetrieb«, wie ihn in Europa zu Beginn der Neuzeit nur eine Spitzengruppe von drei, vier Dutzend Städten ausgebildet hatte[1]. Dazu gehörten – sieht man einmal von Süditalien und Spanien als mediterraner Sonderzone ab – vor allem die mittel- und oberitalienischen und die südniederländischen Städte, angeführt von Florenz, Venedig, Mailand, Bologna und Rom bzw. Antwerpen, Gent, Brüssel und Brügge, des weiteren vier, fünf französische Städte, insbesondere Paris, Lyon und Rouen, sowie schließlich noch – als einzige so weit im Norden – London, dessen wirtschaftliche und kulturelle Kräfte allerdings noch weit weniger entfaltet waren als das die Einwohnerzahl von etwa 50.000 erwarten ließe. Im Reich galt das Umgekehrte:

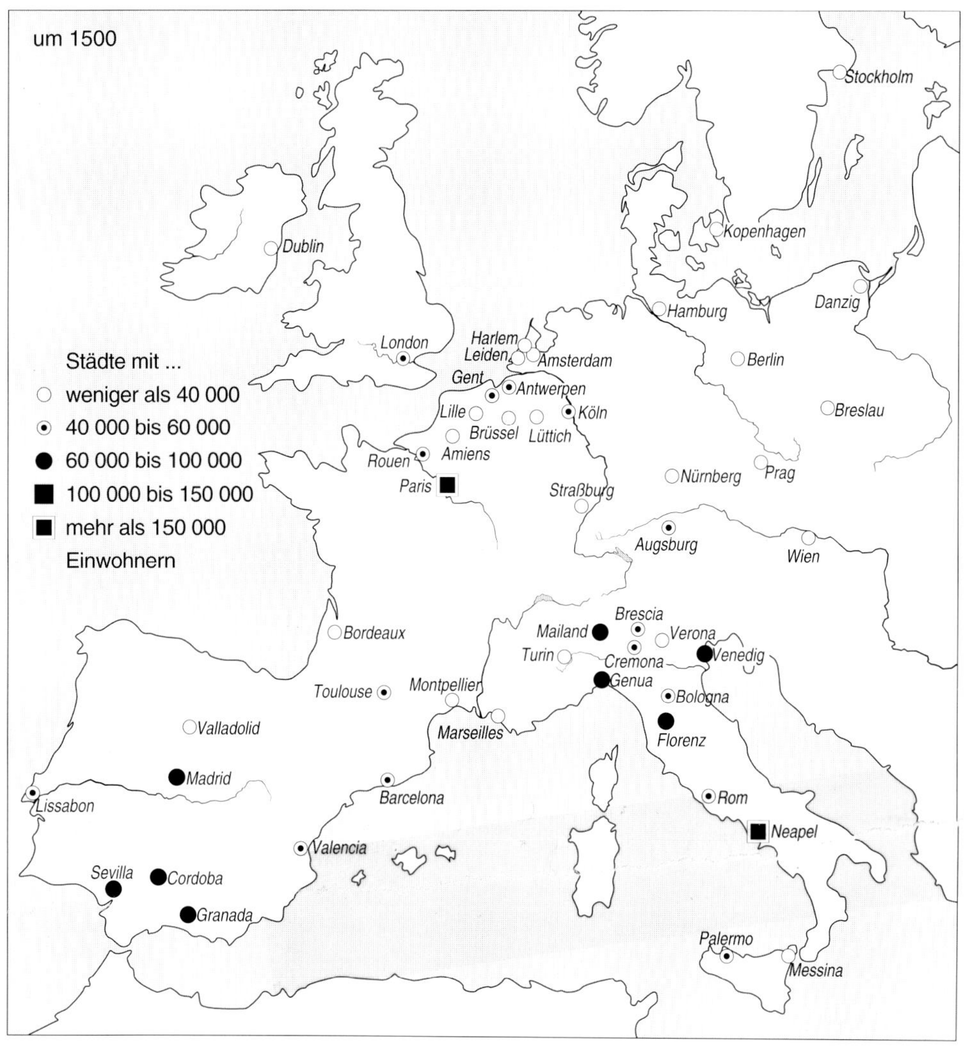

1 *Die Großstädte in Europa um 1500.*

1 Zur europäischen Stadtgeschichte: P. M. Hohenberg/L. H. Lees, The Making of Urban Europe, 1000–1950, Cambridge/Mass. 1985; J. De Vries, European Urbanization 1500–1800, London 1984; H. N. Bulst/J.-Ph. Genet (Hgg.), La Ville, la bourgeoisie et la genèse de l'état moderne (12.–18. siècles), Paris 1988. – Zur deutschen Stadtgeschichte: H. Boockmann, Die Stadt im späten Mittelalter, München 1986; E. Isenmann, Die deutsche Stadt im Spätmittelalter, Stuttgart 1988; H. Schilling, Die Stadt in der frühen Neuzeit, München 1993 (jeweils mit ausführlicher Bibliographie). Grundlegend zu Augsburg: Gottlieb, Geschichte der Stadt Augsburg; Welt im Umbruch, 3 Bde., Augsburg 1980–1981; R. Kießling, Bürgerliche Gesellschaft und Kirche in Augsburg im Spätmittelalter, Augsburg 1971; B. Roeck, Eine Stadt in Krieg und Frieden. Studien zur Geschichte der Reichsstadt Augsburg zwischen Kalenderstreit und Parität (1584–1648), Göttingen 1989.

Augsburg im 16. Jahrhundert

»Kurzweil viel ohn' Maß und Ziel«

Alltag und Festtag auf den Augsburger Monatsbildern der Renaissance

Herausgegeben vom
Deutschen Historischen Museum Berlin

Mit Beiträgen von
Hartmut Boockmann, Peter Burschel und Mark Häberlein,
Heinrich Dormeier, Gode Krämer, Mathias Lang, Beatrice von
Schmidt-Pauli-Haux und Ursula Fuhrer, Andrew Morrall,
Heinz Schilling

Hirmer Verlag München

Redaktion: Pia Maria Grüber

Umschlag und Frontispiz: Szenen aus dem April–Juni-Bild,
Augsburg, 16. Jahrhundert. Berlin, Deutsches Historisches Museum

Die Deutsche Bibliothek – CIP-Einheitsaufnahme

»**Kurzweil viel ohn' Mass und Ziel**« : Alltag und Festtag auf
den Augsburger Monatsbildern der Renaissance / hrsg. vom
Deutschen Historischen Museum Berlin. Mit Beitr. von
Hartmut Boockmann ... [Red.: Pia Maria Grüber]. – München :
Hirmer, 1994
ISBN 3-7774-6330-2
NE: Boockmann, Hartmut; Grüber, Pia Maria [Hrsg.]; Deutsches
Historisches Museum <Berlin>

Lektorat: Dr. Veronika Birbaumer
Satz: Bruckmann, München
Lithos: Dörfel, München
Druck: Hofmann, Augsburg
Bindung: Conzella, Pfarrkirchen
Printed in Germany
ISBN 3-7774-6330-2

Inhalt

Vorwort

Wie bei anderen berühmten Beispielen war die Restaurierung von Gemälden mittelbarer Anlaß, der zur Entstehung dieses Buches führte. Die Erwerbung von vier großformatigen Bildern, deren Darstellungen im Augsburg der Renaissance anzusiedeln sind, durch das Deutsche Historische Museum in Berlin, war der Ausgangspunkt für gründliche materielle und geistesgeschichtliche Untersuchungen, in deren Brennpunkt jene Bilder standen. Ikonographisch an die lange Tradition der Monatsdarstellungen anknüpfend, die seit der Spätantike zunächst in der Skulptur und Plastik, auf Mosaiken, Wandbildern oder Miniaturen immer wieder auftauchen, sind sie durch topographische und heraldische Einzelheiten ganz eindeutig im Umfeld der Reichsstadt Augsburg zu sehen. Zahlreiche motivische Übernahmen aus Zeichnungen Jörg Breus d. Ä., der ja auch in Augsburg lebte und wirkte, bestätigen dies. Obwohl es das 16. Jahrhundert ist, das dem Betrachter hier vor Augen geführt wird, ein Zeitalter der großen Umwälzungen und Veränderungen, gibt es auf den Bildern keine Anspielung auf die bedeutsamen und folgenreichen Ereignisse, die die damalige Welt erschütterten. Nichts ist zu spüren von der Entdeckung der »Neuen Welt«, vom Bauernkrieg oder der Reformation. Die Bilder lassen beinahe an ein Arkadien denken, an eine Idylle inmitten einer bewegten Welt, in der die Ereignisse sich überschlugen, weitreichende Veränderungen beinahe alle Bereiche der menschlichen Existenz berührten. Eine festliche Welt wird vorgeführt, Alltag und Muße der Menschen, die die Zeitzeugen dieser Ereignisse waren und deren Existenz man bislang vor allem in diesem Zusammenhang untersucht hat. Die »Augsburger Monatsbilder« aber vermitteln ein ganz anderes Bild jener Epoche zwischen Mittelalter und Neuzeit. Das, was Menschen von jeher und überall zusammengeführt hat, kommt hier zum Ausdruck: die Lust am Feiern, am Spielen, am Essen und Trinken, an unterhaltsamen Freizeitvergnügungen und – die Lust an der Lust.

Was hat es auf sich mit diesen Gemälden aus bayerischem Privatbesitz, die schon relativ früh in der kunsthistorischen Literatur Erwähnung gefunden haben? Sind sie als Quelle zu betrachten, als authentische Zeitzeugen des Jahres 1531, wie man wegen der Jahreszahl auf einem der beiden »Winterbilder« vermuten könnte? Oder sind es »Historienbilder«, später entstandene Gemälde, die die Zeit um 1530, die hier zweifellos dargestellt ist, nur nacherzählen? Ist es historische Wahrheit, was einem hier begegnet, oder dienten die Bilder nur der Repräsentation ihres Auftraggebers, der damit vielleicht an ein familiengeschichtlich bedeutsames Ereignis erinnern, seine Abstammung gesellschaftlich manifestieren wollte?

Dies sind – grob umrissen – die Fragen, die dieses Buch stellt und in den verschiedenen Aufsätzen zu beantworten sucht. Um es vorwegzunehmen: Der Entstehungszusammenhang der Bilder bleibt vorerst ungeklärt. Die Suche nach dem Urheber, nach einer Datierung der Gemälde, die mit dem quellenkundigen Spürsinn der Historiker, dem stil- und motivkritischen Instrumentarium der Kunsthistoriker und mit den maltechnischen Untersuchungsergebnissen der Restauratoren aufgenommen wurde, führte im Einzelfall zu einleuchtenden, in ihrem Zusammentreffen sich mitunter ausschließenden Ergebnissen.

Im ersten Teil des Buches geht es zunächst um den historischen Hintergrund, vor dem die Bilder zu sehen sind, um geschichtliche Zusammenhänge, die mit deren Entstehung zu tun haben könnten. Die städtischen Eliten werden beleuchtet, die Oberschicht, in der man den Auftraggeber der Bilder suchte, und die ökonomischen Grundlagen, auf die die Augsburger Patrizier ihre Kunstförderung gründeten, hinterfragt.

Die Essays im zweiten Teil halten sich enger an den Gegenstand der Untersuchung: Ikonographische Traditionen, die die Folie, das Grundgerüst der Darstellungen auf den Monatsbildern vorgeben und ihre strukturelle Anlage bestimmen, werden aufgezeigt, der kunsthistorische Kontext der Gemälde, ihre Vorzeichnungen, aber auch Kopien und Nachzeichnungen aufgespürt. Die detaillierte Beschreibung und Analyse der verschiedenen Bildszenen sucht die Bilder in ihrem historischen Kontext zu verankern, während der letzte Beitrag von den Bildern berichtet, wie sie waren, und von dem Weg, der beschritten werden mußte, bevor sie nun wieder – nach der Restaurierung – in neuer, überraschender Farbigkeit präsentiert werden können.

Die Textbeiträge wie auch die reichhaltige Bebilderung breiten eine Fülle an Material aus, das geeignet ist, dem Leser Anregungen und Anstöße zu geben, sich weiter auf die Gemälde und damit auf das Lebensgefühl einer vergangenen Epoche einzulassen.

Christoph Stölzl Im Dezember 1993

Dort gab es ein gutes Dutzend von Städten, die einen sehr hohen Urbanitätsgrad entwickelt hatten, obgleich sie im Vergleich zu Städten wie Venedig, Mailand oder Paris mit jeweils über 100.000 Bewohnern nur bescheidene Einwohnerzahlen aufwiesen, nämlich zwischen 20.000 und 30.000, nur ausnahmsweise auch 40.000 (Abb. 1, 2). Zu dieser Spitzengruppe gehörten neben Augsburg vor allem die Reichsstädte Nürnberg, Straßburg, Köln und Lübeck – mit Einschränkungen Ulm, Regensburg und Frankfurt am Main –, dann auf einer anderen verfassungsrechtlichen Grundlage Prag, Magdeburg, Braunschweig, Hamburg, Erfurt und Danzig, die größte deutsche Stadt in dem königlich-polnischen Teil Preußens. Städte wie München, Wien, Dresden, Stuttgart oder Berlin, die ein Jahrhundert später als Residenz- und Hauptstädte an den traditionellen Handelsstädten des Mittelalters, und damit auch an Augsburg, vorbeizogen, spielten im 16. Jahrhundert noch keine nennenswerte Rolle[2].

In Augsburg traf im ersten Drittel des 16. Jahrhunderts all das zusammen, was für die Entstehung repräsentativer Bilder nach Art des Jahreszeiten-Zyklus unerläßlich war: Die Wirtschafts- und Sozialordnung hatte eine bürgerliche Elite hervorgebracht, die Reichtum, Geschmack und Selbstbewußtsein besaß und darauf aufbauend den Willen zur repräsentativen Selbstdarstellung[3]. Es gab ein leistungsfähiges und differenziertes Malgewerbe mit Meistern, die einerseits der spezifischen Nachfrage der Auftraggeber gewachsen waren, andererseits aber in Form- und Farbgebung den Stil des Zeitalters zum Ausdruck brachten, und mit Werkstätten, die handwerklich, technisch und ökonomisch in der Lage waren, Großaufträge die-

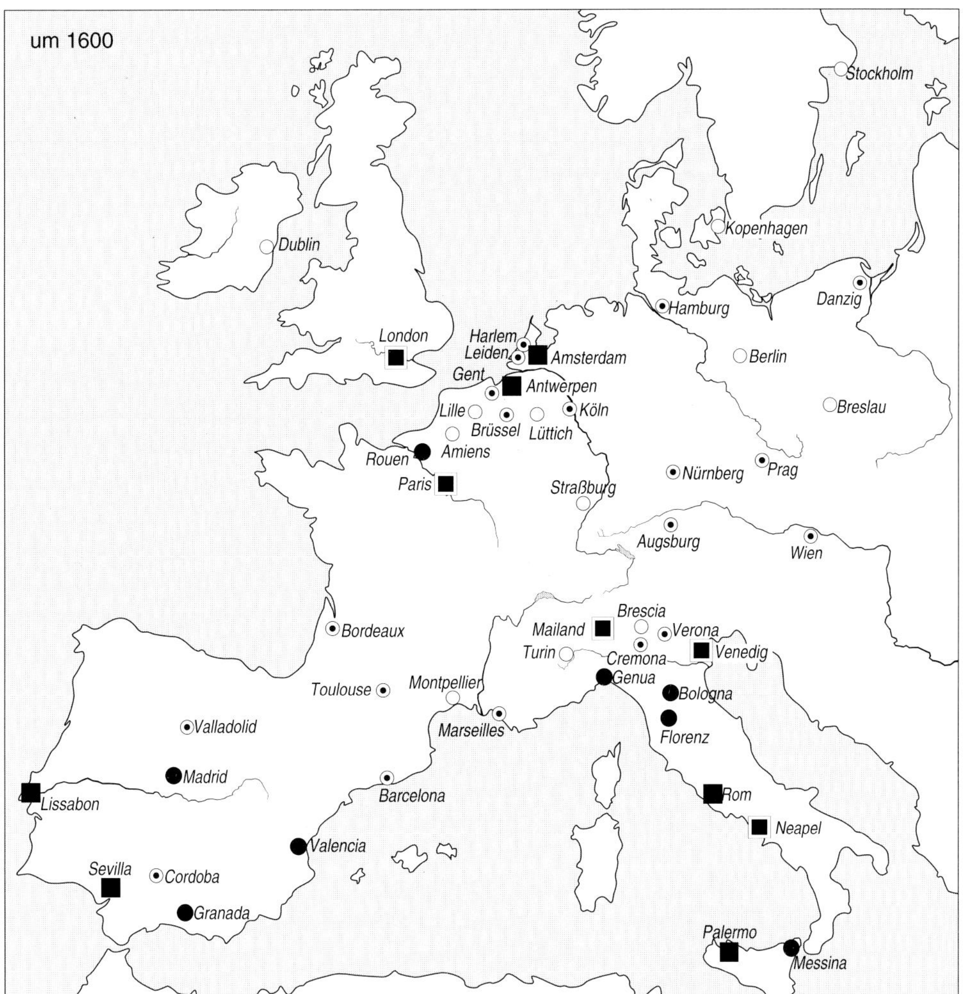

2 *Die Großstädte in Europa um 1600.*

2 Der Wechsel ist scharfsinnig beschrieben bei E. François, Des républiques marchandes aux capitales politiques, in: Revue d'Histoire Moderne et Contemporaine, 25, 1978, S. 578–603.

3 Grundlegend zur Augsburger Oberschicht jetzt K. Sieh-Burens, Oligarchie, Konfession und Politik im 16. Jahrhundert. Zur sozialen Verflechtung der Augsburger Bürgermeister und Stadtpfleger 1518–1618, München 1986 (mit weitgreifender Literatur zum Thema).

ses Umfanges auszuführen[4]. Eine repräsentative, stadtbürgerliche Öffentlichkeit hatte sich herausgebildet, die mit alteuropäischen, vormodernen Strukturen und Spielregeln zwar, aber dennoch verbindlich für alle Beteiligten die sozialen Lebensformen der einzelnen Bürger- und Einwohnerschichten sowie deren Darstellung zur Kenntnis nahm, beurteilte, in das soziale, kulturelle und mentale Gefüge der jeweiligen Stadt einfügte und dadurch die Identität ihrer Bewohner mitprägte[5]. Diese Öffentlichkeit war historisch real, nämlich in Geschlechtertänzen und Trinkstuben, in Prozessionen und Turnieren, in kirchlichen und weltlichen Zeremonien sowie in einer Vielzahl weiterer Auftritte und Veranstaltungen, wie sie über das Jahr hin verteilt auf den Augsburger Bildern zu sehen sind. Sie war aber auch symbolisch und ideologisch, nämlich überall dort, wo sie in künstlerischer Bearbeitung erscheint, festgehalten für die Zeitgenossen und die Nachwelt in der Art und Weise, wie der oder die Auftraggeber sie dargestellt sehen wollten. Zusammen mit den allgemein wohl bekannteren Abbildungen von Trinkstuben und Geschlechtertänzen, durch die das städtische Patriziat seit dem ausgehenden Mittelalter gesellschaftliche Exclusivität und politischen Anspruch dokumentierte, gehört der Augsburger Jahreszeiten-Zyklus in diesen Zusammenhang, indem er nämlich die zahlreichen kleinen und großen Lustbarkeiten und öffentlichen Auftritte darstellt, mit denen sich die städtische Elite über die Monate hin präsentierte, und zwar keineswegs nur innerhalb der Stadtmauern selbst, sondern auch und gerade im angrenzenden ländlichen Raum, der dadurch gleichsam in die großbürgerlich urbane Welt aufgenommen wird (Abb. 3).

Der Jahreszeiten-Zyklus setzt den ersten Bürgerstand einer Stadt von europäischem Rang in Szene. Das ist weder Alltag noch Norm des städtischen Lebens zu Beginn der Neuzeit, so häufig auch insbesondere das Winterbild dazu herangezogen wird, eben dieses zu illustrieren. Es geht vielmehr genau um das Gegenteil – um die Darstellung des Besonderen, einer herausgehobenen Lebensform. Das Ziel ist die Abgrenzung vom Gewöhnlichen, und zwar sowohl von den niedrigeren Ständen, die als Staffage oder Zuschauer erscheinen, als auch von den alltäglichen Geschäften, denen die Mitglieder der abgebildeten Führungsschicht in Kontor und Ratsstube nachzugehen hatten, und von der Aktualität des Zeitgeschehens, dessen Auf und Ab in jenen Jahren nur zu häufig der patrizischen Kurzweil in der Realität Maß und Ziel setzte. Die Augsburger Monatsbilder sind gleichsam die stadtbürgerliche Variante der »Très Riches Heures du Duc de Berry«, jenes prächtigen und häufig reproduzierten Stundenbuches, das die höfische Welt Frankreichs in Szene setzt, indem es scheinbar den ländlichen Alltag zeigt[6] (Abb. 4). Dieser Vergleich, der historisch und nicht kunsthistorisch im Sinne von gleichem künstlerischem Rang gemeint ist, läßt noch ein weiteres zutage treten, was in der vorrangig an der Wirtschaft oder der politischen Ordnung interessierten Stadtgeschichtsforschung in der Regel unerwähnt bleibt: Auf der Ebene der Lebensformen und der symbolisch-künstlerischen Selbstdarstellung des Großbürgertums sind die Grenzen zwischen Bürger- und Adelswelt fließend. Das belegt das bekannte »höfische« Versepos von Tristan und Isolde, dessen Dichter nicht von ungefähr Gottfried von Straßburg heißt, ebenso wie das städtisch-bürgerliche Wappen- und Turnierwesen, dem unsere Bilder einen so breiten Raum gewähren. Dasselbe gilt für das Streben zahlreicher spätmittelalterlicher Städte, dem Adel gleich ihren Ursprung bis in die römische oder besser noch griechische Antike und Mythologie zurückzuführen. All dies war nicht aufgesetzte Kopie oder gar »Selbstbetrug« des alteuropäischen Bürgertums, sondern gehörte direkt zum spätmittelalterlichen und frühneuzeitlichen Bürgerleben. Allerdings setzte eine solche, dem Höfischen vergleichbare Bürgerkultur jene eingangs beschriebene urbane Spitzenstellung voraus und war daher auf wenige

4 Die drei Bände des Kataloges »Welt im Umbruch« bieten hierzu ausführliches Material; vgl. auch J. Bellot, Humanismus, Bildungswesen, Buchdruck und Verlagsgeschichte, in: Gottlieb, Geschichte der Stadt Augsburg, S. 343 356.

5 Zum Problem der Öffentlichkeit und ihrer historischen Veränderung vgl. L. Hölscher, Öffentlichkeit, in: Otto Brunner u. a. (Hgg.), Geschichtliche Grundbegriffe, Bd. 4, Stuttgart 1978, S. 413–467; J. Habermas, Strukturwandel der Öffentlichkeit. Untersuchungen zu einer Kategorie der bürgerlichen Gesellschaft, 4. Aufl., Neuwied 1969. Eine zusammenfassende Darstellung speziell zur städtischen Öffentlichkeit bleibt ein Desiderat, vgl. allgemein B. Roeck, Lebenswelt und Kultur des Bürgertums in der frühen Neuzeit, München 1991.

6 Ich nenne nur eine der zahlreichen Reproduktionen: E. Pognon, Das Stundenbuch des Herzogs von Berry. Ausgemalte Handschrift des 15. Jahrhunderts, Freiburg 1979.

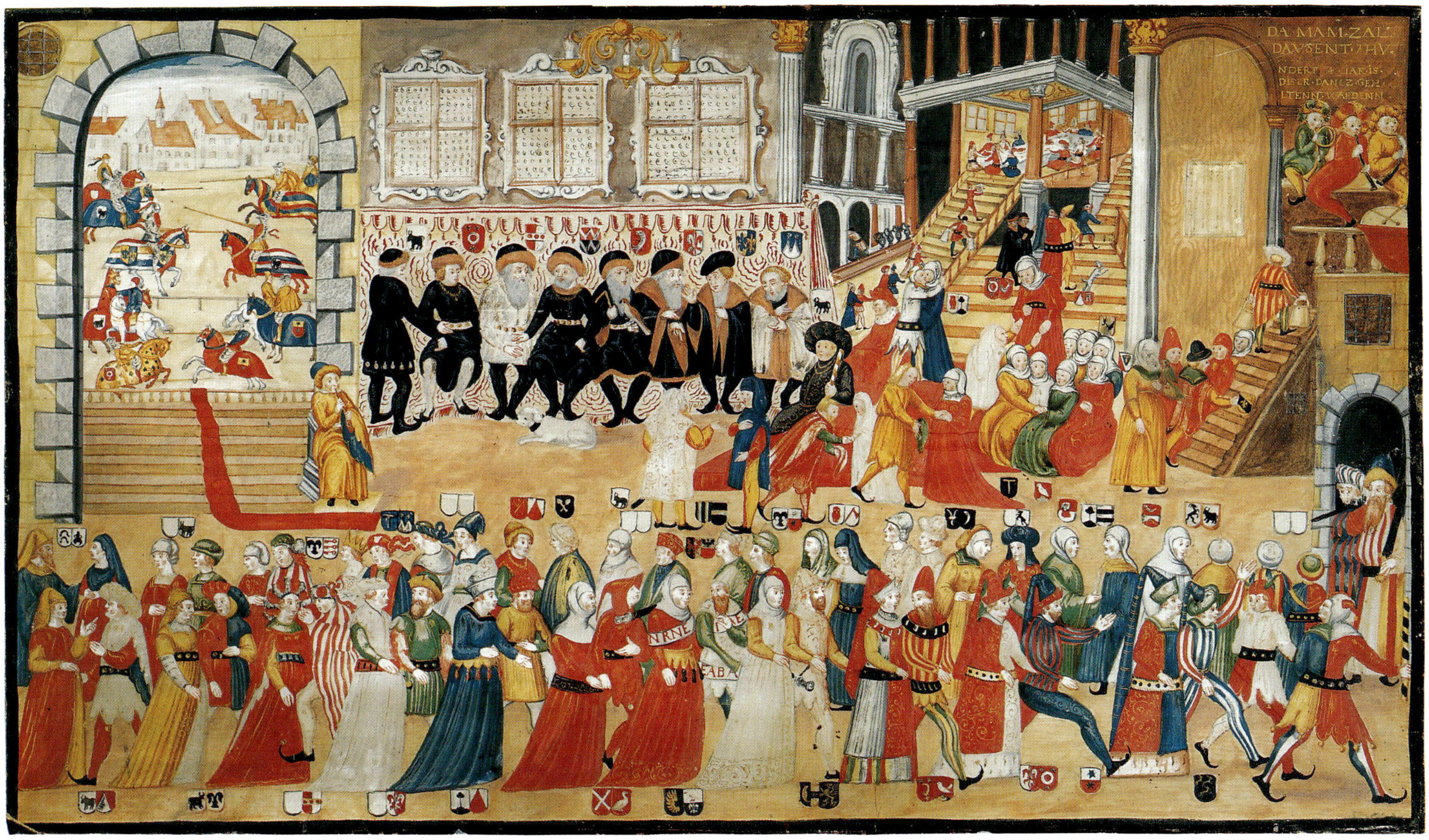

3 Geschlechtertanz, um 1530 (?). Augsburg, Familie von Rehlingen.

Städte beschränkt. Hier liegt ein wichtiger Unterschied zur politischen Kultur des alteuropäischen Bürgertums, die im Prinzip von allen Städten gleich welcher Größenordnung geteilt werden konnte[7].

Es entspricht also der inneren Logik der Bilder und ist geradezu Ausdruck des herausgehobenen Selbstverständnisses der Augsburger Führungsschicht in der Reformationsepoche, daß die Bilder so gut wie gar nichts direkt von den großen staatlichen und kirchlichen Ereignissen zeigen, die Augsburg in jenen Jahrzehnten in seinen Mauern erlebte, und auch nichts von seinem politischen Einfluß in der Region und im Reich oder von der Länder und Kontinente umspannenden Kraft seines früh- bzw. handelskapitalistischen Wirtschaftssystems. Es ist gerade die scheinbar unangefochtene Selbstverständlichkeit und Unwandelbarkeit großbürgerlicher Lebens- und Repräsentationsformen, die den Eindruck einer selbstsicheren Stadtgesellschaft auf soliden ökonomischen und politischen Grundlagen erzeugt. Nichts ist zu sehen von der gesellschaftlichen, politischen und religiös-kulturellen Wandlungsdynamik, die das Reich allgemein und den oberdeutschen Raum mit Augsburg im Zentrum während der 1520er Jahre erfaßt hatte. Nichts ist zu sehen von Luther und der von ihm zu bitterernstem Existenzringen herausgeforderten Papstkirche; nichts von der reformatorischen Bewegung in Stadt und Land, von Bauernkrieg und Ritterrevolte; nichts von der Aufbruchstimmung des jungen Habsburger-Kaisers Karl V., der doch in so mannigfaltiger Verbindung zu Augsburg stand; nichts von dem Ausgreifen Europas nach Übersee; nichts von Fürstengewalt und frühmoderner Bürokratisierung, obgleich gerade das Augsburger Großbürgertum, das sich hier in Szene setzt, mit jedem dieser Umbruchsprozesse als Unternehmer oder Finanzier aufs engste verbunden war. Nicht einmal der Früh- und Handelskapitalismus, dessen tragender Pfeiler in Deutschland die Augsburger Handelshäuser waren, ist so dargestellt, wie man es erwarten würde und wie es auch durchaus möglich gewesen wäre, denkt man

7 Ausführlich hierzu Schilling (wie Anm. 1), Kap. I, 3; II, 3, d (mit weiterführender Literatur); für das Mittelalter jetzt grundlegend K. Schulz, »Denn sie liebten die Freiheit so sehr …«. Kommunale Aufstände und Entstehung des europäischen Bürgertums im Hochmittelalter, Darmstadt 1992.

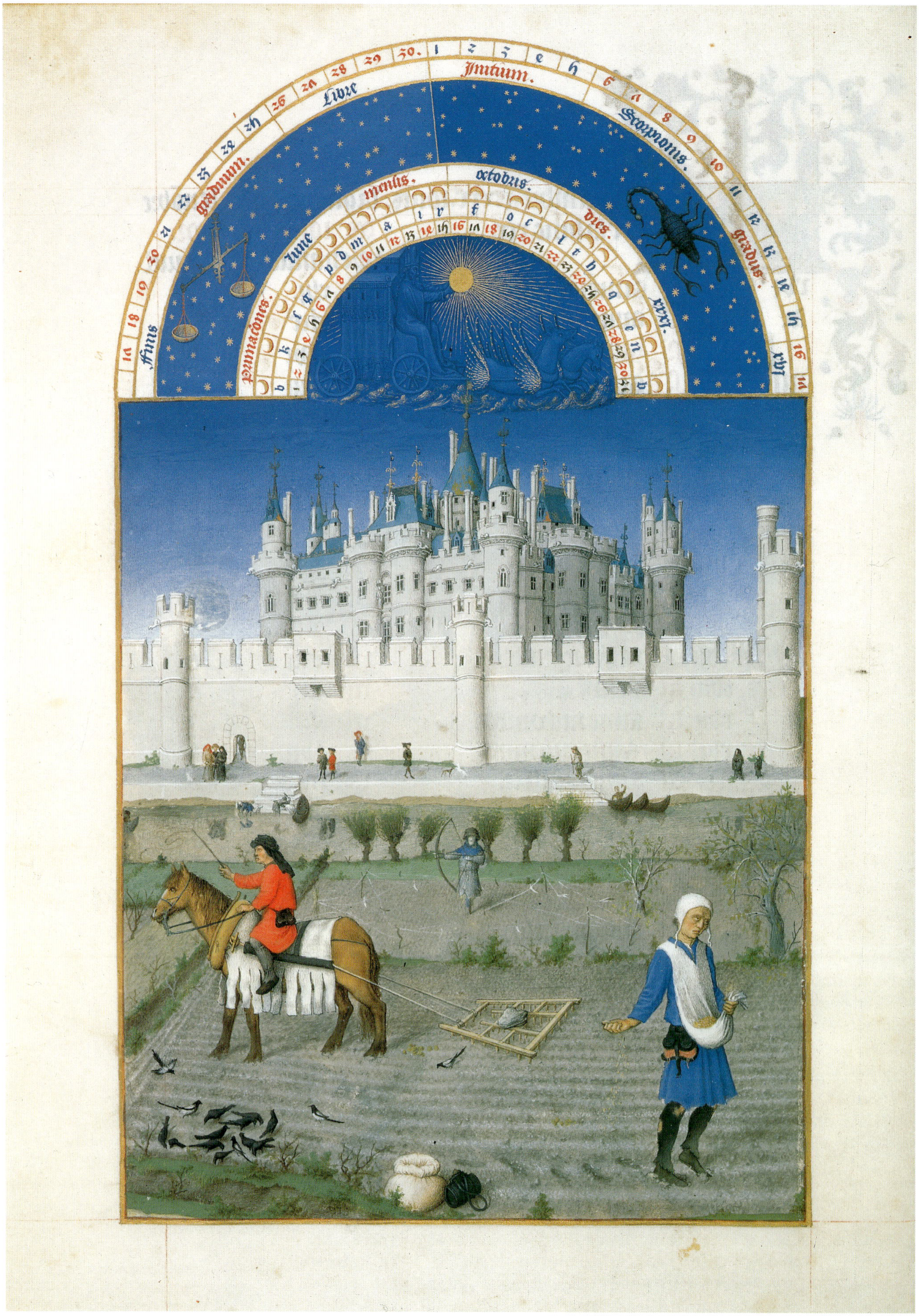

etwa an die häufig abgebildete Miniatur aus dem Schwarzschen Trachtenbuch, die Jakob Fugger den Reichen und seinen Chefbuchhalter Matthäus Schwarz vor der Augsburger Zentralregistratur des Fuggerschen Weltunternehmens zeigt (Abb. 5).

So sehr sich der von Krisenzeiten und Wandlungsdynamik faszinierte Historiker auch dagegen sträuben mag, er muß konstatieren, daß auf diesen Bildern das Signum eines ganzen Zeitalters, ja des Epochenumbruchs vom Mittelalter zur Neuzeit gleichsam zu einem Gekräusel an der Oberfläche eines in der Tiefe unbewegten Meeres wird. Der Maler stellt, hierin sicherlich dem Willen seiner Auftraggeber folgend, eine geschützte, festgefügte städtisch-bürgerliche Welt dar, die sich durch den sozialen, ökonomischen, politischen und kulturellen Wandel, an dem sie führend Anteil hat, in ihren Lustbarkeiten und ihrem Selbstbewußtsein nicht erschüttern läßt. Es ist »die Ruhe im Sturm«[8], die diese Bilder für den Historiker zu faszinierenden, in ihrer ganzen historischen Aussagekraft noch nicht hinreichend gewürdigten Dokumenten werden läßt.

Den Augsburger Jahreszeiten-Zyklus in den historischen Zusammenhang zu stellen heißt, die Spannung herauszuarbeiten zwischen dem, was dem Betrachter gezeigt wird, und dem, was ihm verborgen bleibt. Zu sehen ist die »Ruhe« einer scheinbar unangefochtenen gesellschaftlichen Stabilität, die im endlosen Reigen der Monate und Jahreszeiten den Mitgliedern des obersten Bürgerstandes Vergnügungen und Kurzweil ohne Unterlaß ermöglicht. Nicht bürgerliche Frugalität, Rationalität oder Arbeitsamkeit und der daraus gespeiste Wille zur Beherrschung und Veränderung der Welt prägen die Bilder, sondern Muße und demonstrativer Lebensgenuß, wie ihn die Sozialhistoriker eigentlich nur dem alteuropäischen Adel zubilligen. Diese gleichsam natürliche, nur dem kreisenden Wechsel der Jahre unterworfene Unangefochtenheit ihrer Lebenswelt, das ist offensichtlich der Kern der Botschaft, die die dargestellten Akteure, also die Augsburger Patrizierfamilien, nach dem Wunsch des ihrem Kreis zuzuordnenden Auftraggebers sich selbst, den anderen Ständen und der Nachwelt vermitteln wollten. Absichtsvoll verborgen bleiben der »Sturm« und die dynamischen Kräfte, die in Deutschland und Europa selten stärker und radikaler für Wandel und Veränderungen sorgten, als im ersten Drittel des 16. Jahrhunderts, das die Historiker als Aufbruch in die Neuzeit charakterisieren[9]. Diese Dynamik gilt es in der gebotenen Kürze zu skizzieren, und zwar konkret an der Situation Augsburgs selbst und der Rolle, die es damals in Deutschland und Europa gespielt hat.

Auf den Bildern gibt die Stadt am Lech zusammen mit ihrer ländlichen Umgebung gleichsam die »bukolische« Kulisse ab, vor der sich das Patriziat in seiner Ideologie der Ruhe und Stabilität in Szene setzt. In der Realität dagegen war Augsburg wie kaum ein zweiter Ort in Deutschland und Europa eine Stätte der Veränderung und des Wandels. Das Augsburger Bürgertum, und zwar gerade die auf den Bildern in Spiel und Lustbarkeit versunkene Elite, war in den Jahrzehnten um die Wende vom Mittelalter zur Neuzeit darangegangen, in weitausgreifenden Aktivitäten nicht nur seine eigene und die umgebende oberschwäbische Region umzugestalten, sondern darüber hinaus auch Europa und die Neue Welt in seine neuartigen wagenden Unternehmungen einzubeziehen.

Demographie und Konjunkturwellen

Bereits die Bevölkerungsentwicklung belegt die Dynamik des Zeitalters, und das läßt sich durchaus noch an den Bildern ablesen, vermitteln sie doch durch die große Zahl von Menschen den Eindruck von Gedränge und Über-

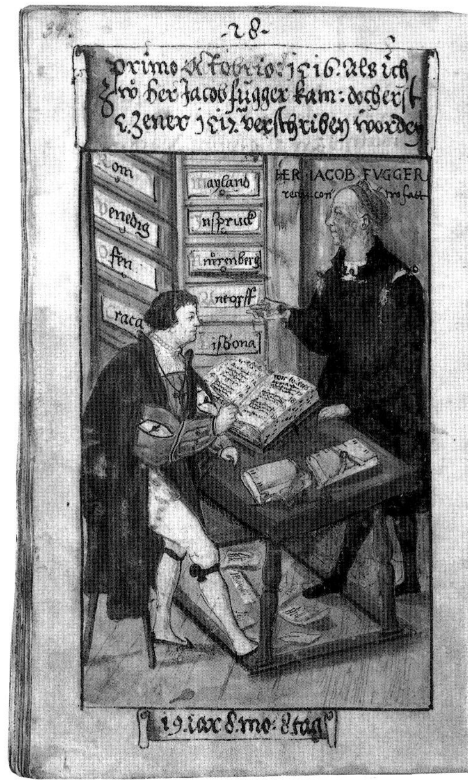

5 Narziß Renner, Jakob Fugger der Reiche und sein Hauptbuchhalter Matthäus Schwarz im Kontor. Miniatur aus dem »Schwarzschen Trachtenbuch«. Braunschweig, Herzog Anton Ulrich-Museum.

Linke Seite

4 Gebrüder von Limburg, Der Monat Oktober, aus dem Stundenbuch des Duc de Berry, »Les Trés Riches Heures«, um 1416. Chantilly, Musée Condé.

8 Auf dieses Bild bringt Olaf Mörke die Geschichte der kleinen Landstadt Mindelheim, die zu den wenigen deutschen Städten gehörte, die von der Reformation so gut wie ganz unberührt blieben (O. Mörke, Die Ruhe im Sturm. Die katholische Landstadt Mindelheim unter der Herrschaft der Frundsberg im Zeitalter der Reformation, Augsburg 1991). Anders als im Fall Mindelheim läßt sich für Augsburg eine »Ruhe im Sturm« nur auf den Jahreszeiten-Bildern festmachen, nicht aber in der tatsächlichen Geschichte.

9 Ich stütze mich hier und im folgenden teilweise auf meine Darstellung H. Schilling, Aufbruch und Krise. Deutsche Geschichte 1517–1648, Berlin 1988, wo sich auch die Einzelbelege finden.

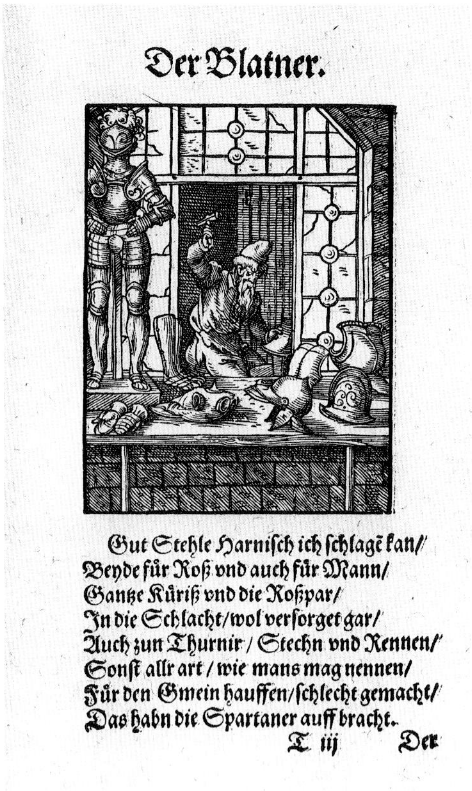

Der Blatner.

Gut Stehle Harnisch ich schlagē kan/
Beyde für Roß vnd auch für Mann/
Gantze Küriß vnd die Roßpar/
In die Schlacht/wol versorget gar/
Auch zun Thurnir / Stechn vnd Rennen/
Sonst allr art / wie mans mag nennen/
Für den Gmein hauffen/schlecht gemacht/
Das habn die Spartaner auff bracht.
T iij Der

6 Der Plattner, Holzschnitt aus Jost Ammans »Eygentlicher Beschreibung aller Stände auff Erden«, Frankfurt a. M., 1568. Nürnberg, Germanisches Nationalmuseum.

bevölkerung. Die Zeitgenossen selbst, wie etwa der für die Umbrüche seiner Zeit sensible Spiritualist Sebastian Franck, sprechen davon, daß die Welt »voller Leute« steckt, und die modernen Demographen rechnen aus, daß sie recht hatten: Die Bevölkerung Deutschlands wuchs im 16. Jahrhundert von zwölf über vierzehn auf sechzehn Millionen, wobei die Wachstumsraten gerade in jenen Jahrzehnten, in denen die Bilder entstanden sind, besonders hoch waren. Wie die Städte allgemein nahm Augsburg an dieser Entwicklung überproportional teil – von rund 20.000 im späten 15. Jahrhundert stieg die Bevölkerung im ersten Drittel des 16. Jahrhunderts auf über 30.000 an und erreichte ein knappes Jahrhundert später mit 40.000 einen Höchststand, bevor die Verluste des Dreißigjährigen Krieges den Trend umkehrten[10]. Indem immer mehr Menschen ernährt und mit Gewerbegütern versorgt werden mußten, war der säkulare Bevölkerungsanstieg zugleich ein Hauptmotor des Konjunkturaufschwunges, der insbesondere der städtischen Wirtschaft zugute kam. Hinzu trat die sogenannte kommerzielle Revolution, die seit Anfang des Jahrhunderts zunächst den Überlandverkehr, dann vor allem den Seehandel in der Ostsee und auf dem Atlantik sprunghaft ansteigen ließ. Schließlich war das Zeitalter durch einen Preisanstieg charakterisiert, der sich beschleunigte, als im zweiten Jahrhundertdrittel das südamerikanische Silber nach Europa einströmte.

Sozialstruktur

All das zusammengenommen hatte weitreichende soziale Konsequenzen. Vor allem in den Städten entwickelte sich so etwas wie eine zweigeteilte Gesellschaft, in der die Reichen immer reicher und die Armen immer ärmer und zahlreicher wurden. Bereits im späten Mittelalter waren in einer Stadt wie Augsburg Besitzverteilung und Sozialstruktur unausgewogen gewesen, so daß einer knapp hundert Familien umfassenden Oberschicht von Patriziern und Großkaufleuten eine nur etwas breitere obere Mittelschicht von rund zweihundert wirtschaftlich und politisch hervorgehobenen Zunftfamilien sowie eine sehr ausgeprägte, über 4.000 Familien umfassende Basisschicht von Kleinbürgern und nicht steuerfähigen, d. h. nahezu besitzlosen Unterschichten gegenüberstanden[11]. Anfang des 16. Jahrhunderts kam es zu einer deutlichen zahlen- und vermögensmäßigen Stärkung des mittleren Bürgertums. Daraus ergab sich aber keine längerfristige Verbesserung der Sozialstruktur. Denn seit dem zweiten Jahrhundertdrittel wuchsen die Unterschichten der Steuerbefreiten und Besitzlosen rasch an, was um so dramatischer war, als sich zur selben Zeit wegen der voranschreitenden Teuerung und der schrumpfenden Arbeitschancen deren Subsistenzbedingungen radikal verschlechterten, so daß immer mehr Familien immer häufiger auf Unterstützung durch Kirche und Stadt angewiesen waren. Auf dem April-Bild ist das verschämt durch einen um Nahrung bittenden Bettler angedeutet. Gegen Ende des Jahrhunderts gerieten dann auch immer wieder Familien der Mittelschicht in den Strudel.

Markt

Der unausgeglichenen Sozialstruktur entsprach ein zweigeteilter Markt: Die reiche Oberschicht leistete sich auserlesene Speisen und seltenen Luxus an Kunst und Kunstgewerbe. Da neben den oberen Bürgerschichten auch der Adel zu dieser potenten Käuferschicht gehörte, gab es eine enorme Nachfrage nach Fleisch, Wein, Spezereien, Zucker und anderen Kolonialwaren sowie nach Gemälden, Tapisserien und Luxusmöbeln und den Produkten

10 Zahlen zu Augsburg nach den neuesten Berechnungen, in: Gottlieb, Geschichte der Stadt Augsburg, S. 188, 252ff.
11 Nach Kießling (wie Anm. 1), S. 42ff.
12 Näher beschrieben bei Schilling (wie Anm. 1), Kap. II, 3, d.
13 Ausführlich zur Ratsverfassung Isenman (wie Anm. 1), S. 131–209.

von Gold- und Silberschmieden, Harnischfegern und Waffenschmieden (Abb. 6, 7). Davon profitierten wiederum die bürgerlichen Oberschichten von Fernkaufleuten, Unternehmern und hochqualifizierten Handwerksmeistern, deren Mal-, Schreiner- oder Schmiedewerkstätten zu kleinen bis mittleren Unternehmen wurden. Dem Luxusmarkt entsprach ein für die Anbieter nicht weniger lukrativer Markt für billige Massengüter, auf dem sich das Gros der Bevölkerung in Stadt und Land versorgen mußte, da ein immer größerer Anteil ihres Einkommens für die sich verteuernden Lebensmittel einzusetzen war. Auch dies kam der bürgerlichen Oberschicht zugute, die als Verleger und Fernkaufleute Produktion und Verteilung von billigen Mischgeweben und Haushaltswaren organisierte.

Politische Ordnung

Natürlich resultierten aus diesen schroffen Gegensätzen soziale Spannungen und Konflikte, die sich immer wieder in Aufläufen und Unruhen Luft machten, konzentriert in den Jahrzehnten der Reformation sowie an der Wende vom 16. zum 17. Jahrhundert. Zu einer Sozialrevolution im echten Sinne kam es aber nicht. Denn die soziale Not wurde durch soziale Stiftungen, deren berühmteste die Augsburger Fuggerei ist, sowie durch eine ausgeprägte städtische Preis- und Versorgungspolitik abgefedert. Zudem war die politische Kultur in der frühneuzeitlichen Stadt so angelegt, daß es zwar immer wieder zu gemeindlich-genossenschaftlichen oder stadtrepublikanischen Protestbewegungen gegen Willkürherrschaft und soziale Ungerechtigkeit kam, daß diese aber nicht auf Sprengung des Systems, sondern auf dessen Justierung ausgerichtet waren[12]. Dem entsprachen auch die Grundprinzipien der politischen Partizipation in den Städten[13]. Der Idee nach war es die Gemeinde (lat. communitas), bei der die politische Gewalt lag. Das war der Verband aller formell durch Kauf oder Erbe ins Bürgerrecht eingetretenen Bewohner und damit stets nur ein mehr oder weniger großer bzw. kleiner Teil der Einwohnerschaft. Nach den stadtrepublikanischen Normen des alteuropäischen Bürgertums war dieser Schwurverband, dem jeder Bürger durch Eidesleistung beigetreten war, zur Mitsprache und zur Kontrolle des Stadtrates berechtigt. Real wurde das aber nur im Moment der Vertrauenskrise zwischen Rat und Bürgerschaft. In normalen Zeiten regierte und verwaltete der Stadtrat unangefochten. Seine Rekrutierung war von Stadt zu Stadt unterschiedlich geregelt. Allgemein galt aber, daß die »besten« und erfolgreichsten Familien ratsfähig sein sollten. Soziales Ansehen, Reichtum und Familientradition qualifizierten zum Rat. Darüber hinaus kam der »Abkömmlichkeit« eine wichtige Selektionsfunktion zu. Dieser von Max Weber geprägte Begriff meint die schlichte Tatsache, daß es einem einfachen Handwerksmeister, der täglich in der Werkstatt präsent sein mußte, um den Lebensunterhalt seiner Familie zu erwirtschaften, gar nicht möglich war, direkt am Ratsregiment teilzunehmen. Denn das setzte nicht nur Zeit für regelmäßige Sitzungen voraus, sondern auch für die Übernahme tage-, wochen-, ja monatelanger auswärtiger Missionen an Fürstenhöfen oder zu Städte- und Reichstagen.

All dies zusammengenommen führte dazu, daß auch in Städten wie Augsburg mit sogenannten »Zunfträten«, d. h. einer formellen Rekrutierung des Ratsregimentes ganz oder überwiegend durch die Kaufmanns- und Handwerksgenossenschaften, die Regierung faktisch in der Hand eines kleinen, zwar nicht abgeschlossenen, wohl aber eng umgrenzten Kreises von Ratsfamilien lag. In Augsburg waren das die »Großmeister« bestimmter »Abkömmlichkeit« ermöglichender Gewerbe; das Honoratiorentum der reichen Großkaufleute und Unternehmer, denen nach Abschluß des Patriziats

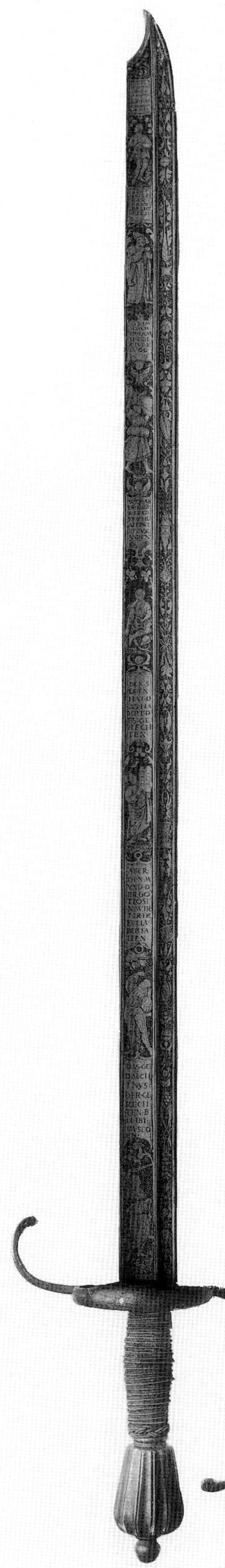

7 Daniel Hopfer, Jagdschwert. Eisen, geätzt und gebläut, 1535/40. Nürnberg, Germanisches Nationalmuseum.

im späten Mittelalter der Eintritt in den Stadtadel formell verwehrt blieb; schließlich weiterhin die Geschlechter, die als »beste und witzigste« Bürger immerhin 15 der 44 Ratssitze einnahmen und darüber hinaus einen der beiden Bürgermeister und je die Hälfte der anderen Amtsträger stellten[14]. Wesentlich breiter verwurzelt war der über zweihundert Mann starke Große Rat, der ein Mitspracherecht in bestimmten, die gesamte Stadtbevölkerung berührenden Fragen besaß. Das bezog sich auch und vor allem auf das städtische Kirchen- und Religionswesen, so daß in der Reformationszeit sich die reale politische Partizipation der breiten Handwerkerschichten enorm ausweitete. Hinzu kam, daß die Augsburger Verfassung auch Vollversammlungen sämtlicher Bürger ermöglichte und sich gerade in den 1520er und 1530er Jahren immer wieder von unten her Bürgerbewegungen formierten, die die Ratspolitik massiv beeinflußten. All dies stärkte natürlich das Selbstbewußtsein der vom engeren Ratsregiment ausgeschlossenen Mittelschichten beträchtlich.

Werfen wir aus dieser sozial- und verfassungsgeschichtlichen Perspektive einen Blick auf die Jahreszeiten-Bilder, so tritt die bereits markierte Ambivalenz noch deutlicher zutage: Einerseits erscheint die dort dargestellte gesellschaftliche Harmonie ganz und gar nicht mehr als fiktiv und irreal. Denn die politische Kultur der alteuropäischen Stadt, der deutschen zumal, war ja geradezu auf Frieden und Ausgleich zwischen den Sozialschichten angelegt. Und unter dem Schutz dieser Norm etablierte sich in normalen Zeiten eine Oberschicht, die – wie auf den Bildern zu sehen – von hoher Statuskonsistenz war, also zugleich reich, politisch mächtig, sozial angesehen und geistig-kulturell prägend. Andererseits wird aber verschwiegen, daß das aktuelle Zeitgeschehen ganz anders aussah, indem nämlich die Reformation Stadt und Reich vor grundsätzliche Entscheidungen stellte, die nur unter Beteiligung der Gesamtbürgerschaft – und damit auf Kosten des Herrschaftsmonopols der Oberschicht – getroffen werden konnten, und daß dies vor dem konjunkturellen Hintergrund wachsender Verteilungsprobleme und sich verschärfender sozialer Gegensätze geschah.

Die Bilder weisen den Betrachter schließlich noch auf einen weiteren Aspekt des gesellschaftlichen Lebens an der Wende vom Mittelalter zur Neuzeit hin – auf die außerordentlich starke Präsenz der Frauen in der Öffentlichkeit. Die Feststellung, daß auf den städtischen wie den ländlichen Szenen nicht entscheidend weniger Frauen als Männer beteiligt sind, erscheint zunächst banal. Dieser Banalität haben sich Historiker aber über Generationen hin verschlossen. Erst in jüngerer Zeit kümmert sich die Sozialgeschichte intensiver um Geschlechterkonfigurationen und deren Wandel in der Geschichte[15]. Dabei hat sich ergeben, daß Frauen im späten Mittelalter und im frühen 16. Jahrhundert in der städtischen und der ländlichen Arbeitswelt weit stärker vertreten waren als in späteren Epochen. Die Jahreszeiten-Bilder bestätigen das eindrucksvoll, in den ländlichen Erntesszenen ebenso wie in den städtischen Interieurs oder Marktszenen. Auch in den Familien spielten die Frauen eine selbständige Rolle, und zwar nicht nur, wie später dann in der bürgerlichen Kleinfamilie des 19. Jahrhunderts, als Hüter privater Innerlichkeit, sondern als »Mitregentin« im »ganzen Haus«, sei es des Handwerksbetriebes, sei es der weltumspannenden Familienfirma des handelskapitalistischen Großbürgertums. Von den »Frauen des Hauses Fugger«[16] wissen wir, daß sie als Witwen Vorsteher der Handelsfirma werden konnten und dann durchaus in der Lage waren, die Geschäfte erfolgreich zu führen und den Besitz zu mehren. So gelang es zum Beispiel Barbara Fugger-Bäsinger (1419–1497), Ehefrau Jakobs I Fugger und Mutter von elf Kindern, nach dem Tod ihres Mannes im Jahre 1469 die Firma durch Errichtung einer im Augsburger Stadtrecht verankerten Erbengemeinschaft mit ihren Kindern zu sichern und in den folgenden Jahren das

[14] Zur Augsburger Ratsverfassung, die hier nicht detailliert beschrieben werden kann, vgl. F. Blendinger, Die Zunfterhebung von 1368, in: Gottlieb, Geschichte der Stadt Augsburg, S. 150–153.

[15] Die Literatur zur Geschlechterkonfiguration und Stellung der Frau ist insbesondere zum städtischen Bereich ausführlich. Grundlegend: E. Ennen, Frauen im Mittelalter, 2. Aufl., München, 1985; E. Uitz, Die Frau in der mittelalterlichen Stadt, Stuttgart 1989; M. Wensky, Die Stellung der Frau in der stadtkölnischen Wirtschaft im Spätmittelalter, Köln/Wien 1990; M. E. Wiesner, Working Women in Renaissance Germany, New Brunswick 1986. Über die Stadt hinausgreifend H. Wunder, »Er ist die Sonn', sie ist der Mond«. Frauen in der Frühen Neuzeit, München 1992. Speziell zu Augsburg liegen zwei Studien vor: M. Schad, Die Frauen des Hauses Fugger von der Lilie, Tübingen 1989, und Lyndal Rooper, The Holy Household. Women and Morals in Reformation Augsburg, Oxford 1989.

[16] Nach Schad (wie Anm. 15).

Vermögen von 15.000 auf 23.293 Gulden zu vermehren (Abb. 8). Hierin spiegelt sich die gefestigte Rechtsstellung der Frauen in den spätmittelalterlichen Städten, wo Kauf- und Handelsfrauen ebenso wie Vorsteherinnen von Handwerksbetrieben voll rechts- und handelsfähig waren, und zwar nicht erst als Witwen, sondern auch in Vertretung ihrer Männer: Eine Frau, die auf dem Markt stand »oder im Kontor ..., die hat alle Rechte, die ihr Wirt hat in bezug auf Erbschaft und Besitz«[17]. Aber natürlich wäre es verfehlt, die Geschlechterkonstellation des frühen 16. Jahrhunderts zu sehr an Verhältnisse der Gegenwart heranzurücken. Denn die erste und vornehmste Aufgabe der Frau, mochte sie in die Geschäfte einbezogen sein oder nicht, war die Geburt von Kindern und Firmenerben. Blieb eine Ehe kinderlos, wurde sie in der Regel »schwierig«. So im Falle der Ehe zwischen Jakob Fugger dem Reichen (1449–1525) und Sibylla Fugger-Artzt (1480–1546), die schon die Zeitgenossen über unkonventionelle Versuche der Erbensicherung spekulieren ließ und Jakob ab 1512 veranlaßte, in den Handelsverträgen den Erbgang seiner Neffen ins Auge zu fassen[18].

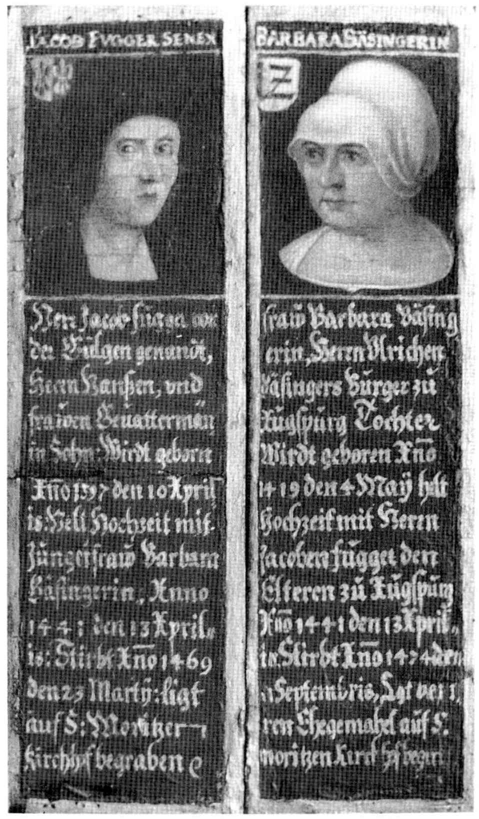

8 Jacob Fugger d. Ä. und Barbara Fugger-Bäsinger. Schloß Babenhausen, Fuggersche Ahnengalerie.

Stadt und Umland; Zentralität; Städtenetz

Weiß man die Bilder recht zu lesen, so belegen sie noch eine weitere Grundkonstante des frühneuzeitlichen Städtewesens – nämlich seine enge Verschränkung mit dem Umland und die damit verbundene Zentralitätsfunktion der Städte nicht nur in ökonomischer, sondern auch in politisch-administrativer sowie in kultureller Hinsicht. Das war im Falle Augsburgs und des oberschwäbischen Raumes besonders ausgeprägt[19]. Grundlage war vor allem das ländliche Textilgewerbe, das von der Stadt her in Form des Verlages organisiert wurde. Hinzu kam ein nicht unbeträchtlicher Besitz der Bürger an Grund und Boden. Die bereits im späten Mittelalter einsetzende Neigung, in Ländereien zu investieren, war ökonomisch vernünftig, weil sie das außerordentlich hohe Risiko des Fernhandels und der frühkapitalistischen Unternehmungen absicherte, und sie hob das gesellschaftliche Ansehen, wie sich unschwer auf den Frühjahrs- und Sommerbildern des Augsburger Jahreszeiten-Zyklus ablesen läßt. Schließlich war sie auch die Basis für das Konnubium zwischen reichsstädtischem Patriziat und niederem wie höherem Adel sowie für den vollständigen Übertritt in den Adel, wofür die 1530 von Karl V. vollzogene Erhebung der Fugger zu Reichsgrafen nur das glänzendste Beispiel ist. Komplementär zur regionalen Zentralitätsfunktion hatten die alteuropäischen Städte ein Netzwerk entwickelt, über das sie in den überregionalen Austausch eintraten[20]. Auch dieses war im Falle Augsburgs besonders ausgeprägt. Die verkehrsgünstig gelegene Lechstadt bildete einen Hauptknotenpunkt des süddeutsch-oberitalienischen Städtenetzes, das nicht nur dem Austausch materieller Güter, sondern auch der geistig-kulturellen Kommunikation diente. An die nord- und nordwest- bzw. an die südost- und osteuropäischen Städtenetze besaß Augsburg Anschluß über Frankfurt, Köln und Antwerpen bzw. über Nürnberg, Posen, Danzig oder Krakau bzw. über Regensburg und Wien in die Karpaten. Und schließlich sorgten die Finanzgeschäfte mit dem Hause Habsburg und Kaiser Karl V. für die Anbindung an die südwesteuropäische Wirtschaftswelt einschließlich ihrer Ausleger in den südamerikanischen Kolonien.

Wirtschaft

Innerhalb dieser Kommunikationszonen unterschiedlicher Dichte entfaltete sich der Früh- und Handelskapitalismus, jenes erste neuzeitlich rationale

17 Ennen (wie Anm. 15), S. 135.

18 Schad (wie Anm. 15), S. 161–175. Es ging um das Gerücht, Jakob Fugger habe 1512 vorgehabt, einen Jungen zu adoptieren, der ihn in Breslau anbettelte.

19 Ausführlich dazu R. Kießling, Die Stadt und ihr Land. Umlandpolitik, Bürgerbesitz und Wirtschaftsgefüge in Ostschwaben vom 14. bis ins 16. Jahrhundert, Köln/Wien 1989.

20 Zu den europäischen Städtenetzen vgl. Hohenberg/Lees (wie Anm. 1); De Vries (wie Anm. 1); zu den deutschen Städtenetzen Schilling (wie Anm. 1), Kap. I, 2; II, 2.

Wirtschaftssystem, zu dessen Säulen Augsburg und die Augsburger Handelshäuser der Fugger, Welser, Rehlinger, Imhof, Meutling, Höchstetter etc. zählten[21]. Die Mutterbranche dieses Systems war die ländliche *Textilproduktion* Oberschwabens, die durch städtische Verleger organisiert wurde. Vor allem das Barchent, ein Mischgewebe aus Baumwolle und Flachsgarn, hatte viele Bürger oberschwäbischer Städte reich gemacht, darunter die Augsburger Fugger, die innerhalb zweier Generationen von Handwerkern zu Großunternehmern aufstiegen. Zum Großgewerbe trat der *Fernhandel*, der sich bald auf alle möglichen gewinnbringenden Waren ausdehnte. Die Hauptverkehrsachse verlief über den Brenner nach Venedig, von wo die begehrten Schätze der Levante und Asiens nach Augsburg und von dort in den Westen, Norden und Osten gelangten – Seide, Baumwolle, Brokat, Kattun und Musselin, Damaszenerklingen, Elfenbein und alle Arten von Gewürzen, Duftstoffen und Drogen. Die Gewinne wurden im *Montangewerbe* und in *Bankgeschäften* größten Stils reinvestiert und damit in Wirtschaftszweigen, die durch die »technische Revolution des späten Mittelalters« und durch den rasch wachsenden Finanzbedarf der frühmodernen Staaten zu Leitsektoren der deutschen und europäischen Wirtschaft geworden waren. Die innere, rationale Verknüpfung von Verlag, Montanunternehmungen, Fernhandel einschließlich der Transportunternehmungen und Bankgeschäfte charakterisiert den Frühkapitalismus der Augsburger Familienfirmen als erstes Wirtschaftssystem der Neuzeit, das in wohlkalkulierter, sachlicher Abstimmung ein Zahnrad ins andere greifen ließ, so daß Unternehmungen bislang unbekannten Zuschnitts mit ungeheuren Gewinnspannen möglich wurden.

Politische Zentralität

Eng verzahnt mit den wirtschaftlichen waren die politischen Leistungen des frühbürgerlichen Kommunikationsnetzes mit Augsburg als Knotenpunkt: Augsburg war Vorort der oberschwäbischen Region; im Reich gehörte es zu einer kleinen Zahl herausgehobener Reichsstädte.

Das politische Netz der Reichsstädte war zwar im Prinzip egalitär, in der Realität hatte sich aber im ersten Drittel des 16. Jahrhunderts eine Gruppe von knapp zehn Vororten, darunter Augsburg, herausgebildet, die die Politik des Städtekorpus auf und zwischen den Reichstagen in die Hand nahmen[22]. Ähnlich sah es mit der Ausrichtung der Reichstage selbst aus, die in der ersten Hälfte des 16. Jahrhunderts in der Regel in Worms, Speyer, Nürnberg oder Augsburg stattfanden. Innerhalb dieser Gruppe politisch führender Reichsstädte nahm Augsburg um 1530 eine hervorgehobene Stellung ein (Abb. 9). Denn zusätzlich zu seiner Rolle im Städtekorpus und als Reichstagsstadt erfreute es sich der besonderen Wertschätzung Kaiser Karls V., und an den Höfen mächtiger Reichsfürsten galt das Wort von Mitgliedern seiner Elite viel – sei es als politisch-juristische Berater, sei es als Kreditgeber und Finanzfachleute.

Herkunft und Verausgabung des Reichtums – die Fugger als Beispiel

Es war im wesentlichen der Qualität Augsburgs als politischer und ökonomischer Knotenpunkt eines länderüberspannenden urbanen Kommunikations- und Verteilungsnetzes zu danken, daß dem dortigen Großbürgertum ein Reichtum zufloß, der es erlaubte, zusätzlich zu den Unsummen an Reinvestitionen und Krediten an die Fürsten viel Geld für Aufträge nach Art der Jahreszeiten-Bilder und für den Ankauf anderer erlesener Kunst-

21 Grundlegend zur deutschen Wirtschaftsgeschichte jetzt F.-W. Henning, Deutsche Wirtschafts- und Sozialgeschichte im Mittelalter und in der frühen Neuzeit, Paderborn 1991; vgl. auch Schilling (wie Anm. 9), S. 36ff. Für Augsburg weiterhin unersetzt R. Ehrenberg, Das Zeitalter der Fugger. Geld, Kapital und Kreditverkehr im 16. Jahrhundert, 2 Bde., Jena 1896, Neudruck Hildesheim 1963; J. Strieder, Zur Genesis des modernen Kapitalismus. Forschungen zur Entstehung der großen bürgerlichen Kapitalvermögen am Ausgang des Mittelalters und zu Beginn der frühen Neuzeit, zunächst in Augsburg, 2. Aufl., München/Leipzig 1935; Götz Frhr. von Pölnitz, Jakob Fugger, 2 Bde., Tübingen 1949 und 1951; ders., Anton Fugger, 2 Bde., Tübingen 1958 und 1963; dazu jüngst H. Kellenbenz, Die Fugger in Spanien und Portugal bis 1560. Ein Großunternehmen des 16. Jahrhunderts, 3 Bde., München 1990.

22 Zur politischen Geschichte der Reichsstädte im 16. Jahrhundert liegen jetzt zwei grundlegende Studien vor: G. Schmidt, Der Städtetag in der Reichsverfassung. Eine Untersuchung zur korporativen Politik der Freien und Reichsstädte in der erste Hälfte des 16. Jahrhunderts, Stuttgart 1984; H. R. Schmidt, Reichsstädte, Reich und Reformation. Korporative Religionspolitik 1521–1529/30, Stuttgart 1986. Speziell zu Augsburg vgl. H. Lutz, Augsburg und seine politische Umwelt 1490–1555, und W. Schulze, Augsburg 1555–1648: Eine Stadt im Heiligen Römischen Reich, beide in: Gottlieb, Geschichte der Stadt Augsburg, S. 413–432 bzw. 433–450, sowie H. Lutz, Augsburg und das Reich 1518–1555, und W. Schulze, Augsburg und die Reichstage im späten 16. Jahrhundert, beide in: Welt im Umbruch, Bd. 1, Augsburg 1980, S. 40–42 bzw. S. 43–49. Speziell zu den Reichstagen: R. Aulinger, Augsburg und die Reichstage des 16. Jahrhunderts, in: Welt im Umbruch, Bd. 3, Augsburg 1981, S. 9–24.

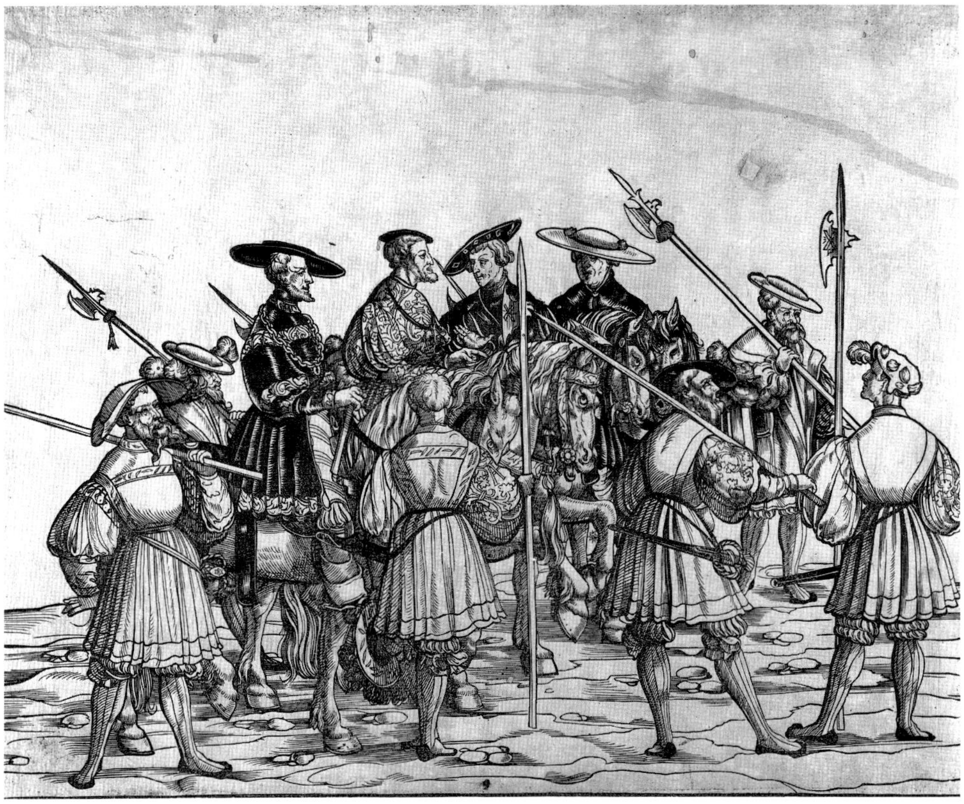

9 Jörg Breu d. Ä, Der Einzug Kaiser Karls V. in Augsburg. Holzschnitt, 1530 (Detail). Braunschweig, Herzog Anton Ulrich-Museum.

und Kulturprodukte auszugeben. Nehmen wir die Fugger als Beispiel, die zwar als Auftraggeber der Bilder ausscheiden dürften, sich aber mit ihnen identifizierten, insofern sie nämlich Kopien davon anfertigen und in ihrem Baugarten aufhängen ließen[23]: Die Hauptquelle ihres Reichtums waren um 1530 längst nicht mehr der Textilverlag und der Fernhandel, wenngleich die Firma das Netz der Barchentproduktion noch ausbaute, vor allem im Weißenhorner Raum bei Ulm, und auch ihren Fernhandel, der in einem Europa überspannenden Faktoreisystem organisiert war, durch ein vorsichtiges Engagement im Kolonialhandel ausweitete. Ihr von den Faktoreien in Lissabon und Antwerpen getragener Pfefferhandel blieb weit bescheidener als das Engagement, das andere Augsburger Häuser, voran die Welser, am neuen Gewürzhandel und an Molukkenfahrten zeigten (Abb. 10). Am Kolonialgeschäft nahmen die Fugger vorrangig als Kreditgeber der spanischen Krone teil, was ihnen Mitte der 1530er Jahre einen Anspruch im Wert von 100.000 Dukaten auf das durch ein spanisches Staatsmonopol ausgebeutete südamerikanische Silber einbrachte.

Die Schwerpunkte der Firma Fugger lagen eindeutig im Montangewerbe und bei den Kredit- bzw. Bankgeschäften. Beides war eng aufeinander abgestimmt, insofern sich die Fugger wie ihre Konkurrenten auch die finanztechnisch nicht gedeckten Kredite durch Nutzungs- und Schürfrechte absichern ließen – beginnend in den 1490er Jahren mit Krediten an den Herzog von Tirol, die das Monopol über den sehr ertragreichen Schwazer Silberbergbau brachten, über entsprechende Geschäfte mit Kaiser Maximilian I., durch die ein zeitweiliges Monopol auf den europäischen Kupfermarkt errichtet werden konnte, bis hin zur Ausbeute von spanischen Quecksilber- und Zinnobervorkommen infolge des Kaiserwahl-Kredits, den sie Karl V. gewährt hatten. Vornehmlich durch Pacht und Kauf gelangte das gesamte ungarische Montanrevier mit Zentrum in Neusohl unter Kontrolle des Augsburger Handelshauses. Neben den Kreditgeschäften mit den weltlichen Machthabern, von denen das mit dem Deutschen König Ferdinand mit einer Schuld von 651.000 Gulden im Jahre 1527 sogar noch den spekta-

23 Nachgewiesen bei G. Krämer in seiner Beschreibung der Jahreszeiten-Bilder in: Welt im Umbruch, Bd. 1, Augsburg 1980, Kat. Nr. 5–8, S. 119. Zum folgenden die in Anmerkung 21 nachgewiesene Literatur.

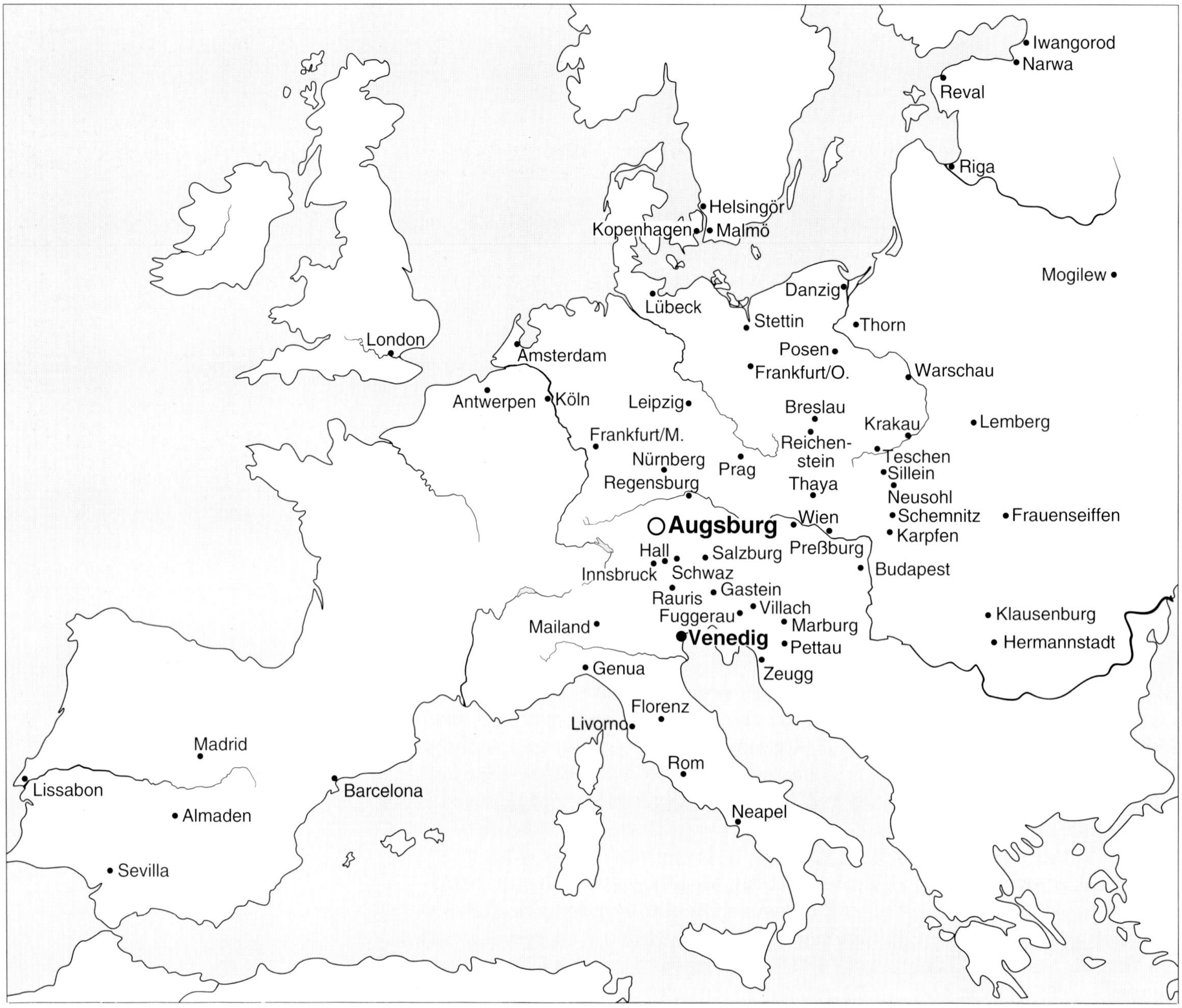

10 *Verbreitung und Geschäftsverbindungen des Augsburger Handelskapitalismus: Niederlassungen der Fugger.*

kulären Wahlkredit von 543.585 Gulden an den Kaiser übertraf, betätigten sich die Fugger als Finanziers der Kurie und geistlicher Fürsten. Vor allem die Abwicklung kirchlicher Finanzgeschäfte brachte ihnen hohe Gewinne – so etwa die finanztechnische Übermittlung der in Deutschland eingenommenen Ablaßgelder und der Peterspfennig-Steuer nach Rom. Im ersten Drittel des 16. Jahrhunderts bewährte sich diese Geschäftspolitik aufs beste – zwischen 1511 und 1527 erreichte die Firma eine Gewinnsteigerung von 927%, das sind durchschnittlich 54,5% im Jahr[24]. Bei Passiva von rund 870.000 Gulden weist die Inventur von 1527 rund 3 Millionen Gulden an Aktiva aus, die sich folgendermaßen verteilten:

Bergwerke und Bergwerksanteile	270.000	Gulden
Sonstige Immobilien	150.000	Gulden
Waren (v. a. Kupfer)	380.000	Gulden
Bargeld	50.000	Gulden
Ausstände	1650.000	Gulden
Privatkonten der Gesellschafter	430.000	Gulden
Schwebende Geschäfte	70.000	Gulden

24 Dies nach den Berechnungen bei R. Ehrenberg, Das Zeitalter der Fugger, Bd. 1, Jena 1896, S. 119, dort auch die Bilanzen von 1511 und 1527 (S. 122).

Bedenkt man, daß ein mittlerer Bauernhof, wie man ihn auf den Sommerbildern sehen kann, etwa 150 Gulden wert war, ein hoher Staatsbeamter mit 700 bis 800 Gulden Jahresgehalt zufrieden sein mußte und in Augsburg die untere Oberschicht bereits bei einem Vermögen von 450 Gulden angesetzt wurde, während jeder Bürger mit weniger als 50 Gulden Gesamtbesitz bereits als steuerbefreiter »Habenichts« galt[25], so wird der ungeheure Reichtum des Augsburger Großbürgertums deutlich, selbst wenn die meisten seiner Mitglieder allenfalls die Hälfte des Fuggervermögens erreichten. Davon ließ sich jede Art von Luxus und Kurzweil finanzieren. Jakob Fugger der Reiche (1459–1525) selbst lebte eher bescheiden, achtete aber auf die repräsentative Darstellung seiner Familie in der Öffentlichkeit, um die nichtpatrizische Herkunft zu überspielen: Die Ausgaben für die Fugger-Kapelle (erbaut 1511–1518) und der Erwerb mehrerer Häuser am Weinmarkt zur Errichtung eines angemessenen Firmensitzes an angemessener Stelle sowie mehrerer Graf- und Herrschaften – Kirchberg und Biberach, später ergänzt um Babenhausen (1538/39); Wullenstetten, Pfaffenhofen, Illerzell und Weißenhorn, um nur die bekanntesten zu nennen – gehören ebenso in diesen Zusammenhang wie der außergewöhnliche Aufwand bei Hochzeiten, die häufig das Zehnfache des beim ansässigen Adel oder den städtischen Patriziern Üblichen kosteten. So wichtig die sozialen und religiösen Motive auch waren, so spielte darüber hinaus auch bei den zahlreichen Fuggerstiftungen das soziale Prestige eine Rolle, vielleicht auch der Gedanke, damit die unerhörten und in kirchlicher Sicht keineswegs unproblematischen Gewinne zu kompensieren. Das gilt für die Kirchenstiftungen an St. Ulrich und St. Anna mit ansehnlichen Dotierungen von 30.000 Gulden oder mehr ebenso wie für die neuartige Sozialstiftung der Fuggerei mit einem Grundkapital von 10.000 Gulden und weiteren jährlichen Aufwendungen von durchschnittlich 300 Gulden. Im Gegensatz zu anderen Mitgliedern der Augsburger Oberschicht, wie etwa Konrad Peutinger, der u. a. eine große Sammlung antiker Münzen anlegte, beschränkte sich der Kunstsinn der Fugger zunächst im wesentlichen auf die repräsentative und moderne Architektur ihrer Kapelle in St. Anna sowie ihres Geschäftssitzes am Weinmarkt[26]. Größere Summen für die Förderung der Wissenschaften und den Ankauf von Gemälden, Plastiken, Bibliotheken und Kleinodien jeder Art gab erst die nächste Generation aus, beginnend mit Raymund Fugger (1489–1535), dem Neffen Jakobs des Reichen. Und noch eine Generation weiter entnahmen die Fugger für solche unproduktiven Investitionen »häufig … dem Geschäft mehr Kapital als ihm zuträglich war, oder sie setzten ihr eigenes Vermögen aufs Spiel«[27].

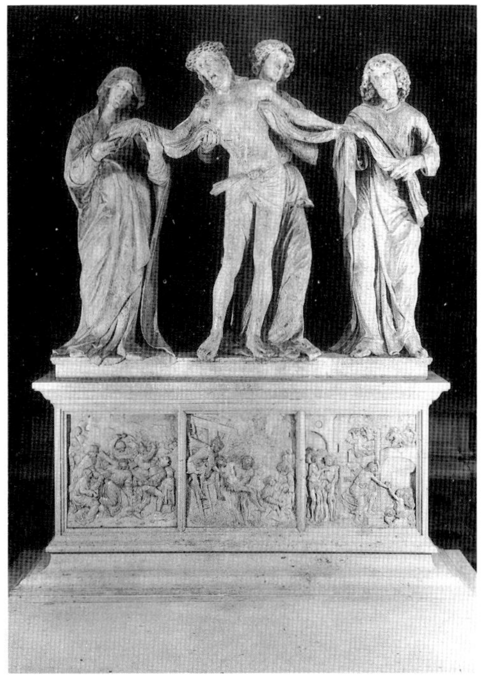

11 Hans Daucher, Altar mit Erbärmergruppe und Predella. Augsburg, Evangelische St. Anna-Kirche.

Zentrum von Kunst und Geistesleben

Augsburg war bereits vor diesem außergewöhnlichen Engagement der Fugger-Familie auch kulturell und kirchlich ein Zentrum allererster Kategorie gewesen und daher Ort von Entscheidungen, die Europa und die Christenheit im Kern umgestalteten. Kultur- und Geistesströmungen folgten in der Regel den Handelswegen. Augsburg wurde daher nahezu zwangsläufig zum nordalpinen Einfallstor italienischer Kunst und Wissenschaft. Die Fugger-Kapelle, mit der in die »alt-deutsche« Gotik von St. Anna die lichte Leichtigkeit der aufziehenden Neuzeit kam, war überhaupt das früheste Renaissancebauwerk dieser Größenordnung in Deutschland (Abb. 11). Die folgenden Generationen setzten diesen Weg fort und machten Augsburg zur Stadt der Renaissance, in deren Zentrum sich der mächtige Palazzo-Block des 1615–1620 durch Elias Holl, den Meister der Spätrenaissance, errichteten Rathauses erhebt[28] (Abb. 12). Ähnlich verhielt es sich mit den

25 Kießling (wie Anm. 1), S. 44ff.; H. Lutz, Das Ringen um deutsche Einheit und kirchliche Erneuerung, 1490–1648, Berlin 1983, S. 55.
26 Zum folgenden neben Bellot (wie Anm. 4), und den in Anmerkung 21 angegebenen Darstellungen N. Lieb, Die Fugger und die Kunst im Zeitalter der Spätgotik und Frührenaissance, München 1952; ders., Die Fugger und die Kunst im Zeitalter der Hohen Renaissance, München 1958.
27 Bellot (wie Anm. 4), S. 348.
28 B. Roeck, Elias Holl, Architekt einer europäischen Stadt, Regensburg 1984.

12 *Lukas Kilian, Ansicht des Augsburger Rathauses. Kupferstich, 1619. Augsburg, Städtische Kunstsammlungen.*

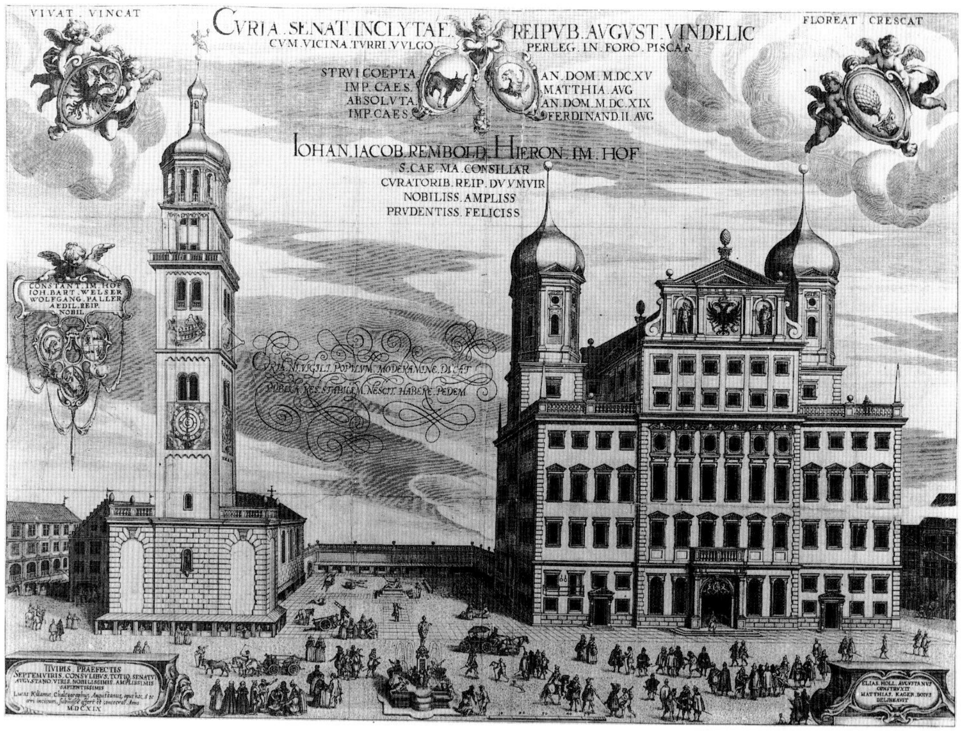

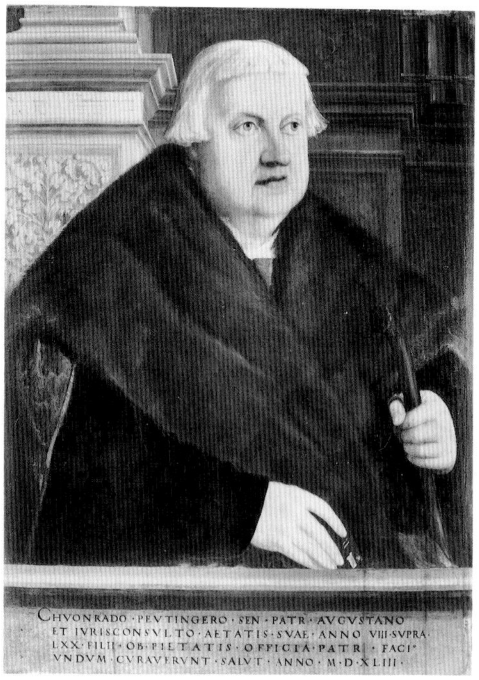

13 *Christoph Amberger, Der Humanist Konrad Peutinger, 1543. Augsburg, Städtische Kunstsammlungen.*

übrigen Künsten, der Wissenschaft und dem Geistesleben allgemein: Der Stadtschreiber Conrad Peutinger (1465–1547) zählte zu den führenden Humanisten im Reich (Abb. 13); am Augsburger Hof von Bischof Christoph von Stadion (1518–1543) traf sich ein Kreis von Gelehrten, der sich die Erneuerung von Literatur und schönen Künsten zur Aufgabe gemacht hatte; Patrizier und Großbürgertum lebten dem Ideal universaler Bildung, wetteiferten als Sammler antiker und moderner Kunst, hielten sich prächtige Bibliotheken mit seltenen Handschriften und Codices, dilettierten in der wissenschaftlichen Numismatik, der Mathematik und der Astronomie, waren Liebhaber der neuen Musik und Poetik. In das Februar-Bild ist diese Kunst- und Bildungsatmosphäre eingegangen – mit Lautenspieler, deklamierendem Poeten, Tanz, Muße des Gespräches und der Lektüre sowie den Äffchen als Versinnbildlichung von Weisheit und Weltoffenheit. Schritt für Schritt wurde das Schul- und Bildungswesen im Sinne der Neuerer umgebaut, ohne allerdings eine hohe Schule oder eine Akademie nach Art der italienischen Städte hervorzubringen, was womöglich mit dem Einbruch der Reformation zusammenhing. Und natürlich hatte auch der frühe deutsche Buchdruck in Augsburg ein Zentrum[29].

Reformation

Nicht auf dem italienischen Königsweg der Erneuerung kam die Reformation. Im Gegenteil, sie wurde im geistig kargen »Kolonialland«[30] geboren und breitete sich von Nordosten her aus, von wo man bislang gewohnt war, Wachs, Pelzwerk, Bernstein, wilden Honig, Schiffsholz und dergleichen zu beziehen. Und dennoch wurde Augsburg sogleich auch ein führendes Zentrum der theologischen und kirchenpolitischen Diskussion, wie überhaupt die Reformation rasch zu einem »städtischen Ereignis« wurde, auch und vor allem in den süd- und westdeutschen Reichsstädten und in den großen Kommunen der benachbarten Schweiz[31]. Bereits der »erste Wendepunkt auf dem Weg zur Reformation«[32] wurde in Augsburg überschritten, als nämlich im Oktober 1518, ein Jahr nach Veröffentlichung der Thesen und wenige

29 Überblick bei Bellot (wie Anm. 4).
30 So die berühmte Charakterisierung durch H. Schöffler, Wirkungen der Reformation. Religionssoziologische Folgerungen für England und Deutschland, Frankfurt a. M. 1960, S. 110ff.: »Wittenberg im kolonialen Vorgelände«.
31 Richtungweisend hierzu B. Moeller, Reichsstadt und Reformation, Gütersloh 1962; zu der daran anschließenden Diskussion Schilling (wie Anm. 1), vor allem Kap. II, 4.
32 K. V. Selge, Die Augsburger Begegnung zwischen Luther und Kardinal Cajetan. Ein erster Wendepunkt auf dem Weg zur Reformation, in: Jahrbuch der Hessischen Kirchengeschichtlichen Vereinigungen, 20, 1969, S. 37–54.

Monate nach Eröffnung des Ketzerprozesses, auf Vorladung Roms und durch Vermittlung des sächsischen Kurfürsten im dortigen Karmeliterkloster neben der St. Anna-Kirche der Wittenberger Mönch und der Kurienkardinal Cajetan, einer der bedeutendsten Theologen Roms, drei Gespräche führten – mit dem Ergebnis, daß beide Seiten bewußt den Weg in die Konfrontation einschlugen: Der Kardinal verabschiedete Luther mit den Worten »geh, widerrufe entweder, oder komme mir nicht mehr unter die Augen«; bei dem Reformator bestärkte sich daraufhin nach seinem eigenen Zeugnis »der Beschluß, nicht zu widerrufen; ich ging ohne Hoffnung auf Rückkehr«[33].

Die nächsten Hauptetappen waren bekanntlich der Wormser Reichstag von 1521, der Luther in die Acht nahm; der erste Speyerer Reichstag von 1526, der diese wieder lockerte, indem er die Reformation zur Gewissenssache der Reichsstände machte; der zweite Speyerer Reichstag von 1529, der zum »Protestantismus«-Reichstag wurde, weil eine Handvoll Fürsten und 14 Reichsstädte, darunter Nürnberg, Straßburg und Ulm, nicht aber Augsburg, die Rücknahme des Beschlusses von 1526 nicht akzeptierten; schließlich der Augsburger Konfessions-Reichstag, auf dem Philipp Melanchthon in Vertretung des wegen der Acht nur bis zur sächsischen Festung Coburg sicheren Reformators die Confessio Augustana ausarbeitete, die vom kursächsischen Kanzler feierlich verlesen wurde und die bis heute die gültige Bekenntnisschrift der Lutheraner geblieben ist[34]. Auch die späteren Wende- und Wegemarken der kirchlichen Erneuerung sind mit dem Namen der Stadt am Lech verbunden: 1547/48 feierte hier Kaiser Karl V. nach dem Sieg über den protestantischen Schmalkaldener Oppositionsbund einen wahrhaft imperialen Reichstag und diktierte in der Religionsfrage das sogenannte Augsburger Interim, das abgesehen von nebensächlichen Zugeständnissen das zu neun Zehnteln evangelische Reich rekatholisieren sollte. Nachdem sich das politische und militärische Glück gegen den Kaiser gewandt hatte, kam es 1555 zum Augsburger Friedensreichstag, der zusammen mit einer Reform des Reiches einen Kompromiß zwischen Altgläubigen und Lutheranern festschrieb, der zwar Generationen später nochmals in Frage gestellt wurde, nach dem Feuersturm des Dreißigjährigen Krieges aber im Prinzip Bestätigung fand. Schließlich wurden in Augsburg auch wichtige Weichen für die Festigung der reformierten, auf die Schweizer Reformatoren Zwingli (Abb. 14) und Calvin zurückgehende Variante des Protestantismus gestellt, die 1555 noch verboten blieb, dann aber 1648 im Westfälischen Frieden rechtliche Anerkennung fand: Auf dem Reichstag von 1530 legten die vier oberdeutschen Reichsstädte Straßburg, Memmingen, Konstanz und Lindau die reformiert ausgerichtete Confessio Tetrapolitana vor, die sich vor allem in dem zwischen den Evangelischen strittigen Abendmahlsartikel von der lutherischen Confessio Augustana unterschied. Und der Augsburger Reichstag von 1566 war insofern für die Reformierten ein Erfolg, als es den orthodoxen Lutheranern nicht gelang, den spätestens seit der Veröffentlichung des Heidelberger Katechismus im Jahre 1563 notorisch calvinistischen Kurfürsten von der Pfalz aus dem Religionsfrieden herauszudrängen, wodurch die Augsburger Ereignisse »für die reformierten Kirchen nicht nur der Pfalz, sondern des gesamten Europa von geradezu lebenswichtiger Bedeutung geworden sind«[35].

Daß von all dem auf den Jahreszeiten-Bildern nichts zu sehen ist, läßt sich nur als bewußte Entscheidung des Auftraggebers und des Künstlers verstehen. Denn zwischem dem aufsehenerregenden Konfessions-Reichstag von 1530 und der im Februar-Bild angebrachten Jahreszahl liegen nur wenige Monate, und am 25. Oktober 1530 war es vor dem Großen Rat zu einer heftigen Debatte über den Reichstagsabschluß gekommen[36], und zwar unter Leitung des Bürgermeisters Ulrich Rehlinger, dessen Familienwappen

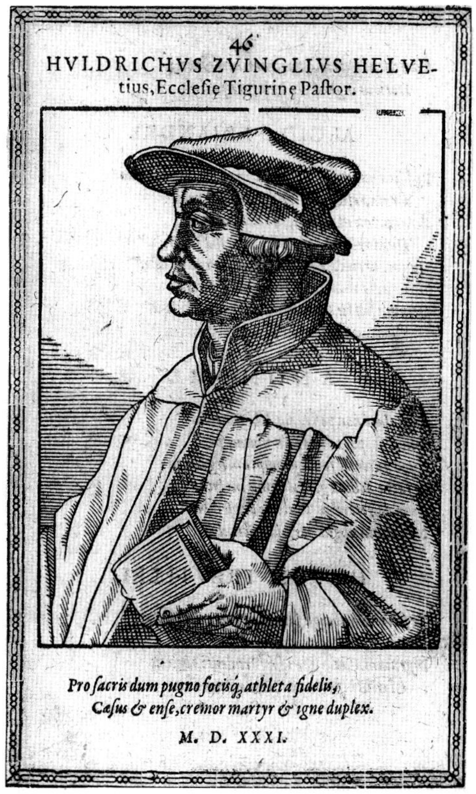

14 Christoph Murer, Bildnis des Ulrich Zwingli. Holzschnitt, 1587. Nürnberg, Germanisches Nationalmuseum.

33 Zitiert nach K.-P. Schmid, Die Lutherstiege im ehemaligen Karmeliterkloster bei St. Anna in Augsburg, Augsburg 1984, S. 10.

34 E. Iserloh (Hg.), Confessio Augustana und Confutatio. Der Augsburger Reichstag 1530 und die Einheit der Kirche, Münster 1980; W. Reinhard (Hg.), Bekenntnis und Geschichte. Die Confessio Augustana im historischen Zusammenhang, München 1981; R. Decot (Hg.), Vermittlungsversuche auf dem Augsburger Reichstag 1530, Stuttgart 1989.

35 Grundlegend W. Holweg, Der Augsburger Reichstag von 1566 und seine Bedeutung für die Entstehung der Reformierten Kirche und ihres Bekenntnisses, Neukirchen-Vluyl 1964, Zitat im Vorwort.

36 Grundlegend zur Augsburger Reformationsgeschichte weiterhin Roth, Reformationsgeschichte, Neudruck München 1974; daneben die Abrisse von H. Immenkötter, Kirche zwischen Reformation und Parität, in: Gottlieb, Geschichte der Stadt Augsburg, S. 391–413, bzw. P. Rummel/W. Zorn, Kirchengeschichte 1518–1555, in: Welt im Umbruch, Bd. 1, Augsburg 1980, S. 30–39; jüngst der Aufsatzband R. Schwarz (Hg.), Die Augsburger Kirchenordnung von 1537 und ihr Umfeld, Gütersloh 1988.

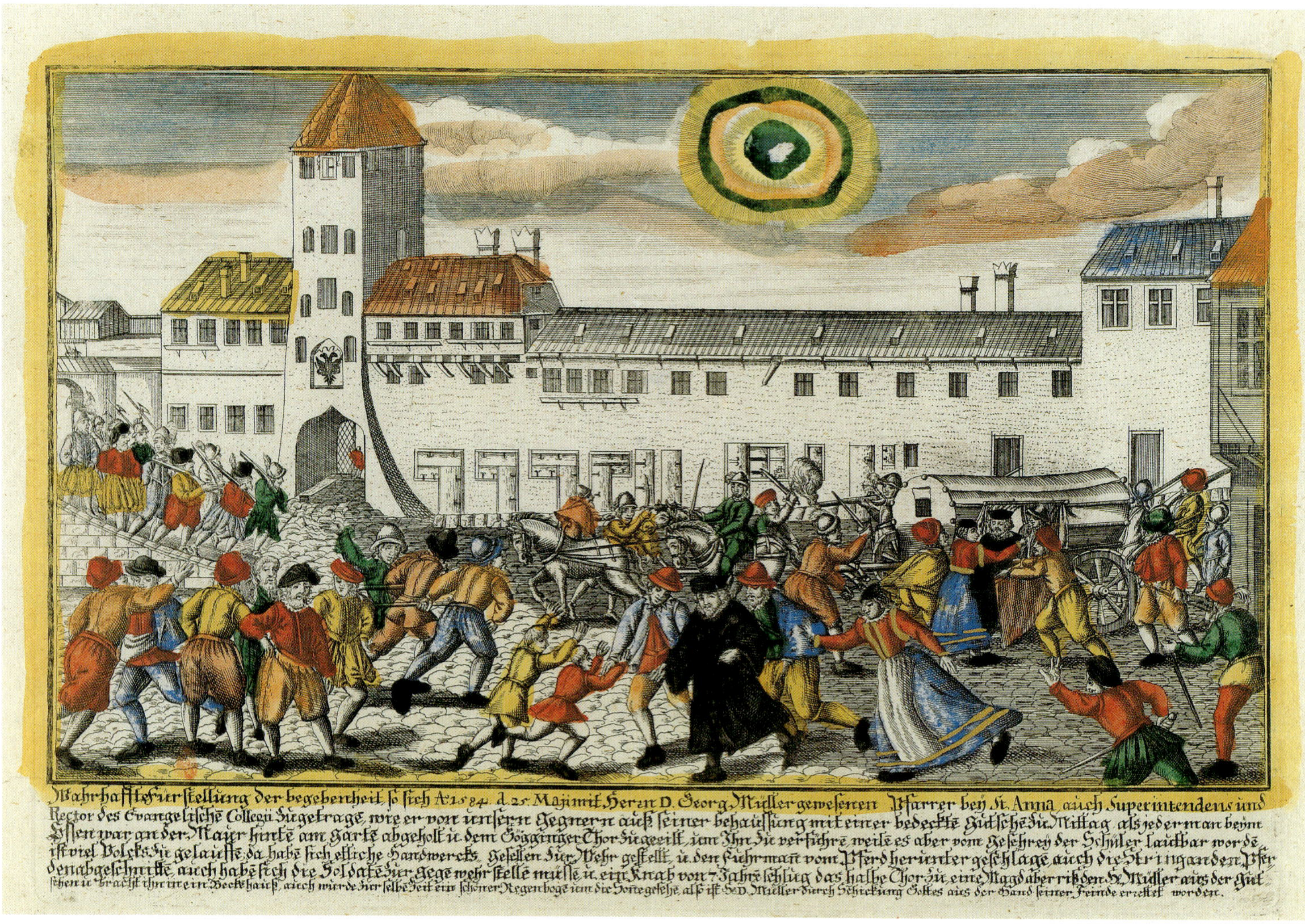

15 Die mißglückte Ausweisung des Pfarrers Georg Mylius (Müller) am 25. Mai 1584. Kolorierter Kupferstich. Augsburg, Staats- und Stadtbibliothek.

an besonders prominenter Stelle auf dem Schlitten der Winterdarstellung zu sehen ist. Nachdem das Augsburger Ratsregiment nicht zuletzt aus Rücksicht auf den Kaiser mit formellen Beschlüssen zugunsten der Reformation zurückgehalten hatte und noch 1529 auf dem Speyerer Reichstag nicht den protestierenden Ständen beigetreten war, kann der mit 175 von 220 Stimmen getroffene Beschluß, den protestantenfeindlichen Reichstagsabschied (Wiederbelebung des Wormser Edikts) für die Stadt Augsburg nicht anzuerkennen, als erster offizieller Schritt auf dem Weg zur Protestantisierung der Reichsstadt gelten. Die Erneuerung wurde dann sieben Jahre später beendet, als der Große Rat – diesmal unter dem Vorsitz des Patrizierbürgermeisters Hans Welser und des zweiten Bürgermeisters Mang Seitz – am 17. Januar die Abschaffung der »papistischen Abgötterei« beschloß, und wenige Monate später, Anfang Juli 1537, eine evangelische Kirchenordnung eingeführt wurde, die das kirchliche Leben der gesamten Stadt neu regeln sollte[37]. Damit war eine Entwicklung zu ihrem vorläufigen Ende gekommen, die unmittelbar nach Luthers Thesenversendung im Jahre 1517 eingesetzt hatte: In Augsburg hatte die reformatorische Botschaft sogleich offene Ohren gefunden, und zwar zuerst und vor allem in Humanistenkreisen – beim Stadtschreiber Dr. Konrad Peutinger ebenso wie am Hof Bischof Christoph von Stadions –, in den Klöstern der Bettelorden und unter den Druckern. Überall dort, wo ein bestallter Kleriker die neue Lehre annahm und verkündete, bildeten sich evangelische Gemeinden – so im Karmeliterkloster St. Ulrich, dessen Prior Johannes Frosch mit Luther befreundet war, bei den Franziskanern unter Einfluß des Mönchs Johannes Schilling, am

37 Schwarz (wie Anm. 36).

Chorherren-Stift St. Moritz, in den Pfarrbezirken St. Ulrich, Heilig Kreuz und St. Georg. In den ersten Jahren wurde sogar auf der Domkanzel evangelisch gepredigt, bis die Prediger Johannes Oekolampad und Urbanus Rhegius 1520/21 der beginnenden altkirchlichen Formierung weichen mußten (Abb. 15).

Auch unter den Laien breitete sich die neue Lehre rasch aus, allerdings sozial deutlich abgestuft. Angeführt von den Webern, traten die breiten Handwerkerschichten nahezu geschlossen zum Protestantismus über und drängten den Stadtrat zur raschen Durchführung der Kirchenreform[38]. Im Unterschied dazu blieb die politische Elite zunächst abwartend und versuchte, einen vom Ratsschreiber Peutinger empfohlenen »mitler weg« zu steuern[39]. Schließlich drang die neue Lehre aber auch ins Großbürgertum und Patriziat vor, mit dem Ergebnis, daß es zu einer konfessionellen Spaltung der Elite kam, die teilweise quer durch die Familien lief. Von den vier Sippennetzen, die nach Auskunft einer neueren sozialgeschichtlichen Untersuchung[40] zu jener Zeit das Augsburger Ratsregiment in Händen hielten, können drei als Förderer der Reformation gelten, auch wenn einzelne Mitglieder altgläubig blieben: das Welser-Netz, dem frühkapitalistische Unternehmer ersten Ranges und humanistisch interessierte Großbürger angehörten; das Herbrot-Netz, das sich mehrheitlich aus der Kaufleutestube rekrutierte; schließlich das Seitz-Netz, das die Führer der Handwerkerschaft bildeten. Im Gegensatz dazu blieb das Fugger-Netz mit den bedeutenden Familienverbänden Fugger, Artzt, Baumgartner, Ilsung, Rehlinger und Schellenberg mehrheitlich altgläubig und entwickelte sich seit den späten 1530er Jahren zum Garanten katholischer Resistenz und katholischen Erneuerungswillens in einer protestantischen Stadt. Ganz unberührt von der Reformation blieb aber auch dieser Elitenverband nicht. Selbst einzelne Mitglieder der Familie Fugger wurden evangelisch, und unter den Rehlingern taten sich Ulrich und Wolfgang sogar im Stadtrat als Führer der protestantischen Fraktion hervor.

Zu der Spaltung innerhalb der Augsburger Elite trat, und das erscheint mir für das Verständnis der Jahreszeiten-Bilder besonders wichtig, eine religiös-theologische Spaltung der reformatorischen Bewegung selbst. Neben den Lutheranern gab es viele Täufer und – vor allem auch im Großbürgertum – Zwinglianer, also Vertreter jener auf Zürich zurückgehenden Spielart des Protestantismus, die auf dem Reichstag von 1530 die Tetrapolitana als Gegenbekenntnis zur Augustana der Lutheraner vorgelegt hatten. Abgesehen von der spektakulären Abendmahlsfrage und bestimmten Punkten der Kirchenordnung, unterschieden sich die Zwinglianer von den Lutheranern durch einen entschiedeneren Erneuerungswillen auch bei den Gottesdienstformen und beim Ritus sowie – im vorliegenden Zusammenhang das Entscheidende – in der Bilderfrage. In Augsburg kam es daher im Frühjahr 1537 im Umkreis des erwähnten Ratsbeschlusses gegen die »papistische Abgötterei« zu einem Bildersturm, der typisch für die reformiert-zwinglische, nicht aber für die lutherische Kirchenerneuerung ist[41] (Abb. 16).

Was ergibt sich aus diesen kirchen- und konfessionsgeschichtlichen Beobachtungen für die Jahreszeiten-Bilder, speziell für das aus zeitgeschichtlicher Perspektive erstaunliche Verschweigen der Reformation? Man wird einerseits zugestehen müssen, daß ein Fehlen des aktuellen Zeithintergrundes ikonographisch in der Konsequenz der Bildtradition von Monatsbildern liegt. Andererseits ist aber davon auszugehen, daß einem feurig protestantischen Auftraggeber und Maler schon etwas eingefallen wäre, um eine entsprechende Botschaft einzubauen[42]. Sind die Bilder also den Gegnern der Reformation im Großbürgertum zuzuordnen? Auch das erscheint eher unwahrscheinlich, ließe sich für einen solchen Fall doch erwarten, daß die Sym-

38 P. Broadhead, Popular Pressure for Reform in Augsburg, 1524–1534, in: B. J. Mommsen (Hg.), Stadtbürgertum und Adel in der Reformation. Studien zur Sozialgeschichte der Reformation in England und Deutschland, Stuttgart 1979, S. 80–87.

39 Als diese Politik scheiterte, schloß sich Peutinger den Altgläubigen an. Zu ihm ausführlich H. Lutz, Conrad Peutinger. Beiträge zu einer politischen Biographie, Augsburg 1958.

40 Sieh-Burens (wie Anm. 3), ausführlich zu den konfessionsgeschichtlichen Zusammenhängen das Kapitel 3 »Konfessionspolitische Konflikte«, S. 133–214.

41 Aus der reichen Literatur sei nur genannt C. Eir, War against the Idols: The Reformation of Worship from Erasmus to Calvin, Cambridge 1986; J. Harasimowicz, Contra Calviniorum idolomachiam. Die Bilderstürmer der Zweiten Reformation und die lutherische Kunst um 1600, in: L'art et les révolutions, Straßburg 1992, S. 151–170. Zum Augsburger Bildersturm J. Rasmussen, Bildersturm und Restauration, in: Welt im Umbruch, Bd. 3, Augsburg 1981, S. 95–114.

42 Mit theologisch-kriminalistischem Scharfsinn weist das Gode Krämer am Beispiel der Geißelungs-, Verspottungs- und Kreuzigungsdarstellungen des protestantischen Malers Jörg Breu auf: G. Krämer, Jörg Breu d. Ä. als Maler und Protestant, in: Welt im Umbruch, Bd. 3, Augsburg 1981, S. 115–133.

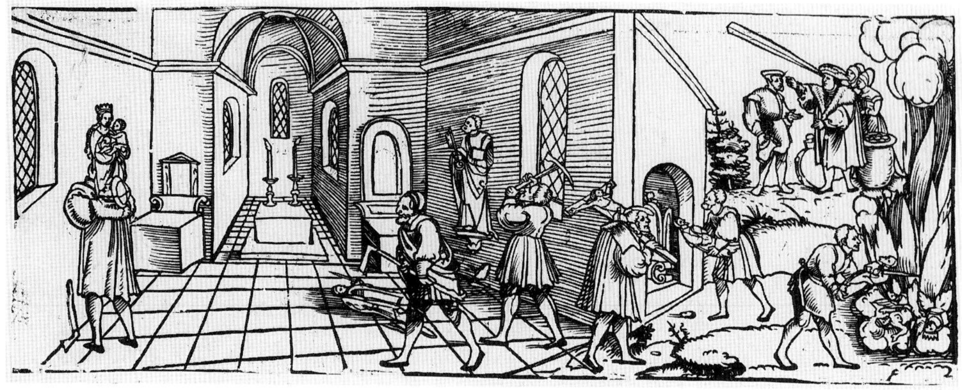

16 Erhard Schön, Klagrede der armen verfolgten Götzen und Tempelbilder / über so ungleich urtayl und straffe. Holzschnitt, nach 1524. Nürnberg, Germanisches Nationalmuseum.

bole und Gebräuche der alten Kirche irgendwie in Erscheinung träten. Eine stimmige Interpretation ergäbe sich dagegen, wenn man die Bilder mit den erwähnten stark reformiert-zwinglischen Strömungen der Augsburger Reformation in Verbindung brächte. Das erscheint auch insofern berechtigt, als gerade die Familie Rehlinger, die mit plausiblen Argumenten als Auftraggeber in Frage kommt[43], zu den Führern der zwinglischen Richtung zählte, so namentlich der Bürgermeister Ulrich Rehlinger und sein Sohn Ulrich, der 1531 in der St. Ottmars-Kapelle ein Kruzifix und Heiligenbilder zertrümmerte und daraufhin von dem noch an seinem Mittelweg festhaltenden Rat mit Turmstrafe belegt wurde[44]. Daß »Kurzweil ohn' Maß und Ziel«, die Geisteshaltung der Jahreszeiten-Bilder, ja selbst eine weit darüber hinausschießende unkontrollierte Sinneslust sich um 1530 in Augsburg mit zwinglischer Parteigängerschaft und bilderstürmerischem Aktivismus verbinden konnte, zeigt besonders eindrucksvoll Sigmund Welser, der sich als Mitglied der berühmten Welser-Sippe und Anführer einer großbürgerlichen Jeunesse dorée 1529 an der Zerstörung eines Kruzifixes und zweier von seiner Familie gestifteten Altarretabeln in der Barfüßerkirche beteiligt hatte und wenig später der »Sodomie« überführt wurde. Unter diesem in der Regel mit dem Tod bestraften Verbrechen faßten die Zeitgenossen alle ihnen widernatürlich erscheinenden Formen exzessiv-libertärer Sexualität und Sinneslust zusammen. Dem katholischen Chronisten von St. Ulrich und Afra gab das Gelegenheit zu einem bissigen Kommentar: »Aus der lutherischen und Zwinglischen Sekt ist in Augsburg die sodomitische Gesellschaft entsprungen«[45].

Solange Auftraggeber und Besitzer der Bilder unbekannt sind, verbietet es sich, eine direkte Verbindung zu bestimmten sozialen Gruppen bzw. politischen, konfessionellen oder sonstigen Ereignissen herzustellen. Immerhin läßt sich soviel festhalten, daß es dem Auftraggeber, welcher Partei er auch letztlich angehören mochte, darauf ankam, die religiöse und politische Zerrissenheit des Großbürgertums und die akute Gefährdung seiner Führungsposition zu verbergen hinter einem optimistischen Reigen von bunten gesellschaftlichen Auftritten und lebenslustigen Vergnügungen. Darüber hinaus läßt sich eine Hypothese für den merkwürdigen Verzicht auf religiös-kirchliche Motive formulieren, von dem ungeachtet der Tatsache zu sprechen ist, daß im Februar-Bild ein Trauerzug (Abb. 17) und auf dem Dezember-Bild in der Hand eines Ratsherrn ein Rosenkranz (Abb. 18) zu sehen sind, weil ersteres zum Turnierspiel gehören mag und letzteres um 1530 noch nicht konfessionell besetzt war. Vor dem skizzierten konfessionssoziologischen und gesellschaftlichen Hintergrund läßt sich das Fehlen kirchlicher und religiöser Motive als Ausdruck reformiert-zwinglischer Bilderfeindlichkeit deuten, die sich allerdings noch ganz auf das Sakralbild beschränkt. Denn es steht eine ganze Welt zwischen den Augsburger Bildern

43 Vgl. dazu den Beitrag von H. Dormeier, Kurzweil und Selbstdarstellung, in diesem Band.

44 So namentlich der Bürgermeister Dr. Ulrich Rehlinger. Vgl. Sieh-Burens (wie Anm. 3), S. 138 u. a.; Rasmussen (wie Anm. 41), S. 96f.; Roth, Reformationsgeschichte, Bd. 2, S. 66.

45 Roth, Reformationsgeschichte, Bd. 2, S. 78, Anm. 48; Rasmussen (wie Anm. 41), S. 96.

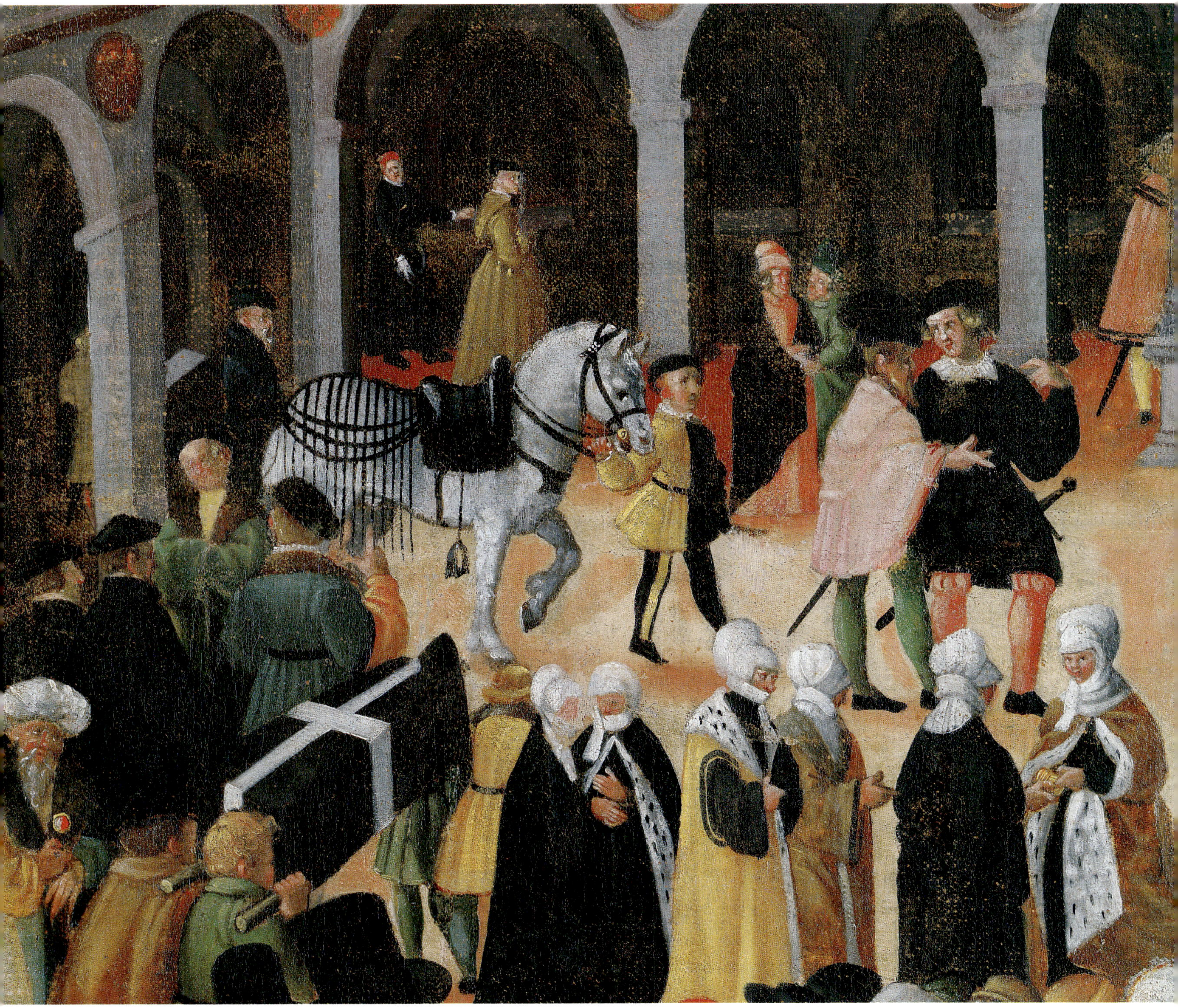

und der puristisch-puritanischen Mentalität, die sich in späteren Generationen im reformierten Europa festsetzte, in Zürich und in Genf nicht anders als in England, und die zugleich mit jeglicher Form von Sinnlichkeit die bunte Lebensfülle von Kunst, Musik und Literatur stigmatisierte. In dem Jahreszeiten-Zyklus spiegelt sich noch ganz die weltbejahende Aufbruchstimmung von Renaissance und Humanismus (Abb. 19, 20). Dies ist mit der frühzwinglischen Stimmung durchaus vereinbar, war doch die rationale Lehre des humanistisch erzogenen Züricher Leutpriesters in vielem der Spiritualität und Denkart der Humanisten, der oberdeutschen zumal, gemäßer als die radikale Religiosität des Wittenberger Mönchs.

17 Monate Januar–März: Der Trauerzug. Berlin, Deutsches Historisches Museum.

Folgende Seite
18 Monate Oktober–Dezember: Ein Ratsherr mit einem Rosenkranz. Berlin, Deutsches Historisches Museum.

18 Monate Oktober–Dezember: Ein Ratsherr mit einem Rosenkranz. Berlin, Deutsches Historisches Museum.

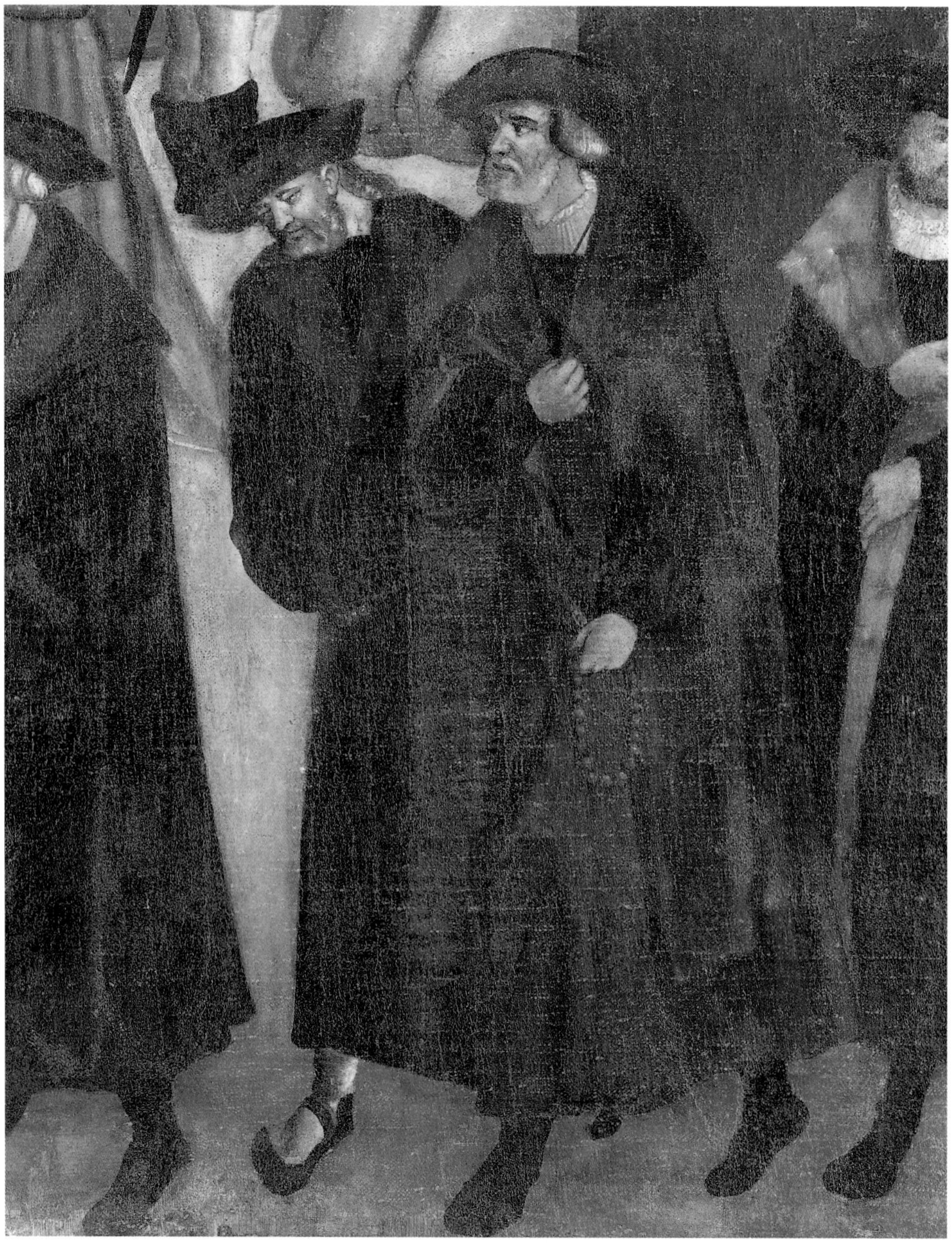

19 Alexander Sanders, Diakonissinnen der Gemeinde Emden, 1665. Emden, Ostfriesisches Landesmuseum.

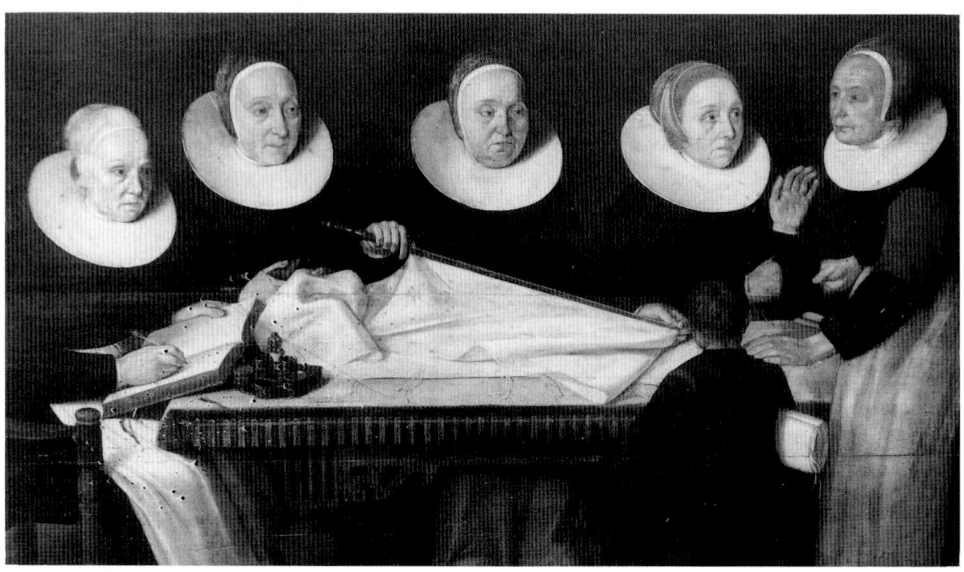

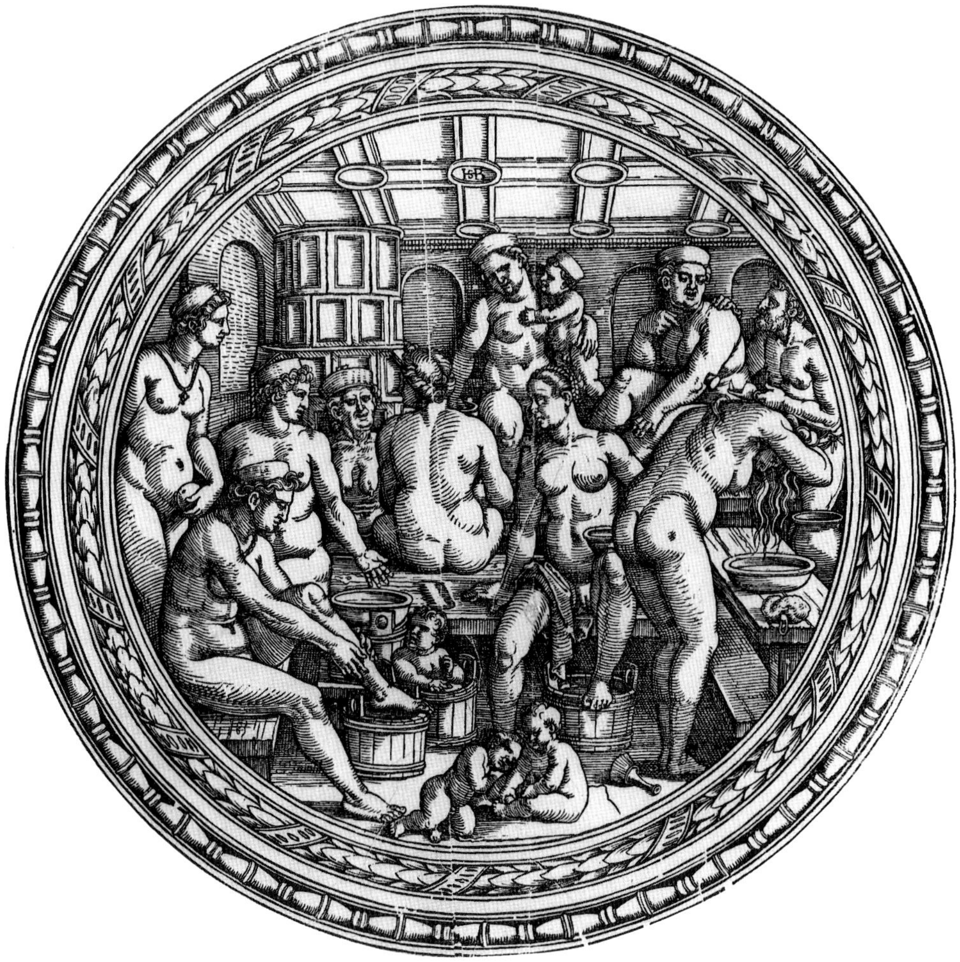

20 Hans Sebald Beham, Das Frauenbad, um 1540. Kunstsammlungen der Veste Coburg, Kupferstichkabinett.

Die historische Zugehörigkeit der Bilder zur Aufbruchphase der Frühneuzeit ist ganz unabhängig von solchen kirchen- und konfessionsgeschichtlichen Erwägungen eindeutig, auch wenn bestimmte Partien formal-stilistisch erst der Zeit um 1600 zuzuschreiben sind und sich dadurch als spätere Übermalungen zu erkennen geben. Denn die Hauptszenen gehören zweifellos in die Zeit vor dem großen Umschlag, der sich im letzten Drittel des 16. Jahrhunderts anbahnte und der das Zusammenleben in Europa rasch veränderte[46]. Besonders markant war der Wandel in Augsburg, weil die Stadt nach dem Wiedererstarken des Katholizismus infolge des kaiserlichen Sieges von 1547/48 über den protestantischen Oppositionsbund von Schmalkalden gleichsam auf der politischen und »ideologischen« Bruchlinie lag[47]. Der Aufbruch der Reformation wurde abgelöst durch die Konfessionalisierung, die auf Neuformierung, Abgrenzung und Konfrontation aus war und einen Fundamentalprozeß in Gang setzte, der Gesellschaft, Staat und Kultur tief umpflügte. Daraus resultierte nicht zuletzt eine rigide sittlich-moralische Disziplinierung des Handelns und eine orthodoxe Normierung des Denkens der Menschen in Stadt und Land[48]. Selbst die Stellung der Frauen in Familie und Öffentlichkeit blieb davon nicht unberührt, so daß sich ihr Auftreten und Verhalten gegenüber dem frühen 16. Jahrhundert nicht unwesentlich veränderte[49]. Das Zeitalter des oberdeutschen Handelskapitalismus fand ein Ende, und eine neue nordatlantisch-baltische Weltwirtschaft mit Zentrum in den Niederlanden bildete sich heraus, zu der Oberdeutschland noch zwei, drei Generationen sekundären Zugang über die Landverbindung Frankfurt am Main, Köln, Aachen, Antwerpen bzw. Amsterdam hatte, bevor es im Zuge des Dreißigjährigen Krieges wirtschaftlich und kulturell in die Zweit- und Drittrangigkeit ab-

46 Ausführlich beschrieben in Schilling (wie Anm. 9), S. 267–464.

47 Detailliert hierzu P. Warmbrunn, Zwei Konfessionen in einer Stadt. Das Zusammenleben von Katholiken und Protestanten in den paritätischen Reichsstädten Augsburg, Biberach, Ravensburg und Dinkelsbühl von 1548–1648, Wiesbaden 1983.

48 Hierzu zuletzt der Sammelband H. Schilling (Hg.), Kirchenzucht und Sozialdisziplinierung im frühneuzeitlichen Europa, Berlin 1994.

49 Vgl. die in Anmerkung 15 genannte Literatur, vor allem Wunder und Rooper.

sank[50]. Der Optimismus und die Lebenslust der Renaissance-Zeit schlug um in den Pessimismus und die Lebensangst einer sozialpsychologisch tiefverwurzelten allgemeinen Krise des 17. Jahrhunderts. All dies steht im Gegensatz zur Grundstimmung des Jahreszeiten-Zyklus. Das ist nicht die neugefügte konfessionelle Welt der abgezirkelten Parität und des bürgerlich frugalen, disziplinierten Lebensideals. Hier dokumentieren sich der Optimismus, die Buntheit und die Lebensfülle der Renaissance, die als vorreformatorisch zu charakterisieren ist, auch wenn sie – was die Entstehungszeit anbelangt – chronologisch mitten in den Kampf um die Kirchenerneuerung fällt. Nichts macht das deutlicher als die üppige Badeszene auf dem Mai-Bild, die für das Lebensgefühl der Renaissance nur zu natürlich ist, sich mit dem moralischen Rigorismus und der disziplinierenden Sittenstrenge des Konfessionalismus zum Ende des 16. Jahrhunderts aber ganz und gar nicht verträgt[51]. Und auch die gesellschaftliche Harmonie, die in den Bildern auf der Basis der erwähnten stadtbürgerlichen Friedensnorm zum Ausdruck kommt, entspricht nicht der weltanschaulichen Konfrontation in einer Stadt, in der Katholiken und Protestanten seit 1555 durch formelle Parität in Zwangstoleranz zusammenlebten und in der sich jene »unsichtbare Grenze« herausbildete, die über zwei Jahrhunderte lang Trennung, Argwohn und Feindschaft zementierte[52].

50 Allgemein dazu Schilling (wie Anm. 9), S. 72–81, für Augsburg grundlegend Roeck (wie Anm. 1).

51 Allgemein dazu M. Foucault, Sexualität und Wahrheit, Bd. 1: Der Wille zum Wissen, Frankfurt a. M. 1983; historisch konkreter und epochal korrekter ist der Umschwung im Badewesen diskutiert in einem Exkurs bei P. Schuster, Das Frauenhaus. Städtische Bordelle in Deutschland (1350–1600), Paderborn 1992, S. 129–133.

52 E. François, Die unsichtbare Grenze. Protestanten und Katholiken in Augsburg 1648–1806, Sigmaringen 1991.

Hartmut Boockmann

Lebensgefühl und Repräsentationsstil der Oberschicht in den deutschen Städten um 1500

Die vier großen figurenreichen Gemälde, die im Mittelpunkt dieser Ausstellung stehen, haben etwas von Vexierbildern. Auf den ersten Blick erscheinen sie als so anschaulich, wie man nur denken kann. Hat hier nicht das Leben selbst einen Abdruck hinterlassen? Muß es nicht so gewesen sein, wenn im Augsburger Januar des 16. Jahrhunderts ein Festmahl veranstaltet, wenn im Februar und März in der Stadt turniert wurde, wenn die Monate des Frühlings und des frühen Sommers mit ländlichen Vergnügungen gefüllt, wenn im Juli, August und September die Ernte des Getreides und des Weins als ein Schauspiel genossen wurde, wenn man im Oktober die Tiere schlachtete und sich im folgenden Monat mit Schlittenfahrten unterhielt und wenn im Dezember schließlich feierlich gekleidete Ratsherren das Rathaus der Stadt verließen[1]?

Oder verträgt sich das eine schlecht mit dem anderen? Was haben die Ratsherren mit der Badegesellschaft zu tun, die man auf dem Mai-Bild sieht? Werden auf diesen Bildern etwa Ernst und Spiel gegenübergestellt, erfährt man also etwas über die Breite des Lebens derer, die da im Dezember aus dem Rathaus kommen? Oder sind die den Monaten zugeordneten Tätigkeiten oder jedenfalls die Darstellungen der vier Jahreszeiten Allegorien, die uns mit ihrer Anschaulichkeit täuschen, die Wirklichkeitsnähe vorgeben, tatsächlich aber etwas völlig anderes meinen?

All das ist nicht nur möglich. Es schließt sich auch nicht aus. Gewiß bilden diese Darstellungen nicht Wirklichkeit unmittelbar ab. Aber sie geben doch in ihrer Entstehungszeit und an ihrem Entstehungsort angesiedelte Szenen, um mitzuteilen, was sie mitteilen wollen. Kleider, wie man sie hier sieht, wurden im Augsburg des 16. Jahrhunderts tatsächlich getragen[2]. Ein Turnier sah damals so aus, wie man es hier erblicken[3] kann, und die Lokalitäten jedenfalls auf dem letzten Bild sollen die Augsburger sein, und sie sind es auch[4].

Doch damit ist offensichtlich nicht erschöpft, was diese Bilder mitteilen wollen. Oberhalb dessen, was uns heute als kulturgeschichtlich reizvoll erscheint, uns also zum Beispiel darüber unterrichtet, wie die Ratsherren einer großen Stadt gekleidet waren, wenn sie an einer Ratssitzung teilnahmen, hat man es hier offensichtlich noch mit einer anderen Bedeutungsschicht zu tun. Die im Vordergrund der Bilder dargestellten Szenen – und in wohl geringerem Grade auch die reichen Szenarien, die sich einer genaueren Betrachtung der Bildhintergründe erschließen – stehen in jahrhundertealten ikonographischen Traditionen, sie fügen sich namentlich dem Darstellungstypus »Monatsbilder«[5] ein.

Doch was könnte das heißen? Hat der Auftraggeber den Maler veranlaßt, Augsburger Wirklichkeit des 16. Jahrhunderts so umzuformen, daß sie sich in diese Bildtradition einfügen ließ, oder kann man den Maler selbst für das verantwortlich machen, was man hier sieht? Oder hatte sich womöglich die Realität selbst, also zum Beispiel das festliche Verhalten derer, die man auf den Bildern sehen kann, dieser Darstellungstradition schon angepaßt? Führten im 16. Jahrhundert die reichen und mächtigen Augsburger in der Wirklichkeit sozusagen Monatsbilder auf?

1 In der älteren Literatur wurden die Bilder eingehender nur von Gode Krämer behandelt, in: Welt im Umbruch, Bd. 1, Augsburg 1980, S. 117–120.

2 Siehe etwa die Trachtenbücher des Fugger-Vertrauten Matthäus Schwarz: August Fink, Die Schwarzen Trachtenbücher, Berlin 1963.

3 Zum Turnierwesen und der dafür nötigen Ausstattung zuletzt der Katalog Eisenkleider, Berlin 1992. Ein Augsburger Turnier um 1515 sieht man auf einer Radierung von Wilhelm Peter Zimmermann, abgebildet in: Friedrich Blendinger (Hg.), Augsburg. Geschichte in Bilddokumenten, München 1976, Abb. 113, sowie in: Welt im Umbruch, Bd. 1, Augsburg 1980, Nr. 368 (R. Biedermann).

4 Links sieht man die alte Metzg, also das Verkaufshaus der Schlachter, in der Mitte den Perlachturm und rechts das – allerdings mit Rücksicht auf die Bildkomposition verschobene – alte Rathaus.

5 Reiches spätmittelalterliches Anschauungsmaterial bei Wilhelm Hansen, Kalenderminiaturen. Mittelalterliches Leben im Jahreslauf, München 1984. Siehe im übrigen den Beitrag von Heinrich Dormeier, Bildersprache, in diesem Band.

All diese Fragen lassen sich nicht beantworten. Als gewiß darf man nur annehmen, daß wir es hier mit einer Auftragskunst zu tun haben – wie damals üblich, ja vielleicht noch in höherem Maße als sonst. Diejenigen, die bis zur Reformation Altarbilder oder Epitaphien in Auftrag gaben, waren vermutlich nicht an allen Details der Darstellung interessiert gewesen. Die Maler hatten in Grenzen selbständig verfahren können, und die kenntnisreicheren Auftraggeber, die an Qualität interessiert waren, dürften um 1500 gewußt haben, daß sie die Maler und Bildschnitzer nicht in jeder Einzelheit festlegen durften.

Bei den vier Augsburger Jahreszeitenbildern dürfte das anders gewesen sein – vor allem deshalb, weil die Maler nun, nachdem die Aufträge, welche auf Kirchenausstattungen zielten, infolge der Reformation weggefallen waren, in einer schwierigen Situation waren. Wir kennen aus dem gleichzeitigen Nürnberg die Klage der jetzt arbeitslosen Künstler[6]. Um 1530 dürfte ein deutscher Maler von seinem Auftraggeber abhängiger gewesen sein als drei Jahrzehnte zuvor.

Umgekehrt hatte ein Auftraggeber nun weiterreichende Möglichkeiten als in den Jahrzehnten, da fast alle aufwendigen Arbeiten der Maler und Bildschnitzer für das Innere von Kirchen bestimmt waren. Daß die vier Augsburger Bilder, wie immer man sie zu datieren hat, jedenfalls erst gemalt worden sind, als der traditionelle Markt der Maler zusammengebrochen war, dürfte kein Zufall sein. Vor dem Zusammenbruch dieses Marktes wären diese Bilder für einen sehr reichen Augsburger gewiß nicht unbezahlbar gewesen, aber sie wären doch wohl beträchtlich teurer gewesen als zu ihrer Entstehungszeit.

Daß ein führender reicher Augsburger diese Bilder während der Reformationszeit in Auftrag gab, liegt auf der Hand. Doch das ist nahezu das einzige, was man über ihre Entstehung mit Sicherheit sagen kann. Nicht nur, daß wir keine Schriftquellen haben, die darüber Auskunft geben könnten. Auch die Bilder selbst sagen nicht allzuviel dazu – trotz der Jahreszahl 1531 auf der Darstellung des Februar, trotz dem Wappen der Rehlinger und dem Wappenschemel auf demselben Bild. Eine verläßliche Auskunft darüber, wann diese Bilder gemalt worden sind und wer sie in Auftrag gab, erhält man damit nicht.

Dazu aber kommt, daß wir uns nicht recht vorzustellen vermögen, was damals, im mittleren 16. Jahrhundert, ein reicher und mächtiger Bürger einer der großen deutschen Städte für repräsentativ angesehen hat.

Seitdem im frühen 19. Jahrhundert die damaligen Bürger das Bürgertum des späten Mittelalters und der frühen Neuzeit als ihre Vorgänger entdeckt haben, hat sich, so möchte man sagen, ein dichter Schatten auf die Lebensformen jener frühen Stadtbürger – und zumal der reichen und mächtigen unter ihnen – gelegt. Die bürgerlichen Vordenker des 19. Jahrhunderts sahen sich und alle Bürger als im Kampf gegen die Welt von Adel und Fürsten befindlich. Sie verstanden sich als Kämpfer gegen die Welt des Feudalismus. Nichts könnte bürgerlicher sein als die Vorstellung, das Mittelalter sei ein Zeitalter des Feudalismus gewesen[7].

Angesichts solcher Vorstellungen führte es zu abfälligen, aus einer Enttäuschung geborenen Urteilen, wenn man feststellen mußte, daß die reichen und mächtigen Stadtbürger des 15. und 16. Jahrhunderts Turniere veranstalteten, daß sie Ritterromane lasen, daß sie sich wie vermögende Adlige kleideten und nichts erkennen ließen, was sich als spezifisch bürgerlich hätte bezeichnen lassen. So sprach die Wissenschaft des 19. und des frühen 20. Jahrhunderts davon, daß diese Bürger in Verkennung dessen, was sie als Bürger hätten tun müssen, die Kultur des Adels nachgeahmt hätten[8], und so hatte diese Wissenschaft wenig Anlaß, den Festen und dem repräsentativen Tun der reichen Bürger viel Aufmerksamkeit zuzuwenden.

6 Das bekannteste Zeugnis in diesem Zusammenhang ist Sebald Behams Holzschnitt von 1525, in welchem sich Luther gegen diejenigen verteidigt, die durch ihn geschädigt zu sein meinen, darunter Maler, Bildschnitzer, Seidensticker usw.: Max Geisberg, Der deutsche Einblattholzschnitt, Leipzig 1924ff., Nr. 222. Zur Sache: Carl H. Christensen, Municipal patronage and the crisis of the arts in reformation Nürnberg, in: Church History, 36, New York 1967, S. 140–150.

7 Zu diesem Thema zuletzt Klaus Schreiner, Die Stadt des Mittelalters als Faktor bürgerlicher Identitätsbildung, in: Stadt im Wandel, Bd. 4, Stuttgart 1985.

8 Siehe namentlich Fritz Rörig, Die europäische Stadt und die Kultur im Mittelalter, Göttingen o. J. [1955] (zuerst erschienen 1932 als Beitrag zur Propyläen-Weltgeschichte). Er nennt es (S. 85) tragisch, daß sich die Angehörigen der städtischen Oberschichten dem »ritterlich-adligen Lebensideal« zugewandt und kein »in sich selbst ruhendes maßgebendes Gesellschaftsideal zu behaupten und durchzusetzen vermocht« hätten.

Was man von diesen Bürgern erhoffte, wäre durch eine solche Aufmerksamkeit gestört worden. Wie sich die Bürger in Gustav Freytags Roman »Soll und Haben« durch ihren Fleiß von feudalistischen Lebensformen fernhielten, so hätten sich nach den Wünschen des 19. Jahrhunderts auch die Bürger des 15. und 16. Jahrhunderts verhalten sollen.

Doch wie darf man sich die Existenz dieser Bürger tatsächlich vorstellen? Das kann man nur andeutungsweise sagen. Die erwähnten Wünsche des 19. Jahrhunderts an die Zeit um 1500 haben bestimmte – vor allem wirtschaftsgeschichtliche – Forschungen gefördert, dagegen solche behindert, deren Gegenstand der Luxus, der repräsentative Konsum, die Feste und vielleicht auch die Freizeit der reichen Bürger des frühen 16. Jahrhunderts gewesen wären.

Tatsächlich hatte das spätmittelalterliche und frühneuzeitliche Bürgertum eine andere Gestalt, als das liberale Bürgertum des 19. Jahrhunderts hoffte. Dieses rechnete mit emsigen Kaufleuten und fleißigen Handwerkern. Es stand auf der Seite der Fugger oder Welser und der anderen bekannten Augsburger und aller anderen stadtbürgerlichen Familien, die nun riesige Vermögen erwarben. Doch was von diesen Vermögen in repräsentativen Konsum floß, fand die gleiche Sympathie nicht. Und es fand auch nicht die Aufmerksamkeit, die nötig gewesen wäre, wenn die Lebenswelt der spätmittelalterlichen und frühneuzeitlichen führenden deutschen Stadtbürger hätte erforscht werden sollen.

In Wahrheit erklären sich Turniere der reichen und mächtigen Leute in den großen Städten leicht, wenn man nach der Herkunft dieser Familien fragt. Namentlich in den alten Bischofsstädten – zum Beispiel in Augsburg, weniger dagegen in denen des kolonisatorischen Ostens – waren die Angehörigen der alten Ratsfamilien häufig Nachfahren von bischöflichen Ministerialen. Ebenso hatten Ratsfamilien in den Reichsstädten, zum Beispiel in Nürnberg, Reichsministerialen zu Vorfahren, und für viele Territorialstädte galt das gleiche. In Freiburg beispielsweise ging ein beträchtlicher Teil der städtischen Elite auf die Ministerialität des Stadtgründers zurück, des Herzogs von Zähringen[9].

Diese Ministerialen, die für den König ebenso wie für geistliche und weltliche Reichsfürsten militärische und administrative Führungsaufgaben wahrnahmen, hatten ihren Lebens- und Dienstort nicht nur auf ländlichen Burgen gehabt, sondern auch in Städten, wo sie Zoll, Münze und Gericht verwalteten und von dieser Wahrnehmung der »Regalien« profitierten. Sie wurden reich und vermehrten ihren Reichtum durch die weiteren in der Stadt gegebenen Möglichkeiten, durch die Nutzung städtischen Grundbesitzes und durch die Teilnahme am Handel.

Doch legten die Angehörigen dieser herausragenden städtischen Familien, die in aller Regel Träger der Bemühungen um die Emanzipation vom Stadtherrn waren und nach erfolgreicher Emanzipation die Stadt auch politisch führten, ihren Besitz nicht nur innerhalb der Stadtmauern an. Soweit sie nicht ohnehin über ländlichen Grundbesitz verfügten, erwarben sie ihn; sie waren also ländliche Grundherren ebenso wie jene Ministerialen, die außerhalb der Städte lebten und dort im 13. und 14. Jahrhundert die Reste ihrer Unfreiheit abstreiften und zum niederen Adel wurden.

Die vermögenden und mächtigen Leute in den Städten gingen diesen Weg vielfach ebenfalls, zumal sie nicht nur in einem abstrakt-sozialgeschichtlichen Sinne der gleichen Herkunft waren wie der nunmehrige niedere Adel auf dem Lande. Städtische Ratsherren und Angehörige dieses Adels waren oft miteinander verwandt, und diese Verwandtschaft war nicht nur eine Sache der gemeinsamen Herkunft, sondern sie wurde vielfach durch Heiratsverbindungen erneuert oder erst geschaffen.

9 Siehe nur Erich Maschke/Jürgen Sydow (Hgg.), Stadt und Ministerialität, Stuttgart 1973, und Hermann Nehlsen, Cives et milites de Friburg, in: Schau-ins-Land 84/85, 1966/67, S. 79–124.

1 *Turnierspielzeug, Nürnberg, ca. 1530. München, Bayerisches Nationalmuseum.*

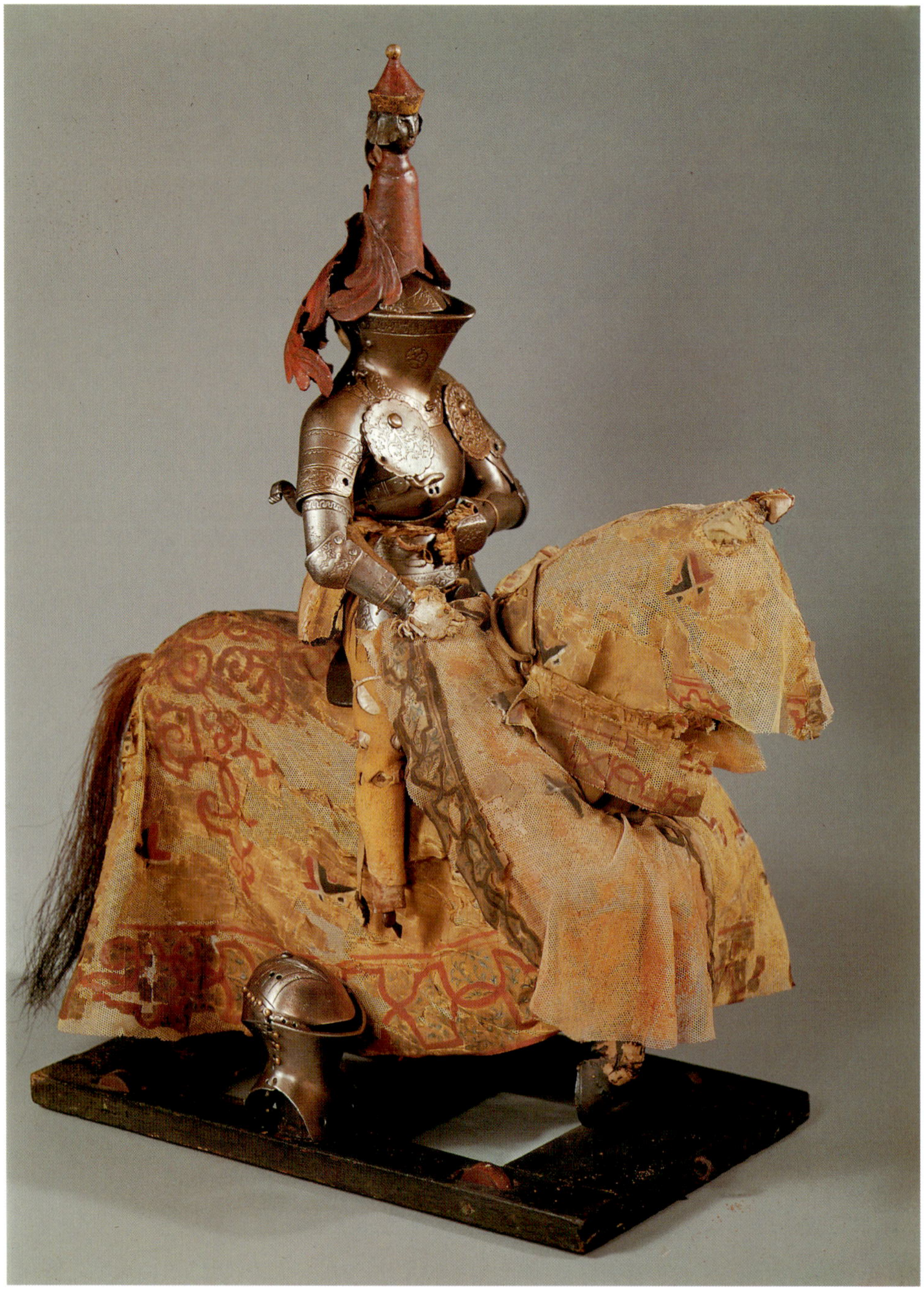

Das aber galt nicht nur für jene städtischen Familien, die aus der Ministerialität stammten. Ebenso wie sich eine solche Herkunft mit städtischem Reichtum und kaufmännischer Tätigkeit durchaus vertrug, eröffnete der durch Handel erworbene Reichtum auch Bürgern nichtministerialischer Herkunft den Weg in den Kreis jener Familien, welche die Städte regierten.

Zu den irreführenden Hoffnungen, die das Bürgertum des 19. Jahrhunderts mit den spätmittelalterlichen Städten verknüpfte, gehörte die Vorstellung von deren demokratischer Verfassung. Diese Hoffnung hat durchaus Geschichte gemacht. Die städtische Selbstverwaltung, die das Resultat der Staatsreformen des frühen 19. Jahrhunderts war, ist mit Bezug auf die mittelalterliche städtische Autonomie und Bürgerfreiheit als eine – vermeintliche – Rückkehr zu früheren Zuständen durchgesetzt worden. Die Wirklichkeit spätmittelalterlicher Städte haben diese Hoffnungen aber verdunkelt.

Diese Städte wurden oligarchisch regiert – und zwar in aller Regel auch dann, wenn die Ratsherren nicht oder nicht allein aus jenen Familien kamen, die einen gleichsam erblichen Zugang zum Rat hatten. Auch wenn durch einen jener Aufstände, die man zunächst Zunftrevolutionen genannt hat und heute richtiger Bürgerkämpfe nennt, die traditionellen Herrschaftsverhältnisse in der Stadt aufgebrochen oder beseitigt worden waren, auch wenn der Rat nicht mehr – oder nicht mehr nur – aus den Angehörigen jener alten Ratsfamilien bestand, war doch nicht die Demokratie an die Stelle der Oligarchie getreten. Sehr bald nach einem solchen Umsturz pflegte sichtbar zu werden, daß es sich dabei vielmehr um die Erneuerung der herkömmlichen Oligarchie gehandelt hat. Auch in Städten, wo die Räte nach einem derartigen Umsturz ganz oder teilweise aus Vertretern der Zünfte bestanden, waren es doch nur bestimmte Zünfte und nur wenige Familien von Zunftangehörigen, die an der politischen Führung in den Städten Anteil hatten und auf diese Weise ihrem Vermögen, aber auch ihrem Habitus nach neben die alten Familien traten[10].

Solche Bürgerkämpfe waren in der Regel die Folge davon, daß sich die traditionelle Oligarchie gefestigt hatte, daß Reichtum nicht mehr zu politischer Macht führte, daß jemand, der zu einem großen Vermögen gekommen war, nicht als Ratsangehöriger akzeptiert wurde, und das auch in der nächsten Generation nicht geschah. Im allgemeinen war das nicht der Fall. Der Kreis der Ratsfamilien in den spätmittelalterlichen Städten war nirgends ausdrücklich begrenzt. Ein Patriziat im strengen Sinne gab es also nicht. Die Oligarchien waren im Prinzip für denjenigen, der zu Vermögen und Ansehen gekommen war, offen. Erst um 1500 wurden jene Schranken errichtet, die man herkömmlicherweise für typisch mittelalterlich hält.

Nun grenzte sich der ländliche Adel vielfach von den mit ihm so eng verbundenen mächtigen Stadtfamilien ab. Die traditionellen Heiratsverbindungen wurden ebenso untersagt wie die gemeinsamen Turniere. Entsprechend wurden auch innerhalb der Städte Schranken errichtet – in Nürnberg zum Beispiel 1521 in Gestalt des Tanzstatuts[11]. Eine Kommission des Rates stellte eine Liste von Familien zusammen, deren Angehörige künftig zum Tanz auf dem Rathaus zugelassen werden sollten. Damit war zugleich der Kreis der Familien geschlossen, aus denen die Ratsherren kommen durften. Nun gab es in Nürnberg tatsächlich ein Patriziat – bis zum Ende der Reichsunmittelbarkeit der Stadt im Jahre 1806. Nur einmal, 1536, wurde der geschlossene Kreis der patrizischen Familien für ein neues Geschlecht, für die Schlüsselfelder, geöffnet. Ansonsten herrschte gesellschaftlich wie politisch eine Exklusivität, wie es sie im Mittelalter niemals gegeben hatte. Sehr mittelalterlich erscheint dagegen, daß diese neue Exklusivität nicht etwa verfassungsrechtlich definiert wurde, sondern durch eine Vorschrift, die sich auf die Repräsentation von sozialem Rang und politischer Macht bezog. Die Ratszugehörigkeit erscheint in jenem Tanzstatut als Folgeerscheinung der Zulassung zu repräsentativen Festlichkeiten auf dem Rathaus und nicht, wie man von modernen Verhältnissen aus erwarten würde, umgekehrt.

Doch legten die Nürnberger Patrizier nicht nur Wert darauf, sich innerhalb der Stadt nach unten abzugrenzen. Ungeachtet der erwähnten Abgrenzung des außerstädtischen Adels beharrten sie darauf, auch weiterhin den gleichen Rang zu haben wie die Adelsfamilien. Und sie hatten damit Erfolg. Wie schon seine Vorgänger bestätigte Kaiser Karl V. einer Reihe von Nürnberger Ratsfamilien den Adel durch Wappenverleihungen oder -besserungen. Und wenn die Nürnberger Patrizier nicht mehr zu den repräsentativen Adelsturnieren zugelassen wurden, so veranstalteten sie ihre eigenen Gesellenstechen. Man darf dieses Wort nicht mißverstehen. Die »Gesellen« waren keine jungen Handwerker, die da Turnier-Parodien veranstalteten, sondern die Söhne der patrizischen Ratsherren, die genauso ausgerüstet wie die Angehörigen vermögender adliger Familien ins Turnier ritten, die dabei die gleichen Regeln wie die adligen Kämpfer beachteten und im übrigen schon

10 Die neuere Forschung über diese Hergänge ist namentlich durch Karl Czok gefördert worden: Die Bürgerkämpfe in Süd- und Westdeutschland im 14. Jahrhundert, in: Jahrbuch für Geschichte der oberdeutschen Reichsstädte 12/13, 1966/67, S. 40–72. Resümees geben Eberhard Isenmann, Die deutsche Stadt im Spätmittelalter, Stuttgart 1988, S. 190ff., und Evamaria Engel, Die deutsche Stadt des Mittelalters, München 1993, S. 117ff.

11 Hanns Hubert Hofmann, Nobiles Norimbergenses. Beobachtungen zur Struktur einer reichsstädtischen Oberschicht, in: Untersuchungen zur gesellschaftlichen Struktur der mittelalterlichen Städte in Europa, Konstanz/Stuttgart 1966, S. 53–92, hier S. 77.

als Kinder auf diese Lebensform vorbereitet worden waren. Zu dem »Lehrspielzeug«, das in den reichen Bürgerfamilien gebraucht wurde und sich wegen seiner Kostbarkeit vielfach bis in die Gegenwart in den Museen erhalten hat, gehörten nicht nur die bekannten »Puppenstuben«, tatsächlich außerordentlich aufwendige Hausmodelle, an denen das Leben im Hause, aber auch Elemente des Handels vorgeführt werden konnten. Daneben gab es wenigstens ebenso kostbares Turnierspielzeug (Abb. 1).

Nicht selten erkennt man schon an den Namen, woher diese Ratsfamilien kamen. Sowohl Reichtum wie auch höfische Kultur werden in den typischen Namen sichtbar. So begegnen in Köln die Unmaze, das heißt die maßlos Reichen, in Augsburg dagegen die Stolzhirsch. Dieser Name ist auch in lateinischer Version überliefert, und die macht deutlich, daß mit »stolz« nicht eine abstrakte Eigenschaft gemeint war, sondern ein Bezugsfeld. Stolzhirsch hieß auf lateinisch »Cervus curialis«, also, wie man auch übersetzen könnte, Hofhirsch, und Hof (curia) meinte nicht nur die Herkunft dieser Familie aus der bischöflichen Ministerialität, also dem Hof des Bischofs, sondern auch die Lebensweise, die dort üblich war. Ähnlich lassen auch die Augsburger Geschlechter-Namen Ohnsorg und Langenmantel nicht etwas Anekdotisch-Individuelles erkennen – als sei der erste Ohnsorg ein Bruder Leichtfuß gewesen und der erste Langenmantel jemand, der einen Kleider-Tic hatte. Der lange Mantel war der Ausweis einer sozialen Position, und das gleiche galt für die Sorglosigkeit, deren Basis ein reiches und gesichertes Vermögen war.

In Augsburg war im Jahre 1368 die traditionelle Stadtherrschaft der Langenmantel und der anderen Geschlechter in eine Krise geraten. Die Stadt hatte eine expansive Außenpolitik betrieben und den Versuch unternommen, deren Kosten durch eine Verbrauchssteuer aufzubringen. Die daraufhin in der Stadt entstandene Unruhe verband sich mit dem schon wiederholt zutage getretenen Wunsch, Zünfte zu bilden, die Anteil am Stadtregiment haben sollten. Und es kam hinzu, daß die Bürger nicht nur – wie stets – bewaffnet, sondern zudem im Zusammenhang mit der erwähnten Außenpolitik militärisch neu organisiert worden waren. Das Bürgerheer sollte außerhalb der Stadt eingesetzt werden können. Nun versammelte es sich nicht zum Auszug aus der Stadt, sondern zum Sturm auf das Rathaus. Zu diesem Sturm kam es nicht, da die Ratsherren mit den zum Aufstand bereiten Bürgern einen Kompromiß schlossen. Bis zur Wiederherstellung der alten Geschlechterherrschaft durch Kaiser Karl V. im Jahre 1548 wurde nun der Augsburger Rat aus zwei Klassen von Ratsherren zusammengesetzt: aus Angehörigen der bisher regierenden Geschlechter und aus Repräsentanten der jetzt gebildeten Zünfte. Zünfte und Geschlechter stellten je einen der beiden Augsburger Bürgermeister[12]. In der Folgezeit wurde der Kreis der Geschlechterfamilien begrenzt, aber nicht gänzlich abgeschlossen, so daß die wirtschaftliche Dynamik, die das Augsburg der beiden folgenden Jahrhunderte bestimmen sollte, bis zu einem gewissen Grade von der politischen Verfassung aufgefangen werden konnte. Die Erneuerung der Oligarchie, als die man auch diesen Augsburger Verfassungsumbruch von 1368 verstehen kann, wird nicht nur daran sichtbar, daß die aus den Zünften kommenden Bürgermeister keineswegs aus allen Zünften kamen, sondern nur aus wenigen und auch hier nur aus einigen Familien. Ebenso charakteristisch für das spätmittelalterliche und frühneuzeitliche Augsburg war, daß es Angehörige der neuen Elite rasch zu einem Vermögen brachten, das größer war als das der meisten Geschlechter. Als eine Art Brücke zwischen solchen wirtschaftlichen Verhältnissen und der städtischen Rechtsordnung wurde 1478 die Gesellschaft der »Mehrer« geschaffen, deren Angehörige den gleichen sozialen Rang haben sollten wie die der Geschlechter, die ihrerseits in der Herrentrinkstube zusammengeschlossen waren[13].

12 Siehe Friedrich Blendinger, Die Zunfterhebung von 1368, in: Gottlieb, Geschichte der Stadt Augsburg, S. 150–153.

13 Olaf Mörke/Katarina Sieh, Gesellschaftliche Führungsgruppen, in: Gottlieb, Geschichte der Stadt Augsburg, S. 301–311. Siehe ferner Wolfgang Klötzer, Schwerpunkte kulturellen Lebens in der mittelalterlichen Stadt, in: Hans Eugen Specker (Hg.), Stadt und Kultur, Sigmaringen 1983, S. 29–56, hier S. 45ff.

Die Augsburger Führungsschicht im 16. Jahrhundert war also nicht so streng abgeschlossen wie die Nürnberger. Politische Macht und Reichtum stimmten personell nicht gänzlich überein, traten aber nicht auseinander. Die Welser und die Rehlinger bieten Beispiele dafür, daß Geschlechterfamilien weiterhin zur kleinen Gruppe derer gehörten, die in Augsburg sehr reich waren. Auf der anderen Seite waren die Fugger, um 1500 die weitaus reichsten Augsburger, keine Geschlechter-Familie[14].

Erst 1367 war Hans Fugger aus dem Umland in die Stadt eingewandert, ein Weber, der in Augsburg allerdings nicht Handwerker blieb, sondern von jenem Barchent-Boom profitierte, der damals die wirtschaftliche Situation Augsburgs und seiner Umgebung prägte. Hans Fugger und seine Nachfahren wurden Verleger, steuerten also die Arbeit anderer Weber und profitierten von ihr. Schon Hans Fuggers Witwe versteuerte ein Vermögen, das größer war als das der Welser. Ihr Sohn Jakob war 1467 dem Vermögen nach der siebente Augsburger. Dessen Sohn Jakob, »der Reiche«, war im frühen 16. Jahrhundert nicht nur in Augsburg und wohl auch nicht nur im Reich der vermögendste Mann.

Blieb dieser Krösus in den Augen der Welser und ihresgleichen ein Parvenü? Oder wurde die Herkunft der Fugger dadurch ausgeglichen, daß Jakob, der im Jahre 1507 von Kaiser Maximilian die Grafschaft Kirchberg, die Stadt Weißenhorn und weitere Herrschaftsrechte gekauft hatte, vier Jahre später einen kaiserlichen Adelsbrief erhielt und 1514 gar zum Grafen gemacht wurde? Die Nagelprobe darauf, ob sich aus dieser Standeserhöhung tatsächlich die Gleichrangigkeit mit den Augsburger Geschlechtern ergeben hatte, wäre eine Heiratsverbindung gewesen, doch diese Probe konnte unmittelbar angesichts von Jakob Fuggers Kinderlosigkeit nicht erbracht werden. Immerhin war Jakob selbst mit der Tochter eines »Mehrers« verheiratet, und solche Verbindungen gab es unter den Fuggern seiner Generation mehrfach. Sein älterer Bruder Ulrich war gar mit einer Lauginger verheiratet und seine Schwester Barbara mit einem Meuting. Doch diese beiden ursprünglich zu den Geschlechtern zählenden Familien hatten sich 1368 unter die Zünfte begeben. Eine Verbindung zwischen einem Mitglied der Familie Fugger und einer der tatsächlich zu den Geschlechtern zählenden Augsburger Familien kam erst 1527 zustande, als Anton Fugger, Jakobs Neffe und Nachfolger, Anna Rehlinger ehelichte. Im übrigen entstammten die Ehepartner der Fugger nun vorzugsweise dem süddeutschen und dem österreichischen Adel[15].

Damit soll aber nicht gesagt sein, die Fugger hätten sich von den reichen und mächtigen Augsburger Familien abgesetzt. Sie blieben mit ihrem Lebenszuschnitt vielmehr im Rahmen dessen, was damals in den großen süddeutschen Städten üblich war und sich in ähnlicher Weise auch in den norddeutschen Metropolen findet.

Der Landbesitz führte ebensowenig wie der Adels- oder – im Falle Fugger – der Grafentitel zu einem Auszug aus der Stadt. Lebensmittelpunkt blieb einstweilen das Stadthaus. Zwar konnte es die Ausmaße eines Palais annehmen und reich geschmückt sein – in Augsburg nicht zuletzt mit Fassadengemälden, die sich nicht erhalten haben, so daß man nicht sagen kann, ob man es hier vielleicht mit Kunstwerken zu tun hatte, die in die Nachbarschaft der Jahreszeitenbilder gehören. Doch auch solche Paläste durchbrachen nicht den Rahmen des Stadtbildes, und die reichen Gärten, die dazugehörten, sprengten die Stadtgestalt ebenfalls nicht. Ungeachtet der hohen Fortifikationskosten war in den spätmittelalterlichen Städten freier Platz für Gärten gewesen. Neu war im 16. Jahrhundert allerdings, daß die reichen Bürger in ihren Häusern ebenso wie einige Fürsten Kunst- und Raritätenkabinette hatten, die Urzellen der heutigen Museen, in denen nicht nur kostbare Waffen oder Kuriositäten aus fernen Ländern aufbewahrt und gezeigt

14 Die reiche Fugger-Literatur kann hier nicht zitiert werden. Die jüngste Monographie – Martha Schad, Die Frauen des Hauses Fugger von der Lilie (15.–17.Jh.), Tübingen 1989 – gibt auch Auskunft über diese Literatur.
15 Schad (wie Anm. 14), S. 22ff.

2 *Tanz und Spiel während der Zurzacher Messe. Fresko von 1516 im Kloster St. Georgen in Stein am Rhein.*

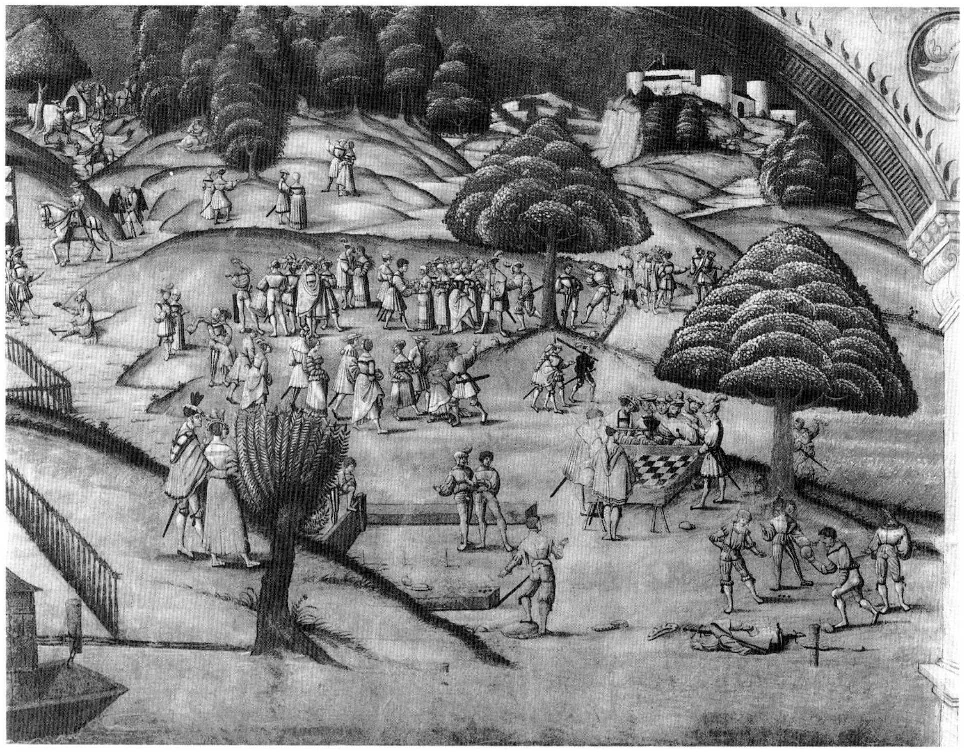

wurden, sondern auch Kunstwerke, die als solche und für diese Kabinette geschaffen worden waren[16].

Auf den Jahreszeiten-Bildern wird davon allerdings nichts sichtbar, auch nicht auf dem Januar-Bild, das einen reichen städtischen Innenraum mit kostbarem Gerät zeigt. Doch handelt es sich bei diesem Gerät um Schaugeschirr, das man in den Rathäusern, aber auch in den Wohnungen der reichen Bürger fand. Ein Kunstkabinett hätte die Darstellung jener Geselligkeit verboten, auf die es hier offensichtlich ankam.

So sieht man auf diesen Bildern, von dem erwähnten Innenraum abgesehen, nicht die städtischen, wohl aber die ländlichen Wohnsitze der reichen Stadtfamilien. Die im April-Bild gezeigte Architektur könnte ebenso wie die des September-Bildes für diese Landsitze stehen, die einerseits, wie man beim April-Bild sieht, traditionelle feste Häuser, also Burgen, waren, andererseits aber Formen der Renaissance-Architektur erkennen lassen[17].

Ob man in der ländlichen Geselligkeit, die den Vordergrund der Frühjahrs- und Sommerbilder füllt, ebenso wie in der zugehörigen Architektur ein Abbild von Wirklichkeit oder wenigstens eine Reminiszenz erkennen darf, steht, wie schon eingangs bemerkt, dahin. Geläufigen Meinungen über die Geschichte der Festkultur[18] zufolge gab es ländliche Lustbarkeiten der feinen Leute, wie sie hier sichtbar zu werden scheinen, erst im 18. Jahrhundert, da Adlige und Fürsten verkleidet als Schäfer und Landleute agierten. Andererseits gibt es die Meinung, der »Prozeß der Zivilisation« habe die mittelalterliche Unmittelbarkeit beseitigt, während zuvor Sexualität in einer für spätere Verhältnisse erstaunlichen Öffentlichkeit praktiziert worden sei.

Wenn das richtig wäre, so hätte man es bei dem feuchten Mai-Treiben – um von dem entblößten Narren-Gesäß bei der Darstellung des April gar nicht zu reden – mit etwas zu tun, was es in der Mitte des 16. Jahrhunderts gar nicht mehr geben konnte, während es für die offensichtlich spielerische Partizipation reichgekleideter Leute an ländlichen Frühjahrs- und Sommerarbeiten, wie man sie auf den Bildern des April bis September sieht, in der Mitte des 16. Jahrhunderts ebenso zu früh war wie zum Beispiel für das Spazierengehen im Freien, das man im April neben jener unzüchtigen Narrenfigur doch wohl erkennt.

16 Hermann Kellenbenz, Augsburger Sammlungen, in: Welt im Umbruch, Bd. 1, Augsburg 1980, S. 76–88.

17 Klaus Merten, Die Landschlösser der Fugger im 16. Jahrhundert, in: Welt im Umbruch, Bd. 3, Augsburg 1981. Siehe auch Ernst Walter Zeeden, Das Erscheinungsbild der frühneuzeitlichen Stadt, in: Specker (wie Anm. 13), S. 70–84, hier S. 77f.

18 Jacques Heers, Vom Mummenschanz zum Machttheater. Europäische Festkultur im Mittelalter, Frankfurt a. M. 1986 (das französische Original erschien 1983), erweist sich für die hier interessierenden Dinge nur mit seinem Titel als einschlägig. Nützlicher erscheint Ludwig Schmugge, Feste feiern, wie sie fallen. Das Fest als Lebensrhythmus im Mittelalter, in: Paul Hugger (Hg.), Stadt und Fest, Unterägeri/Stuttgart 1987, S. 61–87, und ebenso Paul Münch, Lebensformen in der frühen Neuzeit, Frankfurt a. M. 1992, S. 414ff. (Freizeit, Fest und Müßiggang), der allerdings Beispiele dafür bietet, daß von der Zeit um 1800 her das 16. Jahrhundert – von früheren Zeiten zu schweigen – nicht mehr recht in den Blick kommt. Umgekehrt hat der Band: Detlef Altenburg u. a. (Hgg.), Feste und Feiern im Mittelalter, Sigmaringen 1991, seinen Schwerpunkt in früheren Jahrhunderten. Siehe ferner H. Biehn, Feste und Feiern im alten Europa, München o. J. [ca. 1960].

Wären jene Einsichten in die Festgeschichte wirklich fundiert, so könnten diese Darstellungen sie sicherlich nicht erschüttern. Aber es scheint, daß diese zeitlichen Zuordnungen so solide nicht sind. Der »Prozeß der Zivilisation«[19] bleibt gewiß eine bahnbrechende geistes- und sozialgeschichtliche Erkenntnis, doch auch er kann nicht dem Schicksal allen Menschenwerks entgehen, historisiert und damit relativiert zu werden. Inzwischen sieht man, daß man es hier auch mit einer utopischen Idee zu tun hat, mit einem Beispiel dafür, daß den Zwängen der Neuzeit ein freies Mittelalter gegenübergestellt wird.

Die Meinung aber, die Geselligkeit im Freien habe eigentlich erst im 18. Jahrhundert begonnen, dürfte sich einerseits daraus erklären, daß sie von der späteren Zeit her begründet ist, also von einer Geschichtssicht, die aus dem 19. Jahrhundert in ältere Zustände immer nur so weit hineinleuchtet, als sie das zur Erkenntnis vermeintlicher Vorgeschichten oder gegensätzlicher Zustände zu tun genötigt scheint. Da ist Mittelalter dann immer wieder ein finsteres Zeitalter, das die Menschen hinter engen Stadt- und Burgmauern verschlossen hält. Schon der reichliche Gebrauch, den mittelalterliche Literatur von dem Topos »locus amoenus«[20] macht, spricht gegen eine solche Datierung. Doch geraten die einschlägigen Quellen offensichtlich nicht in den Horizont derer, die über frühneuzeitliche Festkultur nachdenken.

Ein Wandel auf diesem Feld läßt sich mit Hilfe weniger Zeilen nicht schaffen. Doch mag daran erinnert sein, daß es auch aus den Jahrzehnten vor der Entstehung unserer Bilder Darstellungen gibt, die Lustbarkeiten im Freien erkennen lassen. So zeigen die im Jahre 1516 in einem Saal des Klosters St. Georgen in Stein am Rhein gemalten Fresken eine Szene vor der Stadt Zurzach[21] (Abb. 2). Die Bürger und die Besucher der dortigen Messe ergehen sich im Freien, sie tanzen, sie spielen Schach und sie üben sich im Kugelstoßen. Das um 1500 gemalte Panorama von Zürich ist nicht nur eine ungemein reiche Bildquelle für die städtische Topographie, sondern es zeigt auch den »Lindenhof« als einen Ort von städtischer Festlichkeit unter Bäumen, als den man diesen Platz noch im gegenwärtigen Zürich erleben kann (Abb. 3). Von ähnlicher Art sind die Lustbarkeiten im Freien, die man auf einem

19 Das so überschriebene bekannte und bedeutende Buch von Norbert Elias, zuerst in Basel 1939 erschienen, jedoch schon wesentlich früher geschrieben, ist erst geraume Zeit nach seinem Erscheinen, nämlich nach der 2. Auflage von 1969, zu einer breiten Wirkung gekommen, doppelt verspätet zum einen infolge des Nationalsozialismus und der Vertreibung des Verfassers aus Deutschland, zum anderen dadurch, daß die so verschuldeten Defizite auch sonst vielfach nicht gleich nach 1945 ausgeglichen wurden. Dazu Karl-Siegbert Rehberg, Form und Prozeß. Zu den katalysatorischen Wirkungschancen einer Soziologie aus dem Exil: Norbert Elias, in: P. Gleichmann u. a. (Hgg.), Materialien zu Norbert Elias' Zivilisationstheorie, Frankfurt a. M. 1979. – Die aktuellen Diskussionen werden nicht zuletzt durch die Veröffentlichungen von Hans Peter Duerr bestimmt: Der 3. Band von dessen »Der Mythos vom Zivilisationsprozeß«, »Obszönität und Gewalt«, ist soeben erschienen (Frankfurt a. M. 1993).

20 Ernst Robert Curtius, Europäische Literatur und lateinisches Mittelalter, 2. Aufl., Bern 1954, S. 202ff.

21 Rudolf Frauenfelder, Die Kunstdenkmäler des Kantons Schaffhausen, 2, Basel 1958, S. 112ff.

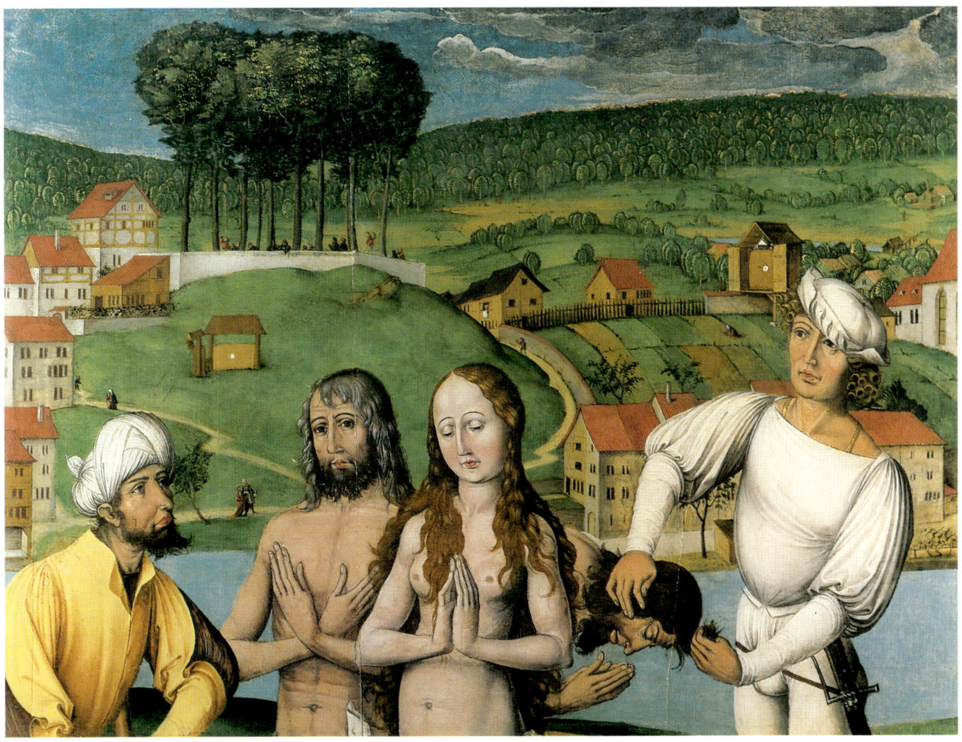

3 Hans Leu d. Ä., Der »Lindenhof«. Detail aus der Ansicht von Zürich, linksufrige Stadt, rechtes Drittel, 1497–1502.

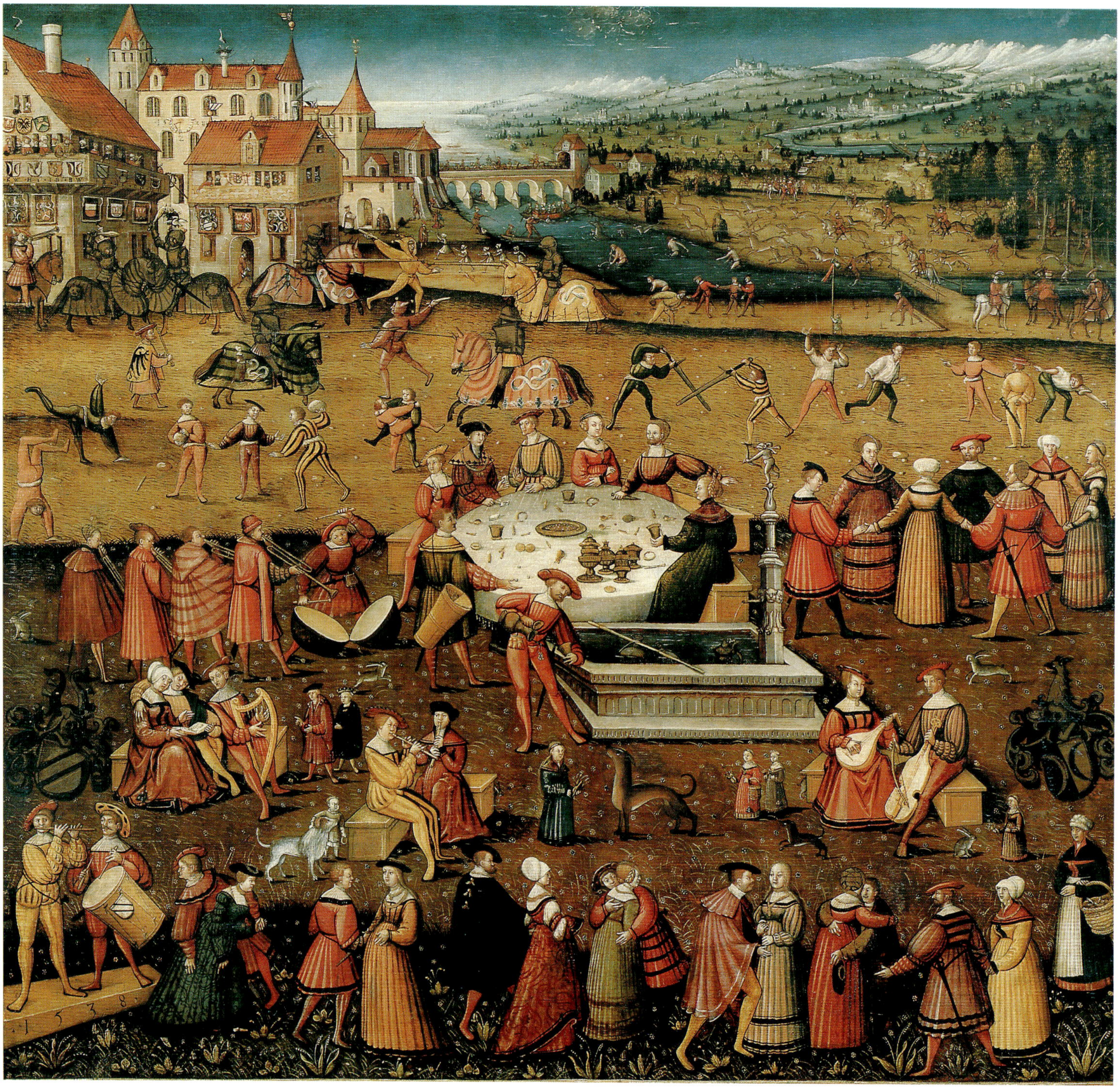

4 Wilhelm Ziegler, Rothenburger Patrizierfest, 1538. Linz, Oberösterreichisches Landesmuseum.

Rothenburger Hochzeitsbild aus dem Jahre 1538 sieht[22] (Abb. 4). Da wird getafelt, turniert, aber auch gerungen, auf den Händen gestanden, und es wird musiziert. Wurde die Hochzeit, für die dieses Bild angesichts der Wappendarstellungen unzweifelhaft steht, auf diese Weise gefeiert? Das weiß man nicht. Aber daß es sich bei diesen festlichen Betätigungen unter freiem Himmel um Fiktionen gehandelt hätte, wird man schwerlich behaupten können.

Das Rothenburger Bild, das sich so einordnen und datieren läßt, wie das für die Augsburger Jahreszeiten-Bilder einstweilen leider nicht möglich ist, hat seinerseits Bildparallelen im gleichzeitigen Augsburg, nämlich in den dort üblichen Darstellungen des Geschlechtertanzes.

Da gibt es die inschriftlich für das Jahr 1500 gesicherte Darstellung eines feierlichen Schreitens, die zu dem erwähnten Nürnberger Tanzstatut paßt[23]

22 Emil D. Bosshard, Neues zu ›Der Stadt Zürich Conterfey‹, in: Zeitschrift für Schweizerische Archäologie, 39, 1982; Ludwig Schnurrer im Katalog Reichsstädte in Franken, München 1987, Nr. 160 und Abb. S. 117.
23 Dieses Bild bei Fink (wie Anm. 2), S. 33, bei Blendinger (wie Anm. 3), Abb. 112 und öfter. Zum Augsburger Geschlechtertanz im ganzen Gode Krämer, in: Welt im Umbruch,

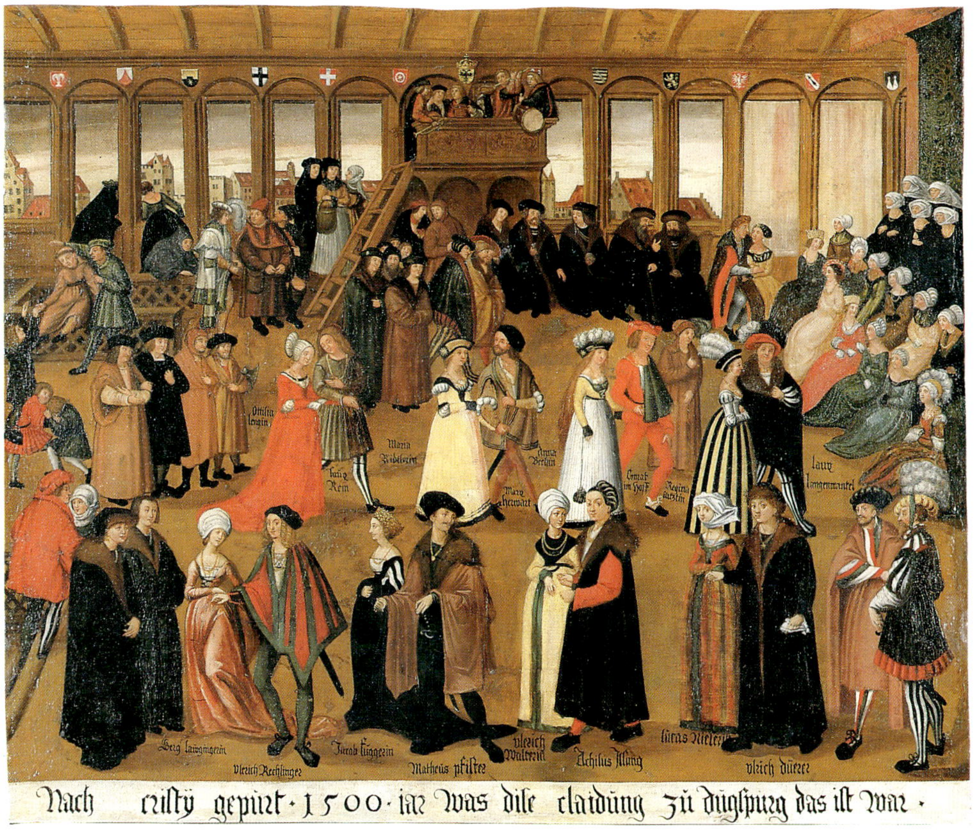

5 Augsburger Geschlechtertanz, 1500. Augsburg, Städtische Kunstsammlungen, Maximilianmuseum

(Abb. 5). Die reichen und mächtigen Familien demonstrierten ihren politischen und sozialen Status, indem sie reichgekleidet paradierten, begleitet von der Musik der städtischen Bläser, die keine Musikanten waren, sondern vielmehr so etwas wie ein Verfassungsorgan[24]. Die Inschrift, die dieses Bild auf das Jahr 1500 datiert, spricht auch davon, daß damals diese Kleidung in Augsburg die übliche gewesen sei. Damit wird ein gerade in dieser Stadt gut bezeugter Komplex berührt. Daß Kleidung der Repräsentation dient, ist eine Trivialität, und daß in der alten Welt formale und informelle Kleidungsnormen bestanden, ist ebenso bekannt. Aus Augsburg hat man aber nicht nur dieses Bild als ein Zeugnis dafür, daß die Kleidung der Mächtigen über ihren aktuellen Gebrauch hinaus für die Zukunft dokumentiert werden sollte. Das sogenannte Trachtenbuch des Matthäus Schwarz ist ein weiteres Beispiel[25].

Die Augsburger Geschlechtertänze fanden, wenn man den bildlichen Darstellungen – auch sie ein offensichtlich feststehender Typus der Dokumentation von Oberschicht-Kultur des 16. Jahrhunderts – folgt, nicht nur in städtischen Innenräumen statt. Ein nicht erhaltenes Bild aus dem Jahre 1522 zeigte diesen Schreit-Tanz im Freien (Abb. 6) und gab damit eine Darstellung, die sich mit dem eben erwähnten Rothenburger Bild berührt[26]. Auch hier hat man ein Fest in der freien Natur, auch hier hat man nicht nur die mächtigen Tänzer, sondern auch das gemeine Volk, freilich nicht auf den Händen stehend, sondern als Zuschauer.

Auf den Frühjahrs- und Sommer-Darstellungen der Jahreszeiten-Bilder hat man den gewissermaßen umgekehrten Sachverhalt. Die feinen Leute schauen zu, und das Volk bietet ein Schauspiel – es sei denn, daß die Schnitter, die Garbenbinder und auch die badenden Personen verkleidete oder entkleidete vornehme Augsburger sein sollten.

Man wird die Distanz zwischen diesen Darstellungen und der ihnen zugrunde liegenden Realität einstweilen nicht genau ermessen können. Immerhin, daß hier einfach, im Sinne von Huizinga, ein »Traum vom schöne-

Bd. 1, Augsburg 1980, Nr. 152, sowie Wolfgang Brunner, Städtisches Tanzen und das Tanzhaus im 16. Jahrhundert, in: Alfred Kohler/Heinrich Lutz, Alltag im 16. Jahrhundert, München 1987, S. 45–64.

24 Sabine Žak, Musik als »Ehr und Zier«. Studien zur Musik im höfischen Leben, Recht und Zeremoniell, Neuss 1979, S. 121ff.

25 Siehe oben, Anm. 2.

26 Siehe Fink (wie Anm. 2), S. 31.

6 *Narziß Renner, Augsburger Gartenfest, 1522. Augsburg, Städtische Kunstsammlungen, Maximilianmuseum.*

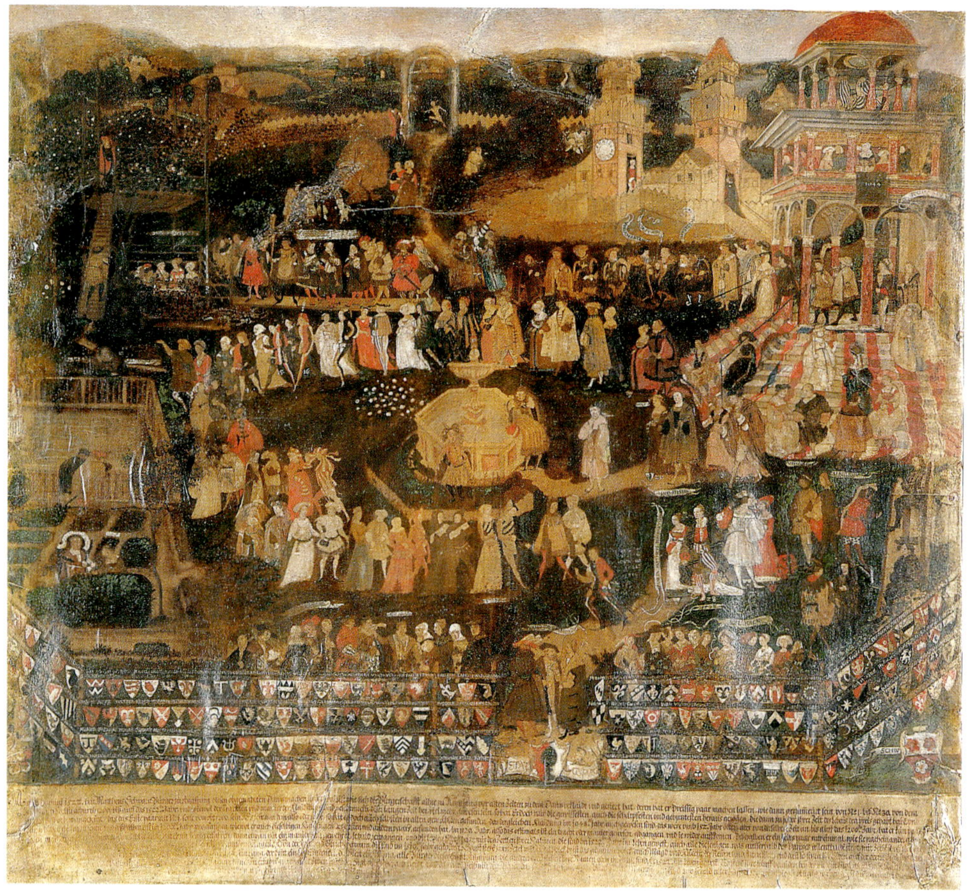

ren Leben« dargestellt sei[27], wäre wohl eine zu einfache Antwort auf die Frage nach diesen Bildern als historischen Quellen. Wenn die Feste der mächtigen Augsburger ausschließlich in Innenräumen stattgefunden hätten, würde man auf diesen Bildern gewiß etwas anderes sehen. Oder umgekehrt: Die ikonographische Tradition der Monatsdarstellungen prägt diese Bilder nicht in dem Maße, daß man sie einfach mit dieser Tradition erklären und von der Lebenswirklichkeit ihrer Auftraggeber radikal absetzen könnte.

Von Bildern wie der erwähnten Darstellung der Zurzacher Messe oder dem Rothenburger Hochzeitsbild unterscheiden sich die Augsburger Darbietungen dadurch, daß sie die traditionellen Freiluft-Festlichkeiten der gewöhnlichen Leute, also das Kegeln, das Kugelstoßen, das Ringen und so weiter nicht zeigen. Sind jene anderen Bilder damit realistischer oder täuschen sie vielmehr eine Harmonie vor, die zu zeigen in den Augsburger Bildern gar nicht intendiert wird? Diese Frage läßt sich einstweilen nicht beantworten. Nimmt man einen weitreichenden Realismus der Augsburger Bilder an, so könnte man erwägen, daß diese reichen Ratsherren und Kaufleute mit ihrem Landbesitz und den abhängigen Dorfleuten ja durchaus über die Möglichkeit verfügten, sich eine Art Frühjahrs- und Sommertheater vorspielen zu lassen. Daß sie das getan hätten, wird man jedoch auf die Existenz dieser Bilder allein nicht stützen können. Hier bedürfte es schon der Spuren in den schriftlichen Quellen. Daß diese nach solchen Spuren gründlich durchsucht worden seien, wird man schwerlich sagen dürfen.

Die Darstellungen der Monate Januar bis März und Oktober bis Dezember führen in das Innere Augsburgs. Lassen auch sie etwas vom Lebensgefühl und Repräsentationsstil der führenden und vermögenden Augsburger erkennen? Das ist insofern gewiß der Fall, als man, wie schon gesagt, auf dem letzten Bild tatsächlich einen Blick in das Innere der Stadt tut. Bei dem

27 Jan Huizingas bekanntes Buch »Herbst des Mittelalters« erschien zuerst in Haarlem 1919. Sein zweites Kapitel ist in der deutschen Übersetzung überschrieben: »Die Sehnsucht nach schönerem Leben«.

ersten Bild sieht die Sache anders aus. Welcher Innenraum bei der Januar-Darstellung gemeint ist, läßt sich ebensowenig sagen, wie man die Bogenarchitektur, die das Turniergeschehen umgibt, fixieren kann. Um eine reine Festarchitektur, wie man sie von höfischen Festen dieser Zeit kennt, handelt es sich offensichtlich nicht. Dargestellt ist ja augenscheinlich ein solides Gebäude. Man kennt Bauplanungen aus dem Augsburg des 16. Jahrhunderts, die auf eine solche Architektur zielten. Vielleicht haben diese Planungen etwas mit dieser Darstellung zu tun[28].

Daß ein solches Turnier zum Umkreis dessen gehörte, was an Möglichkeiten zur Verfügung stand, den sozialen Rang führender Stadtfamilien zu bezeugen, liegt auf der Hand. Doch fanden in den Städten auch adlige und fürstliche Turniere statt[29]. Die Darstellung läßt nicht erkennen, ob hier ein Schaugefecht von der ersten oder der zweiten Art gemeint ist. Falls es sich um ein Fürstenturnier handeln sollte, dann hätte man es auch bei den Teilnehmern des Festmahls mit Repräsentanten dieser Sozialschicht zu tun. Nimmt man dagegen an, diese Bilder wollten den Rang und die Macht der führenden Augsburger Familien dokumentieren, so müßte es sich um ein anderes Turnier und eine andere Festgesellschaft handeln.

Für diese Interpretation spricht, daß wir es auf dem letzten Bild offensichtlich mit intern städtischen Vorgängen und mit den Tätigkeiten und dem Erscheinungsbild von Stadtbürgern zu tun haben. Es wäre selbstverständlich auch möglich, daß die feierlich gekleideten Herren, die da das Rathaus verlassen, etwa die Gesandten des Kaisers oder von Fürsten wären, doch das würde eine einigermaßen gezwungene Annahme sein. Im einen wie im anderen Falle paßt, was auf der linken Seite des Bildes gezeigt wird, zu der Rathaus-Szene offensichtlich nicht besonders gut. Was soll man von diesem Schweineschlachten und Geflügelverkauf halten?

Genreszenen? Das scheint eine anachronistische Antwort zu sein. Blickt man auf die Sommer-Darstellungen, so vermindert sich der Verdacht, daß eine solche Interpretation einfach anachronistisch wäre. Auf der anderen Seite hilft einem zum Verständnis jedenfalls der Oktober- und der November-Darstellung die ikonographische Tradition der Monatsbilder. Diese Tradition erzwang die Bilder vom Geflügelverkauf und vom Schlachten zwar nicht, aber sie legte sie sehr nahe. Und was hätte man auch statt dessen zeigen können?

Diese Frage ist selbstverständlich verfänglich. Setzt man jedoch voraus, diese Bilder hätten die Absicht gehabt darzustellen, auf welche Weise mächtige Stadtfamilien ihren Rang und ihre Lebenswirklichkeit ins Bild gesetzt zu sehen wünschten, so kommt man um negative Feststellungen nicht herum. Oder es stellt sich, anders gesagt, die Frage, was auf diesen Bildern sozusagen fehlt, wenn man sie als eine Art Katalog dessen versteht, was den regierenden städtischen Familien damals zur Verfügung stand, um ihren Rang zu demonstrieren.

Die Erwägungen, die sich an eine solche Frage anschließen lassen, könnten uferlos erscheinen. Doch das brauchen sie gerade bei Bildern aus dem Augsburger 16. Jahrhundert nicht zu sein. Unterstellt man, daß diese Darstellungen den Lebensanspruch der führenden Familien ins Bild setzen sollten, so erkennt man, soweit hier von Erkennen gesprochen werden darf, ein großes schwarzes Loch.

Die gewissermaßen klassischen Arten, den eigenen Rang zu dokumentieren, sind auf diesen Bildern nicht zu finden, weil man es hier mit einer Welt ohne Kirchen und ohne Geistliche zu tun hat.

Die meisten Möglichkeiten, den eigenen Rang sichtbar zu machen, hatten die Kirchen geboten. Wer Wert darauf legte, sein eigenes Bildnis den Nachlebenden zu überliefern, das eigene Wappen öffentlich darzustellen, Zeugnisse des eigenen Reichtums auch künftig sichtbar zu machen oder

28 Siehe E. v. Knorre, in: Welt im Umbruch, Bd. 1, Augsburg 1980, Nr. 262.

29 Thomas Zotz, Adel, Bürgertum und Turnier in deutschen Städten vom 13. bis 15. Jahrhundert, in: Josef Fleckenstein (Hg.), Das ritterliche Turnier im Mittelalter. Beiträge zu einer vergleichenden Formen- und Verhaltensgeschichte des Rittertums, Göttingen 1985.

7 Johannisfest der Florentiner Wechsler, aus Ulrich Riechentals Chronik des Konstanzer Konzils. Konstanzer Handschrift. Konstanz, Rosgartenmuseum.

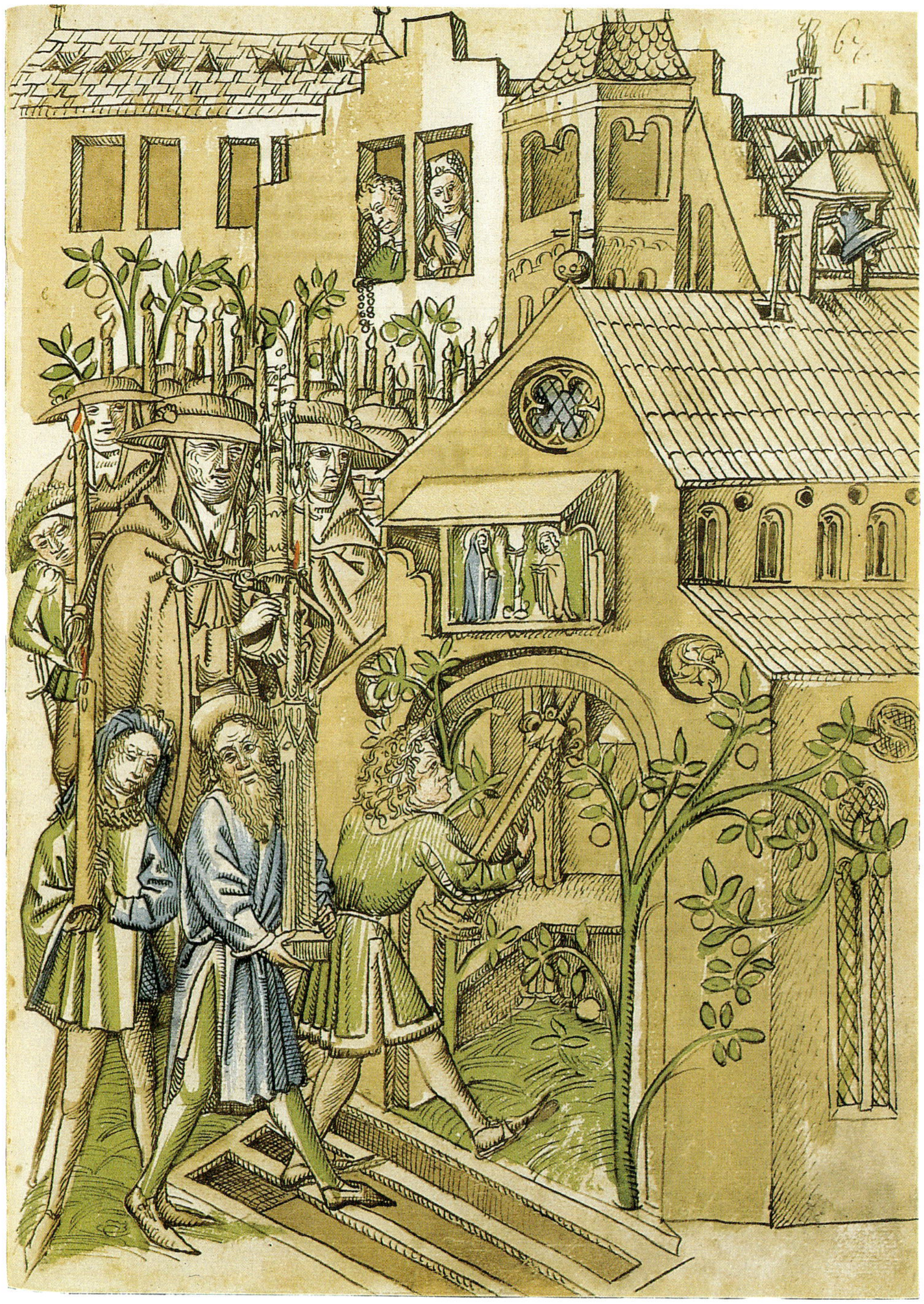

schließlich auch die eigene Frömmigkeit auf Dauer zu dokumentieren, der stiftete Epitaphien, Altarbilder, ganze Kapellen oder auch Ausstattungsteile von Kirchen und verband diese Stiftungen mit der Darstellung der eigenen Person oder wenigstens des Familienwappens. So war es bis zur Reformation seit langen Jahrzehnten üblich gewesen. Andere Möglichkeiten, den eigenen Rang öffentlich zu dokumentieren, gab es so gut wie nicht[30].

Versucht man sich vorzustellen, welche Gestalt diese Bilderfolge gehabt haben könnte, wenn sie ein halbes Jahrhundert zuvor in Auftrag gegeben worden wäre, so verliert man sich leicht in Fragwürdigkeiten oder haltlosen Spekulationen. Wie schon gesagt: Der Wegfall der traditionellen kirchlichen Aufträge gehört sicherlich zu den Entstehungsbedingungen dieser vier Gemälde, so daß die Frage danach, wie diese Gemälde ausgesehen haben könnten, wenn sie vor der Reformation in Auftrag gegeben worden wären, ins Leere zu zielen scheint.

30 Siehe etwa die Beispiele bei Hartmut Boockmann, Die Stadt im späten Mittelalter, 2. Aufl., München 1987, S. 179ff. (Begräbnis und Totengedächtnis), S. 191ff. (Die städtische Pfarrkirche), S. 305ff. (Die Mächtigen und die Reichen).

Erlaubt man sich diese Frage dennoch, so wird man jedenfalls sagen können, daß die städtischen Szenen, die man in der Darstellung des Oktobers, Novembers und Dezembers sieht, im Falle einer Entstehung vor der Reformation gewiß auch Geistliche gezeigt hätten. Anstelle des Ratsherren-Marsches hätte der Maler vielleicht eine Prozession ins Bild gesetzt, eine ähnliche Zeremonie vielleicht wie die, die man in der bekannten Darstellung der Geschichte des Konstanzer Konzils von Ulrich Riechental dort sieht, wo das Johannisfest der Florentiner Wechsler gezeigt wird[31] (Abb. 7).

Eine Spekulation? Gewiß. Aber man muß doch wohl sagen, daß das Straßenbild, das man auf der letzten Darstellung sieht, schon einigermaßen künstlich ist, weil man hier nur Laien erkennen kann – es sei denn, daß man sie gerade deshalb für realistisch hält und als ein Zeugnis dafür ansieht, daß zur Entstehungszeit des Gemäldes die Augsburger Geistlichen sich entweder nicht öffentlich zeigten oder in einer Weise öffentlich auftraten, daß man sie von den Laien nicht unterscheiden konnte. Das mag so gewesen sein, zumal dann, wenn die Bilder nach der Vernichtung der Augsburger Kirchenausstattungen, also dem Bildersturm des Jahres 1537, entstanden sein sollten[32]. Doch diesem fielen nur die Kirchenausstattungen zum Opfer, nicht jedoch die Kirchengebäude, während das letzte Augsburger Bild ein städtisches Interieur bietet, das insoweit unrealistisch ist, als es die Sakralarchitektur gewissermaßen minimalisiert[33].

Je mehr man in diese Bilder einzudringen versucht, desto rätselhafter erscheinen sie. Vielleicht liegt darin die beste Rechtfertigung dafür, sie öffentlich zu zeigen und zum Nachdenken über sie einzuladen. Daß man hier der Selbstdarstellung einer Oberschicht ansichtig wird, der die traditionellen Mittel, den eigenen Rang öffentlich zu präsentieren, im Gefolge der Reformation sozusagen aus der Hand geschlagen waren, wäre eine Erklärung für die Gestalt dieser Gemälde. Zwingend wäre diese Erklärung jedoch nicht, zumal sie ja von einer Antwort auf die Frage abhinge, wie man diese Bilder zu datieren hat, wobei sich diese Antwort aus ihnen selbst offensichtlich nicht ergibt, so daß man sich sehr leicht in Zirkelschlüssen verfangen könnte. Es ist durchaus die Frage, ob diese Darstellungen eine ganz bestimmte Situation des 16. Jahrhunderts repräsentieren oder ob sie nicht doch für längerfristige Möglichkeiten der Repräsentation von städtischer Macht und städtischem Reichtum stehen. Diese Augsburger Bilder laden dazu ein, Antworten auf solche Fragen hartnäckiger als bisher zu suchen, sie bieten sich als eine Quelle für derartige Antworten an, aber sie lassen doch zugleich erkennen, daß man viele andere Zeugnisse heranziehen muß.

31 Ulrich Riechental, Das Konzil zu Konstanz. Faksimileausgabe: O. Feger (Hg.), Starnberg/Konstanz 1964, fol. 66vf. und S. 215. – Siehe auch Achatz von Müller, Die Fiesta S. Giovanni in Florenz, in: Uwe Schulz (Hg.), Das Fest, München 1988. Darstellungen von Prozessionen aus dem Mittelalter gibt es – merkwürdigerweise – so gut wie nicht. Ein Augsburger Beispiel aus der Zeit um 1500 bei Blendinger (wie Anm. 3), Abb. 105.

32 Zu den Augsburger Ereignissen Herbert Immenkötter, Kirche zwischen Reformation und Parität, in: Gottlieb, Geschichte der Stadt Augsburg, S. 391–413. Der größere Zusammenhang bei Sergiusz Michalski, The Reformation and the Visual Art, London/New York 1993 (zuerst polnisch 1989).

33 Falls diese Beobachtung richtig ist, dann ginge es um ein Stück jener protestantisch bestimmten »Ablehnung des Rituals in Europa am Beginn der Neuzeit«, das Peter Burke skizziert hat: Städtische Kultur in Italien zwischen Hochrenaissance und Barock, Berlin 1986 (englische Ausgabe 1972 und 1987), S. 186ff.

Peter Burschel und Mark Häberlein

Familie, Geld und Eigennutz

Patrizier und Großkaufleute im Augsburg des 16. Jahrhunderts

I

Im Jahre 1535 erlebte die Reichsstadt Augsburg einen drastischen Anstieg der Lebensmittelpreise. Obwohl derartige Teuerungen in Städten der frühen Neuzeit immer wieder vorkamen, war der Maler und Chronist Jörg Breu nicht bereit, sie als gottgegeben oder als Ergebnis komplexer wirtschaftlicher Zusammenhänge anzunehmen. Vielmehr sah Breu die Ursache für die Teuerung im Gewinnstreben reicher Augsburger Bürger (Abb. 1):

> »Item es waren auch etlich begriffen im aufkaufen der schrandt, das kam von Got. das korn galt 8 ß. da kamen derselbigen diener und kauften alle marcktag 15 schaf korn und 15 schaf habern und hetten drei kesten, da sie es aufschüteten. und brachtens von aim marcktag bis zum andern auf 12 ß; wo man inens pot umb 10 ß, will ich 11 ß d darumb geben, bis daß mans innen wurde. da merckt auf unsere burger mit namen Leo Rafenspurger, ain ratsherr, Marx Pfister, Gabriel Settely, Jorg Stebenhaber und Sebastian Neithart. die waren in ainer gesellschaft und schweger miteinander. der armuot ists verpoten«[1].

Vier der fünf Personen, deren Namen Breu hier nennt, waren in der Tat »schweger miteinander«: Leo Ravensburger, Raphael (bei Breu »Gabriel«) Sättelin, Georg Stebenhaber und Sebastian Neidhart waren alle mit Töchtern des Augsburger Patriziers und Großkaufmanns Christoph Herwart verheiratet. Markus Pfister war zwar kein Schwager dieser vier, doch als Sohn eines Vetters von Christoph Herwarts Ehefrau Elisabeth Pfister zumindest entfernt mit ihnen verwandtschaftlich verbunden[2]. Der 1529 verstorbene Christoph Herwart gehörte 1522 zu den zehn größten Steuerzahlern Augsburgs und war im Jahrzehnt vor seinem Tod auf Europas wichtigsten Geld- und Warenmärkten zu finden. In Antwerpen, wo Herwarts Firma seit 1509 nachweisbar ist, vertraten ihn von 1514 bis 1520 der erwähnte Markus Pfister und in den 1520er Jahren die Brüder Lukas und Christoph von Stetten[3]. In Tirol beteiligte sich Herwart seit 1526 zusammen mit den Brüdern Anton und Hans Bimmel und mit Anton Fugger an einem großen Montanunternehmen, dem Schwazer Berg-, Schmelz- und Pfennwerthandel. Gemeinsam mit den Brüdern Bimmel lieh er 1528 Erzherzog Ferdinand 45.000 Gulden[4]. In Lissabon arbeiteten zwischen 1521 und 1529 nicht weniger als sechs Faktoren für Herwart, und durch ein Abkommen mit Jörg Pock, der 1520 als Vertreter der Nürnberger Hirschvogel nach Goa reiste, gelang ihm der Einstieg in den Ostindienhandel[5].

Herwarts Schwiegersöhne setzten sein Engagement im Fernhandel und Kreditgeschäft fort. So erscheint der aus Memmingen stammende Raphael Sättelin zwischen 1518 und 1531 als Geschäftspartner der Firma von Alexius Funck in Wiener Neustadt. 1539 stand er in geschäftlichem Kontakt mit der Wiener Fugger-Faktorei[6]. Stebenhaber, der wie Sättelin von Memmingen nach Augsburg kam und von 1514 bis etwa 1525 bei der Großen Ravensburger Handelsgesellschaft diente, gewährte in den 30er Jahren des 16. Jahrhunderts gemeinsam mit Anton Fugger, Anton Haug und Sebastian Neidhart der Regierung Oberösterreichs mehrere größere Darlehen[7]. Der Ulmer Patriziersohn Sebastian Neidhart schließlich wurde von 1530 an, als er mit Karl V. einen Kreditvertrag in Höhe von 40.000 Dukaten abschloß, zu einem

1 Augsburg-Chronik, Bd. 6, S. 67f.

2 Sebastian Neidhart heiratete 1513 Helena Herwart, Leo Ravensburger 1521 Felizitas Herwart, Raphael Sättelin 1523 Elisabeth Herwart und Georg Stebenhaber 1526 Magdalena Herwart. Vgl. Augsburg-Chronik, Bd. 6, S. 68; Staats- und Stadtbibliothek Augsburg, Seiffert'sche Stammtafeln, »Herwart«.

3 Renée Doehaerd, Etudes Anversoises. Documents sur le commerce international à Anvers 1488–1514, Bd. 2: Certificats 1488–1510, Paris 1962, S. 293f.; Richard Ehrenberg, Das Zeitalter der Fugger. Geldkapital und Creditverkehr im 16. Jahrhundert, Bd. 1: Die Geldmächte des 16. Jahrhunderts, Jena 1896, Neudruck Hildesheim 1963, S. 218f.; Jakob Strieder, Zur Genesis des modernen Kapitalismus. Forschungen zur Entstehung der großen bürgerlichen Kapitalvermögen am Ausgange des Mittelalters und zu Beginn der Neuzeit, zunächst in Augsburg, 2. Aufl., München/Leipzig 1935, S. 106f.

4 Ehrenberg (wie Anm. 3), S. 219; Strieder (wie Anm. 3), S. 119; Jakob Strieder, Die Inventur der Firma Fugger aus dem Jahre 1527 (Zeitschrift für die gesamte Staatswissenschaft. Ergänzungsheft 17), Tübingen 1905, S. 20f., 24, 69.

5 Hermann Kellenbenz, Die fremden Kaufleute auf der Iberischen Halbinsel vom 15. Jahrhundert bis zum Ende des 16. Jahrhunderts, in: ders. (Hg.), Fremde Kaufleute auf der Iberischen Halbinsel, Köln/Wien 1970, S. 265–376, hier S. 308f., 321f.

6 Otmar Pickl, Das älteste Geschäftsbuch Österreichs. Die Gewölberegister der Wiener Neustädter Firma Alexius Funck (1516–ca. 1538), Graz 1966, S. 173, 180, 267, 333; Raimund Eirich, Memmingens Wirtschaft und Patriziat von 1347 bis 1551. Eine wirtschafts- und sozialgeschichtliche Untersuchung über das Memminger Patriziat während der Zunftverfassung, Weißenhorn 1971, S. 187; Götz Frhr. von Pölnitz, Anton Fugger, Bd. 2, Tübingen 1963, S. 410, Anm. 134.

7 Aloys Schulte, Geschichte der Großen Ravensburger Handelsgesellschaft (1380–1530), Bd. 1, Stuttgart 1923, S. 202; Bd. 2, Stuttgart 1923, S. 227; Eirich (wie Anm. 6), S. 259.

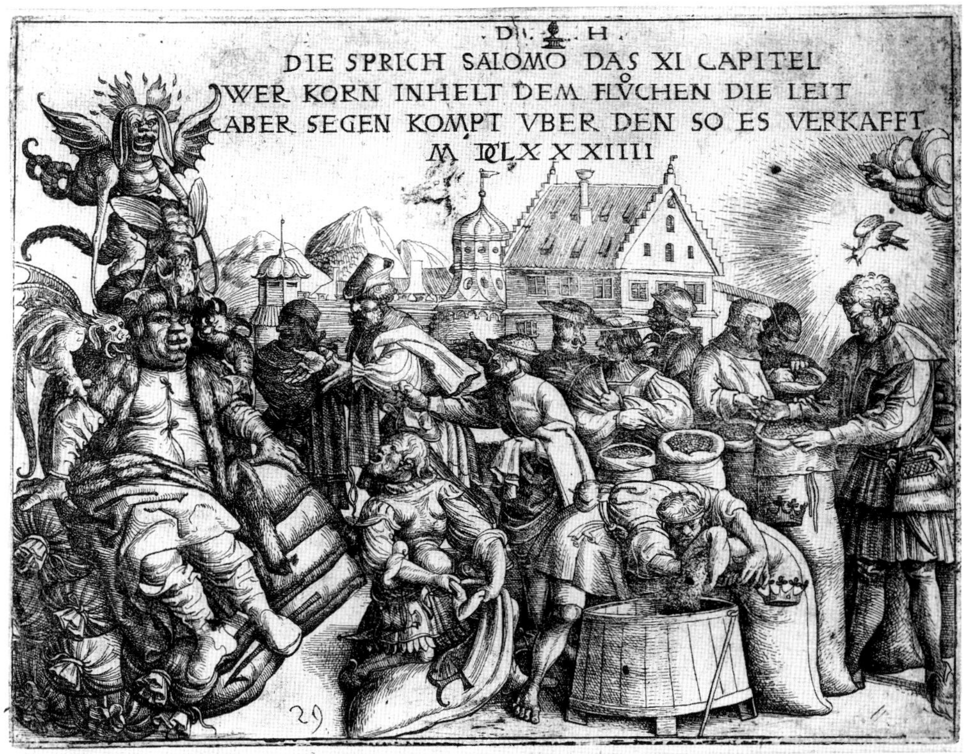

1 Daniel Hopfer, Der Kornwucher. Kupferstich. Germanisches Nationalmuseum, Nürnberg.

der wichtigsten Geldgeber der Habsburger und beteiligte sich in den folgenden Jahren an mehreren spektakulären Unternehmungen in Spanisch-Amerika. Er rüstete 1535 gemeinsam mit dem Nürnberger Jakob Welser ein Schiff der Flotte aus, die der Konquistador Pedro de Mendoza an die Mündung des Rio de la Plata führte, erwarb 1537 Rechte an den Perlenbänken der Venezuela vorgelagerten Insel Cubagua und stieg gemeinsam mit dem in Sevilla lebenden deutschen Kaufmann Lazarus Nürnberger in den Silberbergbau im mexikanischen Zultepeque ein[8].

Diese Beispiele zeigen, daß die von Breu als Preistreiber identifizierten Männer der wirtschaftlichen Führungsgruppe der Augsburger Großkaufleute mit buchstäblich weltweiten Verbindungen angehörten. Ihre ökonomische Macht ging mit politischem Einfluß einher: Ravensburger, der wie sein Schwiegervater einer der alten Augsburger Patrizierfamilien entstammte, saß seit 1530 im Großen Rat der Reichsstadt und rückte 1540 in den Kleinen Rat auf. Neidhart, Pfister und Stebenhaber gelangten in den 30er Jahren als Mitglieder des Zwölferausschusses der Kaufleutezunft ebenfalls in den Rat, und als 1538 das Patriziat der Reichsstadt erweitert wurde, kamen auch Neidhart und Pfister in den Genuß einer Standeserhebung. Bezeichnenderweise treten diese Vertreter der wirtschaftlichen und politischen Elite Augsburgs bei den von Breu geschilderten Kornaufkäufen nicht selbst in Erscheinung, sondern schicken ihre Diener.

Breus Kritik an der ökonomischen und politischen Elite Augsburgs, die er auch in diesem Fall mit offenkundigem Engagement vorbringt, ist oft als emotional, ungerecht und einseitig charakterisiert worden[9]. Doch unabhängig davon, ob sich Breus Vorwürfe gegen die »Reichen« der Stadt im konkreten Einzelfall verifizieren lassen, verdienen derartige Passagen in seiner Chronik Beachtung, weil Breu in ihnen zwei Grundprobleme der frühneuzeitlichen Reichsstadt anspricht: zum einen die sozialen Interaktionen, insbesondere die verwandtschaftliche und wirtschaftliche Verflechtung, innerhalb der städtischen Elite – »die waren in ainer gesellschaft und schweger miteinander« –, zum anderen das Normensystem, welches das Zusammenleben von Elite und Stadtgemeinde bestimmte. Denn was die

[8] Enrique Otte, Cedulario de la Monarquia Espanola relativo a la Isla de Cubagua (1523–1550), Bd. 2, Caracas 1961, S. 131f.; Hermann Kellenbenz, Die Finanzierung der spanischen Entdeckungen, in: Vierteljahrschrift für Sozial- und Wirtschaftsgeschichte, 69, 1982, S. 153–181, hier S. 174f.; ders., The Role of the Great Upper German Families in Financing the Discoveries, in: Terrae Incognitae, 10, 1978, S. 45–59, hier S. 58; ders., Die Fugger in Spanien und Portugal bis 1560. Ein Großunternehmen des 16. Jahrhunderts, Bd. 1, München 1990, S. 163, 325ff., 385, 399 und passim; Wolfgang Reinhard, Geschichte der europäischen Expansion, Bd. 2: Die Neue Welt, Stuttgart 1985, S. 57f.

[9] Augsburg-Chronik, Bd. 6, S. 11f.; Carla Kramer-Schlette, Vier augsburger Chronisten der Reformationszeit. Die Behandlung und Deutung der Zeitgeschichte bei Clemens Sender, Wilhelm Rem, Georg Preu und Paul Hektor Mair, Lübeck/Hamburg 1970, S. 82f.

einflußreichsten Bürger der Stadt ungestraft täten, das sei, so Breu, dem armen Mann »verpoten«. Diese beiden Grundprobleme[10] sollen im folgenden an jeweils einem Beispiel aus den ersten Jahrzehnten des 16. Jahrhunderts genauer untersucht werden. Während anhand der Patrizierfamilie Rehlinger exemplarisch gezeigt werden soll, wie verwandtschaftliche Verflechtung, ökonomische Macht und politischer Einfluß im Augsburg des frühen 16. Jahrhunderts zusammenwirkten, soll das Beispiel des Aufstiegs und Konkurses der Kaufmannsfamilie Höchstetter verdeutlichen, welche Normen und Konflikte das Zusammenleben in der Reichsstadt prägten.

II

Die aus dem Landadel stammenden und vermutlich Anfang des 14. Jahrhunderts nach Augsburg eingewanderten Rehlinger gehörten dem alten Patriziat der Reichsstadt an, das sich bis in die 30er Jahre des 16. Jahrhunderts auf ganze sieben Familien reduziert hatte. Die Zugehörigkeit zum Patriziat brachte zunächst erheblichen politischen Einfluß und soziales Prestige mit sich. In politischer Hinsicht hatten die Zünfte zwar seit 1368 ein deutliches Übergewicht in den Augsburger Ratsgremien, doch stellten die Patrizier stets einen der beiden Bürgermeister und 8 der 42 Mitglieder des Kleinen Rats[11]. Mitglieder der Familie Rehlinger bekleideten bereits im 14. und 15. Jahrhundert das Bürgermeisteramt[12]. In sozialer Hinsicht äußerte sich die privilegierte Stellung des Patriziats unter anderem darin, daß der Zugang zur exklusiven Herrentrinkstube durch die Kriterien der patrizischen Geburt, der Einheirat in eine Patrizierfamilie oder Zugehörigkeit zum Adel beschränkt war[13]. Schon für das 15. Jahrhundert werden die Rehlinger auch zu den 30 wirtschaftlich bedeutendsten Augsburger Familien gezählt – der politisch-sozialen entsprach also auch eine ökonomische Führungsposition[14].

Eine genauere Vorstellung von der wirtschaftlichen Stellung der Familie im Augsburg der Reformationszeit läßt sich aus den Steuerbüchern der Reichsstadt gewinnen. Obwohl die Steuersummen nur bedingt Rückschlüsse auf das tatsächliche Vermögen der Steuerzahler zulassen[15], sind sie aufgrund ihrer Vollständigkeit der beste Indikator für die Sozialstruktur der Stadt und für die Position einzelner Familien innerhalb der sozialen Hierarchie. Das Steuerbuch von 1534 verzeichnet nicht weniger als 20 Mitglieder der Familie Rehlinger, die sich auf neun Steuerbezirke verteilen und deren Vermögensverhältnisse in nebenstehender Tabelle zusammengestellt sind.

Für 17 der 20 Mitglieder dieses weitverzweigten Familienclans liegen Angaben über die Höhe der Steuersumme vor. Daß diese Angaben für drei Rehlinger fehlen, bedeutet jedoch keineswegs, daß diese kein Vermögen besessen hätten. Dies verdeutlicht das Beispiel des Juristen Dr. Hans Rehlinger, der offenbar als städtischer Ratskonsulent von der Steuer befreit war. Rehlinger, der sich neben Dr. Konrad Peutinger als Wortführer der oberdeutschen Handelsgesellschaften im sogenannten Monopolstreit einen Namen machte, hatte zum Zeitpunkt seines Todes fast 60.000 fl »in gold und münz« bei großen Augsburger und Nürnberger Unternehmen als Depositen eingelegt und besaß neben einem Haus in der Steingasse auch Güter außerhalb der Stadt[16].

Die Steuerleistungen der Rehlinger zeigen, daß die Angehörigen der Sippe um 1534 über beträchtliches Vermögen verfügten und fast durchweg zur ökonomischen Spitzengruppe der städtischen Bevölkerung gehörten. Zu einem Zeitpunkt, als weniger als ein Prozent der Augsburger Steuerzahler über 100 fl entrichtete[17], lagen die Steuerleistungen von sechs Rehlingern zwischen 125 und 280 fl. Fünf weitere Rehlinger zahlten zwischen 50 und 100 fl Steuern, während der Anteil dieser Steuergruppe an der Gesamtzahl der Steuerzahler wiederum unter einem Prozent lag. Auch die Gruppe der

10 Zur Bedeutung sozialer Interaktionen für die Rekrutierung und Abgrenzung der städtischen Elite: Olaf Mörke/Katarina Sieh, Gesellschaftliche Führungsgruppen, in: Gottlieb, Geschichte der Stadt Augsburg, 2. Aufl. Zum frühneuzeitlichen Normensystem: Hans-Christoph Rublack, Grundwerte im Spätmittelalter und in der Frühen Neuzeit, in: Horst Brunner (Hg.), Literatur in der Stadt. Bedingungen und Beispiele städtischer Literatur des 15. bis 17. Jahrhunderts, Göppingen 1982, S. 9–36; Winfried Schulze, Vom Gemeinnutz zum Eigennutz. Über den Normenwandel in der ständischen Gesellschaft der Frühen Neuzeit, München 1987.

11 Katarina Sieh-Burens, Die Augsburger Stadtverfassung um 1500, in: Zeitschrift des Historischen Vereins für Schwaben, 77, 1983, S. 125–149, hier bes. 134–137.

12 Paul von Stetten d. J., Geschichte der adelichen Geschlechter in der freyen Reichs-Stadt Augsburg, Augsburg 1762, S. 90.

13 Sieh-Burens (wie Anm. 11), S. 132–135.

14 Joachim Jahn, Die Augsburger Sozialstruktur im 15. Jahrhundert, in: Gottlieb, Geschichte der Stadt Augsburg, 2. Aufl., S. 187–193, hier S. 191.

15 So wurde mobiler Besitz zu einem halben, Immobilienbesitz dagegen nur zu einem viertel Prozent besteuert, und die genaue Zusammensetzung von mobilem und immobilem Vermögen eines Steuerzahlers ist nur in seltenen Fällen bekannt. Dies bedeutet, daß sich aus einer Steuersumme von 50 fl ein Vermögen von 20.000 fl ergäbe, wenn der Steuerzahler ausschließlich über Immobilienbesitz verfügte, aber lediglich ein Vermögen von 10.000 fl, wenn sein Vermögen aus lauter beweglichen Gütern bestünde. Grundbesitz außerhalb Augsburgs unterlag nicht der Besteuerung. Vgl. zu dieser Problematik Claus-Peter Clasen, Die Augsburger Steuerbücher um 1600, Augsburg 1976; Bernd Roeck, Eine Stadt in Krieg und Frieden. Studien zur Geschichte der Reichsstadt Augsburg zwischen Kalenderstreit und Parität, Bd. 1, Göttingen 1989, S. 47–64.

16 Franz Josef Schöningh, Die Rehlinger von Augsburg. Ein Beitrag zur deutschen Wirtschaftsgeschichte des 16. und 17. Jahrhunderts, Paderborn 1927, S. 13–16. Vgl. auch Heinrich Lutz, Conrad Peutinger. Beiträge zu einer politischen Biographie, Augsburg o. J. (1959), S. 75, 79ff., 91ff. und passim.

17 Diese und die folgenden Angaben zur Vermögenshierarchie Augsburgs in der ersten Hälfte des 16. Jahrhunderts stützen sich vor allem auf Friedrich Blendinger, Versuch einer Bestimmung der Mittelschicht in der Reichsstadt Augsburg vom Ende des 14. bis zum Anfang des 18. Jahrhunderts, in: Erich Maschke/Jürgen Sydow (Hgg.), Städtische Mittelschichten, Stuttgart 1972, S. 32–78, hier bes. S. 71.

Mitglieder der Familie Rehlinger im Augsburger Steuerbuch von 1534

Name	Steuerbezirk	Steuersumme
Konrad (alt)	Vom Rapold	280 fl*
Bernhard (jung)	Vom Schusterhaus	191 fl
Ulrich	Vom Zimmerleuthaus	156 fl 34 x
Wolfgang	Von St. Anthonino	155 fl
Konrad (jung)	Auf Unser Frauen Graben	150 fl
Hans (alt)	Von Unser Frauen Brüder	125 fl
Bernhard (alt)	Von Unser Frauen Brüder	90 fl
Ulrich (jung)	Von St. Anthonino	82 fl
Christophs Kinder	Von Unser Frauen Brüder	79 fl 30 x
Magdalena	Von Unser Frauen Brüder	73 fl
Marx' Frau	Vom Schusterhaus	50 fl
Jakob	Von St. Anthonino	42 fl 30 x
Leonhard Christoph	Von St. Anthonino	41 fl 12 x
Christoph Christoph	St. Katharinengasse	39 fl
Wilhelm	St. Katharinengasse	34 fl
Hans (jung)	Vom Zimmerleuthaus	25 fl 42 x
Konrad	Außerhalb St. Gallen Tor	11 fl
Bernhard, Dr.	Außerhalb St. Gallen Tor	ohne Angabe
Leonhard	Vom Diepold	ohne Angabe
Hans, Dr.	Vom Rapold	ohne Angabe

*Konrad Rehlinger d. Ä. zahlte weitere 30 fl für seine vier Söhne

Steuerzahler, welche zwischen 20 und 50 fl entrichteten, und der fünf der sechs übrigen Rehlinger angehörten, machte weniger als zwei Prozent der steuerpflichtigen Einwohnerschaft aus. Gleichzeitig sind große Vermögensunterschiede innerhalb der Sippe unübersehbar. So steuerte zum Beispiel der reichste Rehlinger im Jahre 1534, Konrad d. Ä., das Siebenfache von Leonhard Christoph oder Christoph Christoph, das Elffache von Hans d. J. und das Sechsundzwanzigfache seines Namensvetters Konrad Rehlinger. Hinter diesen Zahlen verbergen sich erhebliche Altersunterschiede, aber auch divergierende wirtschaftliche Aktivitäten und verschiedene verwandtschaftliche Netzwerke. Die Entschlüsselung dieser Divergenzen vermittelt ein wesentlich differenzierteres Bild dieser Patrizierfamilie.

Konrad Rehlinger d. Ä., dessen Steuerleistung von 280 fl auf ein Vermögen von mindestens 56.000 fl schließen läßt, war 1534 bereits 64 Jahre alt und seit Jahrzehnten in Handelsgeschäften tätig. Er hatte 1503 Barbara Walther, die Tochter von Hans Walther, geehelicht, welcher zwischen 1503 und 1511 das Amt des Zunftmeisters der Kaufleute bekleidete[18], und war im gleichen Jahr eine Handelsgesellschaft mit seinem Schwager Andreas Grander und dem Sohn seines Schwagers Hans Honold eingegangen. Die Gesellschaft, der sich 1507 auch Hans Honolds Bruder Peter anschloß, bestand bis zu Granders Tod im Jahre 1531[19]. Abgesehen von den überlieferten Gesellschaftsverträgen, liegen über die Aktivitäten der Firma nur sporadische Nachrichten vor; diese deuten jedoch darauf hin, daß der Warenhandel das Rückgrat der Gesellschaft bildete. 1508 mieteten Grander und Rehlinger Kammern im Fondaco dei Tedeschi in Venedig, 1514 erschien ein Vertreter der Firma zur Zeit der Safranernte im italienischen Aquila, und 1515 reiste Rehlingers Partner Hans Honold mit einem Kaufmannszug nach Frankfurt, der von Götz von Berlichingen überfallen wurde[20]. Nach der Auflösung der Gesellschaft beteiligte sich Konrad Rehlinger unter anderem 1535 mit Hans Baumgartner d. J. und Hans Rehlinger d. Ä. am Quecksilberbergbau in Idria bei Triest und erscheint nach 1540 als Besitzer von eingedeichtem Polderland in Seeland[21]. In den 20er und 30er Jahren war er zudem in mehreren städtischen Ämtern tätig: zwischen 1524 und 1539 saß er mit einer Unterbre-

18 Genealogisches Handbuch des in Bayern immatrikulierten Adels, Bd. 7, Neustadt a. d. Aisch 1961, S. 315. Zu Hans Walther vgl. Augsburg, Stadtarchiv, Best. Zünfte, Nr. 148.

19 Schöningh (wie Anm. 16), S. 5–10, 67–72; Elmar Lutz, Die rechtliche Struktur süddeutscher Handelsgesellschaften in der Zeit der Fugger, Bd. 2: Urkunden, Tübingen 1976, S. 28'–38'; vgl. auch Joachim Riebartsch, Augsburger Handelsgesellschaften des 15. und 16. Jahrhunderts. Eine vergleichende Darstellung ihres Eigenkapitals und ihrer Verfassung, Bergisch-Gladbach 1987, S. 70, 111, 142f., 199, 403ff. Hans Honolds gleichnamiger Vater hatte 1475 Konrad Rehlingers Schwester Elisabeth, Andreas Grander 1492 seine Schwester Afra geheiratet; Genealogisches Handbuch (wie Anm. 18), S. 315.

20 Henry Simonsfeld, Der Fondaco dei Tedeschi in Venedig und die Deutsch-Venetianischen Handelsbeziehungen, Bd. 1, Stuttgart 1887, S. 360f.; Schöningh (wie Anm. 16), S. 5ff.; Karl Otto Müller, Welthandelsbräuche (1480–1540), Stuttgart/Berlin 1934, Neudruck Wiesbaden 1962, S. 44, 246; Augsburg-Chronik, Bd. 5, S. 40.

21 Schöningh (wie Anm. 16), S. 9; Karl Otto Müller, Quellen zur Handelsgeschichte der Paumgartner von Augsburg (1480–1580), Wiesbaden 1955, S. 43; Jakob Strieder (Hg.), Aus Antwerpener Notariatsarchiven. Quellen zur deutschen Wirtschaftsgeschichte des 16. Jahrhunderts, Stuttgart/Berlin 1930, Neudruck Wiesbaden 1962, S. 145, 182.

2 Bernhard Strigel, Bildnis des Konrad Rehlinger und seiner Kinder. Öl auf Holz. München, Alte Pinakothek.

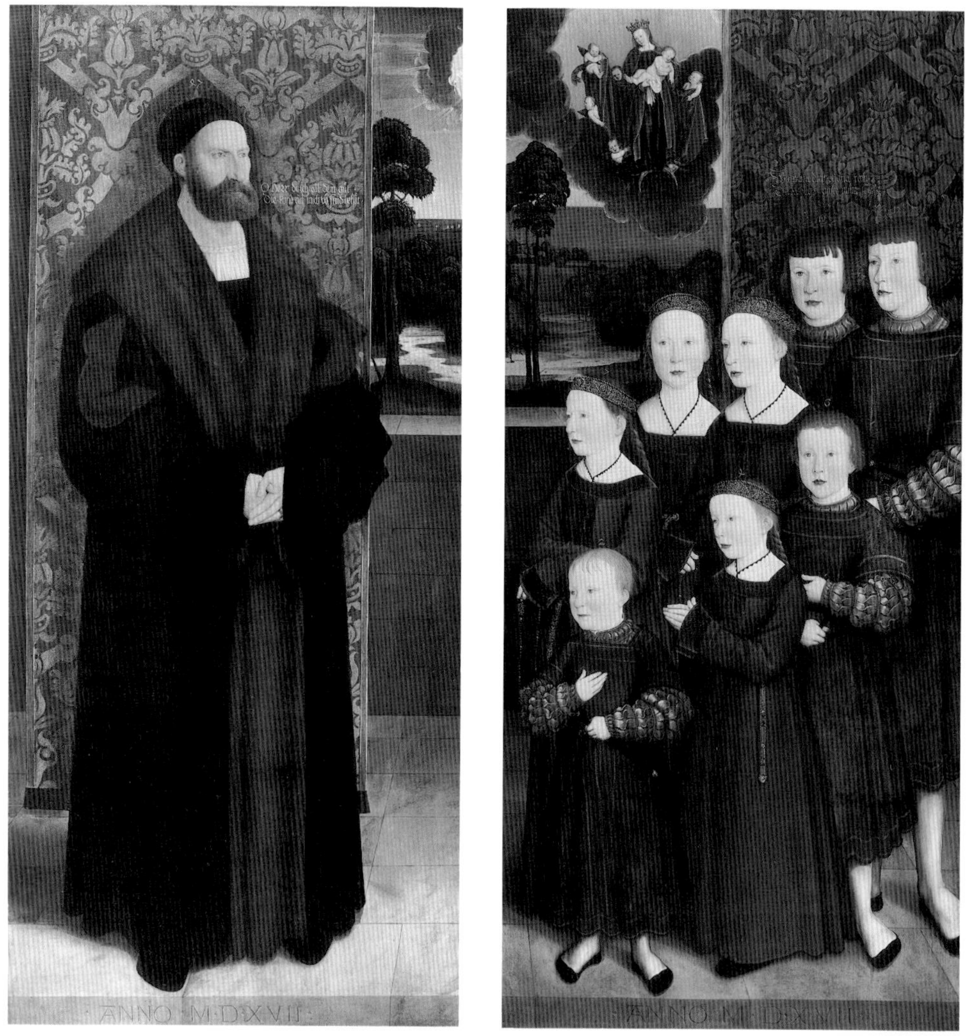

chung jedes Jahr im Kleinen Rat. Ferner trat er mehrfach als Kirchenpfleger in Erscheinung und war 1523 bis 1524 als Steuermeister sowie 1526 bis 1538 als Einnehmer für die städtischen Finanzen mitverantwortlich[22].

Aus Konrads Ehe mit Barbara Walther waren acht Kinder hervorgegangen, mit denen sich Konrad 1517 von dem Memminger Maler Bernhard Strigel porträtieren ließ (Abb. 2)[23]. Nach dem Tod seiner Frau heiratete Konrad Rehlinger 1525 Sibilla Artzt, die Witwe Jacob Fuggers des Reichen, mit dem er einige Jahre zuvor in geschäftlicher Verbindung gestanden hatte[24]. Diese Eheschließung barg erheblichen Konfliktstoff, da Jacob Fugger seiner Witwe dem Chronisten Clemens Sender zufolge testamentarisch »ain gros guot an gold, silber und klainettern vermacht, auch ir leben lang die behausung und gärtten, wa si in dem witwestand beleib«, eingeräumt habe. Konrad Rehlinger, den Sender als »ain alts mendlin« charakterisiert, habe »haimlich um die Fuggerin gebuollet« und sie dazu bewegt, mitsamt ihrem Heiratsgut in sein Haus zu kommen und ihn »auff die lutherische Art« zu heiraten. Rehlingers Verhalten erscheint Sender um so verwerflicher, als Jacob Fugger ihm »über leib und guot vertraut hat, vil fraindtschaft bewissen und stets ob seinem tisch gehapt zuo gast (...)«[25]. Andere Chroniken widersprechen allerdings der Version Senders. Die sogenannte Langenmantelsche Chronik berichtet etwa, daß »der fugger« Konrad Rehlinger und seine Frau »mit gewalt und gewaffnether Handt durch seine diener genottrengt und bezwungen das sie ain andern (Haus) nemmen muessen«, wodurch der Frau nach ihrer eigenen Einschätzung 20.000 fl an Vermögen verloren gegangen seien[26].

22 Augsburg, Stadtarchiv, Ratsämterbücher.
23 Vgl. Gertrud Otto, Bernhard Strigel, München/Berlin 1964, S. 73f.
24 Genealogisches Handbuch (wie Anm. 18), S. 315. 1522 beteiligte sich Rehlinger mit 100 Dukaten an einem Darlehen in Höhe von 10.000 Dukaten, das Jacob Fugger der spanischen Regierung zur Ausrüstung einer Flotte gewährte. Kellenbenz (wie Anm. 8), S. 153.
25 Augsburg-Chronik, Bd. 4, S. 169.
26 Staats- und Stadtbibliothek Augsburg, 2° Cod. Aug. 69, fol. 129v-130.

Wie bereits Konrad Rehlinger selbst und seine Schwestern gingen auch seine Kinder vorwiegend Heiratsverbindungen mit Familien ein, die dem Kaufmannsstand angehörten. Konrad d. J., der 1534 150 fl steuerte, hatte 1528 Barbara Wieland geehelicht, vermutlich eine Tochter des Kaufmanns Georg Wieland, der 1522 zu den zehn reichsten Augsburgern zählte; seine Schwester Magdalena heiratete 1532 Christoph von Stetten, den ehemaligen Faktor Christoph Herwarts; und ihre Schwester Apollonia ehelichte 1536 Christoph Manlich, dessen Gesellschaft in den 40er und 50er Jahren an mehreren großen Bergbauunternehmen beteiligt war. Die Frau von Konrad Rehlingers d. Ä. Sohn Markus, Apollonia Pfister, die 1534 50 fl an Steuern zahlte, entstammte ebenfalls einer Kaufmannsfamilie[27].

Auch die Handelsaktivitäten der Rehlinger in der zweiten Hälfte des 16. Jahrhunderts wurden in erster Linie von Nachkommen Konrad Rehlingers d. Ä. fortgeführt. Sein Sohn Hieronymus, der 1534 noch nicht im Steuerbuch erscheint und 1536 Apollonia Haintzel, die Tochter des an der Welser-Gesellschaft beteiligten Peter Haintzel, heiratete, war Gläubiger der englischen Krone und des deutschen Kaisers und stellte zwischen 1571 und seinem Tod 1581 Vollmachten für geschäftliche Vertreter in Leipzig, Danzig, Antwerpen, Paris, Lyon, Venedig und Neapel aus[28]. Sein Sohn Markus führte den Handel bis zum Ende des 16. Jahrhunderts fort, und sein Enkel Marx Konrad hatte noch in der Zeit des Dreißigjährigen Krieges europaweite Geschäftsverbindungen und war im englischen und holländischen Überseehandel engagiert[29].

Eine zweite, größere Gruppe von Mitgliedern des Rehlinger-Clans im Steuerbuch von 1534 umfaßt die Brüder Bernhard d. Ä. (90 fl) und Hans d. Ä. (125 fl) samt ihren Söhnen[30], ihre unverheiratete Schwester Magdalena (73 fl) sowie die Söhne ihres verstorbenen Bruders Christoph, Leonhard Christoph (41 fl), Christoph Christoph (39 fl) und ihre vier noch ledigen Geschwister (79 fl 30 x). Von den drei Brüdern der älteren Generation war Christoph mit der Tochter Peter Honolds, eines Mitglieds der Kaufleutezunft, verheiratet. Hans d. Ä. hatte 1504 Anna Dietenhaimer und Bernhard d. Ä. ein Jahr zuvor Richardis Mißbeck, eine Straßburger Patriziertochter, geehelicht.

Von primärer wirtschaftlicher Bedeutung scheint für alle drei Brüder jedoch ihre verwandtschaftliche Beziehung zu Hans Baumgartner d. Ä., der mit ihrer Kusine Felizitas verheiratet war, und mit dessen gleichnamigem Sohn gewesen zu sein. Christoph Rehlinger war von 1517 bis zu seinem Tod 1520 mit 10.000 fl an der Handelsgesellschaft von Hans Baumgartner d. J. und Wolfgang Rudolf beteiligt, Hans und Bernhard Rehlinger kauften 1519 Silber von Hans Baumgartner d. J., Bernhard Rehlinger trat demselben um 1524 Bergwerksanteile in Tirol ab, und Hans Rehlinger und Hans Baumgartner engagierten sich um 1535 gemeinsam im Quecksilberbergbau zu Idria[31]. Wie eng die Beziehungen zwischen beiden Familien waren, zeigt auch eine Reihe von Urkunden und Verträgen der Baumgartner. Als Hans Baumgartner d. J. während einer Krankheit seines Vaters 1516/17 die Geschäfte weiterführt, siegelt Bernhard Rehlinger seine Abrechnungen; 1520 ernennt Hans Baumgartner d. Ä. Hans Rehlinger zu seinem Testamentsvollstrecker; 1528 siegelt Hans Rehlinger den Heiratsvertrag zwischen Hans Baumgartner d. J. und Regina Fugger; und 1530 siegelt derselbe das Inventar der Witwe Hans Baumgartners d. Ä.[32].

Auch in der folgenden Generation sind innerhalb dieses Zweiges der Rehlinger Zusammenhänge zwischen verwandtschaftlichen und geschäftlichen Beziehungen erkennbar. Bernhard Rehlinger d. J., der 1528 Anna Bimmel, die Tochter des Großkaufmanns Anton Bimmel, geheiratet hatte und 1534 von allen Rehlingern die zweithöchste Vermögenssteuer entrichtete, erschien 1533 mit der stattlichen Summe von 13.600 fl als Depositengläubiger der Firma von Anton Haug, Hans Langnauer und Ulrich Linck, welche

27 Genealogisches Handbuch (wie Anm. 18), S. 316. Zu Georg Wieland: Strieder (wie Anm. 3), S. 188ff. Zu Christoph Manlich: Christel Warnemünde, Augsburger Handel in den letzten Jahrzehnten des 16. Jahrhunderts und dem beginnenden 17. Jahrhundert, Diss., Freiburg 1956, S. 126–129.

28 Augsburg, Stadtarchiv, Notariatsarchiv Spreng, VI, Nr. 1; VI, Nr. 14; VII, Nr. 46; VII, Nr. 61; VII, Nr. 66; XI, Nr. 77; XII, Nr. 33; XIV, Nr. 3; XIV, Nr. 18; XV, Nr. 68–69; XVIII, Nr. 39 1/2; XVIII, Nr. 55; XXII, Nr. 77; XXIV, Nr. 5. Schöningh (wie Anm. 16), S. 20ff.

29 Zu Markus und Marx Konrad Rehlinger vgl. Schöningh (wie Anm. 16), S. 25–55; Reinhard Hildebrandt, Interkontinentale Wirtschaftsbeziehungen und ihre Finanzierung in der ersten Hälfte des 17. Jahrhunderts, in: Hermann Kellenbenz (Hg.), Weltwirtschaftliche und währungspolitische Probleme seit dem Ausgang des Mittelalters, Stuttgart/New York 1981, S. 61–76, hier bes. S. 66–70.

30 Bernhard d. J. und Wolfgang, Söhne von Bernhard d. Ä.; Hans d. J., Sohn von Hans d. Ä.; Genealogisches Handbuch (wie Anm. 18), S. 292–303.

31 Müller (wie Anm. 21), S. 25, 43, 75, 228f., 231ff., 255.

32 Ebd., S. 11, 15, 19, 22, 26, 28, 30ff.

ger der Firma von Anton Haug, Hans Langnauer und Ulrich Linck, welche aus dem Unternehmen von Anton und Hans Bimmel hervorgegangen war. In dieselbe Gesellschaft hatten auch die Söhne Christoph Rehlingers Depositen eingelegt[33]. Nach der Verehelichung von Anna Rehlinger, einer Tochter von Hans d. Ä., mit Anton Fugger 1527 erschienen Hans und Bernhard Rehlinger auch als größere Gläubiger des Fuggerschen Unternehmens[34]. Generell dürften Handelsgeschäfte für die Nachkommen von Hans d. Ä., Bernhard d. Ä. und Christoph Rehlinger nur eine geringe Rolle gespielt haben. »Stille« Beteiligungen an anderen Firmen, die Übernahme städtischer Ämter, Grundbesitz im Umland von Augsburg[35] und Heiraten mit dem Landadel[36] werden spätestens seit der Jahrhundertmitte für diesen Zweig der Familie charakteristisch.

Eine dritte Gruppe innerhalb des Rehlinger-Clans im Augsburg der Reformationszeit bilden schließlich Ulrich d. Ä. und seine Söhne Ulrich und Jakob. Ulrich d. Ä. hatte 1497 Ursula Gossembrot geheiratet und war mit zwei der reichsten Augsburger Kaufleute der 20er Jahre, Lukas Gassner und Ambrosius Höchstetter, verschwägert[37]. Er war von 1521 bis 1535 in allen ungeraden Jahren Bürgermeister von Augsburg[38] und zahlte 1534 die dritthöchste Steuersumme innerhalb der Sippe. Als Kaufmann ist sein Sohn Jakob hervorgetreten, der mit 42 fl 30 x allerdings eine vergleichsweise geringe Steuerleistung erbrachte. Er war wahrscheinlich als Faktor der Fugger in Italien – 1529 und 1530 in Neapel, 1534 in Venedig – tätig. Als selbständiger Kaufmann engagierte er sich Mitte der 30er Jahre in Geldgeschäften in Venedig und versuchte sich an einem spekulativen Luxuswarengeschäft, in dessen Rahmen flämische Gobelins via Venedig nach Konstantinopel geschafft und dort an den türkischen Sultan verkauft werden sollten[39].

Außerhalb der genannten Gruppen steht Wilhelm Rehlinger, der einer weiteren Linie der weitverzweigten Familie entstammte. Er war der Schwager von Hans Honold, dem Partner Konrad Rehlingers d. Ä.; seine Tochter heiratete wiederum in eine Linie der Rehlinger ein, als sie sich 1532 mit Christoph Christoph Rehlinger vermählte[40]. Als Kaufmann erscheint er um 1507 in Kalabrien, Aragon und Lissabon als Geschäftspartner der Großen Ravensburger Handelsgesellschaft im Seiden- und Gewürzhandel. Im gleichen Jahr gehörte er zu einer Gruppe deutscher Kaufleute, deren Waren auf dem Wasserweg von Arnemuiden nach Antwerpen von Piraten geraubt wurden[41]. Wilhelm Rehlinger war von 1526 bis 1529 und von 1532 bis 1544 Mitglied des Kleinen Rats der Reichsstadt und bekleidete mehrere andere städtische Ämter. Von 1526 bis 1542 war er mit Ausnahme von 1536 jedes Jahr städtischer Steuermeister[42]. Seine eigene Steuersumme nimmt sich 1534 mit 34 fl relativ bescheiden aus.

Der Familienclan der Rehlinger weist somit eine starke innere Differenzierung auf. Die einzelnen Linien engagierten sich unterschiedlich stark im Handel und gehörten verschiedenen Verwandtschaftsnetzen an. Im Zuge der Reformation bildeten sich dann auch konfessionelle Unterschiede innerhalb der Sippe aus[43]. Auf protestantischer Seite traten dabei vor allem die beiden Bürgermeister der 20er und 30 Jahre, Ulrich und Wolfgang Rehlinger, hervor.

Ulrich Rehlinger demonstrierte seine pro-reformatorische Haltung bereits 1525 durch seine Teilnahme am Hochzeitszug des evangelischen Predigers Urbanus Rhegius[44]. Zwei Jahre später drangen Soldaten Herzog Wilhelms von Bayern dem Bericht des Chronisten Jörg Breu zufolge gewaltsam auf Rehlingers Landsitz Leeder bei Landsberg ein, um dort den Prediger Michael Keller, einen der Wortführer der Reformation, gefangenzunehmen[45]. 1533 nahm Rehlinger mit einem Schreiben an Jacob Sturm in Straßburg Kontakt zum Schmalkaldischen Bund auf[46], und sein gleichnamiger Sohn beteiligte sich 1531 an Zerstörungen in der Augsburger Heilig-Kreuz-

33 Augsburg, Stadtarchiv, Bestand Kaufmannschaft und Handel, Nr. 5, fol. 28f. Zur Gesellschaft Anton Haugs vgl. Ehrenberg (wie Anm. 3), S. 227–234; Strieder (wie Anm. 3), S. 144, 202, 204; Johannes Meilinger, Der Warenhandel der Augsburger Handelsgesellschaft Anton Haug, Hans Langnauer, Ulrich Link und Mitverwandte (1532–1562), Diss. Leipzig 1911.

34 Bernhard d. J. war 1533 mit 10.255 fl Gläubiger der Gesellschaft Anton Fuggers; Pölnitz (wie Anm. 6), Bd. 1: 1453–1535, Tübingen 1958, S. 621, Anm. 148. Hans Rehlinger war 1539 mit 3,750.000 Maravedis Gläubiger der Fugger-Filiale in Madrid. Kellenbenz (wie Anm. 8), S. 189.

35 Bernhard d. J. etwa war Besitzer von Hainhofen und Ottmarshausen, Leonhard Christoph Besitzer von Untermeitingen. Genealogisches Handbuch (wie Anm. 18), S. 292, 295; Stetten (wie Anm. 12), S. 94.

36 Zwei Beispiele: Christoph Rehlingers Sohn Sebastian Christoph heiratete 1553 Anna Vogel von Seissenhausen; Hans Rehlingers Tochter Katharina ehelichte 1544 Christoph Pflügl von Goldenstein. Vgl. Stetten (wie Anm. 12), S. 95.

37 Genealogisches Handbuch (wie Anm. 18), S. 290f.

38 Katarina Sieh-Burens, Oligarchie, Konfession und Politik im 16. Jahrhundert. Zur sozialen Verflechtung der Augsburger Bürgermeister und Stadtpfleger 1518–1618, München 1986, S. 349.

39 Hermann Kellenbenz, Jakob Rehlinger, ein Augsburger Kaufmann in Venedig, in: Hermann Aubin u. a. (Hgg.), Beiträge zur Wirtschafts- und Sozialgeschichte. Festschrift für Hektor Ammann, Wiesbaden 1965, S. 362–379.

40 Genealogisches Handbuch (wie Anm. 18), S. 277f.

41 Schulte (wie Anm. 7), Bd. 1, S. 136, 273; Bd. 2, S. 16, 188; Bd. 3, S. 313, 392; vgl. Hermann Kellenbenz, Wirtschaftsleben zur Blütezeit, in: Gottlieb, Geschichte der Stadt Augsburg, 2. Aufl., S. 258–301, hier S. 272; Doehard (wie Anm. 3), S. 256–259, 293f.

42 Augsburg, Stadtarchiv, Ratsämterbücher.

43 Vgl. dazu in knapper Form Mörke/Sieh (wie Anm. 10), S. 306f.

44 Augsburg-Chronik, Bd. 4, S. 176; Roth, Reformationsgeschichte, Bd. 1, S. 93, 295; Sieh-Burens (wie Anm. 38), S. 141.

45 Augsburg-Chronik, Bd. 4, S. 35. Dem Prediger gelang rechtzeitig die Flucht, was Breu mit den Worten kommentiert: »dannocht half im Got darvon«. Vgl. auch Sieh-Burens (wie Anm. 38), S. 143. Sieh-Burens zufolge deutet Kellers Anwesenheit auf dem

1534 wurde Wolfgang Rehlinger, ein Sohn Bernhard Rehlingers d. Ä. und Ricardis Mißbecks und Jörg Breu zufolge »ain junger man zwuschen 27 und 28 jaren, ain jurist, gelert«, erstmals zum Bürgermeister gewählt. Breu äußerte nach der Wahl die Befürchtung, daß der unerfahrene Rehlinger völlig unter den Einfluß seines Bürgermeisterkollegen Hieronymus Imhof, »der was ains gantzen rath zuchtmaister und unterweiser«, geraten würde[48]. Tatsächlich avancierte Rehlinger, der auch 1536, 1539 und 1541 das Bürgermeisteramt innehatte, zu einem der engagiertesten Förderer der Reformation in Augsburg und des Beitritts der Stadt zum Schmalkaldischen Bund. Für den damaligen Stadtschreiber Georg Froelich war Rehlinger der Cicero der Augsburger Stadtrepublik – ein tugendhafter und gerechter Mann, der »den handl gottes ernstlich in die hand nam, dz faul bis uf dz lebendig herausser schnidt, unverschont menigliche auch seiner bluets verwanten und fürdersten Inn amptern hand hapte und alles begangen ubel half straffen«[49]. Der Patrizier Matthäus Langenmantel, der Rehlinger kritischer gegenüberstand, vertrat die Auffassung, der Bürgermeister habe die Stadt ganz nach seinem Willen regiert[50]. Angesichts zunehmender Opposition zog sich Rehlinger allerdings 1543 zunächst aus der Stadtpolitik zurück und gab im folgenden Jahr sein Bürgerrecht auf, um nach Straßburg – dem Herkunftsort seiner Mutter – zu ziehen[51]. Nach der Aufhebung der Augsburger Zunftverfassung durch Kaiser Karl V. 1548 und der Einführung eines patrizischen Regiments gewannen die katholischen Familien Hans und Christoph Rehlingers stark an politischem Gewicht: 1548 wurde Leonhard Christoph Rehlinger, ein Sohn Christophs, Bürgermeister, und ein Jahr später gelangte Hans Rehlingers Sohn Heinrich in das neugeschaffene Amt des Stadtpflegers[52].

Den Rehlingern beider Konfessionen eröffnete ihre soziale, wirtschaftliche und politische Führungsstellung im Augsburg des 16. Jahrhunderts vielfältige Möglichkeiten der Repräsentation und des Mäzenatentums. Reichtum, Standesbewußtsein und politische Macht konnten auf Hochzeiten oder anläßlich von Reichstagen demonstriert werden. Die prachtvolle Hochzeit Anton Fuggers mit Anna Rehlinger 1527 – auf welcher dem Chronisten Clemens Sender zufolge »jedermann fürstlich gehalten worden, und darneben der armen auch nit vergessen worden« sei[53] – ist dafür ebenso ein Beispiel wie der Einzug Kaiser Karls V. in Augsburg 1530. Die Chronisten beschreiben ausführlich die prächtigen Gewänder und die geschmückten Pferde, mit denen Konrad und Ulrich Rehlinger neben anderen führenden Repräsentanten der Stadt dem Kaiser entgegenritten, und erwähnen Hans und Wilhelm Rehlinger unter den Trägern des Thronhimmels[54]. Im Bereich der Kunstförderung ist das bereits erwähnte, von Bernhard Strigel gemalte Bildnis Konrad Rehlingers und seiner acht Kinder ebenso als Ausdruck patrizischen Selbstbewußtseins zu verstehen wie der spätgotische Schnitzaltar, den Daniel Mauch um 1520 für die Rehlinger fertigte, und der als Hauptwerk des Ulmer Künstlers gilt (Abb. 3)[55].

Als weitere Zeugnisse patrizischen Selbstverständnisses können schließlich das 1559 angefertigte Ehrenbuch der Rehlinger (Abb. 4) sowie die 1550 von den sechs Söhnen Christoph Rehlingers ins Leben gerufene Rehlingersche Fraternitäts-Stiftung angesehen werden. Die sechs Brüder äußern im Stiftungsbrief die Überzeugung, daß »die Geschlecht allein durch den mannlichen Stamm erhalten werden, welcher Ehr und Würdigkeit aber außer Reichthum und gutem stattlichem Vermögen nicht bestehen noch bleiben mag, sondern durch Armuth in Abfall und Verachtung kommt«. Gleichzeitig unterstreichen sie den Führungsanspruch der durch altes Herkommen und materielle Sicherheit charakterisierten Geschlechter in der Reichsstadt: die Geschlechter würden sich »mehr Ehren und Tugend befleißen, auch dise[r] alten ehrlichen Stadt Augspurg, als ihres Vaterlands,

Landsitz »auf ein patronageähnliches Verhältnis zum Bürgermeister« hin.

46 Otto Winckelmann (Bearb.), Politische Correspondenz der Stadt Strassburg im Zeitalter der Reformation, Bd. 2 (1531–1539), Straßburg 1887, S. 193ff.

47 Augsburg-Chronik, Bd. 4, S. 333; Augsburg-Chronik, Bd. 6, S. 50.

48 Augsburg-Chronik, Bd. 6, S. 58.

49 Staats- und Stadtbibliothek Augsburg, 2° Cod. Aug. 28, S. 914, 916. Vgl. Roth, Reformationsgeschichte, Bd. 1, S. 93, Bd. 2, S. 150f.

50 Staats- und Stadtbibliothek Augsburg, 2° Cod. Aug. 69, fol. 188–188v. Vgl. auch Roth, Reformationsgeschichte, Bd. 2, S. 286f.

51 Roth, Reformationsgeschichte, Bd. 1, S. 93, Bd. 3, S. 218ff.; Sieh-Burens (wie Anm. 38), S. 135, 148, 150, 157.

52 Sieh-Burens (wie Anm. 38), S. 170ff., 184ff., 349. Zwar wurde auch der fast 80jährige Konrad Rehlinger 1548 noch in den neugestalteten Rat aufgenommen, aber bereits ein Jahr später auf sein eigenes Gesuch hin, »daß er mangel an seinem gehör und rede gehabt«, wieder aus seinem Amt entlassen. Augsburg-Chronik, Bd. 7, S. 82.

53 Augsburg-Chronik, Bd. 4, S. 184.

54 Ebd., S. 273f.; Rosemarie Aulinger, Das Bild des Reichstages im 16. Jahrhundert. Beiträge zu einer typologischen Analyse schriftlicher und bildlicher Quellen, Göttingen 1980, S. 333f.

55 Der Altar, der das Wappen der Rehlinger trägt, ist heute in der Kapelle des Dorfes Bieselbach westlich von Augsburg aufgestellt. Zuvor befand er sich vermutlich im Rehlinger-Schloß in Horgau, das 1813 abbrannte. Vgl. Georg Dehio, Handbuch der Deutschen Kunstdenkmäler: Schwaben, bearbeitet von Bruno Bushart und Georg Paula, Berlin/München 1989, S. 190; Bernt von Hagen, Beobachtungen zum Bieselbacher Altar des Daniel Mauch, in: Zeitschrift des Historischen Vereins für Schwaben, 81, 1988, S. 51–62.

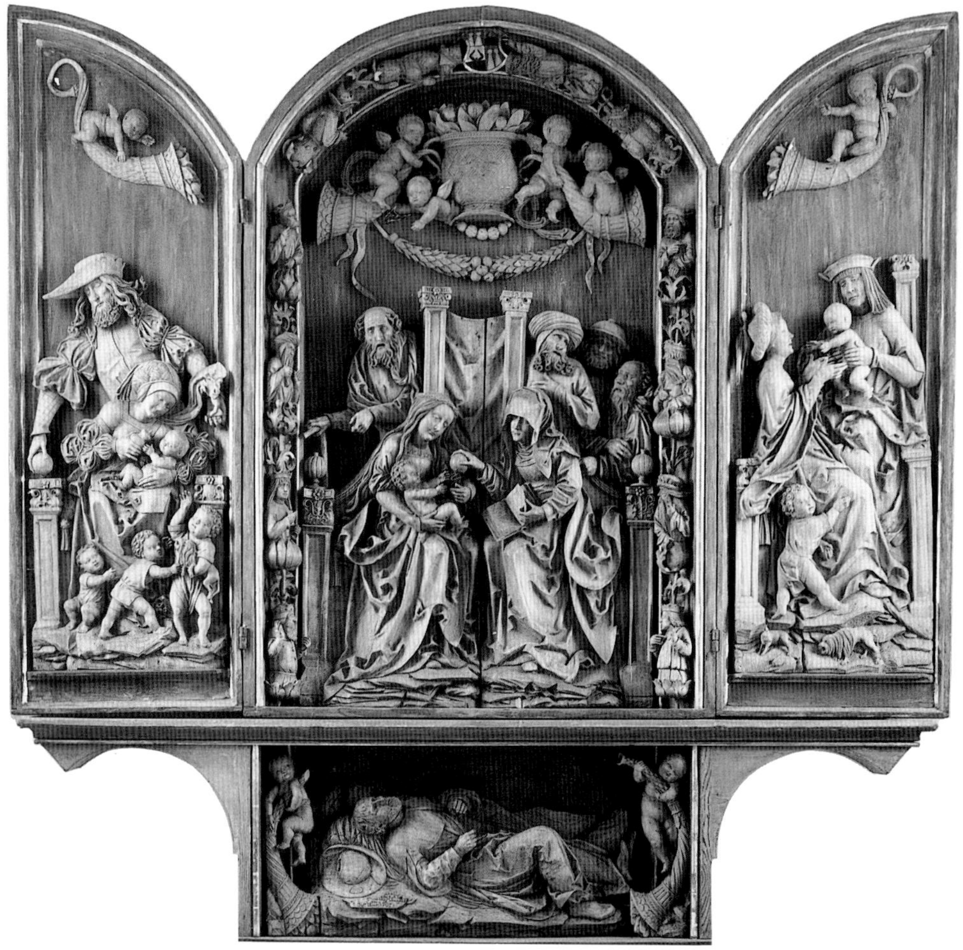

3 Daniel Mauch, Sippenaltar. St. Franz Xaver Kapelle, Bieselbach, Lkr. Augsburg.

4 Clemens Jäger, Titelblatt des Ehrenbuchs der Familie Rehlinger. Augsburg, Staats- und Stadtbibliothek.

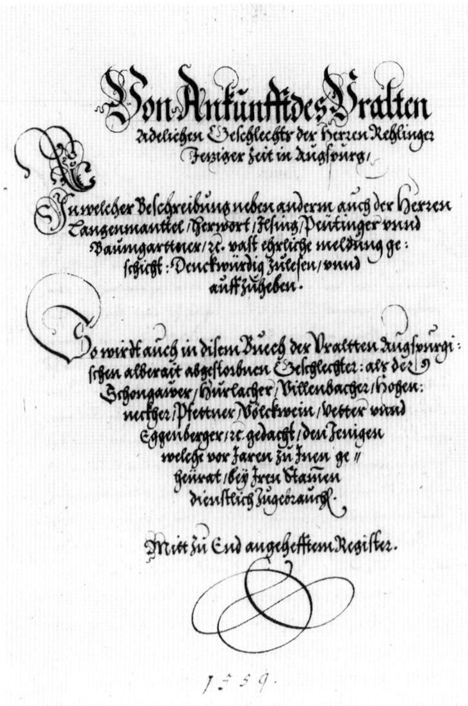

Von Ankunfft des Vralten
Adelichen Geschlechts der Herren Rehlinger
Jetziger zeit in Augspurg/

In welcher Beschreibung neben anderm auch der Herren
Langenmantel/Herwort/Jlsing/Peutinger vnnd
Baumgartner/ꝛc. vast ehrliche meldung ge:
schicht: Denckwürdig zulesen/vnnd
auffzuheben.

So wirdt auch in disem Buech der Vralten Augspurgi:
schen alberait abgestorbnen Geschlechter: als der
Schongawer/Hurlacher/Rittenbacher/Hofen:
necker/Pfettner/Völckwein/Vetter vnnd
Eggenberger/ꝛc. gedacht/den Jenigen
welche vor Jaren zu Jnen ge=
heurat/bey jren Stammen
dienstlich zugebraucht.

Mitt zu End angeheftem Register.

1559.

Nuz, Frommen und Aufnehmen« stärker fördern als andere. Die Stiftung setzt sich daher das Ziel, den Wohlstand ihrer Nachkommenschaft »im Mannesstamme« zu sichern[56].

Die Demonstration von Macht und Reichtum seitens der wirtschaftlichen und politischen Eliten Augsburgs riefen beim »gemeinen Mann« aber durchaus auch Kritik hervor. Dies zeigt sich deutlich an der Beurteilung des Bürgermeisters Wolfgang Rehlinger in Jörg Breus Chronik. Obwohl Breu Rehlingers pro-reformatorische Haltung teilte, nehmen sich seine Äußerungen über den Bürgermeister nach 1534 sehr negativ aus. Für 1536 berichtet Breu, daß Rehlinger und sein Kollege Mang Seitz »gar aufblasen und geschwollen mit macht« gewesen seien – »nichts, das nit adelich zuogieng«[57]. Ein Jahr zuvor hatte sich Rehlinger auf dem Gelände des ehemaligen Judenfriedhofs einen Lustgarten anlegen und ein Sommerhaus errichten lassen. Die Schnelligkeit, mit der die Arbeiten vonstatten gegangen waren, erschien Breu verdächtig: »ich will glauben, den statwerckleuten sei ain guet trinckgelt geben, ist ab dem rathaus zalt worden«[58]. Somit wird – zumindest für Breu – auch Rehlinger zum Repräsentanten einer Oberschicht, die ihre eigenen Interessen über den »gemeinen Nutzen« stellt und durch ihre Macht korrumpiert wird.

III

Als 1519 in Augsburg die Nachricht von der Kaiserwahl Karls V. eintraf, schickten sich neben Jacob Villinger, dem kaiserlichen Rat und Schatzmeister, auch die Kaufleute Jacob Fugger und Ambrosius Höchstetter (Abb. 5) an, vor ihren Häusern Freudenfeuer zu entzünden, um das Ereignis gebührend zu feiern. Doch es kam anders. Nicht ohne Befremden und voller

56 Augsburg, Stadtarchiv, Personenselekt Rehlinger.
57 Augsburg-Chronik, Bd. 6, S. 72.
58 Ebd., S. 65. Den Bau des Lusthauses erwähnen auch andere Chronisten: Augsburg-Chronik, Bd. 4, S. 353.

Ironie berichtet der Chronist Wilhelm Rem: »Nun was es vor der gebrauch nit gewesen, daß purger in der statt solten frödenfeur machen, es hett die statt vor nie frödenfeur gehabt; also schickt ain ratt zuo dem Fillinger und den andren und lies in sagen, ain ratt welt den unkosten selb zalen. und die statt lies in die vorstett auch etliche machen, und auff dem Berlach da ward das allerhüpschest gemacht, es waren vil verborgner bixen darin, die schuossend im feur ab; es kost danocht vil gelt, es was hüpsch zuogericht«[59].

Auf den ersten Blick mag sich diese Nachricht anekdotisch ausnehmen. Bei genauerem Hinsehen jedoch entpuppt sie sich als Beispiel für das Aufeinandertreffen zweier Prestigesphären, ja zweier Wertsysteme[60]. Auf der einen Seite der Rat, der auf Maßhalten bedacht ist, auf die Wahrung von Einigkeit und Frieden[61]; auf der anderen Seite mit Jacob Fugger und Ambrosius Höchstetter zwei Exponenten des Frühkapitalismus, Firmenhäupter, Bankiers, die selbst den Bruch mit der städtischen Tradition nicht scheuen, um ihre ökonomische Potenz zur Schau stellen zu können; zwei soziale Aufsteiger: schwerreich, aber eben auch neureich; zwei Angehörige von Familien, die im Unterschied zu den Rehlingern oder Welsern noch nicht zu jenem Kreis der »Geschlechter« zählen, welche in Augsburg das geburtsständische Patriziat bilden[62].

Wie vollzog sich dieser Aufstieg? Vor allem aber: Wie vertrug er sich mit einer Wertstruktur, die durch zünftige Beschränkung charakterisiert war? Diese Fragen sollen im folgenden am Beispiel der Höchstetter beantwortet werden – einer Familie, die es an Aufsteigerqualitäten durchaus mit den prominenteren Fuggern aufnehmen kann[63], die darüber hinaus aber auch noch aus anderen Gründen geeignet scheint, hier als Repräsentant eines zweiten Typus städtischer Führungsgruppen etwas genauer betrachtet zu werden. So galten die Höchstetter nicht nur als überaus gerissene und ehrgeizige Spekulanten und Monopolisten, sondern auch als extensive Nutzer von Fremdkapital in Form von Depositen. Hinzu kommt, daß der Zusammenbruch der Höchstetter-Gesellschaft 1529 in eine Zeit fiel, in der besonders hitzig über die Monopolfrage gestritten wurde. Und schließlich erlaubt der langwierige und aktenerzeugende Prozeß, der diesem spektakulären Bankrott folgte, Einblicke in Struktur und soziale Verflechtung der Höchstetter-Gläubiger.

Aufstieg – das war zuerst einmal ökonomischer Aufstieg. Ein Blick in die Augsburger Steuerbücher des 15. Jahrhunderts führt ihn vor Augen: Steuerte ein Sigfrid Höchstetter, von Beruf einfacher Bleicher, 1403 die noch recht bescheidene Summe von 1½ fl, mußte sein Enkel Ulrich, wie schon sein Vater selbständiger Gewandschneider, 1494 bereits 120 fl abführen, eine Summe, die ihn als Angehörigen der ökonomischen Oberschicht ausweist[64]. Politischer Erfolg schloß sich an: Seit 1461 saß erwähnter Ulrich als Zunftmeister der Schneider im Kleinen Rat; und seit 1482 gehörte er bis zu seinem Tod 1495 als Baumeister bzw. Einnehmer sogar dem Dreizehnerausschuß an, dem eigentlichen Entscheidungszentrum in Augsburg[65]. Schließlich ein Beispiel für den gesellschaftlichen Aufstieg der Höchstetter: Ulrichs Sohn Ambrosius heiratete 1493 Anna Rehlinger, die Tochter des Patriziers Jacob Rehlinger, und kam damit auf der sozialen Leiter ein gutes Stück voran[66]. Allerdings scheint Anna Rehlinger auch in ökonomischer Hinsicht alles andere als eine schlechte Partie gewesen zu sein; spöttelt doch Clemens Sender in seiner Chronik: »die hat im zuopracht zuo heirotguot und darnach ererbt 60.000 fl.«[67].

Es liegt auf der Hand, daß sich solche Erfolge nicht allein auf besondere Kunstfertigkeit, auf Detailhandel, auf den Tuchverkauf in Augsburg zurückführen lassen. Schon Ulrich Höchstetter, Ambrosius' Vater, trieb aller Wahrscheinlichkeit nach Fernhandel[68], engagierte sich jedenfalls als Tuch-

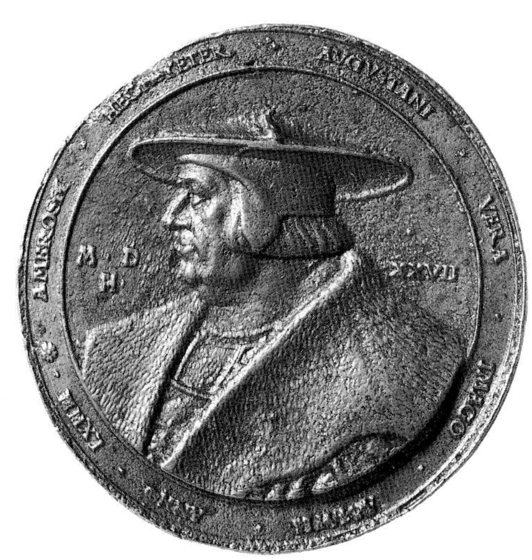

5 Friedrich Hagenauer, Bildnismedaille des Ambrosius Höchstetter. Städtische Kunstsammlungen Augsburg, Maximilianmuseum.

59 Augsburg-Chronik, Bd. 5, S. 109f. Zu Wilhelm Rem: Kramer-Schlette (wie Anm. 9), bes. S. 68ff. und passim.

60 Dazu auch Olaf Mörke, Die Fugger im 16. Jahrhundert. Städtische Elite oder Sonderstruktur?, in: Archiv für Reformationsgeschichte, 74, 1983, S. 141–162.

61 Vgl. allgemein Heinrich Lutz, Normen und gesellschaftlicher Wandel zwischen Renaissance und Revolution – Differenzierung und Säkularisierung, in: Saeculum, 26, 1975, S. 166–180; Rublack (wie Anm. 10), passim; Schulze (wie Anm. 10), passim.

62 Mörke/Sieh (wie Anm. 10), bes. S. 302f.

63 Die einschlägige Literatur zur Geschichte der Fugger bei Mörke (wie Anm. 60); Stationen des Fugger-Aufstiegs in Form einer knappen Strukturanalyse bei Heinz Schilling, Aufbruch und Krise. Deutschland 1517–1648, Berlin 1988, S. 47ff.

64 Strieder (wie Anm. 3), S. 160f.; Ernst Kern, Studien zur Geschichte des Augsburger Kaufmannshauses der Höchstetter, in: Archiv für Kulturgeschichte, 26, 1936, S. 162–198, hier S. 164.

65 Ulrich Klinkert, Die Augsburger Handelsgesellschaft der Höchstetter. Zusammenbruch 1529, Gläubiger und soziale Verflechtung (unveröffentlichte Zulassungsarbeit, Augsburg 1983), S. 17; und darüber hinaus Augsburg-Chronik, Bd. 2, S. 394. Zu den Ratsämtern Sieh-Burens (wie Anm. 38), S. 28ff.; dies. (wie Anm. 11).

66 Friedrich Warnecke (Hg.), Augsburger Hochzeitsbuch, enthaltend die in den Jahren 1484 bis 1591 stattgefundenen Heirathen, Berlin 1886, S. 13.

67 Augsburg-Chronik, Bd. 4, 2. Aufl., S. 219.

68 Kern (wie Anm. 64), S. 167.

händler in Antwerpen, wo noch zu seinen Lebzeiten eine Höchstetter-Niederlassung etabliert wurde[69] und wo die Höchstetter bald auch Grundbesitz erwarben[70]. Textillager in Frankfurt, Nürnberg, Wien und Venedig folgten[71], später auch Niederlassungen in Mailand[72], Lissabon[73] und Lyon[74]. Dann der Einstieg in den Gewürz-[75] und Getreidehandel[76], beides in großem Stil; vor allem aber der Einstieg in den expandierenden Montanbereich[77] – und damit in das ebenso lukrative wie riskante Geschäft mit dem Geld. Denn wer es im Bergbau, im Hüttenwesen und Metallhandel zu Einfluß und Reichtum bringen wollte, der mußte den hohen Herren Kredit gewähren können, der mußte zum Bankier und Finanzier werden, um in den Genuß von Schürfrechten, Schutzbriefen und Kartellkonzessionen zu gelangen; das war gewiß nichts Neues, das wußte man schon zu Zeiten Karls IV.[78]; doch wußte das um 1500 niemand besser als die Augsburger Fugger, Welser und Höchstetter.

Geldbedürftige Fürsten gab es im Zuge der frühmodernen Staatsbildung mehr als genug. Jene aber, die über Bergregalien verfügen konnten wie sonst niemand, waren die Habsburger; und an sie hielten sich die Höchstetter zumeist auch (wie all die anderen Kaufleute-Finanziers der oberdeutschen Reichsstädte)[79]. 1509 willigte Kaiser Maximilian, der den Höchstettern wohl seit längerem schon finanziell verpflichtet war[80], in Bau und Betrieb einer Schmelzhütte für Kupfer und Messing am Stainenberg bei Pflach in Tirol ein und ermöglichte damit weitere Aktivitäten der Familie im Montanbereich[81]. So bezogen die Höchstetter seit 1511 Kupfer aus Taufers[82] und seit 1514 selbst aus Schwaz: Jacob Fugger hatte sich auf habsburgischen Druck hin verpflichten müssen, die Höchstetter nicht gänzlich vom dortigen Verkauf auszuschließen[83]. Spannungen und zunehmender Konkurrenzdruck waren die Folge[84]. Rasch entstanden weitere Hüttenbetriebe: am Hornbach in Tirol und im sächsischen Freiberg[85]. Bald schon engagierten sich die Höchstetter auch im Silberbergbau: in Steinfelden (Tirol), in St. Joachimstal (Böhmen)[86] und in Schneeberg (Sachsen)[87]. Dann erste Versuche, im schottischen und englischen Bergbau Fuß zu fassen[88]. Gleichzeitig der Vorstoß in das gewinnversprechende Geschäft mit dem Quecksilber. Einige Stationen: 1525 sicherten sich die Höchstetter für vier Jahre die Quecksilber- und Zinnoberproduktion in Idria[89]. Ein Jahr später gelang es ihnen, Ausfuhrbeschränkungen für Quecksilber aus Böhmen durchzusetzen. 1527 folgte ein Syndikatsvertrag mit dem böhmischen Bergwerksbesitzer Wigkel[90]; und im folgenden Jahr sogar der ehrgeizige, auf ein Monopol zielende Versuch, mit Hilfe König Ferdinands in den Besitz der spanischen Quecksilbergruben in Almadén zu gelangen. Damit aber hatten die Höchstetter den Bogen überspannt. Genueser und spanische Unternehmer boten einen höheren Pachtpreis als die Augsburger und machten das Rennen. Die Fugger waren gewarnt und sogleich bestrebt, aus der Niederlage des alten Konkurrenten Kapital zu schlagen. Und die Höchstetter standen vor dem Problem, ihre beträchtlichen Quecksilber- und Zinnobervorräte abstoßen zu müssen, die sie nicht zuletzt in der Hoffnung auf ein Monopol gehortet hatten[91].

Bereits an dieser Stelle läßt sich festhalten, daß die Geschichte des ökonomischen Aufstiegs der Höchstetter zugleich auch eine Geschichte der ökonomischen Risiken ist, die eingehen mußte, wer seit dem späten Mittelalter als Großproduzent, Fernhändler und Montanunternehmer Geschäfte machen wollte; Risiken, die nicht zuletzt auch zur Entwicklung neuer Formen der Organisation und Kapitalbeschaffung beitrugen. Denn Erschließung, Verarbeitung, Abbau und Vertrieb von Metallen machten einen finanziellen Einsatz erforderlich, der selbst für Kaufleute von Format allein nicht ohne weiteres möglich war. Wie sahen diese Formen aus? Was ist eigentlich gemeint, wenn von »den Höchstettern« als ökonomisch handelndem Kollektiv die Rede ist? Ein Blick in die Gesellschaftsverträge von 1515[92] und

69 Ehrenberg (wie Anm. 3), S. 212.
70 Doehaerd (wie Anm. 3), Bd. 3: Certificats 1512–1513. Lettres échevinales 1490–1514, Paris 1962, Nr. 3426, S. 177; Nr. 3460, S. 183. Ernst Pitz, Kapitalausstattung und Unternehmensformen in Antwerpen 1488–1514, in: Vierteljahrschrift für Sozial- und Wirtschaftsgeschichte, 53, 1966, S. 53–91, hier S. 86.
71 Kern (wie Anm. 64), S. 168, 170.
72 Ebd., S. 189.
73 Ehrenberg (wie Anm. 3), S. 212.
74 Kern (wie Anm. 64), S. 189. Weitere Niederlassungen erwähnen Götz Frhr. von Pölnitz, Fugger und Hanse. Ein hundertjähriges Ringen um Ostsee und Nordsee, Tübingen 1953, S. 12; Otto Nübel, Das Augsburger Kaufherrengeschlecht Hoechstetter und die Restitution König Christians II. von Dänemark, in: Zeitschrift des Historischen Vereins für Schwaben, 73, 1979, S. 126–147, hier S. 132, 136; Klinkert (wie Anm. 65), S. 14f.
75 Nach W. Rem beteiligten sich die Höchstetter bereits 1505 an einer Ostindienfahrt von Portugal nach Kalkutta. Augsburg-Chronik, Bd. 5, S. 277ff.
76 Kern (wie Anm. 64), S. 169, 179.
77 Einen knappen Überblick erlauben: Peter Kriedte, Spätfeudalismus und Handelskapital. Grundlinien der europäischen Wirtschaftsgeschichte vom 16. bis zum Ausgang des 18. Jahrhunderts, Göttingen 1980, bes. S. 45ff., sowie Winfried Schulze, Deutsche Geschichte im 16. Jahrhundert. 1500–1618, Frankfurt a. M. 1987, S. 45ff.
78 Dazu pointiert Ernst Schubert, Einführung in die Grundprobleme der deutschen Geschichte im Spätmittelalter, Darmstadt 1992, S. 180 und passim.
79 Vgl. Ehrenberg (wie Anm. 3), bes. S. 187ff.
80 Augsburg-Chronik, Bd. 4, S. 47.
81 Friedrich Blendinger, Zur Geschichte der Messinghütte am Stainenberg bei Pflach bzw. Reutte, in: Franz Huter/Georg Zwanowetz (Hgg.), Innsbruck 1977, S. 53–66. Instruktiv auch Ekkehard Westermann, The Brass-Works of the Höchstetter at Pflach near Reutte in the Tirol, 1509–1529, in: Ian Blanchard u. a. (Hgg.), Industry and Finance in Early Modern History, Stuttgart 1992, S. 161–185.
82 Klinkert (wie Anm. 65), S. 20.
83 Kern (wie Anm. 64), S. 172.
84 Vgl. etwa Pölnitz (wie Anm. 34), S. 73f. und passim.
85 Klinkert (wie Anm. 65), S. 20.
86 Kern (wie Anm. 64), S. 173.
87 Adolf Laube, Studien über den erzgebirgischen Silberbergbau von 1470 bis 1546. Berlin 1974, S. 154.
88 Adelheid Hoechstetter-Müller, Die »Company of Mines Royal« und die Kupferbergwerke in Keswick, Cumberland, zur Zeit Joachim und Daniel Hoechstetters (1526–1589), in: Aus Schwaben und Altbayern. Festschrift für Pankraz Fried zu seinem

1524[93] gibt Aufschluß: Spätestens seit 1510 arbeitete, investierte und spekulierte die Firma in Form einer typischen süddeutschen Fernhandelsgesellschaft, die als relativ geschlossenes, auf Familienbasis wirtschaftendes Unternehmen mit gleichzeitigem Vermögens- und Arbeitseinsatz der Gesellschafter zu charakterisieren ist[94]. Der Firmenname war mit dem Familiennamen identisch. Für 1512 ist nachweisbar: »Georg und Ambrosius Höchstetter Gebrüder«[95]; und für 1515: »ambrosius und hanns gebrüder die höchstetter und geselschaft«[96] (Georg war 1514 gestorben). Wer gehörte dieser Gesellschaft an? Neben Ambrosius d. Ä. erscheinen im Vertrag von 1515 noch sein Bruder Hans, die drei Söhne des verstorbenen Georg, deren Schwager Hans Ungelter d. J. aus Eßlingen, Lukas Rem, ein entfernter Verwandter, sowie Philipp Gaßner und Stefan Gabler, der eine Augsburger, der andere Nürnberger Bürger[97]. 1520 waren beteiligt: Ambrosius Höchstetter d. Ä., sein Bruder Hans, dessen Sohn Josef, der gleichnamige Sohn des alten Ambrosius, sowie Hans Ungelter und Hans-Franz Baumgartner, ein Schwiegersohn des Ambrosius[98]. Fast die gleiche Zusammensetzung dann 1524; hinzu kam lediglich ein weiterer Sohn Ambrosius' d. Ä., Joachim Höchstetter[99]. Wer aber führte die Geschäfte, wer war das Oberhaupt der Firma? Der Vertrag von 1524 schrieb die kollektive Geschäftsführung fest. Doch steht in der Forschung völlig außer Frage, daß es Ambrosius d. Ä. war, der die wichtigen Entscheidungen traf und die Firmenpolitik bestimmte[100].

Ein weiterer Bestandteil der Verträge von 1515 und 1524 waren Bestimmungen, die sich auf das Gesellschaftskapital bezogen. Ihre obersten Prinzipien: Zusammenhalt der Firma und Gläubigerschutz. So konnten zum Beispiel die Stammeinlagen nicht vorzeitig gekündigt werden[101]; und auch im Todesfall eines Gesellschafters sollten die Erben ihr Geld nicht vor Ende der Laufzeit erhalten[102]. Hervorzuheben ist auch, daß eine Fremdfinanzierung der Einlagen (Gelder aus Heirats- und Erbfällen ausgeschlossen) verboten war[103]. Vor allem aber: Wer der Gesellschaft als arbeitendes Mitglied angehörte, haftete uneingeschränkt für Gesellschaftsschulden[104]! Über die Höhe des Betriebskapitals hingegen finden sich in den Verträgen keine Angaben. Doch weist eine während des Konkursverfahrens angefertigte Abschrift aus dem verlorengegangenen Höchstetter-Geheimbuch für den Zeitraum von 1524 bis 1532 eine Summe von 98.943 fl aus[105]. Das war gewiß nicht wenig, aber doch kaum ausreichend für die vielfältigen Anleihegeschäfte, Bergbauinvestitionen und Fernhandelsaktivitäten der Höchstetter[106]. Woher also kam das nötige Geld? Wie wurde all das finanziert?

Eine Möglichkeit war die Bildung von Gelegenheitsgesellschaften, von Konsortien, die aus mehreren normalerweise voneinander unabhängigen Unternehmen bestanden und in aller Regel der Finanzierung eines zeitlich befristeten, kapitalintensiven Projekts dienten, einer Überseefahrt zum Beispiel oder einer großen Anleihe[107]. Da aber auch diese Form der Kapitalbeschaffung bei weitem nicht ausreichte, um allen wirtschaftlichen Anforderungen gerecht werden zu können, beschritten die Höchstetter noch einen anderen Weg, um ihre Kapitalkraft zu stärken: den Weg der Fremdfinanzierung in Form von Depositen, nicht zuletzt von kleinen Einlagen in großer Zahl und aus allen Bevölkerungsschichten[108]. Ja, Clemens Sender[109] und nach ihm mancher Historiker[110] meinten sogar, in diesem Finanzierungstyp ein strukturelles Merkmal der Höchstetter-Gesellschaft ausgemacht zu haben. Doch konnte Ulrich Klinkert 1983 über eine Verflechtungsanalyse der Firmengläubiger nachweisen, daß sich die Höchstetter keineswegs ausgeprägter oder erfolgreicher oder möglicherweise sogar skrupelloser um Depositen bemüht haben als die Konkurrenz. Anders formuliert: Die Kapitalbeschaffung auf dem Depositenweg war allgemein üblich, war kein Spezifikum der Höchstetter-Gesellschaft. Der Unterschied zu den Fuggern und anderen großen Unternehmen bestand vielmehr darin, daß es den

60. Geburtstag, Sigmaringen 1991, S. 75–91, hier bes. S. 76.

89 Strieder (wie Anm. 3), S. 292ff.; vgl. auch Müller (wie Anm. 21), bes. Nr. 157, S. 78f.; allgemein Helfried Valentinitsch, Das landesfürstliche Quecksilberbergwerk Idria 1575–1659. Produktion, Technik, rechtliche und soziale Verhältnisse, Betriebsbedarf, Quecksilberhandel, Graz 1981.

90 Kern (wie Anm. 64), S. 176.

91 Ebd., S. 177.

92 Druck: Hans Niedermayr, Ein Gesellschaftsvertrag der Höchstetter von 1515, in: Zeitschrift des Historischen Vereins für Schwaben, 76, 1982, S. 76–91.

93 Druck: Lutz (wie Anm. 19), S. 39–48.

94 Grundlegend: Lutz (wie Anm. 19), Bd. 1: Darstellung, S. 160ff.

95 Niedermayr (wie Anm. 92), S. 76.

96 Ebd., S. 81.

97 Ebd., S. 91.

98 Lutz (wie Anm. 19), S. 39.

99 Ebd., S. 47f. – Vgl. zum besseren Überblick die Verwandtschaftstafel der Höchstetter bei Klinkert (wie Anm. 65), S. 33.

100 Dazu hier nur Ehrenberg (wie Anm. 3), S. 228, und Nübel (wie Anm. 74), S. 141.

101 Lutz (wie Anm. 19), S. 43.

102 Ebd., S. 41.

103 Niedermayr (wie Anm. 92), S. 84.

104 Lutz (wie Anm. 94), S. 464.

105 Klinkert (wie Anm. 65), S. 36f.

106 Allein die Ausrüstung der bereits erwähnten Gewürzflotte kostete die beteiligten Firmen 65.400 Dukaten. Augsburg-Chronik, Bd. 5, S. 277ff. Vgl. auch Reinhard Hildebrandt, Augsburger und Nürnberger Kupferhandel 1500–1619. Produktion, Marktanteile und Finanzierung im Vergleich zweier Städte und ihrer wirtschaftlichen Führungsschicht, in: Hermann Kellenbenz (Hg.), Schwerpunkte der Kupferproduktion und des Kupferhandels in Europa 1500–1650, Köln/Wien 1977, S. 190–224, hier bes. S. 207, 216, 221.

107 Vgl. nur Strieder (wie Anm. 3), S. 49, sowie ders., Studien zur Geschichte kapitalistischer Organisationsformen. Monopole, Kartelle und Aktiengesellschaften im Mittelalter und zu Beginn der Neuzeit, 2. Aufl., New York 1971, S. 125ff.

108 Zu Verzinsung und Laufzeit der Depositen: Klinkert (wie Anm. 65), S. 42f. Vgl. darüber hinaus Robert Schmied, Die Formen der Kapitalbeschaffung und der Vergrößerung des Eigenkapitals der frühkapitalistischen Kaufleute und Handelsgesellschaften des 15. und 16. Jahrhunderts, München 1936, bes. S. 63ff.

109 Vgl. C. Sender, Augsburg-Chronik, Bd. 4, 2. Aufl., bes. S. 219.

110 Vgl. Ehrenberg (wie Anm. 3), S. 212; Pölnitz (wie Anm. 34), S. 652; Wolfgang Zorn, Augsburg. Geschichte einer deutschen Stadt, 2. Aufl., Augsburg 1972, S. 175.

Höchstettern nicht gelang, genügend Kapitalgeber aus der Augsburger Oberschicht, der wichtigsten Gläubigergruppe, für ihre Zwecke zu gewinnen, was zur Folge hatte, daß sie sich in immer stärkerem Maße auf auswärtiges Fremdkapital stützen mußten[111]. Doch woher die Depositen auch stammten, ob aus Augsburg oder entfernteren Orten, zu denen verwandtschaftliche oder wirtschaftliche Beziehungen bestanden, ob aus der Ober- oder Unterschicht: sie vergrößerten nicht nur die Expansionschancen eines Unternehmens, sie vergrößerten auch seine Abhängigkeit vom Kapitalmarkt und damit die Gefahr, zunehmend krisenanfälliger zu werden. Ein »Run« der Gläubiger, die um ihre Einlagen fürchteten, konnte zum Zusammenbruch einer Gesellschaft führen – und im Falle der Höchstetter sollte genau das eintreten.

Schon für Clemens Sender stand außer Zweifel: Vom gescheiterten Versuch der Höchstetter, in Almadén Fuß zu fassen, führte ein direkter Weg in den Bankrott der Firma[112]. Die Forschung hat diese Ansicht bestätigt und auf die Verluste hingewiesen, die den Höchstettern entstanden, als sie in aller Eile versuchten, ihre Quecksilber- und Zinnobervorräte abzustoßen[113]. Sie hat die Vertrauenskrise analysiert, die diesen Transaktionen folgte[114] und noch dadurch verstärkt wurde, daß es den Höchstettern nach dem Verlust mehrerer Getreideladungen nicht gelang, ihre Verträge mit der englischen Firma Gresham einzuhalten[115]. Sie hat in der viel zu dünnen Eigenkapitaldecke der Höchstetter ein konkursträchtiges Strukturdefizit frühneuzeitlicher Handelsgesellschaften zu identifizieren vermocht[116]. Und sie hat schließlich auch nach dem Anteil der Fugger am Höchstetter-Zusammenbruch gefragt und am Ende eine Strategie rekonstruieren können, die nicht nur dazu diente, einen Konkurrenten aus dem Geschäft zu werfen, sondern auch darauf abzielte, dabei noch ein Geschäft zu machen. So ließen die Fugger seit März 1528 in Lyon und Antwerpen gezielt das Gerücht verbreiten, ein Bankrott der Höchstetter stehe kurz bevor[117]. Bald darauf begannen sie damit, systematisch Schuldforderungen des angeschlagenen Unternehmens in ihren Besitz zu bringen[118]. Etwa gleichzeitig zahlte Anton Fugger einige Gläubiger der Höchstetter aus oder stellte sie mit entsprechenden Sicherheiten zufrieden – allerdings keineswegs, um das Unternehmen doch noch zu retten, sondern vermutlich vor allem, um Zeit zu gewinnen, vielleicht sogar, um für Unruhe unter jenen Gläubigern zu sorgen, die noch Forderungen zu stellen hatten[119]. Weitere Initiativen dieser Art folgten: so im Winter 1528 ein Darlehen über 23.141 fl und im Frühjahr 1529 eines über 59.783 fl, jeweils gegen Warenabtretungen[120]. Im April 1529 fielen die Kupferlieferungen aus Taufers an die Fugger[121]; im Mai desselben Jahres die Schmelzhütten in Jenbach[122]. Und als wenig später in Augsburg die ersten Gläubiger den Rat bedrängten, endlich Maßnahmen zu ihrem Schutz zu ergreifen, gelangten schließlich auch die Besitzungen der Höchstetter in Schwaz in die Hand der Fugger[123]. Damit war erreicht, was erreicht werden sollte. Als sich Ambrosius d. Ä. kurze Zeit später mit der Bitte an Anton Fugger wandte, doch gemeinsam mit anderen angesehenen Kaufleuten etwas zur Rettung des Unternehmens zu tun, fand er kein Gehör mehr[124]. Dann überschlugen sich die Ereignisse: Nachdem die Gläubiger verlangt hatten, alle Höchstetter unverzüglich festzunehmen, verbreitete sich das Gerücht, die Familie verstecke Wertsachen in Warenballen mit fremden Handelszeichen und schaffe sie in aller Heimlichkeit aus der Stadt. Gleichzeitig wurde bekannt, daß zwei vollhaftende Gesellschafter der Höchstetter geflohen waren: Joachim, ein Sohn Ambrosius' d. Ä., und Hans-Franz Baumgartner, der Schwiegersohn[125] – höchste Zeit für den Rat, sich der Sache anzunehmen, die aufgebrachten Gläubiger zu beruhigen und den Frieden in der Stadt wiederherzustellen. Am 9. August 1529 ließ er Ambrosius Höchstetter, seinen gleichnamigen Sohn und seinen Neffen Josef gefangennehmen, ein Inventar ihres Besitzes

111 Klinkert (wie Anm. 65), S. 102ff.
112 Augsburg-Chronik, Bd. 4, 2. Aufl., S. 220ff.
113 Kern (wie Anm. 64), S. 181, 193.
114 Hinzuweisen ist hier vor allem auf die Verärgerung der Habsburger über eine Anleihe von 200.000 Carolusgulden für Soldzahlungen in Form von 350.700 Pfund Quecksilber und 60.760 Pfund Zinnober. Konnte doch die Regierung den Verkauf der Metalle nur unter großen Verlusten abwickeln. Ehrenberg (wie Anm. 3), S. 215.
115 Kern (wie Anm. 64), S. 169.
116 Klinkert (wie Anm. 65), S. 24ff. und passim.
117 Ehrenberg (wie Anm. 3), S. 216; Nübel (wie Anm. 74), S. 139; Pölnitz (wie Anm. 34), S. 131.
118 Pölnitz (wie Anm. 34), S. 133, 489.
119 Klinkert (wie Anm. 65), S. 26.
120 Pölnitz (wie Anm. 34), S. 489, 492.
121 Ebd., S. 497.
122 Klinkert (wie Anm. 65), S. 27.
123 Ebd., S. 28.
124 Abdruck des Briefes bei Kern (wie Anm. 64), S. 196ff.
125 Augsburg-Chronik, Bd. 4, 2. Aufl., S. 222.
126 Ebd., S. 222f.
127 Ebd., S. 223ff. Vgl. darüber hinaus Hans Niedermayr, Ein Leumundszeugnis für Ambrosius Hoechstetter jun. (1501–1550), in: Zeitschrift des Historischen Vereins für Schwaben, 74, 1980, S. 120–130.
128 Augsburg-Chronik, Bd. 4, 2. Aufl., S. 235f.
129 Ebd., S. 236.
130 Ebd., S. 237, Anm. 2.
131 Ebd., S. 237: »Darnach am herbst ist der alt Ambrosi Hechsteter in dem stiblin in den eissen gestorben und hat solich groß scheden an den fiessen gehapt, daß er also fast gestuncken hat, daß nemants hat kunden bei im pleiben, auch er selbs disen gestanck mit groser beschwernus hat leiden miessen, er hat den wolf gehapt.«
132 Hoechstetter-Müller (wie Anm. 88); George Hammersley (Hg.), Daniel Hechstetter the Younger. Memorabilia and Letters 1600–1639. Copper Works and Life in Cumbria, Wiesbaden/Stuttgart 1988. Ein Neffe Sebastian scheint sich in Tirol als Unternehmer einen Namen gemacht zu haben. Kern (wie Anm. 64), S. 195f.
133 Dazu nur Ehrenberg (wie Anm. 3), S. 217.
134 Zitiert nach Lutz (wie Anm. 16), S. 140.
135 Vgl. nur Clemens Bauer, Conrad Peutingers Gutachten zur Monopolfrage. Eine Untersuchung zur Wandlung der Wirtschaftsanschauungen im Zeitalter der

anfertigen und kurz darauf in der Hoffnung auf einen baldigen Vergleich wieder auf freien Fuß setzen[126]. Doch die Hoffnung trog. Trotz langwieriger Verhandlungen, trotz Appellationen und Gutachten konnte lediglich der kleinere Teil der Gläubiger zufriedengestellt werden[127]. Am 28. Juni 1531 mußte der Rat die erneute Festnahme der drei genannten Höchstetter verfügen; am 23. September desselben Jahres ordnete er an, sie in den Schuldturm bringen zu lassen[128]. Ihr Besitz wurde verkauft und der Erlös bis auf weiteres beim Stadtvogt hinterlegt; dauerte doch der Prozeß noch an, inzwischen vor dem Reichskammergericht[129]. 1544 kamen Ambrosius d. J. und Josef Höchstetter auf Intervention des Kaisers frei[130]. Der alte Ambrosius war bereits 1534 an den Folgen der Haft gestorben[131]. Sein Sohn Joachim und sein Enkel Daniel blieben Kaufleute und Montanunternehmer und brachten es in England wieder zu Einfluß und einigem Reichtum[132]. In Augsburg selbst aber konnten die nachfolgenden Höchstetter-Generationen nicht mehr an frühere Erfolge der Firma anknüpfen[133].

Einer der ersten, die den Bankrott der Höchstetter kommentierten, und einer der wenigen, die das ohne Häme taten, war der Augsburger Stadtschreiber Conrad Peutinger (Abb. 6), ein Vetter Ambrosius' d. Ä.: »Gott möge einen jeden vor solchem Unheil behüten. Aber das ist nichts Neues, sondern von jeher ist es so, nicht nur in Geschäften, sondern auch gleichsam in allen anderen Handlungen: der eine wird reich, der andere gerät in offenbare Not. Dem einen lächelt das Glück, dem anderen gönnt es nichts. Nicht wir alle werden unter der Konstellation des Reichtums geboren (Rotat omne fatum). Aber daraus folgt nicht, daß deshalb keine großen Geschäfte unternommen werden dürfen, noch daß die großen Gesellschaften beseitigt werden sollten«[134].

Conrad Peutinger hatte allen Grund, sein Bedauern über den Höchstetter-Bankrott mit einem Plädoyer für die »großen Gesellschaften«, die »großen Geschäfte« zu verbinden, die er seit Jahren schon verteidigte[135]. Folgte doch den ökonomischen Erfolgen der Höchstetter rasch auch der Vorwurf, die Familie stelle den Eigennutz über den Gemeinnutz und verstoße damit gegen jene Norm, die städtisches Zusammenleben erst ermögliche[136]. So heißt es etwa bei Clemens Sender über Ambrosius Höchstetter, er habe »offt den gemeinen nutz und armen mann truckt«, ja »offt ain gantze war mit ainander auffkaufft, theurer, dann es wert ist gewessen, damit er die andern kauffleut nach gefallen truck, die solichs nit vermigt haben. darnach hat er in die war ain auffschlag in allen landen darein gemacht und so verkaufft nach seinem willen«[137]. Hinzu kam, daß sich auch all die anderen großen Gesellschaften vorhalten lassen mußten, ihr Aufstieg sei nicht viel mehr als das Resultat von Vorkauf, Wucher und Preistreiberei (Abb. 7) – allen voran die Fugger[138]; und nicht zuletzt so manches alte Kaufleutegeschlecht. Erinnert sei nur an die Rehlinger, die in Jörg Breu einen Kritiker fanden, der mit Spott nicht geizte: trotz ihrer patrizischen Traditionen, trotz ihrer festen Einbindung in das zunftbürgerlich geprägte Wertsystem[139].

Doch auch damit nicht genug: Der Vorwurf, das »große Geschäft« gefährde die soziale Harmonie und damit den inneren Frieden, war zugleich ein zentrales Argument der sogenannten Antimonopolbewegung, die seit der Wende vom 15. zum 16. Jahrhundert von sich reden machte und neben einflußreichen Fürsten auch Reichsritter und Reformatoren zu ihren Wortführern zählen konnte[140]. Ausgehend von einem ebenso unpräzisen wie publikumswirksamen Monopolbegriff, der im Grunde alle frühkapitalistischen Erscheinungsformen der Wirtschaft umfaßte, propagierte diese Bewegung den alten, von Kirche und Obrigkeit sanktionierten Kaufmannshandel und trat vehement für eine Abschaffung der großen Kapitalgesellschaften ein[141]. Politisch war diese Forderung nicht durchsetzbar, hatte doch keiner die Kredite der Kaufleute-Finanziers nötiger als der Kaiser[142]; und auch

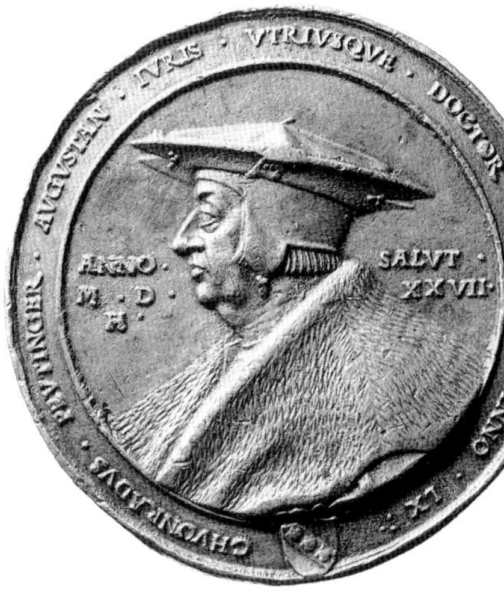

6 *Friedrich Hagenauer, Bildnismedaille des Konrad Peutinger. Städtische Kunstsammlungen Augsburg, Maximilianmuseum.*

Reformation, in: Archiv für Reformationsgeschichte, 45, 1954, S. 1–43, 145–196, hier bes. S. 3ff., 145ff. Es ist bezeichnend, daß Peutingers wichtigste Schrift zur Monopolfrage kurz nach dem Zusammenbruch der Höchstetter-Gesellschaft erschien: »Ratschlag der Monopolia halb« (1530). Druck: ebd., S. 28ff.

136 Allgemein zu dieser Fundamentalnorm der ständischen Gesellschaft: Schulze (wie Anm. 10); instruktiv in diesem Zusammenhang auch John F. McGovern, The Rise of New Economic Attidudes – Economic Humanism, Economic Nationalism – During the Later Middle Ages and the Renaissance, A. D. 1200–1500, in: Traditio, 26, 1970, S. 217–253; Wolfgang Zorn, Humanismus und Wirtschaftsleben nördlich der Alpen, in: Heinrich Lutz (Hg.), Humanismus und Ökonomie, Weinheim 1983, S. 31–69.

137 Augsburg-Chronik, Bd. 4, 2. Aufl., S. 220.

138 Beispiele bei Mörke (wie Anm. 60), passim.

139 Vgl. S. 56.

140 Immer noch grundlegend: Fritz Blaich, Die Reichsmonopolgesetzgebung im Zeitalter Karls V. Ihre ordnungspolitische Problematik, Stuttgart 1967. Zur reformatorischen Monopolkritik jetzt auch Hans-Jürgen Prien, Luthers Wirtschaftsethik, Göttingen 1992, bes. S. 105ff. und passim.

141 Vgl. dazu hier nur den kurzen Überblick bei Schulze (wie Anm. 77), S. 117ff.

142 So gelang es den Monopolgegnern zwar bereits 1512, im Reichsabschied Vorschriften zu etablieren, die ein scharfes Vorgehen gegen die Monopole ermöglichen sollten. Wirkung aber zeigten sie nicht. Vgl. Fritz Blaich, Die Wirtschaftspolitik des Reichstags im Heiligen Römischen Reich. Ein Beitrag zur Problemgeschichte wirtschaftlichen Gestaltens, Stuttgart 1970, bes. S. 128ff.

Vom wucher. Furkauff vnd Tryegerey.

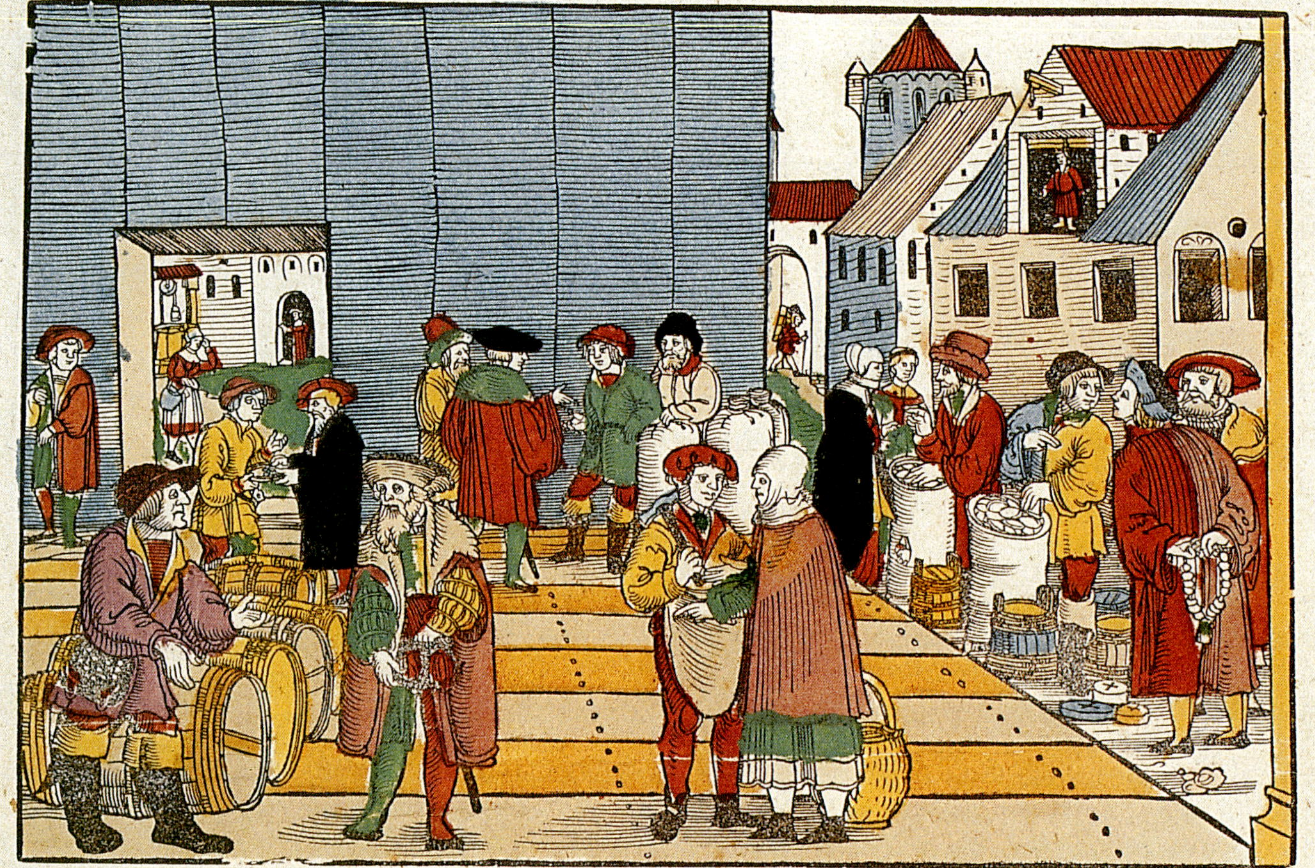

Dem soll man greyffen zů der hauben
Vnd yhm die zecken wol ab klauben
Vnd rupffen die fluck federn auß
Der hinder sich kaufft inn sein hauß
Als wein vnd korn im gantzen land
Vnd förchtet weder sünd noch schand
Damit ein arm man nichs nit find
Vnd hungers sterb mit weyb vnd kind
Darumb man hat so vil thewre
Ists fernt groß/ noch grösser hewre
Nun galt der wein kaum zehen pfundt
Inn eim Monat es darzů kumot
Das er yetzt giltet dreyssig gern
Als geschicht mit weytzen/rocken/kern
Ich will vom vbernutz nit schreyben
Den man mit zinß vnd gylt thůt treiben
Mit leyhē/bletschkauff/vñ mit borgen
Manchē ein pfundt gwiñt ein morgen
Mer dann es ein Jar thůn solt
Man leyhet yetzt ein müntz vmb golt
Fur zehen schreybt man eylff ins bůch
Gar leydlich wer der Juden gsuch
Aber sie mögen nit mer bleyben
Die Christen Juden / sie vertreiben
Mit Juden spieß die selben rennen
Ich kenn vil die ich nit will nennen
Die treyben doch wild kauffmanschatz
Vnd schweygt darzů all recht vnd gsatz
Vil sich gegen dem hagel neygen
Die lachent auff den reyffen zeygen

Doch geschicht dargegen auch gar dick
Das mancher henckt sich an ein strick
Wer reych wirt mit schaden der gemeyn
Der ist ein narr/ doch nit allein.
Betrieger seindt vnd felscher vil
Wachen auff alle zeyt vnd zil
Falsch lieb/ falsch rat/ falsch freind/ falsch (gelt
Vol vntrew ist yetz die gantz welt
Brüderlich lieb ist blind vnd todt
Auff betrogenheyt ein yeder goht
Darmit er nichts hab on verlust
Ob hundert schon verderben sunst
Kein erbarkeyt sicht man mer an
Man laßt es vber die Seelen gan
Das man eins dings möcht kummen ab
Got geb ob tausent stürben drab
Voraus leßt man den wein nit bleyben
Groß falscheyt thut man mit im dreyben
Salpeter/ schwebel/ todtenbein
Weydäsch/ senff/ milch/ vil kraut vnrein
Stoßt man zum spůnten inn das faß
Die schwangern frawen drincken das
Das sie vor zeyt genesen dick
Vnd sehen ein ellend anblick
Man helt kein massen vnd gewicht
Die elen sind kurtz zůgericht
Der tůchlad muß gantz finster sein
Das man nit seh des tůches schein
Die vile einer thůt sehen an
Vnd gunaffet den laden an

Dieweyl gibt man der wag ein truck
Das sie sich zů der erden buckt
Vnd fragen eins wie vil man heysch
Den daumen wigt man zů dem fleysch
Die müntz schwechert sich nit klein
Falsch gelt ist worden yetzt gemein
Vnd falscher raht/ falsch geystlicheyt
Münch/ priester/ begein/ nolbrůder trit
Vil wölff gen yetzt in schäffen kleydt
Für golt man kupffer yetz zů rist
Meußdreck man vnder pfeffer mischt
Man kan das beltzwerck alles verben
Vnd thut es auff das schlechtest gerben
Das es behelt gar wenig har
Wan mans kaum tregt ein viertel Jar
Die faulen hering man vermisch
Das man sie verkauff fur gar frisch
All gassen sind fürkeuffer voll
Kremer werck treiben schmeckt gar wol
Mit handtirn will sich yeder nern
Darmit er müssig mög spaciern
Drumb bleybt kein war in irem wert
Mit falsch mans zu vertreiben gert
Selig on zweyffel ist der man
Der sich vor falsch yetz hüten kan
Das kind sein eltern treugt so es mag
Die eltern thuns auch wie ich sag
Der wirt den gast/ der gast den wirt
Falsch/ vntrew/ bschiß/ man vberal spirt.

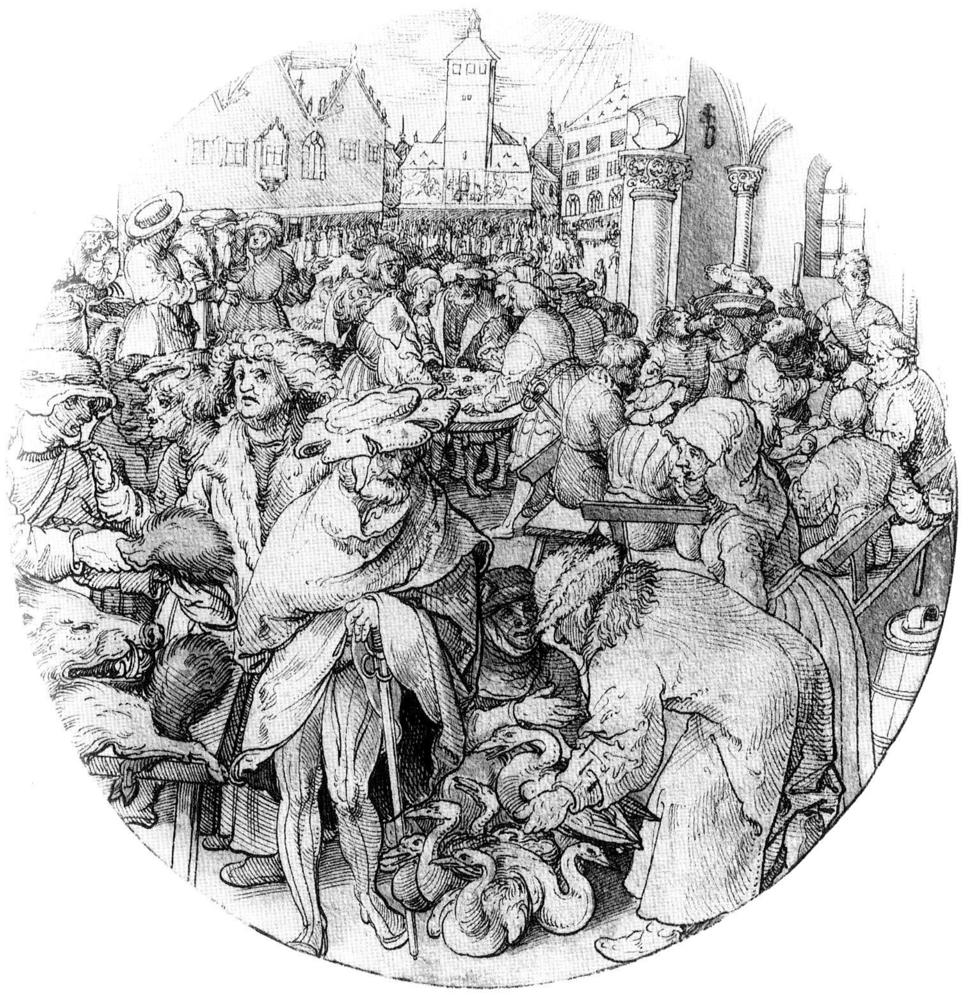

8 Jörg Breu d. Ä., Scheibenriß des Monats November. Feder und Tinte, grau laviert. Staatliche Museen zu Berlin – Preußischer Kulturbesitz, Kupferstichkabinett.

Linke Seite
7 Vom Wucher, Furkauff und Tryegerey. Kolorierter Holzschnitt und Typendruck. Schloßmuseum Friedenstein, Gotha.

ökonomisch führte der Weg längst in eine ganz andere Richtung[143]. Die antikapitalistische Grundstimmung der Zeit aber, den Wunsch nach überschaubaren, nach weniger komplexen, weniger entwickelten wirtschaftlichen und sozialen Verhältnissen traf sie sehr genau[144].

So fiel es den Befürwortern der großen Gesellschaften zwar nicht eben schwer, die oft emotionalen Argumente der Monopolgegner zu entkräften; und Conrad Peutingers Einsicht, daß ein Kaufmann, der nach individuellem Gewinn strebe, dem Gemeinwohl nicht etwa schade, sondern es befördere und daher in seiner ökonomischen Handlungsfreiheit auch keinesfalls eingeschränkt werden dürfe[145], hat sogar intellektuelles Format und läßt an Bernard Mandeville und Adam Smith denken[146]. Auch konnten die »Monopolisten« auf das karitative Engagement der großen Kaufherren verweisen[147], auf ihre Stiftungen[148], ihre Kunstförderung[149] (Abb. 8), ihre Bereitschaft, den erwirtschafteten Reichtum als soziale Verpflichtung zu verstehen[150]. Die Zeitgenossen aber, die Mitbürger, die kleinen Leute vor allem, die jeden Tag sahen, wie sich die Reichen kleideten, wie sie wohnten und repräsentierten, scheinen von diesen Argumenten und Aktivitäten sehr viel weniger beeindruckt worden zu sein als nachfolgende Historikergenerationen. Jedenfalls fehlt es in den Quellen nicht an Belegen für den Unmut des kleinen Mannes über die »großen Hansen«, für den Haß, der ihnen entgegenschlagen konnte, für die Konflikte zwischen Unternehmertum und Stadtgemeinde[151]; und wieder ist es die Chronik Wilhelm Rems, die dafür ein besonders aussagekräftiges Beispiel liefert.

Am 6. August 1524 versammelte sich vor dem Augsburger Rathaus lärmend und drohend eine über tausendköpfige Menschenmenge[152], drang

143 Vgl. etwa Clemens Bauer, Conrad Peutinger und der Durchbruch des neuen ökonomischen Denkens in der Wende zur Neuzeit, in: Hermann Rinn (Hg.), Augusta 955–1955. Forschungen und Studien zur Kultur- und Wirtschaftsgeschichte Augsburgs, Augsburg 1955, S. 219–228.
144 Vgl. nur Schulze (wie Anm. 77), S. 118ff.
145 Mit anderen Worten: Ohne die »propria utilitas« auch keine »commoditas publica«, ohne den eigenen auch kein gemeiner Nutzen. Diese Argumentation besonders stringent im bereits erwähnten »Ratschlag der Monopolia halb« von 1530.
146 Schulze (wie Anm. 10), S. 14ff.
147 Als bekanntestes Beispiel sei hier nur die sogenannte »Fuggerei« genannt.
148 Vgl. zum Beispiel Rolf Kießling, Bürgerliche Gesellschaft und Kirche in Augsburg im Spätmittelalter. Ein Beitrag zur Strukturanalyse der oberdeutschen Reichsstadt, Augsburg 1971, S. 240, 247f. (Für den Zeitraum von 1450 bis 1520 sind allein 22 Stiftungen der Höchstetter für Kirchen und Klöster in und um Augsburg überliefert.)
149 Ein Beispiel: Wolfgang Wegner, Die Scheibenrisse für die Familie Hoechstetter von Jörg Breu dem Älteren und deren Nachfolge, in: Zeitschrift für Kunstgeschichte, 22, 1959, S. 17–36; dazu auch: Welt im Umbruch, Bd. 2, Augsburg 1980, S. 224ff.
150 Allgemein: Fritz Blaich, Zur Wirtschaftsgesinnung des frühkapitalistischen Unternehmers in Oberdeutschland, in: Tradition, 15, 1970, S. 273–281, hier bes. S. 278.
151 Vgl. nur Mörke (wie Anm. 60), passim.
152 Zu den Hintergründen, zu Ablauf und Folgen dieser letztlich gescheiterten Unruhe: Wilhelm Vogt, Johann Schilling der Barfüßer-Mönch und der Aufstand in Augsburg im Jahre 1524, in: Zeitschrift des Historischen Vereins für Schwaben und Neuburg, 6, 1879, S. 1–32; Roth, Reformationsgeschichte, Bd. 1, S. 136ff.

auf soziale und religiöse Reformen und forderte schließlich auch die Freilassung eines Gefangenen: »zum andren haben sie wellen begern, daß sie den Bartholme Remen ledig lassen, der ligt jetz hie bei 1¾ jar gefangen«[153]. Wer war dieser Mann? Bartholomäus Rem entstammte einer Augsburger Patrizierfamilie, trat als Buchhalter in die Dienste der Höchstetter und legte 1511 900 fl in die Firma ein. Als er 1517 die Gesellschaft verließ, forderte er einen Geschäftsanteil von 33.000 fl und geriet dieser Forderung wegen mit Ambrosius Höchstetter in Streit, der lediglich 26.000 fl zahlen wollte. Rem klagte, erkannte aber den von der Stadt Augsburg vermittelten Schiedsspruch nicht an und lenkte damit das Augenmerk der Öffentlichkeit auf die kaum vorstellbaren Gewinnrelationen der Gesellschaft. 1521 wandte er sich ohne Erfolg an den Kaiser und die in Worms versammelten Stände und erregte schließlich reichsweites Aufsehen, als er einen Warentransport der Höchstetter überfiel. Rem wurde gefangengesetzt, entkam, floh von Worms nach Speyer, wurde wieder inhaftiert und am Ende nach Augsburg verbracht, wo er 1525 im Gefängnis sterben sollte. Einen Vergleich mit den Höchstettern hatte er bis zuletzt abgelehnt[154].

IV

»Familie, Geld und Eigennutz« – die Menschen, die sich 1524 vor dem Augsburger Rathaus versammelten, hätten diesen Titel als Umschreibung für die Voraussetzungen von Macht und Einfluß städtischer Führungsgruppen wohl kopfnickend zur Kenntnis genommen. Und ein Jörg Breu, Clemens Sender oder Wilhelm Rem hätten wohl auch den Versuch begrüßt, diesen Voraussetzungen am Beispiel der Rehlinger und Höchstetter nachzuspüren; wußten sie doch nur allzugut, daß die Erfolge dieser beiden Familien nicht zuletzt auf der Fähigkeit beruhten, verwandtschaftliche Beziehungen gegen den gemeinen Nutzen zu aktivieren.

Seit alters her politisch aktiv und einflußreich, standesbewußt und in das städtische Wertsystem integriert, zählte die Patrizier- und Kaufleutefamilie Rehlinger zu Beginn des 16. Jahrhunderts auch zur ökonomischen Elite der Stadt Augsburg. Ein Blick in das Steuerbuch von 1534 zeigt allerdings, daß innerhalb des Clans erhebliche Vermögensunterschiede bestanden, eine Tatsache, die allein mit divergierenden wirtschaftlichen Aktivitäten und Interessen einzelner Familienmitglieder, mit ihrem verschieden stark ausgeprägten Engagement im Fernhandel zum Beispiel oder im Montanbereich nur unzureichend erklärt werden kann. Zu berücksichtigen ist vielmehr über diese Divergenzen hinaus, daß sich hinter den Eintragungen im Steuerbuch mehrere Familienzweige verbargen, die unterschiedlichen Verwandtschaftsnetzen angehörten und im Zuge der Reformation auch konfessionell getrennte Wege gingen. Mit anderen Worten: Der Familienclan der Rehlinger wies eine komplexe Binnenstruktur auf, eine innere Differenzierung, die als dichtes Netz verwandtschaftlicher Beziehungen ökonomische Macht, politischen Einfluß und soziale Exklusivität ermöglichte und auf Dauer garantierte.

Traditionelle Bindungen, überliefertes Ansehen, ein fester Platz in der Spitzengruppe der Standeshierarchie – all das fehlte den Höchstettern. Wie die Fugger hatten sie als erfolgreiche Fernhändler, Montanunternehmer und Bankiers innerhalb weniger Jahrzehnte in die ökonomische Oberschicht Augsburgs vorstoßen und rasch auch gesellschaftliche Prestigegewinne verzeichnen können; wie die Fugger aber zählten auch sie als neureiche Aufsteiger ohne die Qualität patrizischer Herkunft nur mit Einschränkungen zur sozialen und politischen Elite der Stadt. Und wie ihr Konkurrent mußten auch sie sich bald schon den Vorwurf gefallen lassen, ihr Aufstieg sei gegen jene Fundamentalnorm erfolgt, die urbane Gemeinschaft, soziale Ord-

153 Augsburg-Chronik, Bd. 5, S. 207.
154 Augsburg-Chronik, Bd. 4, 2. Aufl., S. 146ff.; Erich König (Hg.), Konrad Peutingers Briefwechsel, München 1923, Nr. 207, S. 332; Nr. 218, S. 354; Nr. 219, S. 357.

nung und inneren Frieden begründe und erhalte: den gemeinen Nutzen. Als sich 1529 die Nachricht von ihrem Bankrott zu verbreiten begann, wollte nur Conrad Peutinger gute Worte für die Höchstetter finden – der vehemente »Monopolist« und nahe Verwandte.

Die Einleitung und das Kapitel über die Rehlinger stammen von Mark Häberlein, das Kapitel über die Höchstetter und der Schluß von Peter Burschel.

Januar–März-Bild ▷

Tafeln

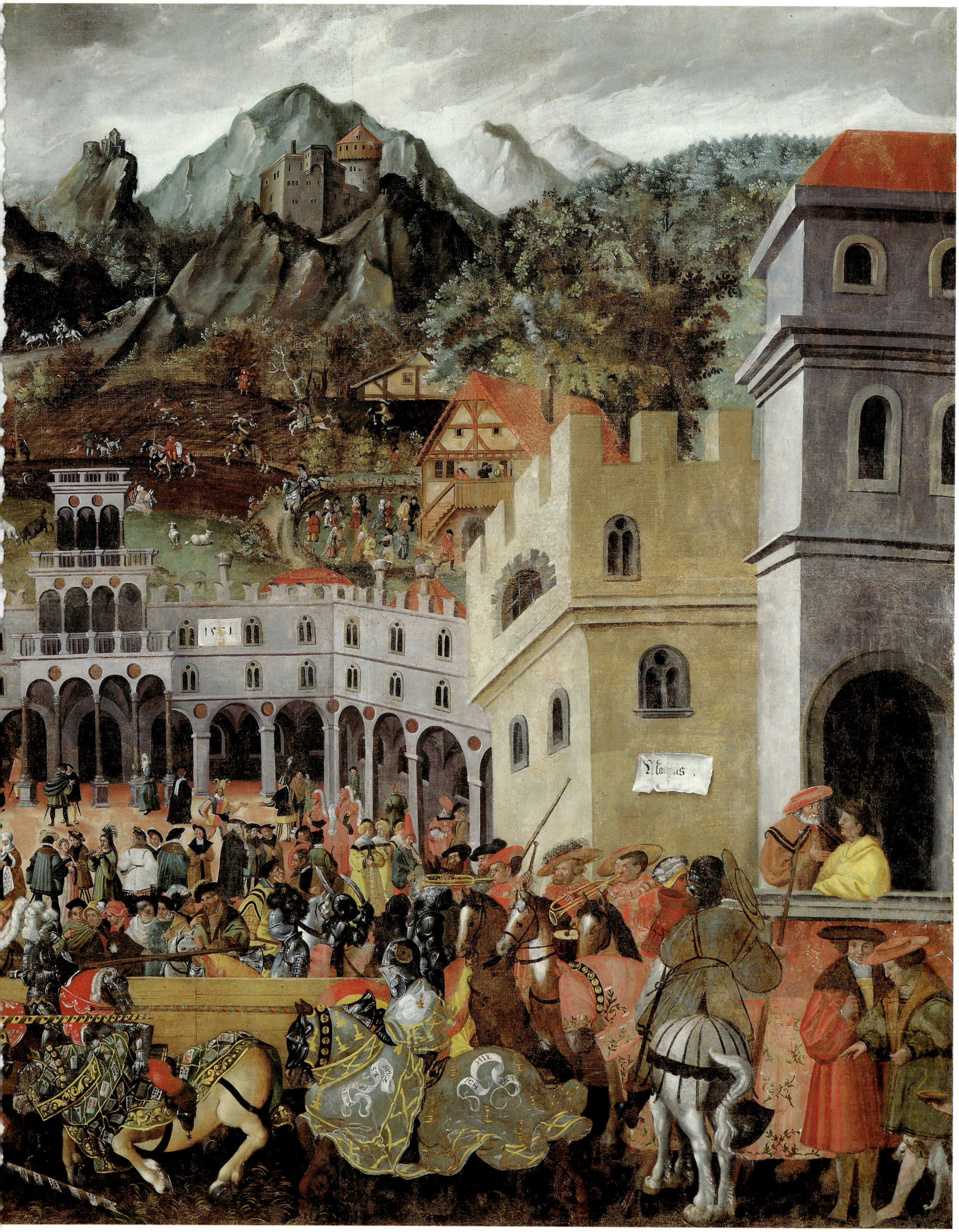

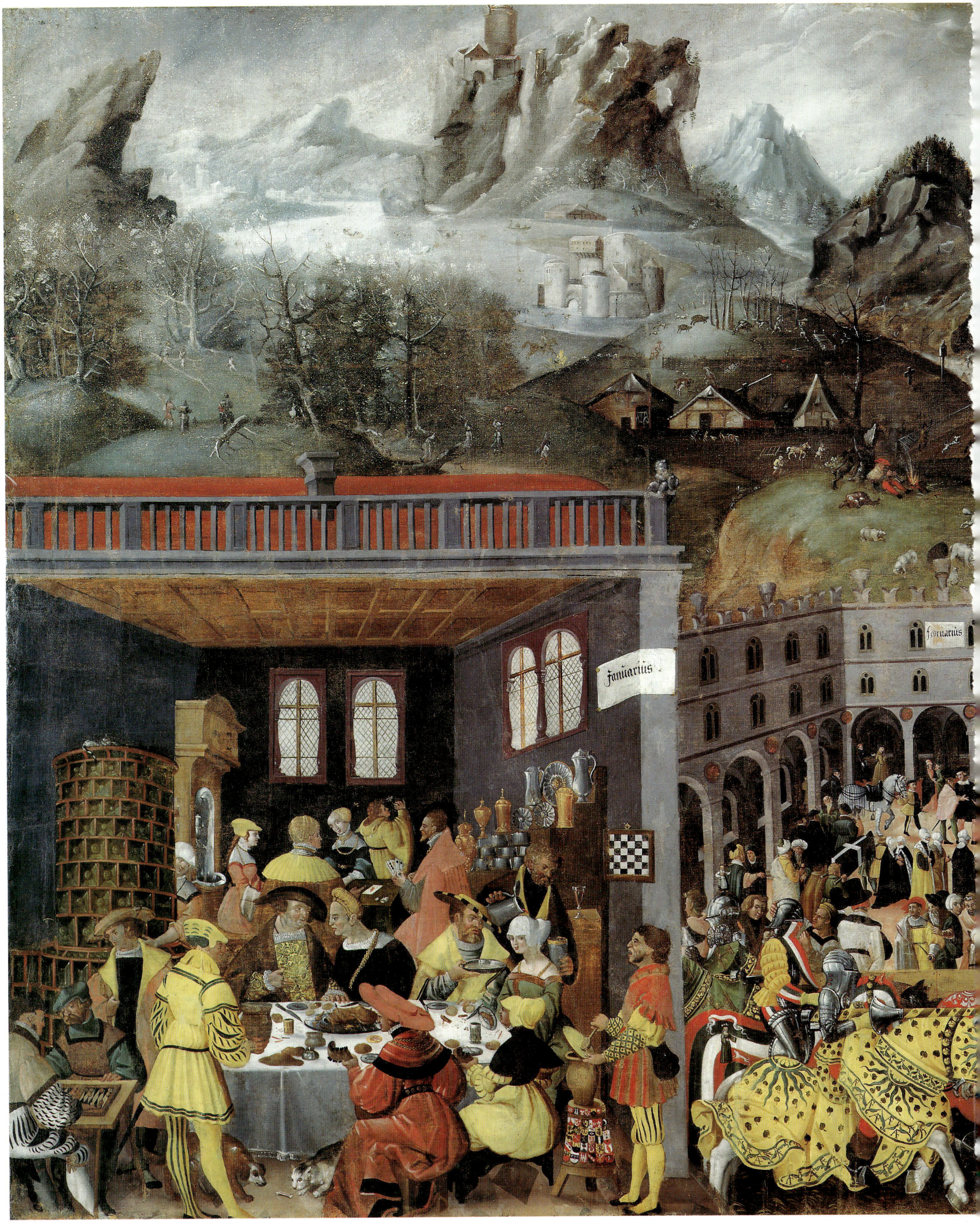
Januarius
Januarius

April–Juni-Bild ▷

Juli–September-Bild ▷

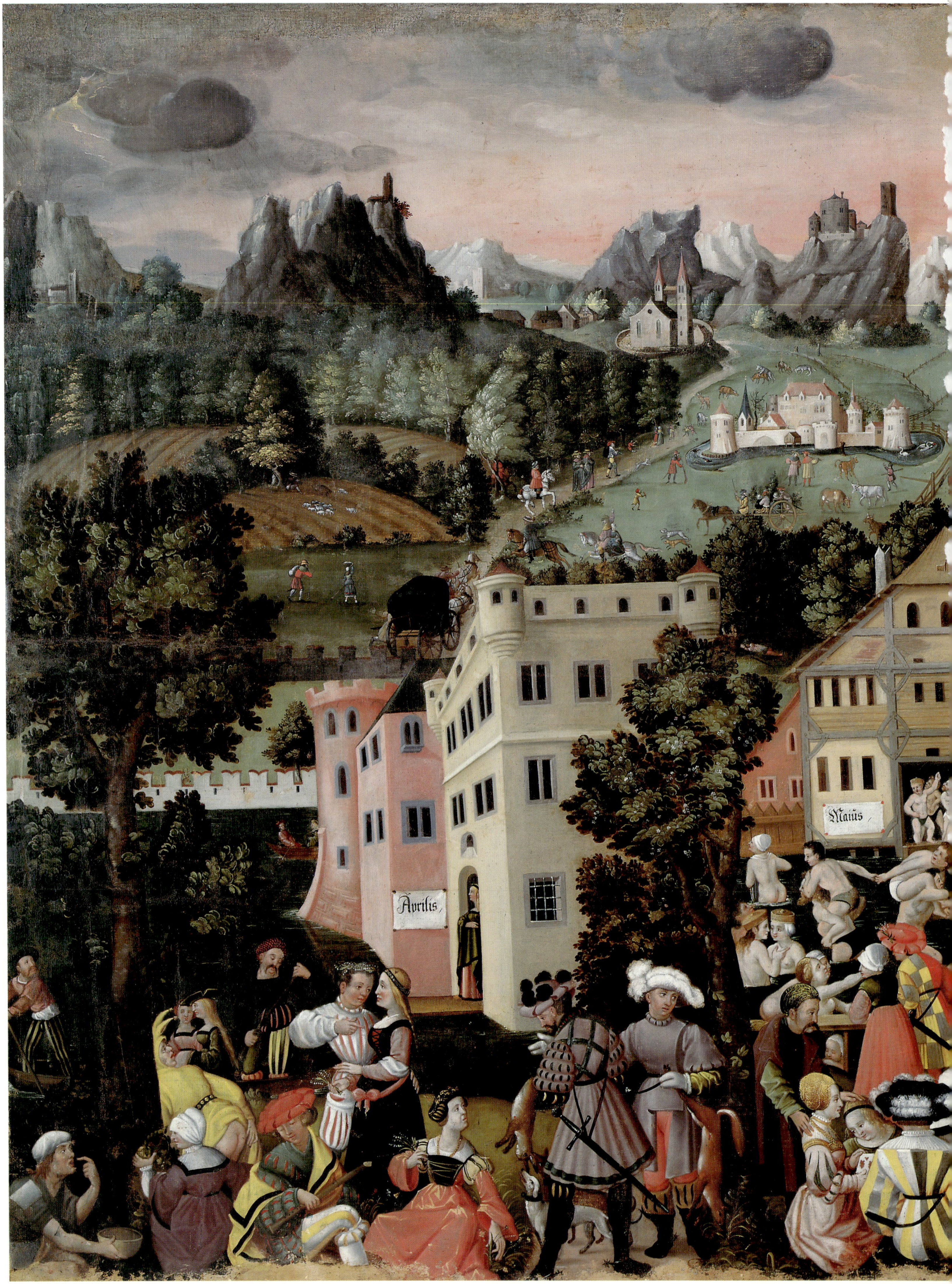
Aprilis
Maius

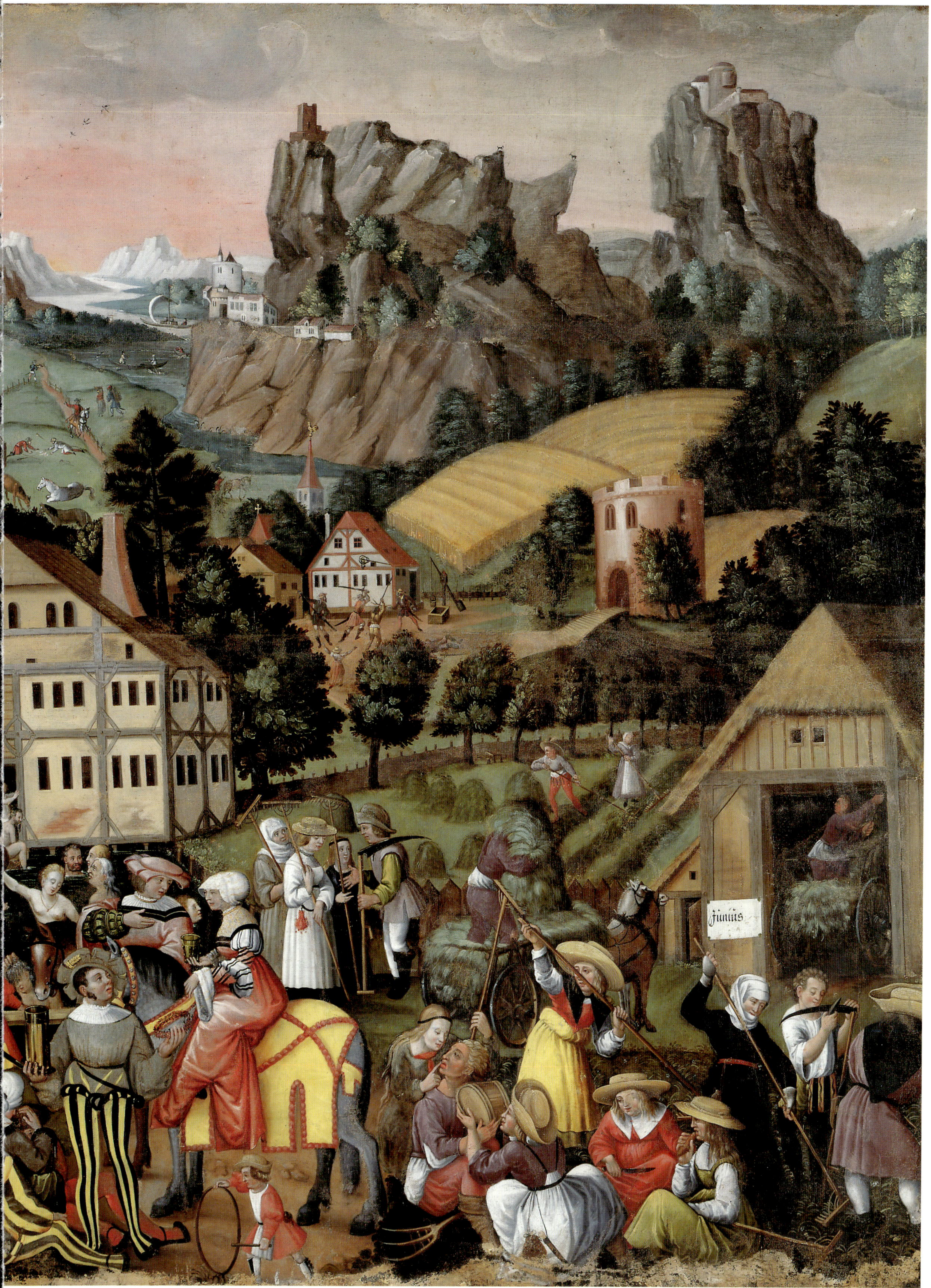
Junius

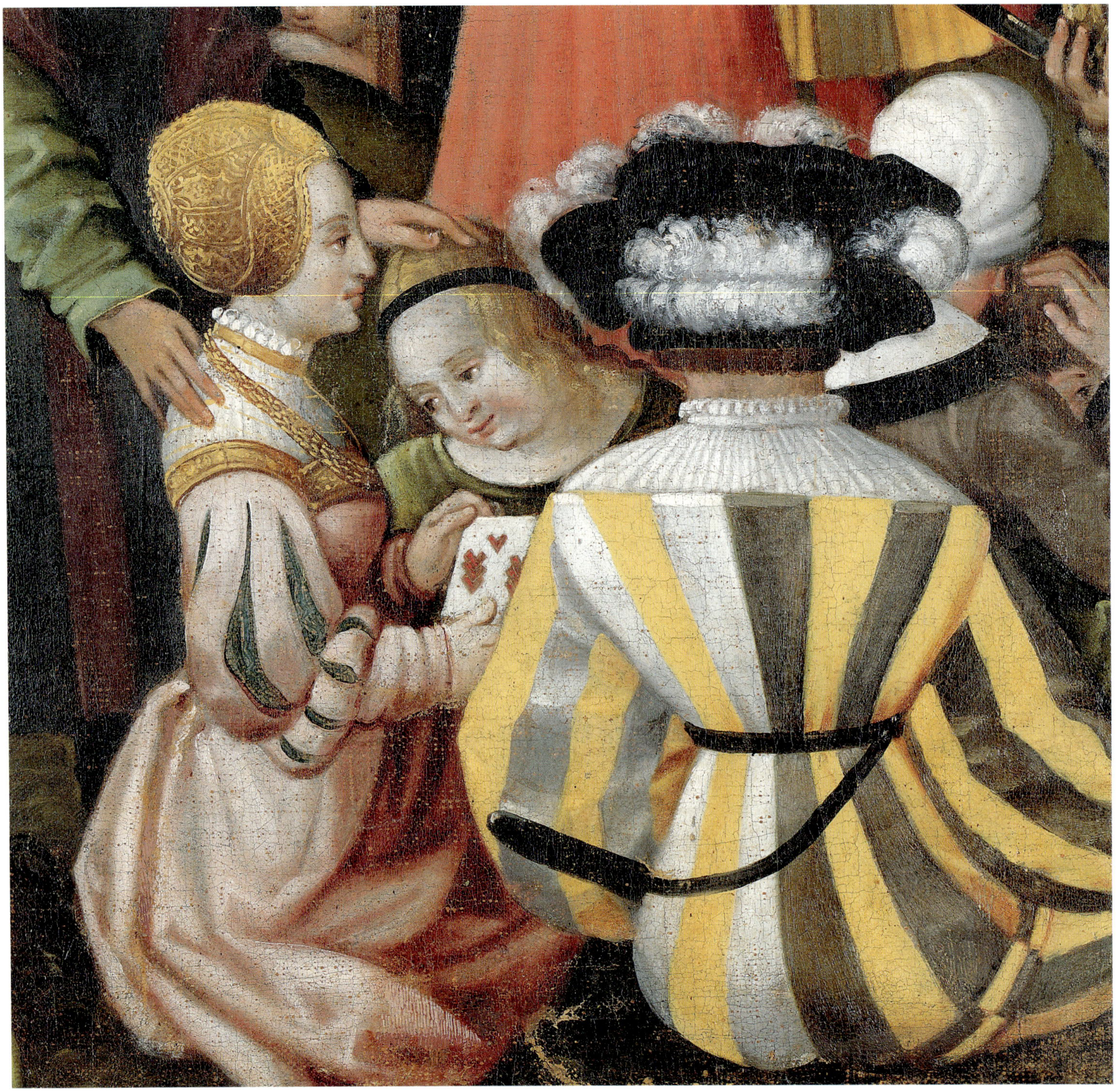

Monat Mai, Detail: Kartenspielerinnen

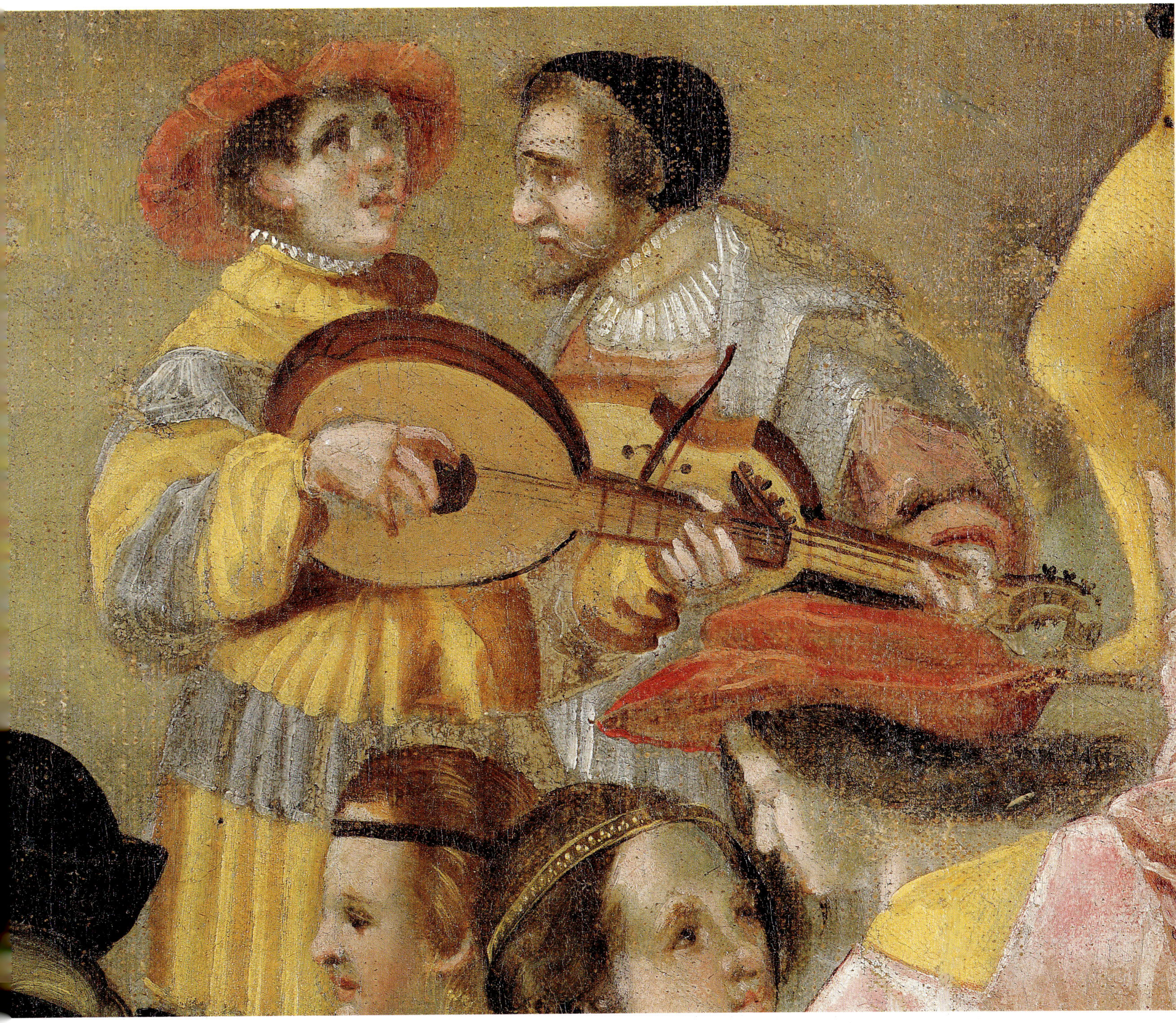

Monat August, Detail: Musikanten auf dem Erntefest

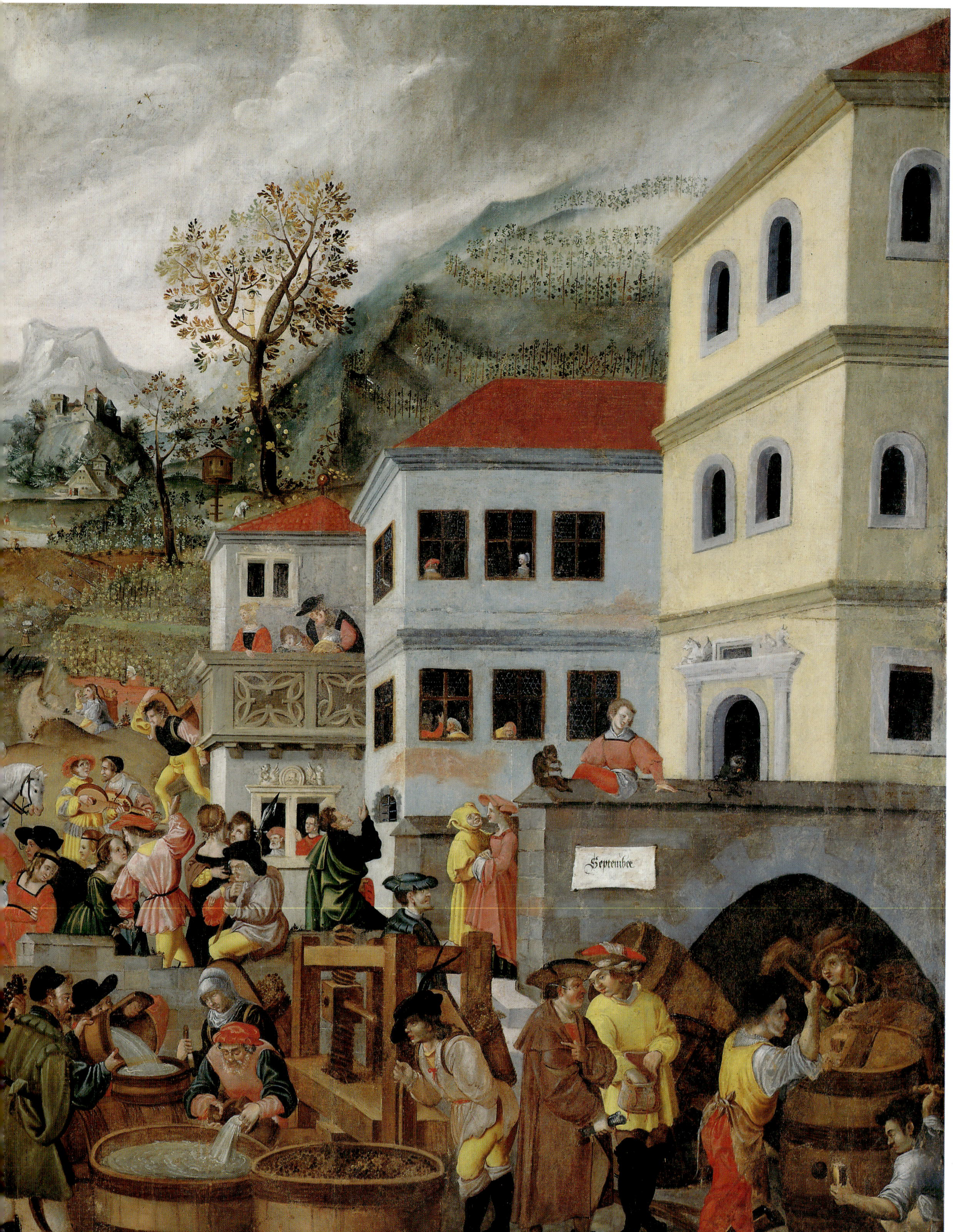
September

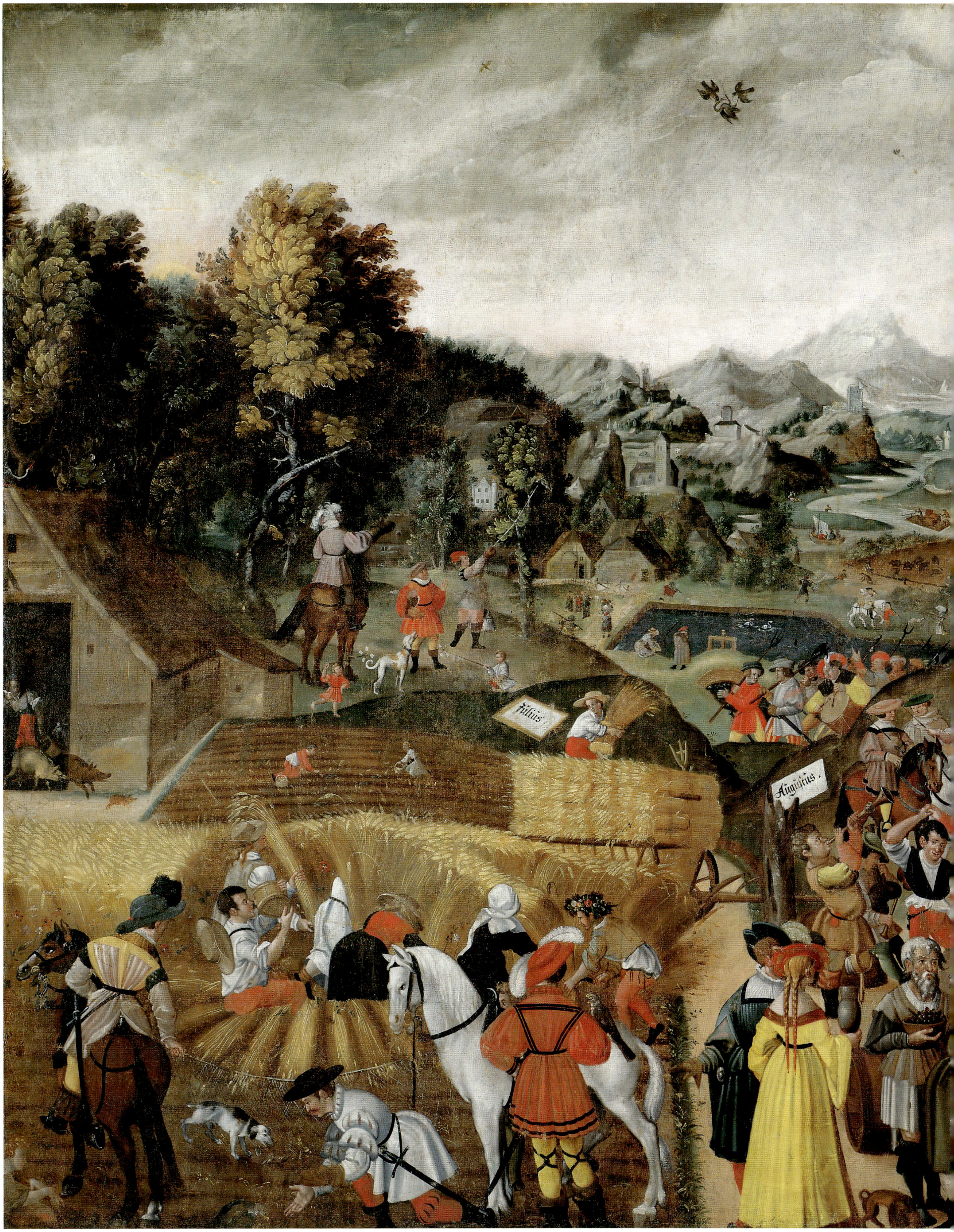
Julius.
Augustus.

Monat Dezember, Detail: Auszug der Ratsherren aus dem Rathaus ▷

Oktober–Dezember-Bild ▷▷

Monat Februar, Detail: Turnier in der Stadt ▷▷▷

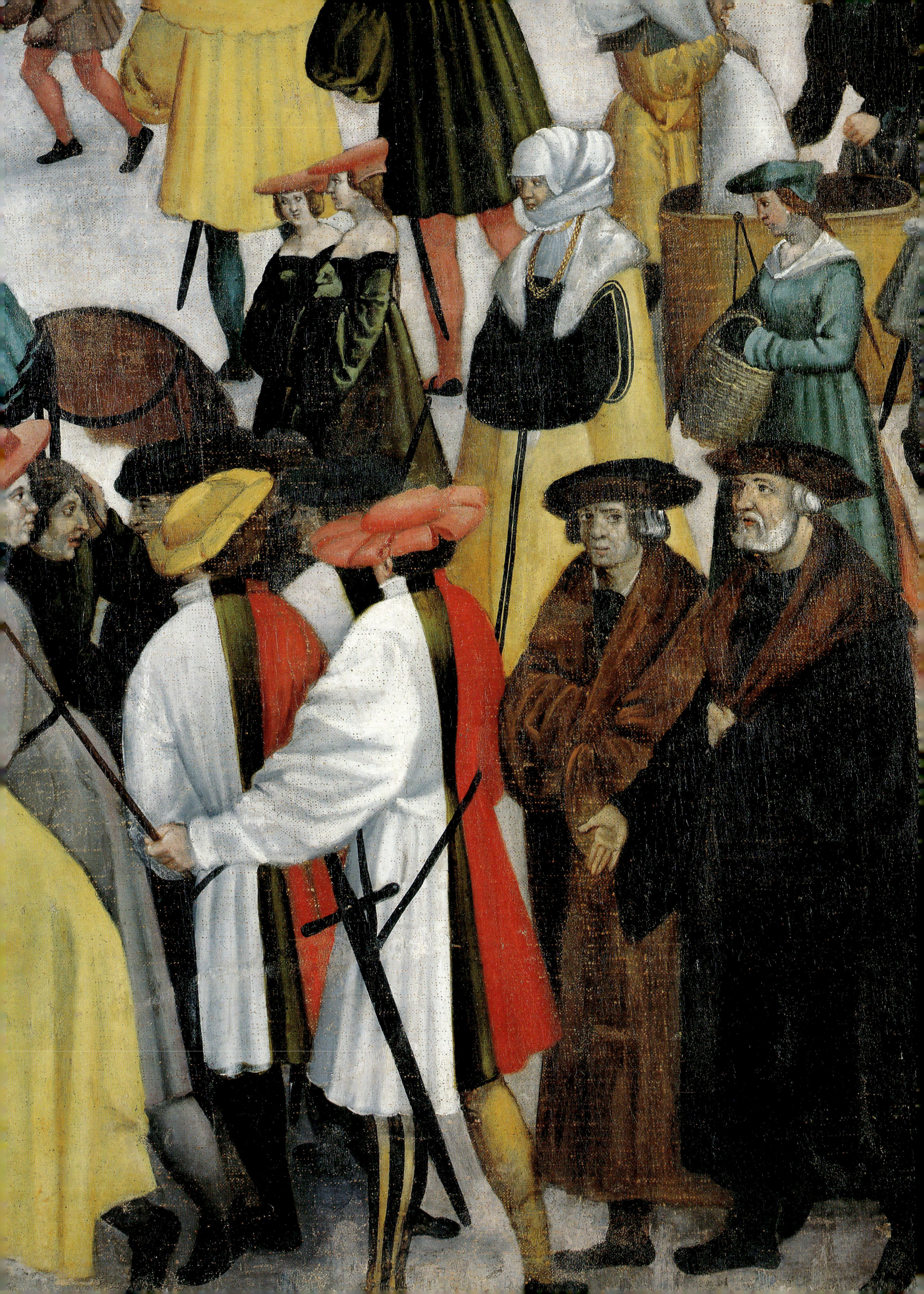

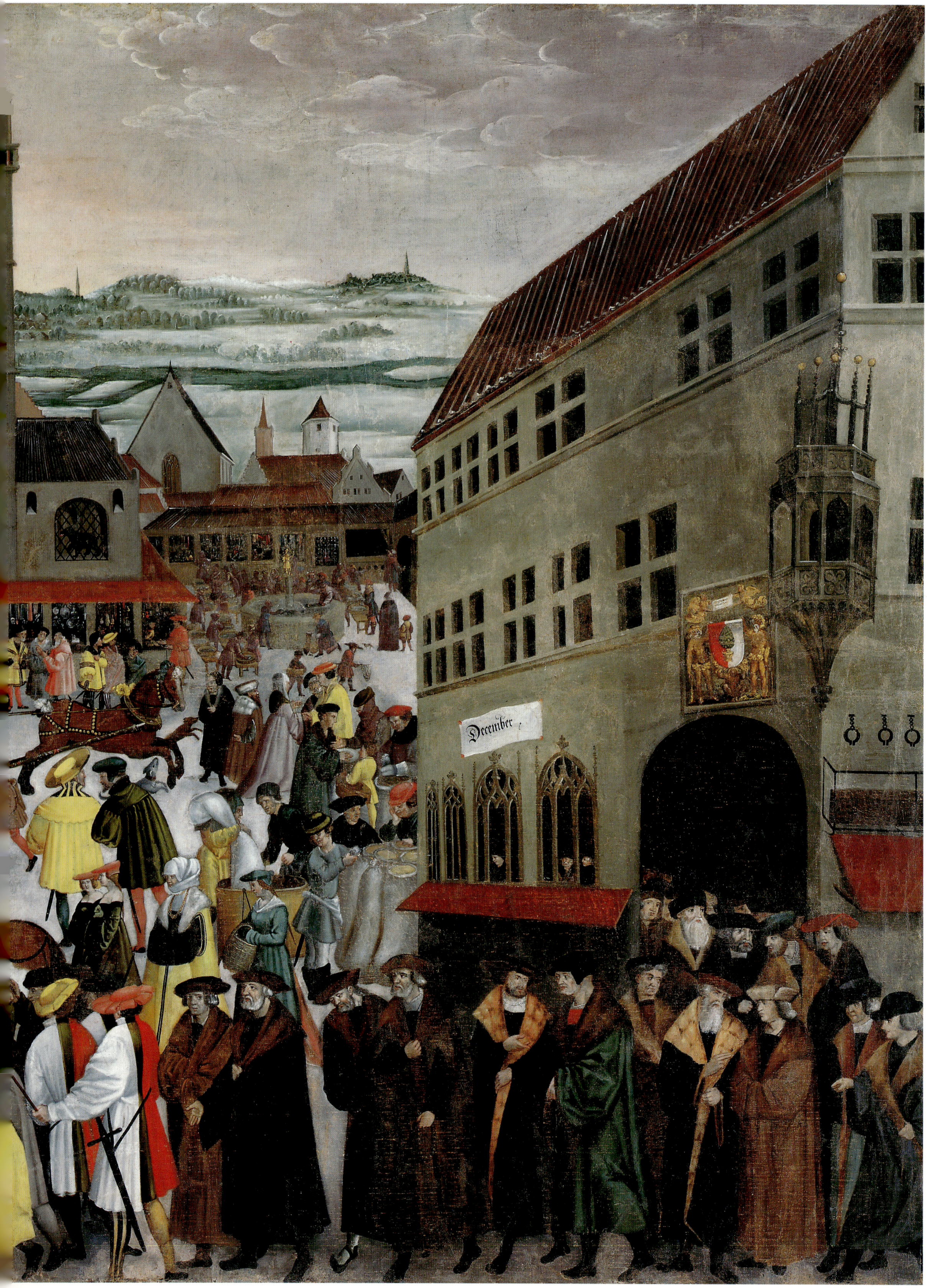
December

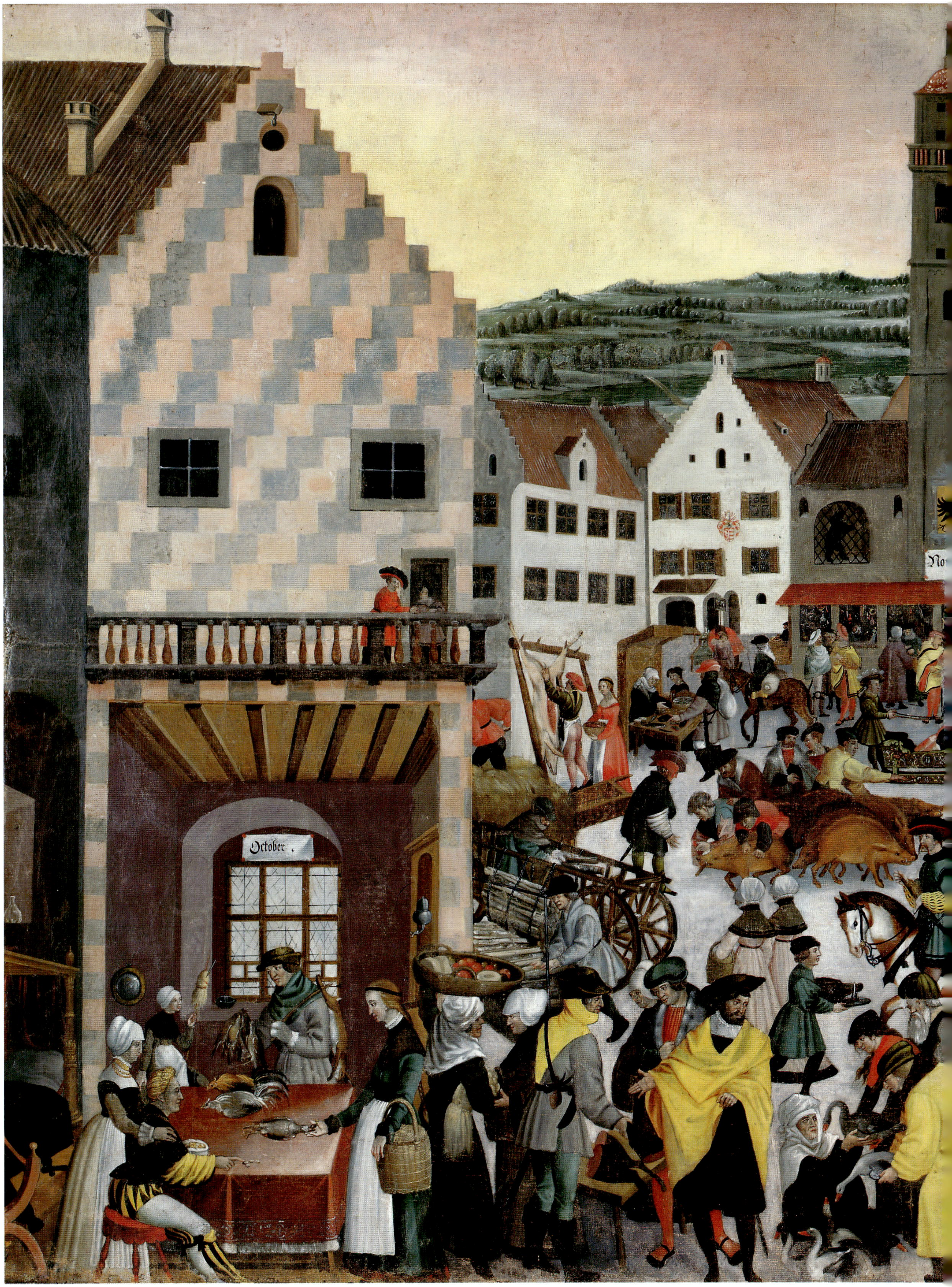
October

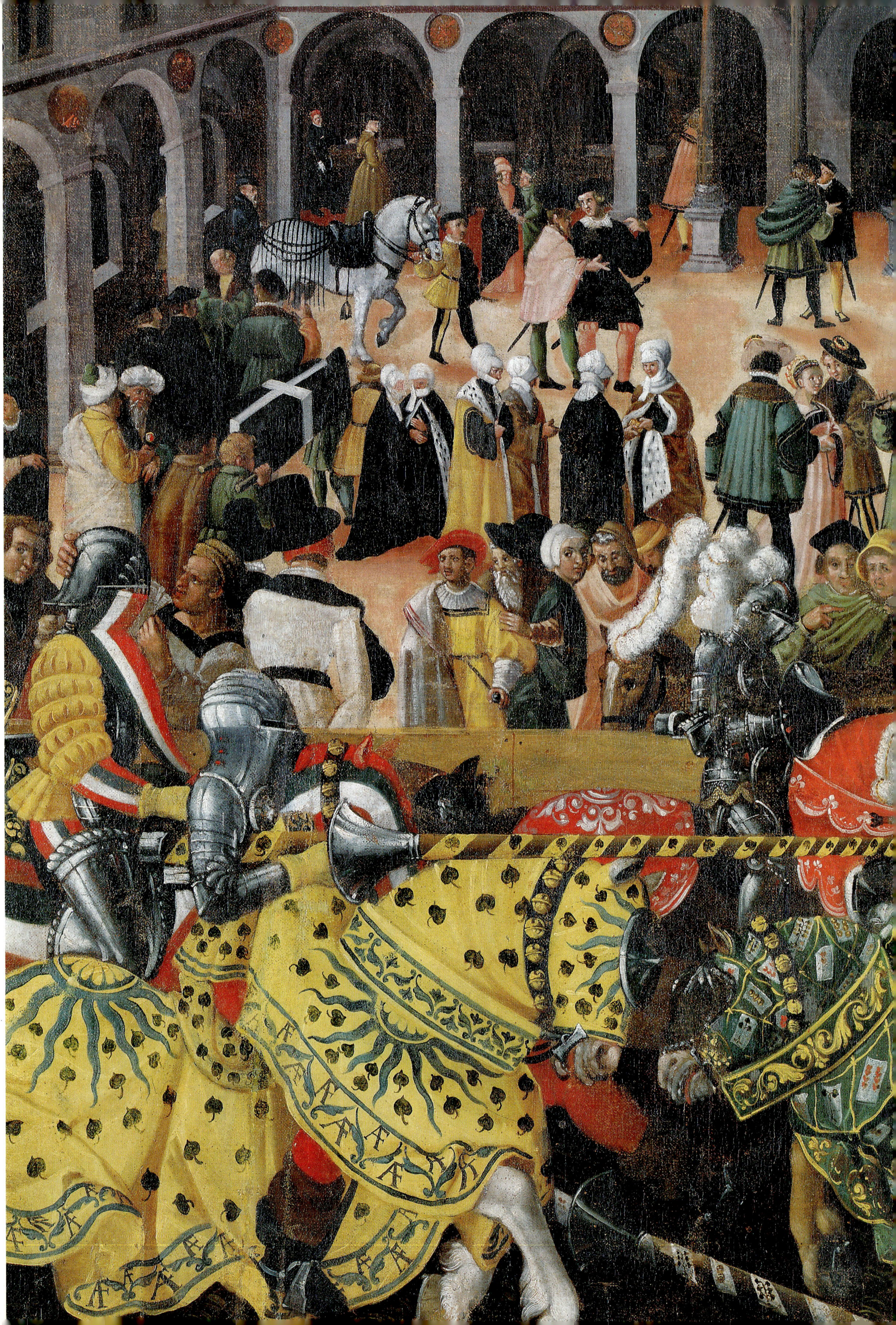

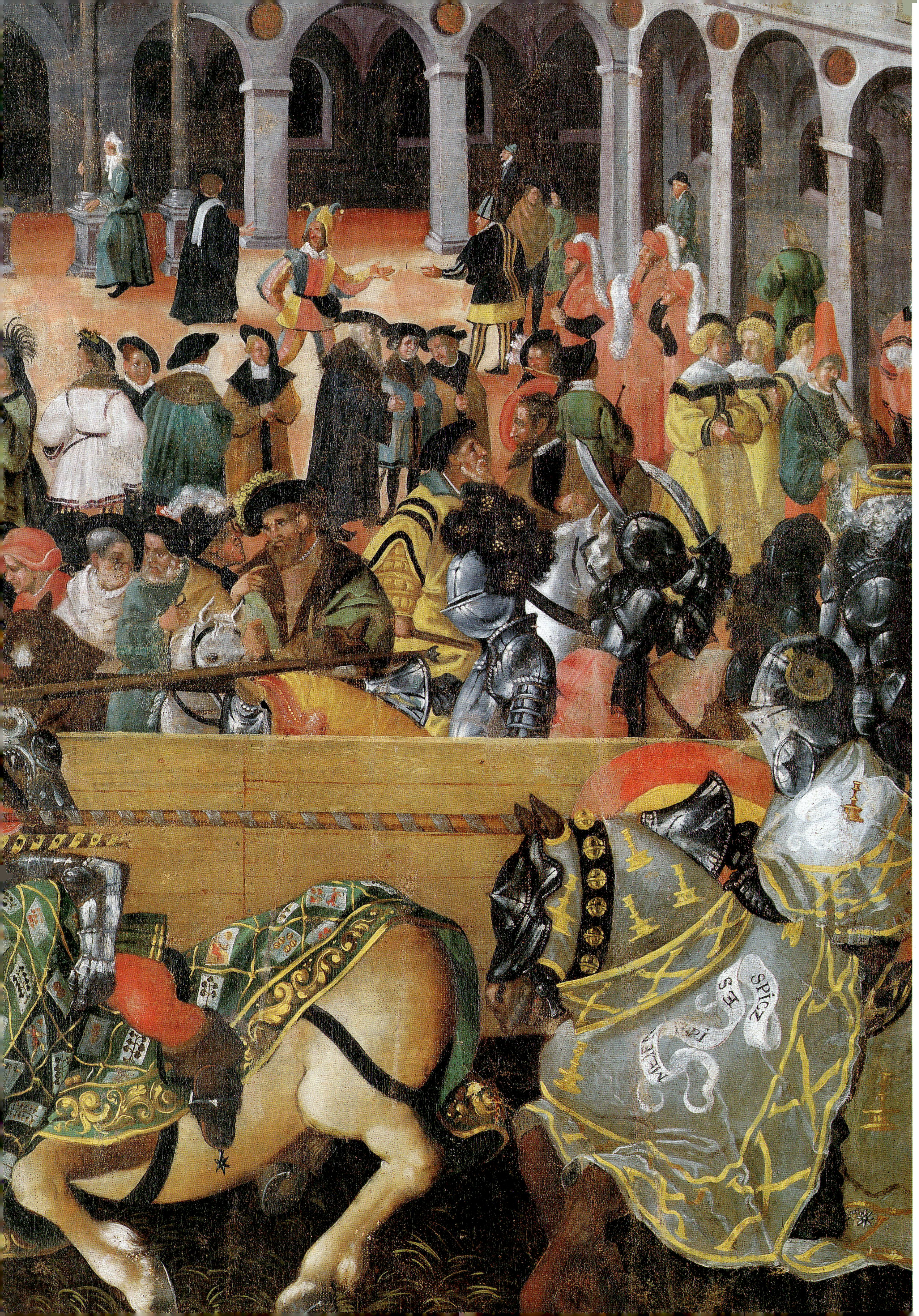
ES SPICZ

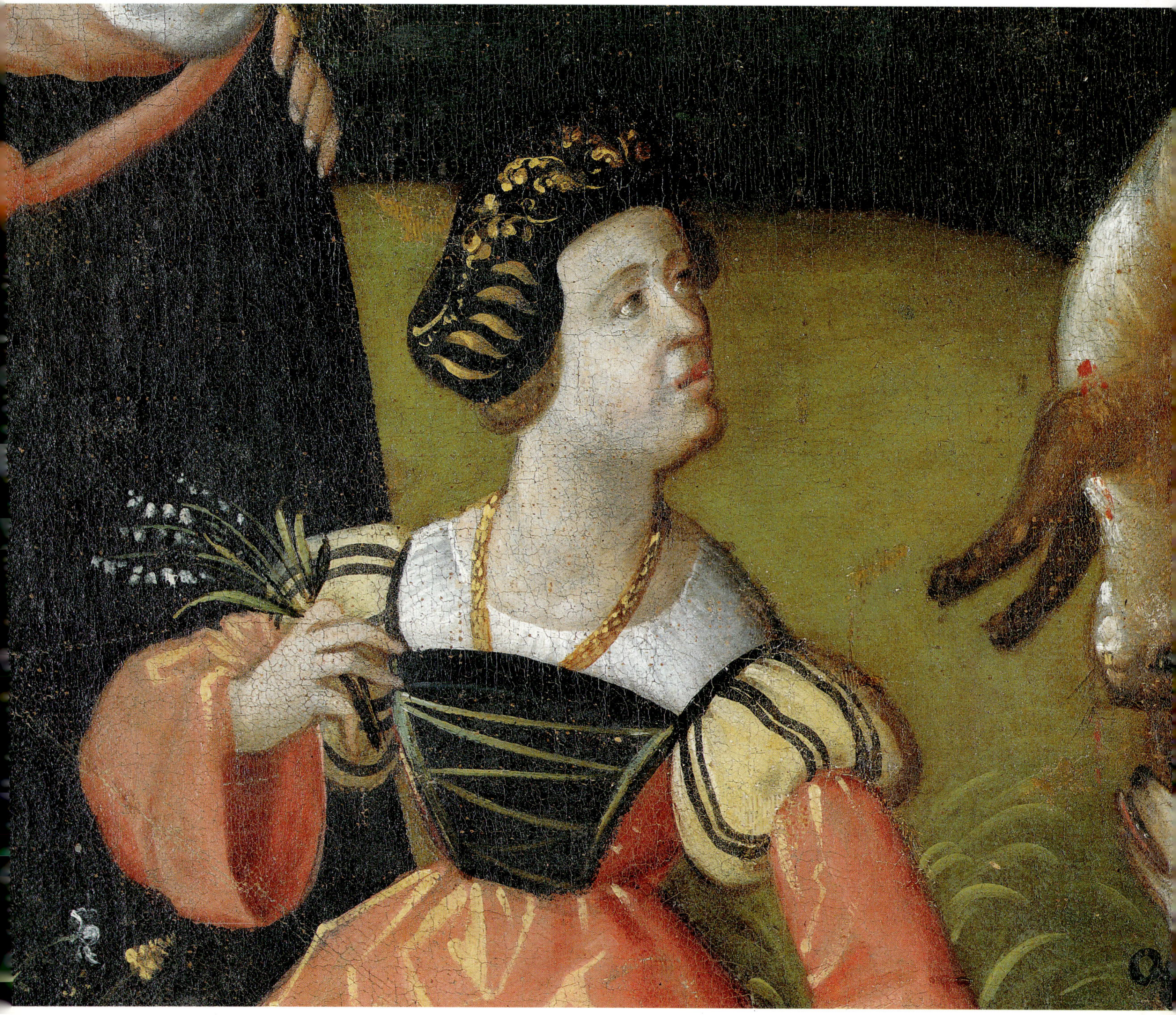

Monat April, Detail: Junges Mädchen mit Maiglöckchen

Monat April, Detail: Junges Paar im Frühling ▷

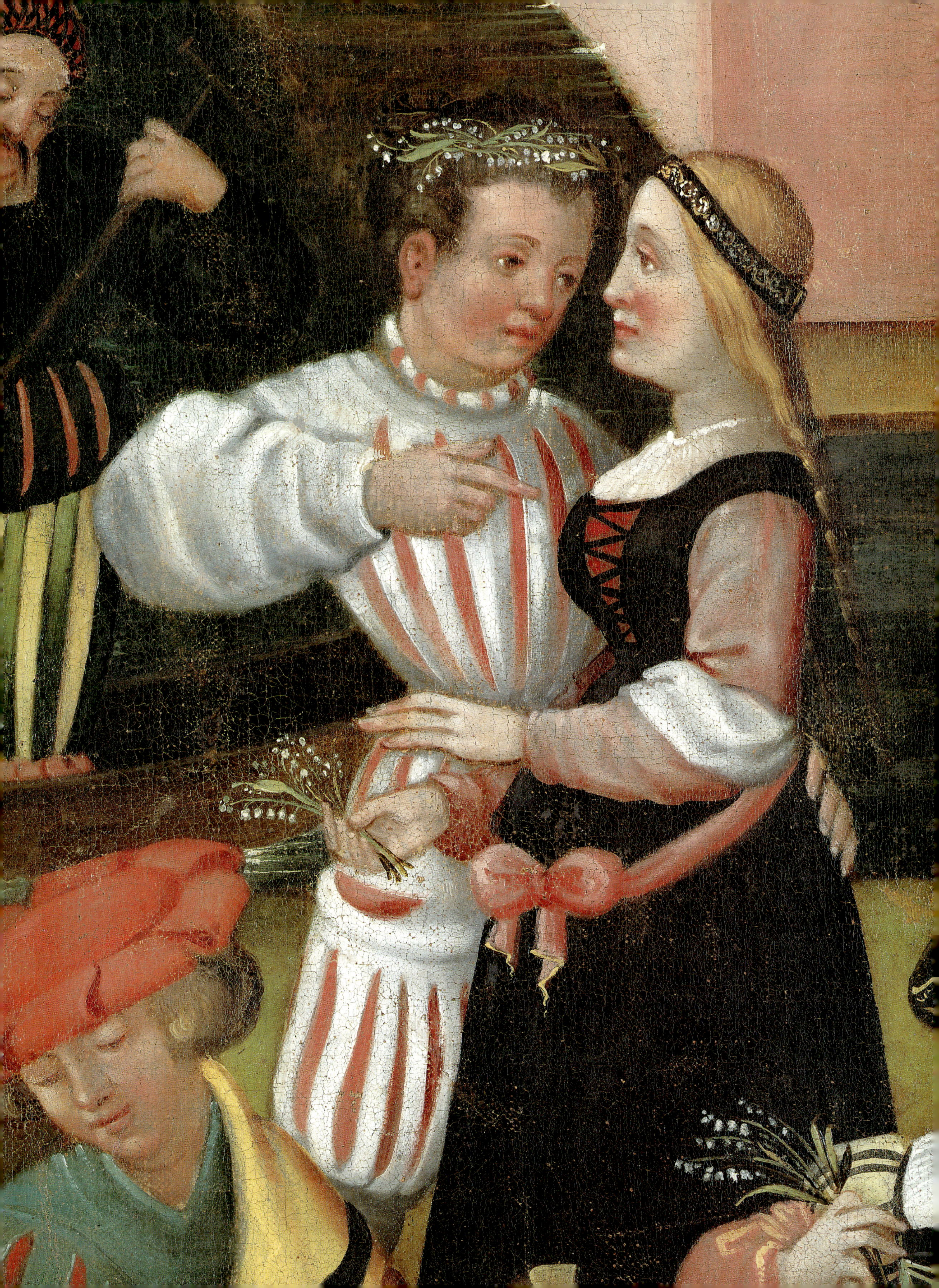

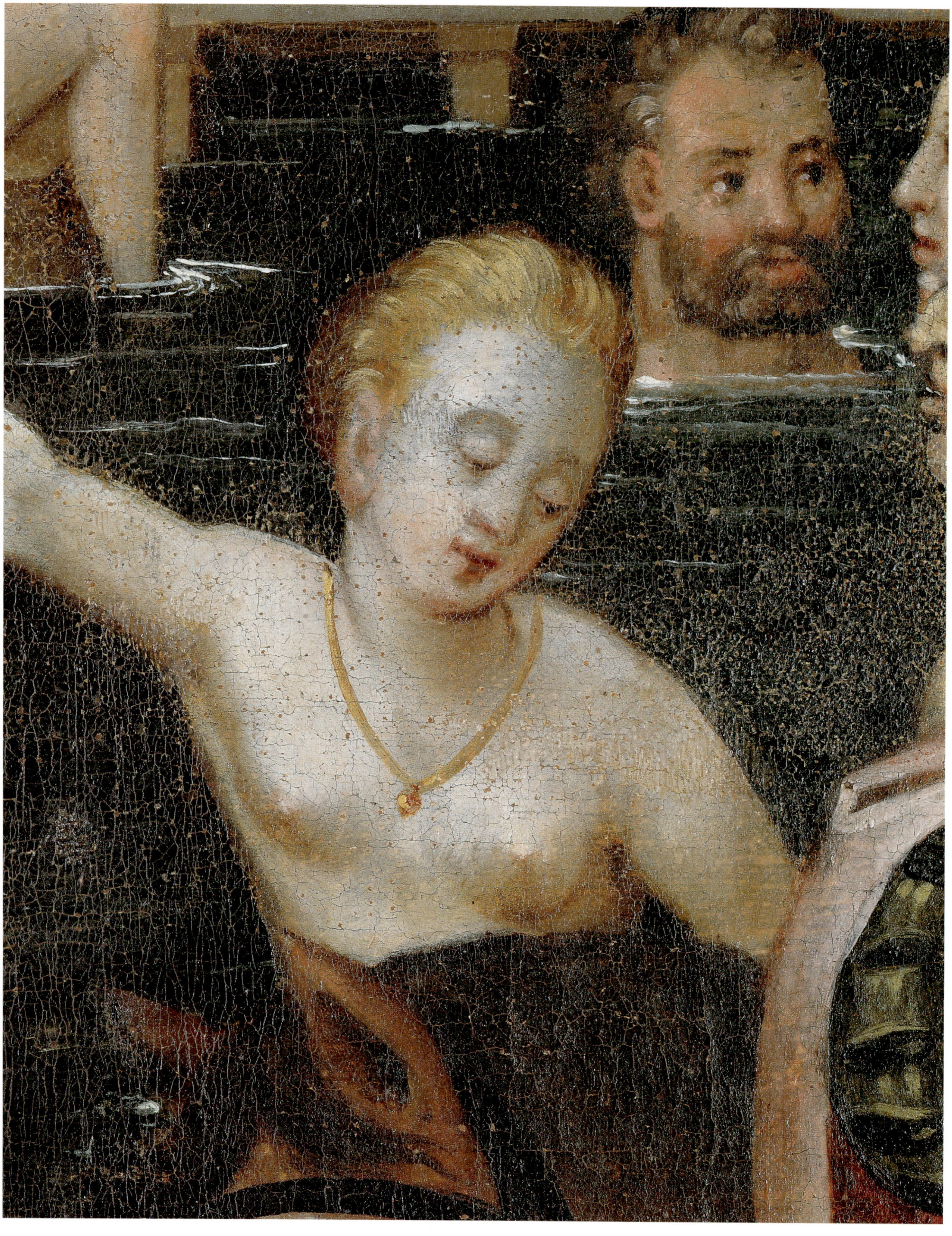

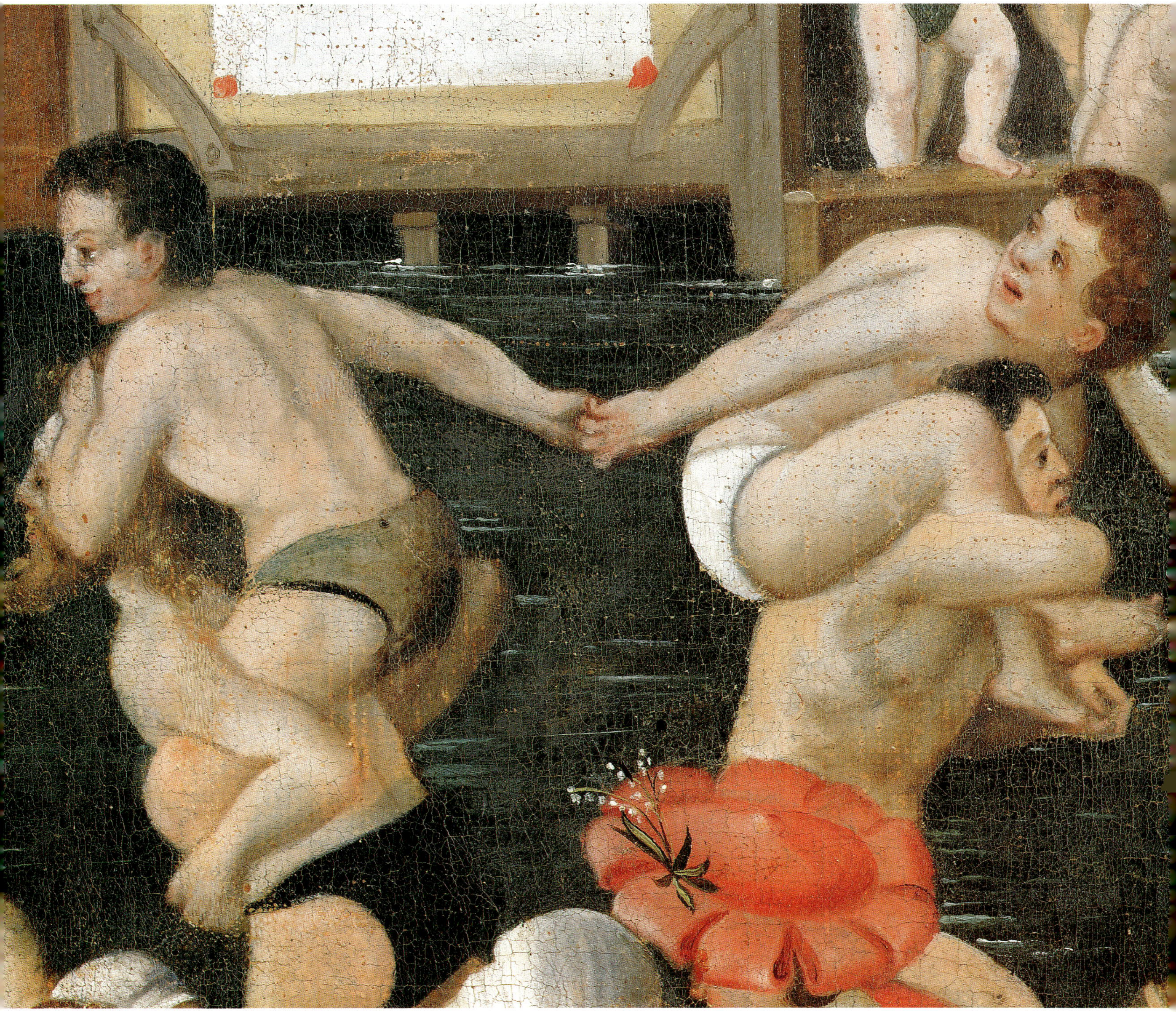

Monat Mai, Detail: Balgende Jünglinge im Bad

Monat April, Detail: Pferd und Reiter ▷

Monat Januar, Detail: Prunkvolles Tafelgeschirr auf der Anrichte ▷▷

Monat Juli, Detail: Jagdhund ▷▷

◁ *Monat Mai, Detail: Junge Frau im Maienbad*

Monat Mai, Detail: Architektur und Landschaft im Hintergrund ▷▷▷

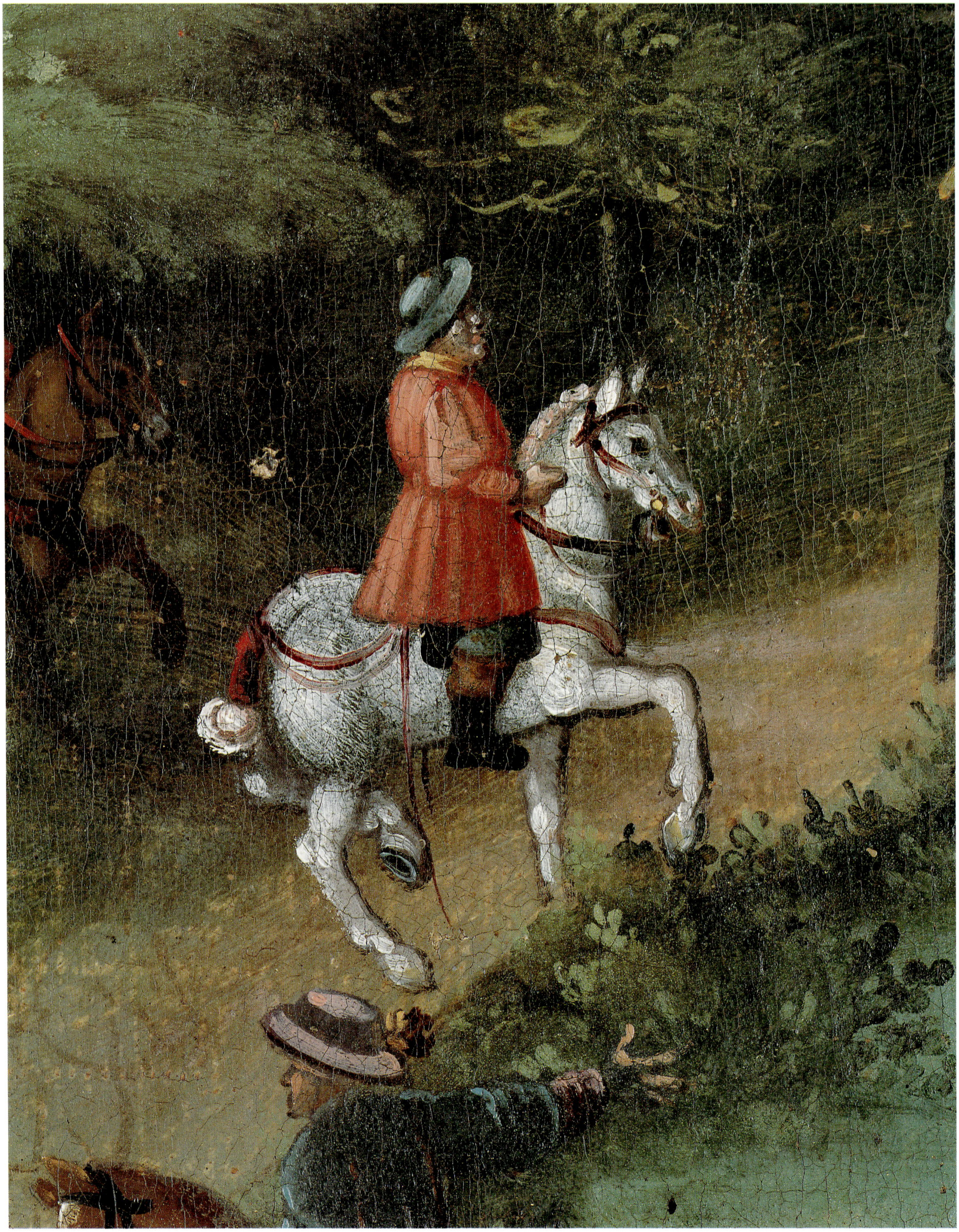

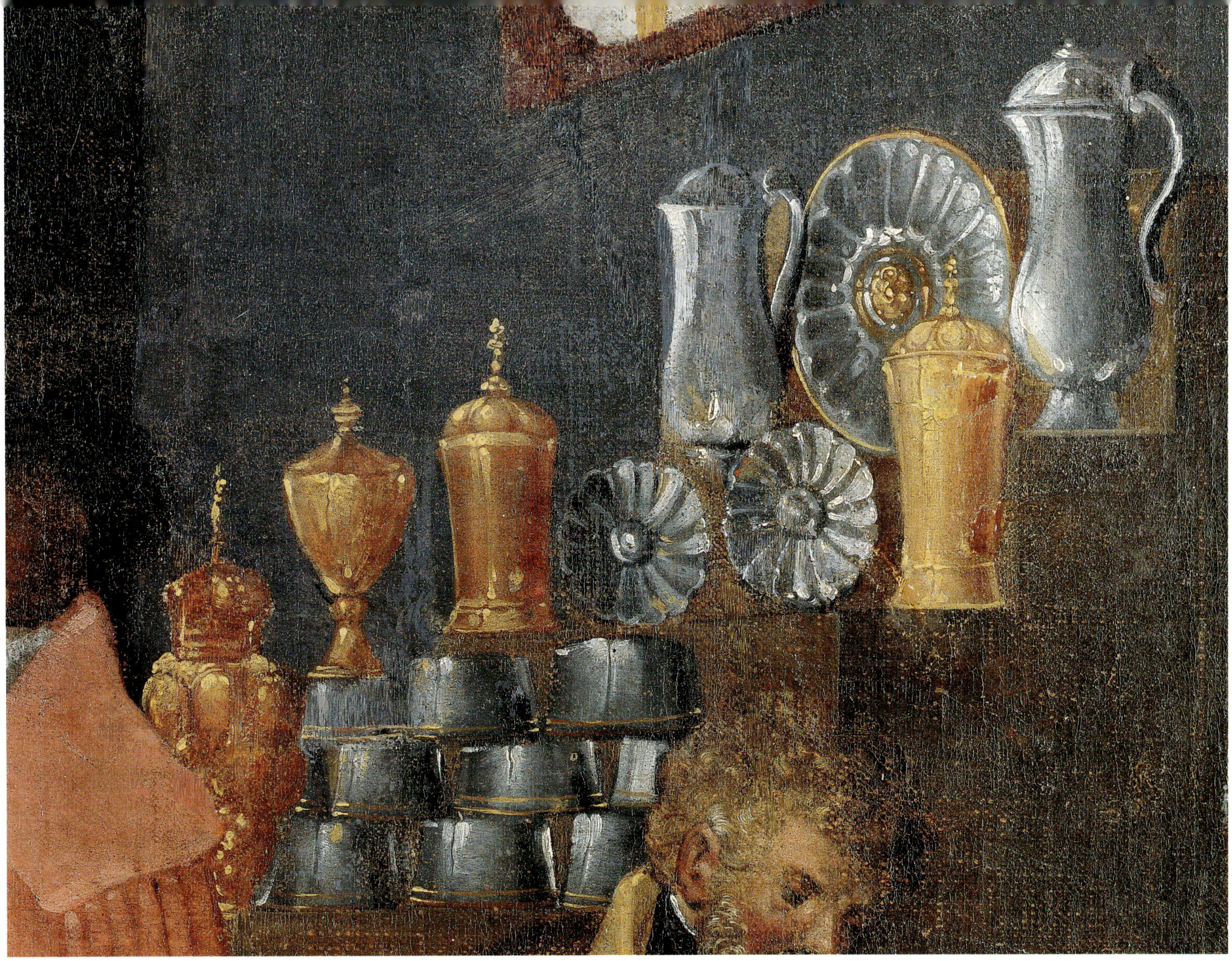

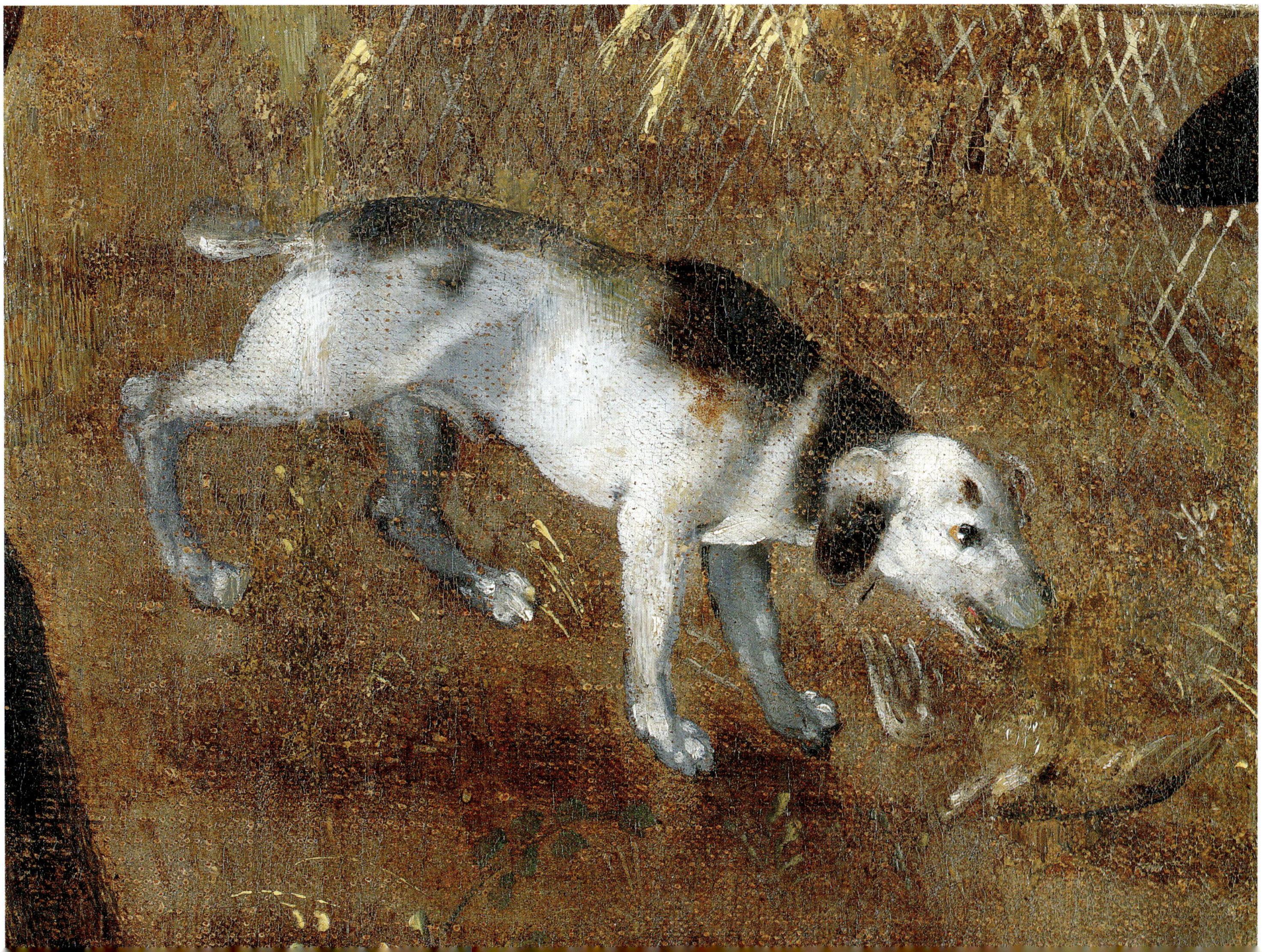

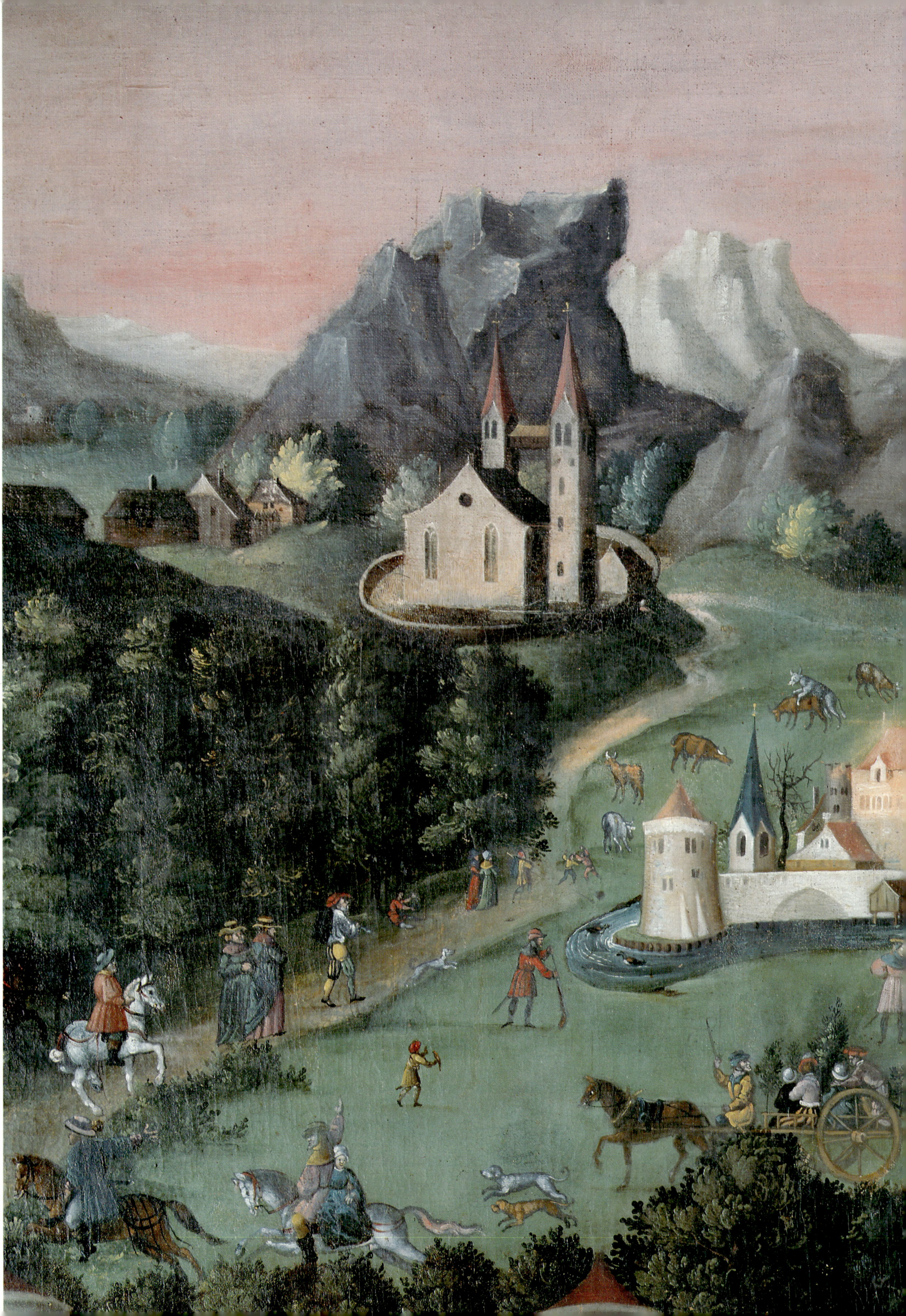

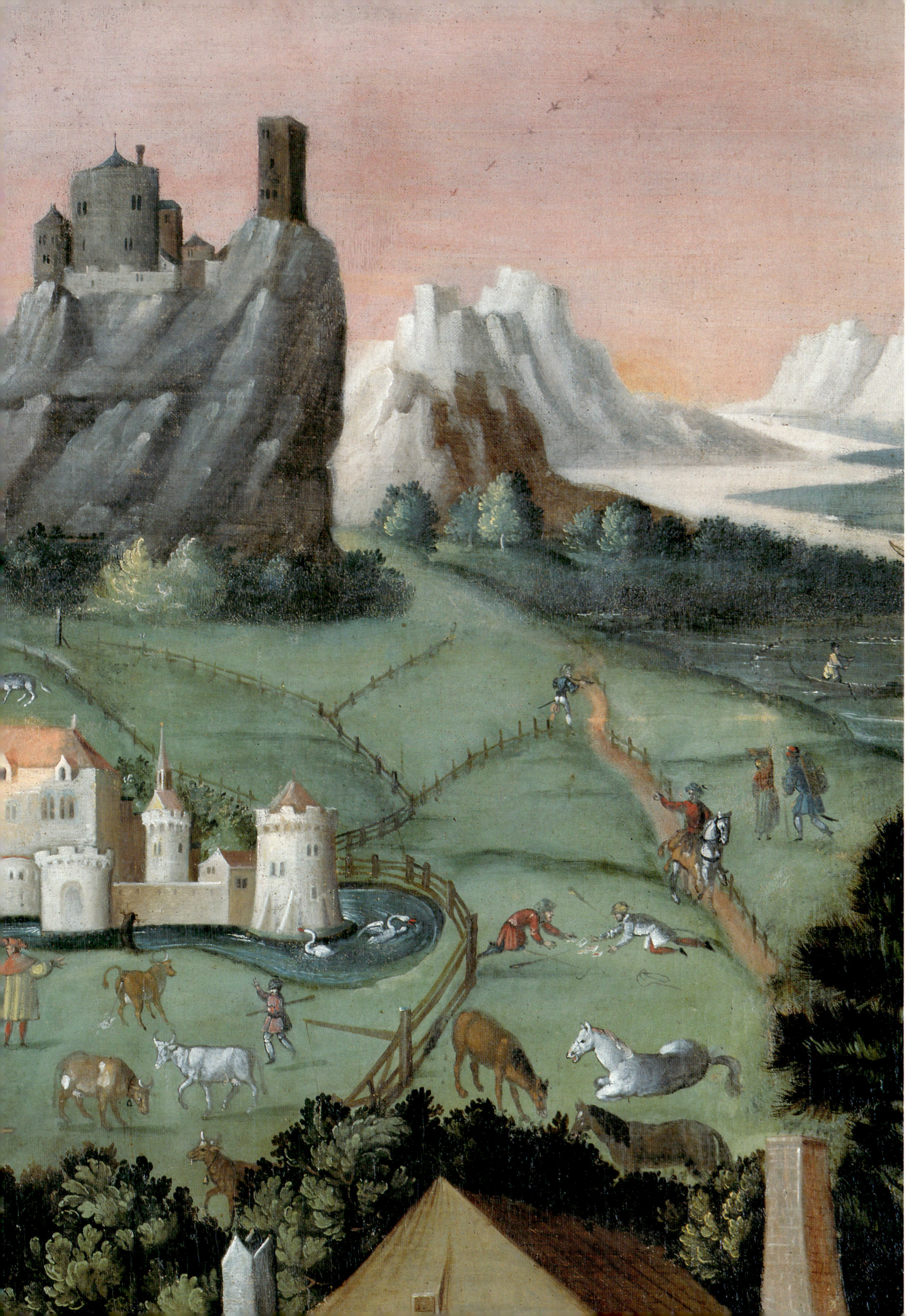

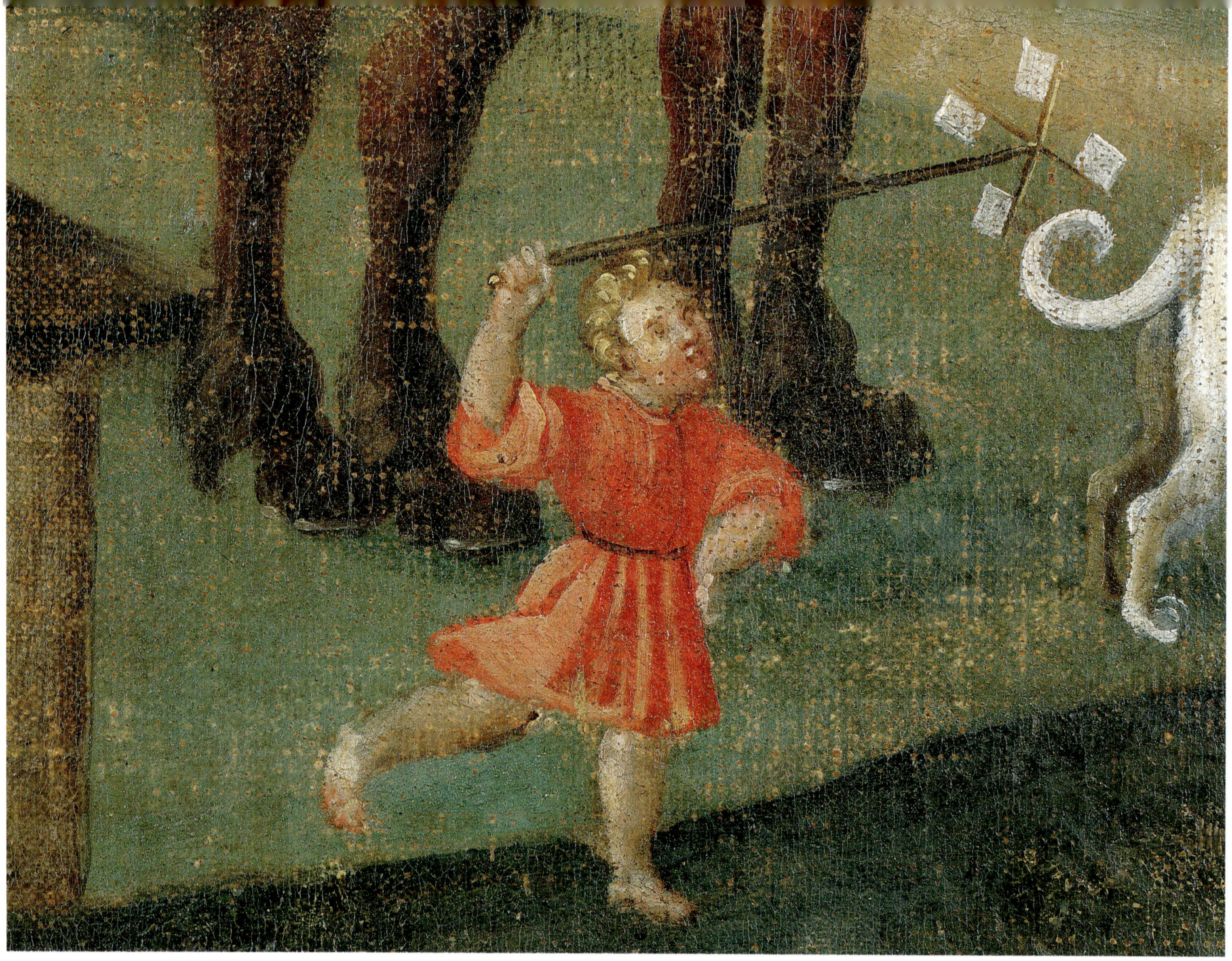

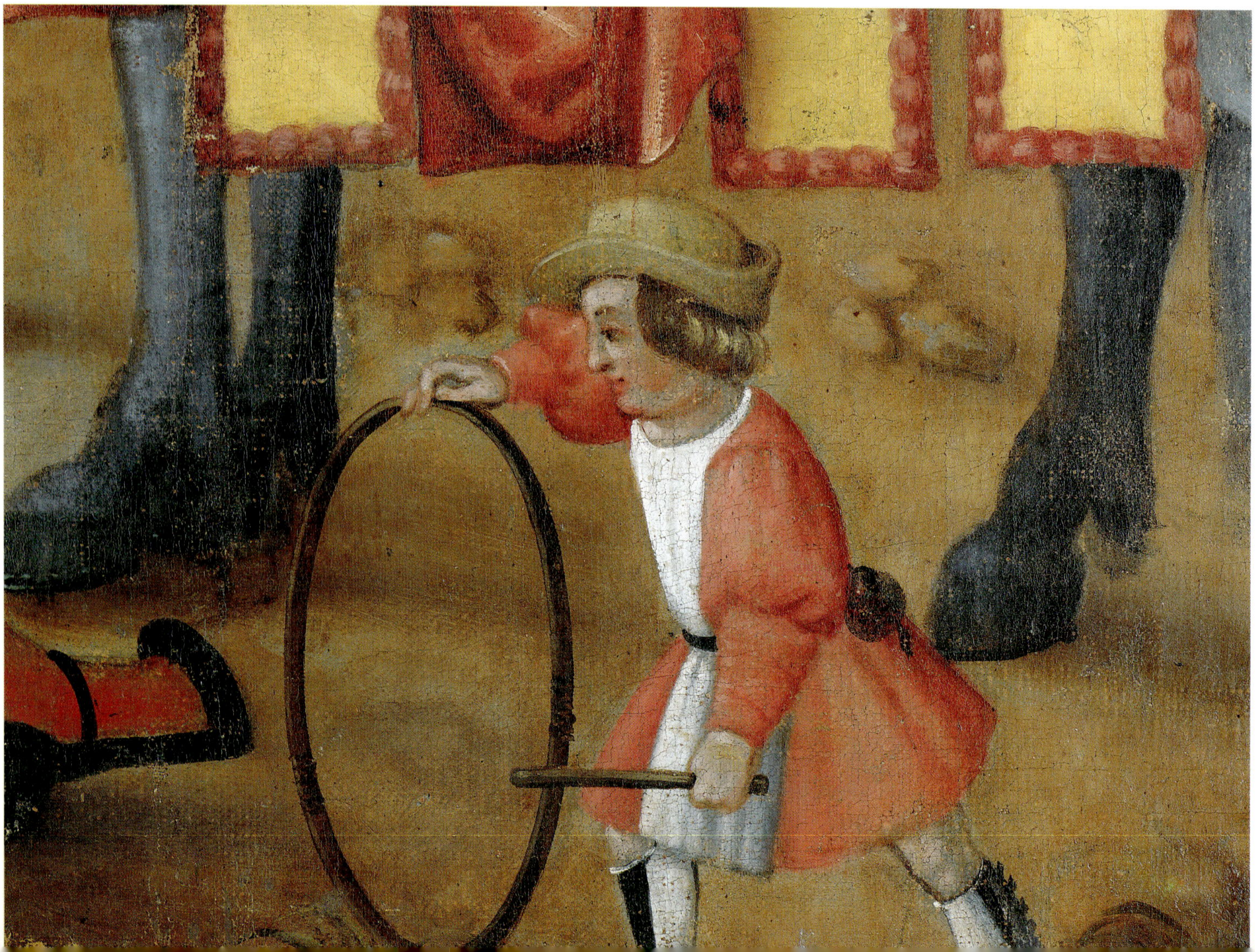

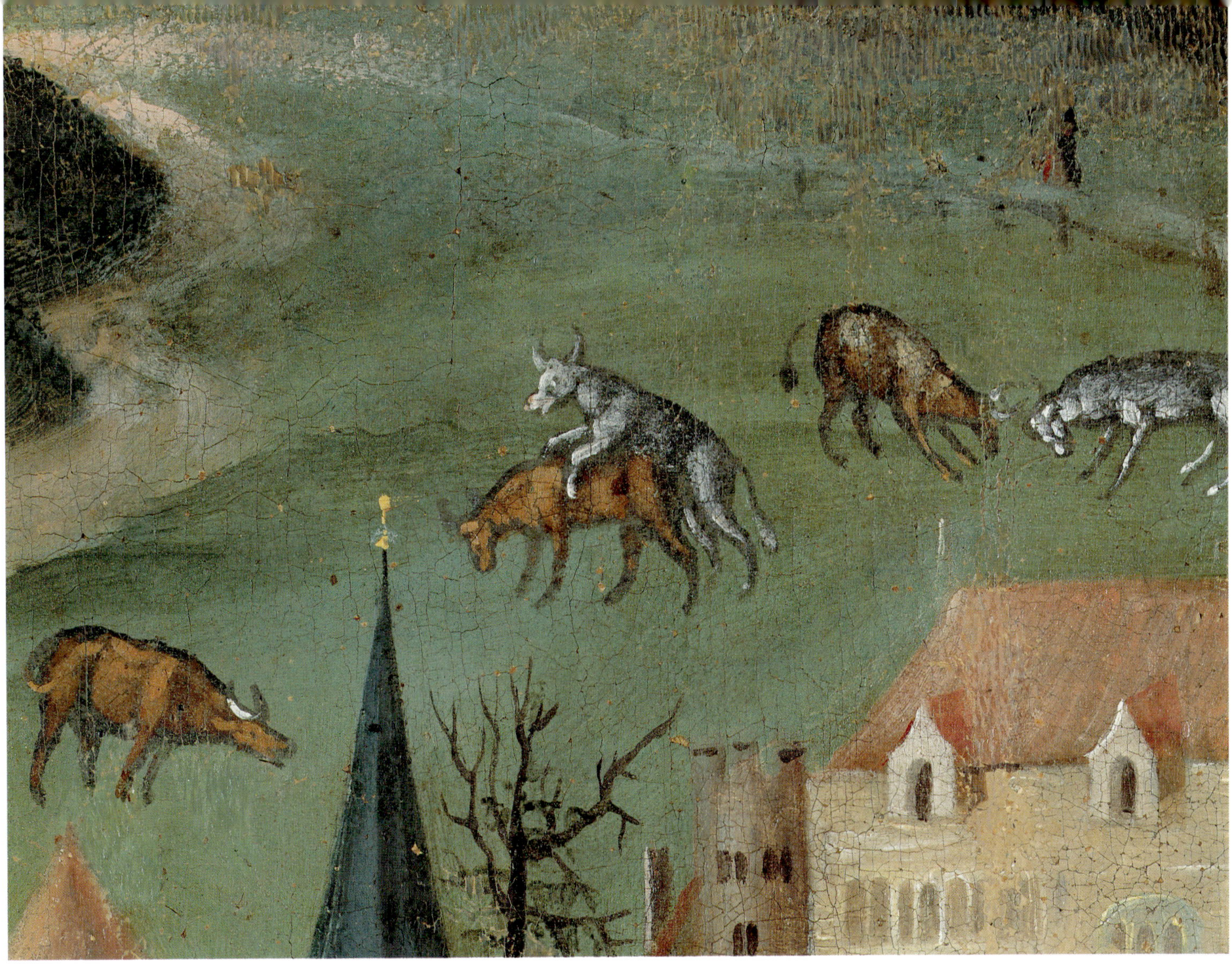
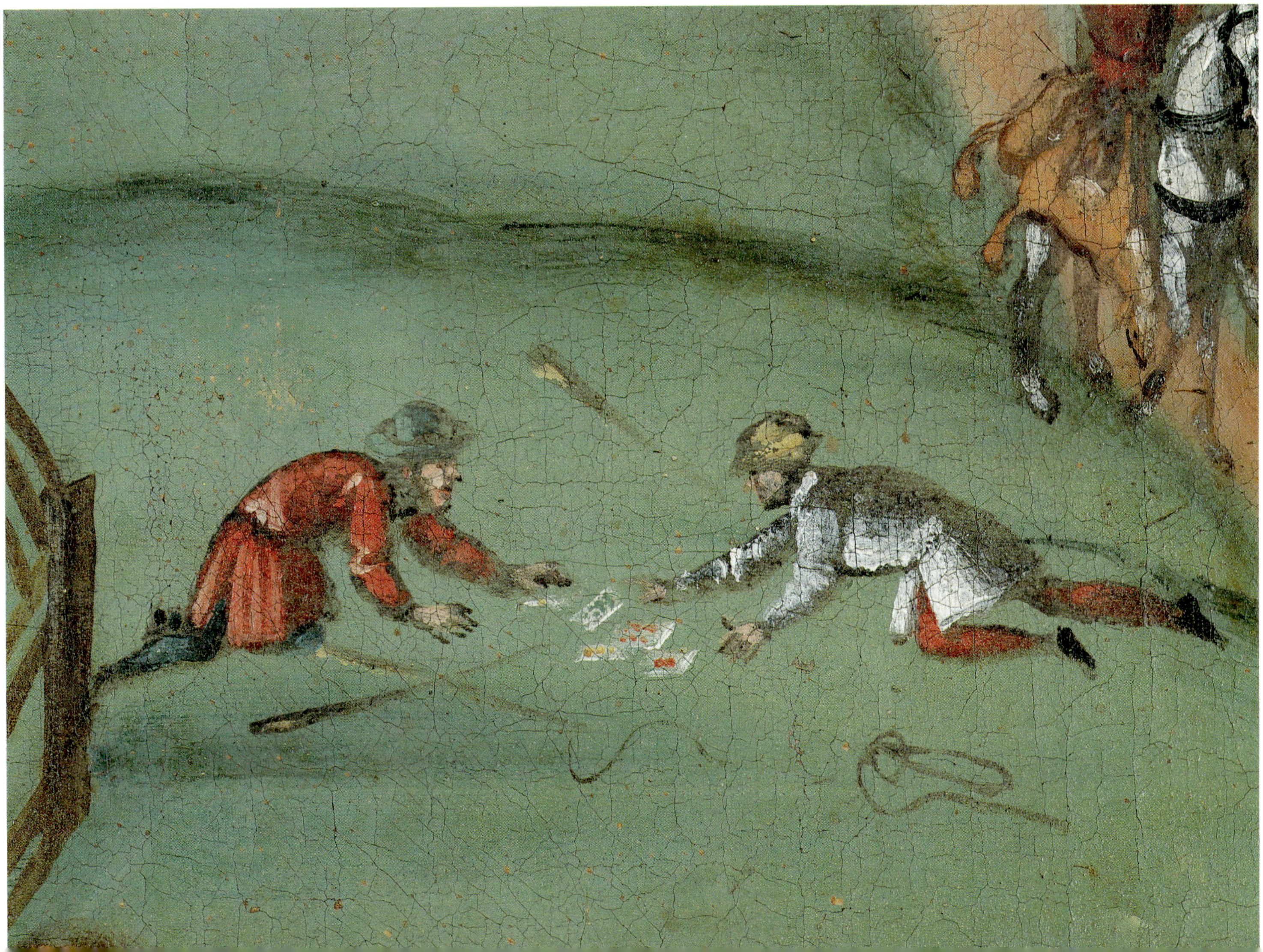

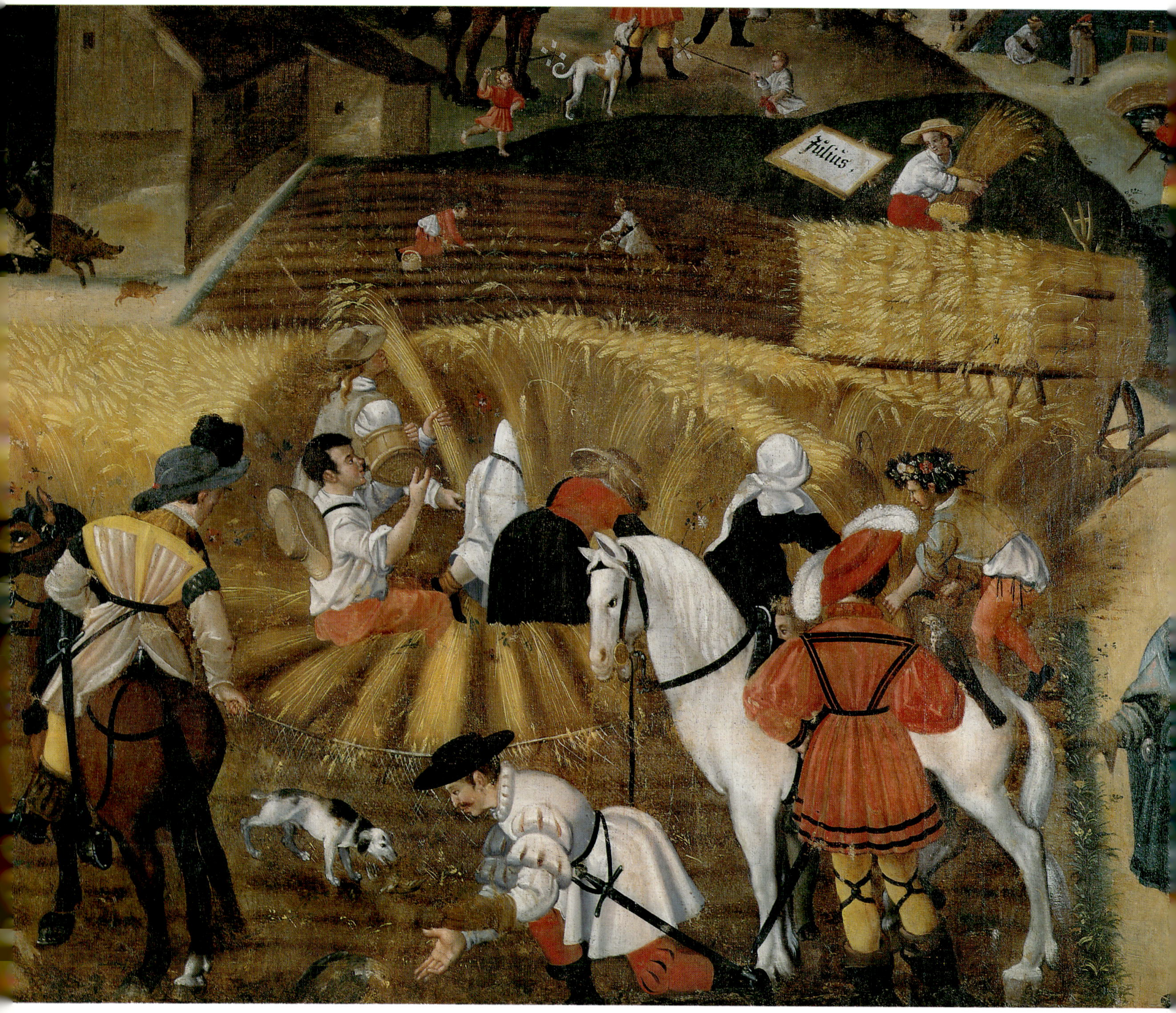

Monat Juli, Detail: Ernte- und Jagdszene

◁◁ *Monat Juli, Detail: Spielender Junge mit einem Windrad*

◁◁ *Monat Mai, Detail: Junge beim Reifenschlagen*

◁ *Monat Mai, Detail: Tiere auf der Weide*

◁ *Monat Mai, Detail: Männer beim Kartenspiel auf der Wiese*

Monat September, Detail: Obsternte ▷

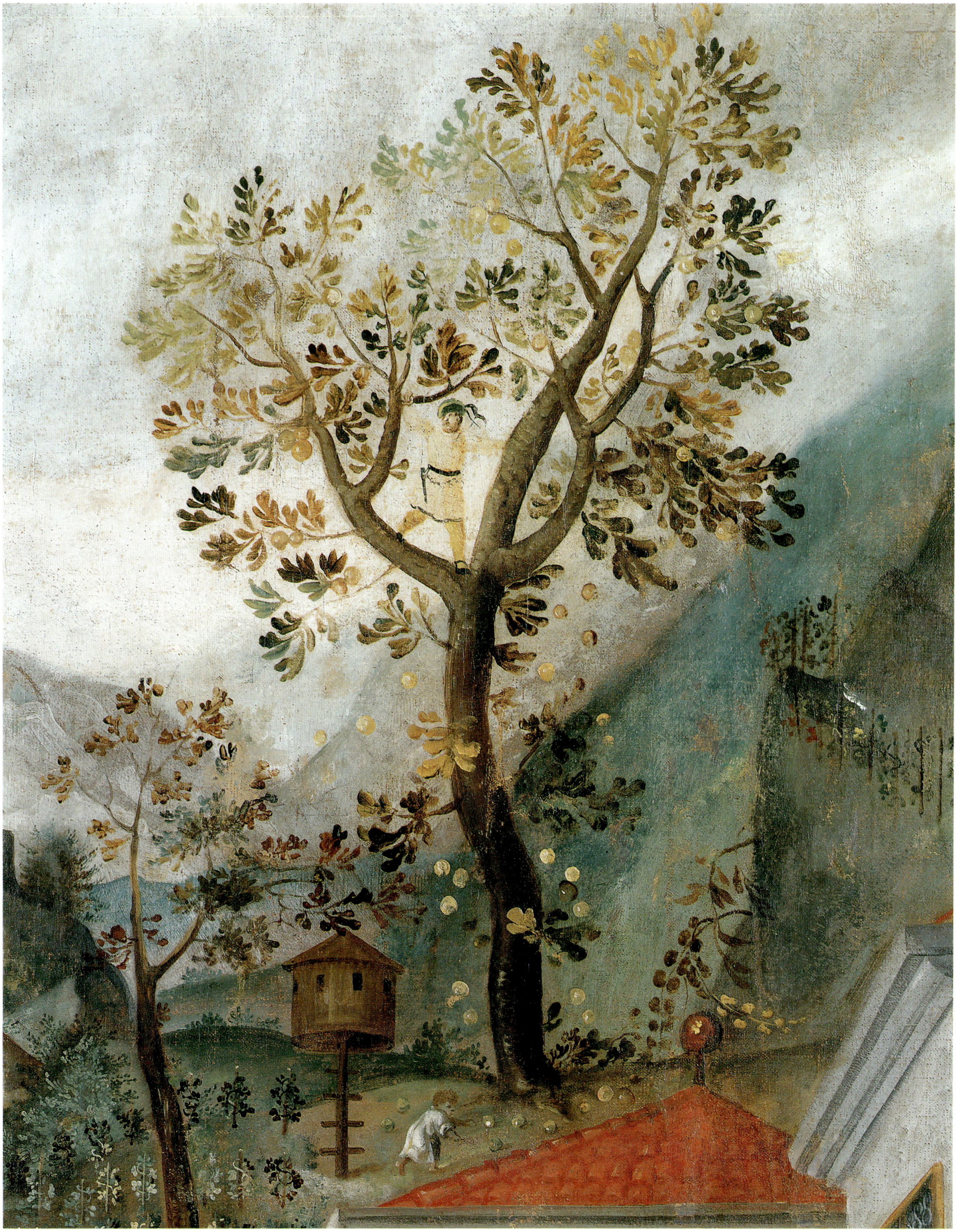

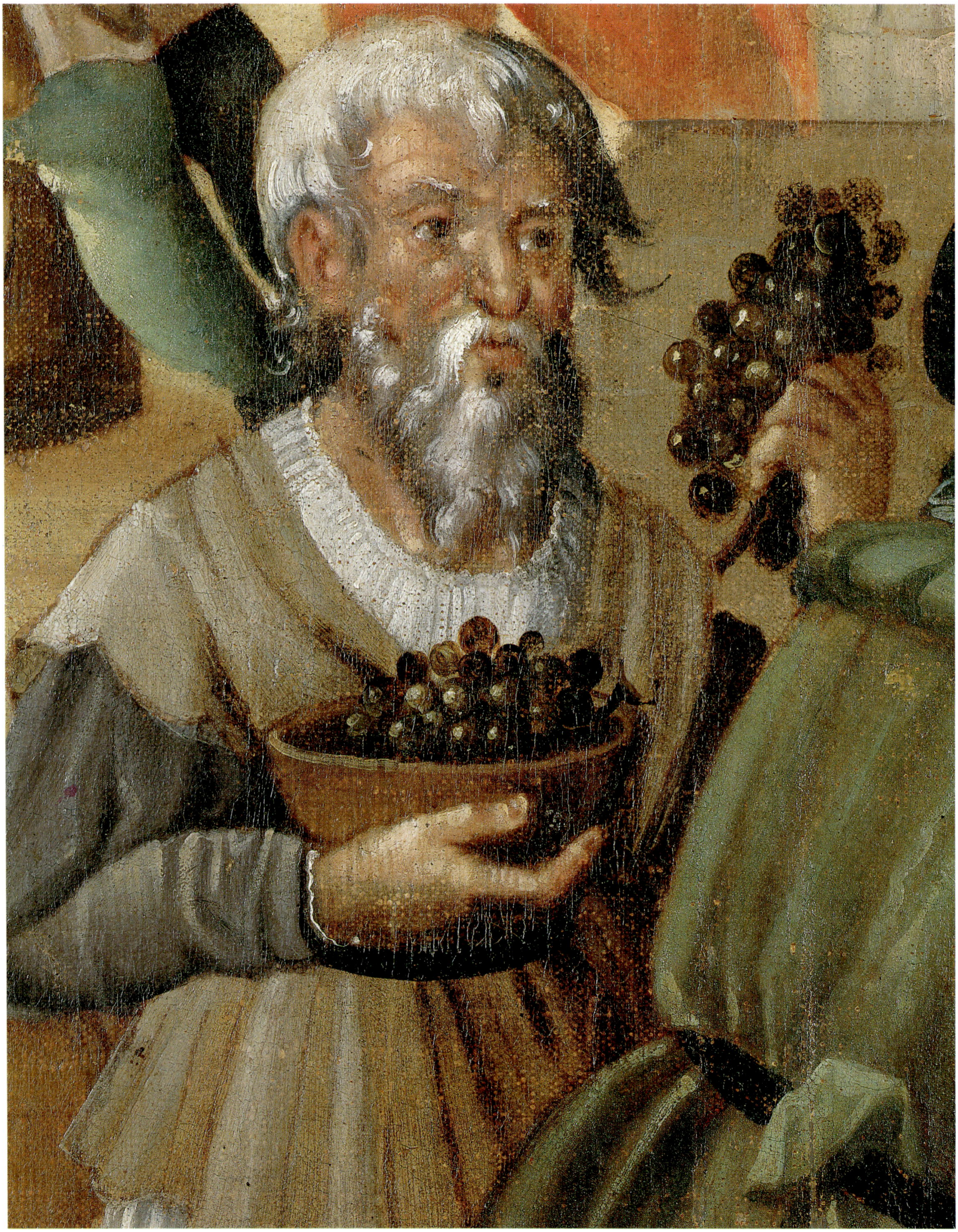

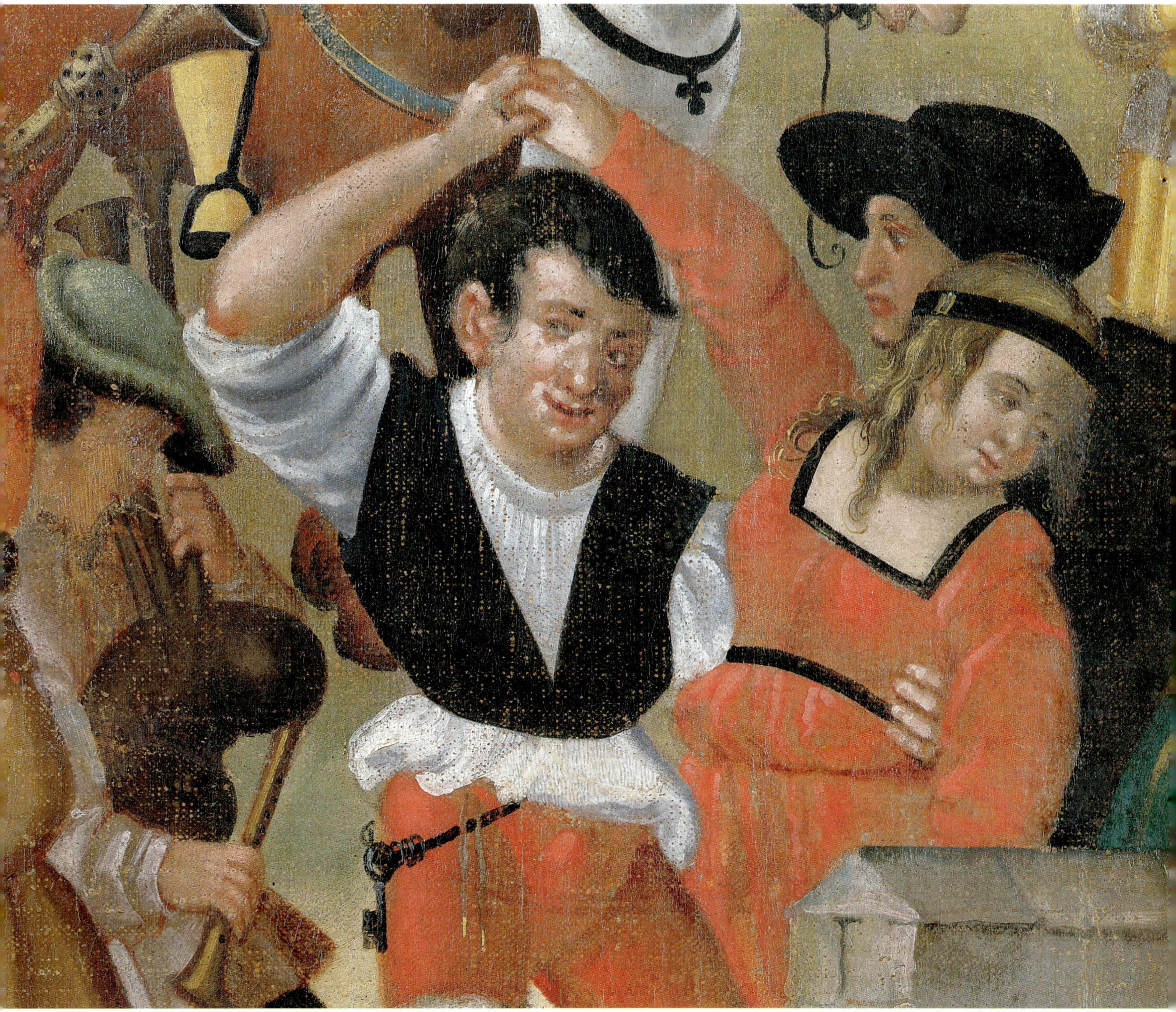

Monat August, Detail: Tanzendes Paar beim Erntefest

Monat November, Detail: Verkauf der Martinsgänse ▷

Monat Oktober, Detail: Marktszene mit Bäuerinnen ▷▷

◁ *Monat August, Detail: Bauer mit Trauben*

Monat Januar, Detail: Schlafende Katze auf dem Kachelofen ▷▷▷

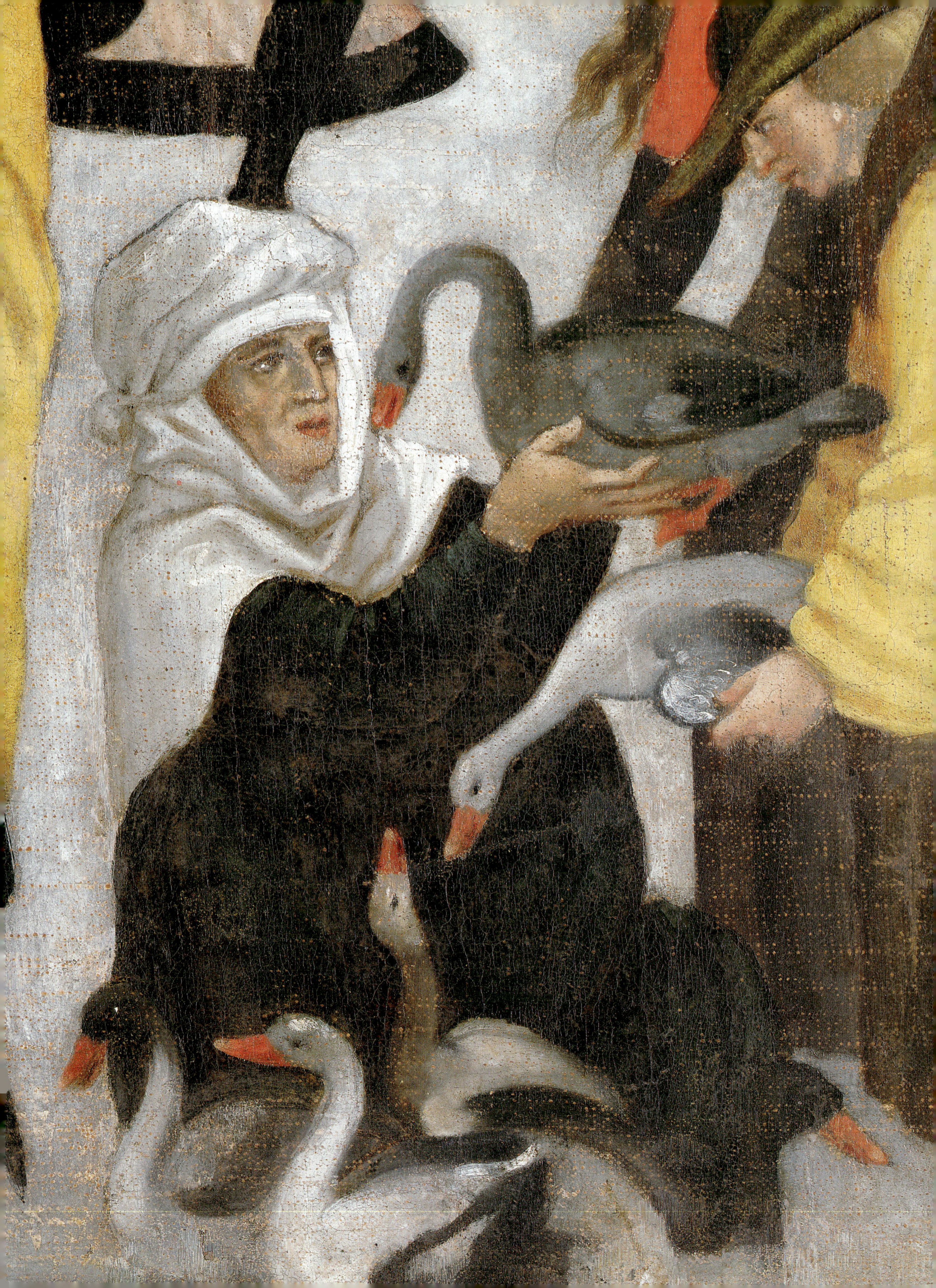

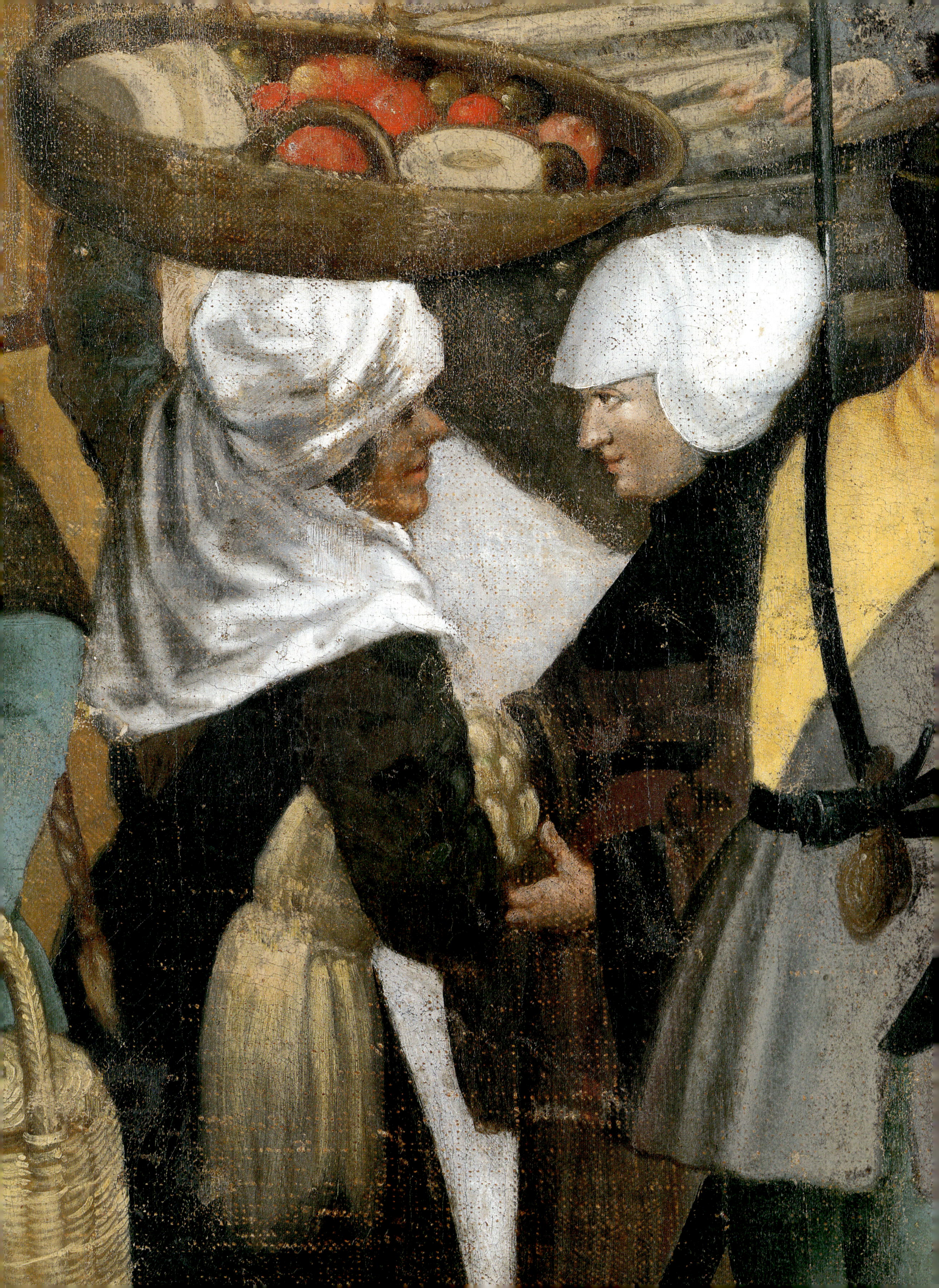

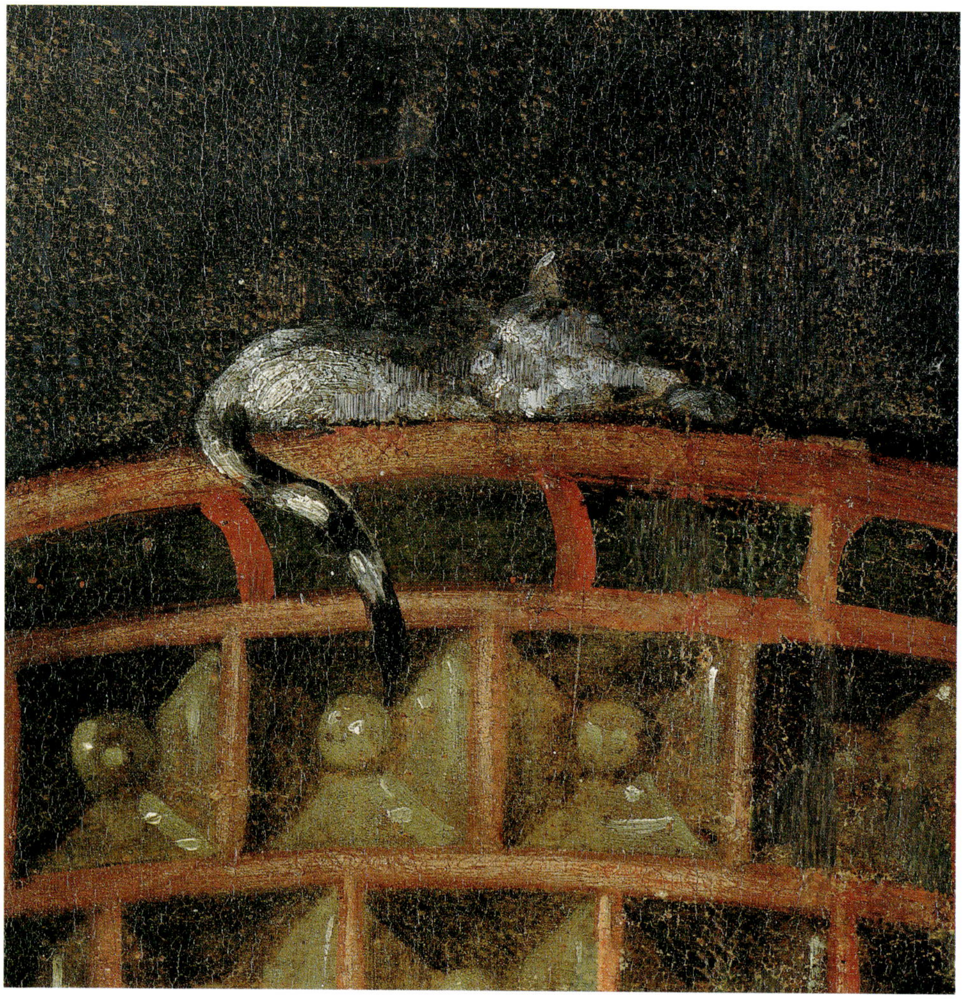

Die Monatsbilder des
Deutschen Historischen Museums.
Entstehung und Nachwirkung

Heinrich Dormeier

Bildersprache zwischen Tradition und Originalität. Das Sujet der Monatsbilder im Mittelalter

Ein Festmahl im Januar, ein Turnier in der Fastenzeit, das Maienbad im Freien, Heu- und Getreideernte sowie die Falkenjagd im Sommer, Bauerntanz und Weinlese im September, die Schlittenfahrt einer vornehmen Dame und der Auszug der Ratsherren im Dezember vor der Kulisse des alten Augsburger Rathauses – all das und vieles mehr kann man auf den vier großformatigen Gemälden der Augsburger Monatsbilder beobachten. Doch so lebhaft und bunt diese Szenen auch sind, einer ureigenen Bildidee des Malers oder Auftraggebers entspringen sie nicht.

Unmittelbare Vorlage für die meisten Motive waren die Scheibenrisse, die der Augsburger Maler Jörg Breu d. Ä. um 1525 im Auftrag der Augsburger Patrizierfamilie Höchstetter angefertigt hat. Von wenigen Ausnahmen abgesehen, sind die Szenen der Scheibenrisse in die vier Gemälde übernommen worden. Jeweils drei Monate sind auf einem Gemälde zusammengefaßt und mit den jeweiligen Monatsnamen bezeichnet worden. Die Folge beginnt mit den Monaten Januar, Februar und März. Thema der Bilder waren also nicht die Jahreszeiten, sondern die Arbeiten und Vergnügungen der Bauern, Bürger und Adligen in den einzelnen Monaten[1]. Die Scheibenrisse und die Gemälde griffen ein ikonographisches Thema auf, das bereits eine lange Geschichte hatte.

Die Wurzeln dieses Bildprogramms reichen wenigstens bis in die Karolingerzeit, im Grunde bis in die Antike zurück[2]. In Kalendergedichten und Miniaturen des 9. Jahrhunderts schält sich der Kanon der Monatsarbeiten heraus. Erstmals abgebildet sind sie in einer Handschrift mit astronomisch-chronologischen Texten, die 818 im Salzburger Raum zweimal kopiert wurde. Diese Monatsdarstellungen bezeichnen den Übergang von der antiken Kalenderillustration zur typisch mittelalterlichen Ausgestaltung des Themas. Die meisten Monate werden durch eine aktive Person versinnbildlicht, die eine für den jeweiligen Monat charakteristische Tätigkeit verrichtet. So wärmt ein Mann im Januar die Hände am Feuer; im Juni pflügt der Bauer mit dem Hakenpflug, der von zwei Ochsen gezogen wird, im Juli mäht er mit der Sense das Heu, im August wird das Korn geerntet, im September gesät und in den Wintermonaten geschlachtet. Die übrigen Monate sind durch frontal dem Betrachter zugewandte, eher passive Figuren repräsentiert. Die Form der Darstellung und die manchmal rätselhaften Attribute gehen offenbar auf antike Allegorien der Monate zurück[3].

Die lockere Verbindung der Monatspersonifikationen des frühen Mittelalters mit der Antike und der kosmologische Zusammenhang sind noch besser in einem Kalenderbild zu erkennen, das im ausgehenden 10. Jahrhundert im Kloster Fulda entstanden ist: Im Mittelpunkt, in einem Rad, das den unaufhörlichen Fluß der Zeit symbolisiert, thront Gott »Annus«, also das Jahr, das sich auch auf Gott als den Herrn über Raum und Zeit beziehen läßt. In seiner Rechten hält der alte Mann den Jahreskreis, in seiner Linken eine Ranke. Diese verbindet den Kreis mit den vier Jahreszeiten und den Personifikationen der zwölf Monate. Der »blütenreiche« Frühling und der »fruchtbringende« Sommer halten das Brustbild des Tages (dies), der »fruchtbare« Herbst und der »furchtbare« Winter das der Nacht in ihren

[1] Man sollte die Bilder also nicht, wie hier und da zu lesen, »Jahreszeiten-Bilder« nennen. In diesem Fall wären die Schrifttäfelchen mit den Monatsnamen überflüssig gewesen und die Monate anders auf die Bilder verteilt worden – die Wintermonate Dezember, Januar und Februar etwa hätte man zusammengefaßt.

[2] Zu den Monatsbildern im Mittelalter u. a. Paul Brandt, Schaffende Arbeit und bildende Kunst, 2 Bde., Leipzig 1927/28; J. C. Webster, The Labors of the Months in Antique and Medieval Art to the End of the 12th century, Evanston 1938; Siegfried Epperlein, Der Bauer im Bild des Mittelalters, Leipzig/Jena/Berlin 1975; Jacques Le Goff, Il tempo del lavoro. Agricoltura e segni dello zodiaco nei calendari medievali (Storia e Dossier), Florenz 1988; Artikel »Monatsbilder«, in: Lexikon der Kunst, Bd. 4, Leipzig 1992, Sp. 810–812 (mit weiterer Literatur).

[3] Monatsarbeiten aus einer astrologisch-chronologischen Sammelhandschrift, Raum Salzburg, 818, München, Bayerische Staatsbibliothek, clm 210, fol. 91v (vgl. die Abbildung in: Bauern in Bayern, Straubing 1992, S. 50ff); vgl. auch die Monatsbilder im Martyrologium des Wandalbert von Prüm; dazu zuletzt Biblioteca Apostolica Vaticana, Köln 1992, S. 82f., Nr. 8 (mit Abbildung und Literatur). Die berühmtesten antiken Vorläufer sind die Kalenderbilder im Chronographen des Filocalus von 354; vgl. die Abbildungen (und Literatur) in: Bauern in Bayern, Straubing 1992, S. 6, Nr. 7.

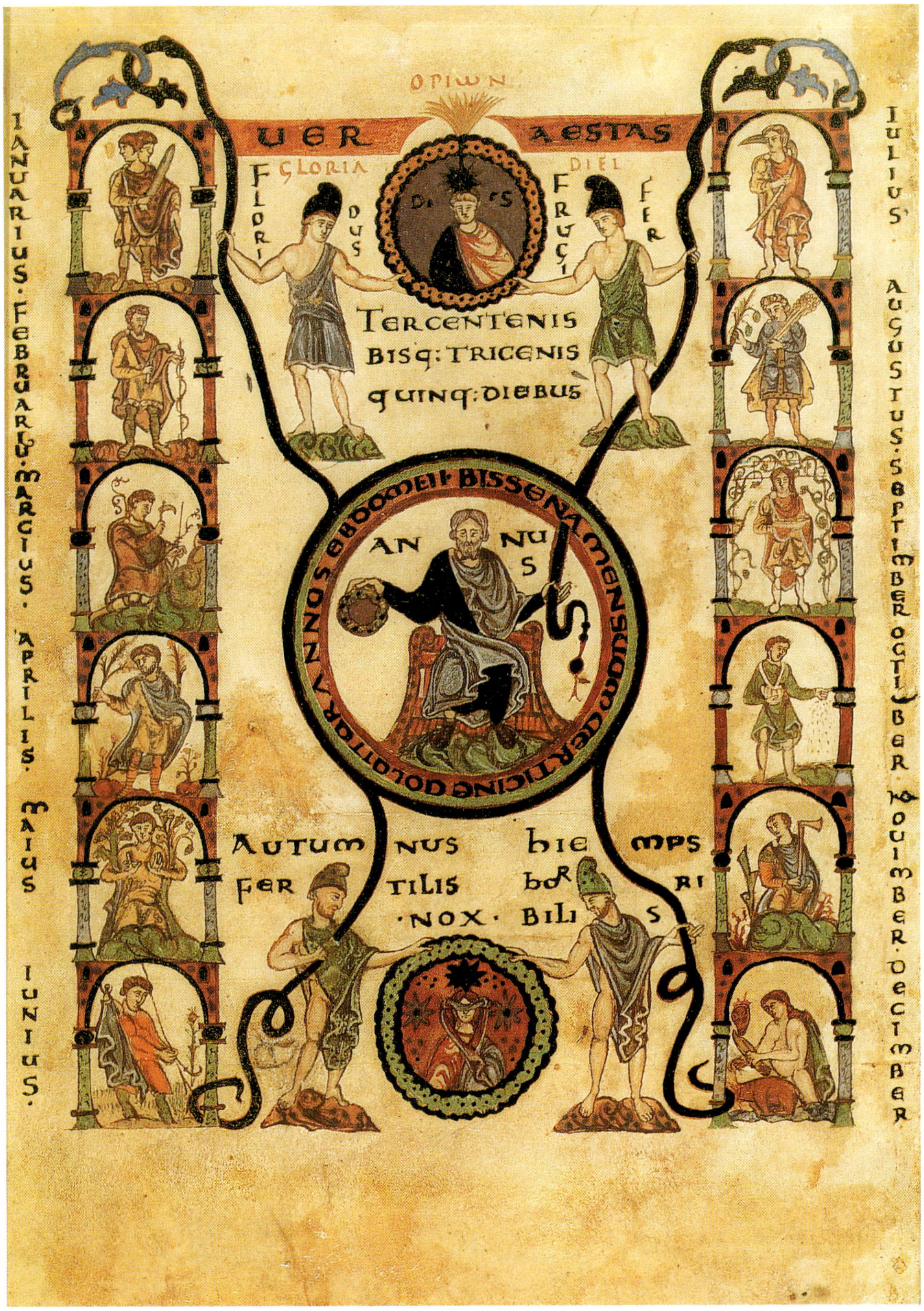

1 Kalenderblatt aus dem Fuldaer Sakramentar, Ende 10. Jahrhundert. Staatsbibliothek Preußischer Kulturbesitz zu Berlin.

Händen. Jeder der zwölf Monate links und rechts am Rand ist durch eine Person oder eine Tätigkeit gekennzeichnet. Januar wird durch Janus versinnbildlicht, den doppelköpfigen antiken Gott des Anfangs, der in Vergangenheit und Zukunft blickt. Sein Tempel auf dem Forum Romanum war im Frieden geschlossen, in Kriegszeiten geöffnet – daher das Schwert in seiner Rechten. Im Februar und März sind Arbeiten im Weinberg dargestellt, die Frühlingsmonate April und Mai sind durch Blumen und frisches Grün kenntlich. Dann folgen ähnlich wie auf dem Salzburger Bild die Erntemonate, im September die Weinlese, im Oktober die Aussaat. Im November denkt man an das Brennholz für den Winter, im Dezember wird ein Schwein geschlachtet, wobei der Bauer wie Mithras mit dem Stier gesehen ist (Abb. 1)[4].

Trotz solcher Reminiszenzen an sehr viel ältere Vorlagen ist der Übergang vom antiken Repräsentationsbild zur mittelalterlichen Arbeitsdarstellung vorgezeichnet. Heidnische Elemente wurden in den späteren Kalen-

[4] Kalenderbild aus dem Fuldaer Sakramentar, letztes Drittel des 10. Jahrhunderts, Berlin, Staatsbibliothek Preußischer Kulturbesitz, Ms. theol. lat. fol. 192 (Fragment); vgl. Faksimile und Kommentar (des häufig abgebildeten Blattes) von W. Böhne, Stuttgart (o. J.). Der kosmologische Kontext der Monatsbilder wird auch in anderen Darstellungen betont; vgl. dazu etwa J. Ellen Beer, Die Rose der Kathedrale von Lausanne und der Kosmologische Bilderkreis des Mittelalters, Bern 1952; Sigrid von Borries-Schulten, Die romanischen Handschriften der Württembergischen Landesbibliothek Stuttgart, Stuttgart 1987, S. 97–111 (Kalenderblatt von Zwiefalten, um 1162).

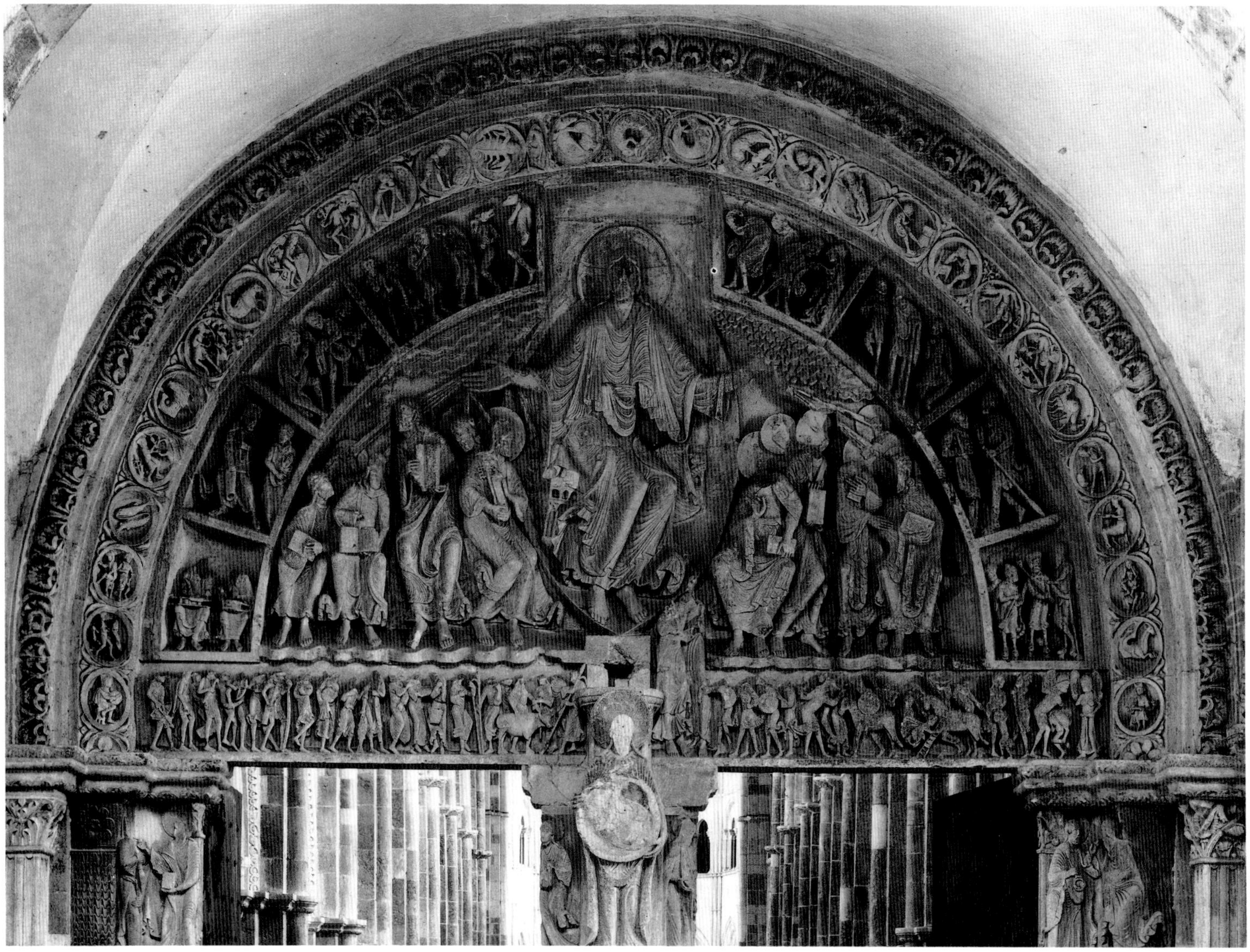

2 *Monatsdarstellungen am Hauptportal in der Vorhalle der Wallfahrtskirche von Vézelay.*

dern ersetzt – so mußte in vielen Fällen im Januar der Gott Janus dem Mann am wärmenden Feuer weichen. Da die karolingische Komposition der Monate vermutlich ihren Ursprung im nordfranzösischen Raum hatte, schieden einige andere Motive aus klimatischen Gründen aus. Die Olivenernte wurde beispielsweise nicht mehr berücksichtigt, dafür aber das Heumachen in den Kanon aufgenommen, das in den antiken Kalendern unbekannt war. Während die antiken Monatsallegorien auf die Früchte der Saison, auf die Witterungsverhältnisse und Festivitäten anspielten, konzentrierten sich die frühen Monatsbilder fast ausschließlich auf die Arbeit, und zwar auf die Mühen der Bauern – ein Hinweis auf die Bedeutung der Landwirtschaft in der agrarisch geprägten Welt des frühen und hohen Mittelalters.

Bis ins 13. Jahrhundert hinein entsprachen die Monatsdarstellungen im Prinzip den Vorgaben der Karolingerzeit. Charakteristisch für diese erste große Phase dieses mittelalterlichen Bildprogramms ist die Einbindung der profanen Motive in einen religiösen Kontext. Sinnfällig wird das an den zahlreichen Kirchenportalen, Fresken, Fußbodenmosaiken und Glasfenstern, auf denen die Monatsdarstellungen in dieser Zeit sozusagen ans Licht der Öffentlichkeit traten[5]. Vornehmlich an den Portalen und im Innern der großen romanischen Kirchen in Frankreich und Italien ist der Zyklus anzutreffen. Allein in Frankreich sind 80 Beispiele aus dem 12. und 13. Jahrhundert bekannt, viele davon in Burgund, dem Kerngebiet der kirchlichen

5 Vgl. vor allem Olga Koseleff, Die Monatsdarstellungen der französischen Plastik des 12. Jahrhunderts, Diss. Marburg 1934; Perrine Mane, Calendriers et techniques agricoles (France-Italie, XII–XIII siècles), Paris 1983; dies., Comparaison des thèmes iconographiques des calendriers monumentaux et enluminés en France aux XII–XIII siècles, in: Cahiers de la civilisation médiévale, 29, 1986, S. 257–264.

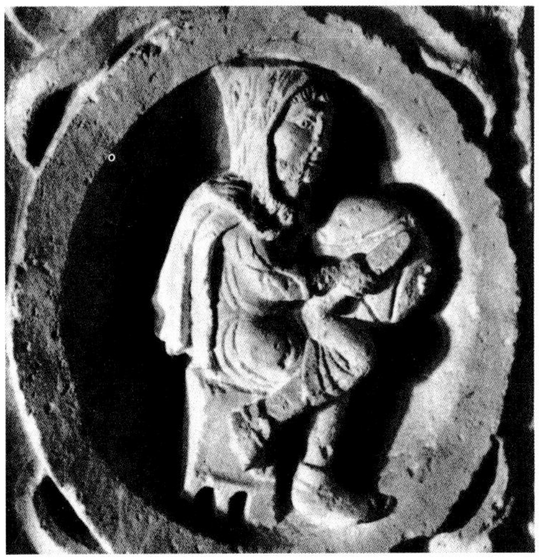

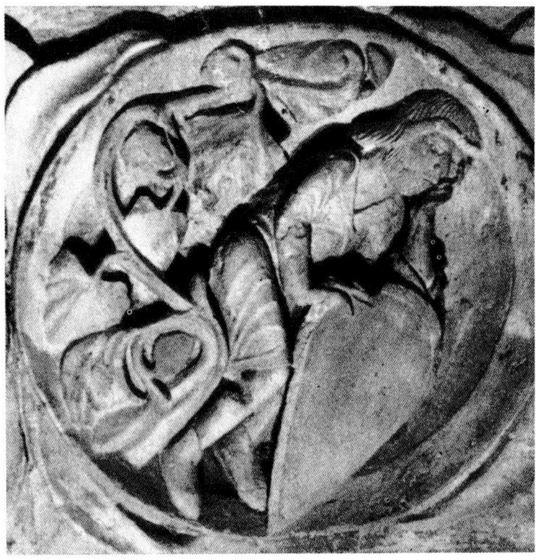

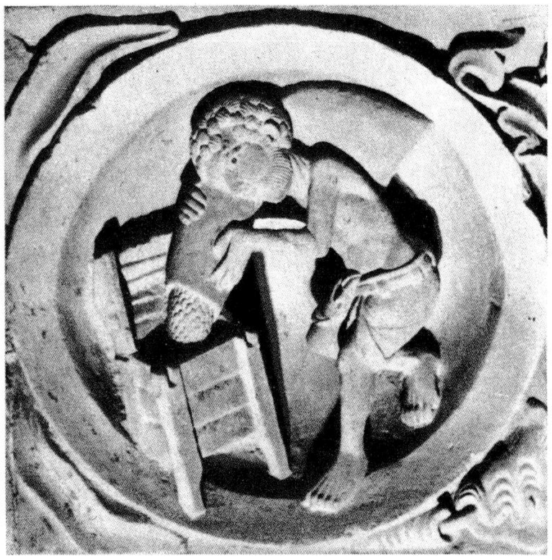

3 *Das Medaillon Januar vom Hauptportal in der Vorhalle der Wallfahrtskirche von Vézelay.*

4 *Das Medaillon Mai vom Hauptportal in der Vorhalle der Wallfahrtskirche von Vézelay.*

5 *Das Medaillon September vom Hauptportal in der Vorhalle der Wallfahrtskirche von Vézelay.*

Bauskulptur. Typisch sind die Komposition und die Ausführung der Monatsbilder in der Vorhalle der Wallfahrtskirche von Vézelay, einem Ausgangspunkt für die große Wallfahrt zum Jakobsgrab in Santiago de Compostela (Abb. 2). Das große Pfingstbild mit Christus in der Glorie und den Aposteln ist umgeben von Bildfeldern, auf denen die verschiedenen Völker dargestellt sind, denen die Apostel das Evangelium verkünden sollen. In einem äußeren Halbkreis reihen sich auf 29 Medaillons die Monatsarbeiten und Tierkreiszeichen im Wechsel aneinander. Der Reigen beginnt im Januar mit einem Mann, der sein Brot aufschneidet (Abb. 3). Ungewöhnlich sind auch der Krieger im Mai (Abb. 4), der Bauer, der im September sein Korn umfüllt (Abb. 5), während das Beschneiden der Rebstöcke im März, die Heumahd im Juni und die Kornernte im Juli, das Dreschen im August und die Weinlese im Oktober zu den üblichen Motiven gehören.

Ganz ähnlich sind die Monatsarbeiten am Hauptportal der Kathedrale des Hl. Lazarus in Autun angeordnet (Abb. 6). Wieder umrahmen sie das Tympanon, das Christus als Weltenrichter zeigt, der links die Erwählten willkommen heißt und rechts die Verdammten der Hölle preisgibt. Und erneut wechseln sich Monatsbilder und Tierkreiszeichen ab. So folgen auf den November, personifiziert durch einen Bauern, der die Eicheln für die Schweinemast von den Bäumen schlägt, das Sternzeichen des Schützen und der Monat Dezember, in dem Holz beschafft wird (Abb. 7).

Die Monatsbilder waren, wie man sieht, keine profanen Ziermotive, sondern hatten eine religiöse Funktion: Sie waren in der Regel auf die zentrale Darstellung im Tympanon ausgerichtet, auf Christus als Herrn des Kosmos und Herrn der Zeit. Die Arbeit, so die Mahnung, war eine Folge des Sündenfalls und des Ungehorsams Adams und Evas, zugleich aber auch ein notwendiges und hilfreiches Mittel, das Heil der Seele zu erlangen.

Dies war auch die Botschaft der italienischen Monatsbilder, die ebenfalls an Portalen, meist in antiker Tradition als umlaufender Fries, aber auch auf Mosaikfußböden der Kirchen in umfangreiche Bildprogramme eingefügt wurden. Einzigartig ist der steinerne Bilderteppich in der Kathedrale von Otranto in Apulien, der 1163–1165 während der Normannenherrschaft entstand (Abb. 8)[6]. Die Vielfalt der Kulturen spiegelt sich in den verschiedenen Themenbereichen, die auf diesem Fußbodenmosaik vereint sind: alttestamentarische Episoden wie der Bau der Arche Noah, Tiere, Monstren und Fabelwesen, Alexander der Große und König Artus und eine Medaillonreihe mit Monatsarbeiten und eingefügten Tierkreiszeichen. Neben bekannten stehen einige ungewöhnliche Szenen: im Februar eine Frau mit einem

[6] Carl Arnold Willemsen: »Das Rätsel von Otranto«. Das Fußbodenmosaik in der Kathedrale. Eine Bestandsaufnahme, hg. von Magnus Ditsche und Raymund Kottje, Sigmaringen 1992. Vgl. weitere Monatsbilderfolgen auf Mosaikfußböden in Sta. Maria Assunta in Aosta, S. Michele in Pavia, S. Savino in Piacenza und S. Colombano in Bobbio.

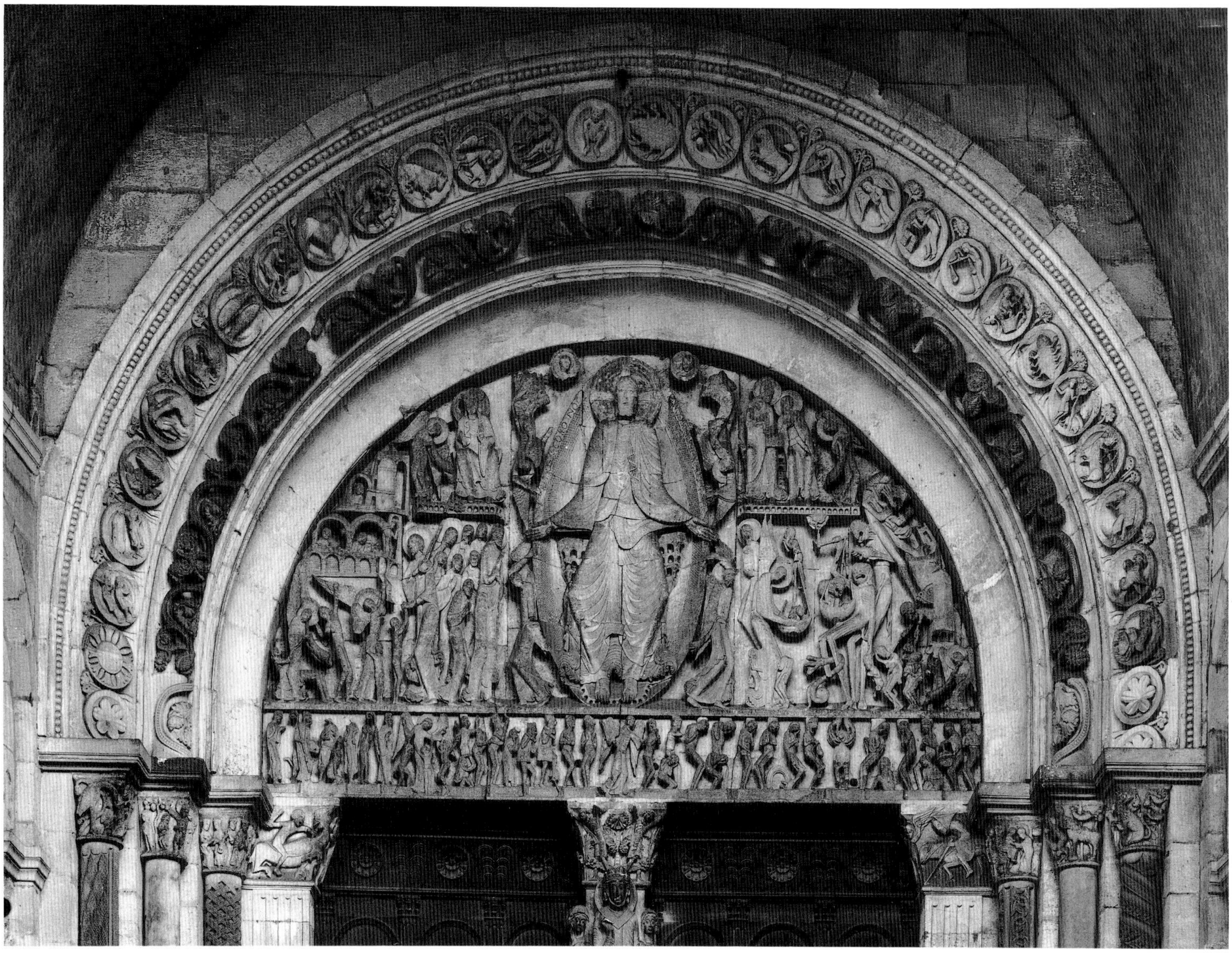

6 *Gesamtansicht des Hauptportals der Kathedrale von Autun.*

7 *Der Monat November. Hauptportal der Kathedrale von Autun.*

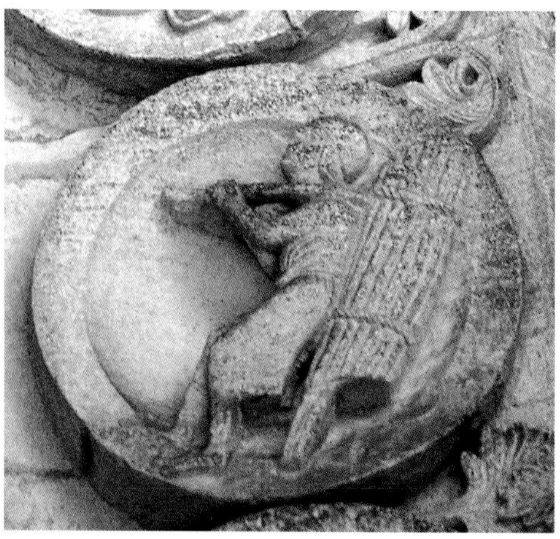

Kochtopf samt einem Ferkel am Spieß und im März der Dornauszieher, der auf ein antikes Vorbild zurückgehen könnte. Ansonsten ist der März in Italien auch mit der rätselhaften Figur des Hornbläsers abgebildet – so etwa auf einem Mosaik in S. Michele in Pavia.

Die Landarbeiten wurden nicht nur in der Portalplastik und auf Mosaiken, sondern auch in anderen, recht außergewöhnlichen Formen präsentiert. Sie finden sich sogar auf dem Griff eines liturgischen Messers in Vercelli, eines Unikats, das im 12. oder 13. Jahrhundert in Norditalien oder vielleicht auch in England oder Frankreich angefertigt wurde[7].

Die spektakulärste Folge von Monatsdarstellungen ist jedoch im Baptisterium von Parma zu bewundern. Dort schuf der Bildhauer Benedetto Antelami um 1200 die ungewöhnlichen Hochreliefs der Monate, die ursprünglich in der ersten umlaufenden Galerie aufgestellt waren[8]. Typisch italienisch ist die Darstellung der Feigenernte, außergewöhnlich das Dreschen mit zwei Pferden im Juli. Ähnliche Abweichungen vom Standardprogramm waren durch klimatische Verhältnisse und lokale Besonderheiten bedingt. Grundsätzlich andere Kompositionen blieben die große Ausnahme[9].

Eher im Verborgenen setzte sich die Tradition der Monatsbilder in den Psaltern und anderen liturgischen Handschriften fort. Der Kalender, der den Gebetsübungen vorgeschaltet war, bot den Überblick über die Heiligen- und Festtage im Kirchenjahr. Die Monate wurden weiterhin, sieht man ein-

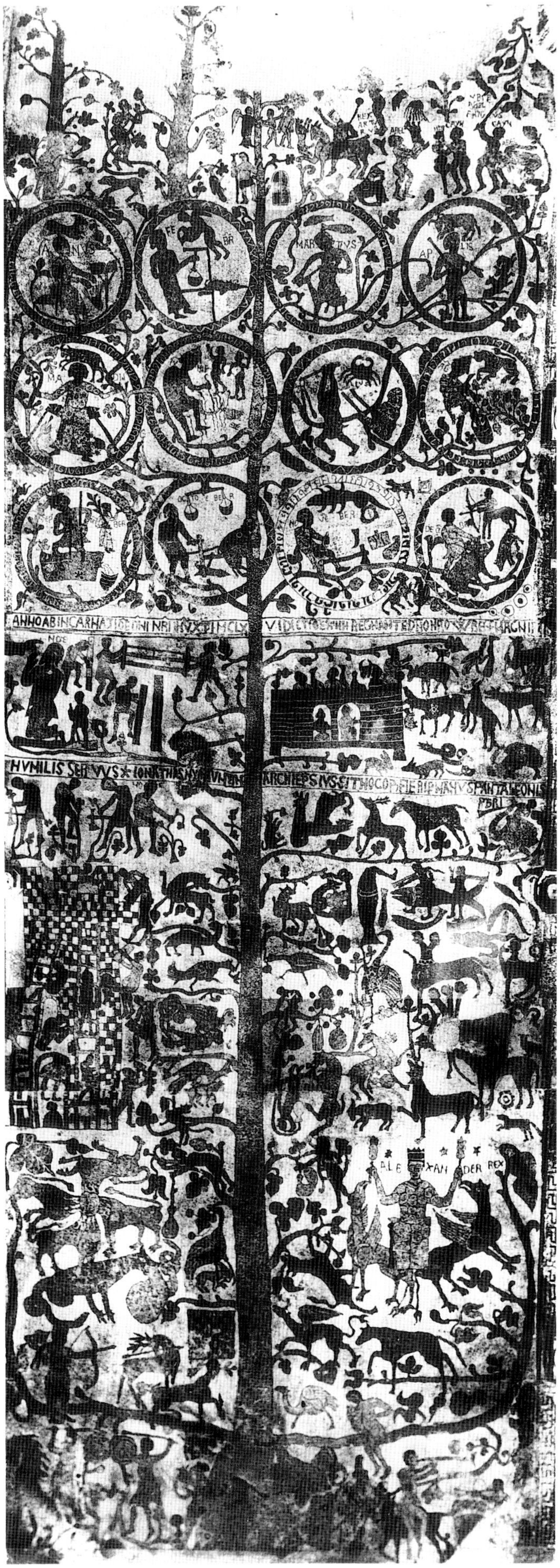

8 Gesamtansicht des Fußbodenmosaiks der Kathedrale von Otranto, 1163–1165.

[7] Milano e la Lombardia, Mailand 1993, Abb. S. 167, S. 417f., Nr. 328.
[8] Benedetto Antelami, Mailand 1990, S. 99–131, 266–296, Abb. 27a–27l, 359–366 (A. Calsona); vgl. auch die Monatsreliefs in Ferrara, Lucca, am Palazzo Ducale in Venedig, am Hauptportal von S. Marco und am Portal »Pescheria« in Modena.
[9] So wurden auf der Marientür von Notre Dame in Paris (um 1210–1220) die Landarbeiten mit den Freizeitbeschäftigungen konfrontiert und damit der Kontrast von Stadt und Land betont. Am Hauptportal von S. Marco in Venedig sind statt des bäuerlichen Tagwerks sogar durchgängig Handwerker und Gewerbetreibende als Repräsentanten der Monate eingemeißelt (Fischer, Schiffsbauer, Zimmerleute, Schmiede, Böttcher, Maurer, Steinsetzer, Schreiner, Korbmacher, Schuster, Schlachter, Bader und Zahnbrecher); vgl. Wilhelm Hansen, Kalenderminiaturen der Stundenbücher. Mittelalterliches Leben im Jahreslauf, München 1984, S. 37.

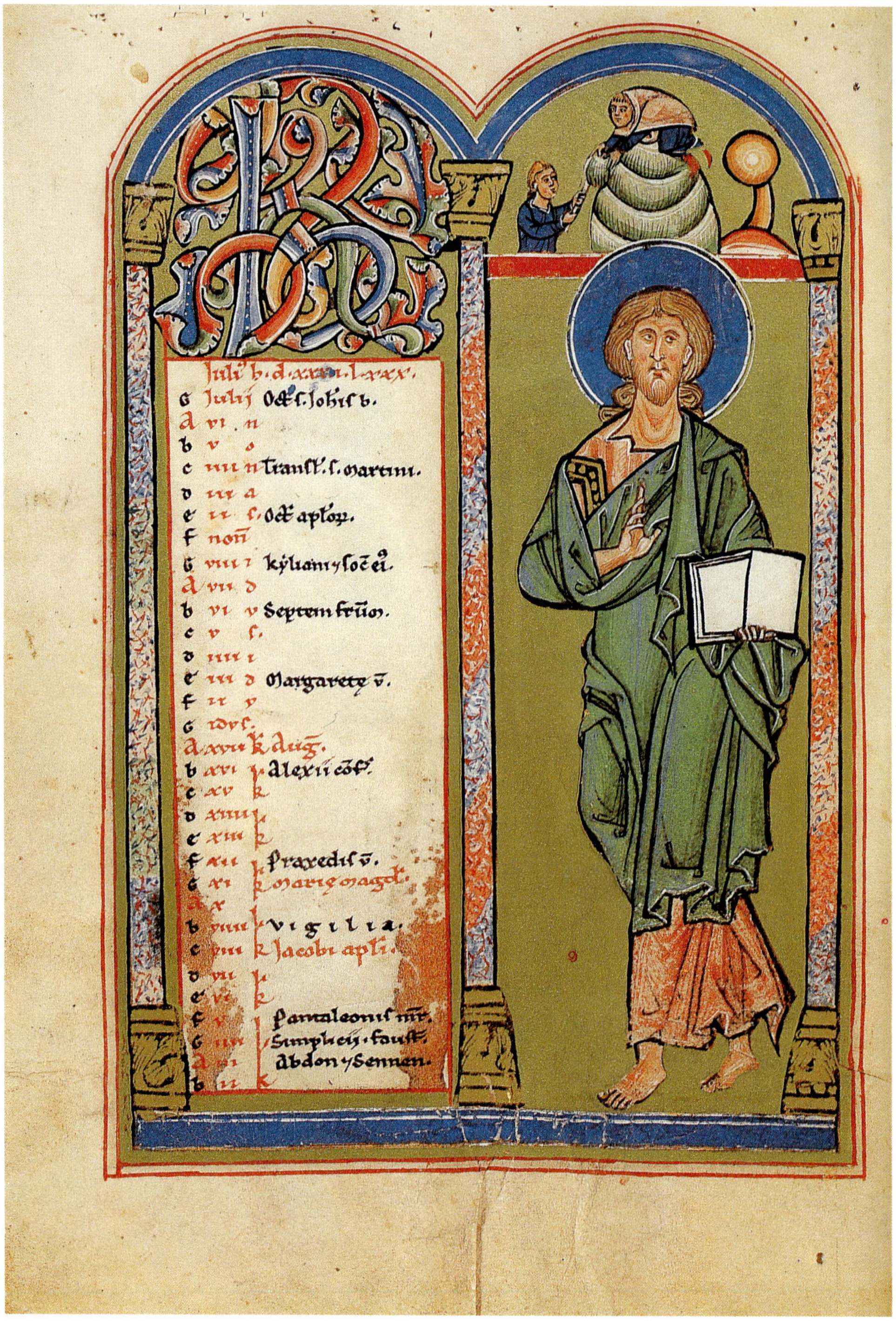

9 Der Monat Juli: Das Stapeln des Heus im Heuschober, aus dem Psalter des Landgrafen Hermann I. von Thüringen, 1210–1213, Hildesheim (?). Stuttgart, Württembergische Landesbibliothek.

mal von den bemerkenswerten szenischen Darstellungen in einigen französischen und englischen Kalendern ab, recht knapp durch eine spezifische Beschäftigung versinnbildlicht[10]. Kombiniert wurden sie wie in der Portalplastik mit den aus der Antike übernommenen Sternbildern.

Die deutschen Kalender wie etwa der Psalter des Landgrafen Hermann I. von Thüringen bzw. seiner Frau Sophie von Wittelsbach bevorzugten dabei das herkömmliche, eher »bodenständige« Programm. Die Monatsmedaillons zeigen fast ausschließlich Landarbeiten, das Beschneiden der Bäume (Februar) und Rebstöcke (März), das Umgraben (April), das Pfropfen (?) von Obstbäumen (Mai), das Pflügen mit dem Radpflug (Juni), die Kornernte (August), das Keltern des Weins (September), das Betäuben eines Schweins im Dezember; weniger geläufig sind das Stapeln des Heus im Heuschober (Juli; Abb. 9), das Dreschen des Getreides (Oktober) und das Worfeln des

10 Zu den Monatsbildern in Kalendarien des British Museum und zum sogenannten Utrecht-Psalter vgl. M. Boutemy, Un calendrier illustré du British Museum (ms. Cotton Julius A VI), in: Bulletin de la société nationale des antiquaires de France, 1970, S. 79–98.

11 Felix Heinzer (Hg.), Der Landgrafenpsalter. Vollständige Faksimilie-Ausgabe im Originalformat der Handschrift HB II 24 der Württembergischen Landesbibliothek Stuttgart (Codices Selecti, Facs. 93, Commentarium 93*), Graz/Bielefeld 1992. Psalter Hermanns I. von Thüringen (1190–1217), genauer dessen Frau Sophia, wohl 1210–1213, vermutlich in Hildesheim entstanden. Zu einem

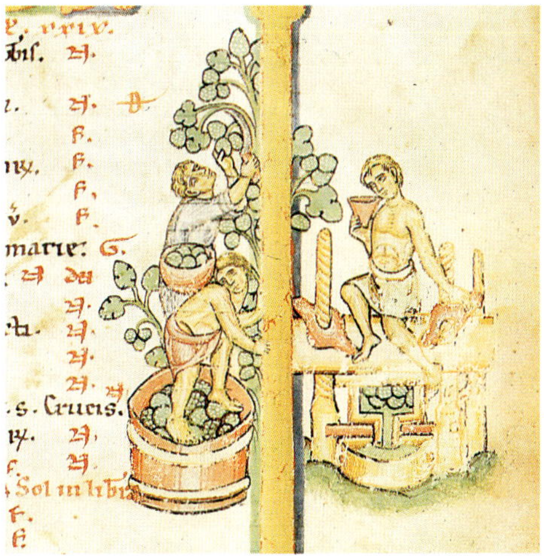

10 *Der Monat September: Die Weinpresse, aus dem Augsburger Psalter, Anfang 13. Jahrhundert. Augsburg, Universitätsbibliothek.*

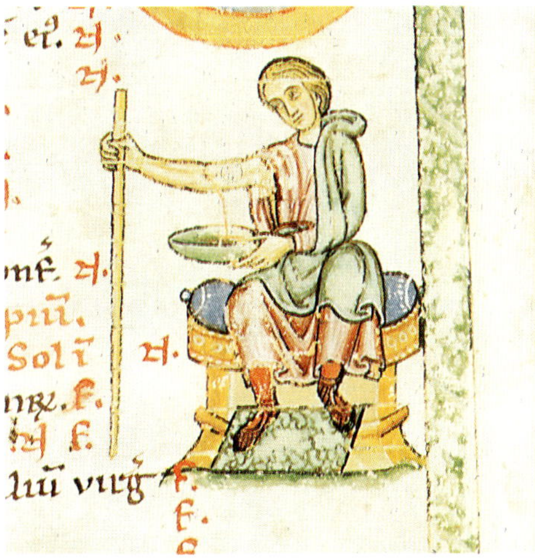

11 *Der Monat Oktober: Der Aderlaß, aus dem Augsburger Psalter, Anfang 13. Jahrhundert. Augsburg, Universitätsbibliothek.*

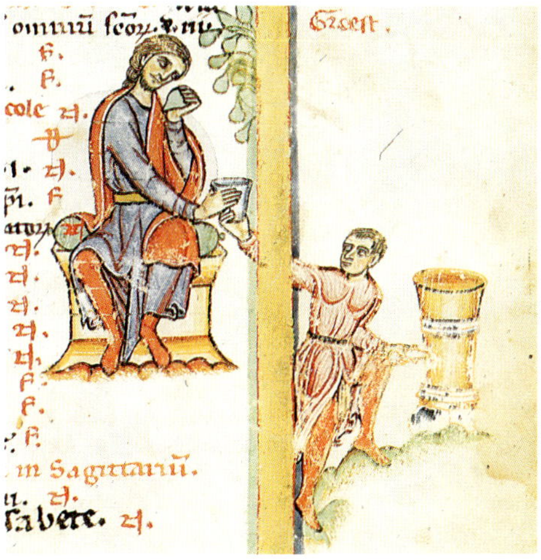

12 *Der Monat November: Die »Mostprobe« oder »Verabreichung eines medizinischen Tranks«, aus dem Augsburger Psalter, Anfang 13. Jahrhundert. Augsburg, Universitätsbibliothek.*

Korns im November[11]. Heitere Frühjahrs- und Sommerbilder wie Falkenbeize, bekränzte Blütenträger oder Jagdszenen sucht man (zu dieser Zeit) vergeblich. Kombiniert wurden die genannten relativ kleinen Monatsdarstellungen in dieser Handschriftengruppe mit den Bildern der zwölf Apostel, die auf den Kalenderseiten die Hauptrolle spielen. Denn »die zwölf Apostel sind die zwölf Himmelszeichen, die zwölf Monate des Jahres…, denn Christus ist der Himmel, ist das Jahr der Ewigkeit«, wie es der Mönch Cäsarius von Heisterbach (um 1290–1340) später ausdrückte[12]. Der religiöse Bezug trat optisch noch stärker im sogenannten Arenbergpsalter (wohl Hildesheim, um 1230/40), einem anderen Exemplar dieser stilistisch zusammengehörigen Handschriftengruppe, hervor. Die Apostel (!) des Monats und ihr Martyrium sind in einem breiten Bildstreifen oberhalb der Kalendertage dargestellt, während die Monatsarbeiten nach dem Muster des Landgrafenpsalters kleiner unten hinzugesetzt sind[13].

Die Kalendarien der Psalter des 13. Jahrhunderts waren freilich nicht so gleichförmig, wie man vielleicht annehmen könnte. In einigen Fällen sind die Seiten mit den Heiligen- und Festtagen des Kirchenjahres zwar mit Apostelbildnissen und Tierkreiszeichen, aber nicht mit Monatsbildern geschmückt. Diese seit langem vertrauten Szenen waren also keineswegs schon selbstverständlicher oder »obligatorischer« Bestandteil der Kalendarien geworden[14]. In den Handschriften, in denen sie vorkommen, bieten sie formal und inhaltlich manche Überraschungen. Das »Layout« der Kalenderseiten ist durchaus abwechslungsreich, und in der Bildauswahl und -zusammenstellung gibt es bemerkenswerte Abweichungen.

Als Beleg mögen die Kalenderillustrationen eines Psalters aus dem Augsburger Raum vom Anfang des 13. Jahrhunderts dienen. Ohne Umrahmung sind die kleinen Szenen in den Kalender eingebunden; die (Sommer-) Aussaat findet bereits im März statt und nicht im Oktober (Wintersaat); im September ist eine Weinpresse detailliert wiedergegeben (Abb. 10); zusätzlich sind einige medizinisch-hygienische Themen hinzugefügt: im Oktober der Aderlaß, das vermeintliche Allheilmittel im Mittelalter gegen alle möglichen Krankheiten (Abb. 11), und im November die »Mostprobe« oder das Reichen eines medizinischen Trankes (Abb. 12)[15].

Am Ende des 13. Jahrhunderts waren die Monatsbilder in der Steinplastik, auf Mosaiken, Fresken, Glasfenstern und vor allem in den Kalendarien der Handschriften weit verbreitet. Normalerweise wurden die Monate recht knapp durch eine Person wiedergegeben, die eine monatsspezifische Tätigkeit ausführte oder ein entsprechendes Attribut in den Händen hielt. Kombiniert wurden sie in der Regel mit den Tierkreisbildern. Die realistische, erdgebundene Monatsszene wurde also mit einem »gelehrten«, auf den

anderen Beispiel aus dieser sogenannten Haseloff-Gruppe, dem Psalter von Wöltingerode, vgl. Renate Kroos, Psalter aus Wöltingerode, in: Wolfenbütteler Cimelien, Wolfenbüttel 1989, S. 148–154. Andere Exemplare dieser Handschriftengruppe: Nürnberg, Landeskirchliches Archiv der Evangelisch-lutherischen Kirche in Bayern, cod. Fenitzer Nr. 415 4° (vgl. Stadt im Wandel, Bd. 2, Stuttgart–Bad Cannstatt 1985, S. 1245f.); München, Bayerische Staatsbibliothek, cod. lat. 23094 (z. B. Juli: Jacobus mit Pilgertasche).

12 Zitat nach Renate Kroos, Psalter, in: Stadt im Wandel, Bd. 2, Stuttgart–Bad Cannstatt 1985, S. 1189, Nr. 1036.

13 Kroos (wie Anm. 12), S. 1187–1189, Nr. 1035 (Abbildung)

14 Bildbeispiele für Kalender mit Tierkreiszeichen und Heiligendarstellungen, aber ohne Monatsbilder, z. B. in Wolfenbütteler Cimelien, Wolfenbüttel 1989, S. 172 (Psalter, Mitte 13. Jahrhundert?, England?), S. 178 (Psalter um 1250/60).

15 Augsburg, Universitätsbibliothek, Cod. I 2, 4° 19; vgl. Hans Swarzenski, Die lateinischen illuminierten Handschriften des 13. Jahrhunderts, Berlin 1936, Textband S. 136f., Tafelband Abb. 685–707; Bauern in Bayern, Straubing 1992, S. 20f., Nr. 19.

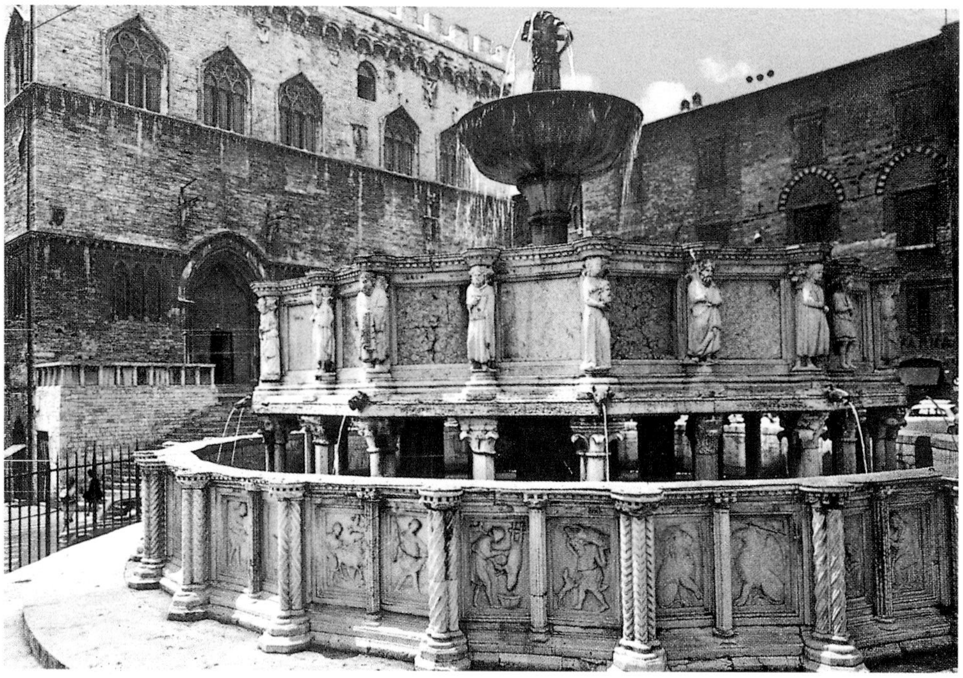

13 *Giovanni und Nicola Pisano, Fontana Maggiore, 1275/76. Perugia.*

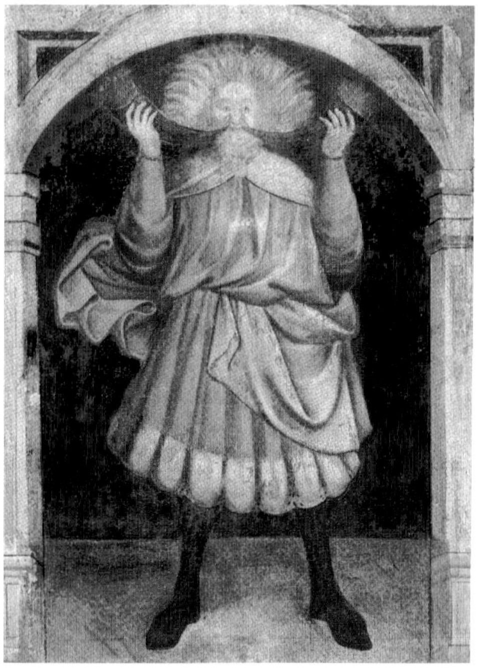

14 *Der Monat März: Der Hornbläser, aus dem Wandbild im Palazzo della Ragione, Padua.*

Himmel bezogenen Symbol verknüpft, das zugleich den Zusammenhang zwischen den Konstellationen der Gestirne und günstigen wie ungünstigen Terminen für landwirtschaftliche Tätigkeiten andeutete. Die Einzelmotive einiger (Sommer-)Monate (Juni–Oktober, Dezember) waren mehr oder weniger festgelegt, während sie für andere Monate je nach den klimatischen oder regionalen Besonderheiten oder auch gemäß den Wünschen der Auftraggeber variieren konnten. Auffällig hartnäckig hielten sich in Italien beispielsweise für den März die erwähnten Figuren des Hornbläsers oder auch des Dornausziehers. Abgesehen von solchen Abweichungen erscheinen fast sämtliche Zyklen in einem religiösen Kontext, sei es an oder in Kirchen, sei es in den Gebetbüchern von Priestern und Laien.

Im 14. und 15. Jahrhundert wandelten sich grundlegend der Kreis der Auftraggeber, deren Bedürfnisse und deren Geschmack, die Wahrnehmung von Umwelt und Natur sowie die materiellen Bedingungen der künstlerischen Produktion. Das läßt sich geradezu exemplarisch am Beispiel der immer beliebter werdenden Monatsbilder beobachten. Nunmehr begegnet der Zyklus nicht mehr nur im kirchlichen, sondern auch im weltlichen Bereich. In neuem Zusammenhang erscheinen Monatsdarstellungen etwa am Großen Brunnen in Perugia, dessen Skulpturen Giovanni und Nicola Pisano 1275/76 ausführten. Die untere Brunneneinfassung umschließt 24 Bildfelder, die mit je zwei Reliefs geschmückt sind, darunter die zwölf Monate, die mit den Tierkreiszeichen abwechseln. Außerdem waren die Sieben Freien Künste, alttestamentarische und mythologische Szenen in das ikonographische Gesamtprogramm der Fontana Maggiore einbezogen (Abb. 13)[16].

Noch komplizierter war das Konzept für die Ausmalung des Palazzo della Ragione in Padua, der bis zum Beginn des 13. Jahrhunderts als Justizpalast genutzt und danach umgestaltet wurde. Im 14. und 15. Jahrhundert sind auf den Wänden des großen Saals des ersten Obergeschosses die astrologisch-philosophischen Vorstellungen des Mediziners Petrus von Abano ins Bild gesetzt worden. Dargestellt sind die Einflüsse der Planeten auf die Aktivitäten des Menschen, im einzelnen die Monatsbilder und andere jahreszeittypische Tätigkeiten, Tierkreiszeichen, der zugehörige Planet, aber auch die Vier Elemente, die Sieben Freien Künste sowie religiöse Szenen[17]. Unter den Personifikationen der Monate, die sich an die Reliefs von

[16] Zum Bildprogramm der Fontana Maggiore demnächst auch H. G. Walther, Jena.
[17] Pier Luigi Fantelli/Franca Pellegrini (Hgg.), Il Palazzo della Ragione in Padova, Padua 1990.

San Marco in Venedig anlehnen, trifft man erneut auf die italienische Besonderheit des Hornbläsers im März (Abb. 14); der Januar wird durch eine rührende häusliche Szene charakterisiert: Ein alter Mann sitzt am wärmenden Feuer und beugt sich liebevoll zu einem Kind hinunter, das ihm ein typisches Gebäck, nämlich einen Kringel (ciambella) reicht; eine ältere Frau im Hintergrund bringt Brennholz herbei (Abb. 15).

Ein frühes Beispiel dafür, wie das Thema im weltlichen Bereich aufgegriffen wurde, hat sich auch in Zürich erhalten. Um 1300 entstand dort im 14 Meter langen und knapp 5 Meter breiten Saal des zweiten Obergeschosses des sogenannten Hauses »Zum langen Keller« (Rindermarkt 26) ein riesiges Wandfresko (Abb. 16). In der Hauptszene sind der deutsche König und die Kurfürsten dargestellt, flankiert von jeweils einer Rittergruppe. Ein Wappenfries zeigt 36 Schilde, von denen 13 regionalen Freiherrengeschlechtern, die übrigen den europäischen und orientalischen Königreichen zuzuordnen sind. In der Mitte befindet sich das Wappen von Santiago de Compostela, das auf eine Pilgerfahrt des Hausbesitzers oder gar auf die Nutzung des Hauses als Pilgerherberge verweisen könnte. Die medaillonartigen Monatsbilder beginnen neben der Darstellung eines Wurstsieders. Ikonographisch bemerkenswert sind die April-Szene mit der Frau auf der Gartenbank und der Kachelofen im Dezember[18].

Die neue weltliche Umgebung wirkte sich, wie man sieht, nicht zwangsläufig auf die Darstellung der einzelnen Monate aus. Neue Anstöße in der Wahl und Wiedergabe der Motive kamen vielmehr von den Kalendarien der Stundenbücher[19]. Diese kleinformatigen persönlichen Gebetbücher, deren Name von den kirchlichen Gebetszeiten abgeleitet war, enthielten im wesentlichen folgende Texte: Auszüge aus den vier Evangelien (Sequenzen), das Marienoffizium als Kernstück, die Tagzeiten des Kreuzes und des Hl. Geistes, Bußpsalmen, Allerheiligenlitanei, Totenoffizium sowie kurze Gebete zu ausgewählten Heiligen. Vorgeschaltet war ein Kalender, der verschiedene Abbildungen und Angaben enthalten konnte: Monatsverse als Motto mit Verhaltensregeln an bestimmten Tagen, die jeweilige Anzahl und die Länge der Tage und Nächte, die für die einzelnen Tage gültige Goldene Zahl (I–XIX), die die Stellung des Kalenderjahres im 19jährigen Mondzyklus angibt, und die Sonntagsbuchstaben (A–G), beide erforderlich zur Berechnung des Osterfestes und zur Bestimmung der Sonntage bzw. der Wochentage für andere Feiertage, sowie schließlich die Tageszählung nach dem römischen Kalender, also nach Nonen, Iden und Kalenden. In der rechten Spalte waren dann die Hochfeste und Tagesheiligen sowie manchmal auch die Länge der Tage und der Nächte eingetragen. An den meisten Rändern waren Monatsbilder und Tierkreiszeichen untergebracht. Die aufwendigen Illustrationen der meisten Handschriften trugen maßgeblich dazu bei, daß diese Laienbreviere zu Bestsellern des späten Mittelalters wurden. Ihre Blütezeit fiel etwa

15 Der Monat Januar: Alter Mann am Feuer, aus dem Wandfresko im Palazzo della Ragione, Padua.

Unten
16 Monatsbilder, ehemals im Haus »Zum langen Keller« in Zürich, um 1300. Wandbild.

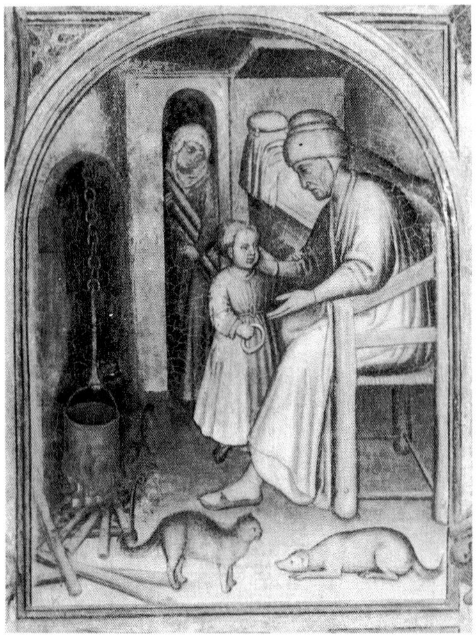

18 Die Manessische Liederhandschrift, Zürich 1991, S. 192, 220 (mit Literatur).
19 Zu den Miniaturen der Stundenbücher vgl. Hansen (wie Anm. 9); Die schönsten Stundenbücher aus der Biblioteca Apostolica Vaticana, Vatikan 1988; G. Dogaer, Flemish Miniature Painting in the 15th and 16th Centuries, Amsterdam 1987; Andachtsbücher des Mittelalters, Köln 1987 (mit weiterer Literatur); Artikel »Livres d'heures«, in: Lexikon der Kunst, Bd. 4, Leipzig 1992, S. 369f. (mit weiterer Literatur).

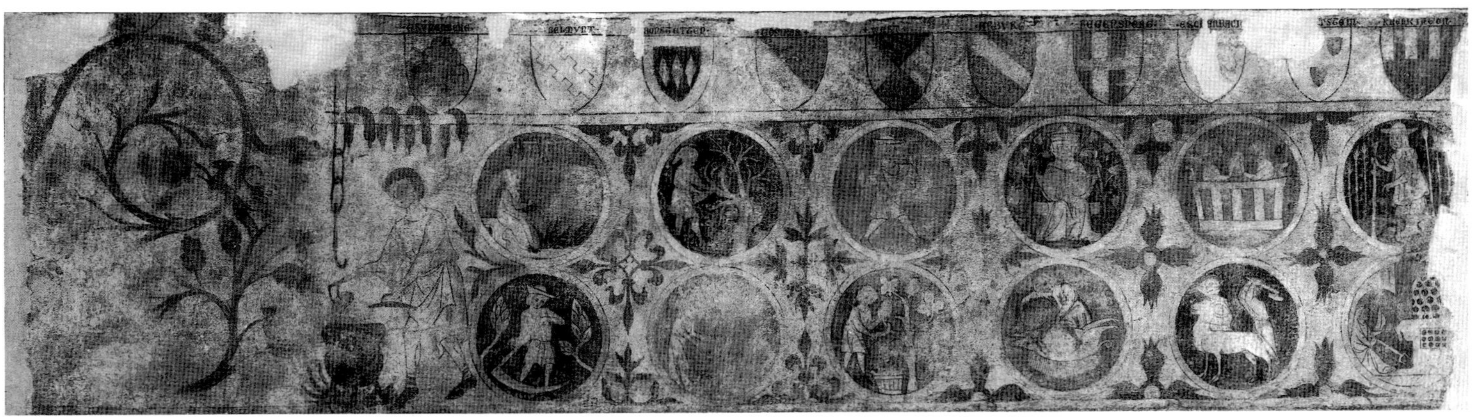

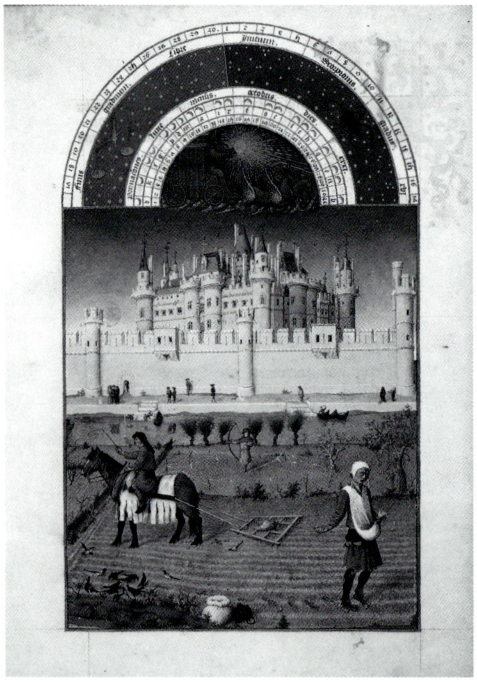

Aus dem Stundenbuch des Duc de Berry: »Les Très Riches Heures«, um 1416. Chantilly, Musée Condé.
17 Ganzseitige Miniatur des Monats Oktober, mit astronomischen Angaben im Bogenfeld.
18 Der Monat Februar: Ein Bauernpaar und eine vornehme Dame wärmen sich am Kaminfeuer.
19 Der Monat Januar: Das Jahresmahl.

in den Zeitraum von 1350 bis 1480. Allein in der Bibliothèque Nationale in Paris sind 313 Stundenbücher aus dem 13. bis 16. Jahrhundert registriert. Das wohl schönste Stundenbuch des Mittelalters sind die Très Riches Heures, die der bibliophile Herzog Jean de Berry (1340–1416) wenige Jahre vor seinem Tod bei den Brüdern Limburg in Auftrag gab[20]. Die zahlreichen Miniaturen sind wegen ihrer künstlerischen Qualität berühmt.

Die (allzu) häufig reproduzierten Monatsbilder sind aber auch wegen ihrer formalen und inhaltlichen Gestaltung von besonderem Wert. Sie bezeichnen nämlich die neue Bedeutung und den Wandel dieses ikonographischen Themas. Die Kalenderbilder sind in den Très Riches Heures erstmals nicht mehr nur Beigabe, sondern eigenständige kleine Meisterwerke. Jedem Monat ist eine Doppelseite reserviert. Die jeweils linke Seite ist mit einer ganzseitigen Miniatur ausgefüllt, überwölbt von einem Bogenfeld mit astronomischen Angaben (Abb. 17). Nicht einzelne Personen, sondern ganze Gruppen und Genreszenen illustrieren die einzelnen Monate. Die Hauptszenen und die Interieurs sind wirklichkeitsnah wiedergegeben, die Landschaft und die Silhouetten einiger Herzogsschlösser dominieren den Mittel- und Hintergrund. So wärmen sich im Februar ein Bauernpaar und eine vornehme Dame recht ungeniert am Kaminfeuer; neben dem Gehöft erkennt man die Schafshürde, die Bienenkörbe und das Taubenhaus in einer tiefverschneiten Landschaft, die das ganze Bild prägt (Abb. 18). Neben den ländlichen Szenen rückt nun das höfische Milieu in den Monatsszenen stärker in den Vordergrund. Den Auftakt bildet das Januar-Bild mit dem Neujahrsmahl, auf dem sich der Herzog selbst hat abbilden lassen (Abb. 19). Gleiches gilt für die adlige Verlobungsszene im April, die Landpartie im Mai, den Ausritt zur Falkenjagd im August und für das ungewöhnliche Motiv der Eberjagd im Dezember. Die Kulisse für die Arbeiten der Bauern wie für den Zeitvertreib des Adels bilden, wie gesagt, die Schlösser des Herzogs, keine Phantasieansichten, sondern wirkliche Veduten. Die Heumahd im Juni und

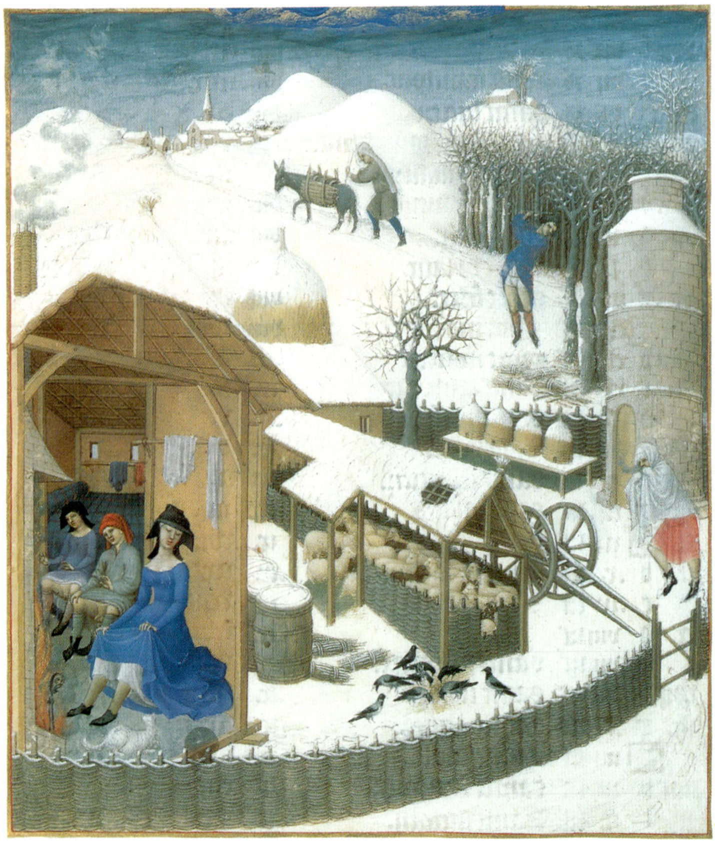

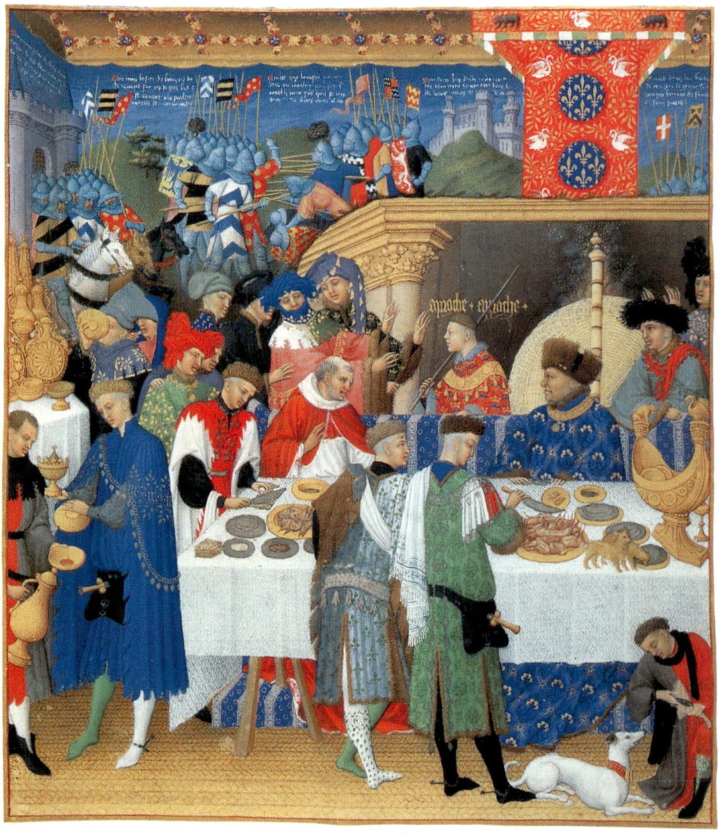

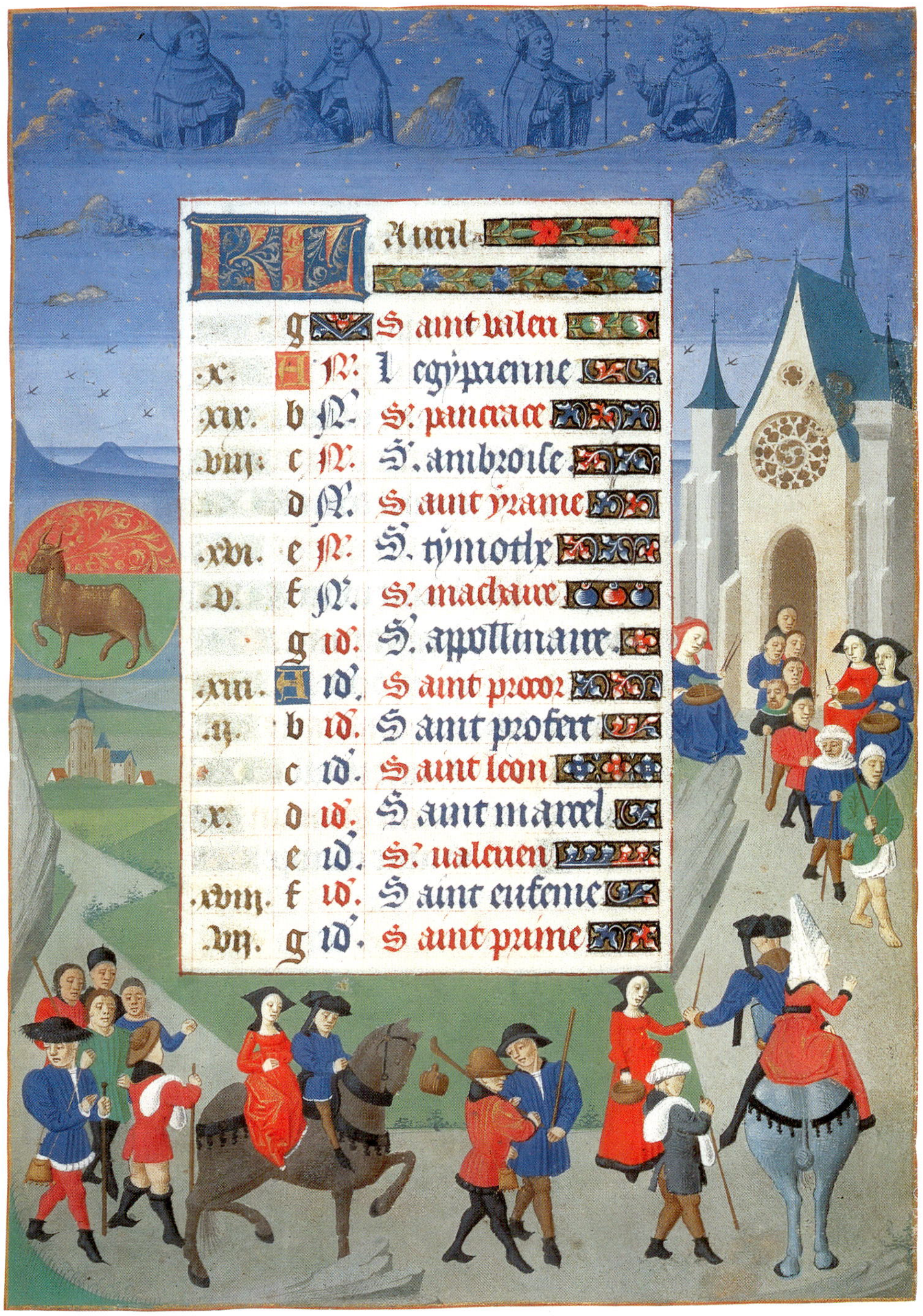

20 Der Monat April: Die Pilgerfahrt nach Santiago de Compostela, aus dem Stundenbuch der Duchesse de Bourgogne, Adélaide de Savoie, um 1450. Chantilly, Musée Condé.

die Aussaat im Oktober finden sozusagen vor den Toren von Paris statt, mit Blick auf das Pariser Stadtschloß bzw. auf den Louvre.

In diesem Stundenbuch und auf den Kalenderbildern ähnlicher Prachthandschriften sind bereits manche Charakteristika der Augsburger Monatsbilder des 16. Jahrhunderts angelegt: die wachsende Eigenständigkeit der Bildgattung, die sich aus dem religiösen Kontext zu lösen beginnt; der Trend zu realitätsgetreu ausgemalten erzählenden Genreszenen, die stärkere Berücksichtigung des landschaftlichen Hintergrundes; der freiere Umgang mit den Vorgaben und die Ergänzung des Kanons durch neue Bildthemen und, wie im Fürstenporträt beim Neujahrsfest, durch individuelle Beimischungen, die mehr als zuvor von den Wünschen und dem Geschmack der reichen Auftraggeber bestimmt wurden. Eigenwillige Lösungen bietet etwa das Stundenbuch der Adelaide von Savoyen, der Herzogin von Burgund, um die Mitte des 15. Jahrhunderts, darunter das Fest des Bohnen-

[20] Raymond Cazelles/Johannes Rathofer, Das Stundenbuch des Duc de Berry. Les Très Riches Heures. Mit einer Einführung von Umberto Eco, München 1988 (mit Literatur und Überblick über die Forschung).

königs im Januar am Vorabend des Dreikönigstages, das Austeilen des Aschenkreuzes am Aschermittwoch, die Wallfahrt von Pilgern nach Santiago de Compostela im April (Abb. 20) und deren Rückkehr im September sowie verschiedene Gesellschaftsspiele von Kindern und Erwachsenen[21].

Die Ablösung der spröden Personifikationen durch die breite Schilderung der wirklichen Arbeit gibt den Blick frei auf die gesellschaftliche Realität: Frauen kommen ins Spiel – auf der höfischen Ebene wie bei den ländlichen Szenen! Die Kalenderbilder in diesen Prunkhandschriften, die zu religiösen Statussymbolen vornehmer Laien geworden waren, hatten nicht mehr viel gemein mit den erbaulichen Portalskulpturen und den kleinen Bildzugaben und Orientierungshilfen in den Psaltern der früheren Jahrhunderte, sondern waren zum Selbstzweck geworden. Eine Augenweide für die frommen und weniger frommen Benutzer oder Betrachter, lenkten sie weniger auf die Gebete und Fürbitten im Innern der Handschriften hin, sondern eher von der privaten Andacht ab.

So bemerkenswert die Kalenderbilder im Gesamtausdruck und in Details im 14. und 15. Jahrhundert auch waren, so hielten sie sich doch insgesamt an die relativ fest vorgezeichneten Bahnen: In den Wintermonaten standen das Schweineschlachten, die Versorgung mit dem nötigen Brennholz und ein Festmahl im häuslichen Bereich ganz obenan, die Frühjahrsmonate April und Mai, also die beste Jahreszeit, waren in der Regel dem höfischen Leben vorbehalten. Im Sommer und Herbst standen die Erntearbeiten im Vordergrund. Sozusagen als Eckpfeiler innerhalb des Standardprogramms könnte man die Arbeiten bezeichnen, die gleichzeitig zur Illustration der Jahreszeiten herangezogen wurden und deshalb besonderes Gewicht hatten: etwa das Beschneiden der Reben im Frühling, die Getreideernte im Sommer, die Weinlese im Herbst und das Wärmen am Feuer im Winter.

Innerhalb dieser Grundstruktur gab es, wie gesagt, recht viel Spielraum. Die neuen Bildideen der Monatsszenen im Stundenbuch des Jean de Berry dienten vielen späteren Buchmalern als Vorbild. Noch etwa ein Jahrhundert später richtete sich ein flämischer Buchmaler im sogenannten Breviarium Grimani nach dieser Vorlage, die er wirklichkeitsnäher umgestaltete (Januar; Abb. 21)[22]. Die flämische Buchmalerei, die in den Jahrzehnten vor und nach 1500 eine führende Stellung in der Illustration von Handschriften einnahm, hat dem Programm der Monatsbilder aber auch ganz neue Impulse gegeben. Während im Stundenbuch des Herzogs von Berry die höfisch-elegante Atmosphäre vorherrschte, nahmen viele flämische Kalender Szenen aus dem städtisch-bürgerlichen Leben in ihr Repertoire auf. Simon Bening, einer der bedeutendsten flämischen Buchmaler, hat gleich eine ganze Reihe von Kalendern illustriert, in denen das pulsierende Stadtleben neben der Arbeitswelt der Bauern und dem Müßiggang des Adels immer mehr Raum einnimmt[23]. So zeigt etwa sein Kalender von ca. 1540 im Januar einen Bauernhof im Winter und Jungen bei der Schneeballschlacht, im April einen Spaziergang der Herrschaft im Schloßgarten sowie den Austrieb der Schafe auf die Weide; im Oktober erleben wir den Weinhandel und das Verladen der Fässer mit Hilfe des riesigen Tretkrans mitten auf dem Weinmarkt von Brügge; im Dezember schauen wir einer abendlichen Hochzeitsgesellschaft und der Heimführung der Braut zu. Insbesondere die Januar- und Mai-Szenen in diesen flämischen Kalendern signalisieren den Wandel von höfischen zu städtischen Bildthemen. Minuziös und realistisch sind die Einzelszenen wiedergegeben. Mehr noch als zuvor werden die Kalenderbilder zu wahren Fundgruben der mittelalterlichen Realienkunde. Sie geben uns Auskunft nicht nur über Agrartechnik, Anbauformen, Termine und Abfolge der Feldarbeiten, Kleidung, Hausrat und Arbeitsgerät der Bauern, sondern nun auch über das Interieur von Adelsgemächern und

21 Vgl. Hansen (wie Anm. 9), S. 90, 201–203; einige dieser ungewöhnlichen Motive erscheinen erneut in dem 1498 von Simon Vostre in Paris gedruckten Stundenbuch; vgl. Faksimile bei Hansen (wie Anm. 9), S. 43–50; Beispiele für ungewöhnliche Motive in dieser späteren Zeit auch bei Erik Dal/Povl Skårup, The Ages of Man and the Months of the Year. Poetry, Prose and Pictures outlining the Douze mois figurés Motif, mainly found in Shepherds' Calendars and in Livres d'Heures (14th to 17th Century), Kopenhagen 1980, bes. die Abbildungen auf S. 33–40.

22 Breviarium Grimani. Faksimileausgabe der Miniaturen und Kommentar, hg. von A. Grote, mit Beiträgen von Giorgio E. Ferrari, Mario Salmi, Andreas Grote unter Mitarbeit von Heinrich Sieveking, Berlin 1973; vgl. Hansen (wie Anm. 9), S. 229–232.

23 Stundenbuch des Simon Bening, München, Bayerische Staatsbibliothek, clm 23638, fol. 2v/3r (Januar), 5v/6r (April), 11v/12r (Oktober), 13v/14r (Dezember); vgl. Thesaurus Librorum, S. 160f., Nr. 65; Hansen (wie Anm. 9), S. 89, 184 sowie vollständige Farbminiaturen S. 17–28; siehe auch Simon Benings Flämischer Kalender, Faksimile-Ausgabe des Münchner Exemplars, Luzern 1987.

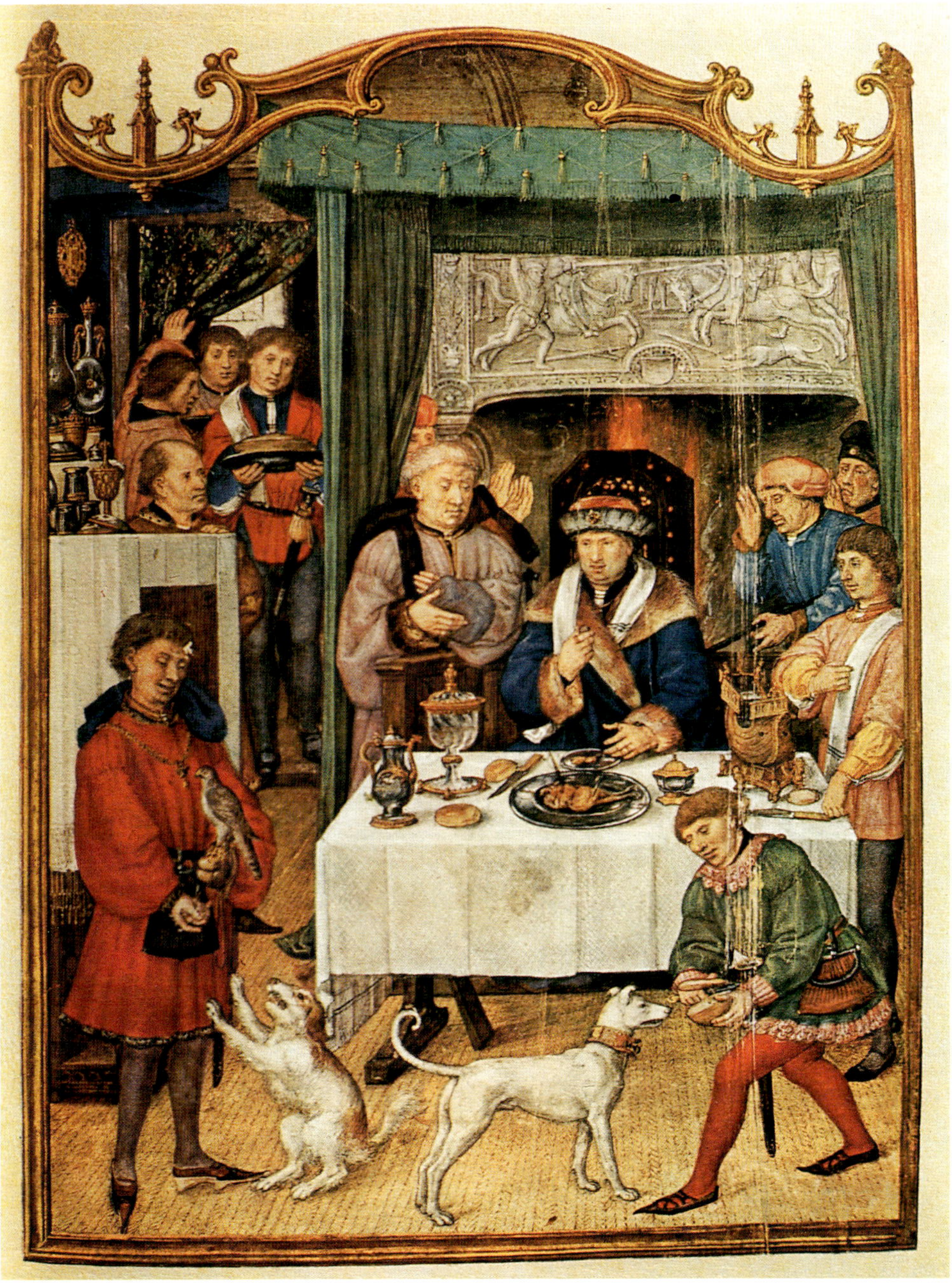

21 Der Monat Januar, aus dem Breviarium Grimani, Anfang 16. Jahrhundert. Venedig, Tesoro di San Marco.

Bürgerstuben, über das Straßenbild, die Bräuche und das Treiben in der Stadt.

Die neuen Vorlieben und Freiheiten der flämischen Buchmaler sind auch in den Scheibenrissen Breus und in den großen Augsburger Monatsbildern wirksam geworden. Demgegenüber war der Einfluß, der von der wachsenden Verbreitung dieser Monatsszenen im beginnenden Zeitalter des Buchdrucks um 1500 auf die späteren Entwürfe Breus ausging, relativ gering. Die Einblattholzschnitte oder gedruckten Kalender führen sozusagen die althergebrachte Form der Monatsbilder fort. Vor lauter Begeisterung über die ausgefallenen Monatsillustrationen in den französischen Livres d'heures oder in den flämischen Kalendern vergißt man nur zu leicht, daß parallel dazu die einfachere Ausführung der Szenenfolge erhalten blieb. Selbst in manchen französischen Prachtkalendern hat man sich weiterhin an die überkommenen Muster gehalten[24]. Auch ganz in der Nähe der oben erwähnten burgundischen Kathedralen von Vézelay und Autun trifft man noch im 15. Jahrhundert auf die fast unveränderte Szenenfolge: In der kleinen Land-

[24] Als Beispiel für viele: Les Heures de Marguerite d'Orléans. Reproduction intégrale du calendrier et des images du manuscrit latin 1156B de la Bibliothèque Nationale (Paris), Introduction et commentaire de Eberhard König, Paris 1991.

kirche von Bagnot sind neben den bedrohlichen und anschaulichen Bildern vom Jüngsten Gericht, dem Höllenfeuer mit grausigen Teufelsbildern die bekannten Monatsbilder in einfacher Form auf der Innenseite des Triumphbogens festgehalten (Abb. 22). Die Darstellung des doppelköpfigen Janus ist offenbar in den Februar gerutscht. Ungewöhnlich sind ferner das Sammeln der Korngarben im August und die Weinprobe im Oktober.

Traditionell einfach sind die Monatsbeschäftigungen auch in einer französischen Übersetzung des Handbuchs über den Landbau des Bologneser Juristen Pietro de Crescenzi um 1470 wiedergegeben. Die Bilderfolge, die ausnahmsweise einmal nicht Bestandteil eines Gebetbuchs oder eines Kalenders ist, betont anders als die gleichzeitigen Prunkhandschriften nachdrücklich die ländlichen Arbeiten. Selbst im Januar muß ein Mann mit der Spitzhacke aufs Feld, um den Boden aufzulockern[25].

Auch in Süddeutschland lebten solche eher spröden Monatsdarstellungen weiter. Sie sind etwa in den angesprochenen Kalenderholzschnitten maßgebend geblieben, die seit der zweiten Hälfte des 15. Jahrhunderts zunehmend in den Verkehr gebracht wurden. Die preisgünstigen Einblattdrucke verehrte man gern als Neujahrsgeschenk. Ein Exemplar dieser Immerwährenden Kalender aus der Zeit um 1475 geht auf den Wiener Astronomen, Mathematiker und Theologen Johann von Gmunden (um 1380–1442) zurück. Oberhalb des Festkalenders sind die klassischen Monatsbilder in gewohnter Weise angeordnet (Abb. 23). Der Zyklus beginnt mit dem doppelköpfigen Janus beim Festmahl und weicht kaum vom standardisierten Kanon ab. Am Ende des Februar ist der Name des Autors vermerkt[26].

Seit ungefähr 1480 wurden daneben separate Kalender und Almanache gedruckt. Auf wenigen Seiten faßte man dort den Kalender mit den Festtagen, die Eigenheiten der Planeten, die vier Temperamente, die Natur der Sternzeichen und ihre Verbindung mit einzelnen Körperstellen, Aderlaß- und Ernährungsvorschriften für jeden Monat in populärer Form zusammen. Eins der ersten Exemplare dieser volkstümlichen Kalender mit astrologisch-medizinischen Anmerkungen druckte Johann Blaubirer in Augsburg 1483 (Abb. 24). Die gereimten Vierzeiler dieses häufig nachgedruckten Rundbilderkalenders lauten beispielsweise:

»Genner byn ich genant
Trincken und essen ist mir wol bekant.
In disem monat ist nit gut
Von den Menschen lassen blut.«

Oder unter dem Dezember-Bild, auf dem ein Ochse vor dem Schlachten betäubt wird, ist zu lesen:

»Mit wirsten und mit braten
Will ich meyn hauß wol beraten.
Also hat das iar ein end
Got uns in seyn ewigs reich send.«[27]

Die Monatsbilder dieser Frühdrucke, die schon aus Platzgründen einfach gehalten und konventionell waren, haben das Programm der Scheibenrisse Breus nur indirekt beeinflußt. Selbst aufwendige Varianten solcher Kalender wie der selbständige Prachtkalender des Nürnberger Briefmalers Albrecht Glockendon von 1526 dürften Jörg Breu nur allgemein angeregt haben (Abb. 25). Offenbar als reines Schaustück gedacht, sind die kleinformatigen Seiten mit Monatsbildern geschmückt, die an eine Holzschnittfolge des Nürnbergers Hans Sebald Beham anknüpfen. Vermutlich liegt der Nürnberger Druckgraphik wie den Sequenzen Glockendons ein gemeinsamer Proto-

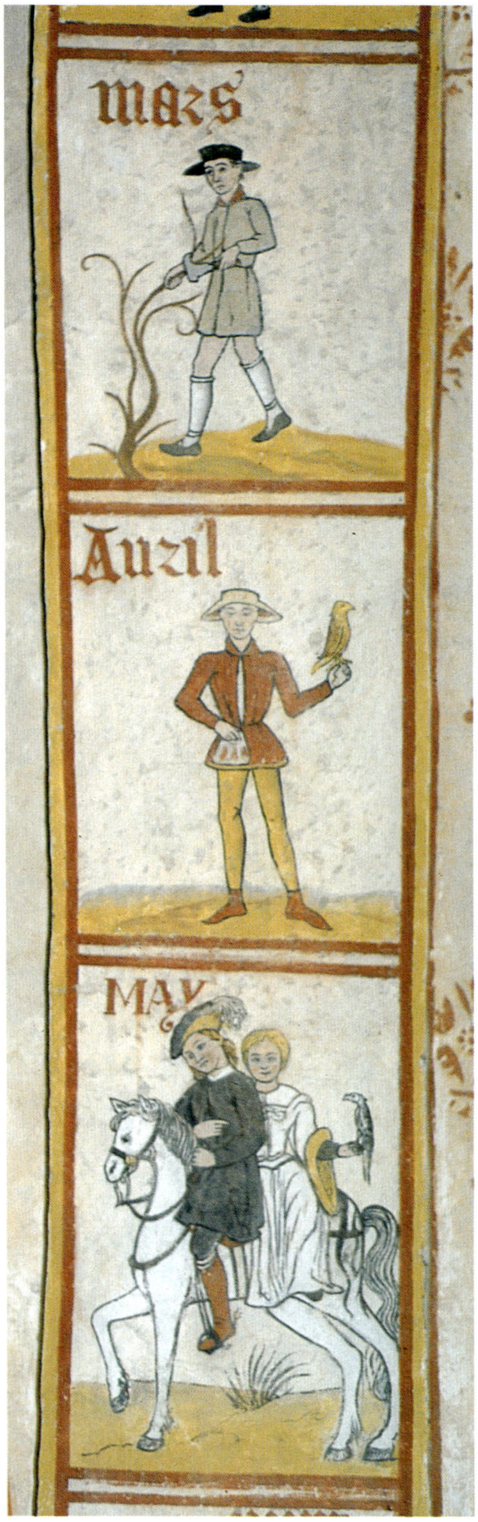

22 *Monatsbilder auf der Innenseite des Triumphbogens der Landkirche von Bagnot, Burgund.*

25 Wien, Österreichische Nationalbibliothek, Cod. 2580: Petrus de Crescentiis, Ruralia commoda, anonyme französische Übersetzung, Loire-Gegend, Atelier des Jouvenel-Meisters, um 1470, fol. 199v; vgl. Abb. bei Otto Mazal, Prinz Eugens schönste Bücher. Handschriften aus der Bibliothek des Prinzen Eugen von Savoyen, Graz 1986, Abb. 41.

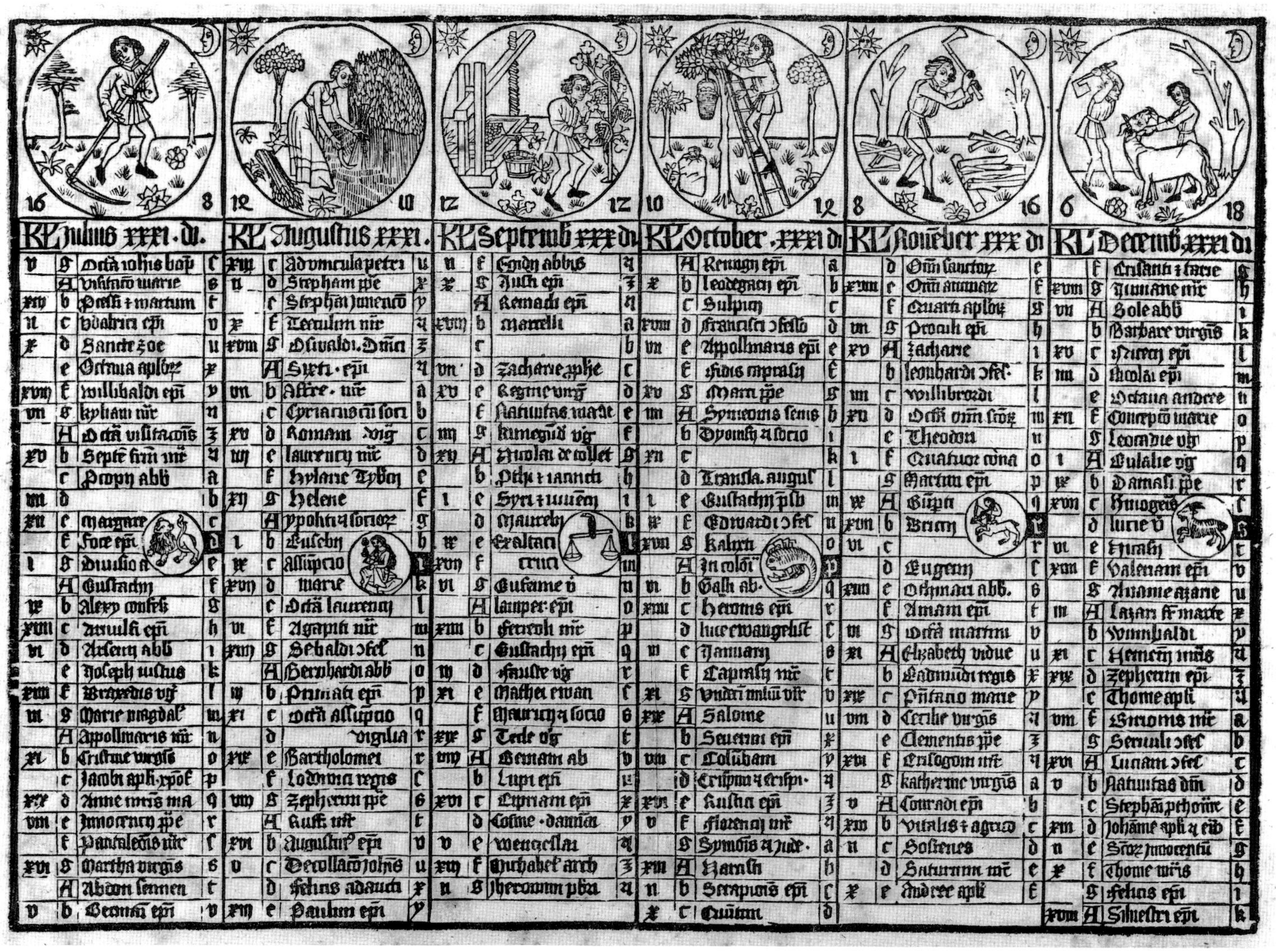

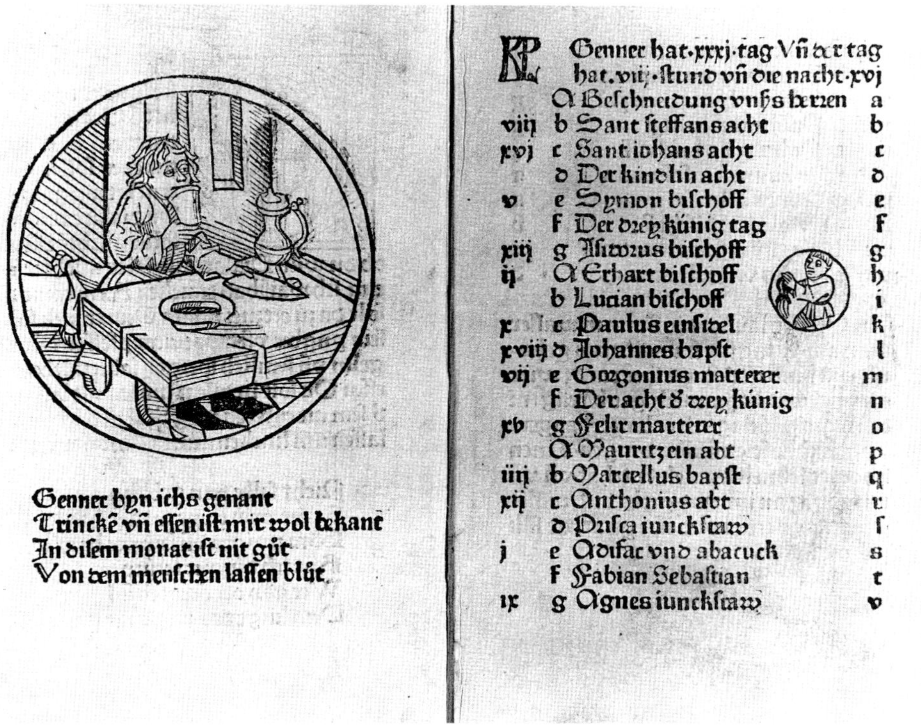

23 *Die Monate Juli bis Dezember, aus dem Kalender des Wiener Astronomen Johann von Gmunden, um 1475. Braunschweig, Herzog Anton Ulrich-Museum.*

24 *Der Monat Januar, aus dem Kalender mit astrologisch-medizinischen Anmerkungen von Johann Blaubirer, 1483. Augsburg, Staats- und Stadtbibliothek.*

26 Zum Autor vgl. J. D. North, in: Lexikon des Mittelalters, 5, 1991, Sp. 579 (mit Literatur); Von der Augsburger Bibelhandschrift zu Bertolt Brecht, Augsburg 1991, S. 162f., Nr. 13; Paul Heitz/Konrad Haebler, Hundert Kalender-Inkunabeln, Straßburg 1905, Bl. 1 (Abb.), Bl. 41, 80, 93, 98a, 98b.

27 Zum Kalender Blaubirers und den Nachdrucken Johann Schönspergers vgl. Ilona Hubay, Incunabula der Staats- und Stadtbibliothek Augsburg (Inkunabelkataloge bayerischer Bibliotheken 37), Wiesbaden 1974, S. 288–295; 450 Jahre Staats- und Stadtbibliothek, Augsburg 1987, S. 42, Nr. 101.

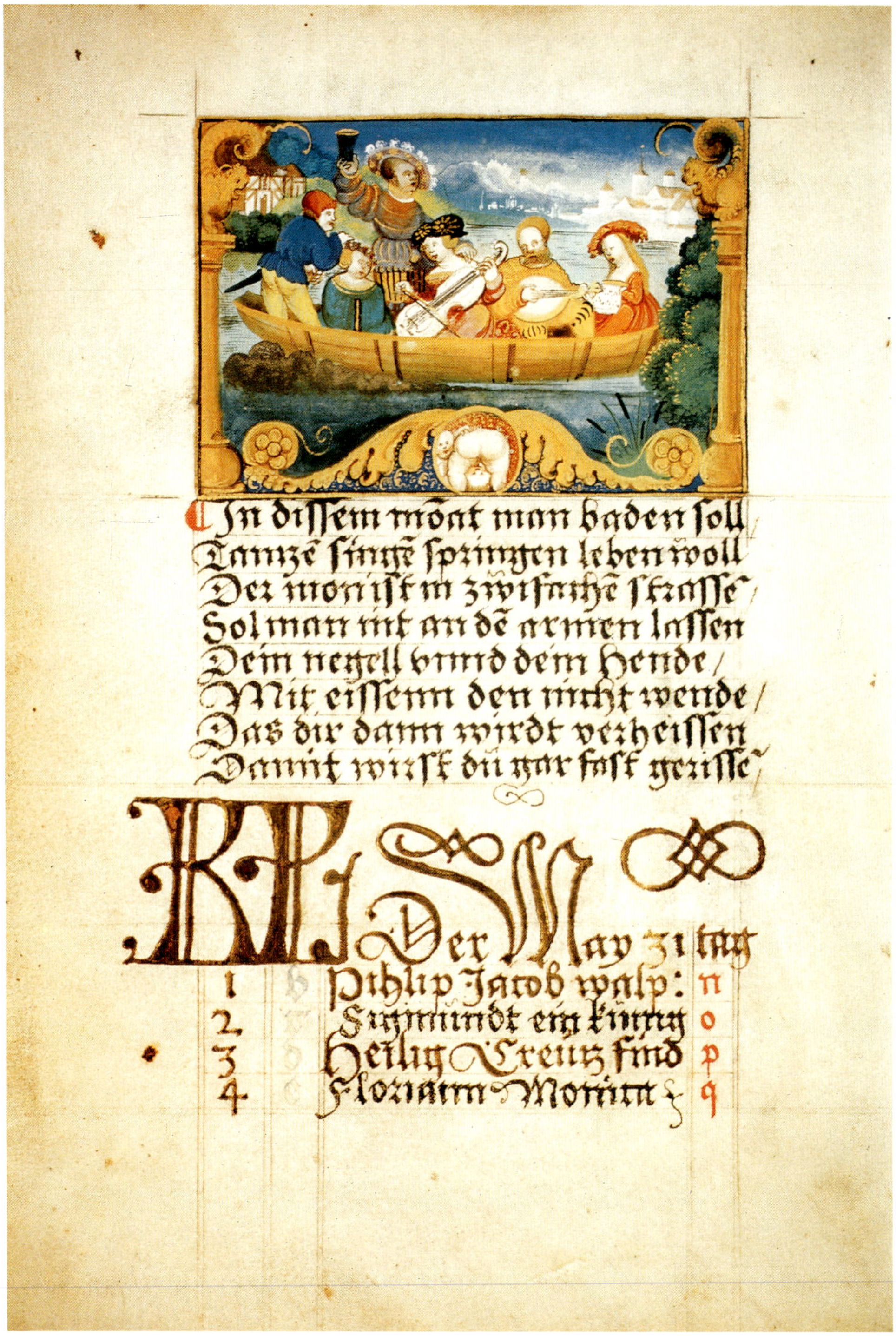

25 Der Monat Mai: Kahnpartie, aus dem Kalender des Nürnberger Briefmalers Albrecht Glockendon, Nürnberg, 1526. Staatsbibliothek Preußischer Kulturbesitz zu Berlin.

typ aus dem Umkreis der Gent-Brügger Schule, möglicherweise aus der Bening-Werkstatt, zugrunde. Darauf deuten einige Motive wie zum Beispiel das Melken und Buttern im April, die Kahnfahrt im Mai oder das Flachsbrechen im November[28]. In etwas anderer Ausführung hat Glockendon d. J. die Szenen an den Bordürenrändern des Kalenders in einem Stundenbuch wiedergegeben, das er 1535 für Herzog Wilhelm I. von Bayern schuf[29].

Aus demselben Formen- und Motivvorrat schöpfen die Miniaturen im Stammbuch der Familie Fugger. Vielleicht hat Jörg Breu d. J. gegen Mitte des 16. Jahrhunderts dieses Ehrenbuch illustriert[30]. Die bislang unveröffentlichte Monatsserie steht also vermutlich örtlich und zeitlich den Scheibenrissen und den vier großformatigen Monatsbildern am nächsten. Zusammen mit

28 Albrecht Glockendon, Kalendar von 1526, Ms. germ. oct. 9 der Staatsbibliothek Berlin, Faksimile mit Einführung von Hermann Degering und Frauke Steenbock, Stuttgart 1977, bes. S. 40f. (zum flämischen Einfluß).
29 Wien, Österreichische Nationalbibliothek, Cod. 1880; vgl. Hansen (wie Anm. 9), S. 237 (Beschreibung und Literatur).
30 Zum Fuggerschen Ehrenbuch vgl. Welt im Umbruch, Bd. 1, Augsburg 1980, S. 224f., Nr. 162.

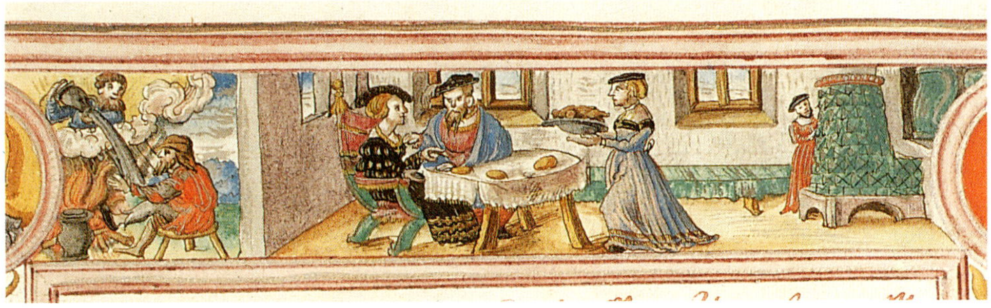

26 Jörg Breu d. J. (?), Der Monat Januar. Miniatur aus dem »Geheim Ehrenbuch des Fuggerischen Geschlechts«, 1545. Babenhausen, Fugger-Museum.

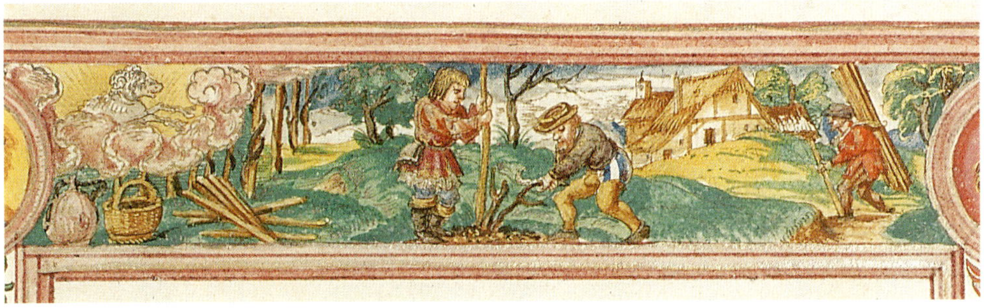

27 Jörg Breu d. J. (?), Der Monat Februar. Miniatur aus dem »Geheim Ehrenbuch des Fuggerischen Geschlechts«, 1545. Babenhausen, Fugger-Museum.

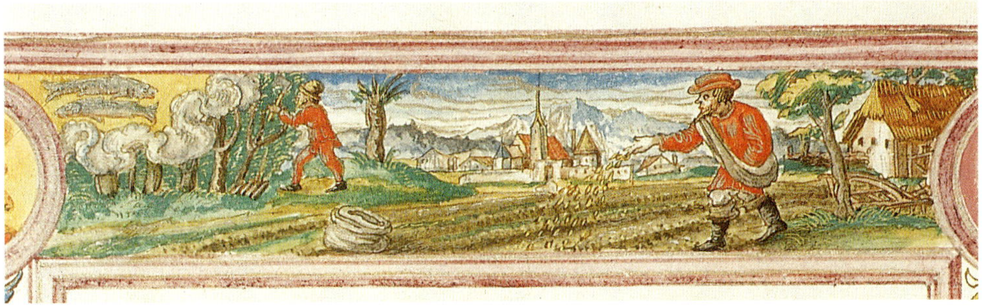

28 Jörg Breu d. J. (?), Der Monat März. Miniatur aus dem »Geheim Ehrenbuch des Fuggerischen Geschlechts«, 1545. Babenhausen, Fugger-Museum.

den oben genannten Folgen sowie den Scheibenrissen repräsentiert sie die Monatsbilder, wie sie damals in Nürnberg und Augsburg geläufig waren.

Das Januar-Bild (Wassermann) vereint zwei Szenen, die normalerweise nur alternativ, aber nicht gemeinsam dargestellt sind. Im Inneren des Hauses trägt eine Magd einem vornehmen Paar ein reiches Mahl auf, während sich im Hintergrund eine weitere Person am Kachelofen wärmt. Draußen vor der Tür sitzt ein alter Mann am offenen Feuer und sucht sich so gegen die Kälte zu schützen (Abb. 26). Im Februar (Fische) setzen zwei Winzer Rebpfähle. Ein dritter schleppt weitere Stangen herbei. Ein Weg schlängelt sich zu einem Gehöft im Hintergrund (Abb. 27). Obwohl der Buchmaler die Miniaturen auf den recht schmalen Randleisten des Ehrenbuches unterbringen mußte, hat er einige Mühe auf die Landschaft im Hintergrund verwandt. Im März (Widder) gehen zwei Bauern vor der Kulisse eines befestigten Dorfes wieder gleichzeitig zwei verschiedenen Beschäftigungen nach. Einer köpft mit einem Handbeil die Weiden, der andere mit dem Sälaken besorgt die Aussaat des Sommergetreides (Abb. 28). Die April-Szene (Stier) ist ebenfalls zweigeteilt. Links kniet eine Magd und melkt eine Kuh, die vor einem Wassertrog steht. Rechts stößt eine ältere Frau den Süßrahm mit dem Stößel im Butterfaß. Neben beiden stehen irdene Rahmkrüge. Ein altes Wagenrad dient – ganz ähnlich wie in einem flämischen Stundenbuch um 1500[31] – als Trockenständer für Kleidung und Geschirr. Im Mai (Zwillinge) vergnügt sich ein Paar auf einer Kahnfahrt. Neben dem Fährmann sitzt noch ein Narr im Boot, der dem Paar mit der Linken einen Pokal reicht und mit der Rechten einen Mühlstein (?) hinter seinem Rücken verbirgt. Verbunden ist dieses Motiv mit einer Badeszene: Ein zweites Paar genießt die Bade-

31 München, Bayerische Staatsbibliothek, clm 2846, fol. 7v; abgebildet bei Hansen (wie Anm. 9), S. 143, Abb. 231.

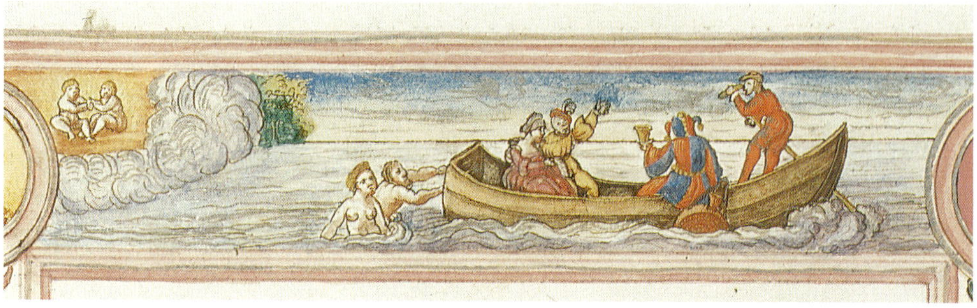

29 Jörg Breu d. J. (?), Der Monat Mai. Miniatur aus dem »Geheim Ehrenbuch des Fuggerischen Geschlechts«, 1545. Babenhausen, Fugger-Museum.

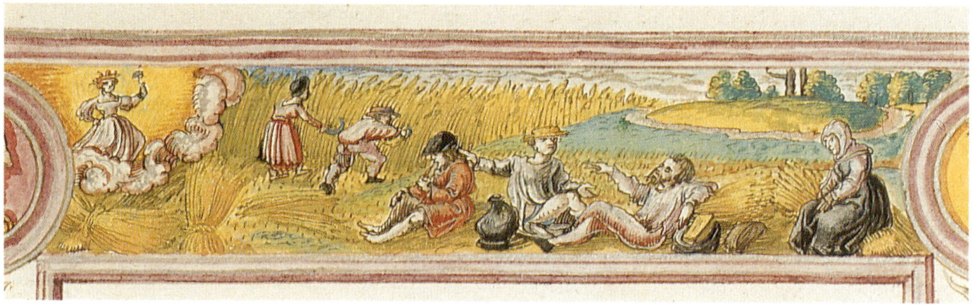

30 Jörg Breu d. J. (?), Der Monat August. Miniatur aus dem »Geheim Ehrenbuch des Fuggerischen Geschlechts«, 1545. Babenhausen, Fugger-Museum.

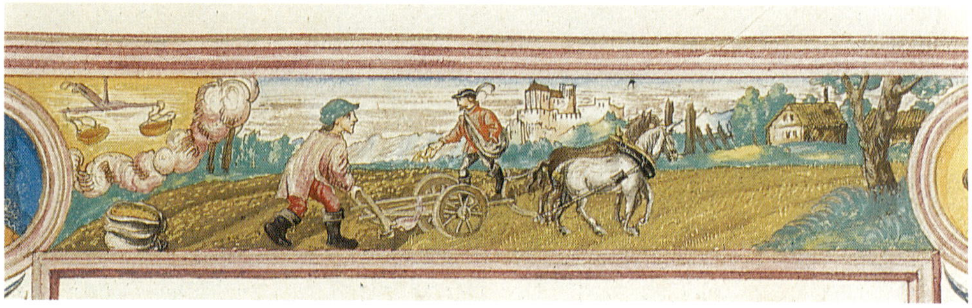

31 Jörg Breu d. J. (?), Der Monat September. Miniatur aus dem »Geheim Ehrenbuch des Fuggerischen Geschlechts«, 1545. Babenhausen, Fugger-Museum.

freuden, wobei der Mann sich am Bootsrand festzuhalten versucht (Abb. 29). Im Juni (Krebs) sitzen Bauer und Bäuerin bei der Schafschur.

Die Heumahd im Juli (Löwe) geht wie gewohnt arbeitsteilig vor sich: Die Männer mähen das Gras mit der Sense, zwei Frauen harken es mit den Rechen zusammen. Der August (Jungfrau) ist wie üblich der Kornernte vorbehalten. Ein Mann und eine Frau schneiden mit der Sichel das Getreide; andere Männer und Frauen lagern plaudernd und trinkend beim Vespermahl (Abb. 30). Im September (Waage) pflügt ein Bauer den Acker mit einem Räderpflug, der von zwei Pferden gezogen wird, während der andere bereits die Wintersaat in die Furchen streut (Abb. 31). Die Weinernte im Oktober (Skorpion) weicht wieder etwas von den Vorlagen ab: Ein Helfer kommt gerade aus dem Weinberg und bringt in seinem Tragekorb die frischen Trauben. In einem Kelterbottich scheint ein anderer mehr vom frischen Most zu probieren als seine Arbeit zu tun. Ein dritter hat des Guten schon zuviel genossen und muß sich übergeben. Rechts füllt ein weiterer Mitarbeiter den gekelterten Wein in die Fässer um (Abb. 32). Im November (Schütze) wird Flachs verarbeitet – wieder ganz ähnlich wie auf den Monatsbildern Behams und Glockendons. Eine ältere Frau trennt an der Flachsbreche mit dem Brechhebel die trockenen Flachsstengel von den Holzteilen, während die jüngere Frau rechts mit dem Schwingscheit die Bündel zerklopft – auf den Vorlagen haben sich alt und jung die Arbeit umgekehrt aufgeteilt. Möglicherweise der Gutsherr und ein Bauer inspizieren die Arbeit der Frauen. Die Säcke im Hintergrund sind mit Flachsbündeln gefüllt (Abb. 33). Der Dezember (Steinbock) ist wie üblich der Monat des Schwei-

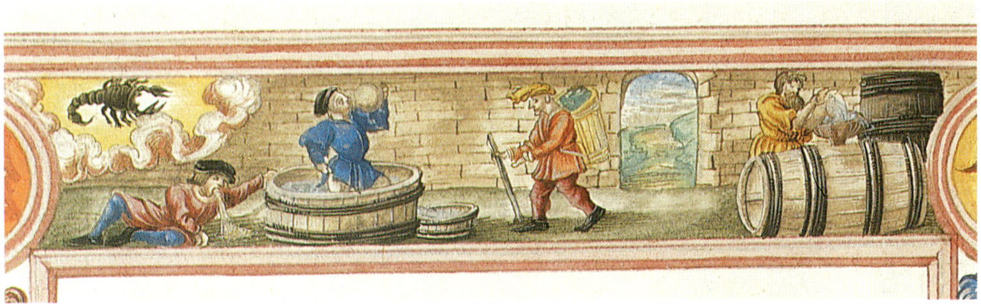

32 Jörg Breu d. J. (?), Der Monat Oktober. Miniatur aus dem »Geheim Ehrenbuch des Fuggerischen Geschlechts«, 1545. Babenhausen, Fugger-Museum.

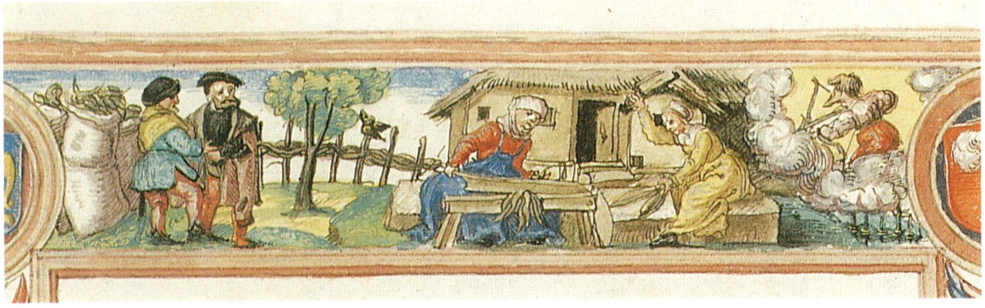

33 Jörg Breu d. J. (?), Der Monat November. Miniatur aus dem »Geheim Ehrenbuch des Fuggerischen Geschlechts«, 1545. Babenhausen, Fugger-Museum.

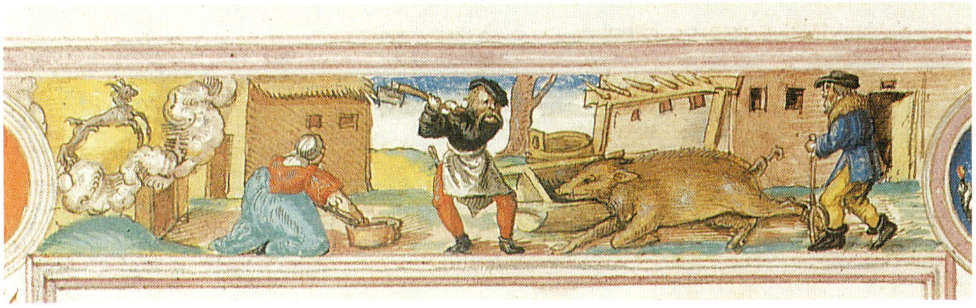

34 Jörg Breu d. J. (?), Der Monat Dezember. Miniatur aus dem »Geheim Ehrenbuch des Fuggerischen Geschlechts«, 1545. Babenhausen, Fugger-Museum.

neschlachtens. Mit der stumpfen Seite des Beils soll das herankommende Schwein gerade betäubt werden. Die Frau links mit dem langstieligen Eisentiegel wartet darauf, das Blut nach dem Abstechen aufzufangen (Abb. 34).

Die Monatsbilder im Ehrenbuch der Fugger orientierten sich also an den gängigen, flämisch beeinflußten Nürnberger und Augsburger Vorlagen, die sie im Januar oder bei der Kahnfahrt im Mai recht originell abwandeln. Der wesentliche Unterschied gegenüber vergleichbaren früheren Bildfolgen liegt aber nicht in der Ausführung der einzelnen Monatsbilder, sondern in ihrer Funktion und in ihrer Stellung in der Handschrift. Die Bilder sind nämlich nicht mehr einem Kalender zugeordnet, sondern werden als reine Ziermotive verwandt. Sie spiegeln damit einen Grundzug der Entwicklung dieses ikonographischen Themas im 15. und 16. Jahrhundert wider, den Weg zu einer selbständigen Bildgattung. Ansätze dazu sind schon in den blau-weißen Terrakotta-Rundscheiben zu fassen, die Luca della Robbia um 1450 für die Decke des Studierzimmers Piero de' Medicis in Florenz schuf. Wer nun an diesem Machtzentrum der europäischen Hochfinanz mit einer höfisch-patrizischen Grundtendenz der Monatsdarstellungen rechnet, wird überrascht. Der Zyklus im ehemaligen Palazzo Medici zeigt ausschließlich Landarbeiten, läßt sogar einerseits spezifisch italienische Szenen wie die Weinkelter vermissen und fügt andererseits für Italien untypische wie das Pflügen im August hinzu[32].

Gegen Mitte des 16. Jahrhunderts werden die Monatsbilder nicht nur in Malerei und Graphik, sondern verstärkt auch im Kunstgewerbe als eigen-

32 Victoria and Albert Museum, Bd. 1, London 1983, S. 38; Abbildungen der ganzen Folge in: Vivere nel contado al tempo di Lorenzo, Florenz 1992, S. 73–75.

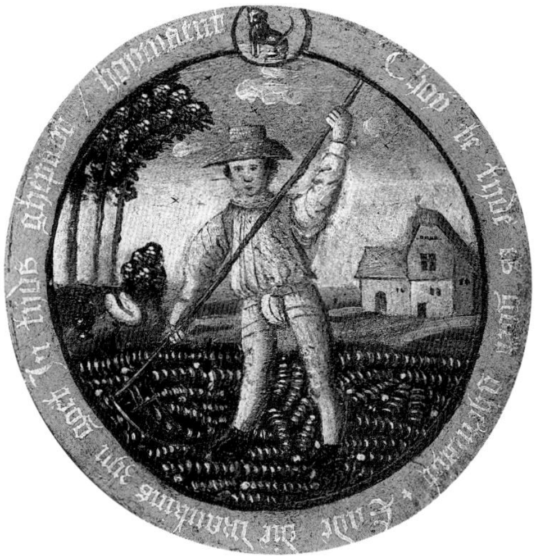

35 *Holzteller mit der Darstellung des Monats Juli. Nürnberg, Germanisches Nationalmuseum.*

ständiges Motiv beliebt. Sie erscheinen etwa – wie in Augsburg 1557 – auf Spielsteinen[33], vorzugsweise aber auf Tellern und Schüsseln. Ein frühes und absonderliches Beispiel bieten Holzteller aus der Zeit um 1540, die sich in Alkmaar und im Germanischen Nationalmuseum in Nürnberg erhalten haben. Angeblich wurden die Teller, nachdem man von ihnen gegessen hatte, umgedreht, und jeder Gast konnte sich dann über die Monatsbilder und die sinnigen oder auch derben Sprüche amüsieren oder ärgern. Auf dem Juni-Teller (Brachmonat) heißt es etwa: »Von Schäflein kriegen wir Nahrung und Kleidung; dafür müssen wir Gott den Allmächtigen ehren«. Im Juli (Heumonat): »Das Heu ist gut, wenn es rechtzeitig gemäht wird; die Frauen sind gut, wenn sie rechtzeitig befriedigt werden« (Abb. 35). Zum September ist vermerkt: »Wein keltern ist große Mühe, aber Wein trinken ist gute Medizin«. Der Oktober-Spruch lautet: »Die Hoffnung, daß ich noch mähen werde, läßt mich das Korn in die Erde säen.«[34]

Ein außergewöhnlicher Monatszyklus ist auf der astronomischen Uhr im Dom zu Münster zu sehen, die 1540–1542 entstanden ist. Unter dem großen Uhrwerk befindet sich das Kalendarium, das den Lauf von Sonne und Mond sowie der Planeten und die Bewegung des Fixsternhimmels abbildet. In der Mitte sind um die Figur des Apostels Paulus, des Dompatrons, medaillonförmige Monatsbilder gruppiert, die Ludger tom Ring 1542 ausführte. Unter den zwölf mehrfigurigen Szenen, die teils in städtischem Milieu spielen, stehen lateinische Monatssprüche, die zusammen mit den Bildern einen norddeutschen Traditionsstrang repräsentieren. Sie lauten (in deutscher Übersetzung):

»Januar liebt den Wein und trinkt schmausend am häuslichen Herde.
Frierend schließt Februar dann alle Flüsse mit eisiger Decke.
Darauf beschneidet der März unsere Reben und furchet die Felder.
Blütenschmuck bringt hervor der April, denn er öffnet das Erdreich.
Quelle und grünend Gebüsch sind im Maien der Zunder der Liebe.
Juni bringt unter die Schere die Scharen der springenden Schafe.
Nährendes Heu unserem Viehstand gewährend, mäht Juli die Wiesen.
Und das geschnittene Korn von den Feldern bringt dann der August heim.
Fleißig gepflügten Furchen vertraut der September die Saat an.
Dann liest Oktober befriedigt zusammen die goldreifen Trauben.
Jedermanns Freude ist groß, wenn November ihm schlachtet sein Schweinchen.
Holz für den häuslichen Herd siehst du spalten im Wald den Dezember«[35].

Zum Vergleich mit den großen Augsburger Monatsbildern bieten sich allerdings eher die Monatsszenen an, die Hans Wertinger gegen 1530 malte[36]. Die Tätigkeiten der Bauern hat er in ihrer ganzen Vielfalt und in bunten Szenen dargestellt: etwa das Dreschen in der herrschaftlichen Scheune, das Pflügen im September (Abb. 36) und insbesondere das Schweineschlachten im Dezember, das recht originell in einzelnen Schritten vom Einfangen des Schweins bis zum Wurstverkauf geschildert wird. Landschaft und Hintergründe sind ebenfalls recht detailliert wiedergegeben. Doch die Akzente liegen – anders als bei den Monatsbildern aus Augsburg – eindeutig auf den traditionellen Landarbeiten. Zudem sind Wertingers Gemälde, die vermutlich für eine Wandvertäfelung vorgesehen waren, nur etwa 30 x 40 cm groß. Die Monatsarbeiten Wertingers sind also allenfalls in bezug auf die szenische Darbietung und die Landschaftsdarstellung mit den Augsburger Monatsbildern vergleichbar. Die Vergleichsstücke zeigen freilich einmal mehr, wie beliebt das Bildprogramm vor und nach 1500 in Süddeutschland gewesen ist[37].

Außerdem haben die Monatsbilder aus dem Fuggerschen Ehrenbuch wie auch die Holzteller in Nürnberg oder die Bilder Wertingers noch etwas mit den Scheibenrissen Breus gemeinsam: die Unabhängigkeit von einem religiösen, astrologischen oder anderen Kontext. Jörg Breu war also relativ

33 Kunsthistorisches Museum [Wien], Sammlungen Schloß Ambras: Die Kunstkammer, Innsbruck 1977, S. 112f., Nr. 284.
34 Jozef De Coo: Die bemalten Holzteller, bekannte und neuentdeckte. Ihr Schmuck und ihre Herkunft, in: Wallraf-Richartz-Jahrbuch, 37, 1975, S. 85–118. Coo stellt verschiedene Exemplare seit ca. 1500 vor, darunter »Berufs-Teller« mit der Darstellung der Zwölf Monate als »weniger origineller Schmuck für Tellerservice«, wie z. B. die Holzteller aus Alkmaar, Stedelijk Museum, um 1540/50 (vgl. S. 100f. mit zwei Abbildungen); dazu auch G. Schiedlausky, Über den flachen Holzteller, in: Anzeiger des Germanischen Nationalmuseums, 1954–59, Berlin 1960, S. 179–181; De maanden van het jaar, eingeleitet von Karel Porteman, Wommelgem 1987, S. 75, 93 (Farbabbildung).
35 Theodor Wieschebrink, Die astronomische Uhr zu Münster, bearb. und hg. von Erich Hüttenhain, 2. Aufl., Münster 1968, S. 17f.; vgl. Heftauszug (aus Wieschebrink) von Trude Hüttenhain, Die astronomische Uhr im Dom zu Münster, 1987.
36 Vgl. Ernst Buchner, Monats- und Jahreszeitenbilder Hans Wertingers, in: Zeitschrift für bildende Kunst, 61, 1927/28, S. 106–112; Gloria Ehret, Hans Wertinger. Ein Landshuter Maler an der Wende der Spätgotik zur Renaissance, München 1976, S. 27÷33, 148f.; Bauern in Bayern, Straubing 1992, S. 109ff., Nr. 84a,b (mit Farbabbildung des Juni und September/Oktober).
37 Auch in Krakau soll um 1530 ein neuer Aufschwung dieses Bildthemas eingesetzt haben, wobei die meisten Darstellungen an

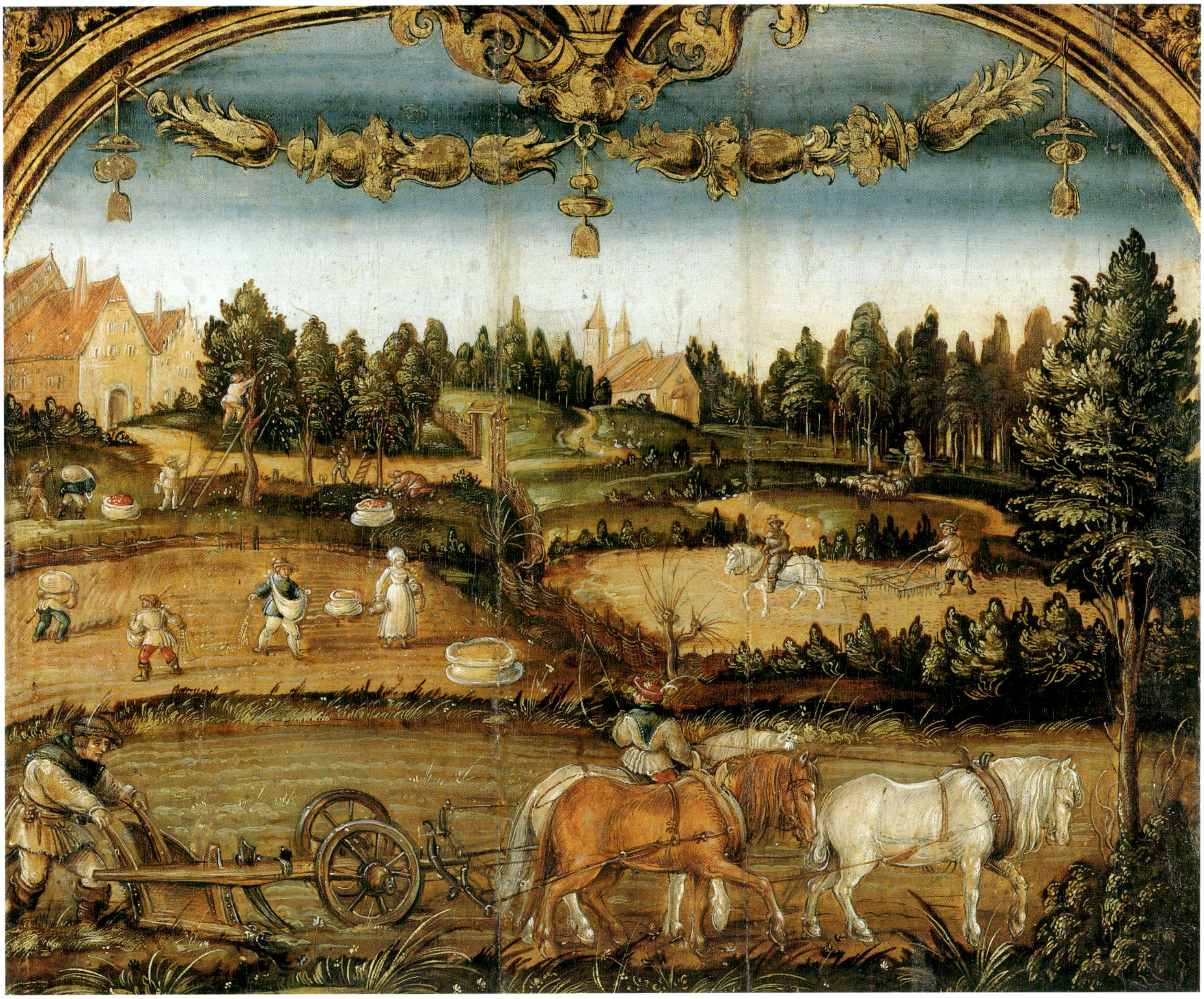

36 *Hans Wertinger, Der Monat September: Das Pflügen, um 1530. Nürnberg, Germanisches Nationalmuseum.*

ungebunden, konnte recht frei mit seinen Vorlagen verfahren und die Wünsche seiner Auftraggeber wie seine eigenen Ideen umsetzen. Nach dem Blick auf die französische, flämische und deutsche Tradition wird erst so recht deutlich, wie erstaunlich originell er doch seine Aufgabe gelöst hat.

Selbstverständlich hat sich auch Breu der tradierten Bildelemente bedient. Aber eigentlich entsprechen nur die Erntemonate Juni (Heumahd) und Oktober (Weinlese) und vielleicht noch der Februar dem ursprünglichen Kanon der ländlichen Monatsarbeiten. Wichtige Feldarbeiten wie die Aussaat, das Pflügen, das Flachsbrechen oder das Dreschen sind ausgespart, obwohl auf den Rundscheiben – wie vor allem auf den Gemälden – genügend Platz zur Verfügung gestanden hätte. Die meisten Szenen sind in der Welt der städtischen Oberschicht und des Adels angesiedelt. Im einzelnen werden dabei die althergebrachten ikonographischen Versatzstücke entweder in den Hintergrund gedrängt, auf neue Weise zusammengestellt oder ganz zugunsten einer neuen Lösung aufgegeben. Beispiele für die erstgenannte Methode sind etwa die Darstellungen des Januar, März, April, Mai und Juli. Im Januar finden sich zwar wie gewohnt hohe Herrschaften zum Festmahl zusammen, und die Frau, die sich am Kachelofen wärmt,

die Monatsbilder des Nürnbergers Hans Sebald Beham erinnern; so Ewa Chojecka, Astronomische und astrologische Darstellungen und Deutungen bei kunsthistorischen Betrachtungen alter wissenschaftlicher Illustrationen des XV. bis XVIII. Jahrhunderts, Berlin 1967, S. 19.

gehört ebenfalls zum Standardprogramm, aber das Tric-Trac-Spiel der beiden Männer im Vordergrund und der Ausblick auf den weitläufigen städtischen Platz mit dem Brunnen, der Schlittenfahrt und dem Defilee der (Turnier-?)Reiter gibt der Szenerie ein anderes Gepräge. Im März werden wie sonst auch Bäume gefällt und Äste beschnitten, doch nicht so recht ins gewohnte Bild passen der dominante Patrizier im Vordergrund, der Fischverkauf (im Sternbild der Fische!), der Versehgang eines Priesters und die städtische Kulisse zu der ausgesprochen ländlichen Hauptszene. Etwas anders liegt der Fall im April: Nicht der schloßartige Landsitz, nicht die Kahnpartie oder die spielerisch-amourösen Kontakte der jungen Leute sind, verglichen mit der ikonographischen Tradition, besonders auffällig, sondern schon eher die beiden Gruppen im Vordergrund: die Jäger mit dem erlegten Wild und der Flötenspieler mit seiner Dame. Das ausgelassene, heitere Treiben des April setzt sich im Mai fort: Das Maienbad spielt sich im Hintergrund ab, während im Vordergrund das Liebeswerben eines jungen Mannes und die sitzenden Kartenspieler etwas aus dem Rahmen fallen. Ähnlich ist die Kornernte im Juli – normalerweise die Hauptszene – gegenüber der Wachteljagd und der Reiherbeize ins zweite Glied verbannt, die Jäger in ihrer schmucken Aufmachung verdecken fast die einfach gekleideten Schnitterinnen.

Bei den restlichen Monaten ist die Grenze zu einer neuen ikonographischen Lösung schon überschritten: Das Fest der Bauern im August ist zwar ebensowenig neu wie das Anfertigen der Weinfässer durch die Böttcher, aber selten sind diese Vorgänge auf diese Weise zusammengestellt und mitten in der Stadt angesiedelt. Daß die Vorbereitung der Fässer – wie später auf den Monatsbildern – so plakativ herausgestellt wird, könnte eine Reminiszenz an italienische Verhältnisse oder Vorlagen sein[38]. Unzweifelhaft neue Bildideen sind für die letzten drei Monate des Jahres verwirklicht worden: Im Oktober verkaufen Bauern einem Patrizier und dessen Frau in deren Haus Federvieh und andere ländliche Produkte. Das Herankarren und Stapeln von Holz für die Wintermonate ist lediglich in einer Nebenszene angedeutet. Das Markttreiben, der Umtrunk, das Feilschen und Spielen vor der Kulisse des Augsburger Rathauses und des Perlachturmes ist eine vollends selbständige Version für den Monat November. Das Gleiche gilt für den Auszug der Ratsherren im Dezember; nur das Schlachten des Schweins im Hintergrund erinnert noch an die traditionelle Monatsszene.

Diese Bildauswahl, insbesondere das städtisch-bürgerliche Ambiente, ist sicher kaum ohne das Vorbild der flämischen Buchmalerei zu erklären, aber einer identifizierbaren flämischen oder deutschen Vorlage oder einem bestimmten Traditionsstrang ist sie anscheinend nicht verpflichtet[39]. Vielleicht hat man Breus Bildfolge auch deswegen so häufig kopiert, weil sie so neuartig war[40].

Originell sind ohne Frage auch die Augsburger Monatsbilder, obwohl sie im wesentlichen nach den Motiven der Scheibenrisse gemalt worden sind. Neu waren die Verteilung der Monate auf vier großformatige Gemälde, der Eindruck prallen Lebens, hervorgerufen durch die vielen dichten Menschengruppen, die zusätzlichen oder noch stärker betonten Augsburger Bezüge wie etwa die Wappen des Januar-Bildes und der Perlachplatz im Dezember, und schließlich ein völlig neues zentrales Motiv: das Turnier im Februar und März[41]. Die Einzelszenen spielen vor einer breit ausgemalten Landschaft, werden aber noch nicht von ihr beherrscht, wie man es später bei den eher stimmungsvollen Jahreszeiten-Bildern Pieter Brueghels beobachten kann.

Die Anregungen für die großzügige Ausführung und Präsentation der Bildersequenz dürfte aus Flandern und Italien stammen, wo Themen wie die Monatsbilder schon im 15. Jahrhundert auf kostbaren Teppichen und

38 Vgl. aber auch Schachtafelen der gesuntheyt, verteutscht durch Michael Hero, Leibarzt zu Straßburg, Straßburg 1533, Neudruck Weinheim 1988, Bl. LXXIX, wo eben durch eine solche Szene der Herbst repräsentiert wird!

39 Ein Überblick über die Motive der Monatsbilder-Zyklen in Europa, wie sie für das frühe und hohe Mittelalter bereits geleistet ist, liegt für das 15. und 16. Jahrhundert leider noch nicht vor. Daher ist die Zuordnung einzelner Zyklen zu bestimmten Traditionslinien kaum möglich.

40 Vgl. demgegenüber auch die Argumente von Andrew Morrall, in diesem Band.

41 Zu den Besonderheiten der Monatsbilder ausführlicher Beitrag von Heinrich Dormeier, Kurzweil und Selbstdarstellung, in diesem Band.

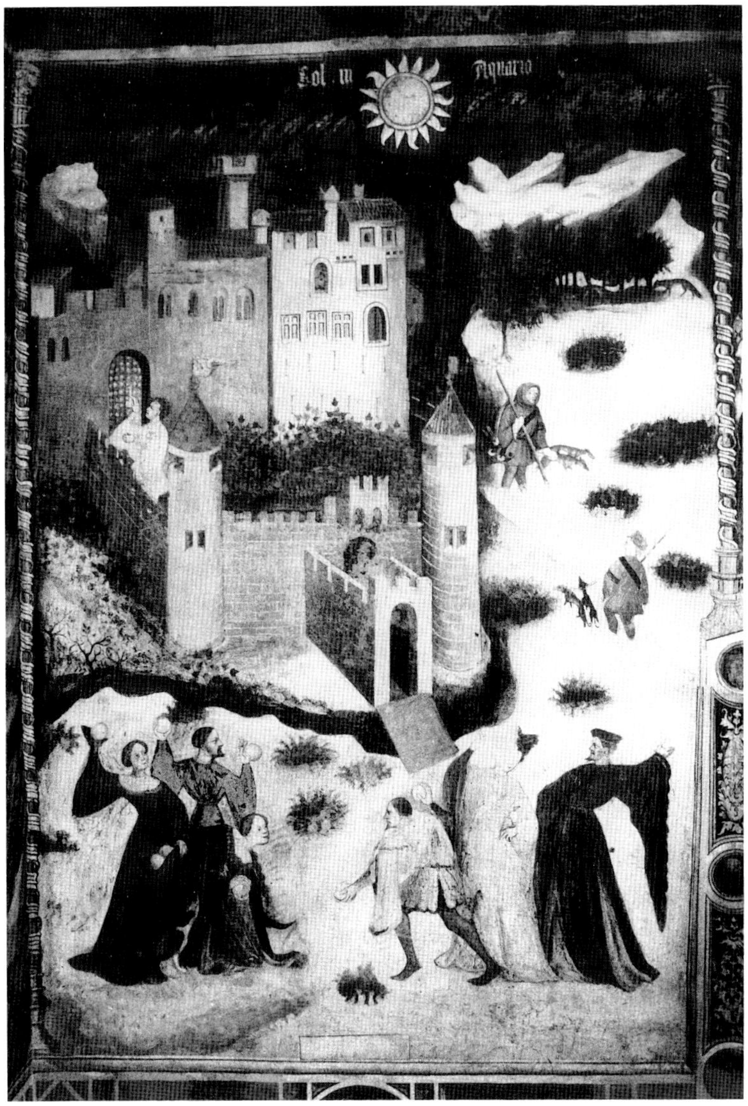

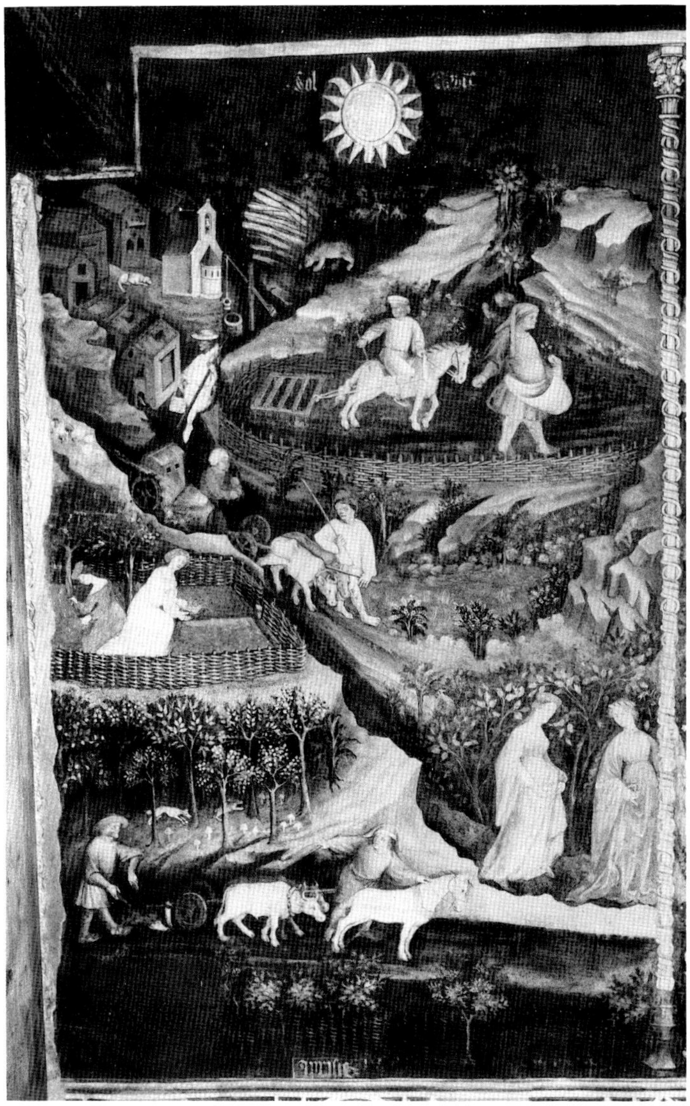

37 Der Monat Januar: Winterlandschaft, aus dem Freskenzyklus im Adlerturm des Castello di Buonconsiglio, Trient.

38 Der Monat April: Landpartie, aus dem Freskenzyklus im Adlerturm des Castello di Buonconsiglio, Trient.

Wandfresken dargestellt wurden. Ein beeindruckendes Beispiel sind etwa die Fresken im Salone dei mesi im Palazzo Schifanoia in Ferrara. Ganz anders ist das Thema auf Wandteppichen im Museo Sforzesco in Mailand umgesetzt. Die wertvollen und teuren Teppiche wurden 1503 vom Markgrafen Gian Giacomo Trivulzio in Vigevano in Auftrag gegeben und 1507 anläßlich der Feierlichkeiten zu Ehren König Ludwigs XIII. von Frankreich ausgestellt[42]. Die früheste dieser großformatigen Monatsdarstellungen, die als repräsentativer Wandschmuck in Privaträumen angefertigt wurden, ist zweifellos der Freskenzyklus im Adlerturm des Kastells Buonconsiglio in Trient[43]. Um 1400 hat der Bischof von Trient, Georg von Liechtenstein, die Wände des Turmzimmers mit Monatsszenen ausmalen lassen. In den 30er Jahren des 16. Jahrhunderts wurden sie im Auftrag des Kardinals Bernhard von Cles restauriert und teilweise übermalt. Manches haben sie mit der späteren Augsburger Lösung gemein: die Fülle der Einzelszenen, die auf den ungefähr 3 m hohen und 2 m breiten Monatsbildern untergebracht sind, die Anordnung der Monate und ihre Bezeichnung auf kleinen Schildern oder auch den breiten Raum, den die sich verändernde Landschaft einnimmt, die zugleich die Monate miteinander verbindet. Im Januar ist erstmals in der Geschichte der Malerei eine verschneite Winterlandschaft unter einem wolkenverhangenen Himmel zu sehen, die von der Burg des Auftraggebers, Schloß Stenico, beherrscht wird (Abb. 37). Als Leitmotiv dienen wie üblich die Landarbeiten im Rhythmus des Jahres. Aber der beste Platz ist auf den

42 Zu den italienischen Beispielen vgl. Bruno Bresciani, Figurazione dei mesi nell'arte medioevale italiana, Verona 1968; Carlo Vincenzi, Gli arazzi di casa Trivulzio, in Dedalo, 10, 1929/30, S. 45–66 (mit vollständigen Abbildungen); Farbabbildungen u. a. bei Gioa Mori, Arte e Astrologia (Art et Dossier), Florenz 1987; Le Goff (wie Anm. 2).

43 Betty Kurth, Ein Freskenzyklus im Adlerturm zu Trient, in: Jahrbuch des Kunsthistorischen Instituts der K.K. Zentral-Kommission für Denkmalpflege, 5, 1911, S. 9–104; Enrico Castelnuovo, Il ciclo dei Mesi di Torre Aquila a Trento, Trient 1987 (mit Abbildungen und Literatur).

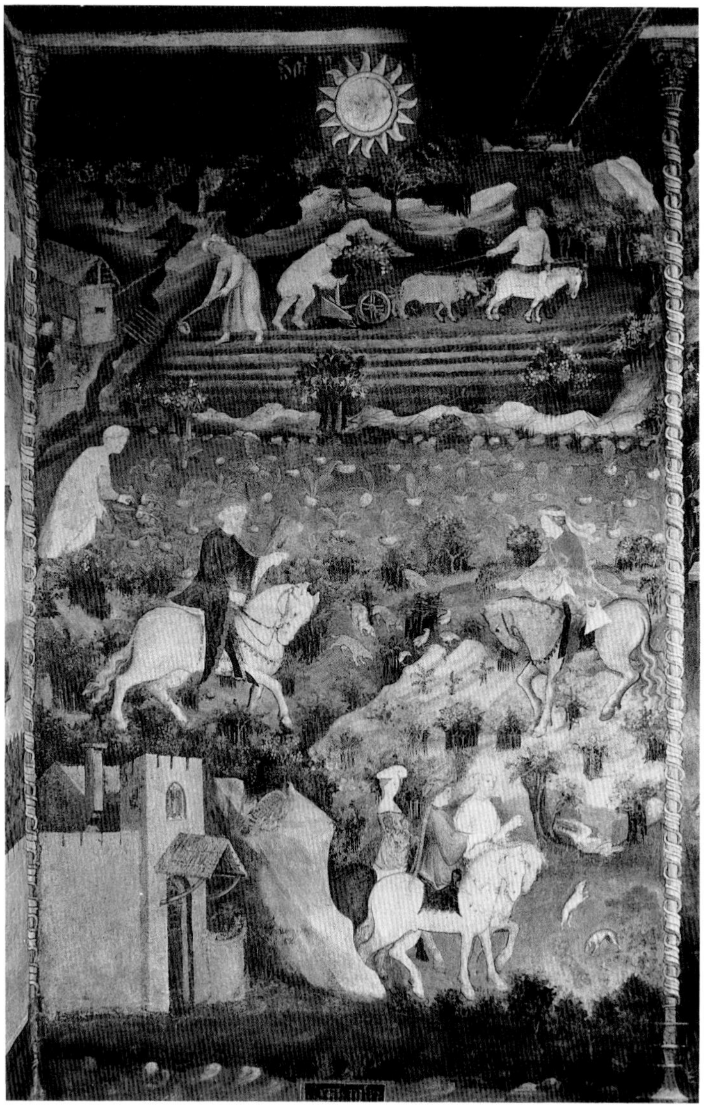

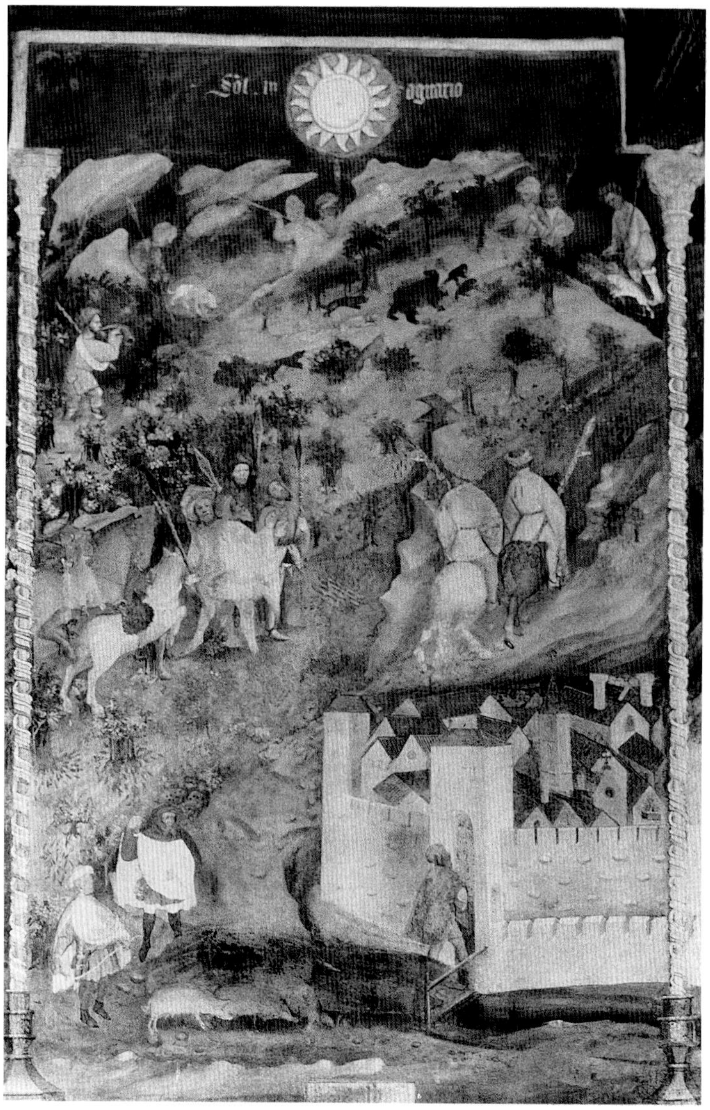

39 Der Monat September: Falkenjagd, aus dem Freskenzyklus im Adlerturm des Castello di Buonconsiglio, Trient.

40 Der Monat November: Bärenjagd, aus dem Freskenzyklus im Adlerturm des Castello di Buonconsiglio, Trient.

meisten Bildfeldern der Welt des Adels reserviert. Wie auf einem Bilderstreifen ziehen sich im Vordergrund höfische Vergnügungen und Zeitvertreib durch die Monatsszenen: von der Schneeballschlacht im Januar über die Landpartien im April und Mai, die Falkenjagd im September bis hin zur Bärenjagd im November (Abb. 38–40). Die Verflechtung der beiden Lebenskreise erinnert an die oben erwähnten Kalenderbilder im Stundenbuch des Duc de Berry, das etwa zehn Jahre später entstanden ist. Ähnlich wie hier Landvolk und Adel, wirken auch später auf den Augsburger Bildern Bauern und Bürger zusammen. Geradezu an einen direkten Einfluß läßt die Februar-Szene denken. Nur in Trient und Augsburg beherrscht das Turnier so dominant eine ganze Monatsszene (Abb. 41). Anregungen könnten also sowohl von Einzelszenen wie von der Gesamtkonzeption der Fresken im Adlerturm ausgegangen sein. Formal unterscheidet sich freilich die Augsburger von der Trentiner wie von anderen italienischen und flämischen großen Darstellungen wieder dadurch, daß die einzelnen Monate nicht streng durch Säulen oder andere Gliederungselemente voneinander getrennt sind, sondern ungeachtet der aufgemalten Monatsnamen eher ein einheitliches Ganzes nach Art der Jahreszeiten-Bilder anstreben.

Wie die Parallelen auch zu deuten sind – sicher ist jedenfalls, daß man in Augsburg die Fresken gut gekannt hat. Die Leiter und Teilhaber der Augsburger Handelsfirmen machten häufig auf dem Weg nach Venedig in Trient Station. Anton Fugger besuchte die Stadt unter anderem 1533 und stand in

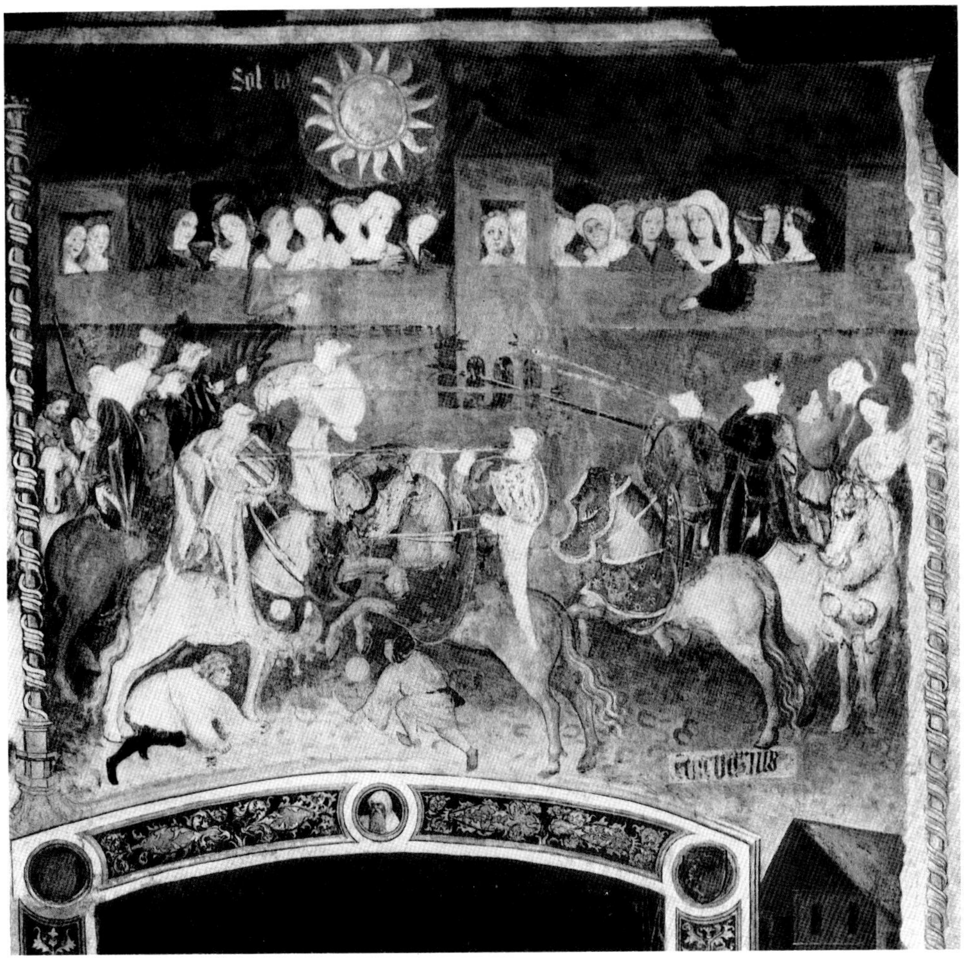

41 Der Monat Februar: Turnierszene, aus dem Freskenzyklus im Adlerturm des Castello di Buonconsiglio, Trient.

den 30er Jahren des 16. Jahrhunderts in engen Geschäftsbeziehungen mit dem Kardinal Bernhard von Cles, dem Bischof von Trient. So ließ er für den Kardinal zwei goldene Ketten in Augsburg anfertigen, vermittelte den Kauf und Transport einer Folge von Antwerpener Wandteppichen, die Kardinal Bernhard von Cles 1531 in Köln für ein Turmgemach des Castello di Buonconsiglio in Trient in Auftrag gab und für die Hans Baumgartner in Augsburg 1531 an Joris Lickow in Antwerpen eine Geldsumme überwies. Im Juli 1533 erhielt Anton Fugger von dem Kirchenfürsten 200 Gulden für einen Bronzebrunnen im Castello di Buonconsiglio, den Pankraz Labenwolf in Nürnberg gegossen hatte[44]. Möglicherweise war der Maler Jörg Breu d. J. an der Renovierung eines Raumes im Falkenturm der genannten Trentiner Burg beteiligt, der zu jener Zeit mit Jagdszenen ausgemalt wurde[45].

Insgesamt gesehen bleiben die Augsburger Monatsbilder einem mehr oder weniger festen, über Jahrhunderte hinweg überlieferten Bildprogramm verhaftet. Sie künden daher nicht von den großen Ereignissen ihrer Entstehungszeit: von den Kaiserbesuchen und den großen Reichstagen in Augsburg, von den Bauernkriegen und den innerkirchlichen Auseinandersetzungen der Reformationszeit oder von der Wirtschaftskraft der Fugger und Welser. So weit geht der freie Umgang mit dem Thema nicht, das nach wie vor von der Fiktion einer heilen, harmonischen, sozial ausgewogenen Welt bestimmt ist. Aber innerhalb des vorgegebenen Rahmens sind die Scheibenrisse und Monatsbilder erstaunlich originell. Sie nehmen die traditionellen Motive der Monatsbilder auf, ergänzen und ersetzen sie hier und da durch städtische und spezifisch Augsburger Themen und präsentieren die neue Version in der ungewöhnlichen Form großformatiger Wandgemälde.

44 Wolfgang Wegner, Die Fresken im Falkenturm in Trient, in: Der Schlern, 31, 1957, S. 303; Norbert Lieb, Die Fugger und die Kunst im Zeitalter der Hohen Renaissance, München 1958, S. 69, 134, 150, 393.

45 Wegner (wie Anm. 44), bes. S. 304f.

Andrew Morrall

Die Zeichnungen für den Monatszyklus von Jörg Breu d. Ä. Maler und Glashandwerker im Augsburg des 16. Jahrhunderts

Breus Tätigkeit als Entwerfer für Glasbilder stellt einen großen Teil seines künstlerischen Erbes dar. Ein wesentlicher Bestandteil seines überlieferten Œuvre besteht aus Rundzeichnungen in lavierter Tusche, die als vorbereitende Entwürfe für Rundscheiben dienten. Es ist allerdings schwierig, genau zu bestimmen, wie wichtig diese Sparte innerhalb seiner Werkstatt war. War sie eine relativ unbedeutende Nebentätigkeit in einer Werkstatt, die sich hauptsächlich auf Auftragsmalerei konzentrierte? Nahm die Gattung der Rundscheiben einen neuen Stellenwert ein, während die Reformation sich verfestigte und die Nachfrage nach gemalten religiösen Motiven zurückging? Um Fragen wie diese zu beantworten, ist es notwendig, Breus Beziehung zum Material Glas genau zu beleuchten. Malte er selbst auf Glas oder stellte er lediglich die Scheibenrisse her, um sie unabhängigen Glasmalern zu überlassen? Der folgende Aufsatz strebt an, diese Fragen durch eine genaue Untersuchung der materiellen Beschaffenheit der überlieferten Zeichnungen zu beantworten. Dabei konzentriert er sich auf die zahlreichen Versionen des Monatszyklus ebenso wie auf die Rekonstruktion der Bedingungen des Glashandwerks und der Glasmalerei aus vorhandenem Archivmaterial.

Die Zeichnungen

Bereits 1938 faßte Jakob Rosenberg die allgemeine Ansicht über Breus Scheibenrisse zusammen, die sich seitdem nicht wesentlich verändert hat:

»Wie jeder, der sich mit der frühen deutschen Zeichnungskunst beschäftigt, weiß, sind ein großer Teil der sogenannten Breu-Entwürfe für Glasmalerei in Wirklichkeit nur Kopien, die in seiner Werkstatt ausgeführt wurden. Diese Gruppe von Zeichnungen ist zugleich umfangreich und verwirrend, und man muß zugeben, daß die Trennlinie zwischen eigenhändigen Werken und zeitgenössischen Kopien nicht völlig klar definiert ist«[1].

Dieses Urteil ist im besonderen Maß für die Vielzahl von Studien für den Monatszyklus gültig. Etwa 60 Versionen aus dem Gesamtzyklus der zwölf Entwürfe existieren in europäischen Museen. In der Literatur, die sich bisher mit den Zeichnungen beschäftigte, stand die Frage der Authentizität im Mittelpunkt: ist dieses Stück von Breus Hand – oder nicht? Ohne konkretes Ergebnis wurden auch die überlieferten Glasscheiben nach ihren Entwürfen befragt. Als Folge dieser Methode sind diejenigen Zeichnungen, die als Kopien klassifiziert wurden, lediglich von marginalem Interesse gewesen, und ihre besonderen Charakteristika fanden ebensowenig Beachtung wie die Frage danach, weshalb sie in so großer Anzahl existieren. Schon die Verwendung des Klassifizierungsbegriffes »Kopie« trug dazu bei, das Wesen dieser Zeichnungen zu verdunkeln, da mit diesem Wort eine bewußte Imitation des Werkes eines Künstlers durch einen anderen, sei es aus Interesse, zum Zweck der Unterrichtung oder einfach als Nachahmung, assoziiert

[1] Zitat in Originalsprache in: J. Rosenberg, Old Master Drawings, 13, 1939, S. 46.

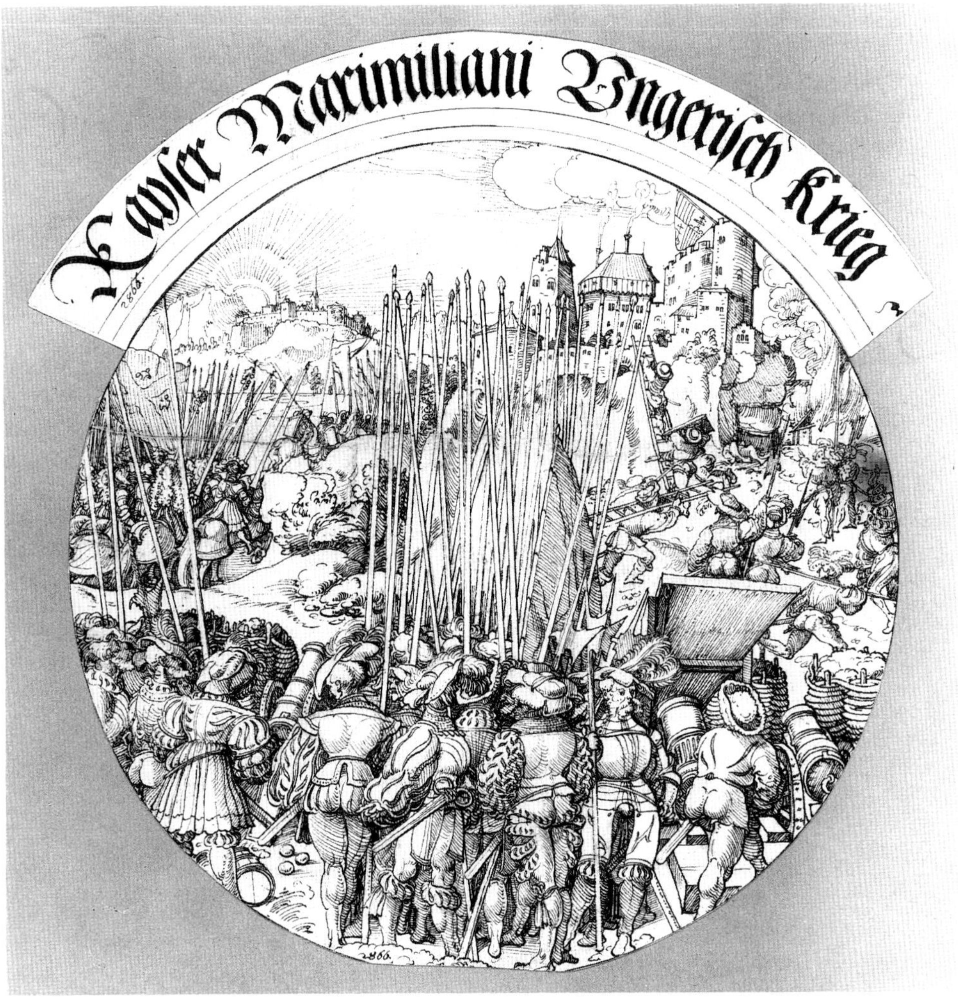

1 Jörg Breu d. Ä., Kayser Maximiliani Vngerisch Krieg. Feder und Tinte. Staatliche Graphische Sammlung, München.

wird. Außerdem haftet ihm die Vorstellung einer exakten Reproduktion des Originals an. Eine genaue Untersuchung dieser Zeichnungen zeigt jedoch häufig Unterschiede in deren Typ und Funktion auf, die über die reine Imitation hinausweisen. Eine sinnvollere Herangehensweise besteht vielleicht darin, die Zeichnungen unter dem Blickwinkel ihrer möglichen Funktionen im Werkstattzusammenhang zu betrachten. Innerhalb des umfangreichen Korpus der überlieferten Zeichnungen aus dem 16. und 17. Jahrhundert, die die Gattung der Scheibenrisse bilden, ist es oft unmöglich, einer einzelnen Zeichnung eine genaue Funktion zuzuweisen. Doch diese besondere Werkgruppe mit zahlreichen Varianten eines einzigen Entwurfes – eine außergewöhnliche Grundlage für die wissenschaftliche Beschäftigung mit europäischen Rundscheiben des 16. Jahrhunderts – bietet die Möglichkeit, die Arbeitsschritte im Werkstattbetrieb genauer zu studieren. Darüber hinaus gestatten diese Varianten die Frage, ob Breu selbst als Glasmaler tätig war, weitgehend zu beantworten.

In diesem Licht betrachtet, unterteilen sich Breus Scheibenrisse in drei große Gruppen. Zunächst die eigenhändigen Zeichnungen – darunter gibt es sowohl anfängliche Skizzen der Bildidee als auch hochvollendete, sorgfältig ausgeführte Arbeiten – ; zweitens eine kompliziertere Kategorie von sehr qualitätvollen Tuschezeichnungen mit lavierten Partien und drittens einfache Umrißkopien. Ein eindrucksvolles Beispiel für die erste Kategorie der ausgearbeiteten eigenhändigen Werke ist die Serie von Zeichnungen für »Die Kriege Maximilians«, die sich in der Staatlichen Graphischen Sammlung in München befindet (vgl. Abb. 1). Diese Zeichnungen sind gänzlich auf die Linie hin angelegt, die mit großer Meisterschaft sowohl als Kontur

2 *Jörg Breu d. Ä., Scheibenriß des Monats Mai. Feder und Tinte, grau laviert. Staatliche Museen zu Berlin – Preußischer Kulturbesitz, Kupferstichkabinett.*

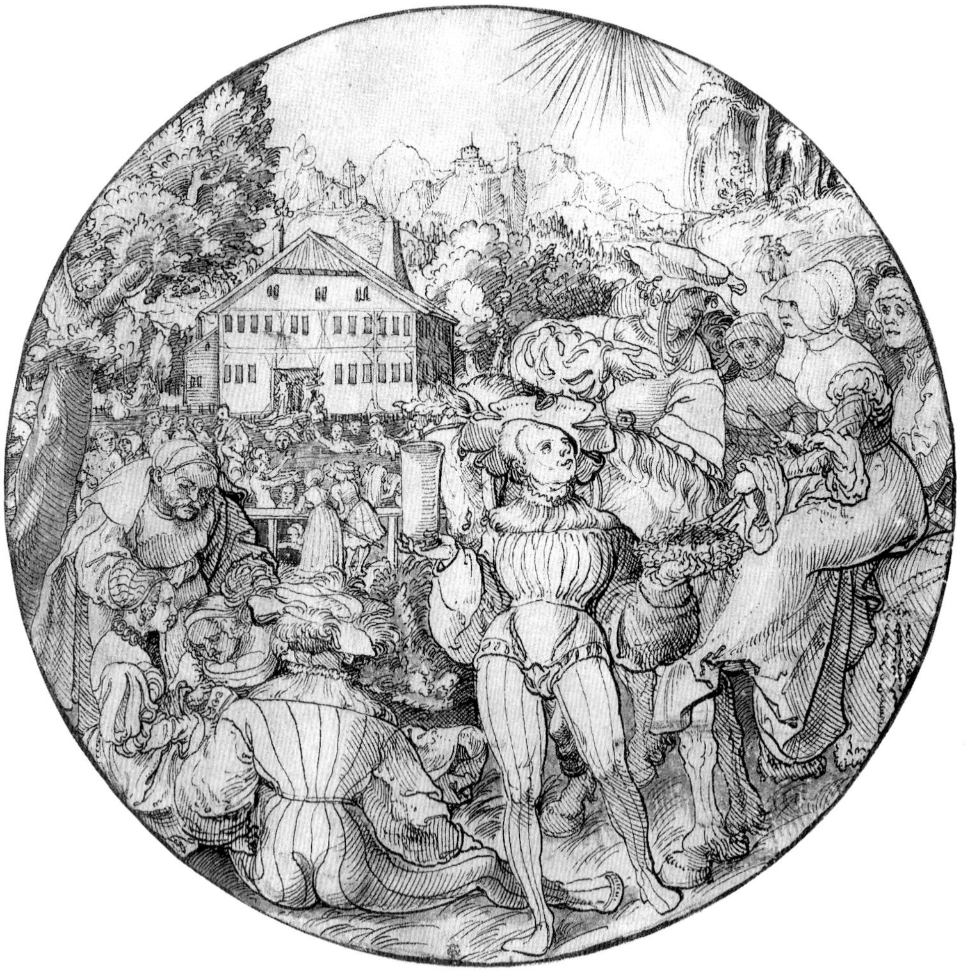

wie als Schraffur verwendet wird. Unterschiedliche Druckstärken, mit denen die Tinte aufgetragen worden ist, dienen dazu, Distanz zu schaffen und auf einer rein ornamentalen Ebene zwischen verschiedenen figürlichen und landschaftlichen Gruppierungen zu unterscheiden. Partien von Parallelschraffuren bilden ein kontrolliertes System von Grauwerten im Entwurf und schaffen ein lebendiges Hell-Dunkel-Muster. Die Ausführung ist klar und exakt.

Die völlig *lineare* Anlage macht diese Zeichnungen untauglich als Vorlagen für den Glasmaler, der die komplexen linearen Kompositionen in einfachere Farbflächen umsetzen müßte. Solche Zeichnungen stellen aller Wahrscheinlichkeit nach den Meisterentwurf dar, das ausgeführte Konzept, das dem künftigen Auftraggeber gezeigt wurde und, falls er es akzeptierte, als Prototyp für weitere Kopien in der Werkstatt verblieb. Wahrscheinlich ist dies der Status der »Kriege-Serie«.

Vor langem brachte Dörnhöffer diese Zeichnungen mit einem Auftrag des Kaisers Maximilian an seinen Hofmaler Hans Knoder über 20 bemalte Rundscheiben in Verbindung, die seinen Jagdsitz in Lermoos schmücken sollten. In diesem Fall diente Breus Könnerschaft lediglich für den Entwurf[2].

Unter den vielen überlieferten Versionen des Monatszyklus existiert kein exaktes Äquivalent dieses Typs. Die Zeichnungen, die in der Sicherheit ihrer Ausführung dem eigenhändigen Status am nächsten kommen, sind die des Januars in der Graphischen Sammlung der Albertina, Wien, und die sechs Werke aus dem Kupferstichkabinett der Staatlichen Museen in Berlin[3]. Sie bilden unsere zweite Gruppe. Wegner war überzeugt, daß sie eigenhändig seien, obwohl Baum sie vor ihm als bessere Werkstattzeichnungen bewertet hatte[4].

2 F. Dörnhöffer, Ein Cyclus von Federzeichnungen mit Darstellungen von Kriegen und Jagden, in: Jahrbuch der Kunsthistorischen Sammlungen des Allerhöchsten Kaiserhauses, Bd. 18, 1897, S. 1–55.

3 Von den acht Scheibenrissen in Berlin erkennt Wegner die Darstellungen des Februars und des März zu Recht als Kopien und betrachtet die anderen als eigenhändig; siehe Wolfgang Wegner, Die Scheibenrisse für die Familie Hoechstetter von Jörg Breu dem Älteren und deren Nachfolge, in: Zeitschrift für Kunstgeschichte, 22, 1959, S. 17–36.

4 Wegner (wie Anm. 3), S. 17; vgl. Julius Baum, Die Monatsscheiben des älteren Breu und ihre Nachbildungen, in: Altschwäbische Kunst, Augsburg 1923, S. 110–120, hier S. 113.

Die künstlerische Qualität ist in der Tat ausgesprochen hoch, doch unterscheiden sie sich von der »Kriege-Serie« insofern, als die Parallelschraffuren, die die schattierten Flächen angeben, leicht laviert und bestimmte Konturen mit dicker aufgetragener Tinte überarbeitet wurden (vgl. die Darstellung des Mai, Abb. 2). Ihnen fehlen die strikte Disziplin und Genauigkeit der Linienführung und die selbstbewußte Ausarbeitung eines Schaustückes, die die »Kriege-Serie« auszeichnen. Man spürt ein etwas freieres, improvisierteres Umgehen in der Behandlung der Konturen, die eine Verwendung des Stücks innerhalb der Werkstatt näher legt als eine Bestimmung für die Öffentlichkeit. Sie bleiben eigenhändige, möglicherweise zweite Versionen eines mutmaßlichen Originals, gedacht als Arbeitsvorlagen, um den Prototyp als wertvollen Vermögensbestandteil der Werkstatt keinen Belastungen auszusetzen. Die lavierten Partien kann man als Orientierungshilfen für den Glasmaler verstehen. Eine zweite Möglichkeit besteht darin, daß sie zu der Kategorie von Zeichnungen gehören, die in Glasmalereiwerkstätten verbreitet waren und als »Vidimus« (wörtlich »wir haben gesehen«) bezeichnet werden[5].

Wenn, wie im Falle eines privaten Auftrags, der Originalentwurf in den Besitz des Auftraggebers überging, wurde eine Wiederholung dieses Originals – das Vidimus – für den Glasmaler angefertigt. Diese zweite Version hatte den Status eines gesetzlichen Dokuments: Sie legte fest, was der Auftraggeber zu Gesicht bekommen hatte und was der Glasmaler ausführen würde. Die Qualität dieser zweiten Version war daher notwendigerweise ebenfalls sehr hoch und lehnte sich eng an das Original an. Weitere Arbeitskopien konnten dann von dieser Version erstellt werden.

Diese Kopien bilden die dritte Gruppe von Zeichnungen: die einfache Kopie der Umrisse. Die Gruppe der »Monate« aus dem Baseler Kunstmuseum, die auch in der Ausstellung zu sehen ist, kann als gutes Beispiel dafür gelten. Eine Untersuchung des Entwurfs für den »Juni« (Abb. 3) führt eine Kopie der rudimentärsten und mechanischsten Art vor Augen. Die Linien, die eingesetzt werden, sind einheitlich dünn, entbehren jeglichen inhaltlichen Ausdrucks und deuten so auf die unerfahrene oder desinteressierte Hand eines Lehrlings oder Gesellen der Werkstatt hin, der hauptsächlich Linien nachtuschierte, die von einer originalen Zeichnung übertragen worden waren. Der augenfälligste Hinweis auf einen solchen mechanischen Prozeß ist der Gebrauch zweier Tuschen, die sich abrupt in der Figur der einen Rechen haltenden Bäuerin auf der linken Seite der Zeichnung treffen: der größere Teil des Entwurfs ist in dunkelbrauner Tusche ausgeführt, die plötzlich in den fünf rechten Gewandfalten und in den Haarsträhnen über ihrer linken Wange aufhört. Schwarze Tusche wird verwandt, um sie und ihren Gefährten ganz links zu vollenden. Diese Schnittstelle legt offen, daß der Zeichner, unter Umständen ein Linkshänder, fortschreitend von rechts nach links vorging, bis er keine Tusche mehr hatte. Daß er die Bäuerin von der rechten Seite zu zeichnen begann – die Falten ihres Kleides und ihr Haar –, zeigt, daß er keine graphische Vorstellung der Gesamtfigur besaß, kein Gefühl dafür, wie die Linien die Körperebenen ausdrücken oder einen Teil des Ganzen ausmachen sollten. Dasselbe läßt sich bei dem Bauern feststellen, der zu ihrer Rechten im Profil abgebildet ist. Sein Rumpf ist in brauner Tusche gezeichnet, sein Kopf jedoch plötzlich in Schwarz ausgeführt: der Künstler zog also ganz offensichtlich nur Linien nach. Die Schwäche dieser Methode offenbart sich in der Kraftlosigkeit der rechten Hand der Bäuerin und in der Ausdruckslosigkeit der Gesichter.

Einen weiteren Hinweis darauf, daß man es mit Pausen eines Originalentwurfes zu tun hat, gibt die helle Partie im linken Arm der Frau in der Bildmitte, die mit dem Arm eines senseschleifenden Mannes verschmilzt. Der Kopist hat einige Linien ausgelassen, die die Formen voneinander tren-

5 Zur Begriffsbestimmung des »vidimus« vgl. Hilary G. Wayment, The Great Windows of King's College Chapel and the Meaning of the Word ›Vidimus‹, in: Proceedings of the Cambridge Antiquarian Society, 69, 1979, S. 365–376.

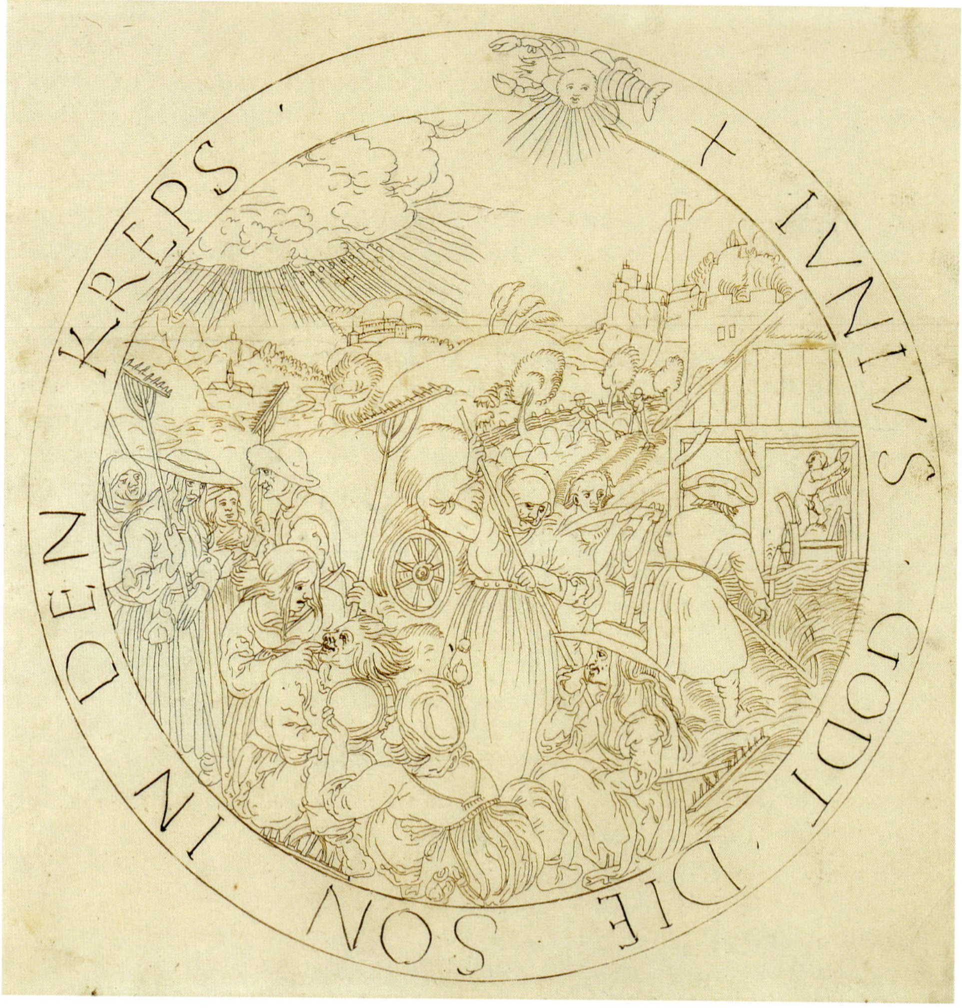

3 *Nach Jörg Breu d. Ä., Scheibenriß des Monats Juni. Feder und Tinte. Öffentliche Kunstsammlung Basel, Kupferstichkabinett.*

nen würden (vgl. den gleichen Entwurf in Dresden oder Göttingen, Abb. 4). Dieser »pausenhafte« Charakter wird durch die Art verstärkt, in der Teile der Darstellung den kreisförmigen Rand überschneiden (das geschnittene Gras rechts, der Fuß der linken Bäuerin, die Berge in der Ferne und einige Strahlen, die von der linken Wolke ausgehen). Offensichtlich hatte sich die Zeichnung während des Kopierens leicht verschoben. Schließlich wurden die Gesichter zweier im Vordergrund sitzender Figuren in einem (nicht ganz erfolgreichen) Versuch, ihren Ausdruck besser zu fassen, »freihändig« mit einer breiteren Feder überarbeitet.

Im großen und ganzen fallen die zehn anderen Entwürfe dieser Serie – der »Dezember« fehlt – ähnlich aus. Nur in den Entwürfen des »Aprils« und des »Septembers« findet sich eine stärkere Ausarbeitung und ausgeprägtere graphische Sensibilität, obwohl auch hier klar ist, daß sie einem originalen Prototyp folgen. Der »April« unterscheidet sich vom Rest, indem er Schattierungen aus Parallelschraffuren aufweist, die Zwischenraum schaffen, Volumen andeuten und Ebenen differenzieren (Abb. 5). Die »September-Version« steht für sich, dadurch, daß sie freier, in dickeren Linien mit einer breiteren Feder gezeichnet ist und sehr viel ausdrucksvoller wirkt: die Linien schwellen, entsprechend den Volumen, die sie umreißen, an und ab. Die gleiche dickere Feder könnte vielleicht zu der Hand gehören, die die Verbesserungen im »Juni« vornahm und damit zumindest an eine Händescheidung zweier Leute denken läßt, nämlich die eines Schülers und die etwas freiere seines Meisters, wenn auch beide weit von Breus Duktus entfernt sind.

Die übrigen Entwürfe folgen dem »Juni« in ihrem Verlaß auf den Umriß und der Vermeidung von Schattierungen ebenso wie in ihrem Charakter als

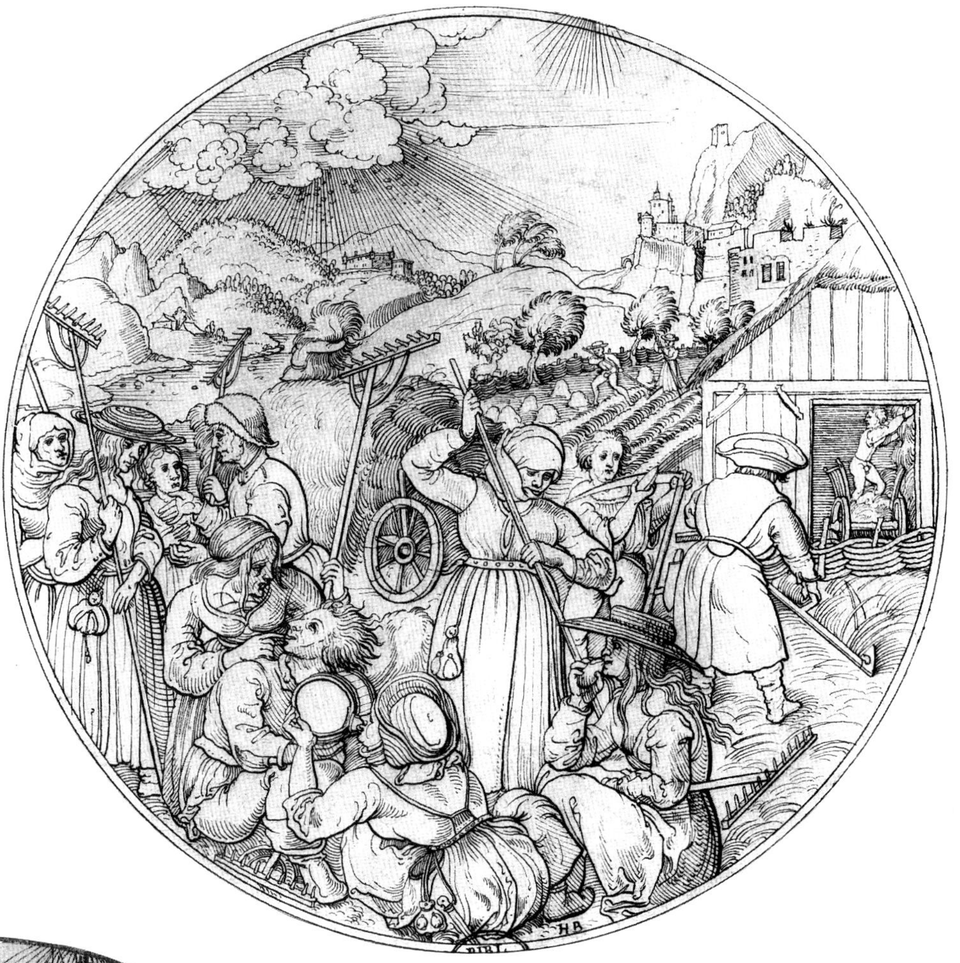

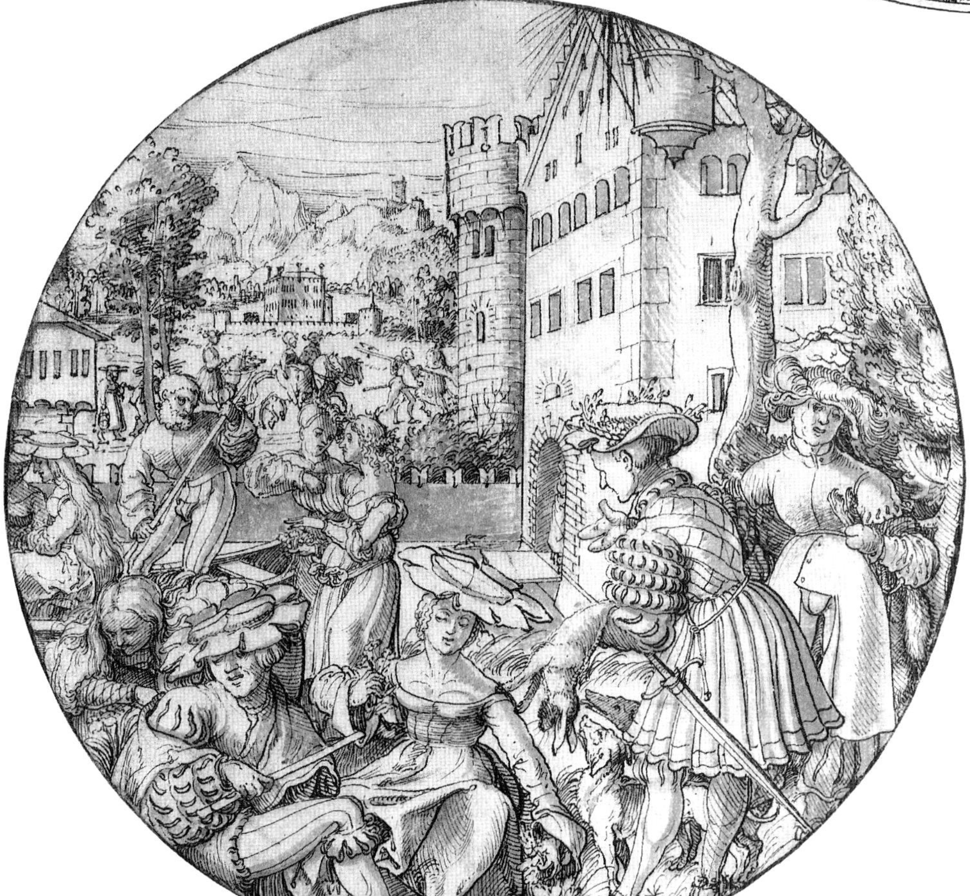

4 Nach Jörg Breu d. Ä., Scheibenriß des Monats Juni. Feder und Tinte. Kunstsammlung der Universität Göttingen.

5 Jörg Breu d. Ä., Scheibenriß des Monats April, Feder und Tinte, grau laviert. Staatliche Museen zu Berlin – Preußischer Kulturbesitz, Kupferstichkabinett

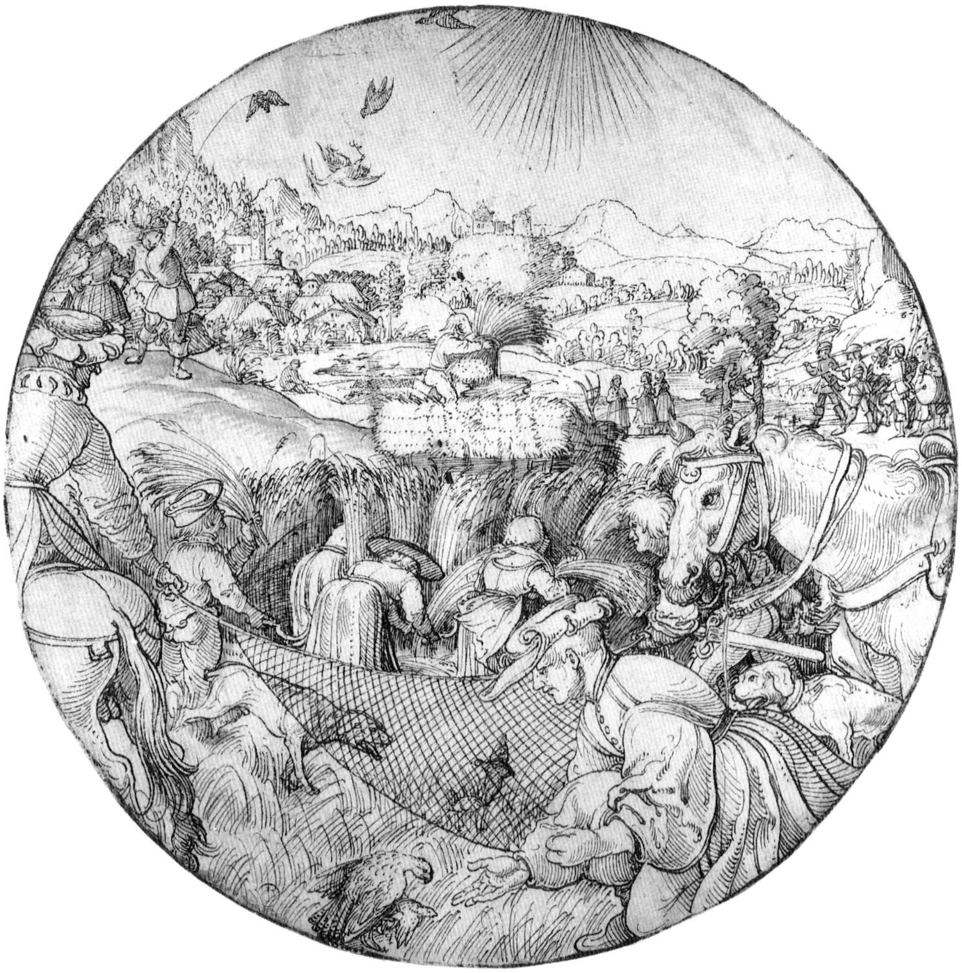

6 Jörg Breu d. Ä., Scheibenriß des Monats Juli, Feder und Tinte, grau laviert. Staatliche Museen zu Berlin – Preußischer Kulturbesitz, Kupferstichkabinett

schwache Pausen (Abb. 6). Es ist bemerkenswert, daß keine der zahlreichen anderen Kopien und Versionen die nadelstichartigen Umrißlinien aufweisen, die auf eine Übertragung durch Abrieb hinweisen würden. Vermutlich ähnelte die Kopiermethode Cenninis »carta lucida«[6].

Diese einfachen »Kopien« entstanden durch Reduktion komplexer Originale auf die wichtigsten Konturlinien. Sie wurden offensichtlich als Kartons für die Glasmaler verwendet, eigens zu dem Zweck hergestellt, die Konturen des Entwurfs auf die Oberfläche der Glasscheibe zu übertragen. Diese Methode wurde ausnahmslos bei allen überlieferten Scheiben angewandt; die Farbaufträge befinden sich in der Regel an der Unterseite. Die Zeichnung wurde vermutlich unter die Glasscheibe gelegt und die Linien dann einfach auf die Glasoberfläche gemalt.

Eine genaue Untersuchung erweist daher eine beachtliche Ferne der »Kopien« zu Breus eigenhändigen Arbeiten. Sowohl die Serien aus Bern als auch aus Göttingen, die hier gezeigt werden, gehören in die gleiche Gruppe. Und auch das Monogramm H.B., das man auf den Zeichnungen der Göttinger Serie findet, ist, falls noch mehr Beweise vonnöten sind, ein Hinweis auf eine weitere Hand. Nicht nur kommen die oben vorgestellten Versionen ganz offensichtlich aus verschiedenen Werkstätten, sie scheinen auch verschiedene Produktionsstadien zwischen Breus Originalentwurf und dem fertigen Glasbild darzustellen, wobei die einfachsten wohl von Handwerkern, die nicht unmittelbar zum Kreis um Jörg Breu gehörten, angefertigt wurden. Dies legt die Vermutung nahe, daß Breu lediglich als Lieferant von Entwürfen für Glasmalerwerkstätten tätig war.

6 Vgl. Cennino Cennini, Das Buch von der Kunst oder Tractat der Malerei, ins Deutsche übersetzt von Albert Ilg, 1871, Neudruck Osnabrück 1970, S. 15–16, Kap. 23.

Maler, Glaser und Glasmaler

Lassen sich die Vermutungen, die aus der Untersuchung der physischen Natur der Zeichnungen gewonnen wurden, durch schriftliche Quellen über die Glasmalerei in Augsburg erhärten? Was hier geklärt werden muß ist, ob die Glasmalerei vorrangig als Tätigkeitsfeld von Glasern oder Malern betrachtet wurde oder wirklich von einer unabhängigen Gruppe von Glasmalern. Die Einträge der Handwerkszünfte sind zu der Zeit, in der Breu lebte, bedauerlich dünn, und genauere Einträge für die Sparte der Glaser setzen erst in den späten 1540er Jahren ein. Trotzdem gibt es ausreichend Material über die Art der zünftischen Bestimmungen, das es ermöglicht, zumindest teilweise die Arbeitsorganisation zu rekonstruieren.

Die Zunft der Kunsthandwerker war in vier Abteilungen unterteilt: die Maler, die Goldschmiede, die Bildhauer und die Glaser. Dieser Aufteilung lag die Annahme zugrunde, daß ein Meister lediglich in dem Bereich arbeiten würde, in dem er seine Lehre absolviert hatte. Bereits 1460 gab es einen Erlaß, der besagte, daß es ordnungsgemäß der Zunft gemeldet werden sollte, wenn einer außerhalb des Bereichs arbeitete, in dem er seine Lehre gemacht hatte[7]. Das deutet darauf hin, daß es solche Überschneidungen gab. Aber wie Huth zeigte, spricht der milde Ton des Erlasses für eine gewisse Toleranz der geläufigen Praxis gegenüber, im Gegensatz zu den strengen Verfügungen und Beschränkungen anderer Städte. Einen weiteren Hinweis auf genaue Kompetenzabgrenzung gibt eine im Jahr 1504 bei der Zunft eingereichte Beschwerde der Maler, die einen »maister adolf kistler« – vielleicht den Bildhauer Adolf Daucher – zwang, jeden Lehrling, der »im nit zustand wider das handwerck der maler arwait«[8], zu entlassen. Im Jahr 1515 findet sich ein deutliches Beispiel für Arbeitsteilung in dem Bereich, der uns hier beschäftigt; in einem Auftrag sollte Hans Burgkmair die Scheibenrisse anfertigen, während ihre Ausführung einem Glaser überlassen wurde[9].

Was diese spärlichen Einträge zeigen ist, daß die Trennungen zwischen den einzelnen Gewerben im späteren 15. Jahrhundert und vor allem im frühen 16. Jahrhundert, als diese Entwicklung anscheinend noch gefördert worden war, schärfer gezogen wurden. Spätestens 1522 fühlten sich die unterschiedlichen Gewerbe der Zunft hinreichend selbständig und wettbewerbsfähig, um eine Ordnung zu erlassen, die ausdrücklich Tätigkeiten in bestimmten Bereichen ohne die entsprechende Lehre unter Verbot stellt. Die Initiative dazu kam von den Malern:

»Item es ist zu wissen das ein erber Handwerck der maler mit den meren erkannt hat. Wenn sich begäbe das hinfuhr einer das Handwerck kauffen oder annemen wurde oder wollte, derselbig soll sich ains Handwercks allein, welches er under den vieren gelernt hat, underziehen und gebrauchen und sich der anderen aller muessigen und entschlahen. Doch sollend die maister die jetzt vorhanden sind nit begryffen sonder ausgeschlossen sein. Anno 1522 am Sonntag nach Esaltacionis crucis«[10].

Die »merer« (Mehrer) waren einer der regierenden Räte der Stadt, zusammengesetzt aus Zunftmeistern und Patriziern. Die vier Gewerbe, auf die in dem Zitat hingewiesen wird, sind die schon genannten: Maler, Glaser, Bildhauer und Goldschmiede. In bezug auf Breu ist von Bedeutung, daß die Ordnung ausdrücklich die älteren Meister, die schon etabliert waren, ausnimmt: Die Organisationsstruktur der Zunft legt Breu keinen Stein in den Weg, sich als Glasmaler zu betätigen.

Die Ordnung zielte deutlich auf eine jüngere Generation von Meistern, und wir können sie als ein Symptom des umfassenderen Bildes eines wirtschaftlichen Druckes auf das Handwerk sehen. Wie viele andere Städte auch, sah sich Augsburg einer großen Zuwanderung der Landbevölkerung ausgesetzt, die Arbeit suchte und die Mitgliederzahlen der Zünfte in nicht

7 Hans Huth, Künstler und Werkstatt der Spätgotik, 2. Aufl., Darmstadt 1967, S. 78–79.
8 Huth (wie Anm. 7), S. 79.
9 Baumeisterbuch der Stadt Augsburg, S. 51 a (Sab.n. Judica): »It. 1 Pfd 15 fl dem Burckhamer maler umb. visier zu glesern«. Vgl. S. 53 b (Sab.n. Viti): »It. 14 fl Hansen Braun glaser umb 8 Scheiben gemalter gläser in die newen ratstuben gehörig«; zitiert nach Adolf Buff, Augsburg in der Renaissancezeit, Bamberg 1893, S. 22, Anm. 36.
10 Handwerckgesetze (Bl. 11, a. 1522), Augsburg, Stadtarchiv, 72a.

mehr zu handhabende Höhen trieb. Dieses Problem gab es, wie Sebastian Brants Klage im »Narrenschiff« zeigt, auch bereits im späten 15. Jahrhundert:

»Keyn handwerck stat me jnn sym waᵉrdt/
Es ist als überleydt, beschwaᵉrt/
Jeder knecht, meyster werden will/
Des sint yetz aller hantwerck vil/
Mancher zů meysterschafft sich kert/
Der nye das hantwerck hat gelert/
Eyner dem andern werckt zů leyd/
Vnd tribt sich selbs dick vber die heyd/...
... Duont doch nit arbeyt, als man sol/
Dann man hyen sudelt yetz all ding/
Das man sie geben moᵉg gering«[11].

Eine Generation später sollte ein Bildhauer in einem Holzschnitt von Peter Flötner klagen:

»Viel schöne Bild hab ich geschnitten/
Kunstlich auf welsch und deutschen Sitten/
Wiewol die Kunst jetz nimmer gilt,/
Ich künnt dann schnitzen schöne Bild/
Nacket und die noch leben thaten,/
Die waren veil in Marckt und Städten/
So aber ich daselb nit kann./
Muss ich ein anders fahen an/
Und will mit meinen Hellenbarten/
Eins grossmöchtigen Fursten warten«[12].

Man findet eine fast wörtliche Paraphrase von Brants Worten in einer Zunftordnung der Bildhauer in Augsburg aus dem Jahre 1517, die die Zahl der Lehrlinge, die ein Meister beschäftigen durfte, beschränkt, da durch eine zu große Anzahl das Handwerk »gros beschwerdt und gehindert worden sei«[13]. Bezeichnenderweise begrenzten auch die Glaser die Anzahl ihrer Lehrlinge in einem Erlaß des gleichen Jahres. Fortan konnte ein Meister je einen Lehrling für eine Höchstzeit von drei Jahren beschäftigen[14]. Was diese Verfügungen zeigen ist, daß die Überbesetzung die Handwerker dazu zwang, sowohl ihre Gesamtzahl zu beschränken, als auch die Abgrenzungen innerhalb der Zunft deutlicher zu ziehen.

Dem Verbot von 1522, das den Meistern die Möglichkeit nahm, außerhalb ihrer angestammten Tätigkeitsfelder zu arbeiten, wohnt die Tatsache inne, daß dies bis dahin üblich war und daß die älteren Meister mit diesem Überschreiten der Grenzen fortfahren durften. Doch wie sah diese Überschneidung der Arbeitsbereiche eigentlich aus? Ein unveröffentlichtes Dokument von 1560 wirft Licht auf diese Frage. Es betrifft einen Streit um die Zuständigkeiten zwischen genau den Handwerkern, die uns hier interessieren: Malern und Glasern. Je ein Repräsentant dieser Gewerbe machte eine Aussage darüber, was er als Norm erachtete, und in ihren Aussagen enthüllt sich ein deutlicheres Bild bezüglich der Arbeitsteilung und -beschränkung. Hans Burgkmair d. J. äußerte sich für die Maler, daß in den 30 Jahren, in denen er Meister war, und wie es tatsächlich auch schon sein Vater berichtet hatte, jeder Meister lediglich in seinem Bereich gearbeitet habe, den er aber durch Einheiraten in andere Gewerbe erweitern könnte (»... ain Jeder das so er gelernet/allain getriben hab/und die andern handwerck Ime vnnd seinen Kindern/Soenen oder toechtern durch heirat nutz machen mögen«). Daraus ergibt sich, daß jegliche Überschneidungen, wie die farbige Fassung oder das Vergolden von Skulpturen, das Malen auf Glas, von Handwerkern anderer Zweige ausgeführt wurden, die mit der Familie des jeweiligen Meisters durch Heirat verbunden waren. So habe, wie er sagt,

11 Sebastian Brants Narrenschiff, Nachdruck: Friedrich Zarncke (Hg.), Leipzig 1854, S. 49.
12 Zitiert nach Huth (wie Anm. 7), S. 71.
13 Huth (wie Anm. 7), S. 79.
14 »Die Glaser veranlassen das handwerkh der Maler zu der Verordnung, ›das ain glaser Maister soll hinfur nit mer dann ain lerenknaben soll aufnehmen unnd denselben nit mer dann 3 Jar soll lernenn vnd dise 3 Jar kainen soll mer auffnehmen‹. 1517, Suntag vor sant Margrethen der h. Jungfrawen.« Handwerckgesetze (Bl. 18, a. 1517), Augsburg, Stadtarchiv, 72a. Zitiert nach Robert Vischer, Studien zur Kunstgeschichte, Stuttgart 1886, S. 497.

niemand anderen Arbeit weggenommen bzw. anderen Interessen geschadet. Dann fährt er mit dem hinreißend versteckten Kernsatz seiner Rede fort: »So hab ain Jeder Maler fuog vnd macht wann er wil glaeser zu kauffen/vnd dieselben jn offnen Laden failzuhaben/aber doch kainem glaser gsellen Darauf zuhalten/«; und weiter »Allermassen vnnd gstalt wie gehört/seyen die glaser gemalte tuecher failzuhaben auch befuegen gewesen/«[15]. Maler und Glaser hatten gegenseitig das Recht, die Ware des jeweils anderen zu verkaufen, aber ein Maler konnte nicht einen Glasergesellen in seiner Werkstatt beschäftigen (und wahrscheinlich umgekehrt).

Diese Erwähnung der Gesellen wird in dem gleichen Streit von einem weiteren Beschwerdeführer aufgenommen. Hans Keltz, der die Bildhauer vertritt und seit 59 Jahren Meister ist, behauptet, daß es zwischen Malern und Bildhauern schon immer üblich gewesen sei, sich die Gesellen gegenseitig auszuleihen, und daß sie sich noch nie darüber gestritten hätten: »... es sey je vnd allweg gebreuchig gewesen/Das die Maler vnnd Bildhawer baiderlay hantwercher gesellen zusamen vnd beyeinander haben halten durff[en] vnd seyen nie voneinander gewesen/Hab sich auch deshalben kain strit noch zwitracht vnder jnen nie erhaben oder zutragen ...«

Nun jedoch befänden sich die Maler und Glaser deswegen im Konflikt miteinander: »Aber die Glaser vnd Maler seyen in disen fall fur vnd fur einander widerwertig gewesen«. Hier findet sich der Beweis für die traditionelle Zusammenarbeit zwischen den Handwerken durch den gegenseitigen Austausch von Gesellen für nötige Aushilfsarbeiten. Noch deutlicher wird dies in der Zeugenaussage Hans Brauns, der für die Glaser spricht und seit 50 Jahren im Meisterrang stand. Er habe in dieser Zeit nie jemanden mehr als eine Tätigkeit ausüben oder Gesellen anderer Handwerke einstellen sehen. Er erwähnt einen »Maister Gregori« – Gregor Erhart? –, der für die Herstellung eines geschnitzten Kruzifixes (»ain Creutz herrgot«) einen Malergesellen für die farbige Fassung und einen Goldschlägergesellen für die Vergoldung des Lendenschurzes herangezogen hatte[16]. In der letzten Zeit jedoch, fährt er fort, hätten sich bestimmte jüngere Meister gegen solche Gepflogenheiten gewandt, und besonders einer habe sogar einer Witwe Kunden und Personal abspenstig gemacht. Er sei aber gleichwohl ordnungsgemäß dafür bestraft worden[17].

Die Aussage des vierten Zeugen, des seit 40 Jahren im Meisterrang stehenden Glasers Sigmund Ost, zeigt, wie diese Situation entstanden war. Er erinnert sich eines ähnlichen Streits vor vielen Jahren (aller Wahrscheinlichkeit nach dessen, der zu der oben erwähnten Ordnung von 1522 geführt hatte), in dem alle vier Zweige der Zunft, abgesegnet von den Mehrern, übereinstimmend entschieden, daß jeder Handwerker nur in seinem Tätigkeitsfeld arbeiten sollte. Er fährt fort, daß viele Meister sich dem Beschluß in solchem Maße widersetzt hatten, daß die Angelegenheit vor den Rat der Stadt gebracht wurde. Schließlich wurde entschieden, daß jeder Meister nach eigenem Belieben arbeiten könne, solange er den Interessen anderer keinen Schaden zufüge, und diese Situation wurde erfolgreich beibehalten, bis vor kurzem gewisse junge Meister sowohl das Glaser- als auch das Glasmalerhandwerk ausüben wollten. Besonders, wenn ein Auftraggeber Glas bestelle, sagt er, stellten die Glaser es nicht her, wenn sie es nicht selbst bemalen durften. Andererseits, so fährt er fort, sei es bei kirchlichen Aufträgen, die sowohl Glas- als auch Malerarbeiten enthielten, jahrelang üblich gewesen, daß die Glaser hierfür Glasmalergesellen einstellten. Die normalen Maler (»die flachmaler«) würden genauso verfahren[18].

Das Bild, das sich aus diesen Berichten herauskristallisiert, ist das einer gefestigten Tradition, in der jeder Handwerker die Interessen seiner Kollegen respektierte und nur in seinem eigenen Bereich arbeitete. Wenn die Fertigkeiten eines anderen Handwerks benötigt wurden, griff man zeitweilig

15 Glaserakten, Eintrag vom 31. August 1560, Augsburg, Stadtarchiv.

16 »Hans Braun Glasschmeltzer/Sey. 50. Jar Maister/aber nie gesehen/das ainer mer dann ain hantwerck getriben oder treiben hab durffen/oder gesellen darauf halten/vnd welcher ander(s?) red/der spar die warhait/Sagt auch Maister Gregori hab allwegen wann Er ain Creutz herrgot gemacht/ain Malergsellen die färblen anzustreichen/vnd die schoss zuuergulden ain Goldschlagergsellen darzu gebraucht/...« Glaserakten (wie Anm. 15).

17 »Dann allererst Jetztunder mit etlichen jungen maistern/vnd sonderlich kurz verschiner tag hab sich ainer vnderstanden/vnd ainer Wit frauen Jre kunden vnd machleut abgespannen. Aber gleichwol hab er schon sein gebührende straff/Inhalt der Ordnung darumb empfangen vnd eingenommen.« Glaserakten (wie Anm. 15).

18 »Sigmund Ost Glaser/Er sey ob den. 40. Jaren Maister gewesen/vnnd gedenck/das sich vor vil Jaren ain strit vnder Jnen erhalten vnd zugetragen/da hab man alle vier hantwercker zusamen berueft/ain vmbfrag gehabt/Da sey durch ain volkommen merers beschlossen vnd erkant worden/Das ain Jeder nur ains des er gelernet hat/triben vnd arbaiten soll/Gleichwol haben sich etlich Maister darwider gesetzt/vnd solchs nit annemen noch demselben geleben wöllen/vnd sey die sach fur die Oberkait gewaschen/da sey in ainem E[barn?] Rat erkant vnd beschlossen worden/Das ein Jeder Maister treiben soll welches er wöll/doch das kainer dem andern kain eingriff tue/wie dann durch kainen nie beschehen/Aber Jetztunder understen sich etlich Jung Maister/vnd wöllen sich des glasens vnd malens miteinander gebrauchen/Insbesonderhait wann sie ain herr zuglasen bestelt/wöllen sie dasselb nit thun/Er lass sie dann auch malen/So sey vor Jahren weil man in den kirchteil zuglasen vnd zumalen gehabt/gebreuchig gewesen das etwo ain glaser ain Glasmalergsellen zuhilff genomen/Gleichergestalt haben die flachmaler auch gethon.« Glaserakten (wie Anm. 15).

auf einen entsprechenden Gesellen zurück. Ein Meister konnte den Gesellen eines anderen Handwerks nicht an seine eigene Werkstatt binden. Obwohl dieses System noch immer gut funktionierte, hatte sich das Recht durchgesetzt, das jedem Meister die Möglichkeit eröffnete, in jedem Bereich tätig zu werden.

In der Praxis scheint sich dies jedoch in Grenzen gehalten zu haben, da noch immer niemand anderen Handwerkern Arbeit wegnehmen durfte. Die Beschäftigung von »hauptberuflichen« Glasmalergesellen sowohl durch Glaser als auch durch Maler (»flachmaler«) wird explizit als bei kirchlichen Aufträgen üblich bezeichnet. Erst 1560 spitzte sich die Lage zu, als junge Glasermeister sich anschickten, sowohl die Bemalung als auch die Herstellung ihrer Waren selbst in die Hand zu nehmen. Es waren die Maler, die sie dafür vor Gericht brachten.

Was sagt dies über den Status der Glasmalerei aus? Burgkmairs Vortrag legt nahe, daß familiäre Verbindungen einem Maler erlaubt hätten, für einen Glaser zu arbeiten. Ost hingegen meint, daß häufig auf Glasmalergesellen zurückgegriffen wurde. Insgesamt zeigt das Dokument, daß es eine gesonderte Gruppe von Glasmalern gab, die sowohl von den Glasern als auch von den Malern unabhängig war, und daß es ihre Rechte waren, die bei dieser Verhandlung untergraben wurden.

Solches Quellenmaterial bringt einen der Beantwortung der Frage näher, in welchem Verhältnis Breu zu den Glashandwerkern gestanden haben mag. So erklärt zum Beispiel die Existenz einer eigenen Gruppe von Glasmalern den Status der Baseler Kopien und bestätigt noch einmal den Eindruck, daß sie nicht in Breus direktem Umfeld angefertigt wurden, sondern seinem Handwerk angepaßte Kopien eines Glasmalers waren, die dazu dienten, die Umrisse des Entwurfs auf das Glas zu übertragen. Andererseits schließt die Quellenlage bisher die Möglichkeit nicht aus, daß Breu in seiner Werkstatt auch Glasmalerei betrieben haben könnte. Daher muß die Frage gestellt werden, wie groß diese Gruppe von Glasmalern, besonders zu Breus Lebzeiten, also bis zu den späten 1530er Jahren, war.

Die Archivalien können uns nicht viel Aufschlußreiches mitteilen. Die Untersuchung der Zunftrollen und der Sterberegister, in denen normalerweise die Berufe der einzelnen verzeichnet wurden, erlaubt es, sich ein Bild von der Anzahl der Glashandwerker und ihrer Organisation zu machen. Erwartungsgemäß dominierten einige Familien den Glassektor im 16. Jahrhundert; die Söhne ergriffen normalerweise den Beruf ihrer Väter. Bis auf zwei Fälle im ganzen 16. Jahrhundert bezeichnen die Zunftrollen die Beschäftigten als Glaser. Eine Ausnahme stellt Florian Giltlinger dar, der ausdrücklich als Glasmaler geführt wurde, als er sich 1510 zum Meister qualifiziert hatte[19]. Der andere war der schon erwähnte Hans Braun, eine zentrale Gestalt des Glasgewerbes in Augsburg, wie die zahlreichen Erwähnungen seines Namens in den Quellen zeigen. Er wird manchmal als »glaser«, häufiger jedoch als »glasschmeltzer« bezeichnet; mit letzterer Berufsbezeichnung unterschreibt er auch seine geschäftliche Korrespondenz, was auf eine vermutlich ungewöhnliche Form der Spezialisierung in diesem Handwerk deutet.

Florian Giltlinger war der Sohn des Malers Gumpolt Giltlinger, von dessen einst allseits bekannten künstlerischen Fähigkeiten heute nur noch die trockene Sprache von Verträgen und Rechnungsbelegen Zeugnis gibt. Aus dem reichen Quellenmaterial weiß man jedoch, daß er einer großen Werkstatt vorstand, die Aufträge in vielen Bereichen, unter anderen auch dem der Glasmalerei, ausführte[20]. Im Jahr 1484 erhielt er eine einzige Bezahlung für Maler- sowie Marmor- und Glasarbeiten im Dom[21].

Zwei Belege von 1506 und 1509 im Pfarrarchiv in Schwaz in Tirol bezeichnen Giltlinger (»Maister Gumpolt vonn Augspurg«) ausdrücklich als

19 Zunftbuch der Maler, Glaser, Bildschnitzer und Goldschlager, 1495–1548, Eintrag für das Jahr 1510, Augsburg, Stadtarchiv, 72o.

20 Trotz der Bemühungen von R. Hoffmann, Der Maler Gumpolt Giltlinger, in: Zeitschrift des Historischen Vereins für Schwaben und Neuburg, 1894, S. 115, kann ihm kein einziges Werk sicher zugeschrieben werden. Vgl. auch Christian Beutler/Gunther Thiem, Hans Holbein d. Ä. Die spätgotische Altar- und Glasmalerei, Augsburg 1960, S. 163.

21 Beutler/Thiem (wie Anm. 20), S. 164: »Anno Domini 1484 Jare an sannt Michelstag ist die Tafel gemalt und gesetzt worden/und ist der altare mit ainem Marmelstein von newen gemacht und geweicht worden. Dessgleichen dass glass und das gewelb auch von neuem gemacht und gemalt worden ist und gestatt die Tafel mit allen obgeschriben Stucken und sachen 600 guldin ...« Saal- oder Guetterbuch der Pfarrzech unser lieben frawen, Augsburg, Stadtarchiv, 142b.

»Glasser« und vergüten ihm »der Gesellschaft Glas nach Inhalt ainer Visier 60 Gulden« und »das glaswerch auf der kapellen auf dem freithoff fur geschmeltzs und scheyben glass 56 Gulden«[22].

Giltlinger, der in erster Linie Maler war und als solcher auch bei seinem Tod bezeichnet wurde, scheint also einer großen Werkstatt vorgestanden zu haben, die Aufträge aus verschiedenen Bereichen ausführte. Wahrscheinlich richteten sich die Verfügungen einige Jahre später gegen solche monopolistischen Praktiken. Interessant ist auch die Tatsache, daß Giltlinger seine Söhne in verschiedenen Bereichen ausbildete. Einer von ihnen, Gumpolt d. J., übernahm 1520 den Betrieb des Vaters und wird besonders als Maler bezeichnet[23]. Jahre später, 1554, beginnt wiederum dessen Sohn Christoph bei Amberger eine Malerlehre, um dieses Handwerk fortzuführen[24]. Florian, der bereits erwähnte zweite Sohn Gumpolts d. Ä., wurde 1510 Glasmalermeister. Er starb 1547, und *sein* Sohn, Endris Giltlinger, übernahm 1563 wiederum seines Vaters Rechte als Zunftmitglied, ebenfalls als Glasmaler[25]. Er sollte 1580 *seinen* Sohn Christoph als Lehrling einführen, damit er »das Glas und Glasmalern« erlernte[26]. So läßt sich zumindest in einer Familie eine kontinuierliche Tradition von spezialisierten Glasmalern durch das 16. Jahrhundert hindurch verfolgen.

Daß die Glasmalerei einen unabhängigen Berufszweig darstellte, zwar mit dem des Glasers verwandt, jedoch von ihm unterschieden, zeigt der dramatische Höhepunkt einer weiteren unveröffentlichten Quelle aus dem Jahre 1569. In diesem Jahr richtete sich Endris Giltlinger mit der Bitte an den Rat der Stadt, eine Glaserwerkstatt eröffnen zu dürfen[27]. Nach einer ausführlichen Erörterung durch die Repräsentanten der Zunft wurde die Bitte mit der Begründung zurückgewiesen, daß Endris lediglich als Glasmaler ausgebildet worden sei und daher nicht über das nötige Fachwissen verfüge, solch ein Geschäft zu führen. In diesem Fall wurde die Überspezialisierung durch zünftische Sanktionen bestraft. Dieser Vorgang läßt die Vermutung zu, daß die Glasmaler einen recht kleinen Teil der Zunft darstellten.

Es sollte zur Diskussion gestellt werden, inwieweit die Rolle der Familie Giltlinger in der Glasherstellung und -dekoration Auswirkungen auf Breus Auftrag für »Die Kriege Maximilians« gehabt haben könnte. Wie wir oben gesehen haben, erhielt der »Hofmaler« Hans Knoder, der sich damals in Augsburg aufhielt, die Bezahlung für diesen Auftrag. Er sollte bemalte Scheiben herstellen, die die Türen von Maximilians Jagdsitz in Lermoos schmücken sollten. Zieht man Knoders augenfällige Fähigkeiten als Zeichner, Entwerfer und Künstler in Betracht, so erscheint es merkwürdig, daß er die Entwürfe für diesen Auftrag an einen anderen Künstler, Breu, vermittelt haben soll. Welcher Grund hätte dafür bestanden? Eine Antwort wäre, daß er dies gar nicht tat und daß Dörnhöffer ein Fehler unterlief, als er Breus Entwürfe für die Kriegs- und Jagdszenen mit dieser Quelle und diesem Auftrag in Verbindung brachte. Als andere Möglichkeit ist denkbar, daß Knoder als vielbeschäftigter Hofmaler den gesamten Auftrag, also den Entwurf *und* die Ausführung auf Glas, an andere Künstler vergab. Im Lichte der oben zitierten Aussage Burgkmairs d. J. bezüglich der Bedeutung von familiären Verbindungen für die Arbeitsaufteilung ist es unter Umständen wichtig, daß Knoder mit Gumpolt Giltlingers Schwester verheiratet war. Daher ist es sehr gut vorstellbar, daß Knoder einerseits Breus Meisterschaft als Entwerfer nutzte – die 1516 wegen der kaiserlichen Aufträge (einschließlich der Kampfszenen für die Rathausdekoration) besonders hohe Wertschätzung genoß; andererseits die Fähigkeiten der Giltlinger-Werkstatt auf dem Gebiet der Glasmalerei, um den Auftrag ausführen zu lassen. Knoder hätte in diesem Fall einfach als Vermittler und Koordinator fungiert. Gewiß machen es die verwandtschaftlichen Beziehungen zwischen Knoder und Giltlinger doppelt unwahrscheinlich, daß Breu die malerische Ausführung

22 Zitiert nach E. Egg, Der Glasmaler Gumpolt Giltlinger, in: Tiroler Heimatblätter, 25. Jg., H. 3/4, 1950, S. 38.
23 Zunftbuch (wie Anm. 19), Eintrag für das Jahr 1520.
24 Malerbuch, 1566, S. 195, Augsburg, Stadtarchiv, 72a.
25 Malerbuch (wie Anm. 24), S. 82.
26 Malerbuch (wie Anm.24), S. 233.
27 Glaserakten, 1569, Augsburg, Stadtarchiv.

der Glasscheiben übertragen worden wäre, wenn man Giltlingers Fähigkeiten auf diesem Gebiet und die Bedeutung der Familienbande berücksichtigt.

Der andere spezialisierte Glashandwerker, den die Zunftrollen erwähnen, Hans Braun, kann ebenfalls mit den Breuschen Scheibenrissen in Verbindung gebracht werden. In Zusammenhang mit bemalten Rundscheiben hören wir das erste Mal im Jahr 1515 von ihm, als er 14 Florin als Bezahlung »umb 8 Scheiben gemalter gläser in die newen ratstuben gehörig« erhielt. Hans Burgkmair war kurz davor für Entwürfe (»visier zu glesern«) entlohnt worden[28].

Viel später, in den 1530er Jahren, trifft man wieder auf Braun, als er Glasdekorationen für die Kapelle des Jagdschlosses Grünau nahe Neuburg herstellt. Er taucht in einem Eintrag des Baumeisterbuches des Schlosses Neuburg vom Jahre 1531 auf, der besagt, daß er »ain glaswerck von geschmeltzter arbait siebenerlay veldungen in die capellen zur Grienau inhalt gegebner visierungen« vollendet habe. Diese Arbeit sei »zum lustigsten und kunstlichsten« ausgeführt worden, und er hatte 40 Gulden dafür erhalten. Im Jahre 1535 folgte noch eine weitere Bezahlung für »drei geschmeltzte wappenscheiben«, auch für das Jagdschloß; weitere Zahlungen für Glasarbeiten wurden 1536 geleistet[29]. Es ist von großer Bedeutung für Breus Arbeitsorganisation, daß seine Werkstatt zwischen 1536 und 1538 mit der Ausgestaltung des Jagdschlosses beauftragt war, das heißt zur gleichen Zeit, in der Braun dort tätig war. Es gibt einen Vertrag von 1537, der Breu die nicht unerhebliche Summe von 200 Gulden für die Ausschmückung unter anderem der Grünauer Kapelle zusichert[30]. Obwohl der dort genannte »Jorgen Prew maler ... zu Augspurg« Breu d. J. sein muß, da der Vater Ende 1536 oder schon Anfang des Jahres 1537 starb, ist es nicht unmöglich, daß Breu d. Ä. für die Entwürfe der Dekoration verantwortlich war. Eine Klausel im Vertrag von 1537 besagt, daß der Künstler nach bestimmten schon vorhandenen Entwürfen arbeiten sollte. Außerdem gibt es im Baumeisterbuch Zahlungsbelege an die Werkstatt Breus für das Jahr 1536[31]. Neben Hans Braun arbeiteten noch zahlreiche andere Augsburger Handwerker am gleichen Projekt: »Hans Flicker von Augsburg«, »hans Maurer«, »Simprecht, Usmus und Linhart« und »die Zimmerleute Schauer und Bastl«. Sie alle wurden getrennt bezahlt[32]. Wie die Dokumente zeigen, führte die Werkstatt Breus nur die malerische Gestaltung aus, während Hans Braun für die Glasarbeiten zuständig war. Falls Breu verantwortlich für die gesamte Dekoration gewesen sein sollte, ist es nicht ausgeschlossen, daß er auch die Entwürfe für die Glasscheiben lieferte. Doch selbst in diesem Fall steht fest, daß Breus Werkstatt – im Gegensatz zu Giltlingers – die Glasmalereien und die Schmelzarbeiten nicht selbst ausführte.

Es ist möglich, daß Breu und Braun bereits in den 1520er Jahren bei anderen Glasaufträgen zusammenarbeiteten. Darauf lassen die Initialen H.B. schließen, die sich auf dem Göttinger Monatszyklus finden. Vorausgesetzt, daß es sich hier um Brauns Monogramm handelt, könnten diese Zeichnungen, eine davon 1526 datiert, Brauns Kartons, Arbeitsexemplare nach dem Breuschen Prototypus gewesen sein. Das wiese auf eine beachtlich lange Zusammenarbeit zwischen den beiden hin.

Wendet man sich den überlieferten Scheiben selbst zu, wird sofort klar, daß sie von verschiedenen Händen stammen. Die beträchtlichen stilistischen Unterschiede zum Beispiel zwischen dem »Oktober« aus dem Augsburger Maximilianmuseum und der Serie der »Geschichte des Josef« aus dem Bayerischen Nationalmuseum in München – beide sehr geschickt gemalt (Abb. 7 und 8) – sind nur durch zwei verschiedene Glasmaler von ganz unterschiedlicher künstlerischer Prägung erklärbar. Die offensichtliche Arbeitsteilung zwischen dem Entwerfer, Breu, und dem ausführenden Glas-

28 Siehe Anm. 9.

29 Hausarchiv Pfalz-Neuburg, Schlosser und Schatzkasten, Neuburg, Kopial b. 111 fol. 183, München, Staatsarchiv. Zitiert nach Hans Rott, Ottheinrich und die Kunst, Heidelberg 1905, S. 17.

30 Neuburg (wie Anm. 29), fol. 184: »Ist ein bedingszettel wie durch hertzog Ottheinrichs baumeister Jeremeien Wagner mit Jorgen Brew malern zu Augspurg gedringt worden etlicher gemecher und die capell in der Grienaw zu malen, welche all und wie sie gemalt sollen werden, specifiert werden. Wird im gemacht 200 fl inmuntz und ein somerklaid, die Farben soll er selb geben, aber holtz und bettgewant weil er arbeit, soll im Jr. f. gn. geben. Sonntag nach Martini 1537.«

31 Neuburg (wie Anm. 29), fol. 190: »Item mitwoch nach Invocabit dem maler Jörgk für allerlay erkaufte und dargelihne notdurft zur malerei gethan bezalt laut zedl 1 fl 1 ß 2 d «; »Item pfingststag nach Cantate maler Jorgen zerung und ausgaben zur malerei gethan bezahlt laut zedl 2 ß «; ... »Item pfingststags nach invocabit dem Velten Prew maler für 3 1/4 plaw per 24 kr./ain pleiweiss per 7 kr., ain parisrot, tut 23 kr., 1 spongrun per 11 kr. und 3 perggrun per 14 kr. bezahlt, tut laut zedl 2 fl 4 ß 24 d «. Baumeisterbuch des Schlosses Neuburg, 1535–1538, Neuburger Nachträge Nr. 161, München, Staatsarchiv.

32 Baumeisterbuch (wie Anm. 31), fol. 190.

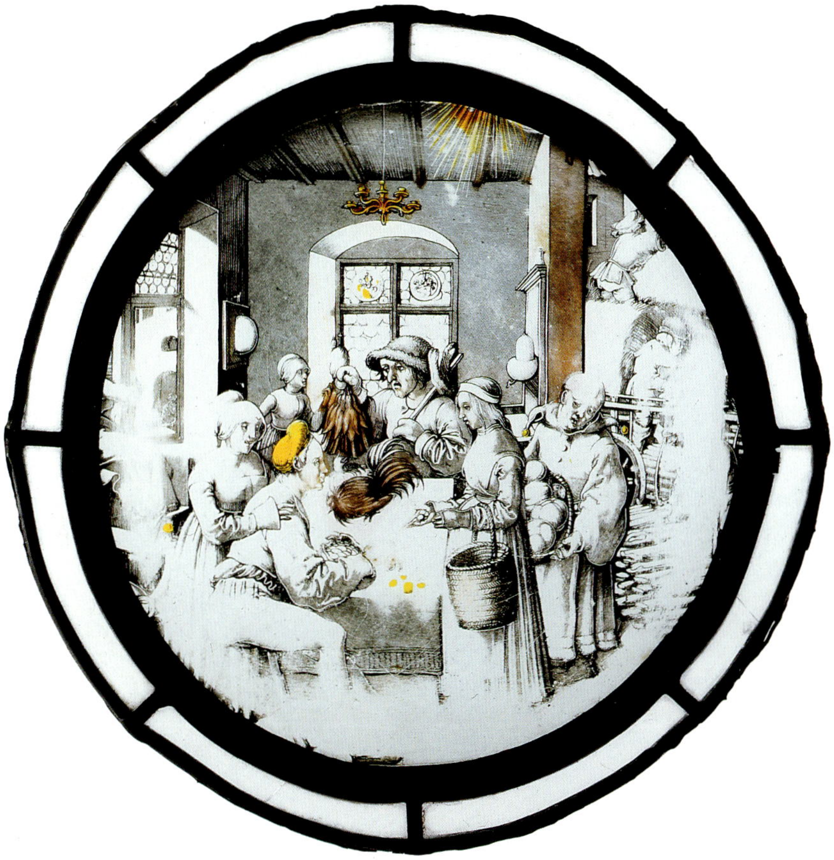

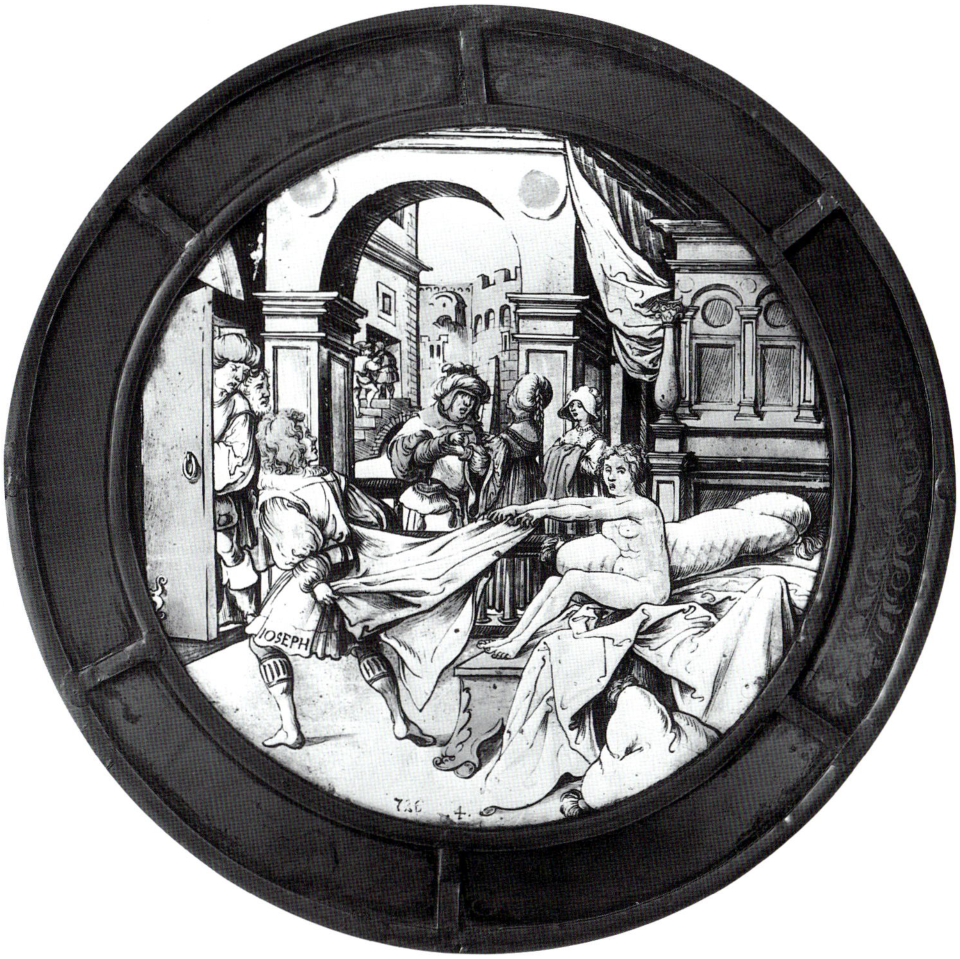

7 Nach Jörg Breu d. Ä., Monatsscheibe Oktober. Städtische Kunstsammlungen Augsburg, Maximilianmuseum.

8 Nach Jörg Breu d. Ä., Joseph flieht das Weib von Potiphar. Rundscheibe. Bayerisches Nationalmuseum, München.

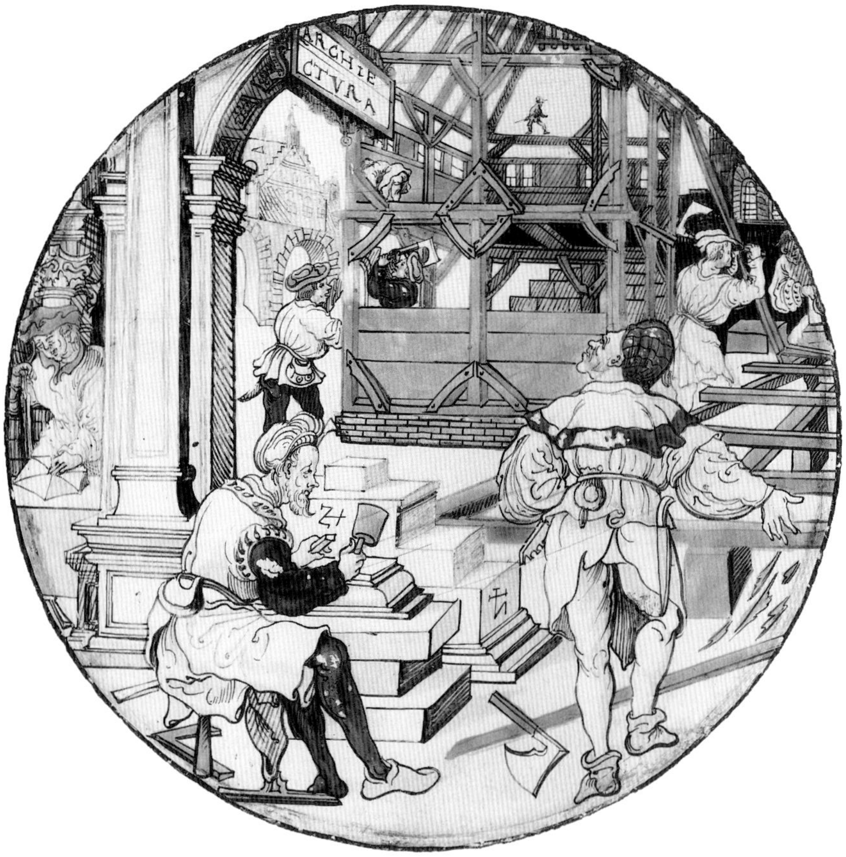

9 *Nach Jörg Breu d. Ä., Architectura. Rundscheibe. The Metropolitan Museum of Art, The Cloisters Collection.*

10 *Monogrammist SZ, 1563, nach Jörg Breu d. Ä., Architectura. Feder und Tinte, grau laviert. Graphische Sammlung Albertina, Wien.*

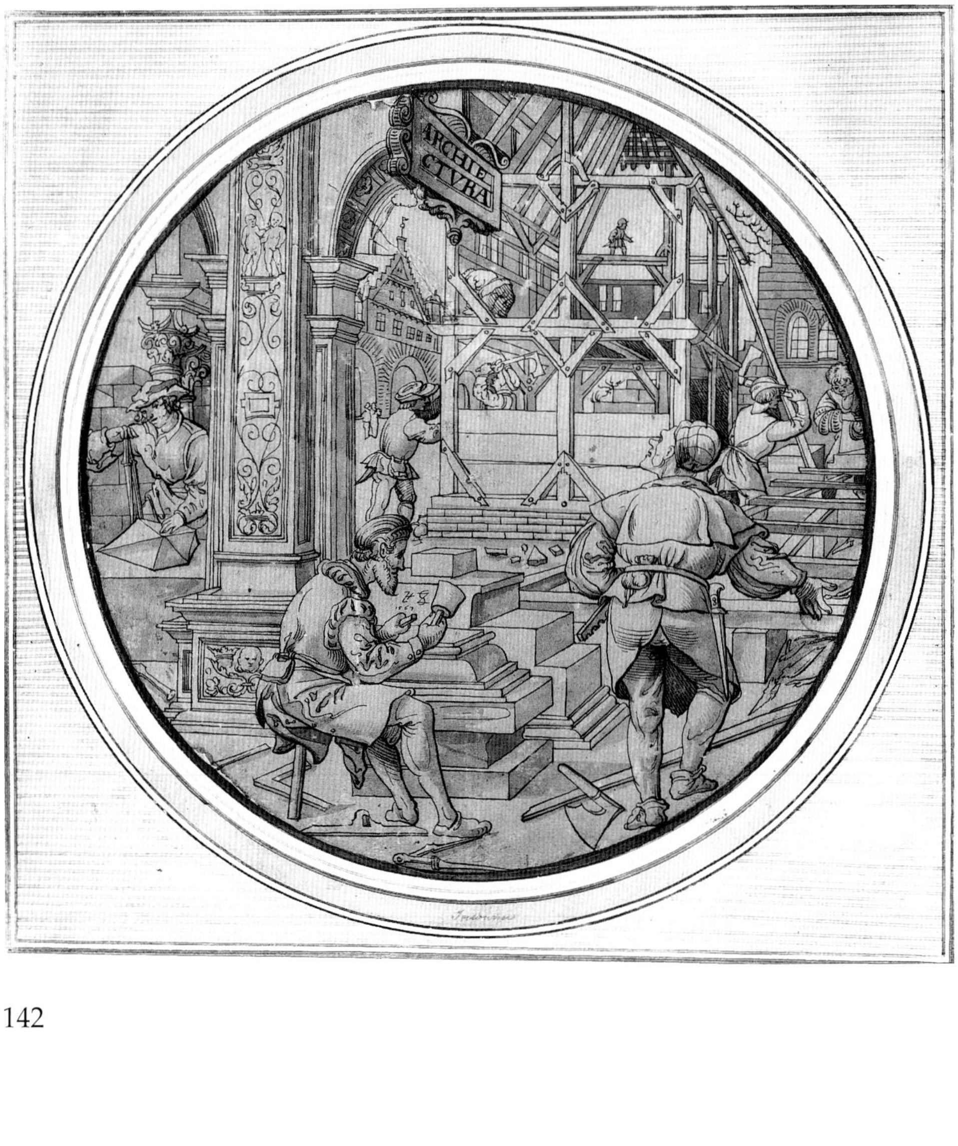

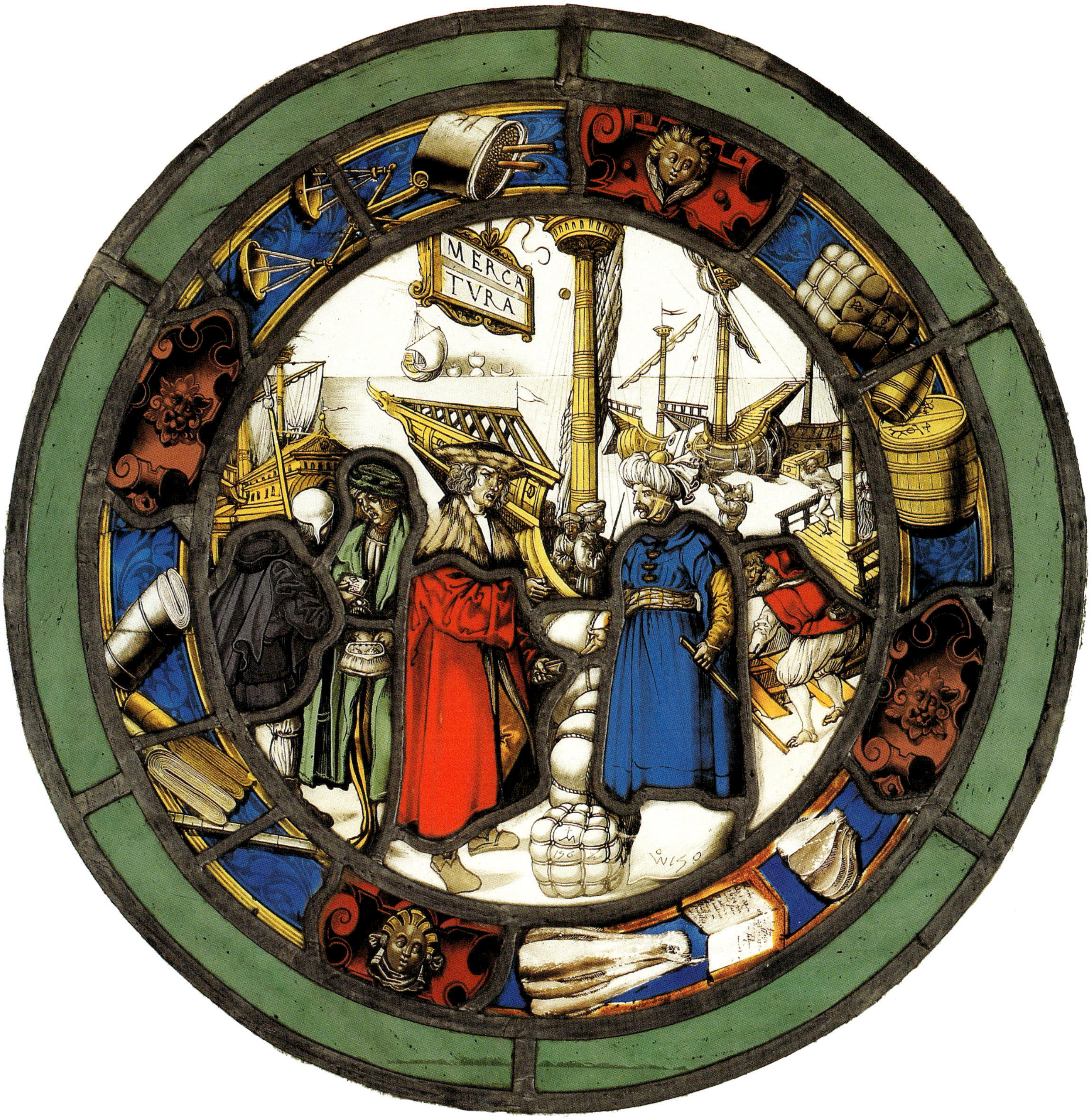

11 Monogrammist JM, 1562, Mercatura. Rundscheibe. Staatliche Kunstsammlungen Dresden, Historisches Museum.

maler ist analog zu der zwischen Künstler und »Formschneider« bei der Herstellung von Drucken, wobei letztere ja häufig sehr unterschiedliche Qualität hervorbringen.

Diese Rundscheiben sind zeitgenössische Stücke, aber es gibt noch andere Scheiben, die auf Breus Entwürfen basieren und deren deutlich späteres Entstehungsdatum nachgewiesen werden kann. Eine Rundscheibe in den »Cloisters« in New York, die »Architectura« (Abb. 9) aus einem Zyklus der Sieben Freien Künste, lehnt sich stilistisch eng an Breus Zeichnungen für einen solchen Zyklus in Wien an[33]. Die Scheibe selbst geht auf eine ebenfalls in Wien befindliche Zeichnung nach einem Breuschen Original, signiert jedoch vom Monogrammisten S Z (Abb. 10) zurück. Die Situation wird

33 Siehe Timothy Husband, Stained Glass before 1700 in American Collections: Silver-Stained Roundels and Unipartite Panels, in: Studies in the History of Art, Bd. 39, National Gallery of Art, Washington 1991, S. 171. Die drei Zeichnungen in der Albertina in Wien sind die »Vestiaria«, »Metalaria« und »Mercatura« (Inv. Nr. 13.255, 13.256, 13.258).

12 Monogrammist HL, Glaserwerkstatt. Feder und Tinte. Historisches Museum Bern.

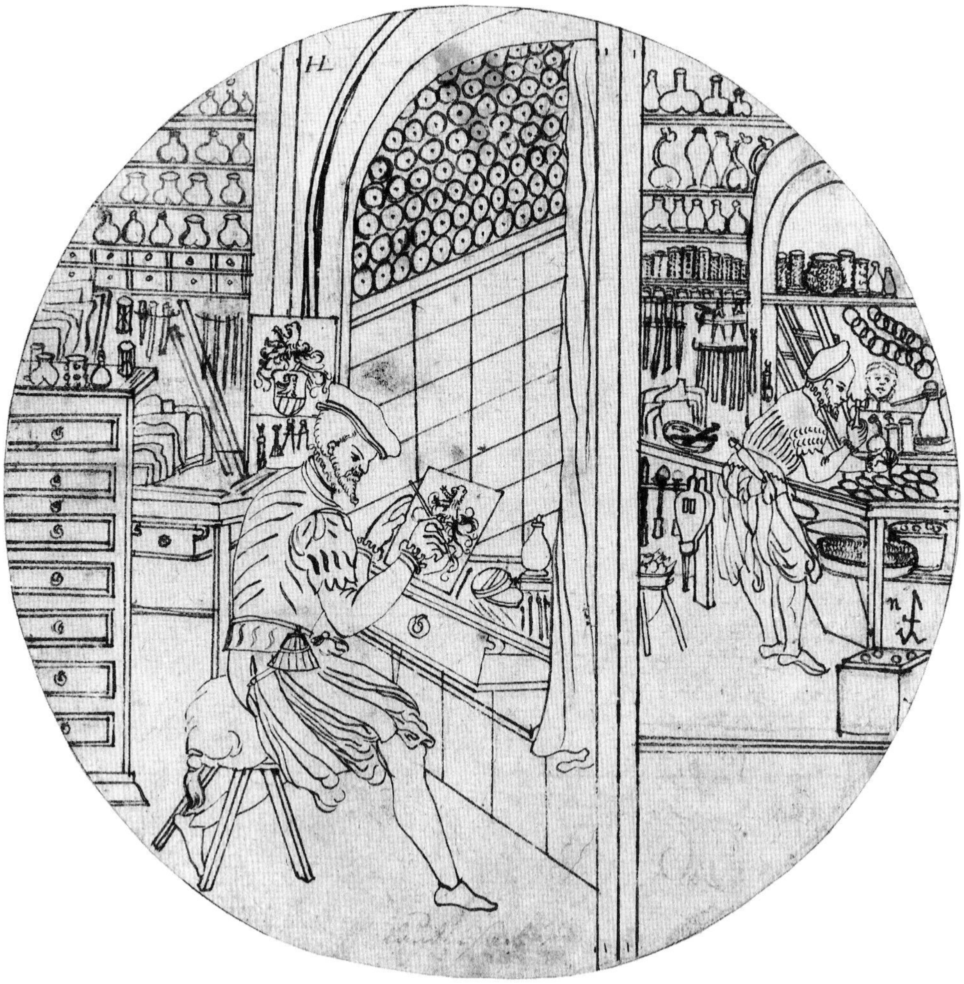

dadurch noch zusätzlich kompliziert, daß sich zwei Monogramme auf der Scheibe befinden, die beide weder von Breu noch von dem Monogrammisten zu stammen scheinen, obwohl sie dem nahekommen. Es gibt noch weitere Varianten dieser Serie: Tobias Stimmer schuf neben einer veränderten Version desselben Entwurfs, jetzt im British Museum in London, auch noch eine »Vestiaria«, datiert 1558[34]. Diese Beispiele zeigen sehr deutlich, wie die Breuschen Scheibenrisse in den Glaserwerkstätten Verbreitung fanden und noch lange nach seinem Tod ihre Wertschätzung erfuhren.

Ein weiterer Beleg dafür sind vier stark restaurierte Scheiben aus der Rüstkammer der Sächsischen Kurfürsten in Dresden, welche die »Milicia«, »Vesticia«, »Mercatura« und »Venatio« zeigen. Sie galten seit 1945 als verschollen und tauchten vor kurzem in den Beständen des ehemaligen Ostberliner Museums für Deutsche Geschichte, die vom Deutschen Historischen Museum übernommen wurden, wieder auf[35]. Die »Mercatura« trägt das Monogramm JM und ist auf das Jahr 1562 datiert (Abb. 11). Ließe sie sich hypothetisch Hans Miller, einem dokumentierten Augsburger »Glaser«, zuordnen? Auf jeden Fall deutet das Erscheinungsbild quellenmäßig und stilistisch darauf hin, daß die Identitäten hinter solchen Initialen eher in den Listen für Glaser als in denen für Maler zu suchen sind.

Es bleibt sehr schwierig, aus den überlieferten Quellen das Ausmaß und den Charakter der Glasmalerei im Augsburg der ersten Hälfte des 16. Jahrhunderts zu rekonstruieren. Der Beruf des Glasers hat in hohem Maße mit der Herstellung und dem Verkauf von Fensterglas, dem Zuschneiden und Einsetzen von Glasscheiben in Bleifassungen sowie mit dem Verkauf von Glasgefäßen zu tun; das Ganze auf engem Raum, der sowohl Werkstatt als

34 British Museum, Inv. Nr. 1899-1-20-56, 1899-1-20-57.

35 Dresden, Staatliche Kunstsammlungen, Historisches Museum, Inv. Nr. A 156 (MfDG: Mk 60-246), A 153 (MfDG: Mk 60-241), A 168 (MfDG: Mk 60-236), A 165 (MfDG: Mk 60-239).

auch Laden war. Es scheint keine örtliche Glasfabrik, die das Rohmaterial herstellte, gegeben zu haben. Auch hier wiederum bieten unveröffentlichte Bittschriften einzelner Glaser an die Zunft, die sich im Augsburger Stadtarchiv erhalten haben, Einblick in den Charakter ihres Gewerbes. In einem Dokument aus dem Jahr 1548 zum Beispiel bittet der »glaser« Jörg Hamer die Zunft um das Recht, venezianische Kristallgläser und Schüsseln (»Cristilinene gleser vnnd Stainine Scudella«) verkaufen zu dürfen, neben seinem angestammten Recht, das er von seinen Eltern ererbt habe, auf Verkauf seines eigenen [?], grünen Glases (»die griene gleser«). Er bringt vor, daß er seit Jahren schon venezianisches Kristallglas zu Verkaufszwecken importiert habe. Nun werde er jedoch, wie er behauptet, von auswärtigen Händlern unterboten, denen kein Verbot auferlegt werde, venezianisches Glas öffentlich, teilweise sogar im Hausierhandel, zu verkaufen, und fragt daher an, ob er nicht einen seiner beiden Läden ganz dem Verkauf venezianischen Glases widmen dürfe, den zweiten hingegen – wie die anderen Glaser auch – dem grünen Glas[36].

In einer anderen Reihe von Dokumenten aus dem Jahr 1558 wendet sich der gleiche Jörg Hamer mit einer größeren Forderung an die Zunft. Er behauptet, am Ufer der Wertach in der Nähe der Stadt weißen Sand gefunden zu haben, der für die Glasproduktion verwendbar sei. Er habe in einer Glashütte bereits Probestücke aus diesem Material angefertigt und sowohl weißes als auch grünes Glas hergestellt. Er setze große Erwartungen darein, das Verfahren weiter zu verbessern und wünsche seine eigene Glashütte in der Nähe seines Hauses oder an irgendeinem anderen geeigneten Ort zu gründen. Dies werde, wie er sagt, der Stadt und der Allgemeinheit zu Wohl

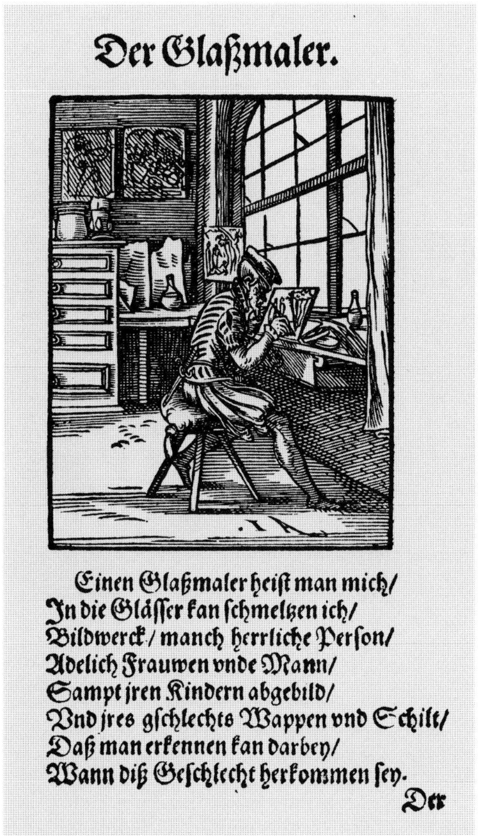

13 *Der Glaßmaler. Holzschnitt aus Jost Ammans »Eygentlicher Beschreibung aller Stände auff Erden«, Frankfurt a. M., 1568. Germanisches Nationalmuseum, Nürnberg*

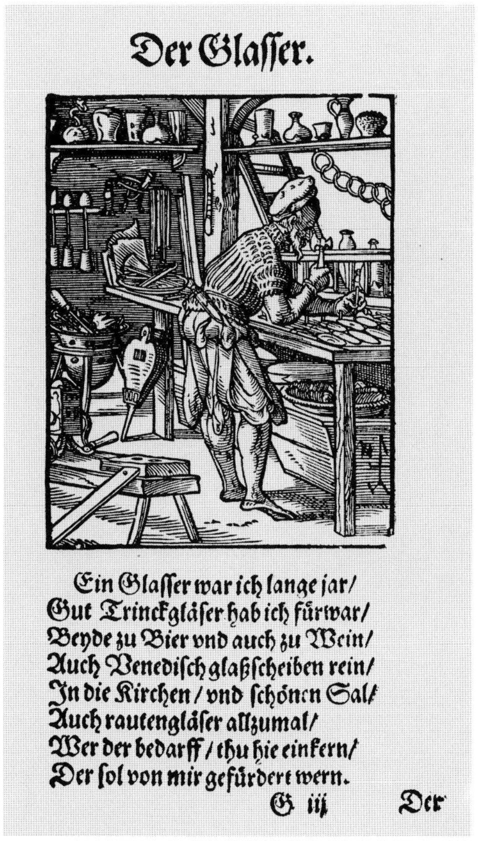

14 *Der Glasser. Holzschnitt aus Jost Ammans »Eygentlicher Beschreibung aller Stände auff Erden«, Frankfurt a. M., 1568. Germanisches Nationalmuseum, Nürnberg.*

36 Glaserakten, 1548, Suplicatio Jörgs Hamers des glasers, Augsburg, Stadtarchiv: » … ich hab etliche vil jar her Meine Cristilinene gleser vnnd Stainine Scudella von Venedig selbs herauss gefuert/die selbn alleweg nach meinem nucz vnnd gefallen verkaufft/wie es dann ain sonders kunst vnd kauffmanns waren seind vnd sonders von etlichn glasern alhie den frombden abkaufft wurden/Neben dem so hab ich von meinen elltern herr allweg vnnd je die gerechtigkait gehapt/die griene gleser faillzuhaben vnnd die obgemelte Venedigische gleser vnnd Scudellen auff mein selbs wagung vnd costn herauß gebracht/Daran auch ainem erbern Hanndtwerck mit dem grienen nicht abget So werdn auch andern frembden fri vergundt vnd zugelassen alhie solche Venedigische gleser vnd Scudelle alls ausslendische waren zuverkauffen vnd offenlich faill zuhaben auch jnn die häuser vmbher zutragen nit gespört Aber wie dem allem [sey] So vndersteet sich ain Erber Hanndtwerck von glasern vnd welln wir [mir?] nit gestatten/das ich ain sonderen laden zu solchen Venedigischen Glesern haben sollte/welchs sie mir meines verhoffens auss obgemelten vrsachen nit wären sollen noch megen/Derenhalbe ich mich auff Eur. vest.vnd st[ät]n beruoffen mit vndertheniger bitt Euer vest vnd st[ä]tn welln mich bei meinem herkomen/mit verkauffung meiner aignen waren/Gunstigkliche handthaben vnnd mit ainem Erbarn Hantwerck verschaffen mich nit zuerschweren/vnnd mich meine beiden leden den ainen mit dem Venedigischen glesern/vnd den andern wie andere glaser mit grenen glesern beide besegen vnd staffiern lassen das vmb Eur vest vnnd st[ät]n jnn allergehorsame zumverdienen will jch nimer vergessen …«

und Nutzen gereichen. Die Glaser müßten nicht mehr länger das Glas von außerhalb importieren. In wahrlich unternehmerischer Art fragt er, ob die Stadt Finanzierungshilfen leisten könne, da er die Kosten für den Bau der Glashütte ebensowenig tragen könne wie die für die Anwerbung von geeignetem Personal in Nürnberg oder anderen traditionellen Herstellungsorten[37]. Augsburg hatte also keine eigene Glashütte, und die Glaser der Stadt mußten mit importiertem Rohmaterial gearbeitet haben.

Die Stellungnahme der Glaserzunft zu dieser Bittschrift ist ähnlich entlarvend. Höchst empört empfehlen sie, eine solche umverschämte (»unverschambt«) Forderung zurückzuweisen. Hamers Vorschlag, die Glashütte allein zu leiten, sei unerhört, wo es doch andere Glaser, junge und alte, mit größerer Erfahrung, als er sie habe, gebe. Glashütten sollten fernab von Städten liegen, vorzugsweise »in den wildesten wälden«, wie in Böhmen, Thüringen, im Schwarzwald oder andernorts, wo genügend Holz verfügbar sei. Im Herzogtum Württemberg duldete Herzog Christoph Glashütten nur in den abgelegensten Gegenden und auch da nur ungern. Besonders der Preis für das Holz und die Asche, die man zur Barchent- und anderer Tuchherstellung benötige, würde stark steigen, und andere Handwerke würden deutlich benachteiligt, wenn dieser Plan erlaubt werden würde. Statt zum Wohle zu gereichen, bewirke solch ein Ansinnen nur Widerstand und Unzufriedenheit im Volk[38].

Jörg Hamers Auseinandersetzungen mit dem Konservatismus der Zünfte in den 1540er und 50er Jahren kann als symptomatisch für das Anspruchsdenken gesehen werden, das die Glaser in den Kompetenzstreitigkeiten an den Tag legten, und für ihren Kampf um Eigenständigkeit gegenüber den Malern, den wir oben behandelt haben. Sie zeugen vom Zuwachs und von der steigenden Nachfrage nach Glaswaren in der Stadt während der ersten Hälfte des 16. Jahrhunderts und dem gleichzeitigen Statusgewinn der damit Beschäftigten.

Als Symbol für den Erfolg der Autonomiebestrebungen der Glaser mag eine unveröffentlichte Zeichnung aus dem Kunstmuseum in Basel (Abb. 12) gelten, die die Arbeit in einem Glasatelier zeigt[39]. Die Kreisform weist darauf hin, daß es sich um einen Scheibenriß handelt, die einfachen Umrißlinien darauf, daß es wohl eine Arbeitskopie war. Kostümhistorisch läßt sie sich in die zweite Hälfte des 16. Jahrhunderts datieren. Man sieht einen Glasmaler und einen Glaser nebeneinander arbeiten, was dafür zu sprechen scheint, daß zu dieser Zeit die Glasmalerei ein anerkannter Teil des Glasergewerbes war. Der Glasmaler sitzt an seiner Werkbank und bearbeitet eine Wappenscheibe, die er freihändig nach einer Zeichnung an der Wand kopiert. Seine elegante Kleidung läßt ihn fast als Patrizier erscheinen und zeigt dadurch den gesellschaftlichen Status, den das Handwerk für sich in Anspruch nimmt. Sein Kollege arbeitet in einem anderen Teil der Werkstatt und paßt fertige Rundscheiben in Bleifassungen ein. Hinter ihm befinden sich eine offene Kohlenpfanne und ein Blasebalg, wie auch ein Satz Löteisen und andere Werkzeuge, die er für seine Aufgabe benötigt. In beiden Teilen der Werkstatt liegen Stapel von rohem unbearbeitetem Glas, dazu Glasgefäße in verschiedenen Formen und dekorativen Ausführungen.

Wie genau ist diese Darstellung? Anfängliche Zweifel an einer wirklichkeitsgetreuen Wiedergabe, die durch die unglaubwürdige Nähe des Glasmalers zur Kohlenpfanne genährt werden, verstärkt die Erkenntnis, daß dieser Entwurf eigentlich eine Verschmelzung zweier Holzschnitte des Nürnberger Künstlers Jost Amman darstellt (Abb. 13 und 14). »Der Glasser« und »Der Glassmaler« entstammen dem Ammanschen »Ständebuch« aus dem Jahre 1568 mit Gedichten von Hans Sachs. Dennoch ist anzunehmen, daß die Unterschiede in Details, die in den Vorlagen fehlen, eigene Bilderfindungen des Glasmalers sind und seinen persönlichen Erfahrungshori-

37 Glaserakten, 1558, Augsburg, Stadtarchiv: »Actum 22. Decembris A. J. [15]58 … Bitt jch gantz vndertheniglich/volgend mein anbringen gnediglich anzuhören/Jch hab alhie bey der Stat an der Wertach/weissen sand vnd Zeug/Darauß man die weissen/auch gut vnd schlecht grüene gläser machen kan/vnd desselben ain gut genueg erfunden. Wellichen zeug Jch auff ain Glashütten gefuret/denselben probiert/geschmeltzt/gläser daraus gemacht/vnd etlichen meinen gebiettenden vnd gunstig Herren angezaigt/vnd dieselben gläser sehen lassen/Wie wol Jch der gentzlichen hoffnung bin, wa Jch angeregten durch mich gefunden Zeug, selbs brauchen vnd schmeltzen werde/das er noch besser vnd schöner glas geben sollte/Nun ist es in meinem vermugen nit/alain auf meinen kosten ain aigen schmeltzhüttin anzurichten/vnd mit gesellen zeunderhalten/dann Jch den Zeug/daraus man den schmeltzofen machen/von Nürnberg/deßgleichen die gesellen ob andern Glashütten alher bringen muessen/Vnd dieweil dann angeregte glashütten/diser loblichen Stat nit allain zu rhom vnd lob raichen sondern zu grossen nutz vnd vortail kommen würden/Dann Jch des erbiettens bin/ainen handtwerck von Glasern alher/die gläser/wie sie es sonst ab andern Glaßhitten kauffen/zugeben/Ist hierauff an Eur H: Vest. f. e.W. als mein gnedig/gebiettend vnd gunstig herrn/zum höchsten mein vnderthenig bete/Die wöllen gemainer Stat zu gutem/mir ein glaß vnd schmeltzhitten bey meiner behausung/oder an ainem andern E. h. v. f. e. w. dartzu gefellig ort zu machen gnediglich erlauben/vnd vergonnen/Auch damit Jch solliche hütten/mit Zeug vnd dienern dester statlicher anrichten möge/mir gegen gebürlicher verschreibung bis in 300.f leihen/vnd furstrecken/will Jch dieselben Euer H: vest vnd f. e. w. zur ordenlicher vnd zimlicher Zeit/widerumb treulich erlegen/Vnd angesagt [?] Glaßschmeltzhüttin dergestalt anrichten … «

38 Glaserakten (wie Anm. 37): »Der Verordneten Vorgeer vnnd aines gantzen Handtwercks von Glasern Bericht Auff Georgen Hamers vermainten Vorhaben ainer Schmeltzhütten
Edel (und) gebiettend vnd gunstig herrn/Nachdem sich Jorg Hamer/wiewol gemainer Stat vnd ainem hantwerck von Glasern/vnbillicher vnd nachtailiger weis/ain Glaß vnd Schmeltzhütten alhie aufzurichten vndersteen/vnnd seinem beruemen nach/ainem handtwerck hoch darmit dienen wolt etc Hetten wir vns gleichwol versehen/er solte solliches ainem Handtwerck/ob es demselben zuwider oder nit/zuuor antzaigt haben/Welches aber Er darumb//das er wol waist/das es ainem handtwerck zuwider/vnderlassen/vnd dieweil dann solches

zont widerspiegeln. Beispielsweise ersetzt er den gemalten Entwurf aus Ammans Bilderzählung – »Die Erschaffung Evas«? – durch ein Wappen, ein Motiv, das vielleicht der eigenen Tätigkeit des Glasmalers eher entsprach. Er fügte außerdem Regalbretter mit recht unterschiedlichen Glasgefäßen, unter anderen Sanduhren, hinzu und stellte sie über eine Reihe von kleinen Schubladen, die vielleicht Pigmente enthielten. An dem Satz Zangen, an Gegenständen, die wie weitere Greifwerkzeuge aussehen, und an einer anderen Gußform als im Ammanschen Holzschnitt erkennt man, daß trotz des künstlichen räumlichen Zusammenhangs die Einzelheiten der Tätigkeiten und der dazu notwendigen Gerätschaften sehr genau wiedergegeben wurden. Solch eine Rundscheibe, als Werbung für die Fähigkeiten des Glasers in seinem Gewerbe, zeigt recht gut dessen neu gewonnenen Status.

Aus dem Gesagten ergibt sich, daß es Breu sogar noch nach 1522 von der Zunft erlaubt war, Glasmalerarbeiten durchzuführen. Allerdings ist es unwahrscheinlich, daß er dies je tat. Die Kunst der Glasmalerei wurde spätestens seit 1510 zur Aufgabe von spezialisierten Gewerbetreibenden, die ab den 1560er Jahren eine eigenständige Gruppe von Handwerkern bildeten. Dadurch konnte sich, ähnlich wie etwa durch Holzschnitte, der Einfluß eines Künstlers wie Breu in weitere Regionen verbreiten, selbst noch nach seinem Tod. Es mag paradox erscheinen, daß gerade dieser schöne, gleichwohl untergeordnete Bereich in Breus Schaffen am besten überliefert ist.

Aus dem Englischen von Bernhard Rieger und Pia Maria Grüber.

nit beschehe/vnd wir dessen erst/als er zu sollichem vorhabenden werck, von vns jme etlich gelt fürzustrecken begert/in erfarung kommen/Haben wir mit vorwissen der herrn Burgermaister/ain völligs Hantwerck/vnd vndereinander ain umbfrag gehalten/Welliche alle samentlich/sein Jörg Hamers antzaig vnd Supplication/so Euer W vnd f. e. w. übergeben durchaus widersprechen/vnd befrembt vns nit wenig/sonder zum höchsten/das supplicant ain sollichs vnuerschambt begern/vnd vnder dem schein/als ob es gemainer Stat vnd handtwerck/seer nutzlich/so leiicht [sic] achten darff/So Er doch in Jm selbst wol waist das sollich sein vorhaben kain bestand haben/vnd nit allain gemainer Stat vnd hantwerck/sonder jme selbst hoch nachtailig sein/ja gar sein entlich verderben darauß eruolgen wurd/Ob Er vermainte Er wiste den gebrauch der Glas vnd Schmeltzhütten allain/Es seind Got lob ander alt vnd jung Maister mer vnder ainem Hantwerck/die den gebrauch der Glas vnd Schmeltzhüttin eben so wol/Ja (one rhom zumelden) besser wissen weder supplicant. Dann dergleichen Hitten seiend nit in oder bey den Steten/Sonder in den wildesten wälden/das man holtz an der hand gehaben kan. Als jnn Bohemer, Thüringer/Schwartz/vnd andern wälden/auch im fürstenthumb Wirtemberg/Vnd ob wol im selben Fürstenthumb die hütten in den wildesten Höltzen sein/So were doch hertzog Christoff von Würtemberg ü[ber?] sollicher hütten villieber überhebt/vnd wa sein f g ain hitten mit fuog kan abgeen lassen/daran legt sein f g allen fleis/Vnd Jörg Hamer wolt ain hütten/jnn/oder bey der Stat auffrichten/Aber er ist ainem hantwerck je vnd allwegen höchlich zuwider …/Dann es ist vnmöglich das ain Glaas vnd Schmeltzhütten/bey diser Stat erhalten werden könde. Aus vrsachen/Es braucht vil holtz vnd äschen/zugschweigen was man sonst dazu braucht/Also/das es in holtz vnd äschen/welliches doch one das in hohem gelt/ain grossen aufschlag machen/vnd allen Hantwercken die holtz vnd äschen brauchen, Ja fürnämlich dem gemainen Barchat vnd Tuchhandel/daran der Armen Burgerschafft seer vil gelegen ist/nachtailig sein/würd/Daraus dann vnder dem gemainen Mann ein grosser widerwill entsteen möcht …«

39 Mein Dank gilt Herrn PD Dr. Heinrich Dormeier, der mich darauf aufmerksam machte.

Heinrich Dormeier

Kurzweil und Selbstdarstellung Die »Wirklichkeit« der Augsburger Monatsbilder

Wer kennt es nicht, jenes Gemälde aus dem 16. Jahrhundert mit der Wiedergabe des Markttreibens auf dem Perlachplatz und dem Auszug der Ratsherren aus dem Augsburger Rathaus? Oft sind die lebensvollen Szenen in Schulbüchern abgebildet und für praktische Übungen im Geschichts- und Kunstunterricht herangezogen worden[1]. In wissenschaftlichen und populären Darstellungen der Kulturgeschichte gehört dieser Blick auf das winterliche Treiben vor dem Augsburger Rathaus beinahe schon zum obligatorischen Bestand des Abbildungsteils[2]. Selbst philosophisch-naturwissenschaftliche Untersuchungen verwenden dieses Gemälde als historische Folie für Überlegungen, die um ganz andere Themen kreisen[3]. In kulturhistorischen Ausstellungen war es nur deswegen nicht häufiger zu bewundern, weil man die beiden Versionen, die es von diesem Bild gibt, aus unterschiedlichen Gründen schwer ausleihen konnte. Das ältere Gemälde befand sich lange im Privatbesitz, eine Kopie ist im Augsburger Maximilianmuseum sozusagen »fest installiert« und nicht transportfähig[4].

Die häufige Reproduktion und die Popularität dieses großen Stimmungsbildes aus dem 16. Jahrhundert haben aber nicht unbedingt zu einem besseren Verständnis der Darstellung beigetragen, sondern dieses eher verhindert.

Das Augsburger Bild ist vielmehr das Musterbeispiel einer scheinbar allgemein bekannten, im Grunde aber unbekannten und in mancher Hinsicht rätselhaften kulturhistorischen Quelle. Obwohl die Schildchen mit den Monatsbezeichnungen »October, November, December« überdeutlich auf das Bildprogramm und die dazugehörigen drei weiteren Gemälde verweisen, ist der Zyklus nur selten vollständig abgebildet worden[5]. Der Zusammenhang dieses isolierten Schlußbildes wird in der Regel nicht einmal in den Bildunterschriften erläutert. Der notwendige Kommentar müßte nicht nur die drei übrigen Gemälde der Bildfolge, sondern auch die zwölf Scheibenrisse Jörg Breus d. Ä. einbeziehen, die als direkte Vorlage gedient haben. Das fälschlich so genannte »Winter«-Bild ist aber auch deswegen rätselhaft, weil wir so gut wie nichts über Maler, Auftraggeber und den früheren Standort der Bilderfolge wissen.

Auftraggeber und früherer Standort der Monatsbilder

Auftraggeber, Maler und ursprünglicher Standort der Monatsbilder sind bislang weder aus archivalischen Quellen noch aus den Bildern selbst einwandfrei zu ermitteln. Die Wappen und Monogramme, die Architektur und die Landschaft der Monatsbilder geben darüber nur bedingt Aufschluß[6]. Soviel steht jedoch fest: Die Vorlagen der Monatsbilder, das heißt die Monatsscheiben bzw. die Scheibenrisse Jörg Breus d. Ä., hat der Augsburger Patrizier Georg II Höchstetter (1479–1534) vor 1521 in Auftrag gegeben[7]. Die großformatigen Monatsbilder gehen sicher ebenfalls auf die Initiative eines Angehörigen der ratsfähigen Geschlechter zurück, deren Vertreter auf dem Dezember-Bild dargestellt sind. Manches spricht für die Familie Rehlinger

1 Vgl. zuletzt Richard Schult, Der Augsburger Perlachplatz, in: Eberhard Schwalm (Hg.), Folienbuch Geschichte. Bilder für den Unterricht von den frühen Hochkulturen bis zum 16. Jahrhundert, Bd. 1, Lehrerheft, Stuttgart etc. 1992, S. 81–84.

2 Zum Beispiel bei Lyndal Roper, The Holy Household. Women and Morals, in: Reformation Augsburg, Oxford 1989 (vor dem Titelblatt); Karl Bosl, Gesellschaft im Aufbruch. Die Welt des Mittelalters und ihre Menschen, Regensburg 1991 (auf dem Titelblatt aus dem Winterbild: Rathaus und Perlachturm); Richard von Dülmen, Kultur und Alltag in der frühen Neuzeit, Bd. 2: Dorf und Stadt 16.–18. Jahrhundert, München 1992, S. 75, Abb. 17 (Rathausszene), S. 175, Abb. 44 (April–Juli-Bild – mit irreführender Bildunterschrift: »Die Stadt Augsburg im 16. Jahrhundert«).

3 Peter Baccini/Paul H. Brunner, Metabolism of the Anthroposphere, Berlin/Heidelberg etc. 1991, S. 3.

4 Sämtliche vier Bilder waren nur 1980 in Augsburg in der Ausstellung »Welt im Umbruch« einmal in der Öffentlichkeit zu sehen, das Winterbild 1983 auch in Nürnberg: Martin Luther und die Reformation in Deutschland, Nürnberg 1983, S. 26f., Nr. 16 (F. Irsigler).

5 Julius Baum, Die Monatsscheiben des älteren Breu und ihre Nachbildungen, in: Altschwäbische Kunst, Augsburg 1923, S. 65, Abb. 79 (Januar–März), S. 69, Abb. 85 (April–Juni), S. 73, Abb. 87 (Juli–September), S. 77, Abb. 91 (Oktober–Dezember); Wolfgang Wegner, Die Scheibenrisse für die Familie Hoechstetter von Jörg Breu dem Älteren und deren Nachfolge, in: Zeitschrift für Kunstgeschichte, 22, 1959, S. 24, Abb. 7 (Juli–September); Jacob Reisner, Gang durchs Jahr, ein altbayerisches Kalendarium, in: Die Kunst und das schöne Heim, 61, 1963, S. 588–593, mit Schwarzweiß- und (S. 590f.) Farbabbildungen der Augsburger Breu-Bilder mit kurzem Begleittext; Sotheby's Old Master Paintings, Auktionskatalog, London, 5. Juli 1989, S. 46–49, Abb. 22–24.

6 Zu Anklängen an ähnliche Landschaftsbilder vgl. Wegner (wie Anm. 5), S. 32; Gode Krämer, in diesem Band.

7 Vgl. Wegner (wie Anm. 5), S. 26; dazu auch Andrew Morrall, in diesem Band.

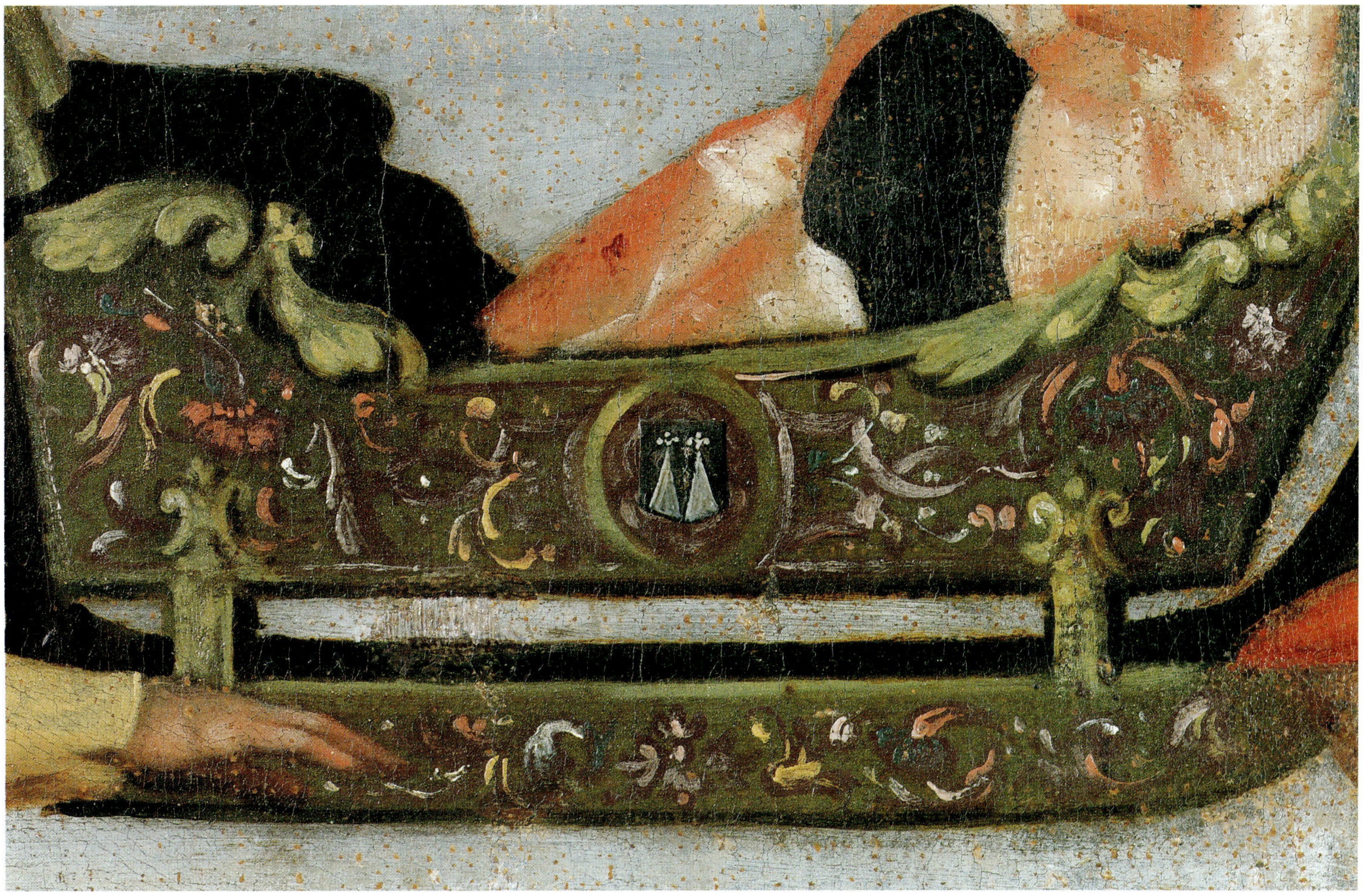

als Auftraggeber. Das Wappen dieser Familie ist auf dem Schlitten im Zentrum des »Winter«-Bildes, also an exponierter Stelle, wiedergegeben (Abb. 1). Ulrich Rehlinger war zudem von 1525 bis 1535 in allen ungeraden Jahren, also auch 1531, Bürgermeister der Reichsstadt. Im selben Jahr fanden gleich vier Heiraten männlicher Familienmitglieder statt – die Gemälde könnten durchaus zur Erinnerung an diese festlichen Ereignisse entstanden sein[8]. Welchen Rang die weitverzweigte Familie damals in Augsburg hatte, zeigt auch eine kurze Notiz Clemens Jägers im Entwurf des Fuggerschen Ehrenbuchs: Während er bei den Wappen ansonsten jeweils die Wappenfarben angibt, begnügt er sich beim Rehlinger-Wappen mit der Feststellung »Colores omnibus noti« (Die Farben sind allgemein bekannt)[9]. Allerdings ist nicht auszuschließen, daß sich das Wappen konkret auf die Frau im Schlitten bezieht. Dann kämen etwa auch Anna Rehlinger, die Gemahlin Anton Fuggers, oder eine andere Dame aus dem Rehlinger-Geschlecht in Betracht.

Der ursprüngliche Standort und das spätere Schicksal der Bilder sind leider ebenfalls nicht sicher zu ermitteln. Das muß nicht nur angesichts der Größe der Bilder überraschen. Denn seit der zweiten Hälfte des 16. Jahrhunderts haben gelehrte Köpfe und Augsburger Künstler mit großem Sammeleifer Nachrichten und Bilder der älteren und jüngeren Stadtgeschichte zusammengetragen und der Nachwelt überliefert. Nachzeichnungen aus dem Turnierbuch Marx Walthers im Confectbuch des Jeremias Schemel, die Reihe der Familienstammbücher, die Chronik Marcus Welsers sowie in späterer Zeit die Radierungen Wilhelm Peter Zimmermanns und die Geschichtswerke des Paul von Stetten sind ein beredtes Zeugnis dafür.

Die Kopie des »Winter«-Bildes im Maximilianmuseum ist eine Frucht dieser Bemühungen[10]. Noch zu Beginn unseres Jahrhunderts befand sich

1 Monate Oktober–Dezember: Wappen der Rehlinger auf dem Schlitten. Berlin, Deutsches Historisches Museum.

8 Albert Haemmerle, Die Hochzeitsbücher der Augsburger Bürgerstube und Kaufleute-Stube bis zum Ende der Reichsfreiheit, München 1936, S. 23f. (u. a. heirateten am 9. Februar 1531 Hans Rehlinger d. J. und Anna Riedler).

9 Nürnberg, Germanisches Nationalmuseum, Hs. 1668, Bl. 47; zur Familie der Rehlinger vgl. ausführlich den Beitrag von Peter Burschel/Mark Häberlein, in diesem Band.

10 Vgl. dazu im einzelnen den Beitrag von Gode Krämer, in diesem Band.

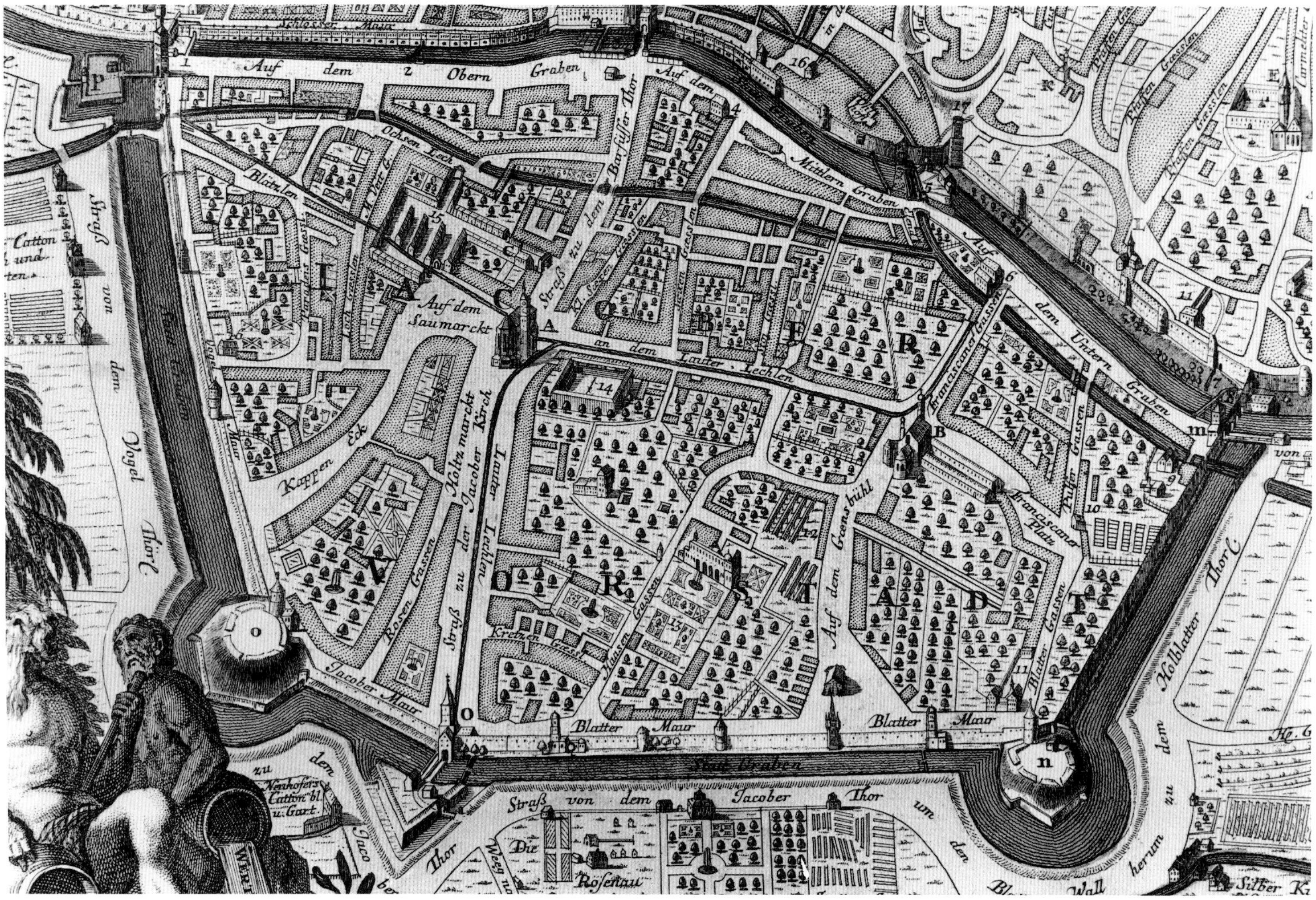

2 *Matthäus Seutter, »Baugarten« in der Jakober Vorstadt. Detail eines Stadtplans aus Seutters »Atlas Novus«. Kolorierter Kupferstich, nach 1743. Augsburg, Staats- und Stadtbibliothek.*

dieses Bild im Sitzungszimmer des neuen Rathauses, bevor es in das Maximilianmuseum gelangte. Und nur auf dieses Bild beziehen sich die ersten Erwähnungen in der älteren Literatur. Wilhelm Peter Zimmermann hat sich am Anfang des 17. Jahrhunderts an diesem Gemälde orientiert, als er seine Radierung über den »Perlachplatz anno 1520« anfertigte. Seine Datierung kann sich freilich nur auf die Vorlagen des »Winter«-Bildes beziehen, stellt also einen bisher unbeachteten Hinweis auf die Entstehung der Scheibenrisse dar. Hätte er die übrigen drei Bilder gekannt, hätte er diese vermutlich in ähnlicher Weise aufgegriffen[11].

Wo das Bild ursprünglich hing, erfahren wir einige Jahrzehnte später von Paul von Stetten d. J., dem besten Kenner der Augsburger Geschichte (1731–1808). Dieser schreibt in seiner Kunstgeschichte der Reichsstadt Augsburg über den Maler Heinrich Vogtherr, der 1541 archivalisch in der Reichsstadt nachweisbar ist: »Mit Gewißheit wüßte ich kein Gemälde von ihm anzugeben, doch möchte er wohl diejenigen großen Stücke, die in dem izigen sogenannten großen Baugarten stunden, als er noch den Fuggern gehörte, und wovon nur noch eines daselbst zu sehen ist, gemalet haben …«[12]. Das »Winter«-Bild, das hier nur gemeint sein kann, hing also im ehemaligen Fuggerschen Baugarten, bevor es ins Rathaus gelangte. Zu Beginn des 16. Jahrhunderts hatte Jacob Fugger zwei Häuser nebst Garten gekauft und zu einem »Lusthaus mit Wasserwerk« umbauen lassen. 1532 war das Grundstück im Besitz Anton Fuggers, Ende des 16. Jahrhunderts Marx Fuggers, danach Philipp Eduard Fuggers, der es 1656 der Stadt überließ[13]. Der »Baugarten« in der Jakober Vorstadt zwischen Gänsbühl und Hasengasse ist auf mehreren Stadtansichten des 16. bis 18. Jahrhunderts zu

11 Allerdings gibt es einige Nachzeichnungen aus dem 16. Jahrhundert, die sich auf die Frühlings- und Sommermonate beziehen; vgl. etwa den »Venusmonat« in Wien, Graphische Sammlung Albertina.

12 Paul von Stetten d. J., Kunst-, Gewerbe- und Handwerksgeschichte der Reichs-Stadt Augsburg, Bd. 1, Augsburg 1779, S. 279; vgl. ders., Erläuterungen der in Kupfer gestochenen Vorstellungen, aus der Geschichte der Reichsstadt Augsburg, Augsburg 1765, S. 64, S. 135f.; siehe auch Baum (wie Anm. 5), S. 119.

13 Vgl. dazu Stetten (wie Anm. 12), S. 81; möglicherweise auf einen anderen »Baugarten« am Mittleren Graben bezieht sich Norbert Lieb, Die Fugger und die Kunst im Zeitalter der Spätgotik und Frührenaissance, München 1952, S. 89f. (abweichend zum Übergang dieses [?] Grundstücks an die Stadt: 1697 kam es an die »Evangelischen Almosenherrn«, die darauf das Evangelische Waisenhaus errichteten = Unterer Graben 6).

erkennen (Abb. 2)[14]. Unsere Monatsbilder könnten durchaus in solchen »Lusthäusern« inmitten von Gärten, die einige reiche Familien um 1520 anlegen ließen, gehangen haben. Mit größerer Wahrscheinlichkeit aber haben sie den Festsaal eines der Landsitze und Schlösser der weiteren Umgebung geschmückt, auf die sich die Augsburger Patrizier in jenen Jahrzehnten zurückzogen[15]. Die Fugger richteten sich in Weißenhorn, Babenhausen und anderen Schlössern ein. Für die Ausstattung der Räume kamen sicher auch Monatsdarstellungen in Frage. Gegen Ende des 16. Jahrhunderts sind zum Beispiel in Kirchberg und Bobingen gleich mehrere Monatsserien nachweisbar, und zwar wie bei den Monatsbildern des Deutschen Historischen Museums jeweils drei Monate auf einer Tafel[16]. Mitglieder der Rehlinger-Familie erwarben im 15. und 16. Jahrhundert sage und schreibe vierzehn Schlösser, darunter etwa Hainhofen, Ottmarshausen und Untermeitingen. 1559 waren allerdings nur noch fünf von ihnen in Familienbesitz (Schornack, Friedberg, Meringen, Lichtenberg, Haldenberg)[17]. Neben den überlieferten Augsburger Geschlechtertänzen könnten auch hier Monatsbilder zu bewundern gewesen sein.

Wie Zimmermann bezog sich auch Paul von Stetten lediglich auf das »Winter«-Bild. Auch in seinen kulturhistorischen Erläuterungen über das Turnierwesen in Augsburg erwähnt er etwa das Turnierbild mit keinem Wort. Mitte des 17. Jahrhunderts war in Augsburg nur noch ein Bild aus der Monatsbilder-Serie bekannt, nämlich das »Winter«-Bild, das später ins Rathaus gelangte. Lediglich das letzte Monatsbild und nicht etwa der gesamte Zyklus dürfte im 16. Jahrhundert in Augsburg kopiert worden sein.

Die vollständige Monatsbilder-Folge ist vom 16. bis zum 19. Jahrhundert nirgends im Druck erwähnt. Erstmals weist Robert Stiassny in seinem Beitrag über Jörg Breu von 1893 auf die Gemälde hin, die sich damals bereits in Wittelsbacher Besitz, auf Schloß Leutstetten am Starnberger See, befanden. Allerdings kennt er die Gemälde nur vom Hörensagen[18]. Julius Baum dürfte der erste Kunsthistoriker gewesen sein, der die Bilder ebendort zu Beginn dieses Jahrhunderts inspiziert hat[19]. Das Schloß Leutstetten erwarb Prinz Ludwig von Bayern, der spätere König Ludwig III., erst 1875. Die Akten der Hof- und Vermögensverwaltung des Prinzen Ludwig (III.) sind 1944 verbrannt. Daher ist auch ein Leutstettener »Inventar aus dem Beginne des 19. Jahrhunderts« vermutlich verloren, das Julius Baum 1923 noch zu Rate ziehen konnte[20]. 1955 befanden sich die Gemälde auf Schloß Nymphenburg in München, bevor sie schließlich auf Schloß Sünching bei Regensburg gelangten und vor wenigen Jahren vom Deutschen Historischen Museum in London ersteigert werden konnten[21].

Bildprogramm, Originalität und Realität

Auf den Monatsbildern überschneiden und vermischen sich im wesentlichen drei Entwicklungsstufen des Bildprogramms: der traditionelle Kanon der Monatsdarstellungen, die partielle Umgestaltung dieses Musters in den Scheibenrissen Breus Anfang der 20er Jahres des 16. Jahrhunderts und schließlich die ureigene Bildersprache der großformatigen Gemälde mit ihren Neuerungen gegenüber dem traditionellen Schema wie auch gegenüber der direkten Vorlage.

Das althergebrachte Bildprogramm ist auf dem Augsburger Bilderzyklus in dreifacher Hinsicht wirksam geworden: in der formalen Gestaltung, in der Auswahl der Einzelmotive und in der harmonisierenden Grundtendenz[22]. Die zwölf Monate sind auf jeweils drei Bildzonen der vier Gemälde verteilt worden. Dieses konservative Grundprinzip wird noch durch die Monatsbezeichnungen auf den weißen Schildchen betont. Daß die

14 Vgl. z. B. den Kupferstich von M. Seutter, »Der Bau-Garten« (vgl. Legende), umgeben von Gebäuden, die durchaus der Carpaccio-Architektur auf dem Februar-Bild ähneln (Augsburg, Staats- und Stadtbibliothek, 2° Cod. H. 72 Nr. 13); vgl. auch den Kilian-Grundriß von 1633 (Augsburg, Staats- und Stadtbibliothek, 2° Cod. H. 72 Nr. 19; siehe ebd. Nr. 20, 23).

15 Zur Anlage der Gärten vgl. Georg Habich, Der Augsburger Geschlechtertanz von 1522, in: Jahrbuch der königlich preußischen Kunstsammlungen, 32, 1911, S. 213–235, 226 mit Anm. 7; Franz Karg, Die Fugger im 16. und 17. Jahrhundert, in: Die Fugger und die Musik, Augsburg 1993, S. 99–109, bes. 105 (mit weiterer Literatur); Stetten (wie Anm. 12), S. 111 (Schlösser und Lusthäuser auf dem Lande, die man auch »Freß-Gütlein« nannte, waren mit großen Sälen zu Gastereyen und Gesellschaften ausgestattet).

16 Norbert Lieb, Octavian Secundus Fugger (1549–1600) und die Kunst, Tübingen 1980, S. 80f., 303–305.

17 Augsburg, Staats- und Stadtbibliothek, 2° Cod. H. 7 (Ehrenbuch der Rehlinger), S. 7f., 11.

18 Robert Stiassny, Jörg Breu von Augsburg, in: Zeitschrift für christliche Kunst, 6, 1893, Sp. 298 mit Anm. 3.

19 Julius Baum, Das alte Augsburger Rathaus, in: Zeitschrift des Historischen Vereins für Schwaben und Neuburg, 33, 1907, S. 67, Nr. 10 (im Besitz S.K.H. Prinz Ludwig von Bayern); ders. (wie Anm. 5), S. 115f. (im Besitz S.K.H. Kronprinz Rupprecht von Bayern).

20 Mein herzlicher Dank gilt Herrn Archivdirektor Dr. Hans Puchta (Bayerisches Hauptstaatsarchiv, Geheimes Hausarchiv) für ausführliche Informationen über die archivalische Überlieferung.

21 Vgl. Augsburger Renaissance, Augsburg 1955, S. 19, Nr. 24 (München, Schloß Nymphenburg, S.K.H. Prinz Franz von Bayern); Elias Holl und das Augsburger Rathaus, Augsburg 1985, S. 304, Nr. 172 (Schloß Sünching bei Regensburg, Privatbesitz: Freiherr Hoenning O'Carrol). Für freundliche Auskünfte über den Weg der Bilder im 19. und 20. Jahrhundert und über den möglichen Verbleib des Inventars vom Anfang des 19. Jahrhunderts danke ich herzlich dem Freiherrn Hoenning O'Carrol und Wolf Graf von Schmettau.

22 Vgl. dazu ausführlich den Beitrag von H. Dormeier, Bildersprache, in diesem Band.

Monatsnamen lateinisch wiedergegeben werden, unterstreicht die Bindung des Bildprogramms an die Kalendarien der Stundenbücher. Thematisch halten sich die Scheibenrisse noch etwas enger an die tradierte Motivauswahl und deren Abfolge als die Gemälde. Gängige Themen der Monatsdarstellungen sind das Festmahl im Januar, die Kahnfahrt ausgelassener junger Leute im April, das Maienbad, das Heumachen im Juni, die Getreideernte im Juli, die Herstellung und das Dichten der Fässer und die Weinkelter, die Versorgung mit Brennholz und das Schweineschlachten im November/Dezember.

Nicht zufällig haben sowohl die Scheibenrisse als auch die Monatsbilder vor allem in den Frühjahrs- und Sommermonaten die üblichen Vorlagen nachgeahmt. Auch in den Zyklen der Stundenbücher bilden die Maivergnügen, die Erntearbeiten im Sommer, die Weinlese im Herbst und das Mahl im Winter sozusagen die Konstanten des Bildprogramms. Einige dieser regelmäßig wiederkehrenden Szenen repräsentierten zugleich die entsprechenden Jahreszeiten. Die April- und Mai-Szenen mit den singenden, musizierenden und flirtenden Paaren und Gruppen sowie den Badefreuden im Freien knüpfen zudem an verwandte Themen wie die des Jungbrunnens oder des Liebesgartens an. Sie entsprechen bis auf die linke Gruppe mit dem Narren den gängigen Vorstellungen, wie sie auch in den Mai-Versen im Kalender Blaubirers von 1483 zum Ausdruck kommen:

»Hie komme ich stoltzer may
Mit klugen blumen manigerlay
In disem monat man auch baden sol
Tantzen, singen, springen und leben wol«[23].

Angesichts der Tradition des Bildprogramms überrascht also nicht die Wahl des Motivs, aber vielleicht doch die Art und Weise, wie das Maienbad dargestellt ist: die Badegäste tummeln sich in einem großzügigen Wild- oder Mineralbad, das zentral und vielleicht nicht von ungefähr in der Bildmitte plaziert ist. Vielleicht ist diese Komposition ein schwacher Reflex des Zeitgeschmacks, des verstärkten Besuchs von Wildbädern, dem auch die anschwellende Bäderliteratur Rechnung trägt[24]. Im übrigen sieht es so aus, als ob der Maler bewußt alt und jung, Personen jeden Alters, in dieser Badeszene vereinigen wollte. Für die Kleinen war das Maienbad ein wohliges Vergnügen, für die jungen Erwachsenen eine Art Liebesbrunnen und Ort der Ausgelassenheit, für die Alten sollte es zum Jungbrunnen werden.

Die Heumahd im Juni und die Kornernte im Juli gehören zu den Standardszenen des Bildprogramms. Auch die Weinlese und die Zubereitung der Weinfässer durch die Böttcher, die die Faßreifen auf die Bütten treiben, waren konventionelle Themen. Das bedeutet jedoch nicht, daß die realen Lebensumstände auf diesen Bildern völlig ausgeblendet waren. Die Vorlagen für die bemerkenswert früh angesetzten Arbeiten im Weinberg könnten zum Beispiel aus ausgesprochenen Weingegenden stammen. Daß man auch in Augsburg zu Beginn des 16. Jahrhunderts an dem Thema besonders interessiert war, zeigt etwa die Augsburger Übersetzung eines Traktats von Arnoldus de Nova Villa: »Ain loblicher Tractat von beraitung und brauchung der wein zu gesunthayt der menschen«[25]. Andererseits wird der unverzeihliche Irrtum des Malers, der die Arbeit der Faßbinder und die Weinlese – anders als auf den Scheibenrissen – in verkehrter Reihenfolge wiedergibt, noch schwerer verständlich, wenn jener die Abfolge dieser Arbeiten sozusagen vor der Haustür hätte beobachten können.

Jagddarstellungen, insbesondere der Ausritt zur Falkenjagd im Frühjahr, gehören zum festen Repertoire der Monatsbilder. Auf den Augsburger Monatsbildern ist dieser aristokratische Zeitvertreib jedoch gleich mehrfach hervorgehoben: Im April erscheinen zwei Patrizier in prächtigen Jagdröcken vor einer jungen Dame stolz mit ihrer Jagdbeute, einem Fuchs und

23 Rundscheibenkalender, Augsburg (Johann Blaubirer) 1483 (Druck und Faksimile der Staats- und Stadtbibliothek Augsburg).
24 Zur Badekultur vgl. Alfred Martin, Deutsches Badewesen in vergangenen Tagen, Jena 1906, bes. S. 10–19 (Maibad), 119f. (Badehüte/-kappen), 174 (Kräuterbäder im Mai), 267ff. (Bäderliteratur des 16. Jahrhunderts); R. Hoffmann, Die Augsburger Bäder und das Handwerk der Bader, in: Zeitschrift des Historischen Vereins für Schwaben und Neuburg, 12, 1885, S. 1–33.
25 Augsburg (Johann Sittich) um 1515; vgl. Abbildung des Titelholzschnittes bei Eugen Diederichs (Hg.), Deutsches Leben der Vergangenheit in Bildern, Bd. 1, Jena 1908, S. 182.

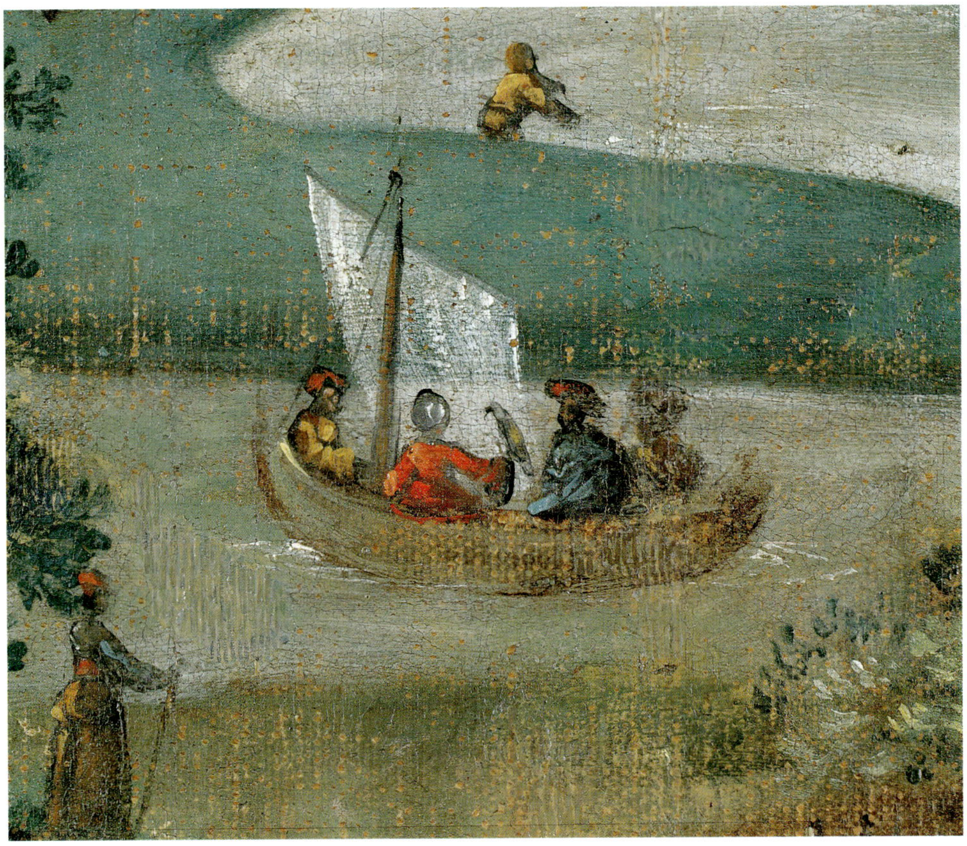

3 Monate Juli–September: Ein Falkner entfernt sich mit seiner Gesellschaft auf dem Segelboot. Berlin, Deutsches Historisches Museum.

einem Hasen; in einer kleinen August-Nebenszene entfernt sich ein Falkner mit seiner Gesellschaft auf einem Segelboot (Abb. 3). Im Juli erleben wir im Vordergrund die Wachteljagd, im Hintergrund die Reiherbeize, beides ein Freizeitsport der bürgerlichen Oberschicht und des Adels. In den Wintermonaten treten dagegen Berufsjäger oder Bauern auf den Plan. Im Mittelgrund der Weinlese im August sind wie schon auf dem entsprechenden Scheibenriß Netze zum Vogelfang ausgestellt. Auf dem Oktober-Bild verhandelt ein Jäger oder Fallensteller mit dem wohlhabenden Ehepaar in der Wohnstube über seine Beute, das heißt offenbar über Rebhühner und einen Hasen, den er über der Schulter trägt. Derweil bietet ein anderer Jäger draußen auf dem Markt ganze Schinkenteile von Wildbret feil (Abb. 4).

Es ist sicher kein Zufall, daß die Jagdszenen auf den Monatsbildern nachdrücklicher hervorgehoben werden, als es das Bildprogramm verlangt. Der Umstand ist vielmehr ein Indiz für die gesellschaftliche Bedeutung dieses aristokratischen Vergnügens. Das Waidwerk stand nämlich auch in bürgerlichen Kreisen hoch im Kurs. Zum Grundbesitz der Patrizier gehörten ausgedehnte Jagdreviere. Die Brüder Langenmantel vom Sparren richteten um 1500 auf ihren Besitzungen in der Möhringerau festliche Jagdveranstaltungen zu Ehren der Gemahlin Maximilians I. aus[26].

1506 erlaubte Maximilian I. den Augsburger Geschlechtern, in den Gehölzen am Lech drei Hirsche mit der Armbrust zu erlegen. Nach dem erfolgreichen Abschuß luden die hochgestimmten bürgerlichen »Jäger« den Kaiser, die Fürsten, das Domkapitel und andere hochrangige Besucher zu einem festlichen Bankett, an dem 32 Tische besetzt wurden, und zu einem anschließenden Tanz auf dem Tanzhaus ein[27]. 1538 hören wir von Händeln um die Jagdgerechtigkeit zwischen dem Augsburgischen Hauptmann Sebastian Schertlin und Hans Adam von Stein[28]. Wildbret war ein bevorzugtes Geschenk bei Hochzeiten, sowohl in den Augen der Empfänger als auch aus Sicht der großzügigen Schenker, die als Inhaber der begehrten Jagdprivilegien damit zugleich ihren hohen Stand demonstrieren konnten[29].

26 Stetten (wie Anm. 12), S. 87.

27 A. P. Gasser/M. Welser, Augspurgische Chronica, ins Deutsche übertragen von Engelbert Werlichius, Frankfurt a. M. 1595, Teil 2, S. 269 (zu 1506).

28 Paul von Stetten, Geschichte der Heil. Röm. Reiches Freyen Stadt Augspurg, Frankfurt/Leipzig 1743, S. 348.

29 B. Greiff (Hg.), Tagebuch des Lucas Rem aus den Jahren 1494–1541. Ein Beitrag zur Handelsgeschichte der Stadt Augsburg, in: Historischer Kreisverein im Regierungsbezirk von Schwaben und Neuburg. Jahresbericht 26 (1860), Augsburg 1861, S. 1–110, hier S. 48.

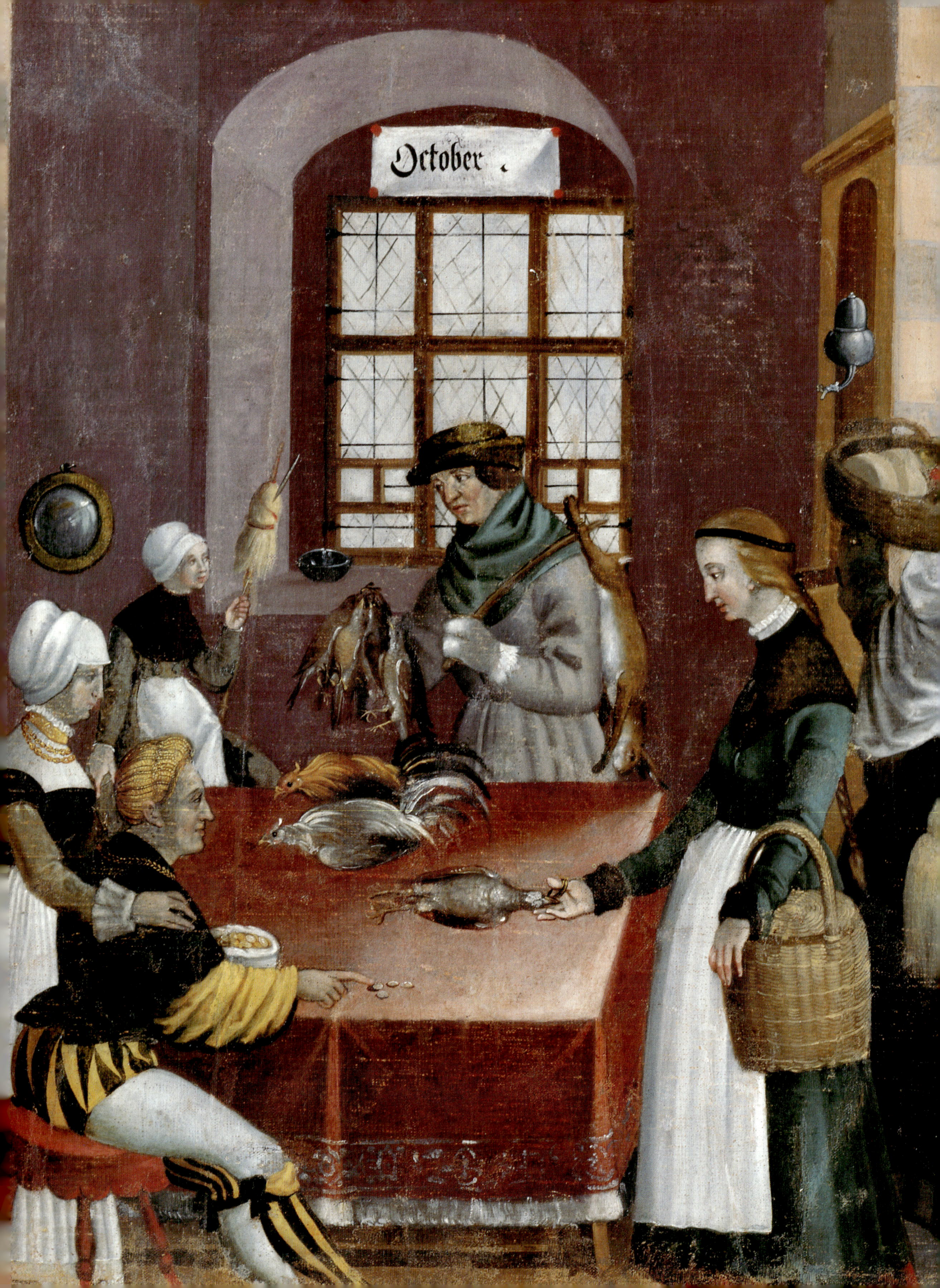
October

Linke Seite
4 *Monate Oktober–Dezember: Verkauf von Geflügel in der Wohnstube. Berlin, Deutsches Historisches Museum.*

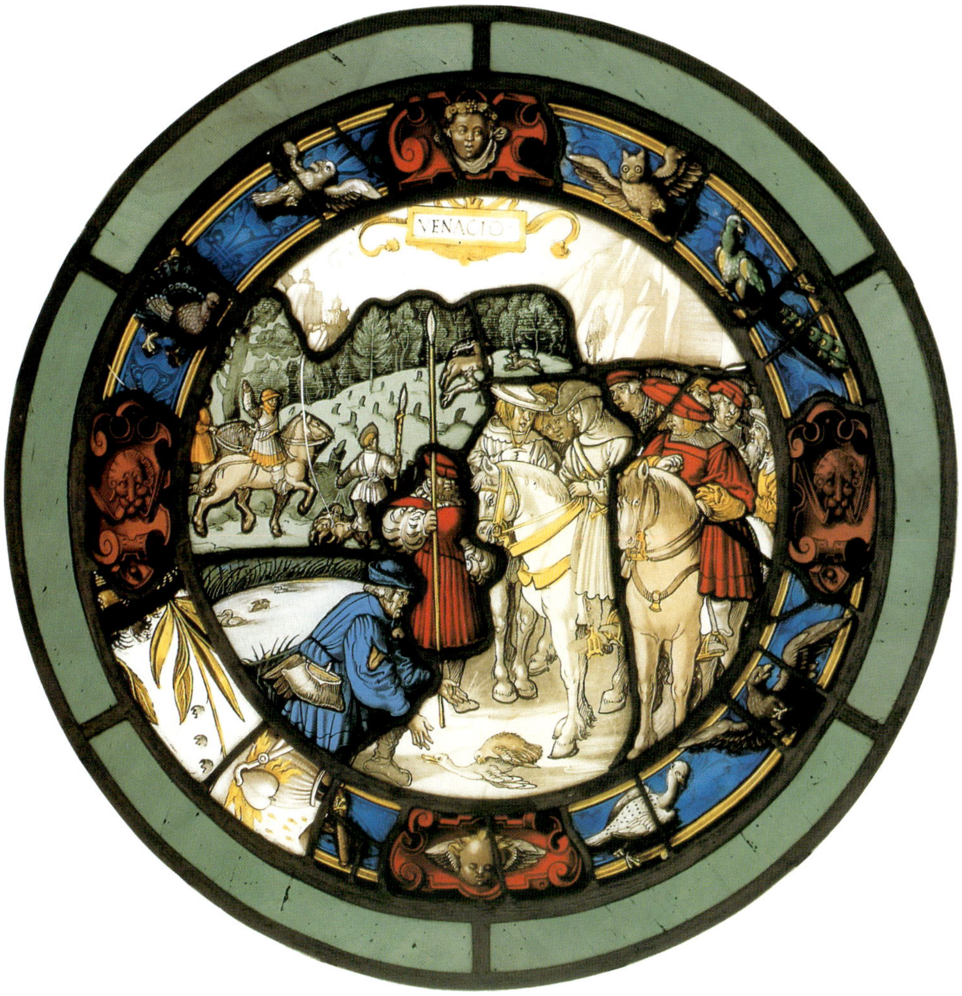

5 *Venatio (Jagd), Rundscheibe. Dresden, Staatliche Kunstsammlungen, Historisches Museum.*

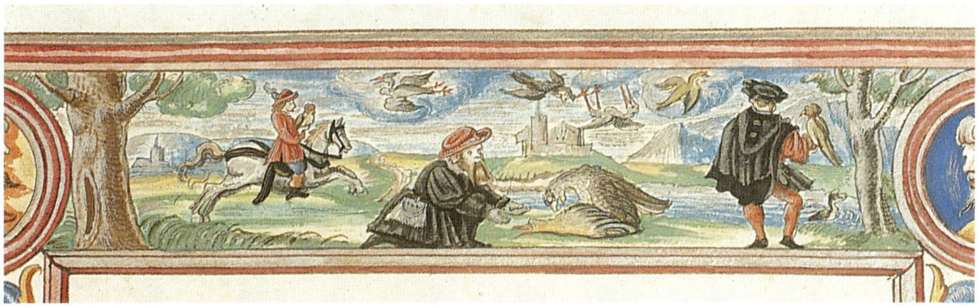

6 *Jörg Breu d. J., Die Falkenjagd. Miniatur aus dem »Geheim Ehrenbuch des Fuggerischen Geschlechts«, 1545. Babenhausen, Fugger-Museum.*

Wie beliebt die Jagd und das Thema in der Augsburger Oberschicht waren, das belegen die Beispiele aus dem Bereich der bildenden Kunst. Am eindrucksvollsten ist zweifellos das Fresko der Hirschjagd im Pfettnerhaus[30]. Häufig erscheint das Motiv auf Glasscheiben, wie die Venatio auf einer Rundscheibe und Scheibenrisse Jörg Breus d. Ä. belegen (Abb. 5). Selbstverständlich ist die Falkenjagd auch in Miniaturen des Herwartschen und Fuggerschen Ehrenbuches festgehalten (Abb. 6)[31]. Selbst im Gebetbuch des Matthäus Schwarz stößt man auf Jagdmotive[32].

Im Bücherschrank der Oberschicht dürfte auch das Jagdbuch des Petrus de Crescentiis nicht gefehlt haben, das damals in Augsburg neu aufgelegt wurde. Andere Schriften informierten speziell über die Beize, »auch wie man den habich dazu gewenen sol, auch wie man erkennen sol ein guten habich«[33]. Verschiedene Jagdarten bildete Hans Weiditz auf einem Holzschnitt in der deutschen Ausgabe von Ciceros »De officiis« ab.

30 Johannes Wilhelm, Augsburger Wandmalerei 1368–1530. Künstler, Handwerker und Zunft (Abhandlungen zur Geschichte der Stadt Augsburg, Bd. 29), Augsburg 1983, S. 141–143, Nr. 3 I. mit Abb. 3–5.
31 Augsburg, Stadtarchiv, Reichsstadt, Schätze Nr. 194b, Bl. 17r; Babenhausen, Fugger-Museum: Ehrenbuch der Fugger, Augsburg 1545, S. 115.
32 Staatliche Museen zu Berlin – Preußischer Kulturbesitz, Kupferstichkabinett, Hs. 78 B 10, Bl. 5r (Hirschjagd).
33 Büchlein vom Habicht, Augsburg [oder München?] (Hans Schobser), 1497; vgl. Titelholzschnitt bei Diederichs (wie Anm. 25), Abb. 814; vgl. ebd., Abb. 788: Holzschnitt über den Vogelfang, Augsburg (Albrecht Schmidt), um 1560.

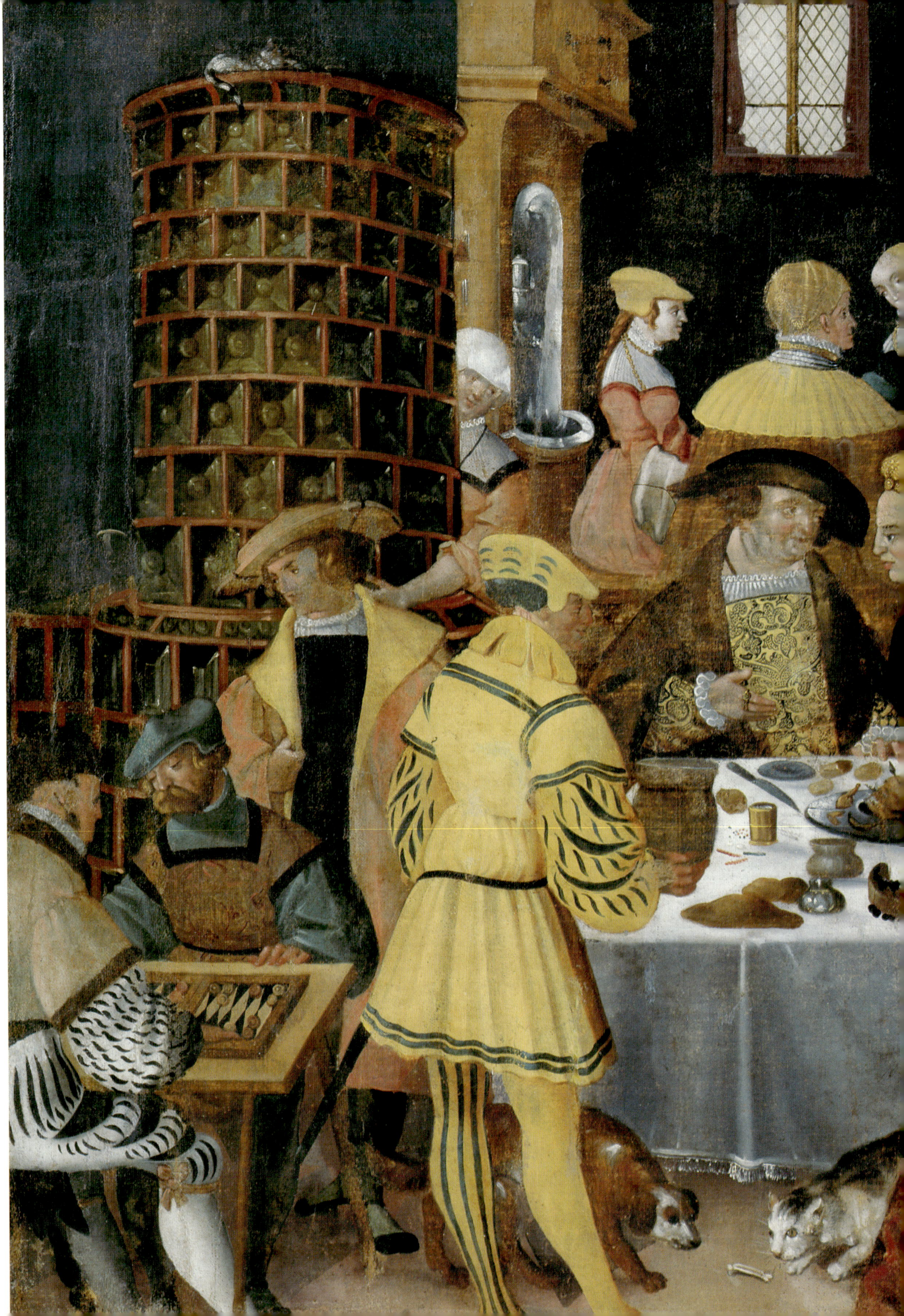

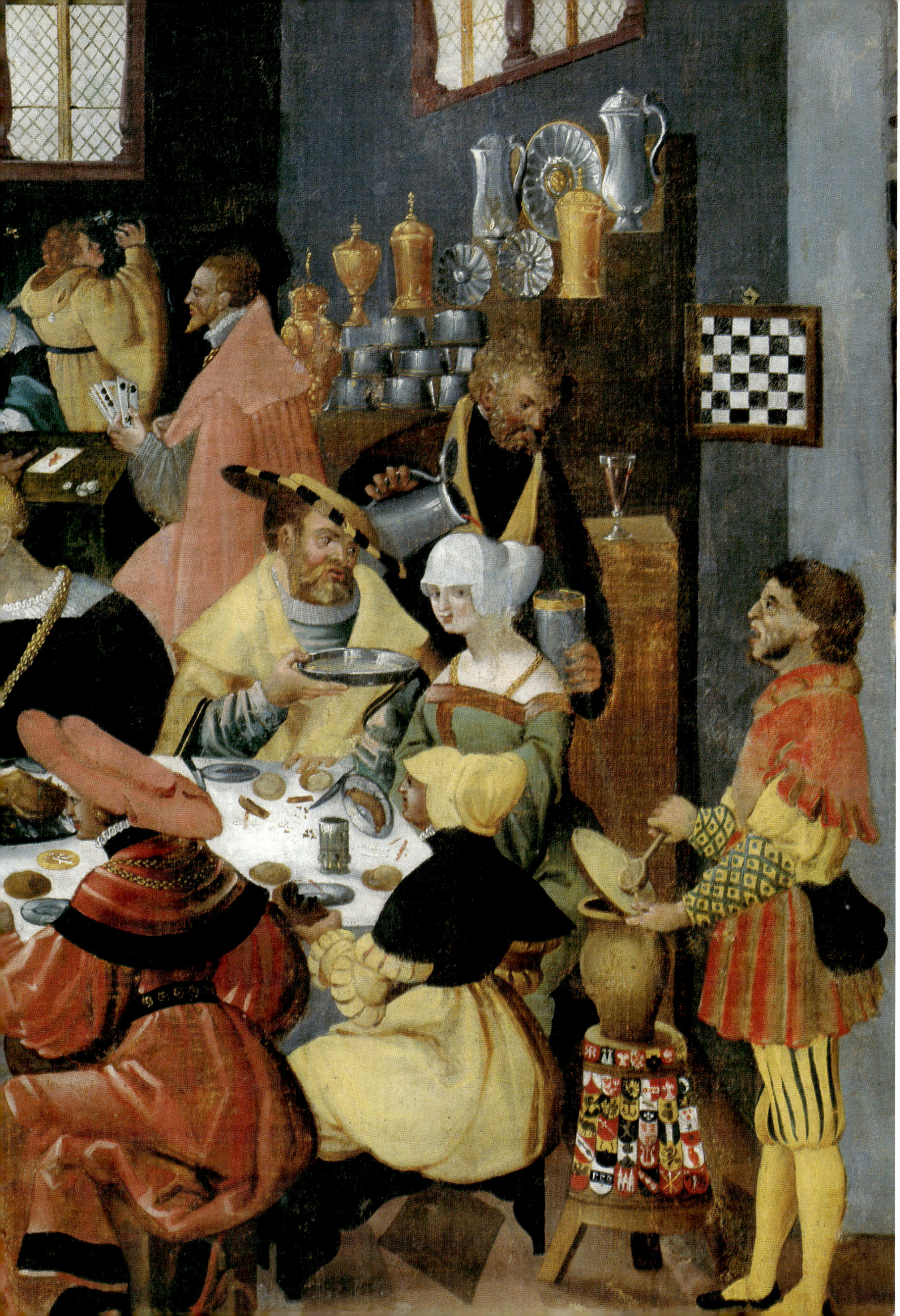

Vorhergehende Seiten
7 *Monate Januar–März: Festmahl in einem Patrizierhaus. Berlin, Deutsches Historisches Museum.*

Jakob Rehlinger, also ein Vertreter derselben Familie, die vermutlich die Monatsbilder in Auftrag gegeben hat, bestellte in Antwerpen unter anderem ein Gobelinmuster des Monats »September« (8½ Ellen lang, 6¼ Ellen hoch, festgesetzt auf 11.343¾ Dukaten), das er mit Hilfe seiner flämischen und venezianischen Geschäftspartner nach Konstantinopel transportieren und dort verkaufen wollte. Das Stück war Teil einer Serie von Jagdszenen, die auf die zwölf Monate des Jahres verteilt waren[34].

Unumstritten war dieses Privileg des Adels und des Patriziats nicht. Gesellschaftskritische Töne werden zum Beispiel in einem Streitgespräch zwischen einem Jäger und einem Bauern laut, das auf einem Augsburger Holzschnitt von 1535 nachzulesen ist. Darin wehrt sich der Bauer gegen die ihm aufgebürdeten Lasten der Jagd und bemerkt, daß es unter allen Heiligen nur einen Jäger gegeben habe, und der habe sich rechtzeitig bekehrt. Rechtschaffener Broterwerb sähe anders aus: »Wen gute Arbeit schwächen tut, mag wohl mit Jagen suchen Mut« [= Vergnügen]; der Teufel habe jedenfalls seine helle Freude daran, wenn jemand auf Kosten armer Leute der Jagdlust fröne[35].

Die »Frühlings«- und »Sommer«-Gemälde halten sich also sehr viel enger als die beiden anderen Bilder an die vorgegebenen Themen. Vereinfacht ausgedrückt scheinen in den vier Bildern zwei unterschiedliche Konzepte verwirklicht zu sein. Zwei Gemälde sind den konventionellen, die anderen beiden den originellen Themen reserviert. Merkwürdigerweise und vielleicht nicht zufällig entsprechen dieser thematischen Zweiteilung auch gewisse stilistische Unterschiede zwischen den »Winter«- und »Sommer«-Bildern[36].

Gleichmäßig korrekt und mit viel Liebe zum Detail hat der Maler die Realien wiedergegeben und die vier Bilder zu einer Fundgrube der Alltagskultur des 16. Jahrhunderts gemacht. Kulturgeschichtlich besonders interessant ist das Interieur der bürgerlichen Wohnstuben: Das Januar-Bild ist eines der wenigen süddeutschen Bildbeispiele eines Festmahls in einem Patrizierhaus oder einem öffentlichen Versammlungsraum[37]. Ins Auge fallen der wuchtige Kachelofen, der Waschbrunnen, die raffinierte Holzkassettendecke, die Kredenz mit dem kostbaren und repräsentativen Geschirr und die eleganten Fensterstreben. Auf dem Tisch sind nicht nur Braten und zierliche Dessertbehälter, sondern sogar bunte, gedrehte »Honigröhren« und Konfektstäbchen zu entdecken, die als verdauungsfördernd, hilfreich gegen Trunkenheit und verschiedenes mehr galten (Abb. 7). In zeitgenössischen Gesundheitsbüchern sind solche Gewürze und Leckereien abgebildet und deren Eigenschaften und Wirkungsweise minuziös beschrieben (Abb. 8)[38].

Die Wohnstube im Oktober ist kaum bescheidener ausgestattet. Man erkennt den Stuhl und das Baldachinbett, die schwere verzierte Tischdecke, den gewölbten Spiegel an der Wand, den Waschschrank und die etwas einfachere Balkendecke. Der Hausherr sitzt auf einem Schemel mit fein gedrechselten Beinen.

Beachtenswert ist auch der Planwagen im Mittelgrund des April-Bildes (Abb. 9); genauer und aus anderer Perspektive ist die Konstruktion dieser Wagen auf dem Holzschnitt von Jörg Breu d. Ä. über die Belehnung König Ferdinands bei Wellenburg (1530) zu sehen (Abb. 10). Demgegenüber läßt es die Abbildung der Weinpresse auf dem August-Bild kaum zu, den technischen Vorgang der Weinkelter nachzuvollziehen[39]. Naturgetreu nachgemalt sind wieder andere Geräte und Utensilien wie die Forken mit Quersteg und Eisenzinken (Juli).

Das traditionelle Bildprogramm wirkt auch in solchen Kleinigkeiten nach. Nicht nur die meisten Hauptmotive, sondern auch viele Details gehen nämlich auf das überkommene Repertoire zurück. Manche Einzelheit, die man auf den ersten Blick für eine spontane Bildidee des Malers halten könn-

34 Hermann Kellenbenz, Jakob Rehlinger – ein Augsburger Kaufmann in Venedig, in: Hermann Aubin u. a. (Hgg.), Beiträge zur Wirtschafts- und Sozialgeschichte. Festschrift Hektor Ammann, Wiesbaden 1965, S. 362–379, bes. 364, 369, 371f.

35 Zu dem Holzschnitt (aus Wiener Privatbesitz) vgl. Adel im Wandel, Wien 1990, S. 372, Nr. 16. 64.

36 Vgl. zu den stilistischen Besonderheiten der »Sommer-Monate«, insbesondere der Hintergrundslandschaft, Wegner (wie Anm. 5); Gode Krämer, in: Welt im Umbruch, Bd. 1, Augsburg 1980, S.119; ders., in diesem Band.

37 Vgl. allgemein Bruno Laurioux, Tafelfreuden im Mittelalter. Kulturgeschichte des Essens und Trinkens in Bildern und Dokumenten, Stuttgart 1992.

38 Schachtafelen der gesuntheyt, verteutscht durch Michael Hero, Leibarzt zu Straßburg, Straßburg 1533, Neudruck Weinheim 1988, Bl. 41.

39 Abbildung und technische Beschreibung der Weinpresse, die erst seit der Mitte des 15. Jahrhunderts in den Kalendarien der Stundenbücher auftaucht, bei Wilhelm Hansen, Kalenderminiaturen der Stundenbücher. Mittelalterliches Leben im Jahreslauf, München 1984, S. 55, 264.

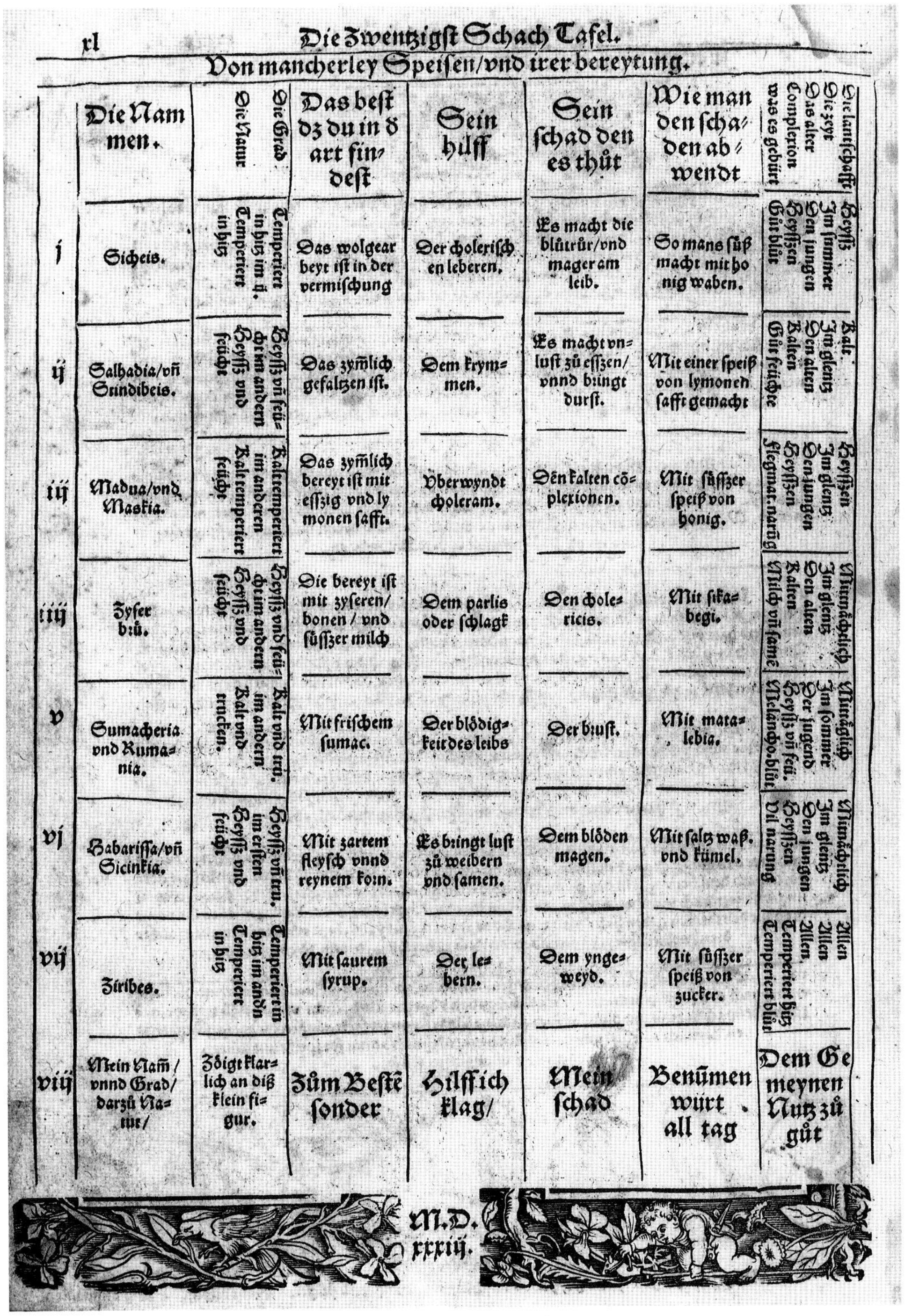

xl Die Zwentzigst Schach Tafel.

Von mancherley Speissen/vnd irer bereytung.

	Die Nammen.	Die Grad / Die Natur	Das best dz du in d art findest	Sein hülff	Sein schad den es thût	Wie man den schaden abwendt	Die lantschafft / Die zeyt / Das alter / Complexion was es gebürt
i	Sicheis.	Temperiert in hitz im ii. / Temperiert in hitz	Das wolgearbeyt ist in der vermischung	Der cholerisch en leberen.	Es macht die blûtrûr/vnd mager am leib.	So mans süß macht mit honig waben.	Heyss / Im summer / Den jungen / Heyssen / Gût blût
ii	Salhadia/vñ Srindibeis.	Heyssz vñ feücht im andern / Heyssz vnd feücht	Das zymlich gesaltzen ist.	Dem krymmen.	Es macht vnlust zû esszen/ vnnd bringt durst.	Mit einer speiß von lymonen safft gemacht	Kalt. / Im glentz / Den alten / Kalten / Gût feüchte
iii	Madua/vnd Maskia.	Kalt temperiert im anderen / Kalt temperiert feücht	Das zymlich bereyt ist mit esszig vnd lymonen safft.	Vberwyndt choleram.	Dẽn kalten cõplexionen.	Mit süsszer speiß von honig.	Heyssen / Im glentz / Den jungen / Heyssen / Flegmat. narũg
iiii	Zyser brû.	Heyssz vnd feücht im andern / Heyssz vnd feücht	Die bereyt ist mit zyseren/ bonen / vnd süsszer milch	Dem parlis oder schlagk	Den cholericis.	Mit sikabegi.	Nirnächelich / Im glentz / Den alten / Kalten / Milch vñ same
v	Sumacheria vnd Rumania.	Kalt vnd tru. im andern / Kalt vnd trucken.	Mit frischem sumac.	Der blödigkeit des leibs	Der brust.	Mit matalebia.	Nirnäglich / Im sommer / Der jugend / Heyssz vñ feü. / Melancho. blût
vi	Sabarissa/vñ Sicinkia.	Heyssz vñ tru. im ersten / Heyssz vnd feücht	Mit zartem fleysch vnnd reynem korn.	Es bringt lust zû weibern vnd samen.	Dem blöden magen.	Mit saltz waß. vnd kümel.	Nirnächelich / Im glentz / Den jungen / Heyssen / Vil narung
vii	Ziribes.	Temperiert in hitz im andn / Temperiert in hitz	Mit saurem syrup.	Der lebern.	Dem yngeweyd.	Mit süsszer speiß von zucker.	Allen / Allen / Allen. / Temperiert hitz / Temperiert blût
viii	Mein Nam/ vnnd Grad/ darzû Natur/	Zöigt klarlich an diß klein figur.	Zûm Bestẽ sonder	Hilff ich klag/	Mein schad	Benümen würt all tag	Dem Gemeynen Nutz zû gût

M.D. xxxiii.

8 Gewürze und Leckereien, aus »Schachtafelen der Gesuntheyt, verteutscht durch Michael Hero, Leibarzt zu Straßburg«, Straßburg, 1533. Nürnberg, Germanisches Nationalmuseum.

te, ist längst mehr oder weniger fester Bestandteil der entsprechenden Szene gewesen: der Kachelofen im Januar, die Katze auf dem Ofen und die Hunde vor der reichgedeckten Tafel, Mann und Frau, die gemeinsam auf einem Pferd sitzen (August), der Schafhirte mit seinem Dudelsack (April), der Mann im Apfelbaum während der Obsternte im September oder auch die Frau im Vordergrund des Oktober-Bildes mit dem flachen Obstkorb auf dem Kopf[40].

Obwohl die meisten Hauptszenen und die genannten Einzelmotive eng an die gewohnten Genreszenen anknüpfen, haben die Monatsbilder auf den ersten Blick wenig mit dem traditionellen Bildprogramm gemein. Man stelle sich nur einmal vor, auf den Bildern fehlten die weißen Schildchen mit den Monatsbezeichnungen! Wer würde dann auf Anhieb erkennen, daß es sich hier um die Darstellung der zwölf Monate handelt? Daß die Bilder einen an-

40 Der Mann im Apfelbaum findet sich beispielsweise auch in einem Stundenbuch aus der Gegend um Paris, 1450–1460; vgl. Hansen (wie Anm. 39), S. 144, Abb. 233; die Frau mit dem Früchtekorb als Personifikation des Herbstes bei Raimond van Marle, Iconographie de l'art profane au moyen-âge et à la Renaissance, Bd. 2: Allégories et symboles, New York 1971, S. 230.

9 Monate April–Juni: Der Planwagen. Berlin, Deutsches Historisches Museum.

Rechte Seite
10 Jörg Breu d. Ä., Die Belehnung König Ferdinands bei Wellenburg. Holzschnitt, 1536. Nürnberg, Germanisches Nationalmuseum.

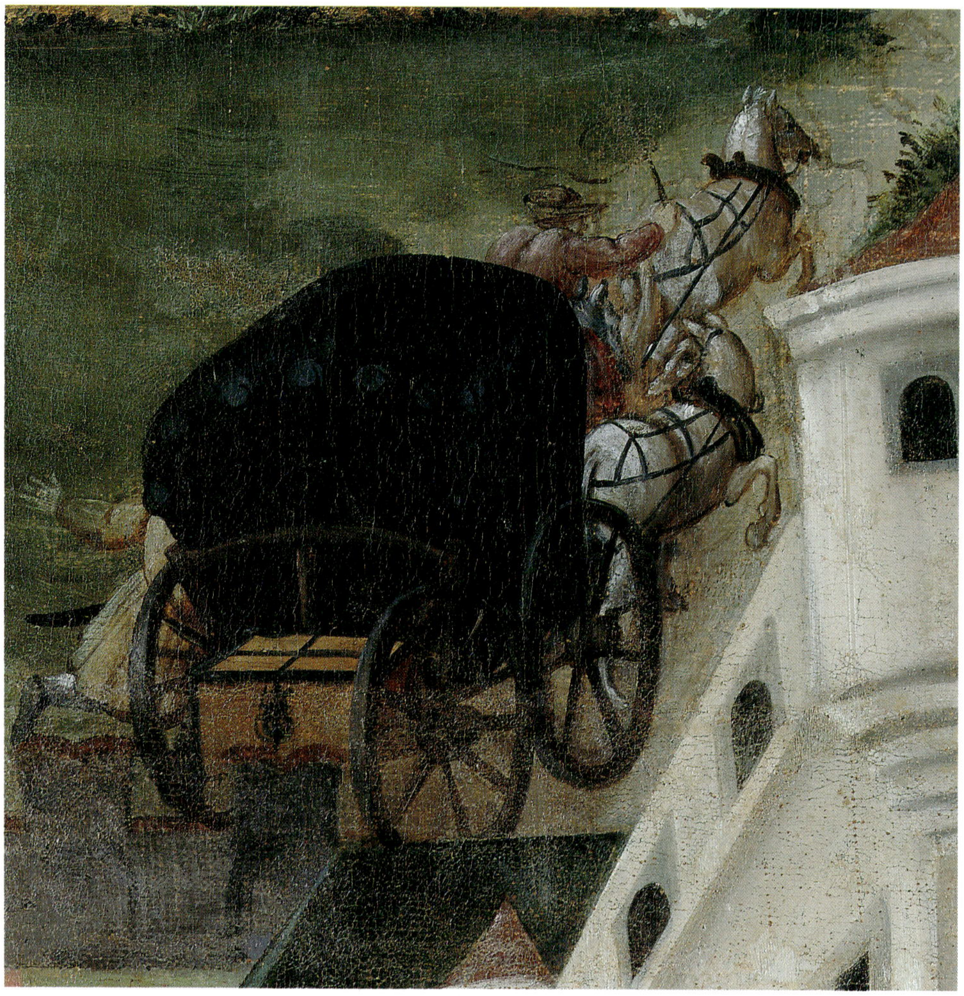

deren Eindruck als die meisten Monatszyklen vermitteln, liegt weniger an der Zusammenfassung von jeweils drei Monaten zu relativ geschlossen wirkenden Gesamtszenen, sondern an zwei anderen Besonderheiten: erstens natürlich daran, daß einige Szenen eindeutig vom herkömmlichen Kanon der Monatsbilder abweichen. Manche dieser Motive hat der Maler wie die Standardszenen gleichfalls aus seinen direkten Vorlagen, den Scheibenrissen, übernommen: den Verkauf von Geflügel im Oktober, die Marktszene im November und den Auszug der Ratsherren im Dezember. Neu sowohl im Vergleich mit dem üblichen Bildprogramm als auch gegenüber den Entwürfen Breus ist die große Turnierszene, die das gesamte für Februar und März reservierte Bildfeld einnimmt. Auf Kosten der normalerweise streng durchgehaltenen Monatsgliederung ist hier ein Bildthema, das auf dem Scheibenriß im Hintergrund der Januar-Szene nur vage angedeutet wurde, so breit wie kein anderes ausgeführt. Diese Turnierdarstellung stellt eine entscheidende Änderung der Konzeption der Scheibenrisse dar, die sicher auf den besonderen Wunsch des Auftraggebers zustande gekommen ist. Die beiden »originellen« Gemälde werden weiter unten eingehend zu besprechen sein.

Der überraschende Gesamteindruck hängt aber auch mit den ungewöhnlich figurenreichen und lebendigen, um nicht zu sagen überladenen Einzelszenen zusammen. Wie in den Scheibenrissen sind sämtliche Szenen aus mehrfigurigen Einzelgruppen zusammengesetzt. Aber formal und qualitativ unterscheidet sich die figurenreiche und lebhafte Schilderung auf den vier Monatsbildern von der direkten Vorlage. Schon auf einigen der zwölf Einzelbilder – etwa im Februar, Juli, September – waren einzelne Patrizier auffällig im Bildvordergrund plaziert. Nun aber rücken sie noch stärker in

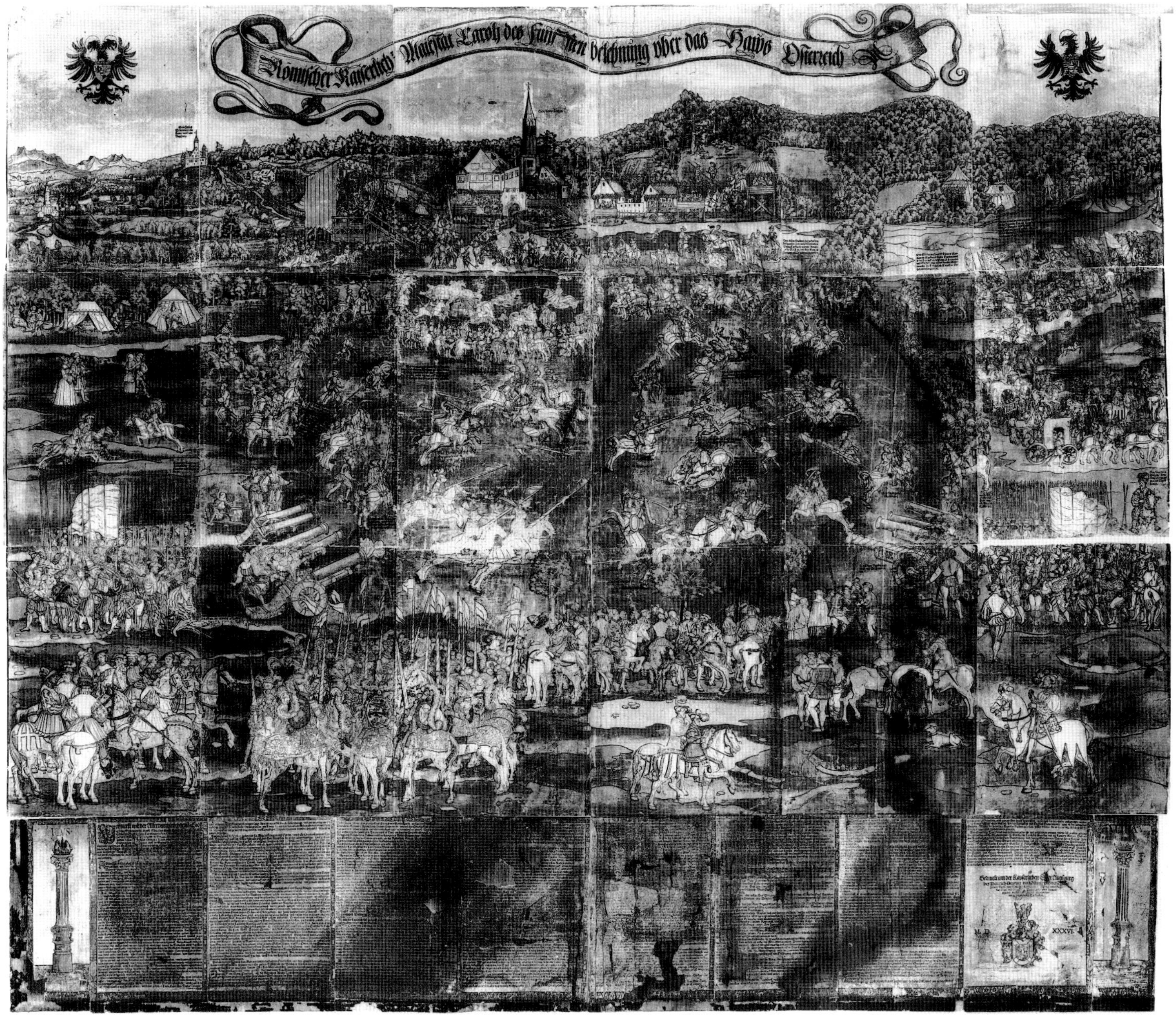

den Vordergrund. Nicht auf die Getreideernte, sondern zunächst auf die Wachteljagd der vornehmen Bürger fällt etwa im Juli der Blick des Betrachters. Sogar rein zahlenmäßig sind die vornehmen Damen und Herren jetzt – anders als auf früheren Monatszyklen – eindeutig in der Mehrheit. Der Lebensrhythmus und die Selbstdarstellung der Patrizier gewinnen thematisch die Oberhand über die Feldarbeiten des Landvolks.

Der Eindruck wird verstärkt durch die Kleiderpracht, die auf den Bildern vorherrscht. Farben, Variationsbreite, sorgfältige Ausführung und Schmuck der Kleidung dominieren so sehr, daß sie den Zuschauer in den Bann ziehen und von den eigentlichen Monatsbeschäftigungen ablenken. »Meid jetzt der neuen Kleider Tracht, Lädt man dich ein, nimm dich in acht.« So empfiehlt es der Kalender Albrecht Glockendons für den Monat Juli[41]. Die Augsburger und auch der Maler haben solche Merkverse in den Wind geschlagen. Für sie galt eher der Satz: »Hoffart ist überall Sünde, in Augsburg aber gehört sie zum Wohlstande«[42].

Hier und da sind spanische, italienische und französische Besonderheiten übernommen worden[43]. Die Teilnehmer der Festgesellschaft auf dem

41 Albrecht Glockendon, Kalendar von 1526. Ms. germ. oct. 9 der Staatsbibliothek Preußischer Kulturbesitz Berlin. Faksimile und Textband (mit einer Einleitung »Zum Kalender« von Hermann Degering und »Zu den Miniaturen« von Frauke Steenbock), Bd. 2, Stuttgart 1977, S. 12.

42 So Roth, Reformationsgeschichte, Bd. 1, S. 10; im Hinblick auf die Feste der Herrengesellschaft Pius Dirr, Augsburg (Stätten der Kultur 20), 2. Aufl., Leipzig 1917, S. 95.

43 Hier mögen einige generelle Beobachtungen und exemplarische Beispiele genügen. Eine gründliche kostümgeschichtliche Analyse der Bilder ist nicht beabsichtigt. Für überaus hilfreiche Vorarbeiten über die Kleidung auf den Monatsbildern danke ich herzlich Konstanze Ruge (Wien) und Angelika Klose (Berlin).

Rechte Seite
11 *Monate Oktober–Dezember: Augsburger Bürgerin mit heller pelzverbrämter Schaube. Berlin, Deutsches Historisches Museum.*

Januar-Bild sind erwartungsgemäß besonders fein herausgeputzt: Der links am Tisch sitzende Mann, vielleicht der Gastgeber, trägt unter einem dunkelbraunen Pelzrock ein prächtiges Wams aus Damast, das mit einem Rankenmuster in Gold und Schwarz gewebt ist. Aus dem Halsausschnitt lugt der Faltenrand eines weißen Hemdes hervor. Das Barett auf dem Kopf ist mit Pelz besetzt. Demgegenüber ist sein Gesprächspartner mit einem schlichten schwarzen Wams bekleidet, auf dem die schräg über die Schulter getragene goldene Gliederkette besonders gut zur Geltung kommt. Eine netzartige goldene Haube hält das Haar über der Stirn in einem Wulst zusammen.

Der Herr rechts neben den beiden Hauptfiguren hat eine prächtige gelbe Schaube mit einem farblich dazu passenden Tellerbarett kombiniert, während das moosgrüne Kleid seiner Dame italienischen Schnitt und Chic verrät. Die linke Lautenspielerin an der Vorderseite der Tafel mit dem breitrandigen roten Barett auf dem Kopf trägt über Rock und Oberteil den sogenannten Goller, einen in diesem Fall hochgeschlossenen runden Kragen, der Schulter und Ausschnitt bedeckt und dekorativ mit zwei schweren Goldketten behängt ist. Nur diese Schmuckformen und das Material bezeichneten Standesunterschiede, während der Goller an sich ein Allerweltskleidungsstück war. Unter dem Obergewand der Lautenspielerin wird der gekräuselte weiße Hemdkragen sichtbar. Noch deutlicher sind diese gekräuselten Rüschen an den Hemden der Kartenspielergruppe im Mittelgrund betont – ein Detail, das erst seit den 30er Jahren häufiger zu beobachten ist und als Vorläufer der späteren Halskrause, der Kröse, gilt[44].

Das vornehmste Obergewand bei Männern wie bei Frauen war die mantelartige Schaube. Mit einem dekorativen Besatz aus Pelzen oder anderen kostbaren Stoffen verbrämt, kam sie in verschiedenen Längen und Farben vor. Nur die repräsentativen Schauben der Ratsherren reichten in den 30er Jahren des 16. Jahrhunderts noch bis auf den Boden (Dezember). Wichtigste Zusatzausstattung war natürlich der Pelzkragen, der fast völlig die Schultern bedecken konnte. Neben dem hier vorherrschenden Schnitt mit den weiten bauschigen Ärmeln, die zuweilen mit einer zweiten Öffnung in Höhe der Ellenbogen kombiniert waren, gab es auch kurze Puffärmel, die nur den Oberarm bedeckten.

Die Augsburger Bürgerin, die im November den Perlachplatz überquert, trägt ähnlich wie die Ratsherren im Vordergrund eine kostbare helle pelzverbrämte Schaube (Abb. 11); die Hände wärmt sie in den weiten Ärmeln ihres Kleides, die durch die Hängeärmel der Schaube geführt sind. Das um den Kopf geschlungene, das Kinn verhüllende »Bündlin« ist zwar etwas altmodisch, könnte aber auch konservative Attitüde einer Dame aus besserem Hause sein[45]. Die althergebrachte Form der hohen Haube hat sich noch in der (Trauer-?)Gewandung der Frauen in der Nähe des Beerdigungszuges im Mittelgrund des Februar gehalten.

Auffällig oft bestimmen Männer im ritterlichen Waffenrock oder Faltrock die Szenerie. Dieser Rock war um 1530 zwar eher ein »Auslaufmodell«, aber aus praktischen Erwägungen als Reitrock (Juli, November), bei der Jagd (April) und bei anderen Aktivitäten beliebt (Abb. 12). Mi-parti-Kleidung mit verschiedenen Farben für die beiden Körperhälften und gestreiften Hosenbeinen ist in der reinen Form und in der ursprünglichen heraldischen Bedeutung vor allem bei den drei Stadtdienern verwirklicht (Dezember). Die Augsburger Stadtfarben Weiß-Grün-Rot verleihen ihnen und den Ratsherren zusätzliche Autorität. Ansonsten hat sich diese Art der zweifarbigen Kleidung noch im Narrenkostüm erhalten und wird sozusagen durch die Schlitzung der Oberbekleidung und die andersfarbige Unterfütterung fortgeführt, wie sie im Januar der »Kellner« am Wappenschemel zeigt.

44 Sigrid Flamand Christensen, Die männliche Kleidung in der süddeutschen Renaissance (Kunstwissenschaftliche Studien 15), Berlin 1934, S. 37ff.; Jutta Zander-Seidel, Textiler Hausrat: Kleidung und Haustextilien in Nürnberg von 1500–1650, München 1990, S. 153f.

45 Nürnberger Beispiele (Sturzhauben) bei Zander-Seidel (wie Anm. 44), S. 119.

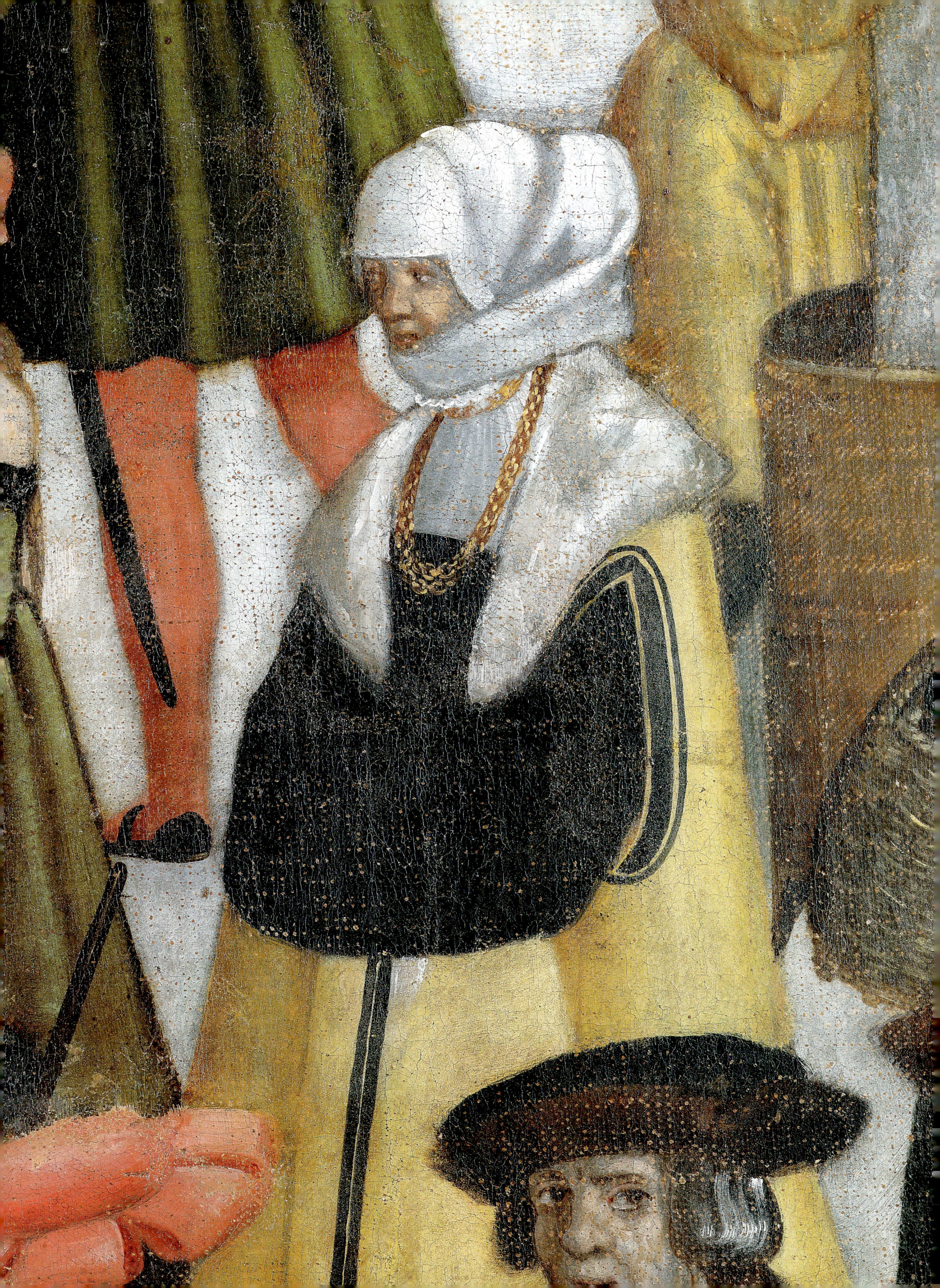

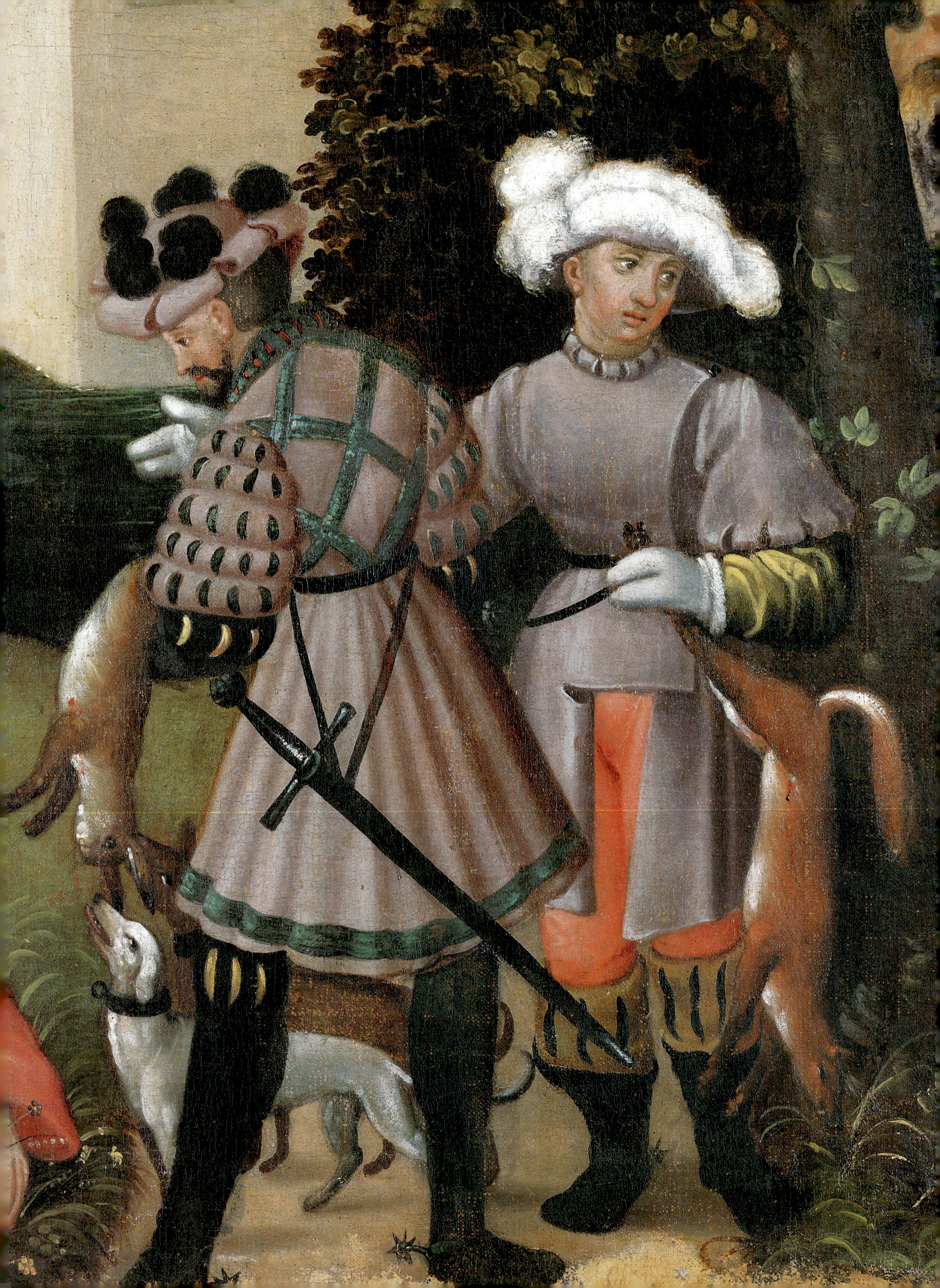

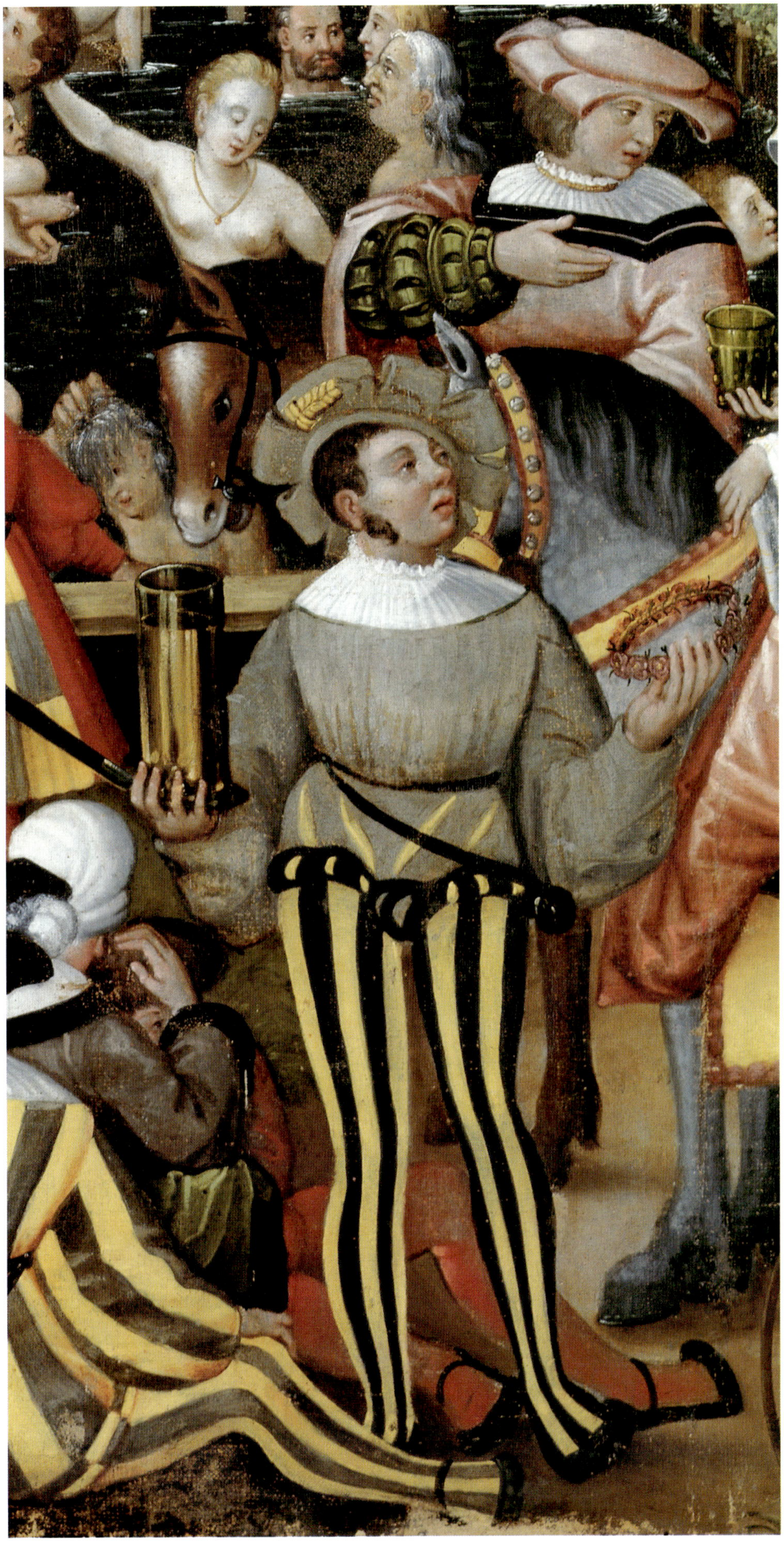

Linke Seite
12 *Monate April–Juni: Die Jagd. Berlin, Deutsches Historisches Museum.*

13 *Monate April–Juni: Junger Mann mit Hosenlatz und breiten Schuhen (Kuhmäulern). Berlin, Deutsches Historisches Museum.*

Rechte Seite
14 *Monate Oktober–Dezember: Ein Mann mit kurzem Mantel, spanischer Kappe und kreuzweise gebundenen Strumpfbändern. Berlin, Deutsches Historisches Museum.*

Eher zurückhaltend ist auf den Gemälden eine andere typische Eigenheit der Männerkleidung dargestellt: der plastisch ausgearbeitete Hosenlatz, die sogenannte Braguette. Vielleicht nicht zufällig ist sie nur bei dem jungen Mann im Vordergrund des Mai-Bildes etwas deutlicher hervorgehoben, während sie sonst unter Schoßwams, Rock oder Schaube verschwindet. An der genannten Figur ist auch am besten die vorn breite Schuhform der sogenannten Kuhmäuler zu erkennen (Abb. 13).

Ein modisches Accessoire, das sich zeitlich auf wenige Jahre eingrenzen läßt, waren die Kniebänder, die kreuzweise um die Kniescheibe gebunden wurden. Das gekreuzte Knieband war eine Vorstufe der Unterteilung des Beinkleides in gebauschte Oberschenkelhose und Strumpf. Matthäus Schwarz hat diese modische Neuheit von 1529 bis 1538 zur Schau getragen[46]. Einer der beiden Herren links vor den Kramläden unter dem Perlachturm auf dem November-Bild folgt gleichfalls dem neuesten Modetrend. Wie Matthäus Schwarz scheint er stolz auf den kurzen Mantel, die sogenannte spanische Kappe, und die kreuzweise gebundenen Strumpfbänder zu sein (Abb. 14). Weniger elegant wirkt die Kombination der gekreuzten Bänder mit dem Faltrock auf der Ernteszene im Juli.

Überhaupt hat der Maler sich weitgehend an der damals herrschenden Männer- und Frauenmode orientiert[47]. Auch die übrige Kleidung paßt gut in diese Zeit. Diesbezüglich gibt es also keinen Grund, daran zu zweifeln, daß die Augsburger Monatsbilder tatsächlich um »1531« entstanden sind. Wenn manche Details etwas altmodisch erscheinen, dann hat das einen einfachen Grund: Wichtiger als die historisch korrekte Wiedergabe scheint dem Maler die Abwechslung gewesen zu sein. Man vergleiche nur die höchst unterschiedlichen Kopfbedeckungen auf den einzelnen Gemälden. Die Barette sind entweder flach mit steifen Krempen oder bestehen aus mehreren weichen Stofflagen und sind geschlitzt. Sie waren aus Tuch, Samt, Damast, Leder oder Wolle und konnten mit Pelz, Federn und anderem Zierat geschmückt sein[48]. Mit einer Brosche oder Ähre ist etwa die Unterseite der Krempe des Baretts verziert, das sich der junge Mann im Vordergrund der Mai-Szene absichtlich schief auf den Kopf gesetzt hat. Auf den »Herbst«- und »Winter«-Bildern sind auch einige Barette mit Ohrenklappen zu entdecken. Oft wurden diese Barette, die im Laufe der ersten Hälfte des 16. Jahrhunderts immer kleiner wurden, an einer netzartigen Haube am Kopf befestigt. Diese sogenannten Kalotten, die man auch wie die Herren auf dem Januar-Bild und im Vordergrund der Mai-Szene ohne zusätzliches Barett tragen konnte, bestanden oft aus wertvollem golddurchwirktem Seidengarn. Solche Gold- und Silberhauben waren natürlich der Oberschicht vorbehalten. Man vermißt allerdings das winzige ovale Barett, das »klein spanisch hütlein«, das auf den Holzschnitten Breus vom Einritt Karls V. in Augsburg 1530 zu sehen ist. Offenbar »fingen die Manns-Personen zu Augsburg [erst um 1540] an, kleine leinene Barette wie die Spanier zu tragen«[49].

Gegenüber den Scheibenrissen Jörg Breus hat der Maler die Kostüme auf den Monatsbildern in zweifacher Hinsicht weiterentwickelt: Er hat die Kleidung auf den gut zehn Jahre alten Vorlagen dem Zeitgeschmack angepaßt und sie zudem prächtiger ausgeführt. Dies läßt sich besonders gut an dem wohlhabenden Paar auf der Oktober-Szene beobachten (Abb. 15): Der Mann trägt statt der hautengen Beinlinge eine kurze ballonartige schwarzgelbe Hose, auf die die ebenfalls in mi-parti gehaltenen Strümpfe und die goldene Kalotte abgestimmt sind. Dazu paßt ein schwarzer Goller, der in Farbe und Schnitt, mit dem kleinen Schößchen, den angeschnittenen kurzen Ärmeln und dem ausgeprägten Kragen der neuesten Mode entspricht. Seine Frau hat sich ebenfalls »umgezogen«: Statt des tief ausgeschnittenen Kleides des Scheibenrisses trägt sie nun unter dem schwarzen Mieder ein hochgeschlos-

46 August Fink, Die Schwarzschen Trachtenbücher, Berlin 1963, S. 74.

47 Aus der reichhaltigen Literatur beziehen sich auf Augsburg (abgesehen von den Titeln in den folgenden Anmerkungen): Paul Post, Das Kostüm der deutschen Renaissance 1480–1550, in: Anzeiger des Germanischen Nationalmuseums, 1954–1959, Berlin 1960, S. 21–42; Fink (wie Anm. 46), passim.

48 Das von Christensen (wie Anm. 44), S. 26, Anm. 2, erwähnte Originalbarett aus hellbraunem Wildleder, das sich einst im Berliner Zeughaus (heute Deutsches Historisches Museum) befand, ist leider nicht mehr vorhanden.

49 Stetten (wie Anm. 28), S. 357 (nach Gasser/Welser, wie Anm. 27); vgl. Fink (wie Anm. 46), S. 71, 141.

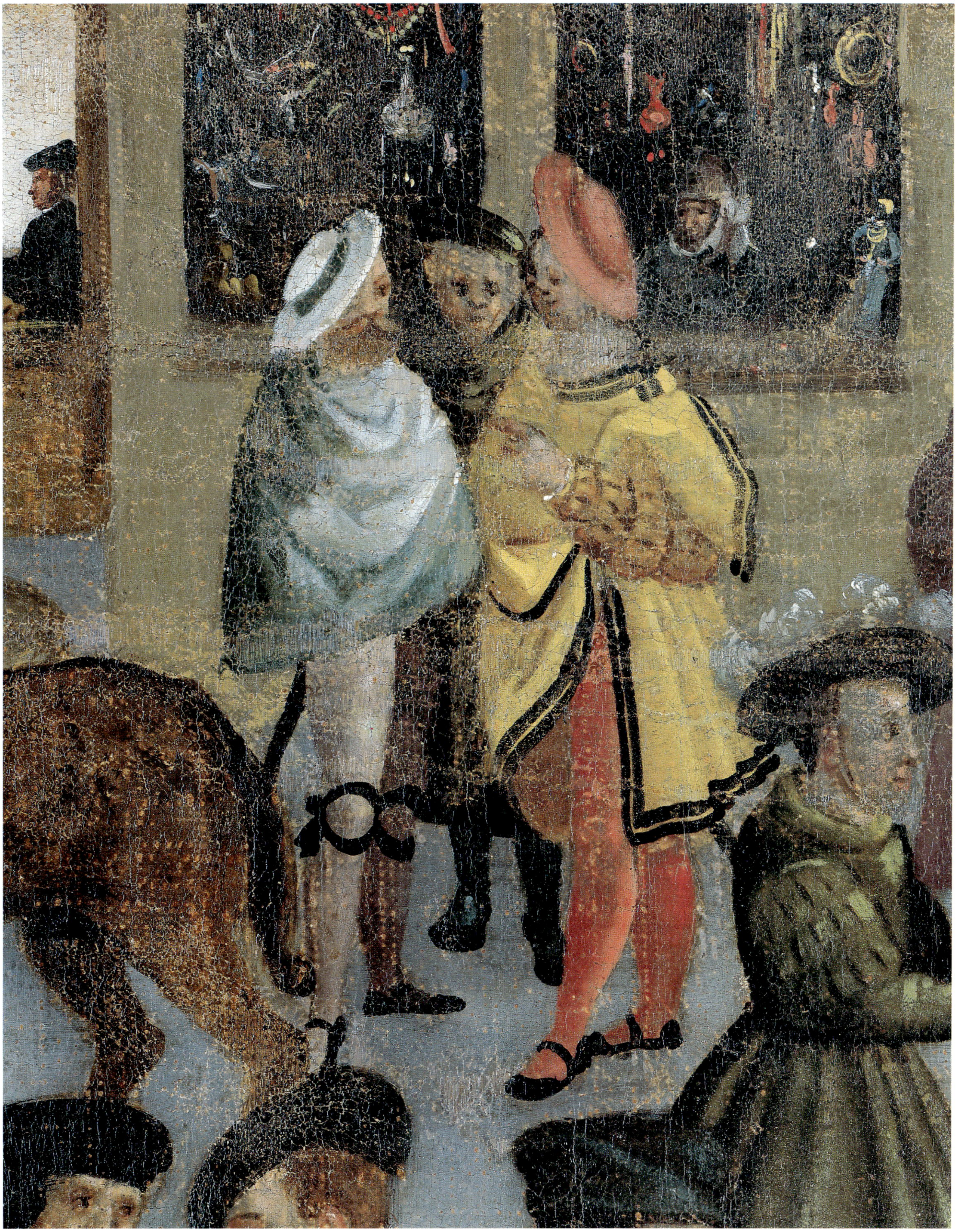

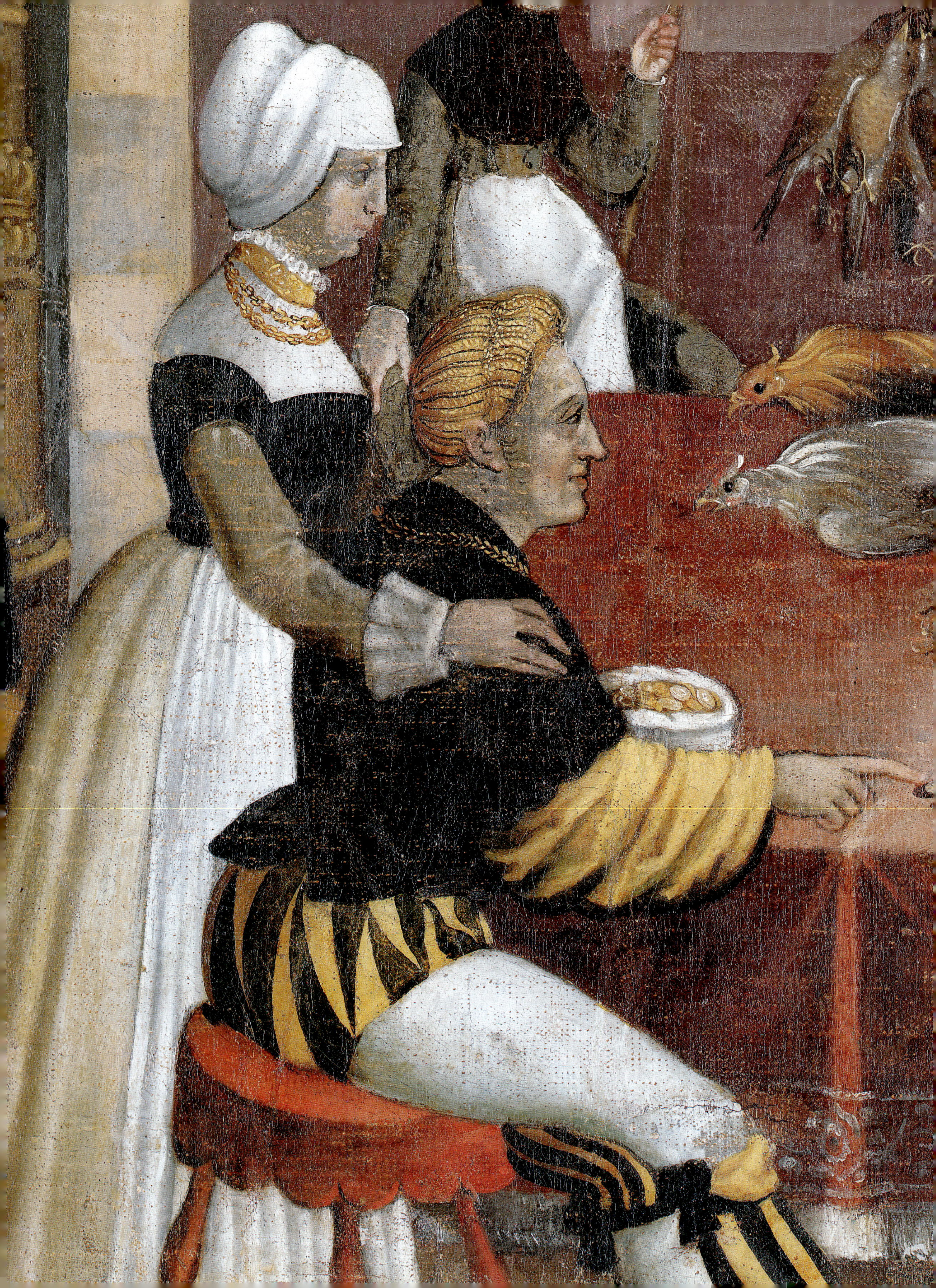

senes Hemd; die Manschetten der hautengen überlangen Ärmel sind modisch umgeschlagen[50]. Auch die Goldkette um den Hals ist neu hinzugekommen.

Die Kleidung der Landarbeiter und der einfachen Leute ist natürlich weniger aufwendig und war nicht dem raschen Wechsel der Mode unterworfen. Die charakteristischen Bestandteile blieben über Jahrzehnte hinweg gleich: das einfache, meist kurze Wams, die schlecht sitzenden Hemden, die relativ engen Hosen, die mit Nesteln verknüpft waren, die langen Röcke der Frauen, die hier und um der größeren Bewegungsfreiheit willen über der Hüfte zu einem Wulst zusammengebunden wurden (Juni), Schürzen zum Schutz der Oberbekleidung, Stroh- und Filzhüte, der bis über die Knöchel geschlossene Leder- oder Bundschuh (Juni). Aber auch bei der Kleidung der Landleute hat sich der Maler um Abwechslung bemüht. Das zeigt sich etwa bei der Kleidung der Frauen, die im Juni bei der Heumahd mithelfen. Die hübschen kleinen Beutel, die am Gürtel einiger Frauen hängen, sind um des malerischen Reizes willen sogar allzu luxuriös ausgefallen.

In der prachtvoll inszenierten Modenschau ist zweifellos wieder ein Stück Lebenswirklichkeit des 16. Jahrhunderts zu fassen. So wie auf den Monatsbildern konnte sich Wohlstand nur in wenigen anderen deutschen Städten äußern. Die weiträumigen Handelsverbindungen, die internationale Atmosphäre auf den Reichstagen und die eigene Kaufkraft machten die Augsburger Patrizier besonders empfänglich für Modeströmungen aus aller Herren Länder. Gegen 1500 zeigten sie sich etwa von den pantoffelartigen Schuhen von 400 burgundischen Reitern des Erzherzogs von Österreich so sehr angetan, daß sie ihre spitzigen Schnabelschuhe umgehend aufgaben, »wie dann die Teutschen gleichsam anderer Nationen Affen seyn«[51]. Der englische Gesandte auf dem Reichstag von 1515, Sir Robert Wingsfield, schwärmte von der Schönheit und dem prächtigen Aufzug der Augsburgerinnen, von ihren kostbaren Goldketten, den venezianischen Satin- und Damastroben mit goldbesetzten Rändern[52]. Wir hören von Marderpelzen an den Schauben, teuren Stoffen, kostbaren Ringen, Perlen und Ketten, wie man »sie in kainer stat in teutschen landen nicht findt«[53].

»Kleider machen Leute«, das hieß damals unter anderem: Bürger konnten wenigstens äußerlich Fürsten und Adel nachahmen. Bereits gegen 1500 registrierte Sebastian Brant im Narrenschiff bedenkliche Anzeichen einer solchen Nivellierung der Standesunterschiede:

»Der vor eyn burger, kouffman was/ will edel sy und ritter gansz/ .../ Es kunt da har eyns burgers wib, / Vil stöltzer dann eyn gräfin duot/ Wo yetz gelt ist, do ist hochmuot/.../ Inn allen landen ist großze schand/ Keynen benuogt me mit sym stand ... Der Adel hat kein Vorzug meh«[54].

Auch in Augsburg waren solche Tendenzen zu beobachten. Hochzeiten waren die besten Gelegenheiten, Reichtum und Modeneuheiten zur Schau zu stellen. Als Georg Thurzo 1497 Anna Fugger heiratete, glaubte der Chronist und Standesgenosse Wilhelm Rem eine neue Dimension bürgerlicher Repräsentation zu entdecken und sprach daher von »adelichen sitten, das vor nie mehr hie geschehen was«[55]. Auf der Hochzeit Ulrich Fuggers des Jüngeren »ward grosse hoffart getriben, daß man maint, es mecht ettwan bös alter nemen«[56]. Ebenso überschwenglich beschrieb Jörg Breu eine Hochzeit von 1537: »Also het man...ain groß mal mitsambt den freundten und darnach ain köstlich dantz, (wie) der in langer zeit nie gesehn ist worden, mit berlen, goldt, silber, edlen stainen, halsbanden, ringen, sammat, damascat, atlaß und von zoblnfuttern: da was kain tadl, in keiner hoffart nichts gespart«[57]. Und man ließ sich einiges einfallen, um die Kleidung vor dem Straßenschmutz zu schützen. Jörg Breu d. Ä. berichtet etwa von einem Hochzeitszug, »da warent kerren mit sandt da, daß man die kleider mit sammat und seiden nit verunrainiget, daß kain hundt daran saichet«[58].

Linke Seite
15 Monate Oktober–Dezember: Ein wohlhabendes Paar am Tisch. Berlin, Deutsches Historisches Museum.

50 Vgl. Zander-Seidel (wie Anm. 44), S. 146, Abb. 137; S. 156, Abb. 148.
51 Gasser/Welser (wie Anm. 27), Teil 2, S. 257.
52 Rosemarie Aulinger, Das Bild des Reichstages im 16. Jahrhundert. Beiträge zu einer typologischen Analyse schriftlicher und bildlicher Quellen, Göttingen 1980, S. 275f.; vgl. ebd. S. 285 zu den Spaniern, die 1548 den schönen Augsburgerinnen den Hof machten.
53 W. Rem, Chronik, S. 115f.
54 Sebastian Brant, Das Narrenschiff, Neudruck Frankfurt a. M. 1980, S. 237f.; vgl. Liselotte Constanze Eisenbart, Kleiderordnungen in deutschen Städten zwischen 1350 und 1700, Göttingen/Berlin/Frankfurt a. M. 1962, S. 114, Anm. 169 (mit weiteren Belegen).
55 W. Rem, Chronik, S. 272.
56 W. Rem, S. 66; zu weiteren Fällen eines solchen »Bruchs mit der städtischen Tradition« [?] vgl. Olaf Mörke, Die Fugger im 16. Jahrhundert. Städtische Elite oder Sonderstruktur?, in: Archiv für Reformationsgeschichte, 74, 1983, S. 147.
57 G. Preu, Chronik, S. 78.
58 G. Preu, Chronik, S. 50.

Eine optische Vorstellung von der Pracht und vom Aufwand des Augsburger Patriziats in der Kleidermode vermitteln am besten die sogenannten Geschlechtertänze. In teils zeitgenössischen, teils historischen Kostümen führen die Paare dort in exklusivem Rahmen den gravitätischen Schreittanz vor. Auch die Passion des Fugger-Faktors Matthäus Schwarz für die elegante Garderobe ist kein »pathologischer Ausnahmefall« eines »Kleidernarren«, sondern durchaus zeittypisch. Auf unseren Monatsbildern ist der Kleiderluxus zwar nicht ganz so aufdringlich, aber doch unübersehbar.

Kleiderordnungen versuchten vergeblich, Hoffart und Verschwendungssucht einzudämmen und die Standesunterschiede auch bezüglich der Kleidung aufrechtzuerhalten[59]. Die Augsburger Policeyordnung von 1530 enthält etwa gesonderte Auflagen für gemeine Bürger und Handwerker, Kaufleute und Gewerbetreibende sowie schließlich Angehörige der Geschlechter[60]. Die diesbezüglichen Vorschriften wurden mehrfach erneuert, wie zum Beispiel in einem »Außzug eins erbern Raths jüngst den VIII. Augusti MDLXVIII verruffter Ordnung unnd verpotts die Hoffart belangendt, unnd was einem jeden seinem Stand nach von kleydung unnd andern anzutragen gepürt und zugelassen ist«. Doch weder die Bürger in der Wirklichkeit noch die Patrizier auf den vier Monatsbildern haben sich an die Regelungen gehalten. So hätte möglicherweise die junge Reiterin in der Mai-Szene, die auf der reichverzierten gelben Schabracke sitzt, ebenso Anstoß erregt wie die goldfarbigen Metallschellen am Pferdezeug des Pferdeschlittens im Dezember.

»Hätt' ich Venedigs Macht,
Augsburger Pracht,
Nürnberger Witz,
Straßburger Geschütz
und Ulmer Geld,
so wär' ich der Reichste von der Welt«[61].

Diesen Reim soll man sich gegen 1500 auf die speziellen Vorzüge der großen europäischen Handelsstädte gemacht haben. Was Augsburgs Pracht angeht, so findet der Spruch zweifellos in den Monatsbildern eine gewisse Bestätigung in Auftreten und Kleidung der städtischen Oberschicht.

Die Monatsbilder des Deutschen Historischen Museums unterscheiden sich, um den roten Faden wieder aufzunehmen, von anderen Versionen des Bildprogramms dadurch, daß sehr viel mehr Menschen die Einzelszenen bevölkern und daß die Personen durch die Farben und die Eleganz ihrer Kleidung die Aufmerksamkeit auf sich lenken und von den eigentlichen Monatstätigkeiten abziehen. Doch gleichzeitig geht die soziale Differenzierung der dargestellten Personen weiter als auf den Scheibenrissen und auf anderen zeitgenössischen Zyklen. Es kommen immer mehr Frauen, spielende Kinder sowie gesellschaftliche Randgruppen ins Bild: Juden, Krüppel und Bettler, Spielleute und Narren.

Nimmt man die herkömmlichen Monatsbilder-Zyklen zum Maßstab, dann sind Frauen erstaunlich zahlreich vertreten[62]. Nur das Schneiden des Getreides mit der Sichel war von jeher Domäne der Frauen: »Auch mach ich Sichel mancherley, darmit man einschneid das Getreid, Durch alte Weiber und Bawrn Meid«, so drückt es wie selbstverständlich der Sensenschmied im Ständebuch des Jost Amman aus[63]. Ansonsten waren Frauen vielleicht noch bei der Heumahd oder beim Buttermachen tätig. Demgegenüber sind sie auf den Monatsbildern nicht nur bei der Korn- und Heuernte, sondern auch in anderen Szenen fast gleichberechtigt neben den Männern zu sehen: auf der Festgesellschaft im Januar, als Zuschauerinnen beim Turnier, bei Kahnfahrt, Musik, Bad und Spiel im April und Mai, bei Erntedankfesten im August und auch beim Einkauf und beim Flanieren auf dem Perlachplatz

59 Zur Kleidergesetzgebung in Nürnberg vgl. jetzt Zander-Seidel (wie Anm. 44), S. 290–299.

60 Zur Policeyordnung vgl. den Text bei Erika Thiel, Geschichte des Kostüms. Die europäische Mode von den Anfängen bis zur Gegenwart, Wilhelmshaven etc. 1985, S. 184–188; vgl. Karl Eduard Förstemann, Urkundenbuch zu der Geschichte des Reichstages zu Augsburg im Jahre 1530, Halle 1833, Neudruck Hildesheim 1966, Bd. 2, S. 336ff.

61 Zitiert nach Wolfgang Zorn, Augsburg. Geschichte einer deutschen Stadt, 2. Aufl., Augsburg 1972, S. 159.

62 Vgl. dazu auch Heinz Schilling, in diesem Band.

63 Jost Amman, Das Ständebuch, Faksimile, Frankfurt a. M. 1976, S. 70.

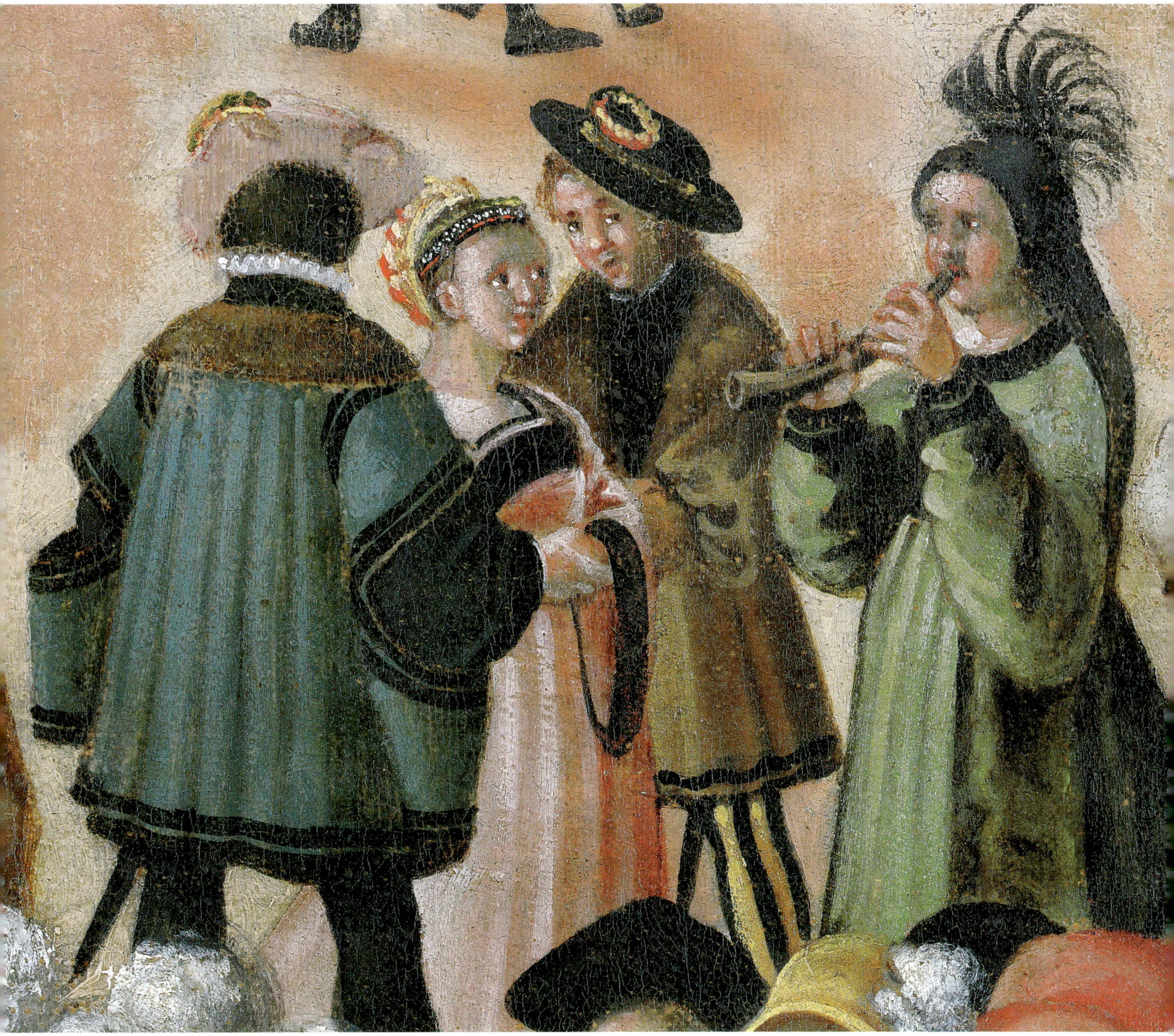

16 *Monate Januar–März: Die Flötenspielerin auf dem Turnierhof. Berlin, Deutsches Historisches Museum.*

im Oktober und November. Einige vornehme Damen treten infolge ihrer Tätigkeit, ihrer Position im Bildaufbau oder ihrer Kleidung besonders hervor: so im Januar die beiden Lautenschlägerinnen und die Gruppe der Kartenspielerinnen, die Flötenspielerin auf dem Turnierhof (Abb. 16), die junge umworbene Reiterin in der Mai-Szene, die Dame im gelben Kleid mit den zwei Zöpfen in der Rückansicht, die in der Rechten einen Krug hält (August), die Frau in Rot, die im September den Einflüsterungen eines Narren nachgibt (Abb. 17), die gutsituierte Ehefrau, die gemeinsam mit ihrem Mann im Oktober die Angebote der Landleute prüft, oder auch die reiche

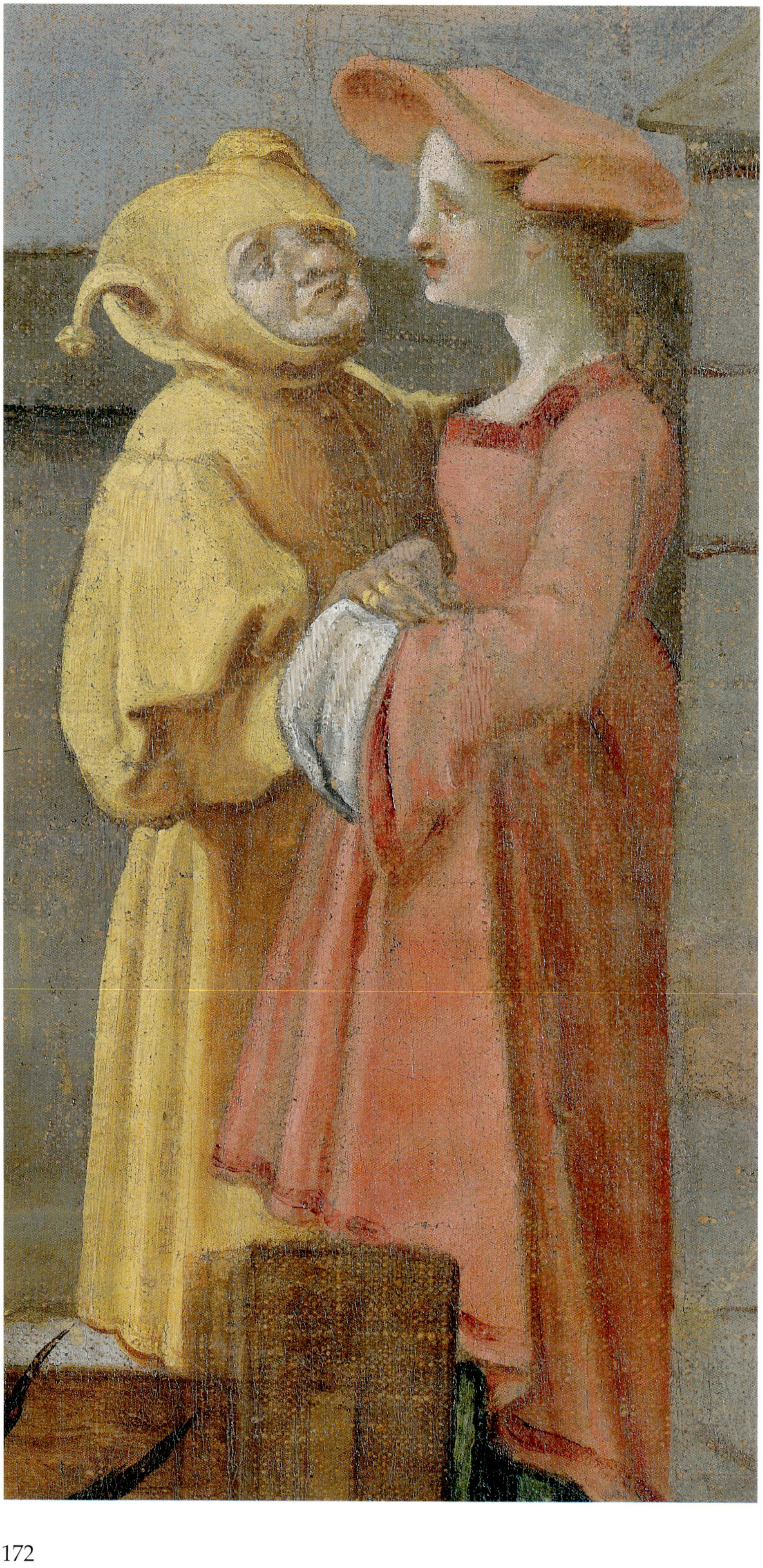

17 Monate Oktober–Dezember: Eine Frau in einem roten Kleid unterhält sich mit einem Narren. Berlin, Deutsches Historisches Museum.

Frau in der pelzverbrämten gelben Schaube, die im Dezember den Perlachplatz überquert.

Kindern gestanden die knappen Monatsdarstellungen des 14. und 15. Jahrhunderts noch weniger Raum zu als den Frauen. Das änderte sich erst allmählich in den Kalendarien der späten flämischen Stundenbücher. Das nicht gerade »kinderfreundliche« Bildprogramm hat auch die Augsburger Monatsbilder geprägt. Wenn die Erwachsenen bei der Abendgesellschaft im Januar unter sich bleiben wollten, wird man das noch verstehen können. Doch es ist schwer vorstellbar, daß die neugierigen Kinder auch beim großen Fastnachtsturnier nicht zuschauen durften. Auf den übrigen Monatsszenen sind sie vereinzelt im Bildhintergrund versteckt worden: Ein Kind sammelt beispielsweise im September die Äpfel auf, die ein Mann vom Baum schüttelt, ein anderes spaziert im Dezember an der Hand der Mutter am Brunnen auf dem Fischmarkt vorbei. Schon älter ist der Junge, der auf die Affen achtgibt (September); seine Kameraden stürzen sich auf die Schweine; ein Jugendlicher trägt einen Wildschweinkopf über den Perlachplatz (November). Nur im Mai und Juli entdeckt man spielende Kinder. Leicht übersieht man das putzige Gesicht eines Kleinkindes, das sich im Wasser des Maienbads wohlfühlt (Abb. 18).

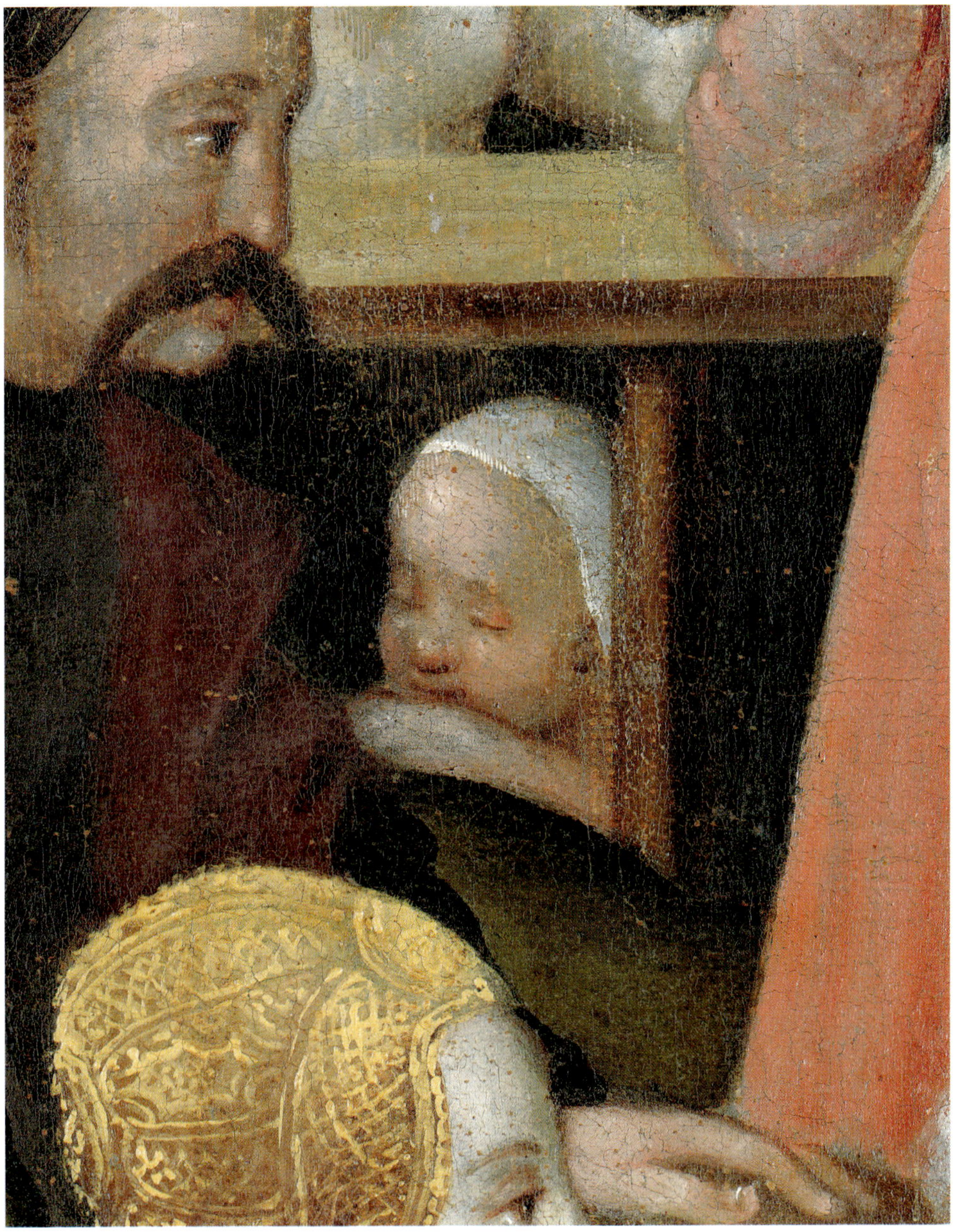

18 Monate April–Juni: Gesicht eines Kindes im Maienbad. Berlin, Deutsches Historisches Museum.

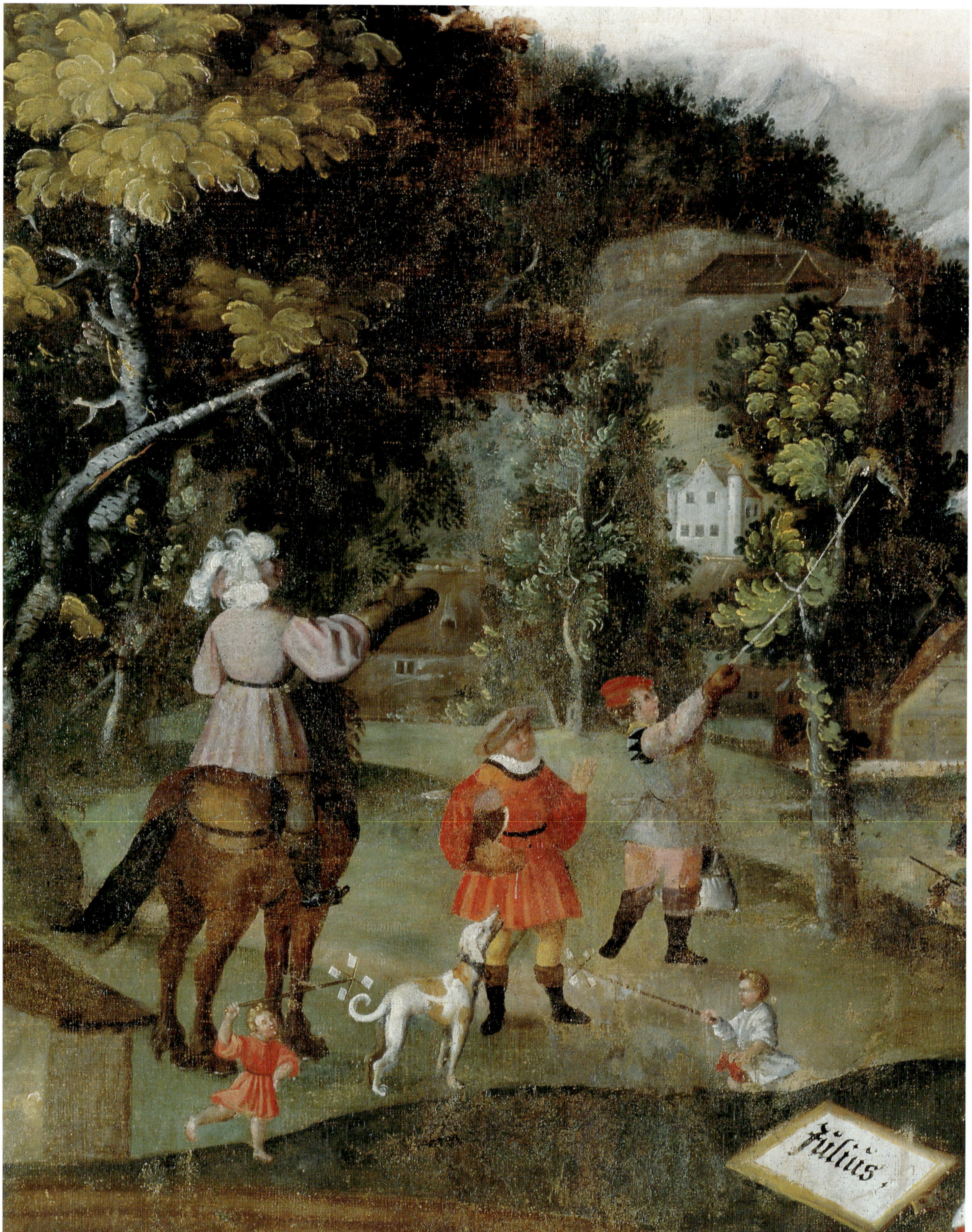
Julius

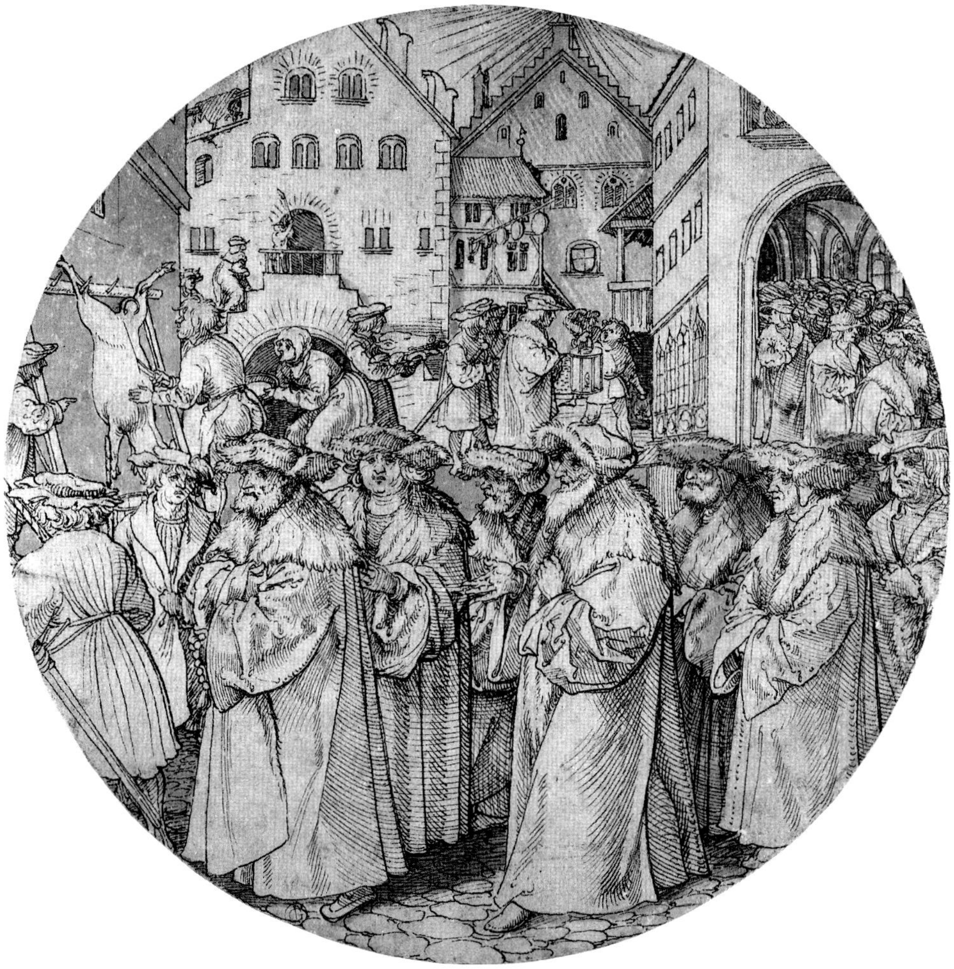

Linke Seite
19 Monate Juli–September: Zwei Kinder spielen mit Windrädern. Berlin, Deutsches Historisches Museum.

20 Nach Jörg Breu d. Ä., Scheibenriß des Monats Dezember. Feder und Tinte, grau laviert. Staatliche Museen zu Berlin – Preußischer Kulturbesitz, Kupferstichkabinett.

Der Knabe im Vordergrund der Mai-Szene ist mit dem Reifenschlagen beschäftigt. Dies war damals das typische Kinderspiel. »Das was mein Kurzweil, so ich aus der schul kam«, so erinnerte sich auch Matthäus Schwarz in seinem Kostümbuch später an das Reifenschlagen[64]. Kinderspiele waren auch beliebte Motive auf Miniaturen in den Randleisten der Stammbücher[65]. Selbst im Andachtsbuch des Matthäus Schwarz scheinen spielende Kinder die Konzentration auf Ablaßfürbitten und auf ein Gebet vom Jüngsten Gericht nicht zu beeinträchtigen[66]. Wegen ihres malerischen Reizes gehörten solche Szenen auch auf unseren Monatsbildern einfach dazu. Darüber hinaus repräsentiert das wie ein kleiner Erwachsener zurechtgemachte Kind in der Mai-Szene, die von Badefreuden, Liebeswerben und Kartenspiel der Jugend bestimmt ist, sozusagen das aufblühende Leben und bringt zugleich eine weitere, kindgemäße Form des Zeitvertreibs ins Bild. Lebendiger wirken freilich die beiden Kinder, die auf dem Juli-Bild am Spiel mit den Windrädern ihren Spaß haben (Abb. 19)[67]. Die vier Augsburger Gemälde geben in bezug auf Alter und Geschlecht zwar keine Normalverteilung der Bevölkerung wieder, aber im Gegensatz zu anderen zeitgenössischen Monatsbilder-Folgen sind Kinder und Jugendliche wenigstens unübersehbar präsent. Selbst auf den Scheibenrissen war beispielsweise nur ein Knabe zu sehen, der im Dezember mit einer Laterne einige wohlhabende Bürger nach Haus geleitete (Abb. 20).

Am linken Rand des Februar-Bildes steht eine Gruppe von Männern beisammen, die turbanartige Kopfbedeckungen und Vollbärte tragen. Vielleicht handelt es sich um echte oder kostümierte orientalische Händler; wenigstens einer von ihnen ist durch den typischen rotgelben Judenfleck als Jude gekennzeichnet (Abb. 21)[68]. Seit 1434 mußte die jüdische Minderheit

64 Fink (wie Anm. 46), S. 104f., Nr. I 8.
65 Babenhausen, Fugger-Museum: Ehrenbuch der Fugger (1545), z. B. S. 84 (Scheibenschießen), S. 135 (Schlittenfahrt von Kindern).
66 Berlin, Staatliche Museen Preußischer Kulturbesitz, Kupferstichkabinett, Hs. 78 B 10, z. B. fol. 31r, 58r.
67 Dieses Windmühlenspiel ist nicht nur auf Bildern der Hl. Sippe, sondern auch auf Turnierdecken jener Zeit häufig abgebildet; vgl. z. B. Hans Burgkmair des Jüngeren Turnierbuch von 1529, Nachdruck: Heinrich Pallmann (Hg.), Leipzig 1910, S. 99f. mit Bl. 5.
68 Zur Darstellung der Juden in der bildenden Kunst vgl. die Literatur bei Alfred Raddatz, Judendarstellung, in: Lexikon des Mittelalters, 5, 1991, Sp. 788f.

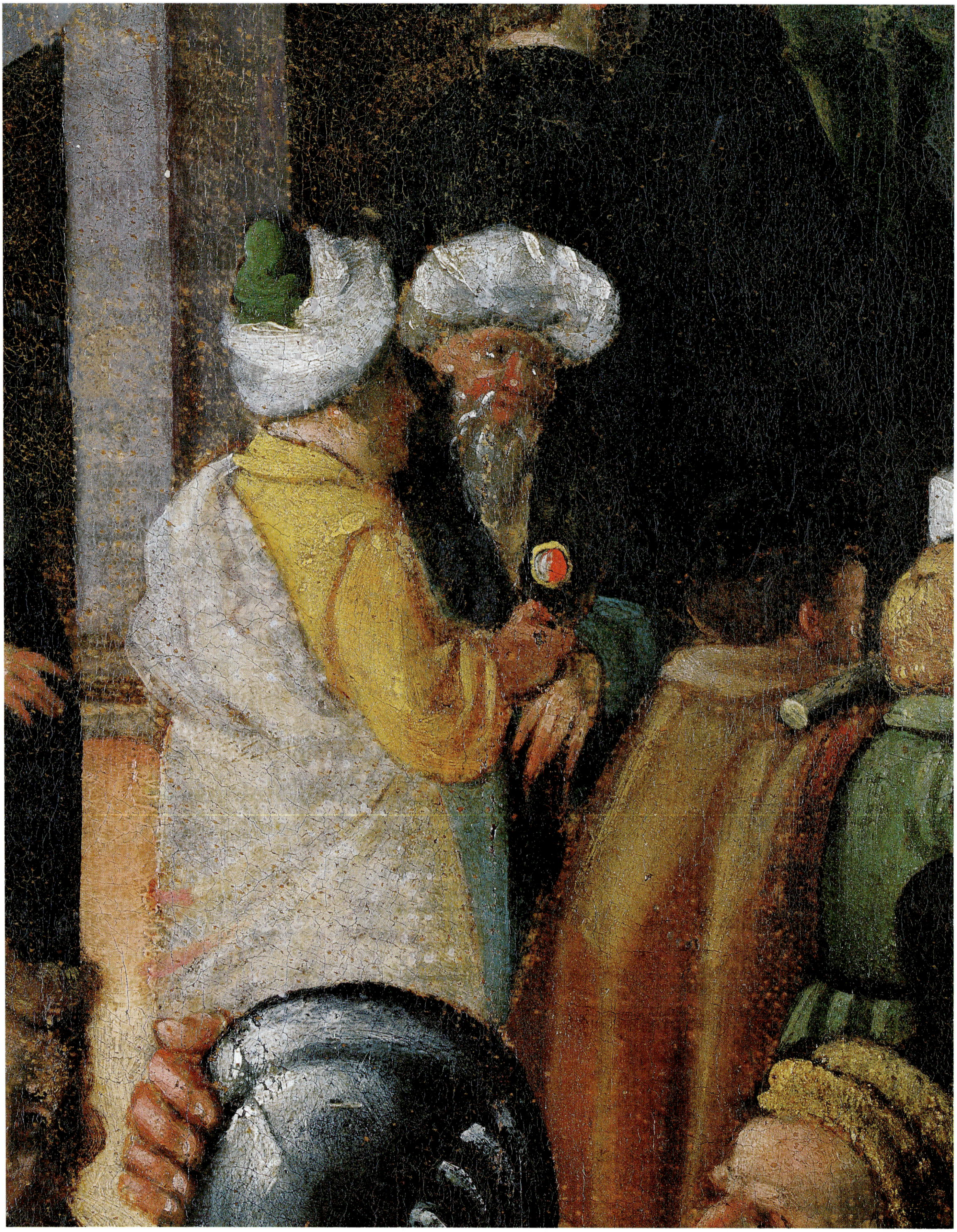

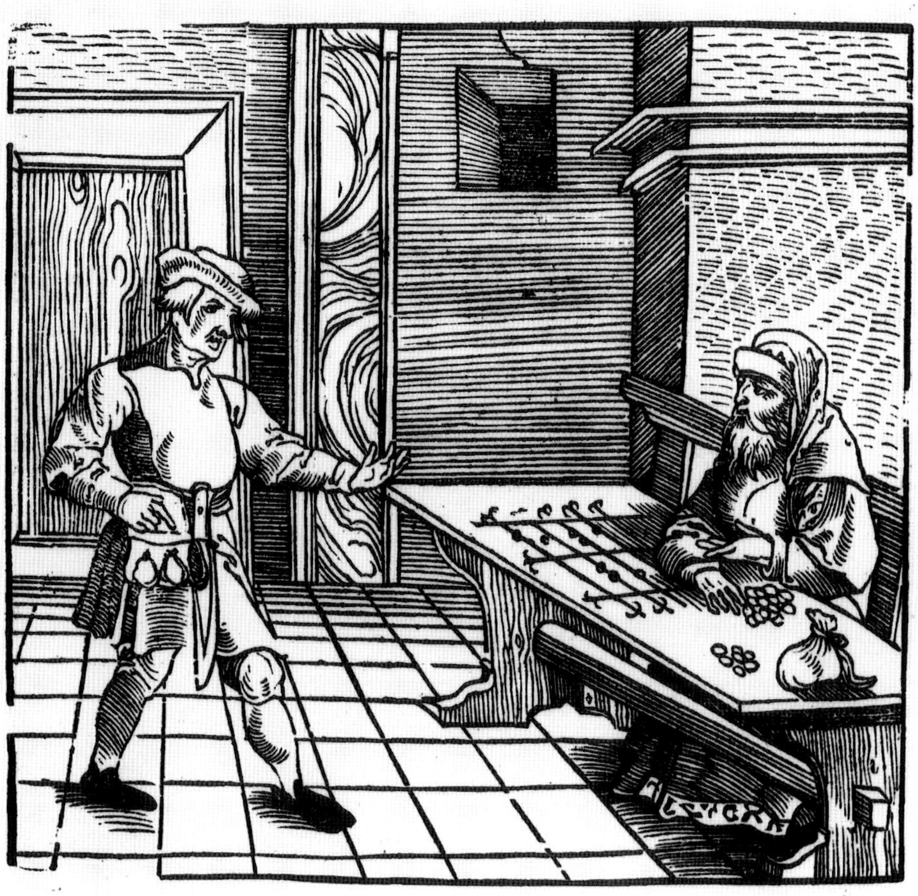

Linke Seite
21 *Monate Juli–September: Ein Jude mit gelbrotem Judenabzeichen. Berlin, Deutsches Historisches Museum.*

22 *Der geizige Jude, der durch Wucher seinen Reichtum mehrt. Holzschnitt des Petrarca-Meisters aus »M. Tullius Cicero, Officia«, Augsburg, 1531. Augsburg, Staats- und Stadtbibliothek.*

auf Anweisung Kaiser Sigismunds ein besonderes Abzeichen tragen, und die Policeyordnung, die auf dem Augsburger Reichstag von 1530 verabschiedet wurde, bekräftigte die Bestimmung, »daß die Juden eyn gelen ringk an dem rock oder kappen allenthalben unverborgen zu irer erkantnuß offentlich tragen«[69]. Unvermittelt und unvermutet kommt damit auf den Bildern eine soziale Randgruppe ins Spiel, die auf Monatsbildern normalerweise nicht vertreten ist.

Die Geschichte der Juden war auch in Augsburg eine Geschichte der Diskriminierungen und Verleumdungen. 1439 wurden die ungefähr 300 jüdischen Mitbürger mit Erlaubnis des Kaisers Albrecht II. aus der Stadt ausgewiesen. Fortan durften sie Augsburg nur tagsüber und gegen Bezahlung betreten. In diesem engen Rahmen haben sie offenbar nach 1500 tätig werden können, wie unser Bild zu beweisen scheint. Flugschriften für und gegen die Juden kursierten damals in der Reichsstadt. Die Vorstellung vom geizigen Juden, der durch Wucher seinen Reichtum mehrt, findet sich wie selbstverständlich auch im »Memorial der Tugend« wieder (Abb. 22)[70]. Andererseits sind zu Beginn des 16. Jahrhunderts erstaunlicherweise eine ganze Reihe hebräischer Bücher gedruckt worden. Die meisten dieser Judaica sind dem Eifer des Johannes Böschenstein zu verdanken, der zeitweise auch in Augsburg das Studium des Hebräischen zu befördern suchte. Ganz andere Ziele verfolgte Samuel Margolis alias Anthon Margaritha, ein getaufter Jude aus einer Rabbinerfamilie, der sich in seinen Schriften gegen seine früheren Glaubensbrüder wandte. Sein Werk »Der gantz jüdische Glaub«, der die älteste deutsche Übersetzung des jüdischen Gebetbuches enthielt, erlebte 1530/31 gleich drei Auflagen. Auf dem Titelholzschnitt sind Juden wie auf dem Monatsbild mit dem Judenabzeichen dargestellt (Abb. 23)[71]. In den 30er Jahren gelangte der hebräische Wanderdrucker

69 Policeyordnung von 1530, Bl. CIr.
70 M. Tullius Cicero, Officia, deutsch von Johann von Schwarzenberg/Johann Neuber, mit Holzschnitten des Petrarca-Meisters bzw. von Hans Weiditz, Augsburg (H. Steiner) 1531, Bl. CXXIIv.
71 Moshe N. Rosenfeld, Der jüdische Buchdruck in Augsburg in der ersten Hälfte des 16. Jahrhunderts, London 1985, insbesondere S. 7, 31f., Nr. 34–36 mit Abb. S. 53. Die Kopfbedeckung der Juden auf dem Februar-Bild sieht allerdings eher wie jene der (jüdischen) Propheten Jörg Breus d. J. in der ehemaligen Augsburger Weberstube aus (heute München, Bayerisches Nationalmuseum); vgl. die handgemalten Ansichten der Malereien am Weberhaus (ca. 1840) in der Staats- und Stadtbibliothek Augsburg, 2° Cod. Aug. 456, bes. Nr. 9 (Josue, ein Judt, mit grünem Barett mit weißer Krempe).

23 Titelholzschnitt aus »Der ganz Jüdisch glaub«, 1530. Augsburg, Staats- und Stadtbibliothek.

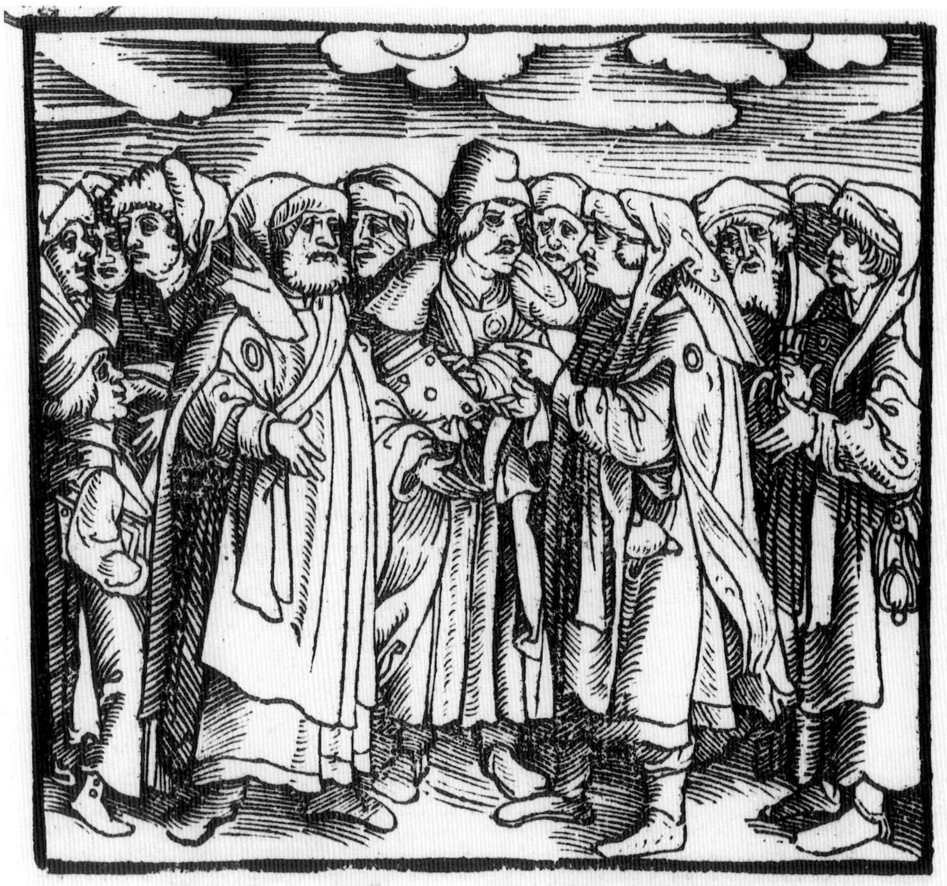

Chaim Schachor (Schwarz) nach Augsburg und konnte bis 1536 allein sieben Schriften herausbringen[72].

Das gesellschaftliche Spektrum, das die Monatsbilder abdecken, ist erstaunlich breit. Selbst Bettler, Behinderte und Außenseiter werden in die Szenen einbezogen, das heißt Randgruppen, die auf früheren und zeitgenössischen Monatsdarstellungen überhaupt nicht vorkommen. Manche Figuren sind dabei buchstäblich so sehr an den Rand gerückt, daß sie fast dem starken Beschnitt der Bildränder zum Opfer fielen. In der März-Szene ist rechts gerade noch die Hand eines Bettlers zu erkennen, der mit einem leeren Napf um eine milde Gabe bittet. In der April-Szene kommt ganz links unten ein Mann ins Bild, der mit dem Napf in der Rechten ebenfalls um Nahrung bettelt und mit dem Zeigefinger der linken Hand auf seinen Mund deutet – vielleicht die Geste eines Taubstummen. Ihm gegenüber sitzt eine Frau, die ein Glasgefäß mit einem langen gedrehten Hals, also vermutlich den Kuttrolf oder Angster, in der Linken hält. Möglicherweise ist sie mit diesem Fastnachtsrequisit als Hellseherin gekennzeichnet[73]. Ob diese Gruppe von Außenseitern auf ein Sprichwort anspielt oder einen allegorischen Sinn haben könnte, ist unklar. In ähnlicher Form begegnet das Utensil der Frau zum Beispiel auf einem anonymen deutschen Holzschnitt des 16. Jahrhunderts aus einer Serie mit Narrenspielen (Abb. 24)[74].

Auf dem nächsten Gemälde kniet, erneut am linken unteren Bildrand, eine Bettlerin (?), die sich auf einen Stock stützt und die Ähren vom Stoppelfeld mitaufliest. Einer der Musiker, die im August zum Tanz aufspielen, ist durch eine Beinprothese stark behindert, bläst gleichwohl aus voller Lunge seine Trompete. Merkwürdigerweise fehlen Bettler auf der figurenreichen Marktszene im November/Dezember, wo man sie eigentlich erwartet hätte. Wieder wird deutlich, daß es dem Maler bei der Darstellung von Bettlern nicht so sehr um ein getreues Abbild der sozialen Wirklichkeit ging. Viel-

72 Rosenfeld (wie Anm. 71), S. 7–9.

73 Zum Angster oder Kuttrolf vgl. Reallexikon der Kunstgeschichte, Bd. 1, Sp. 698; Lexikon des Mittelalters, Bd. 1, 1980, Sp. 640 (mit weiterer Literatur).

74 Braunschweig, Herzog Anton Ulrich-Museum, KK 5207, Anonymer Holzschnitt, Deutschland, 16. Jahrhundert.

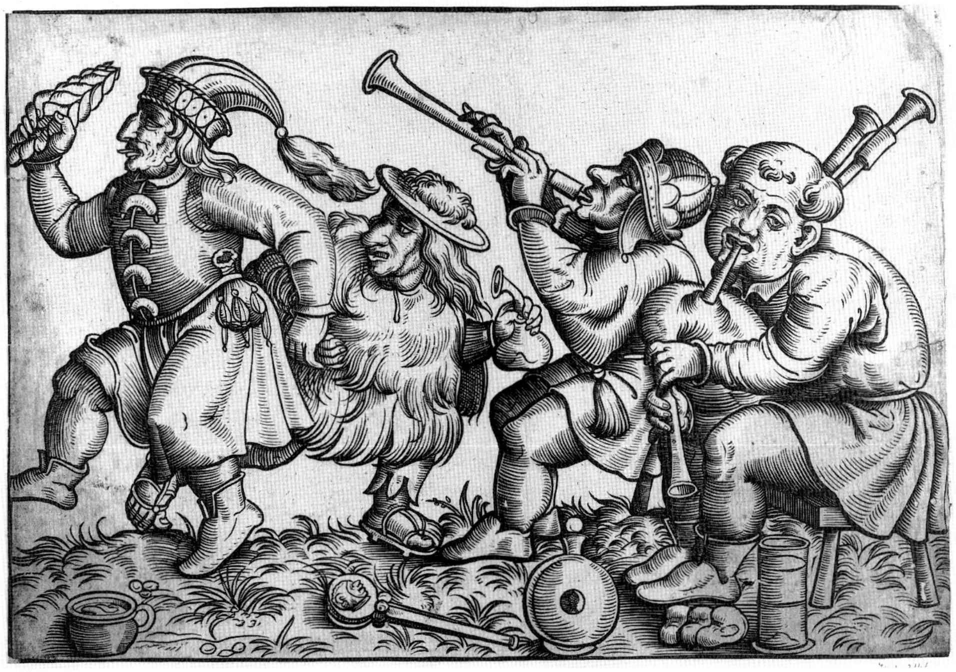

24 Narrenspiele. Holzschnitt, 16. Jahrhundert. Braunschweig, Herzog Anton Ulrich-Museum.

mehr dürften diese Randgruppen als Symbol der Bedürftigkeit und des menschlichen Elends und als beliebte (Gegen-)Figuren in Literatur und Kunst jener Zeit dargestellt worden sein.

Die differenzierte Darstellung sozialer Gruppen bietet freilich noch längst kein repräsentatives Bild der Augsburger Stadtgesellschaft. So sieht man kaum Kleriker, die das Stadtbild in Augsburg vor und nach der Reformation nicht unerheblich geprägt haben dürften. Wie überhaupt im Februar und März, so ist der Maler auch in diesem Punkt nicht seiner direkten Vorlage gefolgt. Denn immerhin ist auf dem März-Scheibenriß im Hintergrund ein Versehgang dargestellt: Priester und Diakon halten die verdeckten Behälter mit den geweihten Hostien in den Händen; voran geht ein Mesner mit einer langen Kerze und einer Glocke, mit der er die Passanten zu Andacht und Respekt gegenüber dem Leib und Blut Christi auffordert (Abb. 25). Diese Szene wird so nicht in das Januar–März-Gemälde übernommen, aber der Gedanke an Krankheit und Tod wird auch hier wachgerufen: Ein Sarg, der in ein schwarzes Tuch mit einem weißen Kreuz gehüllt ist, wird hinausgetragen; seitlich davor führt jemand ein weißes Pferd am Zügel, also möglicherweise das Pferd des Verstorbenen, aber nicht unbedingt eines Turnierteilnehmers (Abb. 26). Ein Priester gehört nicht zu dem Trauerzug, falls wir es bei den beiden Herren links vom Sarg nicht mit protestantischen Predigern zu tun haben[75]. Eher versteckt sind im überdachten Säulengang ein Ordensmann und links neben dem Narren ein Priester mit seiner weißen Stola (?) auszumachen. Im Mittelgrund des August-Bildes geht ein einsamer Mönch seines Weges. Daß der Klerus auf den Scheibenrissen und auf den Gemälden so gut wie keine Rolle spielt, ist allerdings nicht außergewöhnlich und entspricht wieder der Bildtradition. In anderen Folgen der Monatsarbeiten kommen Kleriker ebenfalls nur selten ins Bild: In den Kalendarien einiger Stundenbücher wurde etwa im Februar die Austeilung des Aschenkreuzes am Aschermittwoch festgehalten[76]. Eher eine Ausnahme ist auch der Auftritt eines Priesters, der sich auf dem August-Bild des Zyklus im Adlerturm von Trient mit dem Brevier in der Hand vor dem Pfarrhaus sehen läßt (Abb. 27).

Das Bildprogramm der Augsburger Monatsbilder bringt zwar mehr soziale Realität ins Spiel, aber an eine konsequente oder umfassendere Vorstel-

75 Zum Ornat reformatorischer Geistlicher vgl. etwa das Titelblatt der Erstlingsschrift Martin Bucers »Ain schöner Dialogus«, Augsburg 1521, abgebildet in: Freiheit und Ordnung, Augsburg 1987, Nr. 45 mit Abb. 17 (S. 49); Titelholzschnitt einer Schrift über die Priesterehe, Augsburg (M. Ramminger) 1522, abgebildet von Frank Muller, Heinrich Vogtherr der Ältere (1490–1556). Aspekte seines Lebens und Werkes, in: Jahrbuch des Historischen Vereins Dillingen an der Donau, 92, 1990, S. 173–276, hier S. 231; ferner Martha Bringemeier, Priester- und Gelehrtenkleidung. Ein Beitrag zur geistesgeschichtlichen Kostümforschung, Münster 1974, bes. S. 44–56.

76 Hansen (wie Anm. 39), S. 90, Abb. 65f.; Priester sind bei Verlobungsszenen im Juni und bei der Letzten Ölung im Dezember zugegen, und zwar in einigen englischen und französischen Kalendarien, auf denen die Monate auf die verschiedenen Lebensalter bezogen sind; vgl. Erik Dal/Povl Skårup, The Ages of Man and the Months of the Year. Poetry, Prose and Pictures outlining the Douze mois figurés Motif, mainly found in Shepherds' Calendars and in Livres d'Heures, 14th to 17th Century (Det Kongelige Danske Videnskabernes Selskab Historisk-filosofiske Skrifter 9, 3), Kopenhagen 1980, Abb. S. 35, S. 37.

25 Nach Jörg Breu d. Ä., Scheibenriß des Monats März. Feder und Tinte, grau laviert. Staatliche Museen zu Berlin – Preußischer Kulturbesitz, Kupferstichkabinett.

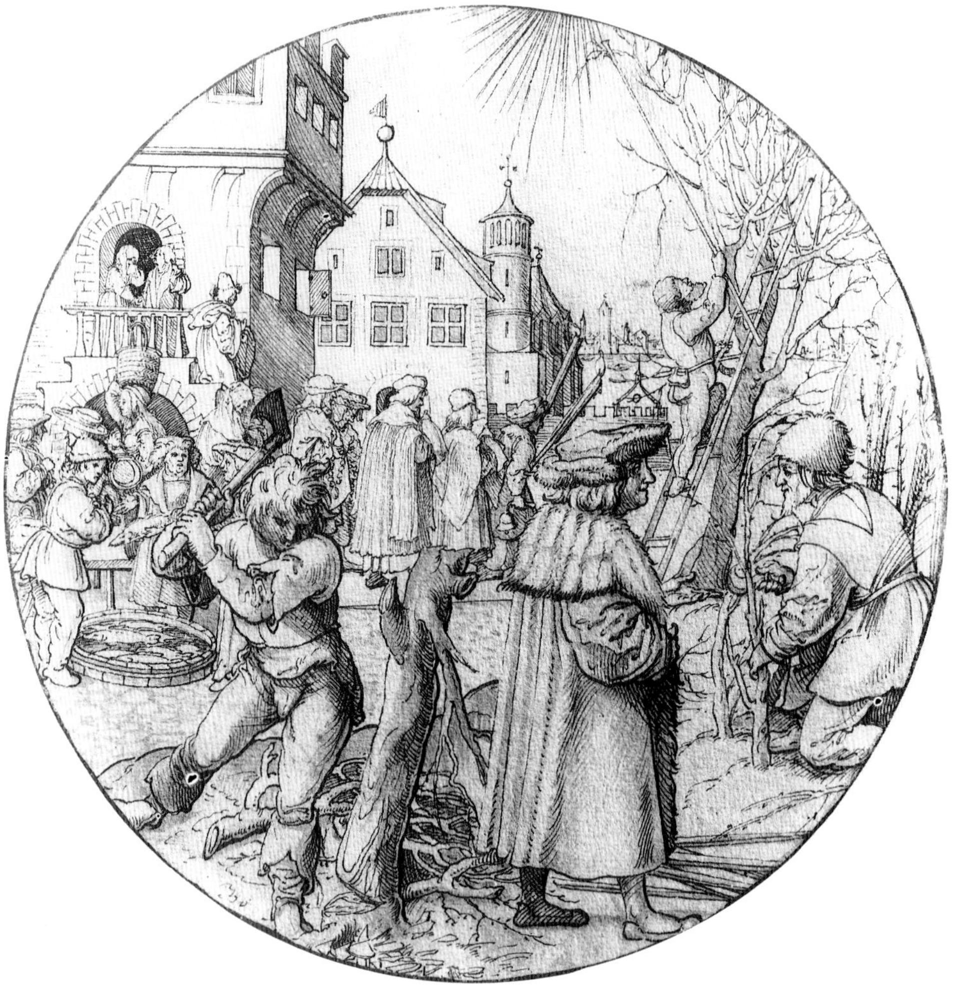

26 Monate Januar–März: Der Trauerzug. Berlin, Deutsches Historisches Museum.

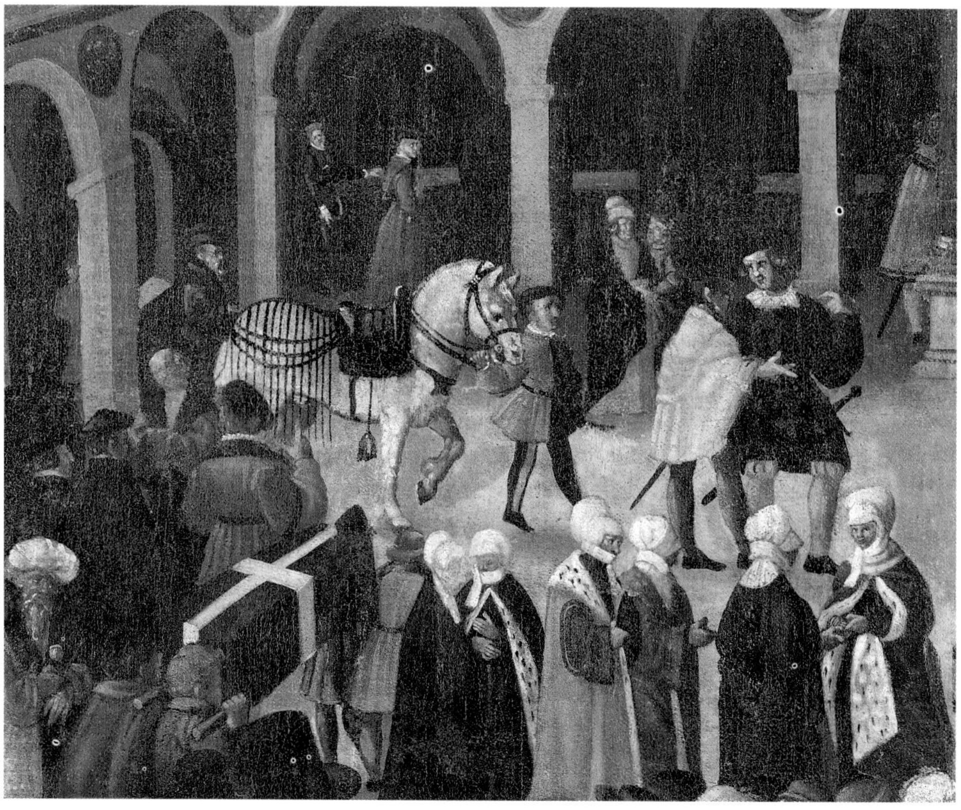

lung der Welt des 16. Jahrhunderts ist nicht zu denken. Die Normen der Bildtradition schließen von vornherein aus, daß die großen Auseinandersetzungen der Zeit, die Besuche der Kaiser und die Reichstage in Augsburg, die Reformation, die sozialen Spannungen innerhalb der Stadt, die Bauernkriege oder der wirtschaftliche Aufschwung der großen Handelshäuser ins Bild kommen. Auftraggeber und Maler konnten sich allenfalls indirekte Anspielungen erlauben.

Bemerkenswert ist in dieser Hinsicht der blutige Streit in einem Dorf, der sich im Hintergrund der Juni-Szene abspielt (Abb. 28). Vor einem Wirtshaus, das durch das Schankzeichen kenntlich ist, sind sich bewaffnete Bauern (und Ritter?) in die Haare geraten. Ein Dorfbewohner verteidigt sich mit der Forke gegen einen Angreifer. Einer liegt offenbar, wie erst nach der Reinigung der Bilder zu erkennen war, bereits tot am Boden. Eine Frau eilt schreiend hinzu. Waren dies »normale« Übergriffe in einer unruhigen Zeit, oder stellt das Scharmützel eine Episode im Bauernkrieg von 1525 dar? Eine weitere Anspielung auf dieses epochale Ereignis könnte im Mittelgrund des August-Bildes versteckt sein: Dort zieht, begleitet von Pfeifer und Trommler, eine Rotte von Bauern mit Heugabeln, Hellebarden und anderen Waffen in den Kampf[77]. Tatsächlich hat der Bauernkrieg 1524 die Umgebung Augsburgs erfaßt, während es in der Stadt selbst ruhig blieb. Ende März 1525 stand das große Bauernheer vor den Toren der Reichsstadt, aber zu Auseinandersetzungen und Unruhen kam es damals nicht. Die Frage nach dem realen Hintergrund der Szene mit dem Bauernhaufen wird sich kaum beantworten lassen; doch festzuhalten ist, daß in diesen Sommermonaten auch die Schattenseiten des Lebens nicht verschwiegen werden. So erkennt man rechts hinter der Wehrkirche im Hintergrund des Juli-Bildes einen Galgen, an dem ein Übeltäter aufgehängt ist (Abb. 29). Zumindest in Einzelheiten und im Bildhintergrund wird also die Konvention der Monatsbilder-Ikonographie durchbrochen.

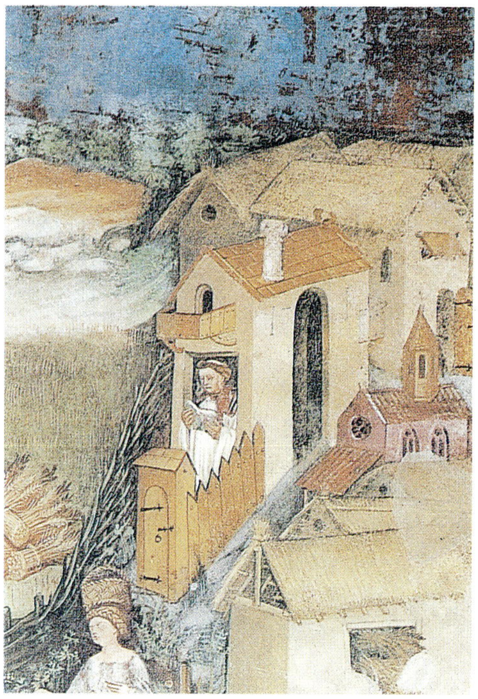

27 Lesender Priester. Detail aus dem August-Bild des Freskenzyklus im Adlerturm des Castello di Buonconsiglio, Trient.

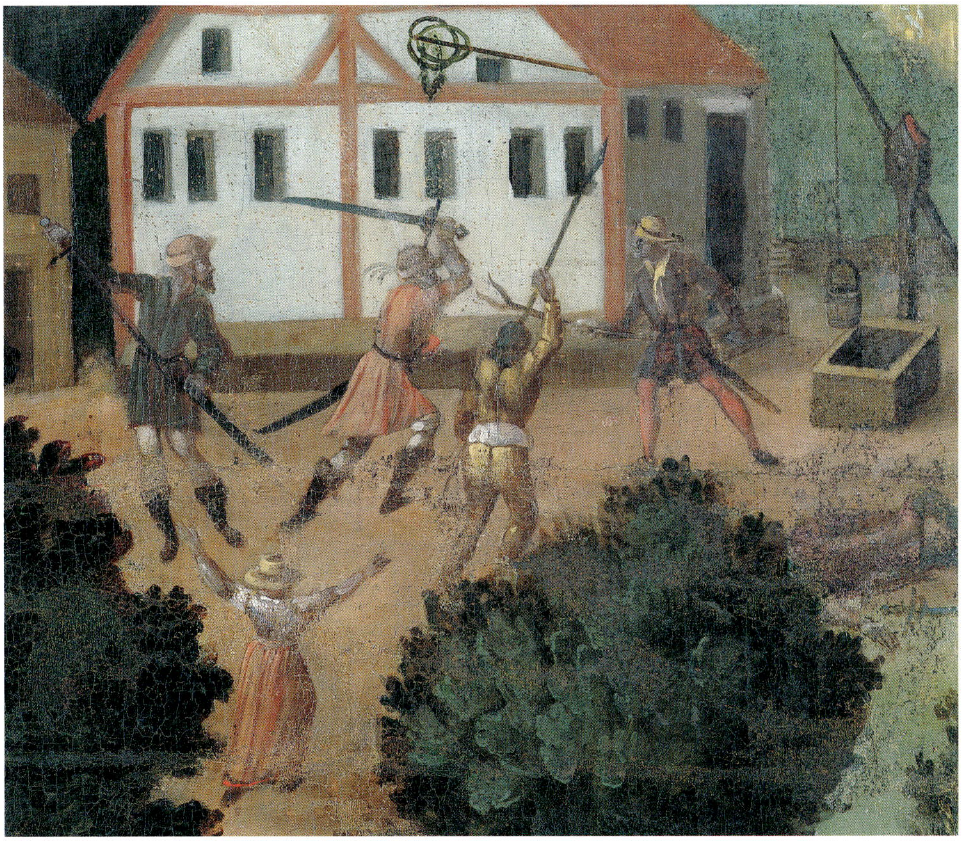

28 Monate April–Juni: Streit vor dem Wirtshaus. Berlin, Deutsches Historisches Museum.

[77] So schon Baum (wie Anm. 5), S. 117. Zu beachten ist aber, daß diese Gruppe bereits auf dem Juli-Scheibenriß (und auf der Scheibe aus Kaiserslautern) auftaucht, die »um 1526« oder vielleicht schon in die Zeit vor den Bauernkriegen zu datieren sind! Zur Bewaffnung der Bauernrotten vgl. auch Titelblatt der Memminger Bundesordnung von 1525, abgebildet u. a. in: D. Plöse/G. Vogler (Hgg.), Buch der Reformation. Eine Auswahl zeitgenössischer Zeugnisse (1476–1555), Berlin 1989, S. 371.

29 *Monate Juli–September: Der Galgen. Berlin, Deutsches Historisches Museum.*

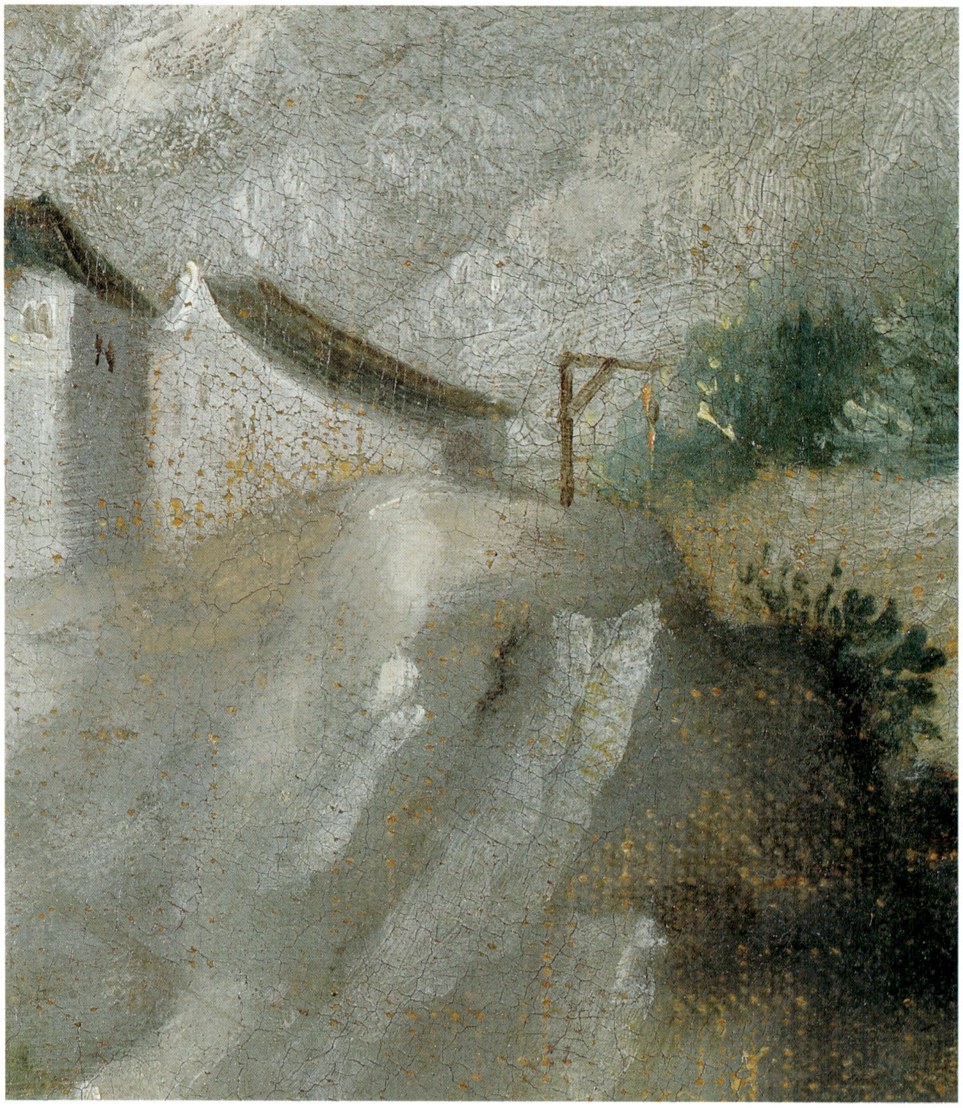

Die kleinen Affen auf der Mauer im September-Bild sind kaum als allegorische Anspielung zu verstehen (Abb. 30). Als modische Liebhaberei erfolgreicher Geschäftsleute verweisen sie zumindest indirekt auf die überseeischen Handelsverbindungen der Augsburger Handelsfirmen. Die exotischen Haustiere tummeln sich auch auf dem Gartenfest des Narziß Renner von 1522[78]. Der Augsburger Turnierliebhaber Marx Walther bestritt eins seiner Rennen gemeinsam mit seinem Hausäffchen, das angekettet am Sattel auf dem Rücken des Pferdes saß[79]. Ob man sie possierlich und »lustig« oder eher »scheußlich« und chaotisch finden sollte, darüber stritten sich schon die »Freude« und die »Vernunft« in Petrarcas beliebtem Trostbuch (Abb. 31).

Doch nur der moderne Betrachter, der die Bildtradition nicht kennt oder geringschätzt, kann darüber enttäuscht sein, daß auf den Bildern die dramatischen Ereignisse des Reformationszeitalters nicht deutlicher zum Ausdruck kommen. Wer den vorgegebenen Rahmen berücksichtigt, wird ganz im Gegenteil darüber erstaunt sein, wieviel an Realität und Originalität in den Bildern steckt. Schon die »konventionellen« Szenen der Monate April–September waren, wie oben dargelegt, nicht ganz so konservativ, wie es auf den ersten Blick schien. Doch in ganz anderem Maß zeigen die Darstellungen der Herbst- und Wintermonate, worauf es den Auftraggebern der Scheibenrisse und Monatsbilder ankam. Neue Szenen verändern das Standardprogramm, die gesellschaftliche Führungsschicht Augsburgs setzt der Stadt und sich selbst ein Denkmal.

78 Habich (wie Anm. 15), S. 231.
79 Marx Walther, Turnierbuch (München, Bayerische Staatsbibliothek, cgm 1930), fol. 16r.

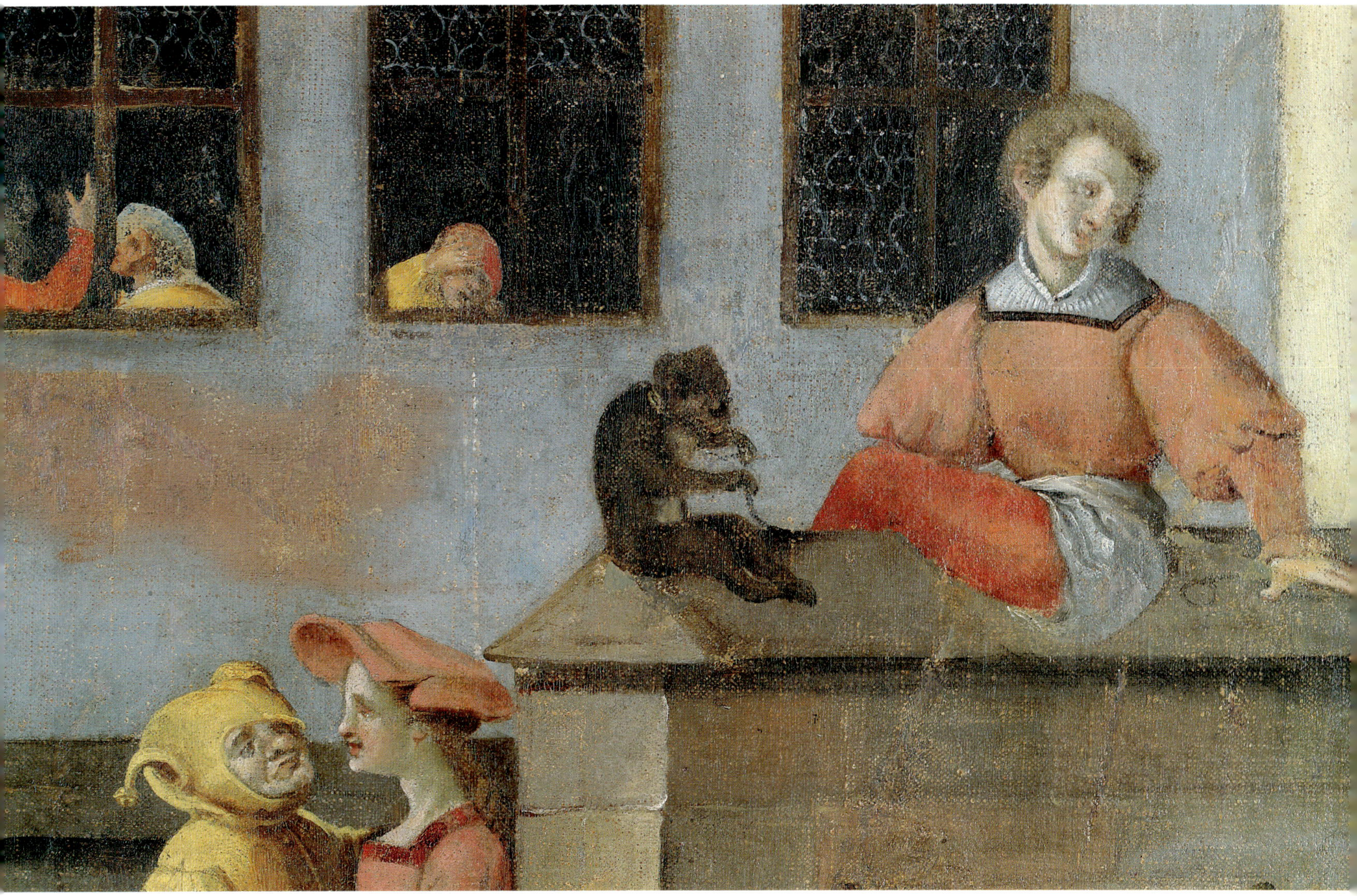

30 *Monate Juli–September: Der Affe auf der Mauer. Berlin, Deutsches Historisches Museum.*

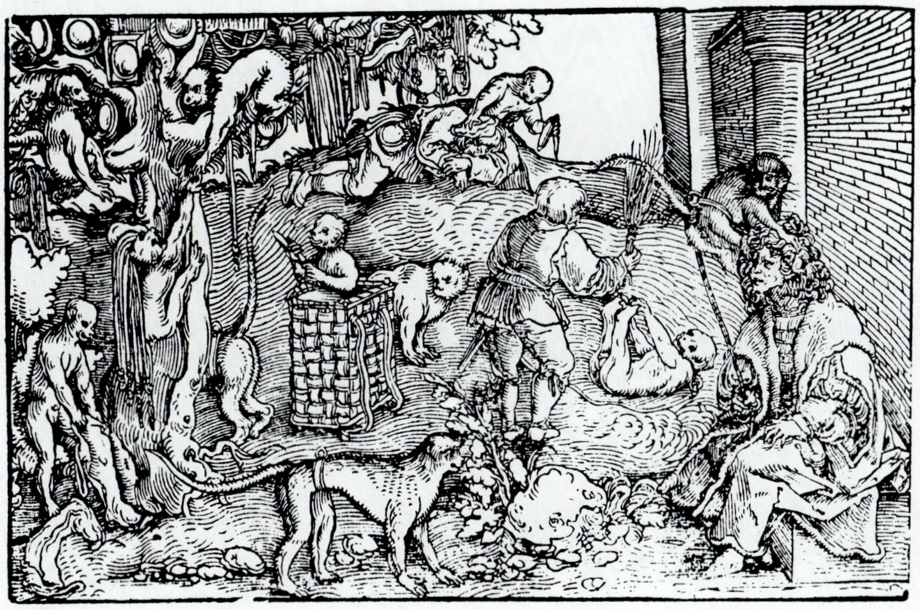

31 *Streit zwischen »Freude« und »Vernunft«, aus Petrarcas »Von der Arznei beider Glück«, Augsburg, 1532. Augsburg, Staats-und Stadtbibliothek.*

Unten
32 *Monate Oktober–Dezember: Der Bärenzwinger. Berlin, Deutsches Historisches Museum.*

Die Segnungen einer »Guten Regierung« (Oktober–Dezember)

Drei Motive bestimmen den Bildeindruck des Gemäldes mit den Monaten Oktober bis Dezember: erstens die Bauten im Zentrum Augsburgs, also ein Wohnhaus und dahinter vielleicht das alte Schlachthaus (die Metzig), dann das Giebelhaus mit dem Wappen des Stifts St. Peter, der Perlachturm, die Barfüßerkirche und das alte Rathaus, zweitens das bunte Markttreiben, das sich von der linken unteren Bildhälfte diagonal bis in den rechten Hintergrund am Rathaus hinzieht und die Monatssektoren miteinander verbindet, sowie schließlich der Auszug der Ratsherren aus dem Rathaus.

Die Verkaufsszene im Oktober spielt (wie schon auf dem Scheibenriß) eindeutig in einer bürgerlichen Wohnstube; die Identifizierung des Hauses mit der alten Metzig, die sich in der Literatur eingebürgert hat, erscheint höchst zweifelhaft. Eher ist das kleinere Gebäude, vor dem der Schlachter ein Schwein ausnimmt, mit dem alten Schlachthaus in Verbindung zu bringen. Vielleicht hat bereits der Maler, der das Gemälde im 16. Jahrhundert kopiert hat, die Funktion und Anordnung der Häuser mißverstanden und deshalb die Ansicht des Giebelhauses im Vordergrund, die vermeintliche Metzig, so auffällig und eigentlich unverständlich »korrigiert«.

Im Zentrum steht der Perlachturm mit dem Reichswappen. Er war das Symbol der städtischen Unabhängigkeit und Reichsunmittelbarkeit, aber zugleich auch Wachtturm. Oben im Turm hängt die Sturmglocke, die im Notfall der ebenfalls hoch oben hausende Türmer läuten mußte[80]. Im Bärenzwinger sind echte Bären eingesperrt (Abb. 32). Die volkstümliche Deutung

80 Der »Berlachturmer« (Türmer auf dem Perlach) erhielt »yeden jars 52 fl fur alle sach und 1 fl zum guten jar« (Augsburg, Stadtarchiv, Baumeisterbuch 1531, fol. 130r; vgl. auch fol. 131v).

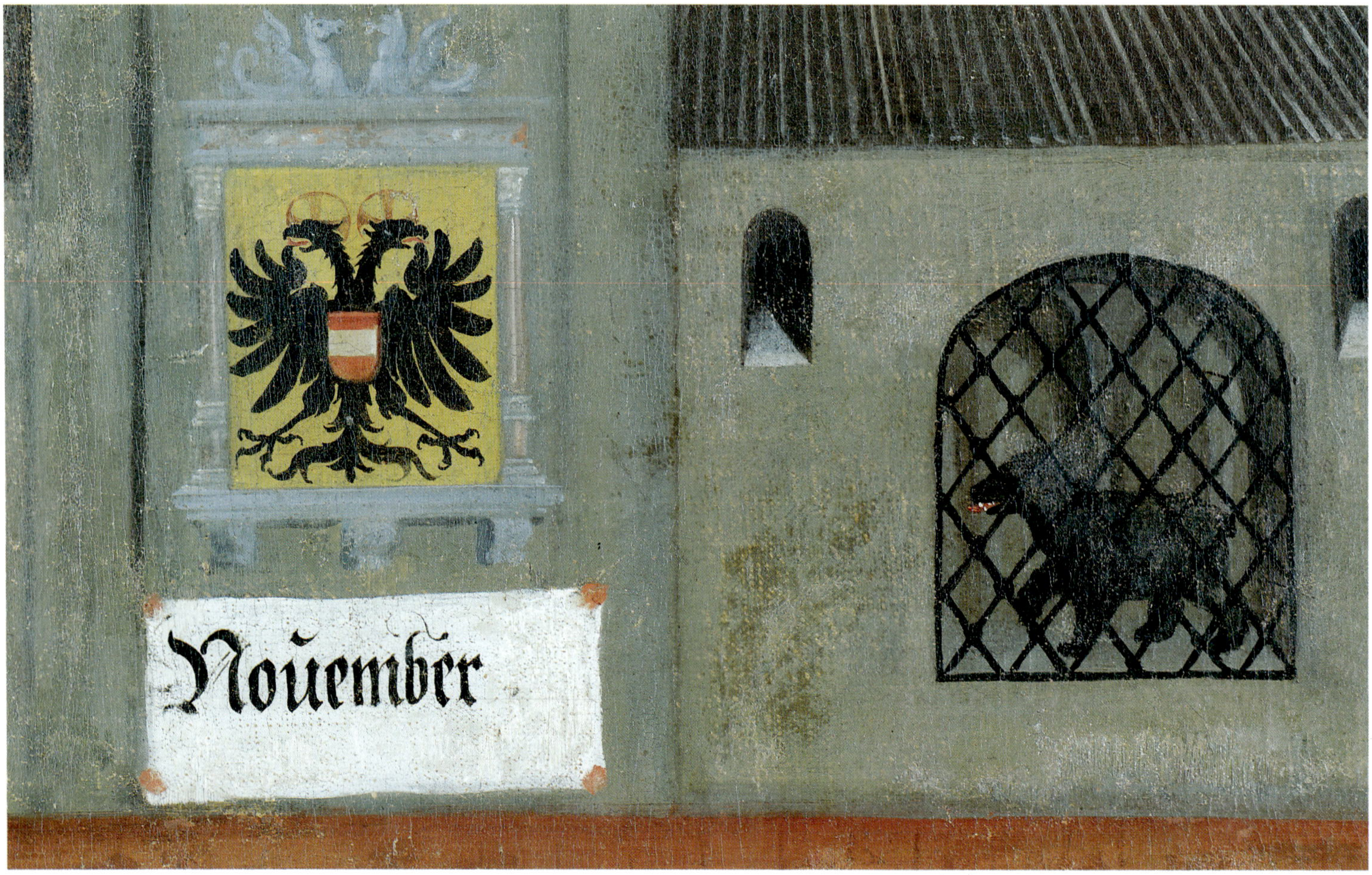

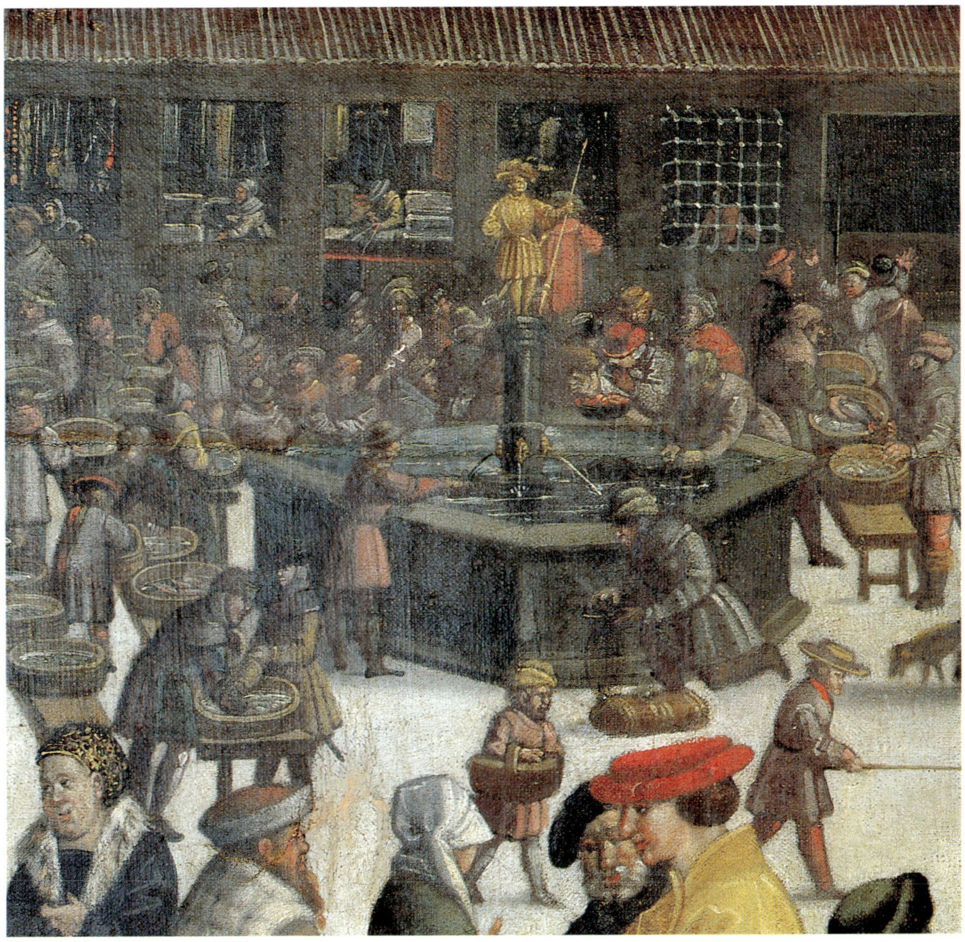

33 *Heinrich Vogtherr d. J.(?), Brunnenfigur aus dem »Winter«-Bild. Augsburg, Städtische Kunstsammlungen, Maximilianmuseum.*

des Namens Perlach als eines Platzes, an dem Bären gefangen gehalten wurden, soll allerdings erst Anfang des 17. Jahrhunderts aufgekommen sein[81]. Unterhalb des Bärenzwingers an beiden Seiten des Reichswappens zogen sich Ladenzeilen an der Front entlang. Erst 1531 sind die Dächer über den Läden angebracht oder erneuert worden[82]. Rechts vom Perlach schließt sich im Hintergrund das städtische Schaugefängnis an, das 1475 für Nachtschwärmer, Trunken- und Raufbolde errichtet worden war. Neben den vergitterten Fenstern sind die »Eisen« oder Blöcke (?) des Stadtgefängnisses zu sehen. Hier haben unter anderem vielleicht auch monatelang die Höchstetter, die Auftraggeber der Scheibenrisse, nach ihrem Bankrott in den zwanziger Jahren geschmachtet[83]. Davor breitet sich der Fischmarkt aus, ein Platz, auf dem man bei Bedarf auch Übeltäter erhängte. Einen Galgen hat man beispielsweise während des Reichstags von 1548 »auf dem vischmarckt gleich hinder dem rörkasten machen lassen ..., daran sie vil Spänier, landtsknecht und ander hencken, und die hoch püne, so ir kay. mt. auf dem platz des Berlachs, zunechst bei der Metzg, aufrichten, auch etliche im Reichstag darauf viertailen, vor mit dem reitl und strick erwurgen und darauf ratbrechen lassen; und [sind] ir vil darauf enthauptet worden, darunder der Vogelsperger, auch andere haupt- und edelleut gewesen«[84].

Mittelpunkt des Platzes ist ein Brunnen, der nicht eindeutig zu identifizieren ist. Die Nachrichten über den Brunnen sind nämlich nicht eindeutig und widersprechen sich teilweise. Um 1420 wurde der Brunnen angelegt, und laut Ratsbeschluß von 1456 soll damals der »rörenkasten« auf dem Fischmarkt neu aufgerichtet worden sein[85]. 1510 fertigte der Augsburger Bildhauer Sebastian Loscher für den Fischbrunnen eine geschnitzte Bildsäule an[86]. 1531 ließ der Rat im Brunnen ein neues »Messingrohr« einbauen[87]. Einige Rätsel gibt die Brunnenfigur auf, die auf dem »Winter«-Bild, wie auf

81 Augsburger Stadtlexikon, S. 279 (mit Literatur).

82 Dazu Augsburg, Stadtarchiv, Reichsstadt Augsburg, Baumeisterbuch 1531 unter Gemeiner Ausgabe (fol. 76r zu S. post Galli): »76 Gulden 13 s 1 d dem Lienhart Kesselschmied um die dachung der läden under dem Berlachthurm; 20 Gulden dem L. Beckenmaler für den Perlachthurm und allerlay arbait laut seines zetels« (76v). Dem widerspricht die Angabe bei Stetten (wie Anm. 28), S. 332, wonach der Rat die Kramläden unter dem Perlachturm im Jahre 1533 erbauen ließ.

83 Zur umstrittenen Lokalisierung und zum Zweck der verschiedenen Verliese vgl. Walter Groos, Beiträge zur Topographie von Alt-Augsburg (21. Bericht der Naturforschenden Gesellschaft Augsburg), Augsburg 1967, S. 116 (Gemeines Gefängnis eher im südlichen Teil des Rathauses), S. 122 (frühere Bezeichnung »tollenstein«); 700 Jahre Augsburger Stadtrecht, Augsburg 1976, Nr. 260 (Rathaus mit rückwärts angebautem Gefängnis bzw. »Eisen«). Vgl. Augsburg, Stadtarchiv, Reichsstadt Augsburg, Baumeisterbuch Nr. 126 (1532): »Atzung für die Gefangenen« (darunter drei Höchstetter); Augsburg-Chronik, Bd. 4, S. 193 (»Narrenhäuslein«). Zu Blöcken, »Eisen«, »Narrenhäuslein« (offenbar ein Begriff für dieselbe Örtlichkeit, nämlich das Schaugefängnis) auch Eberhard P. Hilbich, Das Augsburger spätgotische Rathaus und seine Stellung unter den süddeutschen Rathausbauten, Diss. TH München [Bauwesen], Augsburg 1968, S. 35f. mit Anm. 68.

84 P. H. Mair, Chronik, S. 107ff. Vgl. auch B. Sastrow, Herkommen, Geburt und Lauff seines gantzen Lebens, hg. von G. C. F. Mohnike, Bd. 2, Greifswald 1824, S. 48; zu Hinrichtungen von Aufständischen 1524 im selben Bereich vgl. F. H. Schubert, Die Reformation in Augsburg, in: Augusta 955–1955. Forschungen und Studien zur Kultur- und Wirtschaftsgeschichte Augsburgs, Augsburg 1955, S. 290.

85 B. Zink, Chronik, S. 145, Anm. 1.

86 Augsburg, Stadtarchiv, Reichsstadt Augsburg, Baumeisterbuch 15 (1510), Bl. 55r: Lohn für »der saul in den fischprunnen geschnitten«; für den freundlichen Hinweis auf diese Stelle danke ich Frau Dr. Hannelore Müller.

87 Vgl. Augsburg, Stadtarchiv, Reichsstadt Augsburg, Baumeisterbuch (1531): unter Gemeiner Ausgabe für 1531 u. a. »13 Gulden 10 s 4 Heller umb das messingror im rorkasten auf dem vischmarkt, wegent 131½ fl? zu 6 rh.«

34 W. P. Zimmermann, Brunnenfigur. Detail aus der Ansicht des Perlachplatzes. Radierung, um 1618. Augsburg, Städtische Kunstsammlungen.

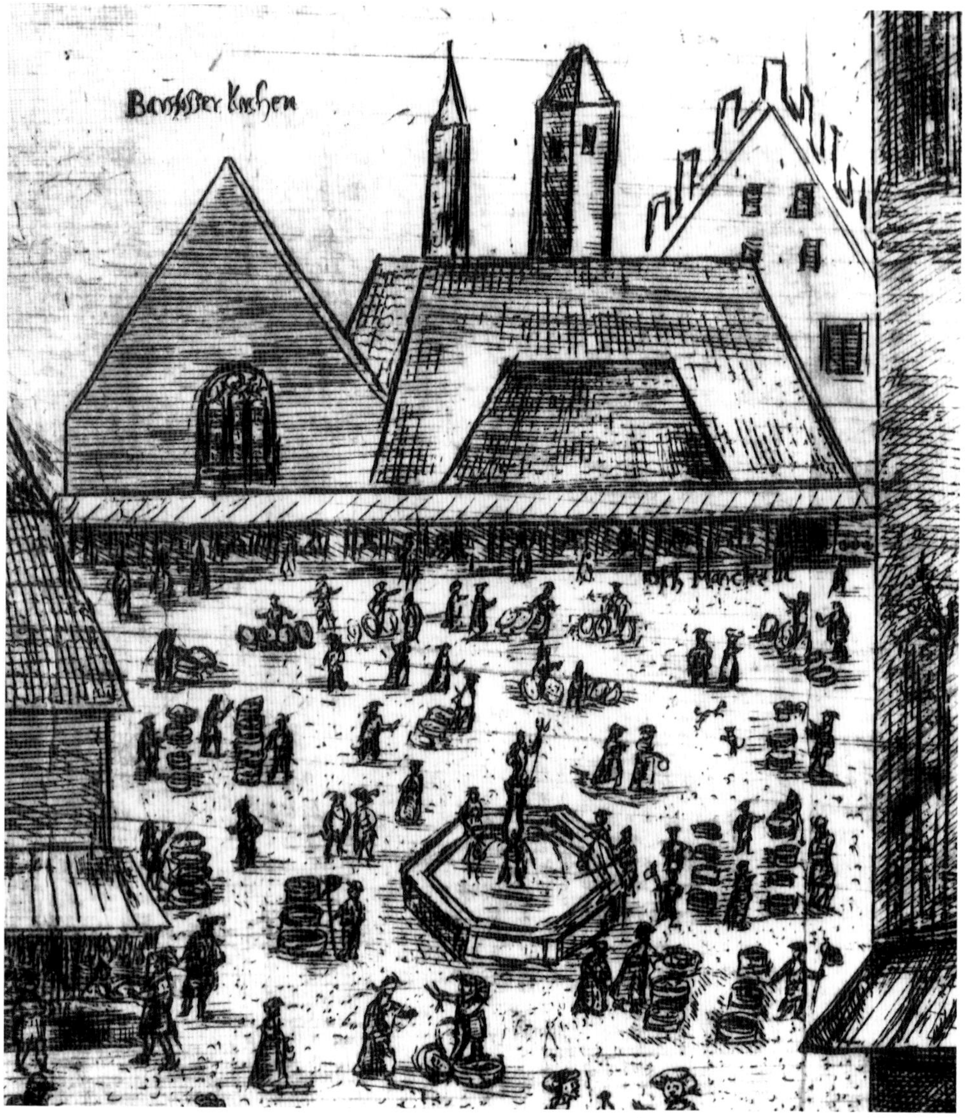

der Kopie des Augsburger Maximilianmuseums zu sehen ist (Abb. 33). Handelt es sich dabei um die ursprüngliche »Wappnerfigur« des Sebastian Loscher, die noch auf einem späteren Kupferstich mit dem von Hans Felber erneuerten Brunnen zu sehen ist[88]? Die Verwirrung entsteht dadurch, daß nach anderslautenden Nachrichten auf dem Fischmarktbrunnen eine Statue des Hl. Ulrich gestanden haben soll, die Ulrich Maurmiller 1511 vergoldete und die 1537 nach dem Bildersturm durch eine Neptunfigur ersetzt wurde. Dies geht aus einer Beschwerdeschrift hervor, die das Augsburger Domkapitel nach den erwähnten Übergriffen an die Stadt richtete: »Hingegen kunnen wir nit für recht noch loblich achten oder halten d[a]z die von Augspurg als widersinnig Leut Sanct Ulrichs des heiligen bischoves biltnus so lange zeit uff dem Berlach gestanden ist, verachter weiß hinweg gethan und an desselben stat des Abgots Neptun Bildtnus uf den Brunnen gestelt haben«[89]. Zu dieser Notiz paßt die Radierung, die Wilhelm Peter Zimmermann zu Beginn des 17. Jahrhunderts nach dem Vorbild dieses Monatsbildes anfertigte. Das Blatt zeigt zweifelsfrei Neptun mit seinem Dreizack (Abb. 34). Doch leider hat sich der Radierer gerade in diesem Punkt nicht nach seiner Vorlage gerichtet. Die Brunnenfigur auf unserem Gemälde ist nämlich weder mit dem Hl. Ulrich noch mit Neptun identisch und weicht auch von der Statue Loschers (bzw. Felbers) merklich ab. Das Rätsel ist vorerst nicht zu lösen: Vielleicht bezieht sich die Beschwerdeschrift von 1537 auch auf den heutigen Augustusbrunnen bzw. auf jenen, der heute auf dem

88 Augsburg, Staats- und Stadtbibliothek, 2° Cod. H. 72, Nr. 102; vgl. auch Campbell Dodgson, Ein Miniaturwerk Jörg Breus d. J., in: Münchner Jahrbuch der bildenden Kunst, N. F. 11, 1934/35, S. 200, Abb. 6.

89 Christoph von Stadion, Bischof zu Augsburg, und Domkapitel: Warhaffte verantwurtung [Augsburg, Silvan Otmar], 26. Februar 1537, Bl. C4r/v; vgl. Roth, Reformationsgeschichte, Bd. 2, S. 381–383; Welt im Umbruch, Bd. 3, Augsburg 1981, S. 57, Anm. 16; S. 100; zum Brunnen vgl. Welt im Umbruch, Bd. 1, Augsburg 1980, S. 275; Welt im Umbruch, Bd. 2, Augsburg 1980, S. 153, Nr. 502; Welt im Umbruch, Bd. 3, Augsburg 1981, S. 33, 82f.; Elias Holl und das Augsburger Rathaus, Augsburg 1985, S. 260, Nr. 89; dazu Baer (wie Anm. 81), S. 110 (Ulrichs- und Neptunsstatue auf dem Fischmarkt).

Weinmarkt steht. Vielleicht aber müssen wir auch mit mehrfachen Umsetzungen von Brunnenfiguren innerhalb Augsburgs oder aber mit einem Standbild rechnen, das nur wenige Jahre den Brunnen zierte und bisher unbekannt war.

Diejenigen Szenen, die Themen der Monatsbilder aufnehmen, sind ziemlich isoliert im Mittelgrund angeordnet: Brennholz wird von einem Leiterwagen geladen und an der Hauswand aufgeschichtet; Schweine werden in die Stadt getrieben und vor dem Verkauf noch einmal mit Eicheln gefüttert; links daneben nimmt der Metzger ein bereits geschlachtetes Schwein aus. Direkt vor dem Perlach sprengt ein Pferd über den verschneiten Platz; es zieht einen Schlitten, in dem eine vornehme Dame sitzt, die sich vom Schlittenführer herumkutschieren läßt. Der Schlitten ist mit dem Rehlinger-Wappen geschmückt – ein deutlicher Hinweis auf den möglichen Auftraggeber[90]. Wie zeichenhafte Symbole für die entsprechenden Monate stehen diese Episoden unverbunden nebeneinander. Zudem sind sie im Gegensatz zu den Scheibenrissen nicht mehr korrekt den Wintermonaten zugeordnet, sondern auf engem Raum zusammengefaßt. Während Jörg Breu das Schweineschlachten in seinem Entwurf wie üblich im Dezember stattfinden läßt, verlegte der Maler den Vorgang kurzerhand in den Oktober/November.

Ganz beiseitegelassen ist das Zechgelage der Marktbesucher (?), das im November-Riß noch relativ breit ausgeführt worden war. Das mag daran liegen, daß die Szene allzusehr den Auszug der Ratsherren im Dezember beeinträchtigt hätte. Vielleicht hat die erstaunliche Lücke aber auch damit zu tun, daß die Unsitte des »Zutrinkens« in jenen Jahren immer mehr in Verruf kam. Vergeblich war das Laster auf Reichstagen mehrfach seit 1497 verboten worden, wirkungslos blieben die Strafgelder gegen Zuwiderhandlungen, die in den Stadtbüchern notiert wurden, ins Leere gingen die polemischen Schriften einiger Kritiker[91] (Abb. 35).

Das Motiv der Schlittenfahrt hat der Maler offenbar einfach aus dem Hintergrund des Januar-Scheibenrisses als Sinnbild für den Winter hierher

90 Dazu S. 1161.

91 Sebastian Franck, Von dem grewlichen Laster der Trunkenheit, Augsburg (H. Steiner) 1531; Augsburger Zucht- und Polizeiordnung, Augsburg 1537 (Aug. 14), Bl. A IIIr (gegen Zutrinken und Völlerei); Schwarzenberg, Das Büchlein vom Zutrinken, 1535, Neudruck: W. Scheel (Hg.), Halle an der Saale 1900; M. Ambach, Vom Zusaufen und Trunkenheit, Frankfurt a. M. 1544.; vgl. auch Fink (wie Anm. 46), S. 168f.; Horst Jesse, Christoph von Stadion, Bischof zu Augsburg während der Reformationszeit, 1517–1544, in: Zeitschrift für Bayerische Landesgeschichte, 49, 1980, S. 119f. (Verbot des Zutrinkens, Fluchens und anderer Laster).

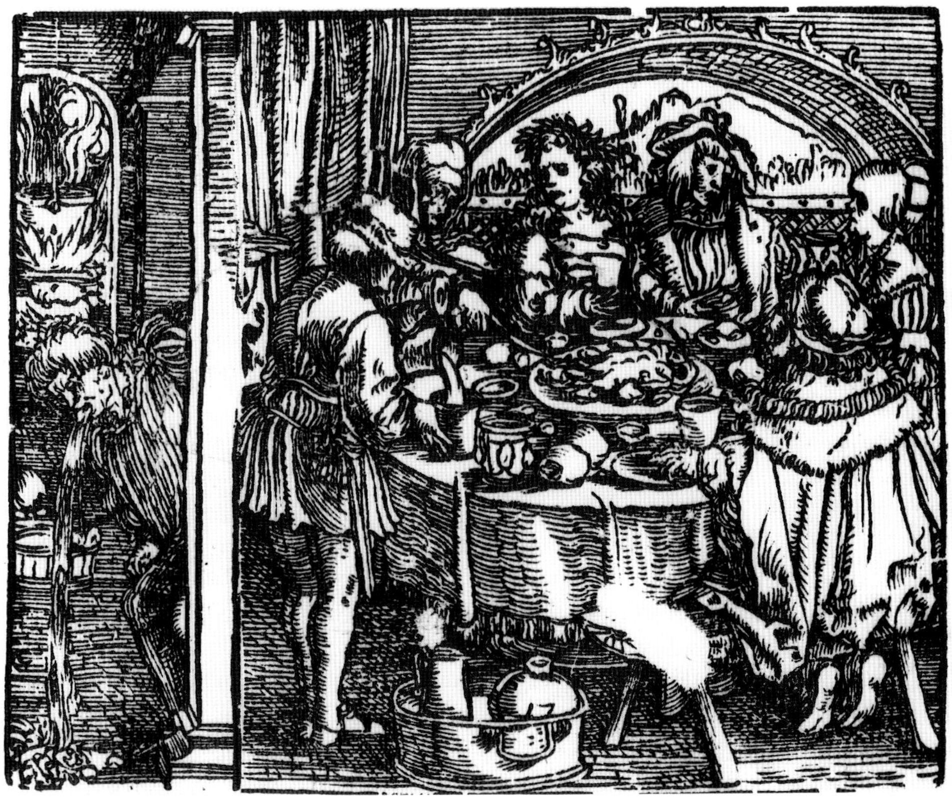

35 Erbrechen nach einem Festmahl. Titelholzschnitt zu Sebastian Franck, »Von dem grewlichen Laster der Trunkenheit«, Augsburg 1531. Augsburg, Staats- und Stadtbibliothek.

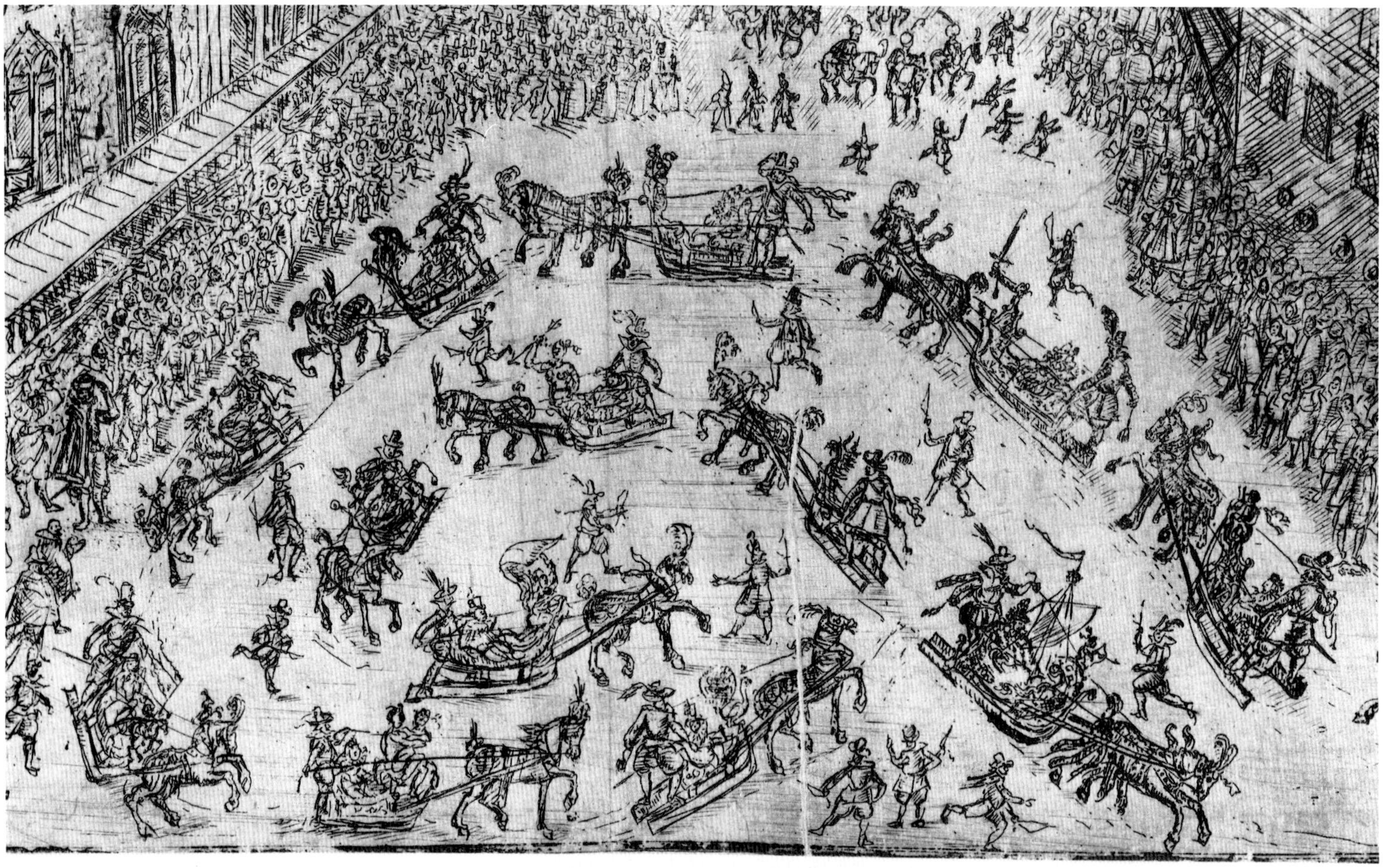

36 W. P. Zimmermann, Schlitten. Detail aus der Schlittenfahrt vor dem Rathaus. Radierung, um 1618. Augsburg, Städtische Kunstsammlungen.

verpflanzt. Der Aspekt eines spezifisch winterlichen Vergnügens tritt in den Hintergrund. So bleibt die Szene eher ein Beispiel dafür, wie realistische Vorkommnisse unrealistisch abgebildet werden können. Man erhält jedenfalls kaum eine Vorstellung davon, wie beliebt diese winterlichen Schlittenpartien für die Augsburger Patrizier damals gewesen sein müssen. Sehr viel besser hat später Wilhelm Peter Zimmermann dieses Wintervergnügen, das man in Gesellschaft, also mit vielen anderen Schlitten gleichzeitig, genoß, wiedergegeben. In dem dazugehörigen Text hebt er die Fugger als besondere Liebhaber dieses Winterspaßes hervor (Abb. 36). In der Tat ist auch im Ehrenbuch der Fugger die Schlittenfahrt in einer eigenen kleinen Miniatur festgehalten (Abb. 37). Daß Schlittenpartien für die Oberschichten ein bevorzugtes Mittel waren, sich selbst und ihren Reichtum zur Schau zu stellen, wird freilich nirgends so deutlich wie im Trachtenbuch des Matthäus Schwarz. Gleich mehrfach ließ er sich dort als Schlittenlenker konterfeien (Abb. 38). Schlitten und Pferdegeschirr waren prächtig bemalt und dabei fein auf das Kostüm des Besitzers abgestimmt. Die Rückenlehnen wurden – ähnlich wie die Renndecken der Turnierpferde – mit scherzhaften Szenen bemalt[92]. An den Schellen für die Schlitten verdienten die Schellenmacher ihr gutes Geld[93]. Als Schwarz am 5. Januar 1523 »auf dem Weinmarkt« mit einem anderen Schlitten zusammenstieß, so daß sein Gefährt »zu 17 Stücken« zerbarst, beschaffte er sich binnen fünf Tagen eine völlig neue Ausrüstung[94].

Solche Unfälle und Auswüchse dieser Modeerscheinung machten dem Rat offenbar zu schaffen. So sah er sich im Winter 1530 genötigt, ein regelrechtes »Nachtfahrverbot« für die Schlitten zu verhängen: »ist angesehen, das man uber zehen hor[e]n in der nacht wol und daruber mit dem schlitten nit gefarn werd[en]« solle[95]. Der Aufwand für die Prunkschlitten nahm eher

92 Vgl. außer den Abbildungen im Schwarzschen Trachtenbuch (wie Anm. 46) auch Jeremias Schemel, Confectbuch von Abrichtung der Pferde … sowie vollständiges Turnierbuch, Augsburg, nach 1568 (Wolfenbüttel, Herzog-August-Bibliothek, Cod. Guelf. 1.6.3. Aug. fol., fol. 60v/61r; an der Rücklehne ein Schwein mit einer unbekleideten Frau sowie den Buchstaben M.F.W.D.I.A.D.I.S.).

93 Vgl. Amman (wie Anm. 63), S. 74 (Der Schellenmacher).

94 Fink (wie Anm. 46), S. 132–134; weitere Schlittenfahrten ebd. S. 124 (I 44), 129 (I 51).

95 Augsburg, Stadtarchiv, Reichsstadt: Ratsbücher Nr. 16, Ratsprotokolle 1529–1542, fol. 35 (20. Dez. 1530); vgl. auch G. Preu, Chronik, S. 74.

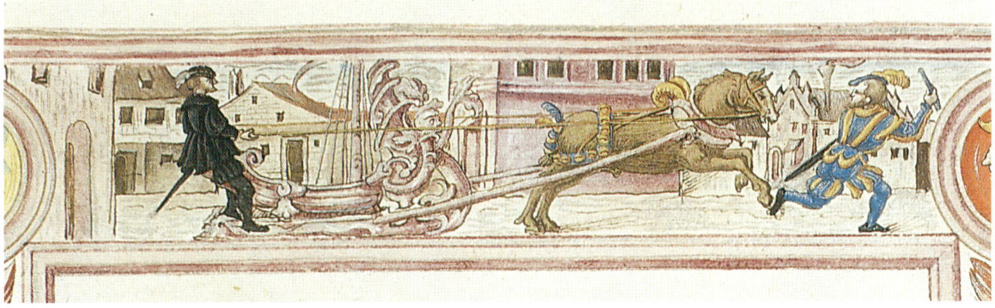

37 Jörg Breu d. J., Die Schlittenfahrt. Miniatur aus dem »Geheim Ehrenbuch des Fuggerischen Geschlechts«, 1545. Babenhausen, Fugger-Museum.

noch zu. Schließlich mußten die Stadtoberen sogar Höchstpreise für Schlitten festsetzen. In der Hochzeitsordnung von 1568 heißt es: »Item es soll kein Schlitten, der mit macherlon, gemehl und allem anderm, uber 10 biß inn 12 gulden kost und werdt ist, gebraucht auch daran gar nichts vergults gemacht werden bey straf 10 gulden«[96]. Der Weinmarkt wurde im Winter zu einer Spielwiese der Eitelkeit, das Schlittenfahren aber zugleich zu einer Zielscheibe der Gesellschaftskritik. So stellt sich das Vergnügen im »Memorial der Tugent« frei nach Ciceros Officia (»Der teutsch Cicero«) recht

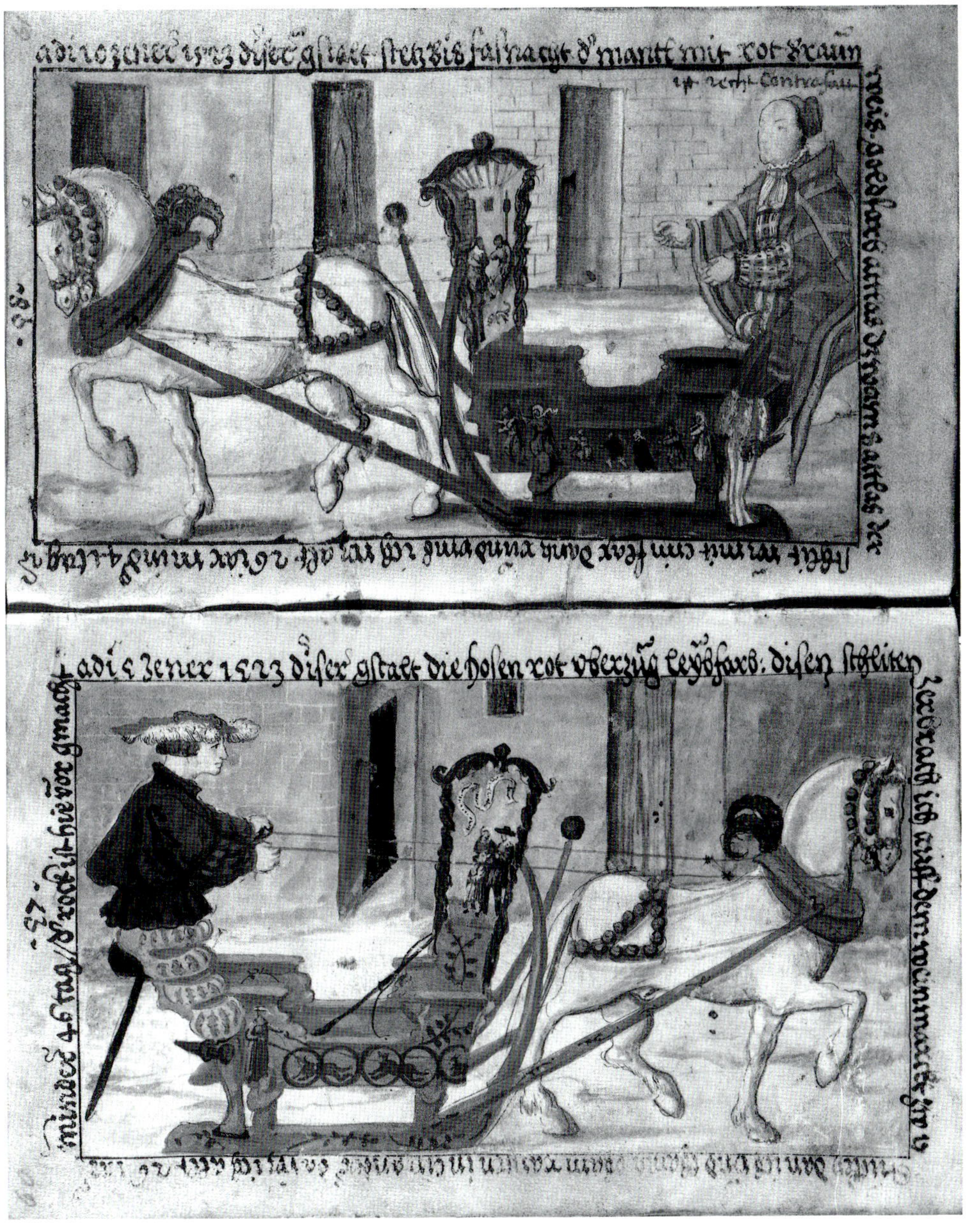

38 Narziß Renner, Die Schlittenfahrt. Miniatur aus dem »Schwarzschen Trachtenbuch«. Braunschweig, Herzog Anton Ulrich-Museum.

96 Augsburg, Staats- und Stadtbibliothek, 4° S. 426 Nr. 4 (Kleiderordnung von 1568), Bl. A IIIr.

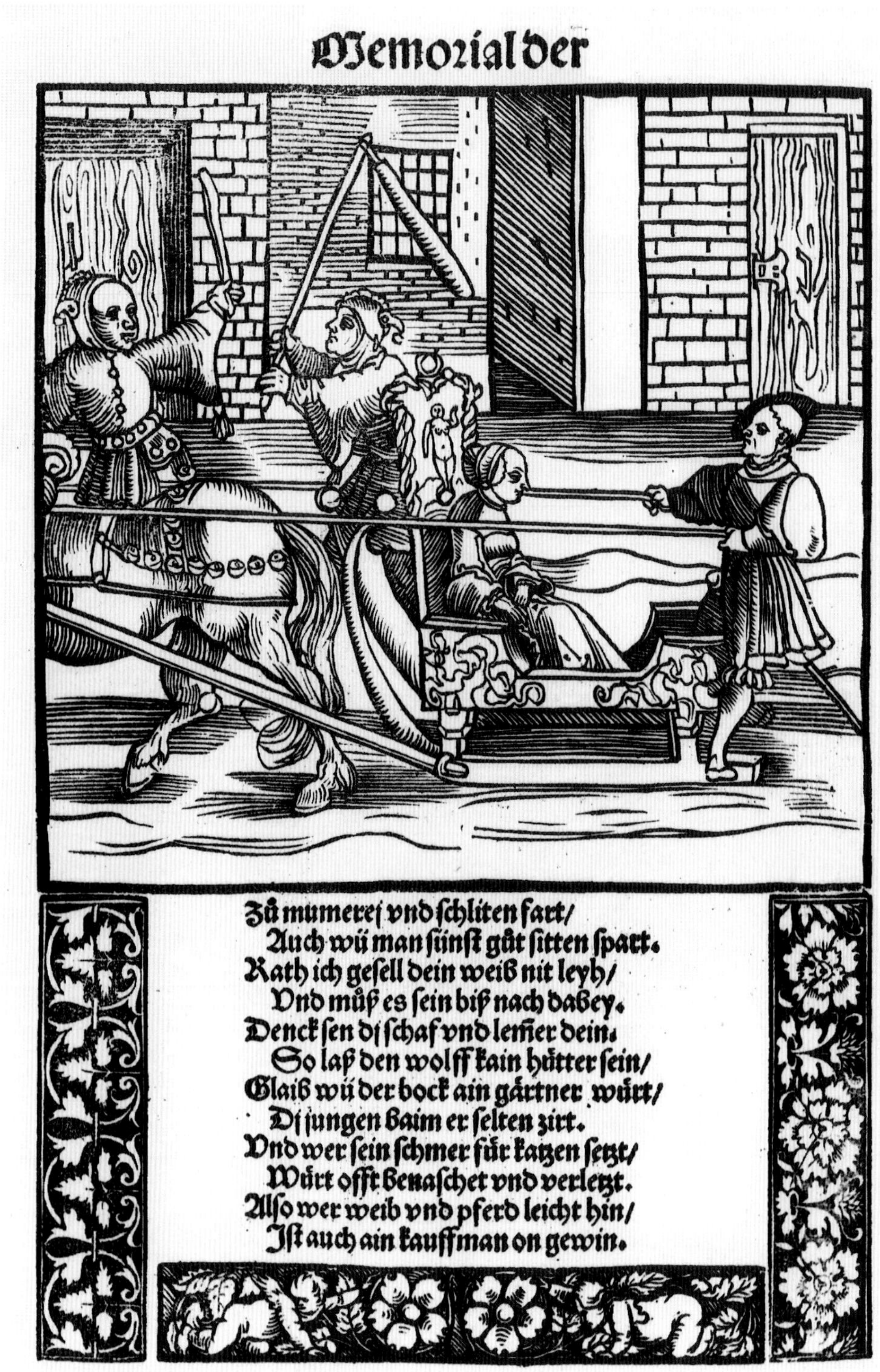

39 Die Schlittenfahrt, Holzschnitt des Petrarca-Meisters aus »M. Tullius Cicero, Officia«, Augsburg, 1531. Augsburg, Staats- und Stadtbibliothek.

zwiespältig dar. Wer es genießen will, sollte gut auf seine Frau aufpassen (Abb. 39)[97]:

»Zu mummerei und schlittenfart
Auch wo man sonst gut sitten spart
Rath ich gesell dein weib nit ley
Und muß es sein biß nach dabey.
Denck sein die schaf und lemmer dein
So laß den wolf kein hueter sein.
Glaub wo der bock ein gartner wirt
Die jungen beum er selten ziert.

97 M. Tullius Cicero, »Officia« bzw. »Memoriale der Tugent«, Augsburg (H. Steiner) 1531 und 1535, Bl. 123v (Augsburg, Staats- und Stadtbibliothek, 2° L.R. 204).

Und wer sein schmer für katzen setzt
Wirt offt benaschet und verletzt.
Also wer weib und pferd leicht hin
Ist auch ein kauffman on gewinn«.

Hauptmotiv des Gemäldes ist aber nicht die repräsentative Schlittenfahrt, es sind die profanen Marktszenen: der Verkauf und Kauf von Federvieh und Kleinwild im Oktober und der Handel mit anderen Lebensmitteln im November und Dezember. Die Versorgung mit Waren und Naturalien aus dem Umland war für eine spätmittelalterliche Stadt, auch für eine Fernhandelsstadt wie Augsburg, lebensnotwendig. Immer stärker bezogen die expandierenden Gewerbe- und Handelsstädte ein wachsendes Umland in ihr Marktsystem ein. Diese Stadt-Land-Beziehungen bildeten die Grundlage für den Einstieg einiger Familien in die Montanindustrie und in das Bankwesen. Insoweit spiegelt das Bild die Realität eines Marktes wider, der offenbar noch stark vom direkten Kontakt zwischen Erzeuger und Verbraucher lebte. Das Schlachtvieh, Federvieh und anderes kauften die Bürger auf dem städtischen Markt.

Aber zum großen Teil bleiben auch das reiche Marktangebot und die problemlose Versorgungslage mehr Wunschbild als Realität. Schon in normalen Zeiten war der Handel durch üble Praktiken mancher Kredithaie und Betrüger bedroht. Ein unbekannter Augsburger Meister macht um 1535 in einem Einblattdruck »Vom wucher, Furkauff und Trygerey« diese alltäglichen Mißstände zum Thema (Abb. 40)[98]. Den betrogenen Opfern bleibt als letzter Ausweg nur der Selbstmord, wie der Text ausführt und wie es der Holzschnitt auf dem offenen Dachboden des Hauses auf der rechten Seite drastisch zeigt.

Wie war es da erst um einen ruhigen und friedlichen Marktverkehr bestellt, wenn wieder einmal Hungersnöte und Pestepidemien zu Engpässen in der Versorgung geführt hatten[99]. Schon die Beschaffung von Brennholz für den Winter war nicht so problemlos, wie es auf dem Bild aussieht. Als Zulieferer kamen einerseits der Bischof und Adlige, andererseits »geizige Bauern« in Frage. Streitigkeiten enzündeten sich an der Trift über den Lech. Doch die Probleme lagen tiefer. Der »Raubbau« in den Wäldern der Augsburger Umgebung hatte zu bedrohlichen Versorgungsengpässen geführt.

98 Gotha, Schloßmuseum, Inv. 39,36; Dasein und Vision, Berlin 1989, S. 40, Nr. A 100 (mit Literatur).

99 Vgl. nur die chronologische Übersicht über die Pestjahre in Augsburg (1042–1628) bzw. »Christliche Erinnerung ...« in einem Einblattdruck von Raphael Custos bzw. Johann Schulthes (nach 1628), Augsburg, Staats- und Stadtbibliothek, Einblattdrucke nach 1500, Nr. 101; dazu Welt im Umbruch, Bd. 1, Augsburg 1980, Nr. 428; Friedrich Blendinger (Hg.), Augsburger Geschichte in Bilddokumenten, München 1976, S. 84 und Nr. 240.

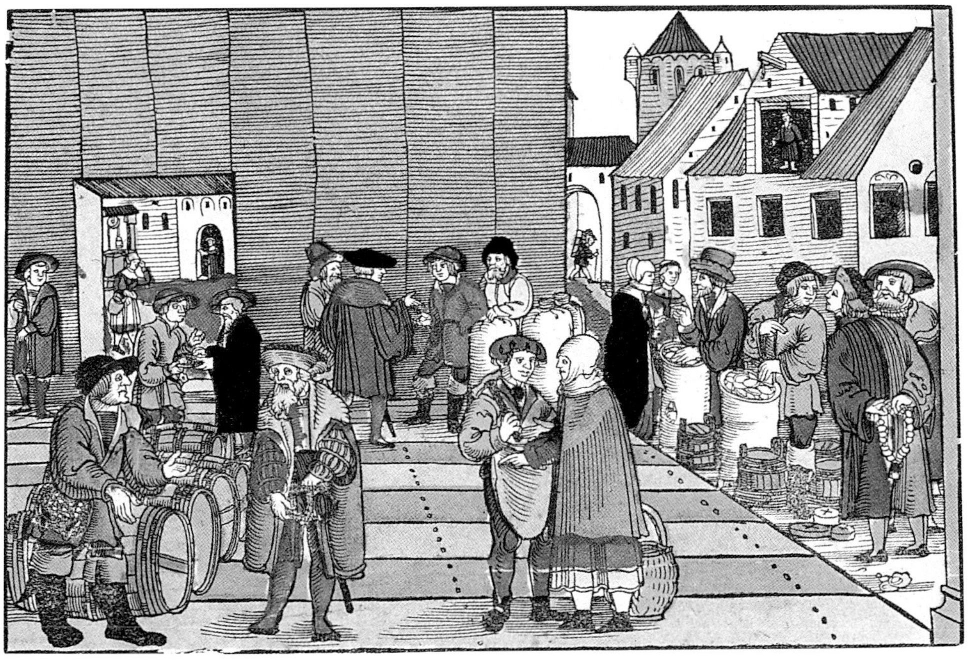

40 Von Wucher, Furkauff und Trygerey, kolorierter Holzschnitt. Gotha, Schloßmuseum Friedenstein.

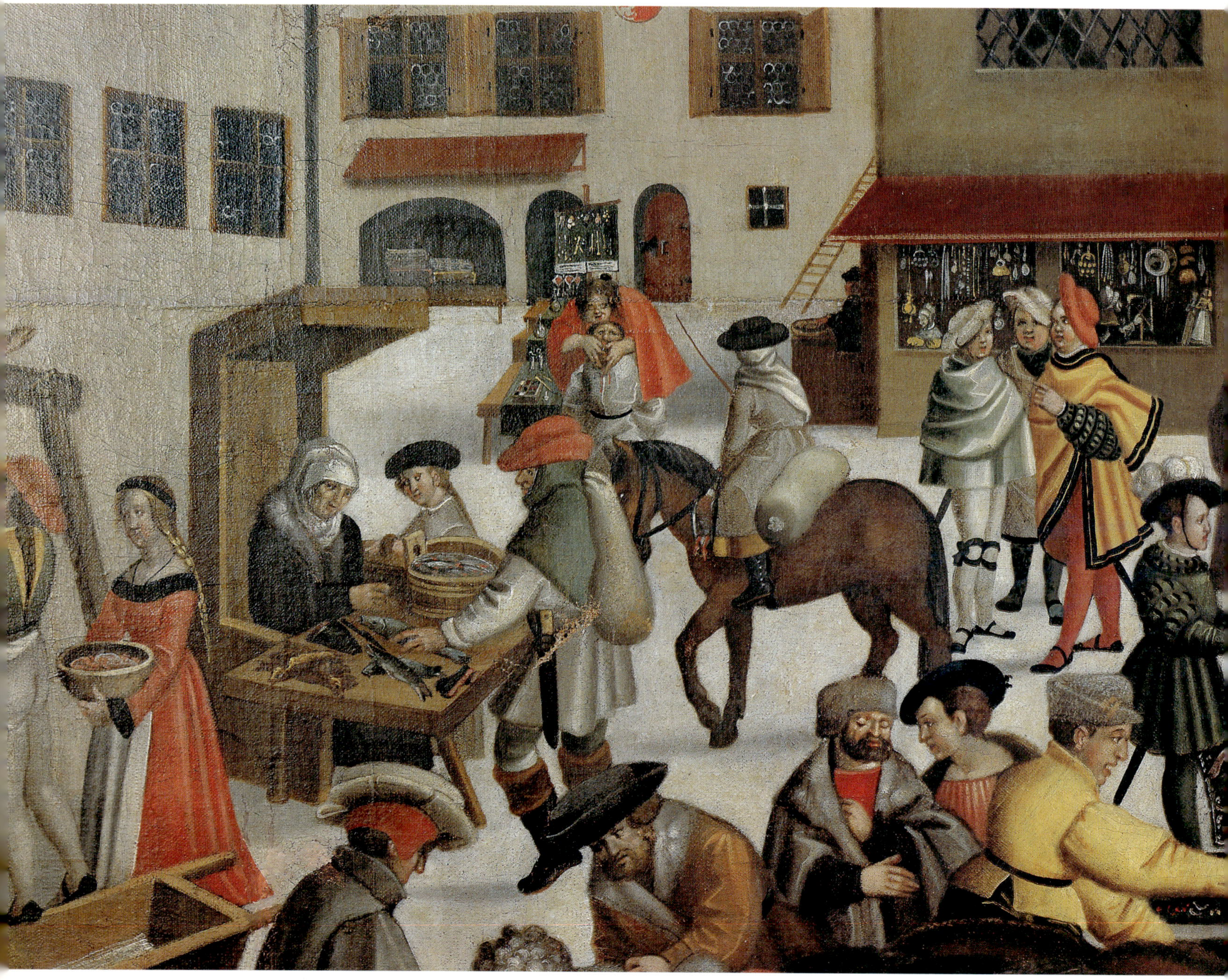

41 Heinrich Vogtherr d. J.(?), »Winter«-Bild: Der Zahnbrecher. Augsburg, Städtische Kunstsammlungen, Maximilianmuseum.

Seit 1477 versuchte der Rat, den Verkauf von Holz zu reglementieren. Aus der Chronik Paul Hector Mairs erfahren wir, daß der Holzpreis um 1548 in schwindelnde Höhen gestiegen war. 1566 durfte man den wichtigen Rohstoff nur noch auf offenem Markt, nicht mehr vor der Stadt anbieten und verkaufen[100]. Die Schweine, die in der Bildmitte zusammengetrieben werden, lassen kaum etwas ahnen von dem Mangel an Fleisch, der in manchen Jahren herrschte. Die »Metzgerordnung« versuchte, den Mißständen zu steuern, doch die Klagen der Chronisten reißen nicht ab[101].

Wirklichkeitsnah und realitätsfern zugleich dürften auch die wohlgefüllten Säcke auf dem »Brotmarkt« an der Rathausmauer sein, die nach friedlichen Verkaufsverhandlungen den Besitzer wechselten oder aus denen das Korn scheffelweise verkauft wurde. Sie spiegeln uns – fast nach Art der »Guten Regierung« in Siena – eine geregelte Vorratshaltung und problemlose Lebensmittelversorung in Zeiten des Überflusses vor. Aber gerade in den 30er Jahren des 16. Jahrhunderts herrschten in Augsburg wieder einmal

100 P. H. Mair, Chronik, zu 1548, S. 69–73; vgl. auch Stetten (wie Anm. 28).
101 Augsburg, Stadtarchiv, Reichsstadt, Ratsbücher Nr. 16, Ratsprotokolle 1529–1542, fol. 47v ff.; C. Sender, Chronik, S. 185ff.

Teuerung und Hungersnot. 1531 beschränkte der Rat wegen der großen Teuerung die Aufnahme von Neubürgern und drohte denjenigen, die aus Mangel an Nahrung die Stadt verließen, den Verlust des Bürgerrechts an. Die Versorgung der Stadt mit Fleisch und Getreide hatte sich auch 1533 noch nicht gebessert. In stadteigenen Backöfen wurde zusätzlich Brot gebacken und zu einem günstigen Preis an die Armen verkauft. 1534 mußte der Rat, um der Betrügereien der Müller Herr zu werden, eine öffentliche Mehlwaage anlegen und wegen des fortwährenden Mangels an Fleisch eigene Metzger anstellen, die Ochsen schlachteten und das Fleisch billig an die Armen weitergaben[102]. Wie es in solchen Notzeiten ausgesehen haben mag, schildert der Kupferstich des Augsburgers Daniel Hopfer von 1534 (S. 49, Abb. 1), der im Anschluß an den Spruch Salomonis (cap. XI, Vers 26) drastisch den Kornwucher illustriert: »Wer Korn inhelt, dem fluochen die Leit, aber Segen kompt uber den, so es verkafft.« Erst 1535 waren Getreide und Wein wieder im Überfluß vorhanden.

Eher harmlos wirkt der »Zahnbrecher«, der sich links hinter dem Fischverkaufsstand über einen Patienten beugt (Abb. 41). Seine »Praxis« im Freien ist nicht zuletzt an dem Aushängeschild kenntlich, auf dem dieser Alleskönner seine sonstigen Angebote anpreist: seine Dienste als Geburtshelfer, allerlei Kram wie Petroleum, Salben gegen Flöhe und Läuse und Rattenpulver (Abb. 42). Aber auch hinter der charmant-chaotischen Fassade verbirgt sich sozialer Zündstoff. So beschweren sich 1532 beispielsweise vier Ärzte in Augsburg über ungelernte und falsche Ärzte und über den freien Verkauf von Arzneien außerhalb der Apotheke und prangern namentlich die Zahnbrecher an[103].

Immerhin vermittelt diese Hintergrundszene ein Stück spezifisch städtisches Leben, das auf den Monatsbildern normalerweise nicht die Hauptrolle spielt. Unter diesem Aspekt ließen sich auch die Auslagen der Handwerker in der Sieben-Lädle-Zeile unter dem Perlachturm betrachten. Die interessanten Auslagen, Heiligenfiguren, Turnierspielzeug, Harnischteile, sind Produkte verschiedener städtischer Gewerbe: der Rot- und Goldschmiede, der Harnischmacher usw. Doch mehr als eine Andeutung des Gewerbefleißes können diese Szenen nicht sein. Vor allem fehlt jeglicher Hinweis auf die Grundlage der Wirtschaftskraft und das wichtigste Exportgewerbe der Reichsstadt: die Barchentweberei. Über 1000 Meister zählte die Weberzunft zu Beginn des 16. Jahrhunderts. Ihr Versammlungslokal, das prächtig bemalte Weberhaus, stand im Zentrum der Stadt und zog die Blicke der Besucher auf sich. Die Zunft führte eine eigene Chronik. 1531 wurde ein Angehöriger dieser Zunft, Mang Seitz, zum (zweiten) Bürgermeister gewählt. Jörg Breu hatte die Weberei (»Vestiaria«) um 1516 noch in seine Gruppe von sechs Rundscheiben aufgenommen (Abb. 43). Aber auf den Scheibenrissen und den Gemälden war aus ikonographischen Gründen kein Platz für sie.

Der Reigen der Monatsbeschäftigungen endet auf den Gemälden nicht nur im Dezember, sondern erlebt im Auszug der Ratsherren aus dem Augsburger Rathaus sein großes Finale. Augsburger Realität und Selbstbewußtsein werden in keinem anderen Bildausschnitt so demonstrativ vorgeführt wie in dieser Szene, die den vorgegebenen Rahmen der Monatsbilder-Ikonographie sprengt. Jegliche Anspielung auf die üblichen monatsspezifischen Themen ist vermieden. Selbst das Schweineschlachten, das auf der Vorlage Jörg Breus noch im Hintergrund zu sehen war, hat der Maler weit weg in den Oktober/November verschoben. Die Aufmerksamkeit konzentriert sich ganz auf die Ratsherren und den mächtigen Bau des alten Rathauses. Zweifellos haben sich hier Sonderwünsche des Auftraggebers niedergeschlagen. Da diese Bildvorstellung schon auf dem Dezemberriß Jörg Breus verwirklicht war, stammt sie bereits aus der Zeit um 1520 und geht auf Georg II Höchstetter zurück.

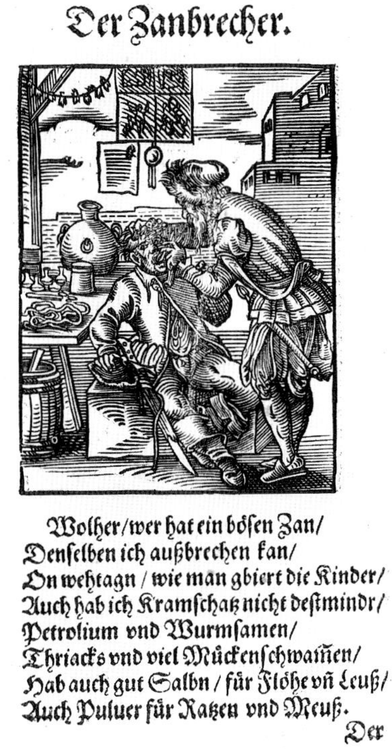
Der Zanbrecher.

Wolher/wer hat ein bösen Zan/
Denselben ich außbrechen kan/
On wehtagn / wie man gbiert die Kinder/
Auch hab ich Kramschatz nicht destmindr/
Petrolium vnd Wurmsamen/
Thriacks vnd viel Mückenschwammen/
Hab auch gut Salbn / für Flöhe vñ Leuß/
Auch Puluer für Ratzen vnd Meuß.
Der

42 Der Zahnbrecher. Holzschnitt aus Jost Ammans »Eygentlicher Beschreibung aller Stände auff Erden«, Frankfurt a.M., 1568. Nürnberg, Germanisches Nationalmuseum.

102 Vgl. nur C. Sender, Chronik, S. 365; Stetten (wie Anm. 28), S. 329, 332, 334f.; zu den sozialen Spannungen infolge der Hungersnöte und Preissteigerungen in den ersten beiden Jahrzehnten des 16. Jahrhunderts vgl. Roth, Reformationsgeschichte, Bd. 1, S. 7–9.

103 »Der Arzt qerelen«, 4. Juni 1532; vgl. Gerhard Gensthaler, Das Medizinalwesen der freien Reichsstadt Augsburg bis zum 16. Jahrhundert, Augsburg 1973, S. 78f.

43 *Vestiaria (Weberei). Rundscheibe. Dresden, Staatliche Kunstsammlungen, Historisches Museum.*

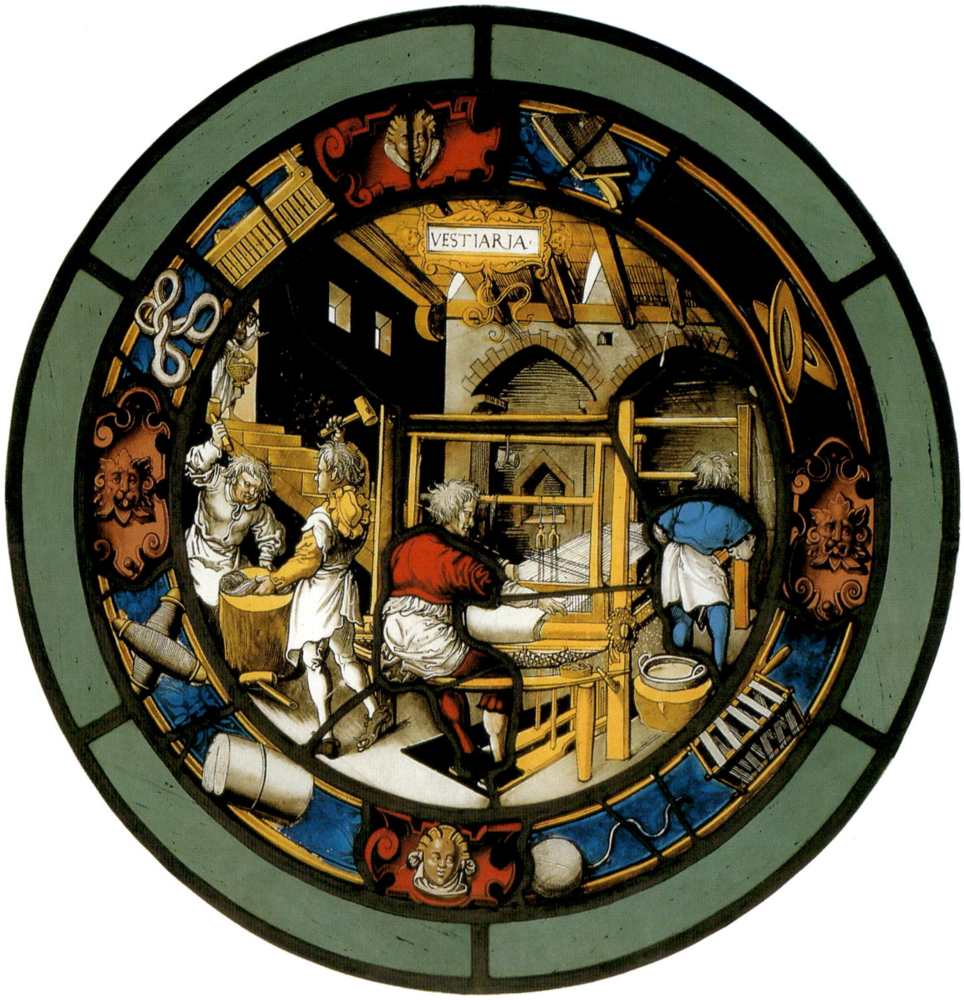

Das alte Rathaus, 1449 erweitert und 1515/16 von Jakob Zwitzel aus drei ungleichen Reihenhäusern zu einer Einheit umgestaltet, ist um der besseren Wirkung willen im Bild nach vorn versetzt worden. Hinter den hübschen neuen dreiteiligen Korbbogenfenstern im ersten Obergeschoß befand sich der große Rathaussaal. Die blechernen Schutzdächer für die Kramläden und für die Eingänge zu den gewerblich genutzten Kellergewölben wurden in jenen Jahren durch bessere aus Kupfer ersetzt, das die Fugger und andere Familien nach Augsburg importierten. An der Stirnseite erkennt man den Pranger, auf dem Bösewichter wegen ihrer Vergehen öffentlich zur Schau gestellt wurden. Dann wurde der auf dem Bild hochgeklappte hölzerne Boden heruntergelassen. 1531 waren dort beispielsweise Ehebrecher an die Schließeisen angekettet und dem Spott der Menge preisgegeben[104].

Nur auf dem Gemälde des Maximilianmuseums ist noch ein Teil der Rathausuhr zu erkennen, die 1516 dort angebracht worden war. Das erste Modell zeigte allerdings nur die vollen Stunden an[105].

Über dem nördlichen Hauptportal ist das Sandsteinrelief von 1450 mit dem Stadtwappen eingemauert, das sich heute an der Ostfassade des Rathauses von Elias Holl befindet (Abb. 44)[106]. Zwei wilde Männer halten den gemäß den Bannerfarben des vormaligen bischöflichen Stadtherrn rotweiß/silbernen Schild, auf dem das Stadtzeichen zu sehen ist: eine umgekehrte grüne Weintraube oder »Zirbelnuß« auf einem Fuß, die unter dem Einfluß der Humanisten in einen antiken Pinienzapfen auf einem Kapitell umgestaltet wurde. Unter dem Schilde kauern zwei Löwen, die an die beiden großen Förderer der Stadt erinnern: den Staufer-König Heinrich VI. und Rudolf von Habsburg. Über dem Wappen schweben zwei Engel mit einem

104 G. Preu, Chronik, S. 48.

105 Hilbich (wie Anm. 83), S. 54f. mit Abb. 26.

106 Zum Wappen vgl. u. a. Eduard Zimmermann, Augsburger Zeichen und Wappen, Augsburg 1970, S. VIII–XIV; Augsburg und sein Rathaus. Eine Dokumentation, Augsburg 1985, S. 117; Friedrich Roth, Das Aufkommen der neuen Augsburger Stadtpir mit dem Capitäl und dem Cisa- oder Cybelekopf um 1540, in: Zeitschrift des Historischen Vereins für Schwaben und Neuburg, 35, 1909, S. 115–127 (Neue Form des Stadtwappens nach Kapitellfund bei St. Ulrich und unter dem Einfluß humanistischer Vorstellungen und der umstrittenen Neigung zum Cibele-Kult; Zirbelnuß als »römisches Erbe«); vgl. insbesondere die Beschreibung und die Rekonstruktionszeichnungen von Hilbich (wie Anm. 83), S. 58f. mit Abbildungen.

107 Baum (wie Anm. 19), bes. S. 72 (Zitat); die Malereien sind auf der Radierung Zimmermanns und auf einer Zeichnung des 16./17. Jahrhunderts angedeutet: Augsburg und sein Rathaus (wie Anm. 106), S. 118; vgl. auch Hilbich (wie Anm. 83), Abb. 6, 7.

Spruchband, auf dem zu lesen war: »Christe, tibi gloria / in Augusta Rhaetica / Urbe vere regia!« (Ehre sei Dir, Christus, in Augsburg, der wahrhaft königlichen Stadt!). Wappen und Aufschrift zeugen vom Selbstbewußtsein und vom Stolz der Schwaben auf ihre Reichsstadt.

Die Fresken, mit denen Jörg Breu d. Ä. und seine Mitarbeiter nach dem Konzept Konrad Peutingers seit 1516 die Außenfassaden schmückten, sind merkwürdigerweise nicht einmal angedeutet. Einst dürften dort Herrschergestalten aus dem Geschlecht der Habsburger »von Romischen Kaiseren und Kunigen, auch Kunigen von Hispanien und Sicilien« abgebildet gewesen sein. Über dem Wappenrelief am Hauptportal war eine Schlachtenszene zu sehen[107]. Der eigentliche Blickfang ist der achteckige Erker, von dem aus Verlautbarungen des Rates ausgerufen wurden. Daneben diente der sogenannte Kaisererker der Huldigung von Fürsten und neugewählten Bürgermeistern[108].

Vor dieser Kulisse spielt sich nun der beeindruckende Auftritt der Ratsherren ab[109]. Eingehüllt in ihre kostbaren, perlzverbrämten Schauben verlassen sie ernst und feierlich ihr Versammlungslokal. Einer von ihnen trägt einen Rosenkranz (Abb. 45). Ob dieses Attribut eine spezifische Bedeutung hat und etwa auf das Bekenntnis des Betreffenden in der reformatorischen Umbruchzeit verweist, ist schwer zu sagen[110]. Zwei Stadtdiener, die die typische mi-parti-Kleidung in den heraldischen Stadtfarben Rot-Weiß-Grün tragen, bahnen ihnen den Weg. Möglicherweise handelt es sich um den Abgang des alten Rates nach dem »Letztmahl« am 31. Dezember, auf das ein »Neumahl« im Januar folgte[111]. Der Zeichner und Kupferstichverleger Zimmermann deutete 1618 den Vorgang als Neuwahl des neuen Rates von »1520«. Die Umsetzung des Rates fand freilich normalerweise erst am Dreikönigstag statt[112]. Vielleicht steht die Szene auch im Zusammenhang mit der Auszahlung des »Bürgermeisters Sold« am Sonntag nach dem Fest der Unschuldigen Kinder (28. Dezember)[113].

Eine »alte Inventarnotiz« vom Anfang des 19. Jahrhunderts aus dem Schloß Leutstetten, wo sich die vier Monatsbilder früher befanden, nennt kühn die Namen der angeblich dargestellten Ratsherren: die Bürgermeister Ulrich Rehlinger und Marx Seitz, die Räte Wolfgang Langenmantel und Hans Mühlich sowie Konrad Peutinger[114]. In der Tat sind die Gesichter der Ratsherren wie schon auf den Scheibenrissen recht markant ausgeführt, und der Gedanke liegt nahe, daß hier zeitgenössische Ratsherren abgebildet worden sind. Doch bestimmte Zuschreibungen erlauben die Porträts, die man zum Vergleich heranziehen kann, nicht.

Die Frage, ob Personen des öffentlichen Lebens, Auftraggeber oder Maler auf den Bildern verewigt und wiederzuerkennen sind, läßt sich auch in anderen Fällen nicht beantworten: Auffällig ist beispielsweise der etwas isolierte Reiter mitten auf dem Perlachplatz, der ein Schwert in der Linken und außerdem noch einen Stab hält. Die Teilnehmer des Festmahls im Januar, der junge Mann am linken Rand des Turnierbildes, der eigenartig aus dem Bild hinaus- und den Betrachter anblickt, sowie der ältere Patrizier mit der Netzhaube, der sich im Vordergrund des Mai-Bildes über die Kartenspieler beugt, könnten ebenfalls reale Personen jener Zeit darstellen. Den letztgenannten in den schwarz-gelben Fuggerfarben hat man als Mitglied der Familie Fugger identifizieren wollen[115].

Der Perlachplatz war das Zentrum des politischen und wirtschaftlichen Lebens der Reichsstadt. Nach dem Bau des neuen Rathauses durch Elias Holl (1615) erhöhten sich Wert und Wirkung des Bildes, das den früheren topographischen Zustand festhielt. Moderne Historiker verwenden es gern als Illustration mittelalterlichen Stadtlebens. Doch bereits die Zeitgenossen des 16. Jahrhunderts sahen in dem Gemälde offenbar einen gelungenen Versuch der Selbstdarstellung. Um die Mitte des 16. Jahrhunderts ließen sie

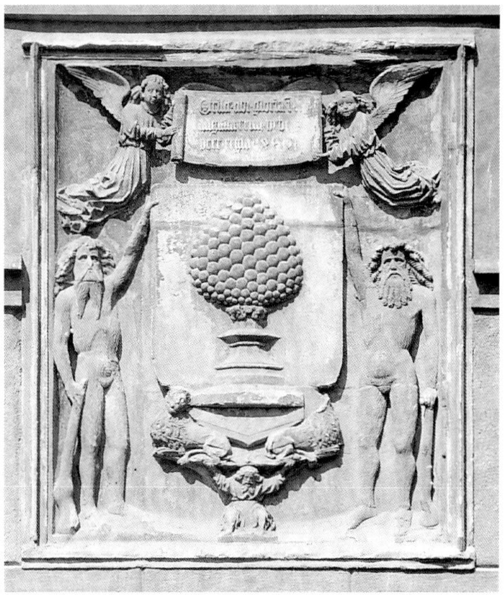

44 Das Sandsteinrelief von 1450 mit dem Stadtwappen, eingemauert an der Ostfassade des Rathauses von Elias Holl in Augsburg.

108 Beilagen zur Chronik des C. Sender, S. 380; Hilbich (wie Anm. 83), S. 52.

109 Der Vergleich mit der Markusprozession auf dem bekannten Gemälde Gentile Bellinis in Venedig (Baum [wie Anm. 5], S. 118) scheint freilich gewagt.

110 Auf dem Scheibenriß Breus hält der erste Ratsherr (der Bürgermeister?) einen Rosenkranz in der Hand, auf der Kopie des Gemäldes im Augsburger Maximilianmuseum dagegen der dritte und vierte. Ähnliche Darstellungen finden sich auch im Geschlechterbuch von 1545/1618.

111 Augsburg, Stadtarchiv, Baumeisterbücher Nr. 126 (1532), Bl. 129r. Zuweilen wurden beide Festessen zusammen abgehalten; vgl. jeweils die Rubriken »Stadtmahl und Trunk«, »Letzt- und Neujahr« in den Baumeisterbüchern. Dort sind jeweils Ausgaben des Rats für besondere Lebensmittel (»schönprot zum siessen trunck«) und Verehrungen wie Spezereien, Honig zu den 203 Lebzelten (Lebkuchen), Wein für die Morgensuppe; Erbsenmehl, Konfekt, Zucker verzeichnet. Der »Abschied« der Ratsherren wurde freilich normalerweise um das Erhardfest herum (8. Januar) begangen.

112 Vgl. (zu 1531) C. Sender, Chronik, S. 328ff., 329 mit Anm. 1.

113 Augsburg, Stadtarchiv, Reichsstadt, Baumeisterbuch 1531, fol. 116r/v (Bürgermeisters Sold).

114 Wiedergegeben von Baum (wie Anm. 5), S. 118; das von Baum zitierte Inventar vom Beginn des 19. Jahrhunderts ist im Archiv der Wittelsbacher nicht mehr zu ermitteln; vgl. S. 144 mit Anm. 158.

115 Sotheby's Old Master Paintings (wie Anm. 5), S. 46–49.

Rechte Seite
45 *Monate Oktober–Dezember: Ein Ratsherr mit einem Rosenkranz. Berlin, Deutsches Historisches Museum.*

eine Kopie des Bildes anfertigen, und es spricht einiges dafür, daß nicht etwa die ganze Serie der Monatsbilder, sondern nur dieses »Winter«-Bild nachgemalt wurde[116].

Exklusive Geselligkeit und aristokratischer Zeitvertreib (Januar–März)

Das Bild des verschneiten Perlachplatzes ist fraglos das bekannteste aus der Serie der vier Monatsbilder, und kein anderes bildet die geschönte Augsburger Wirklichkeit so getreu ab. Aber noch bemerkenswerter ist das Gemälde mit den Monaten Januar bis März. Die Motive sind noch eigenwilliger, und vor allem weicht das Bild insgesamt am stärksten von den Vorlagen der Scheibenrisse ab. Es bringt daher am besten die Wünsche und Absichten zum Ausdruck, die der (zweite) Auftraggeber um 1531 mit diesen Gemälden verfolgte.

Selbst das Januar-Bild hält sich nur scheinbar an den vorgegebenen Rahmen und an die Zeichnungen Breus: Die Festgesellschaft in der Wohnstube eines reichen Mitbürgers oder in einem größeren Versammlungsraum, die sorgfältig aufgebaute, repräsentative Kredenz mit den prunkvollen Schaugefäßen, Tellern und Krügen[117], schließlich der Kachelofen, an dem sich eine Frau wärmt und auf dem eine Katze ein ruhiges Plätzchen gefunden hat – all das entspricht weitgehend den Januar-Darstellungen in den Kalendarien der Stundenbücher und der Komposition auf dem Scheibenriß. Auf den Ausblick aus dem Fenster auf das winterliche Treiben des Weinmarktes, auf das alte Siegelhaus und Sankt Ulrich mit dem noch unvollendeten Turm hat der Maler verzichtet[118].

Aber einige Themen sind sehr viel stärker als in den allgemeinen und speziellen Vor-Bildern betont: der gesellige Charakter des festlichen Mahls, an dem eine größere Schar vornehmer Gäste teilnimmt; die zentrale Bedeutung von Musik, für die die beiden Damen im Vordergrund mit ihren Lauten sorgen, und von Gesellschaftsspielen, die gleich dreimal ins Bild kommen: beim Tric-Trac-Spiel der beiden Männer am linken Bildrand, im Schachbrett an der Wand und in der Runde der Kartenspieler. Individuelle und entscheidende Zutaten des Malers sind der Narr im Hintergrund, der Bienen fängt, und der dreifüßige Schemel im Vordergrund, eine Art Beistelltisch, der mit den Wappen der Augsburger »High Society« bemalt ist.

Vor allem diese Wappen verleihen dem Bild einen individuellen Charakter, bringen einen neuen Realitätsbezug in das Genre-Bild. Zwar hat der Maler auch hier eines der beiden Paare am Tisch durch die zentrale Position im Bild, durch aufwendige Kleidung und Gestik besonders hervorgehoben. Doch die Szene ist mehr als eine Reminiszenz an das fürstliche Festmahl, wie es in flämischen Kalendarien, etwa im Stundenbuch des Herzogs von Berry oder im Breviarium Grimani, dargestellt ist. Das Fest ist ein Gemeinschaftserlebnis und offensichtlich keine beliebige Zusammenkunft wohlhabender Bürger, sondern ein spezielles Treffen eines ausgewählten Kreises. Der Raum mit seiner aufwendigen Holzkassettendecke, dem Wandbrunnen und den zierlichen Mittel- und Ecksäulen der Glasfenster ist nicht eindeutig zu identifizieren. Doch das Interieur paßt wohl kaum zu einem normalen Festessen in einem öffentlichen Wirtshaus, wie es im Ravensburger Gasthaus »Zum Mohren« auf einem Fresko des 15. Jahrhunderts – ebenfalls mit den Wappen der Patrizier – dargestellt war[119]. Schon eher könnte man an ein Neujahrsmahl des Rates oder an eine private Feier in der guten Stube eines Patrizierhauses denken. Auf entsprechende Bräuche verweisen Einträ-

116 Siehe S. 149–151; vgl. Gode Krämer, in diesem Band.
117 Zur Bedeutung der Kredenz vgl. Peter Thornton, The Italian Renaissance Interior, 1400–1600, London 1991, S. 219–222; vgl. auch Franciscus Petrarca, Von der Artznay bayder Glück, fol. 19v (Musterbeispiel eines festlich gedeckten Tischs mit Kredenz).
118 Diese Perspektive bedeutet nicht zwangsläufig, daß das Mahl im Inneren der Fuggerhäuser stattgefunden haben muß, wie Baum (wie Anm. 5), S. 111, behauptet.
119 Abbildung bei Wolfgang Petz, Reichsstädte zur Blütezeit, 1350 bis 1550. Alltag und Kultur im Allgäu und in Oberschwaben, Kempten 1989, S. 61.

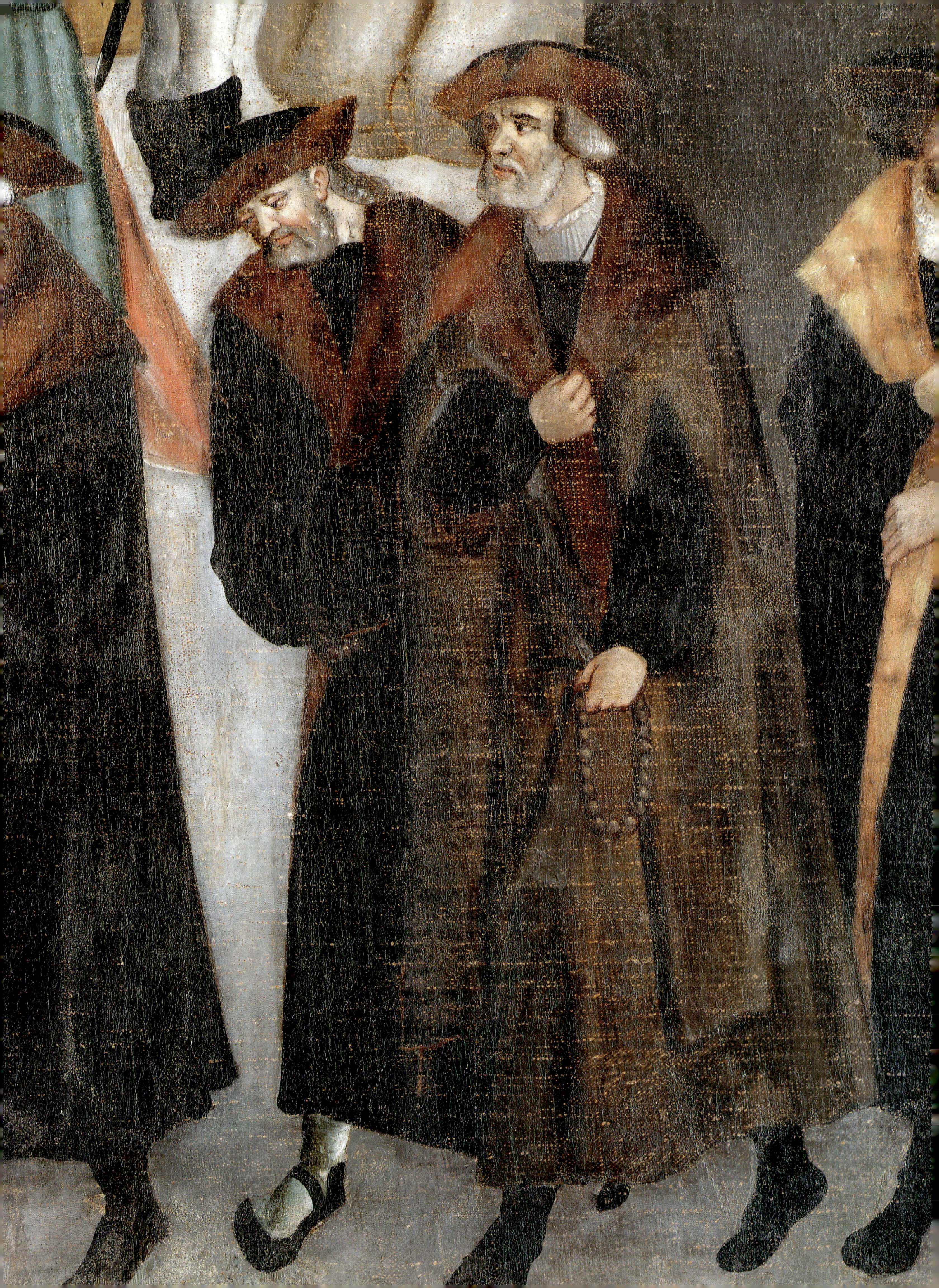

ge in den städtischen Amtsbüchern, aber auch ein Passus in dem 1537 in Augsburg auf deutsch herausgegebenen Werk des weitgereisten italienischen Theologen Polydorus Vergilius (gest. 1555) »Von den erfyndern der dyngen«. Vergilius geht unter anderem auch der Frage nach, »woher bey den unsern der brauch sey, Gelt under das volck hinaus zu werffen, ein gemayne Malzeyt un(d) daz New Jar [zu] geben, Dantzen, Schawspyl halten und am ersten tag des Mayens auff die aecker hinaus zegehen, unnd auch am ersten tag des Mertzens mit angezündten Facklen durch die Felder zelauffen und an den Weyhenachten etwann aus den Knechten ein Künig zumachenn und vor anfangs der Fasten, Faßnacht klayder anzulegenn«[120]. Demnach ist der Brauch, »im anfang des jars von gutes glücks wegen eine Strena«, das heißt eine »schankung«, zu geben, auf die Zeiten des Kaisers Augustus zurückzuführen. In der Gestaltung des Festes gab es im Europa des Vergilius Unterschiede: In Italien richteten es die Reichen den weniger Reichen aus, in England die Fürsten dem König.

Den besten Fingerzeig auf Ort, Anlaß und Festgemeinde geben aber wohl die 37 Wappen selbst, die erstaunlich sorgfältig in sechs Reihen (I–VI) auf den Untersatz gemalt worden sind. Eins der Wappen ist nicht mehr zu erkennen. Die anderen lassen sich bis auf wenige Ausnahmen zweifelsfrei identifizieren[121]:

I 1: Langenmantel vom R.
I 2: Rehlinger
I 3: Sultzer
I 4: Welser
I 5: Walther
I 6: Frickinger
I 7: [nicht erkennbar]

II 1: Langenmantel vom Sparren
II 2: [bislang nicht identifiziert]; wohl kaum von Giltlingen, Artzt oder Kenzel.
II 3: Lauginger
II 4: Grandauer
II 5: Hofmair
II 6: Regel

III 1: von Stetten
III 2: Fugger
III 3: Mielich
III 4: Baumgartner
III 5: Meiting
III 6: wohl Thurzo (oben wachsender Löwe, unten eine halbe rote Rose); vgl. aber auch Honold »vom Luchs«.

IV 1: Rem/Rhem
IV 2: Hainzel
IV 3: wohl Vetter; evtl. auch Honold »vom Luchs«?
IV 4: Wilbrecht; kaum Ulstätt
IV 5: Schellenberger
IV 6: Ehem

V 1: Riedler
V 2: Dietenheimer
V 3: wohl Neidhart; kaum Pichler
V 4: Preißschuh
V 5: Vetter oder Vögelin
V 6: Herwart

120 Polydorus Vergilius, Von den erfyndern der dyngen, Augsburg (H. Steiner) 1537, Bl. 129v–131r.

121 Für die Identifizierung wurden folgende Quellen und Hilfsmittel herangezogen: Verschiedene Wappenbücher in Augsburg, Staats- und Stadtbibliothek, vor allem 2° Cod. 263, 264; 4° Cod. 186a; München, Bayerische Staatsbibliothek, cgm 2642 (Augsburger Geschlechterbuch, 1535ff.); Geschlechtertänze 1500, 1522 (Gartenfest von Narziß Renner). Bericht und antzaigen der loblichen Statt Augspurg aller Herren Geschlecht so vor fünfhundert und mehr Jaren weder emandt wissen oder erfaren kan, daselbst gewont und bis auf Achte abgestorben [von Melchior Kriegstein], Augsburg 1550; zum Verfasser (Paul Hector Mair), zur Entstehung und den Nachdrucken dieses Werks vgl. P. H. Mair, Chronik, S. CXXXI–CXXXIV; Welt im Umbruch, Bd. 1, Augsburg 1980, S. 359f., Nr. 361; 450 Jahre Staats- und Stadtbibliothek, Augsburg 1987, S. 63, Nr. 162. Außerdem Johann Siebmacher, Wappenbuch (Abgestorbener Bayerischer Adel I), 2. Aufl., Nürnberg 1884; Zimmermann (wie Anm. 106); vgl. dazu die Belege in der Zettelkartei im Stadtarchiv Augsburg.

VI 1: Adler
VI 2: Vöhlin
VI 3: Ravensburger
VI 4: Peutinger
VI 5: Reihing
VI 6: Renwolt/Rembold

Nur die Wappen der Patrizier und der mit ihnen durch Heirat verbundenen großen Familien Augsburgs, der sogenannten »Mehrer«, haben auf dem Schemel Platz gefunden. Die Familien der Zunftbürgermeister, etwa des mehrfachen Stadtpflegers Mang Seitz, der 1531 Anton Bimmel ablöste, sind nicht vertreten. Die nähere Eingrenzung und Datierung dieser Wappenkombination ist nicht leicht. Auf dem Schemel sind keine Allianzwappen zu sehen, mit deren Hilfe man einzelne Personen identifizieren könnte. Kein Wappen ist etwa durch seine Position oder Ausführung gegenüber den anderen herausgehoben. Falls die politische Führungsschicht, also Stadtpfleger, Mitglieder des Großen (233 Personen, davon 12 Patrizier) und des Inneren Rats (12 Patrizier und 57 Zünftler) und andere Amtsinhaber gemeint gewesen sein sollten, dann müßten einige der Wappen mehrfach vertreten sein[122]. Daß ein Familienwappen stellvertretend für mehrere namentlich bekannte Amtsträger stehen könnte, ist unwahrscheinlich. Daher lassen sich Zahl und Verteilung der Wappen schlecht zu der Größe der jeweiligen Gremien in Beziehung setzen. Verlockend wären solche Überlegungen allenfalls für die Zeit nach der Regimentsordnung Karls V. von 1548, als ein 7köpfiger »Geheimer Rat« eingerichtet und der Innere Rat auf 41 Personen (31 Patrizier, 3 Mehrer, 1 von den Kaufleuten und 6 aus der Gemeinde) reduziert wurde[123]. Sollte also etwa die oberste Reihe auf dem Schemel, die anders als die nachfolgenden Reihen ursprünglich aus sieben Wappen bestand, dem obersten Regierungsorgan entsprechen?

Plausibler ist eine andere Hypothese: Könnte es sich nicht um die Wappen der Familien handeln, die Zugang zur Herrenstubengesellschaft erlangt hatten? Dieser Vereinigung, der »merere Gesellschaft von der herren stuben«, gehörten Patrizier und durch Heirat stubenfähige Nichtpatrizier an, darunter besonders Leute aus der Kaufleutezunft (»Mehrer der Gesellschaft«). Aus der letztgenannten Gruppe der Mehrer wurden 1538 die übriggebliebenen sieben alten Geschlechter durch 39 Familien ergänzt. Von den sieben alten Geschlechtern (Herwart, Hofmaier, Ilsung, Langenmantel, Ravensburger, Rehlinger und Welser) fehlt nur das Wappen der Ilsung; also spricht einiges dafür, daß das nicht mehr erkennbare Wappen (I 7) das der Ilsung war. Allerdings sind in der Stadtpolitik von 1500 bis 1548 von diesen alten Geschlechtern nur noch die Herwart, Langenmantel, Rehlinger und Welser aktiv gewesen.

Die Mitglieder der Herrengesellschaft fanden sich in der Herrentrinkstube zu Beratungen, Hochzeiten und Gelagen zusammen[124]. Dieser Versammlungsraum, auch Geschlechterstube, Herrenstube oder Bürgerhaus genannt, befand sich an der Ecke gegenüber dem alten Rathaus[125]. Hier kam man auf die Idee, Hochzeitsbücher anlegen zu lassen: »so auf der herren stuben rechtlich beschriben, auch derselben erlich gesellschafft und geschlechten zugethon gewesen, und zum thaill noch sein«[126]. An den Wänden hingen womöglich repräsentative Gemälde wie etwa der Geschlechtertanz des Abraham Schelhas (um 1600)[127]. In einem solchen Raum hätten die Wappen der Mitglieder ihren guten Sinn, sei es an den Wänden, sei es auf einem Wappenschemel. Diesen Usus bestätigt der Kaufmann Hektor Mülich in seiner Chronik: »Anno domini 1457 seind dise nachgeschribne gechlecht auf der trinckstuben gemalt an der taflen gewesen, wie sie hernach stand gemalet«; anschließend folgen die angekündigten Wappenmalereien (Abb. 46)[128].

122 Vgl. Stiftertafel von 1515 neben dem Südeingang der Dominikanerkirche (Römisches Museum) mit den 22 Wappen Augsburger Familien, die zum Neubau der Kirche finanziell beitrugen. Einige Wappen wurden entsprechend wiederholt.

123 Die beste Übersicht über die Entwicklung der Ratsfassung stammt von P. Geffken, Artikel »Rat«, in: Augsburger Stadtlexikon, S. 295f.

124 Vgl. den Überblick in: Augsburger Stadtlexikon, S. 162 (mit Literatur).

125 Dieses ehemalige Trink- und Beratungshaus der Geschlechter wurde 1561 abgebrochen und neu erbaut; vgl. die Abbildung in: Augusta 955–1955 (wie Anm. 84), Taf. 68, Abb. 17; Welt im Umbruch, Bd. 1, Augsburg 1980, S. 280f., Nr. 244.

126 Augsburg, Stadtarchiv, Reichsstadt, Nr. 395 bzw. 182 (Hochzeitsbuch der Patrizier), Bl. XVIIr.

127 Elias Holl und das Augsburger Rathaus, Augsburg 1985, S. 239, Nr. 62.

128 Dieter Weber, Geschichtsschreibung in Augsburg. Hektor Mülich und die reichsstädtische Chronistik des Spätmittelalters, Würzburg 1984, mit Abb. Nr. 97–104.

46 *Wappen der Augsburger Geschlechter in der Trinkstube, aus Hektor Mülichs »Abschrift der Meisterlin-Chronik«, 1457. Kolorierte Federzeichnung. Augsburg, Staats- und Stadtbibliothek.*

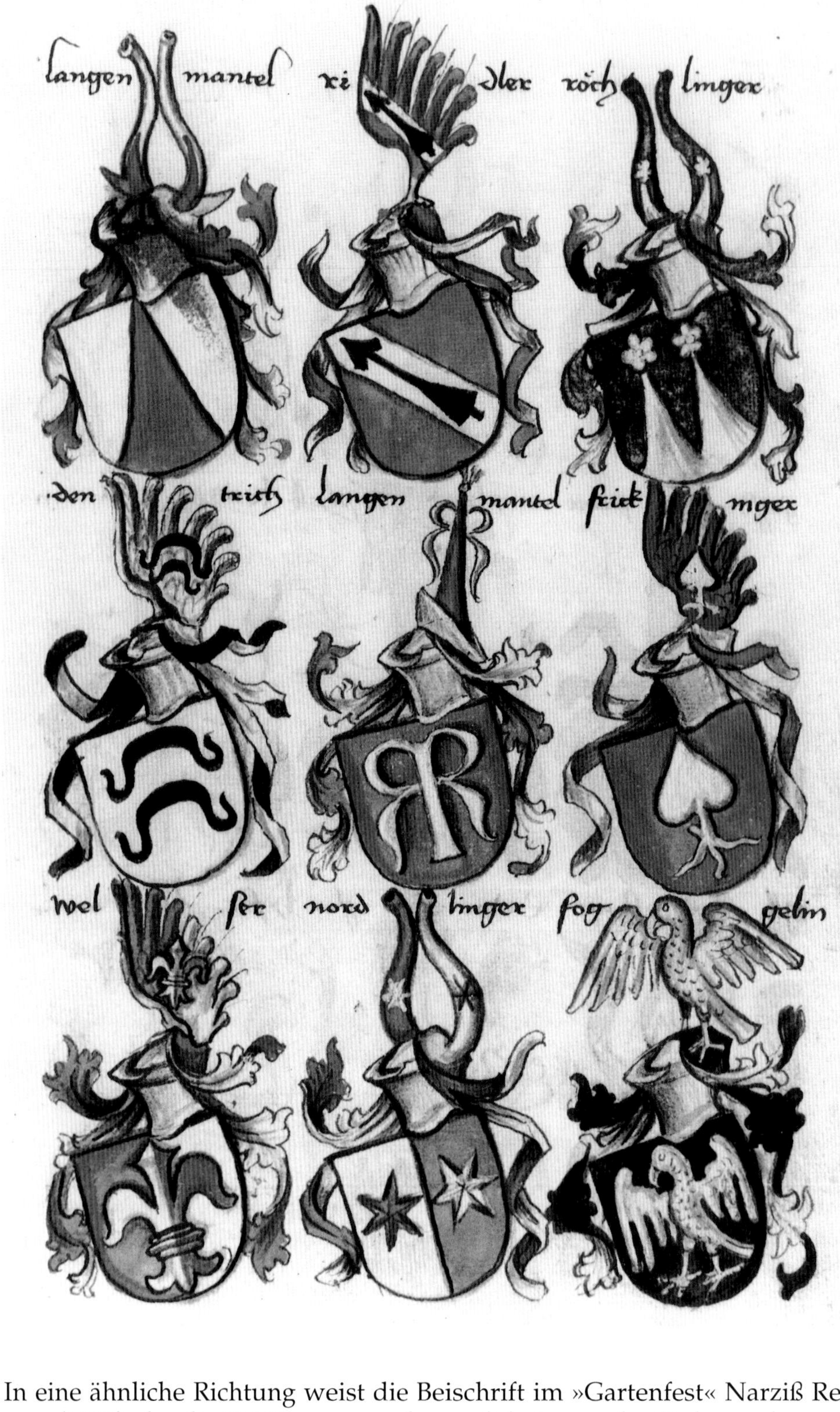

In eine ähnliche Richtung weist die Beischrift im »Gartenfest« Narziß Renners (1522), der die 200 Wappen nachgemalt hat »von der Stuben«, davon 54 der von Herren. Mit dieser Stube könnte auch der Sitz der Kaufleutestubengesellschaft gemeint gewesen sein, die den Angehörigen aller Zünfte offenstand. Dem Namen nach müßte die führende Zunft, die Kaufleutezunft, die 1539 nur noch 39 Mitglieder hatte, in dieser Gesellschaft den Ton angegeben haben. Das war aber offensichtlich nicht der Fall. Denn die Kaufleute selbst zogen es vor, lieber in der Herrenstubengesellschaft und in der Herrentrinkstube unter ihresgleichen zu verkehren. Ein Schlaglicht auf das gesellschaftliche Leben beider Gemeinschaften werfen die »Stubengesetze der Gesellschaft der Kaufleute von 1541«, die nur folgende Spiele auf der Stube gestat-

129 Pius Dirr, Kaufleutezunft und Kaufleutestube in Augsburg zur Zeit des Zunftregiments (1368–1548), in: Zeitschrift des historischen Vereins für Schwaben und Neuburg, 35, 1909 S. 133–151, bes. S. 149; vgl. auch ders. (wie Anm.42), S. 95; P. Geffken, Artikel

tete: »mit dem würffl, doch allain im pret, item mit der karten, im thurn, muntten, ains und hundert, rümpfen der pfennig, aber teurer nit und karneußlen«[129]. Auch Hochzeiten wurden in der Kaufleutestube wie in der Herrentrinkstube am Perlach gefeiert.

Auf dem Januar-Bild ist also entweder ein (Neujahrs-)Fest in der Trinkstube der »Herrengesellschaft« oder eine Feier in den Privaträumen eines ihrer Mitglieder abgebildet. Einige offene Fragen bleiben: So fällt auf, daß verschiedene Familien, die eigentlich auf der Herrenstube repräsentiert sein müßten, nicht mit ihren Wappen vertreten sind, z. B. die Gossembrot, Höchstetter oder Pfister. Es fehlt mit dem Höchstetter-Wappen also ausgerechnet das Erkennungszeichen jener Familie, die ihr Haus mit den Monatsscheiben nach den Entwürfen von Jörg Breu hat ausschmücken lassen. Entweder ist ihr Wappen mit jenem identisch, das in der obersten Reihe rechts außen im nachhinein unkenntlich geworden ist, oder aber es ist bewußt unterdrückt worden. 1529 brach das Wirtschaftsimperium der Höchstetter bekanntlich zusammen, die Firmenchefs saßen Anfang der dreißiger Jahre in Haft. Vor diesem Hintergrund wird die Lücke in der Wappenfolge im Januar-Bild zumindest erklärlich.

An das prunkvolle Fest im Januar schließen sich das prächtige Turnier und das bunte Treiben im Februar und März an. Das Turnier findet im Innenhof eines gotischen Gebäudes statt, das mit seinen großen Erdgeschoßlauben, dem Zinnenkranz und mit dem Turm aus drei aufeinander aufbauenden Loggien das Geschehen im vorderen Teil hermetisch vom Hintergrund abschließt. Die Architekturformen gemahnen an venezianische Vorbilder, an vergleichbare Elemente auf Gemälden Carpaccios und Bellinis oder auch an den Fondaco dei Tedeschi, das Kaufhaus der Deutschen in Venedig, wo Augsburger und Nürnberger Kaufleute eine führende Rolle spielten[130]. Insbesondere die überdeckten Bogengänge mit den roten Marmortondi in den Bogenzwickeln erinnern aber auch an Bauten in Augsburg selbst und in der weiteren Umgebung: an die Fuggerkapelle in St. Anna, an den Damenhof der Fuggerhäuser, an den Nordflügel des Schlosses Neuburg an der Donau (1534–1537), an Architekturformen des Schlosses Grünau, des Schwazer Fuggerhauses und anderer Tiroler Burgenneubauten[131]. Über die Renaissance-Architektur wird also erneut ein Bezug zur Lebenswirklichkeit der Augsburger Oberschicht des 16. Jahrhunderts hergestellt. Die Bauformen verbinden anscheinend zeitgenössische Gestaltungselemente mit Phantasieformen. Gegen eine reine Phantasieansicht sprechen unter anderem die roten Kuppeln und Dächer, die rechts – eigentlich überflüssigerweise – hinter dem Zinnenkranz angedeutet sind. Allerdings ist es bislang nicht gelungen, den luftigen, heiteren Renaissance-Bau mit einem historisch verbürgten oder noch bestehendem Schloß oder Palazzo zu identifizieren.

Das Turnierbild spiegelt wie kein anderes Thema innerhalb des Monatszyklus die Vorlieben und Absichten des Auftraggebers wider. Im Mittelpunkt steht *das* gesellschaftliche Ereignis der ritterlichen Welt, das exklusive Kampfspiel des Adels. Das städtische Patriziat hatte dem Adel jedoch längst dieses Privileg streitig gemacht. Gelegenheit dazu hatte es auf den zahlreichen Turnieren, die im späten Mittelalter überwiegend in den Städten stattfanden. Willkommener Anlaß solcher Kampfspiele waren häufig Besuche von Königen und Fürsten in der Stadt, aber auch Hochzeiten wohlhabender Bürger. Daneben kamen im 15. Jahrhundert Turniere zur Fastnacht groß in Mode[132]. Im Narrenschiff Sebastian Brants gehören Turniere bereits wie selbstverständlich zur Fastenzeit: »Auch lädt man ein zu Tanz und Stechen, da muß man viele Speere brechen, und Narren recht zusammenbringen«[133].

In die Fastenzeit (Februar/März) fällt auch das Turnier auf dem Augsburger Monatsbild. Vorläufer in den Kalendarien der Stundenbücher oder in anderen Monatszyklen gibt es kaum[134]. Allenfalls die Repräsentation des

»Kaufleutestube« und »Kaufleutestubengesellschaft« in: Augsburger Stadtlexikon, S. 197f.

130 Der Vergleich zuerst bei Baum (wie Anm. 5), S. 117, 118; zu den Handelskontakten vgl. Henry Simonsfeld, Der Fondaco dei Tedeschi in Venedig und die deutsch-venetianischen Handelsbeziehungen, 2 Bde., Stuttgart 1887, bes. Bd. 1, S. 359–361, 384f.; Bd. 2, S. 52–62, 176–182.

131 Horst H. Stierhof, Eine Allegorie der Beständigkeit von Jörg Breu d. J. im Schlosse zu Neuburg an der Donau, in: Ars Bavarica, 7, 1977, S. 39–42 (u. a. zum Nordflügel des 1534/37 durch den Pfalzgrafen Ottheinrich, den späteren Pfälzer Kurfürsten, errichteten Schlosses); vgl. dazu Kunstdenkmäler Schwaben, Neuburg a. d. Donau, Bd. 5, München 1958, S. 175ff. (u. a. Westbau für Reit- und Fußturniere und andere Kurzweil; außerdem Turnierplatz im Graben und in der Vorstadt); zum Jagdschloß Grünau, einem typischen Beispiel deutscher Frührenaissance (1530–1535) mit Wandmalereien J. Breus d. J., vgl. Kunstdenkmäler Schwaben (s. o.), S. 476ff. Zu Augsburger Einflüssen im Profanbau in Schwaz und zu den Arkadenhöfen in den Schlössern Tratzberg bei Jenbach (1500/1520) und Matzen bei Brixlegg (um 1515/20) E. Egg, Kunst in Schwaz, Innsbruck 1974, S. 47–50 mit Abb. 25, 28, 29, 31. Für die Durchsicht der einschlägigen Kunstdenkmälerbände und Inventare Süddeutschlands und Österreichs danke ich Perdita Ladwig, Berlin.

132 Vgl. die vorläufigen Anmerkungen zum Turnier in der Stadt von Thomas Zotz, Adel, Bürgertum und Turnier in deutschen Städten vom 13. bis 15. Jahrhundert, in: Josef Fleckenstein (Hg.), Das ritterliche Turnier im Mittelalter. Beiträge zu einer vergleichenden Formen- und Verhaltensgeschichte des Rittertums, Göttingen 1985, S. 450–499; Il libro dei tornei della nobiltà del Kraichgau, 1615 circa, Faksimile des Codice Rossiano 711 [Vaticana], kommentiert von Lotte Kurras, eingeleitet von Lionello Giorgio Boccia, Mailand/Zürich 1983, bes. S. 30–32 (tornei nelle città). Zum Fastnachtstermin, einem »Zeichen der Profanisierung, der Entritualisierung des Turniers«, vgl. auch Alexander von Reitzenstein, Rittertum und Ritterschaft (Bibliothek des Germanischen Nationalmuseums zur deutschen Kunst- und Kulturgeschichte, 32), München 1972, S. 120.

133 Brant (wie Anm. 54), Nr. 110b (Zusätze zu den Ausgaben von 1495 und 1498), S. 352f.

134 Vgl. lediglich das Turnier auf dem Kamin im Januar-Bild des Breviarium Grimani (fol. 1v) sowie in einigen anderen flämischen Kalendarien aus der ersten Hälfte des 16. Jahrhunderts; Abbildung bei Hansen (wie Anm. 39), S. 92f. und in diesem Band S. 115, Abb. 21.

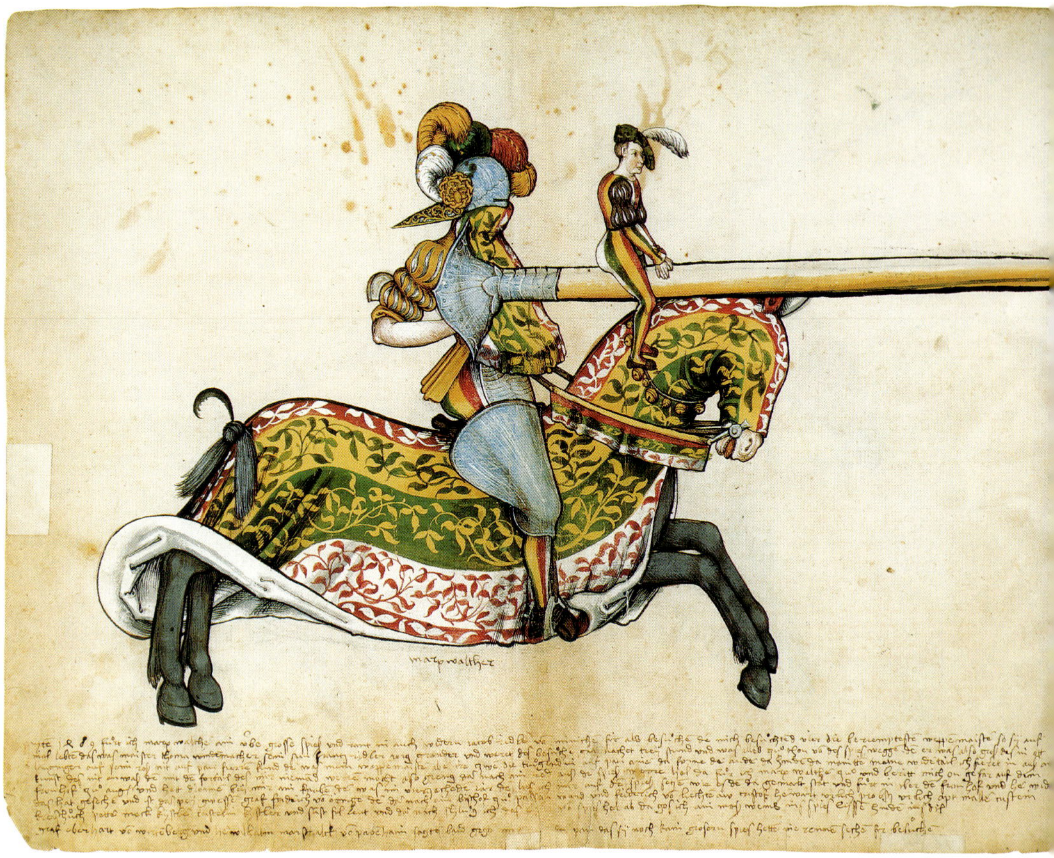

47 Ein Kind auf der Lanze beim Turnier von 1489, aus Marx Walthers »Turnierbuch«, 1477–1489. Kolorierte Federzeichnung. München, Bayerische Staatsbibliothek.

Februars durch ein Turnier im Adlerturm von Trient ließe sich zum Vergleich heranziehen und könnte die Augsburger Lösung beeinflußt haben[135].

Das Februar-Bild erschließt sich also weniger als Teil eines traditionellen Bildprogramms, sondern dokumentiert nachdrücklich die gesellschaftliche Bedeutung des Turniers im Augsburg jener Zeit. Die schwäbische Reichsstadt war damals die erste Adresse für jeden, der das Turnierwesen in Theorie und Praxis kennenlernen wollte. Hier befand sich das Zentrum der Harnischproduktion, die Hochburg der Plattner, hier und in Nürnberg wurden mehr Turniere abgehalten als irgendwo sonst in Deutschland, hier war demzufolge auch das theoretische und historische Interesse an der Geschichte der Turniere besonders groß.

Diese besondere Anteilnahme dokumentieren die Turnierbücher, die in Deutschland seit dem Ende des 15. Jahrhunderts Ablauf, Kampfformen, Termine und Teilnehmer der Turniere festhalten. Könige und Fürsten gaben persönliche Turnierbücher in Auftrag, die von bekannten Künstlern illustriert wurden. Die Turnierbücher Kaiser Maximilians I. mit Miniaturen der Augsburger Maler Hans Burgkmair d. Ä. und d. J. oder der sächsischen Kurfürsten aus der Cranach-Werkstatt und des Herzogs Wilhelm IV. von Bayern mit Bildern von Hans Ostendorfer d. J. sind nur die bekanntesten Beispiele. Unter den historischen Turnierbüchern, die Kampfspiele an einem Ort oder die Turniergeschichte bis in die Zeit König Heinrichs I. (938) zurückverfolgen, wurde das 1530 gedruckte Werk des Reichsherolds Georg Rixner Vorbild für viele spätere historische Abrisse[136].

Aber auch bürgerliche Liebhaber des ritterlichen Kampfsports verfaßten einige bemerkenswerte Turnierbücher. Einige besonders informative und prächtige Exemplare entstanden in Augsburg. 1518 erschien dort die älteste gedruckte Turnierordnung und -chronik: »Wann und um wellicher ursachen willen das loblich ritterspil des turniers erdacht und zum ersten geübet

135 Dazu näher Heinrich Dormeier, Bildersprache, in diesem Band.

136 Vgl. den Überblick und die Abbildungen bei Lotte Kurras, Ritter und Turniere. Ein höfisches Fest in Buchillustrationen des Mittelalters und der frühen Neuzeit, Stuttgart/Zürich 1992, bes. S. 15f.

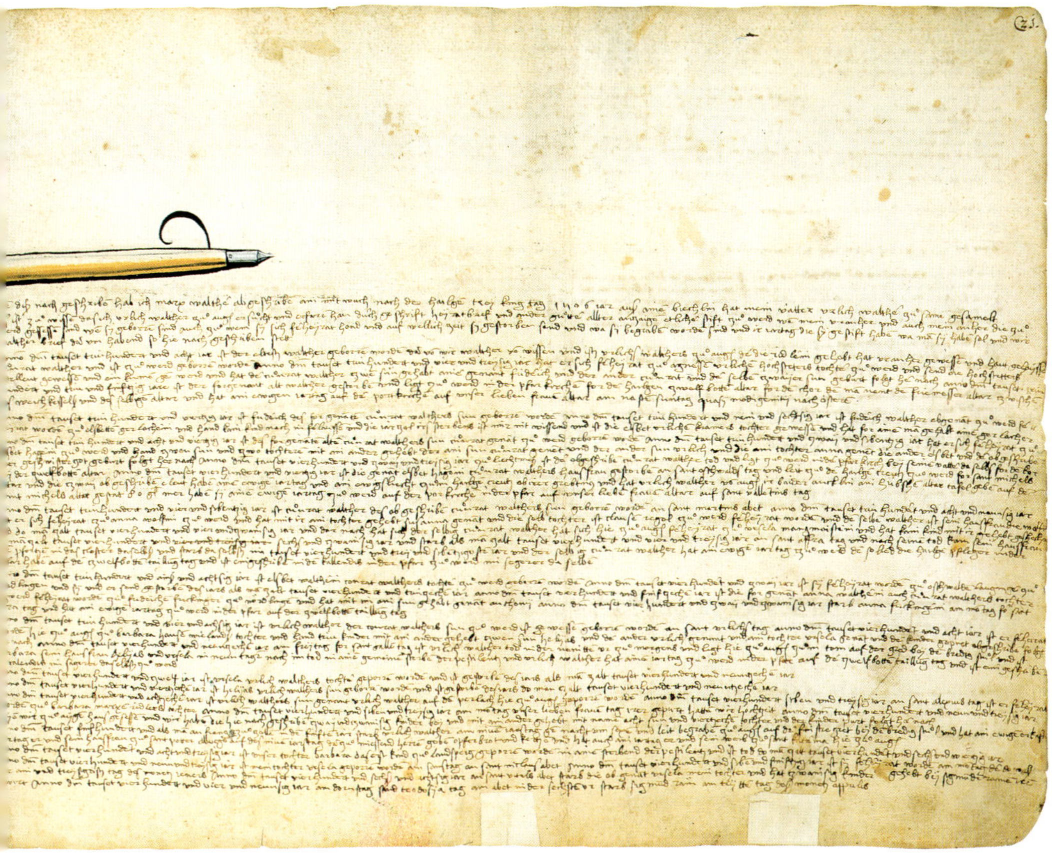

worden ist«[137]. Die Schrift eröffnete den Reigen der großen Turnierbücher und diente unter anderem auch Georg Rixner als Vorlage. Der Verfasser ist unbekannt, den Druck von 1514 veranlaßte der Augsburger Bürger Marx Würsung. Ein seltenes Beispiel eines persönlichen Turnierbuchs aus der Feder eines städtischen Patriziers ist der Bericht des Marx Walther, der die Aufzeichnungen über die von ihm bestrittenen Reiterzweikämpfe mit Notizen über die Geschichte seiner Familie verband. Kolorierte Federzeichnungen illustrieren die Zweikämpfe, die er in der Zeit von 1477 bis 1489 austrug[138]. Der Augsburger Bürger scheint seinen ganzen Ehrgeiz daran gesetzt zu haben, seine städtischen und adligen Konkurrenten zu übertreffen. Bezeichnend für sein Selbstbewußtsein und seine Renommiersucht ist eine Episode aus dem Jahr 1489. Bei einem Rennen gegen Jacob Ridler aus München erschien er mit einem riesigen Spieß von dreifacher Manneslänge in der Arena, den selbst zwei Helfer nur mit Mühe tragen konnten. Seine Gegner argwöhnten, die Lanze müsse hohl sein. Kurzentschlossen setzte Walther zum Gegenbeweis einen vierzehnjährigen Knaben auf die Lanze und sprengte so in voller Rüstung einmal über den Fronhof und zurück. Danach schlug er die Eisenspitze vom Spieß, füllte sie mit Wein und trank sie in einem Zug aus (Abb. 47)[139]. Um 1542 übersetzte der Augsburger Ratsdiener Paul Hector Mair eine Turniergeschichte ins Lateinische und arbeitete diese in sein »Fechtbuch« ein[140]. Mair hat auch Angaben darüber gemacht, »wie es meine Herren [die Ratsherren] halten, wenn sie ain Rennen [in Augsburg] ausschreiben«[141]. Eigene Beobachtungen und Auszüge aus den Turnierbüchern Würsungs, Walthers und Mairs fügte Jeremias Schemel um 1560 zu einem großen, reich illustrierten Sammelband zusammen. Anhand anschaulicher Bilder beschrieb er unter anderem das »welsch gestech über das Till« und die 32 Harnischteile dieses »welschen gestechs über die Plangken oder frei Thurnier mit all seiner zugehör«[142].

137 Marx Würsung [bzw. Wirsung], Burger zu Augsburg: Wann und umb wellicher Ursachen willen das loblich Ritterspil des Turniers erdacht und zum ersten geübet worden ist, Augsburg 1518; vgl. Reitzenstein (wie Anm. 132), S. 45 (Abb.); ebd. Anm. S. 141. Gewidmet war das Buch »Hannsen von der Albin zu Hueburg, Ritter, erbtruchseß des stiffts Salzburg unnd hauptmann daselbst, meinem gebietenden herrn«. Inhaltlich brachte es die bekannten Teile einer Turnierordnung bis zur Ausgabe des Danks; vgl. auch Heide Stamm, Das Turnierbuch des Ludwig von Eyb (cgm 961). Edition und Untersuchung . Mit einem Anhang: Die Turnierchronik des Jörg Rugen (Textabdruck), Stuttgart 1986, S. 40f.; W. H. Jackson, The Tournament and Chivalry in German Tournament Books of the Sixteenth Century and in the Literary Works of Emperor Maximilian I, in: Christopher Harper-Bill/Ruth Harvey (Hg.), The Ideals and Practise of Medieval Knighthood, Woodbridge 1986, S. 49–73 (zu Rüxner, Ludwig van Eyb und Würsung). Auf den Druck des Marx Würsung geht wohl auch ein Turnierbuch des 16. Jahrhunderts in der Universitätsbibliothek Göttingen (2° Cod. Ms. hist. 98) zurück; vgl. dazu Stamm (s. o. in dieser Anm.), S. 42f.

138 München, Bayerische Staatsbibliothek, cgm 1930 (Anfang 16. Jahrhundert); vgl. dazu die Beschreibung (und Exzerpte) in: Beilagen zur Chronik des H. Mülich, S. 379–395; Vorzeichnungen befinden sich in Augsburg, Staats- und Stadtbibliothek; vgl. die Abbildung bei Pius Dirr, Aus Augsburgs Vergangenheit [Augsburg 1906], S. 25.

139 M. Walther (wie Anm. 79), fol. 20v.

140 Fecht- und Turnierbuch des Paul Hektor Mair, Augsburg 1544/48; Wien, Österreichische Nationalbibliothek, Handschriftensammlung, Cod. 10.825 (Bd. 1) und Cod. 10.826 (Bd. 2), wo Bl. 257v in der Schlußrede der Name Mairs (wohl nach dessen Hinrichtung in Augsburg) nachträglich durch Rasur getilgt wurde; vgl. P. H. Mair, Chronik, S. LVII–LXIII, CXXXVI–CXLIV; Adel im Wandel, Rosenburg 1990, S. 447, Nr. 18.34; zu einem Exemplar der Bayerischen Staatsbibliothek München (Cod. icon. 393) vgl. (mit Abbildung eines Turniers) Kurras (wie Anm. 136), S. 45, 48f.

141 P. H. Mair, Chronik, S. 482–484 (zu S. 362: Rennen am 9. Oktober 1559).

142 Schemel (wie Anm. 92), bes. fol. 66v/67r, 82v/83r (Welsch Gestech); vgl. die Beschreibung der Handschrift von Otto von Heinemann, Die Augusteischen Handschriften, 1, Frankfurt a. M. 1965, S. 32f.; weiteres Exemplar in Wien, Kunsthistorisches Museum, P 5247; dazu (mit Abbildung) Roben wie Rüstungen, Wien 1990, S. 94f., Nr. 29.

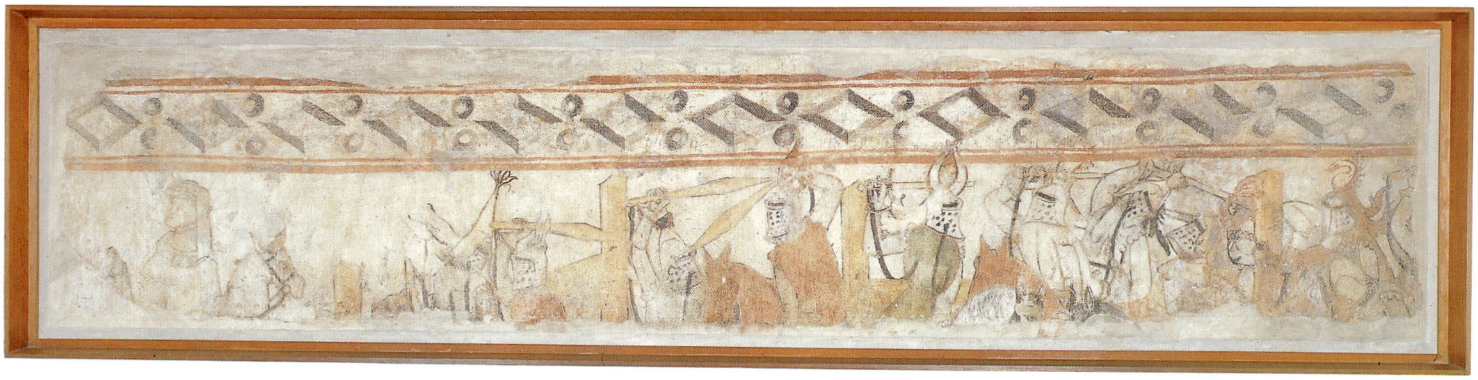

48 Turnierkampf mit Keulen und Schwertern. Fresko aus dem Stettenhaus. Augsburg, A. B. von Stettensche Stiftungen.

Das Interesse der Augsburger Bürger am Turnier bezeugen auch die Fresken, Holzschnitte, Scheibenrisse und Zeichnungen, die das beliebte Kampfspiel abbilden. Ein frühes und außergewöhnliches Beispiel ist das große Fresko aus dem Stettenhaus, das einen Turnierkampf mit Keulen und Schwertern zeigt (Abb. 48)[143]. Wie selbstverständlich ist das Thema neben Schlittenfahrt und Jagdszenen in einer Miniatur des Fuggerschen Ehrenbuches festgehalten (Abb. 49). In ähnlicher Form ziert das Motiv auch die Ratsbücher des oberen und unteren Rats[144].

Nicht weniger aufschlußreich für die Aufmerksamkeit, die man in bürgerlichen Kreisen den Turnieren schenkte, sind die zahlreichen Hinweise in der Augsburger Chronistik des 15. und 16. Jahrhunderts. Aus Chroniken und Turnierbücher erfahren wir denn auch zwar nicht erschöpfend, aber doch einigermaßen zuverlässig, wie häufig man sich in den Städten zu diesen Schaukämpfen traf und wie die Treffen abliefen. Eine Zusammenschau sämtlicher Nachrichten über die Turniere in den süd- und mitteldeutschen Städten von 1400 bis 1550 ergibt, daß gleich nach Nürnberg für Augsburg die meisten Turniere überliefert sind[145]. Ungefähr 45 Scharfrennen, (welsche) Stechen oder Halbierungen wurden in diesem Zeitraum ausgetragen – in der Rosenau, auf dem Weinmarkt, bei Wellenburg oder auf dem Fronhof. Dreizehn größere Turniere fielen allein in die erste Hälfte des 16. Jahrhunderts. In der Regel wurden sie als Rahmenprogramm bei Reichstagen, Schießfesten und Hochzeiten oder während der Fastenzeit anberaumt. Die Kosten solcher Veranstaltungen waren beträchtlich. Bezüglich der sozialen Herkunft der Turnierteilnehmer in Augsburg gab es verschiedene Varianten: Oft blieb der Adel unter sich, die Bürger maßen sich meist untereinander bzw. mit Gästen aus anderen Städten, mehrmals traten aber auch Adlige gegen Bürger an[146].

Einige dieser Turniere erregten aus verschiedenen Gründen besonderes Aufsehen. Zur Fastnacht 1442 kam Markgraf Albrecht Achilles von Brandenburg mit 54 Rittern und 300 edlen Turnierteilnehmern nach Augsburg. Der Rat mußte auf dem Fronhof, dem Turnierplatz, einen »Ordnungsdienst« von 1.300 Männern aufbieten, um die Sicherheit der Teilnehmer und Zuschauer zu gewährleisten. »Kostlich täntz« und »fröliche vasnacht von stechen und anderm« waren den Aufwand offenbar wert[147]. Die ritterliche Lebensweise faszinierte die Bürger und spornte sie zu besonderen Anstrengungen auf dem Spezialgebiet des Adels an. Die sportliche Rivalität konnte gefährlich werden, sobald sie das Selbstverständnis und das Standesbewußtsein der Ritter in Frage stellte. So wurde Michael Rem während eines Fastnachtsturniers von einem von Schaumburg erstochen, und zwar deshalb, weil er gesagt hatte, »daß unsere Bürger mit Thurnieren und Rennen denen vom Adel weit überlegen weren«[148].

1459 maßen sich die Augsburger auf dem Fronhof mit ihren Gegnern aus Nürnberg und Ulm. Am 6. Februar »stachen die Herzöge Christoph und Wolfgang von Bayern mit den Bürgern« bei einem Gesellenstechen. In

143 Johannes Wilhelm, Augsburger Wandmalerei 1368–1530, Augsburg 1983, S. 164–168, Nr. 15 mit Abb. 16–19.
144 München, Bayerisches Nationalmuseum, Cod. 3651, S. 85; Cod. 3652, fol. 70r.
145 Hans H. Pöschko, Turniere in Mittel- und Süddeutschland von 1400 bis 1550, Katalog der Kampfspiele und der Teilnehmer, Diss. Stuttgart 1987.
146 Vgl. Weber (wie Anm. 128), S. 242.
147 B. Zink, Chronik, S. 98 (schätzt alle Bewaffneten auf über 2000 Mann); H. Mülich, Chronik, S. 80; vgl. auch ebd. S. 86; dazu Weber (wie Anm. 128), S. 241f.; Walther (wie Anm. 79), fol. 1a (Nachtrag).
148 Gasser/Welser (wie Anm. 27), Teil 2, S. 190 (zu 1455).

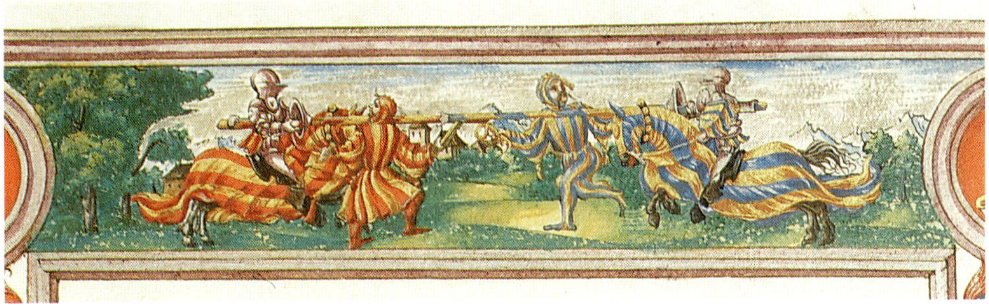

49 Turnierkampf. Miniatur aus dem »Geheim Ehrenbuch des Fuggerischen Geschlechts«, 1545. Babenhausen, Fugger-Museum.

Anwesenheit Maximilians I. fand 1510 erneut ein prächtiges Turnier statt, an das sich ein Festmahl im Haus Jacob Fuggers und danach der Geschlechtertanz auf dem Tanzhaus anschlossen[149]. Anläßlich der Hochzeit Anton Fuggers mit Anna Rehlinger war am 5. Februar 1527 erneut ein Rennen oder Stechen angesetzt, an dem Ulrich Welser, Thomas Ehem, Jörg Pfister, Wolf Preischuh, Lienhart Epischoffer, Michel Sedelmeier, Paltaß Streng, Ulrich Prock, ein gewisser »Gallunsch« und Offerus Mair als Turnierer sowie »Gall Schemel maller« und »Michel Feierabent balbierer« als Narren teilnahmen[150]. Großen Zuspruch muß das Turnier gefunden haben, das 1542 auf dem Fronhof veranstaltet wurde. Wilhelm Peter Zimmermann hat es nach einer zeitgenössischen Vorlage ungefähr 200 Jahre später wiedergegeben[151].

Der Nachweis der Turnierfähigkeit war das beste Mittel, Zweifel an der adligen Herkunft zu zerstreuen. So wehrten sich auch die Rehlinger in ihrem Stammbuch gegen »Mißgunstige des Rehlingeschen Namens und Geschlechtes« am besten mit dem Hinweis darauf, daß sie »neben und mit anderen vom Adel selbst gerent, gestochen und thurniert haben, bey welchem Thurnieren, Rennen und Stechen vil fürsten, graven, freiherren und von guttem rittermessigen Adel zum offten mal in guetter anzal selbst personlich gewesen und vil ehrlicher Ritterspil und kurzweil mit ihnen gehalten und hochberuembt worden sind«.

Die Berechtigung zur Teilnahme am Turnier wurde auch in den Adels- und Wappenbriefen gebührend hervorgehoben. Die Privilegien machten den Begünstigten zu einem »recht edel gebornen Lebens-, Torniersgenoß und rittermeßigen edelleuten« und verliehen das Recht, »ein rots wachs geprauchen, tornier zu reitten ... urtail zu schöpffen und Recht zu sprechen«, wie es im Adelsbrief Karls V. für die Augsburger Krafter heißt[152].

Ist nun das Turnier, das auf dem Augsburger Monatsbild dargestellt ist, mit einem historischen Turnier zu identifizieren? Bezieht sich die Jahreszahl 1531 auf dem Renaissance-Bau im Mittelgrund auf die Veranstaltung im Vordergrund? Die Frage ist nicht eindeutig zu beantworten. Historisch bezeugt sind lediglich für 1530 einige Treffen: am 6. Juni ein Scheingefecht anläßlich der Ankunft Kaiser Karls V. und König Ferdinands in Schwaz (Tirol); am 10. Juni ein Scharmützel in München anläßlich des Einzugs des Kaisers und des Königs auf ihrer Reise nach Augsburg; am 5. September 1530 das Turnier in Wellenburg bei Augsburg, als Ferdinand I. durch Karl V. mit den österreichischen Erblanden belehnt wurde. Das letztgenannte Ereignis ist bis hin zu den Farben der Turnierschilde ausführlich beschrieben worden[153]. Gemeinsamkeiten mit den Farben und Wappen auf dem Februar-Bild sind nicht festzustellen. Anfang 1531 fanden dann in Köln die Wahl und in Aachen die Krönung Ferdinands zum römischen König statt. Auf dem Rückweg nach Österreich ließ ihm der Augsburger Rat in Donauwörth durch Johann Haintzel und Konrad Peutinger die besten Glückwünsche zur Königswahl ausrichten. Am Augsburger Weberhaus war König Ferdinand als »erwelt 1531« vertreten. In den Hochzeitsbüchern vermerkte man das Ereignis ebenfalls, aber von einem Turnier aus Anlaß der Wahl und Krönung ist nichts bekannt[154].

149 Quirin von Leitner (Hg.), Freydal. Des Kaisers Maximilian I. Turniere und Mummereien, Wien 1880–1882, Bd. I, S. XCVf.; Stetten (wie Anm. 28), S. 268f.

150 Schemel (wie Anm. 92), fol. 387v/388r; vgl. Pöschko (wie Anm. 145), S. 200.

151 Vgl. Augsburg, Staats- und Stadtbibliothek, 2° Cod. Aug. 479b, Bl. 289v/290r (Turnier auf dem Fronhof »1542«).

152 Augsburg, Staats- und Stadtbibliothek, 2° Cod. H. 7, S. 18 (Rehlinger); Augsburg, Stadtarchiv, Adelsdiplome und Wappenbriefe Nr. 1 (30. Nov. 1548 bzw. 3. Jan. 1587).

153 Vgl. die Einzelbelege bei Pöschko (wie Anm. 145), S. 205ff.; siehe auch Welt im Umbruch, Bd. 1, Augsburg 1980, S. 174f., Nr. 95; zur Belehnung in Wellenburg vor allem A. Essenwein, Hans Tirols Darstellung der Belehnung Ferdinands I. mit den österreichischen Erblanden durch Kaiser Karl V. auf dem Reichstage zu Augsburg 1530, in: Mitteilungen aus dem Germanischen Nationalmuseum, 2, 1887–89, S. 1–22, Taf. I–V; ferner den Bericht von Clemens Sender (Augsburg-Chronik, Bd. 4), S. 312–321; Aulinger (wie Anm. 52), S. 342–346.

154 Zur Krönung Ferdinands in Aachen vgl. Augsburg, Stadtarchiv, Ratsprotokolle 1529–1531, fol. 50r ff. (Eide der Städte Aachen und Köln gegenüber Ferdinand); vgl. Stetten (wie Anm. 28), S. 328; zur Bemalung auf dem Weberhaus Augsburg, Staats- und Stadtbibliothek, 2° Cod. Aug. 456, Nr. 25; Hochzeitsbuch-Exemplar in München, Bayerische Staatsbibliothek, cgm. 3033, fol. 28r.

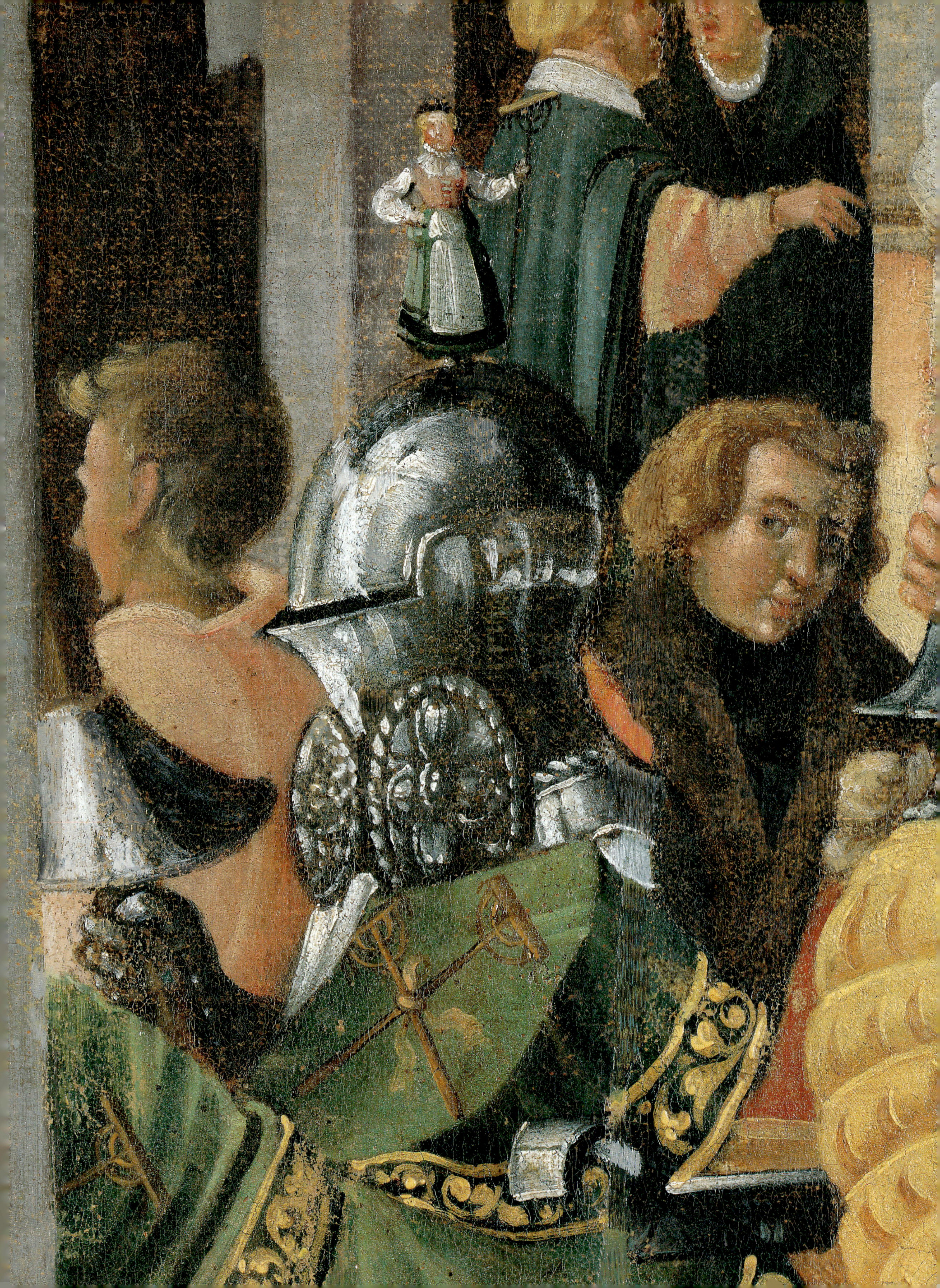

Auch sonst ist für 1531 in Süddeutschland kein besonderes Turnier bezeugt; Jeremias Schemel nennt nach der Hochzeit Anton Fuggers (1527) erst wieder zu 1538 ein »gestech und rennen«, das auf Karl Fillingers Hochzeit ausgetragen wurde. Falls der Ort des Geschehens Augsburg sein sollte, könnte es sich bei den Kampfspielen auf unserem Monatsbild höchstens um eine »normale« Fastnachtsveranstaltung handeln – es sei denn, das Bild selbst gäbe uns konkrete Hinweise auf ein anderweitig nicht überliefertes Turnier dieses Jahres.

Die große Turnierdarstellung selbst gibt freilich zunächst Rätsel auf. Offensichtlich hat der Maler verschiedene Turnierformen miteinander verbunden und sich auch bei Harnisch- und Helmformen nicht immer an die realen Vorbilder gehalten. Ganz im Vordergrund tragen zwei Reiter augenscheinlich ein »deutsches Stechen« aus[155]. Die Lanzenspitzen sind im Gegensatz zum Scharfrennen nicht mit einem vierseitig geschmiedeten spitzen Dorn, sondern mit einem Krönlein versehen. Dahinter findet ein »welsches Stechen über die Palia« oder, wie man in Augsburg sagte, ein »welsch Gestech über das Thill« statt. Bei dieser italienischen Turnierart, die um 1530 in Deutschland immer beliebter wurde, waren die Gegner durch eine Planke (palia, dill) voneinander getrennt, die den möglichen Zusammenprall der Pferde verhindern sollte; die Spieße waren dabei ebenfalls gekrönelt, trugen also an der Spitze einen stumpfen Kranz von Zacken[156]. Bei beiden Varianten zielte der Stoß auf die Tartsche, die den Hals und die linke Schulter des Gegners deckte. Im Hintergrund rechts messen sich andere Streiter im Schwerterkampf. Die beiden Trompetenbläser sowie der eine Trommler noch weiter rechts davon übernahmen vielleicht das Anblasen des Turniers. Wahrscheinlich handelt es sich aber um die drei festangestellten Spielleute der Stadt, die das Fest musikalisch begleiteten. Der Maler hat also verschiedene Gänge eines Turniers zusammengefaßt, die normalerweise auf mehrere Tage verteilt waren. Ebenfalls simultan, aber auf andere Weise hat Jörg Breu d. Ä. die unterschiedlichen Turnierformen auf dem großen Holzschnitt über das Turnier bei Wellenburg (1530) wiedergegeben[157].

Sämtliche Turnierer tragen prächtige (Halb-)Harnische. Die Helme der beiden Teilnehmer am Plankengestech sind durch große Federbüsche, der des linken Reiters mit einer besonderen Helmzier geschmückt. Spezialisten für diese stählernen »Maßanzüge« waren Augsburger und Nürnberger Harnischmacher. Die Datierung der abgebildeten Rüstungen und Waffen ist schwierig; der Stechhelm des Reiters auf der gelb-schwarzen Renndecke im Vordergrund gehört eher in eine etwas frühere Zeit (um 1520), wenn man an Abbildungen zeitgenössischer Turnierbücher (etwa im Freydal) denkt und berücksichtigt, zu welchen sehr viel eleganteren Lösungen Augsburger Harnischmacher bereits um 1525 gekommen waren. Andererseits ist natürlich nicht ausgeschlossen, daß man um 1530 noch Turniere mit diesen etwas veralteten Helmen ausgetragen hat. Die »Renngäule« wurden eigens für die Turniere trainiert und nicht minder aufwendig herausgeputzt: mit den Schellenkränzen um den Hals und mit den farbenfrohen Turnierdecken.

Das Kampfbild bietet nun einige scheinbar konkrete Anhaltspunkte für eine nähere Identifizierung: Am augenfälligsten sind die Embleme auf Tartschen und im Helmschmuck sowie die farbenprächtigen Turnierdecken mit ihren Monogrammen, Symbolen und den Devisen. Wohl anhand dieser Anhaltspunkte sind die Kämpfenden in der älteren Literatur auch kurzerhand als Angehörige der Familien Lanberger, Fugger, Rechenberger und Besserer identifiziert worden[158]. Ganz so einfach ist es nicht. Die Decken einiger Pferde an der Planke, das heißt die rote mit weißen Ornamenten, die gelb-rote und die hellrote Renndecke mit goldenen Rankenornamenten, lassen überhaupt keine weiteren Rückschlüsse auf die Reiter zu. Die übrigen Embleme versprechen mehr als sie halten. Nicht einmal der linke Ritter mit goldenen

Linke Seite
50 Monate Januar–März: Ein Ritter mit goldenen gekreuzten Rechen. Berlin, Deutsches Historisches Museum.

155 Aus der reichen Literatur zu den Turnierformen vgl. Ortwin Gamber, Ritterspiel und Turnierrüstung im Spätmittelalter, in: Fleckenstein (wie Anm. 132), S. 513–531; ders., Führer durch die Rüstkammern Erzherzog Ferdinands, in: Kunsthistorisches Museum [Wien], Sammlungen Schloß Ambras: Die Rüstkammern, Wien 1981, S. 33ff.; Heidrun Wozel, Turniere. Exponate aus dem Historischen Museum zu Dresden, Berlin 1979, S. 92f.; Richard Barber/Juliet Barker, Tournaments, Jousts, Chuivalry and Pageants in the Middle Ages, Woodbridge 1989.

156 Zum welschen Gestech in Augsburg vgl. etwa Hans Burgkmair des Jüngeren Turnierbuch von 1529 (wie Anm. 67), bes. S. 99f. mit Bl. 5 (Augsburg 1511); verschiedene Abbildungen und Turnierbeschreibungen auch in: Welt im Umbruch, Bd. 2, Augsburg 1980, S. 234ff. Nr. 613–617.

157 Aulinger (wie Anm. 52), S. 272ff. mit Anm. 16; 342ff.

158 Baum (wie Anm. 5), S. 117.

gekreuzten Rechen auf grünem Grund auf der Tartsche und der Frau mit gekreuzten Rechen im Helmschmuck ist namentlich zu ermitteln (Abb. 50). Das Wappen der Rechenberger und andere Wappen, die durch gekreuzte Rechen gekennzeichnet sind, sehen anders aus[159].

Die Turnierdecke des zweiten Teilnehmers von links ist wie die Tartsche rot-weiß-grün-schwarz gestreift und zeigt eine Frau (?) in Grün, auf die ein weißer Hund zuspringt, sowie ein weißes, nicht ausgefülltes Devisenband. Wahrscheinlich steckt hinter dem Bilderrätsel ein Scherz oder ein Sprichwort. Goldene Leuchter (?) schmücken die grüne Decke des rechten Pferdes im Vordergrund[160]. Aufgemalt ist ferner ein zweigeteiltes Band mit dem scherzhaften Spruch: »Mein Spies spicz, ich hie sicz«. Wieder ganz anders, nämlich mit grünen Spielkarten, ist die grüne, durch Goldfäden in Rhomben unterteilte Schabracke des mittleren Pferdes verziert. Das Spielkartenmuster und die Bilddevisen passen gut zu einem Fastnachtsturnier. Ähnliche Schmuckelemente und Losungen kehren beispielsweise in verschiedenen Turnierbüchern wieder. Da reitet der sächsische Kurfürst Johann Friedrich der Großmütige in Torgau 1527 auf einem Pferd, dessen rote Decke mit silbernen Spielkarten übersät ist[161]. An solchen spielerischen Figuren hatte auch Herzog Wilhelm IV. von Bayern seine Freude. In seinem Turnierbuch fällt etwa eine Renndecke mit Ringen, Sternen, Uhren, Schachbrett und Gießkanne ins Auge[162]. Den Scherz- oder Phantasiefiguren auf den Monatsbildern am nächsten kommen Darstellungen im Turnierbuch des Augsburgers Marx Walther. Dort sieht man auf den Renndecken zum Beispiel eine Katze mit dem Spruch: »Das ist ain bösse katz, die ain vornen leckt und hinden kratzt« oder auch: »Wer mir ist wider, den stos ich nider«[163]. Doch zur Identifizierung der Turnierreiter geben die Symbole und Aufschriften wenig her. »Die mannigfaltigen Bilder der Renn- und Pferdedecken, der Schilde und Helmzierde haben selten Bezug auf das Wappen des Ritters, es waren beliebige für das besondere Turnier bestimmte Attribute, die häufig ihren Grund in irgendeinem Witze hatten«[164].

Festeren Boden meint man beim Schmuck der Renndecke links im Vordergrund zu betreten: Die gelbe Turnierdecke ist mit grün-schwarzen Sonnenstrahlen oder Flammen und schwarzen Blättern übersät und wiederholt mehrmals das Monogramm »AF« am Saum. Die Versuchung, das Monogramm voreilig mit bekannten Namen aufzulösen, ist groß. Die Initialen und die gelb-schwarzen Farben passen etwa auf Anton Fugger, um 1531 Leiter des bedeutenden Handelshauses. So ähnlich sind diese Anfangsbuchstaben etwa in sein Petschaft eingeschnitten[165]. Weitere Daten der Fugger-Geschichte drängen sich in diesem Zusammenhang auf: 1531 richtete Anton Fugger in seinem Haus am Weinmarkt ein »kaiserlich Palatium« ein, das Karl V. und die Angehörigen des Kaiserhauses während der Reichstage bewohnten[166]. Sollte das Renaissance-Gebäude auf dem Februar-Bild den geplanten oder im Bau befindlichen »Palazzo« abbilden? Oder ist einer der Landsitze gemeint, auf den sich Anton Fugger und andere Augsburger Patrizier in jenen Jahren zurückzogen? Nachdem am 19. November 1530 der Augsburger Reichstag verabschiedet worden war, hielten sich Karl V. und Ferdinand noch bei Anton Fugger in Schloß Weißenhorn auf. Dorthin siedelte der Firmenchef, der in dem »kritischen« Jahr 1531 von Karl V. in den Grafenstand erhoben worden war, über und hielt dort von 1533 bis 1536 »herrlich und zierlich« »Haus«[167]. So verführerisch solche Kombinationen auch sind, so erlauben sie doch nicht, den Turnierteilnehmer und die Renaissance-Kulisse oder gar den Auftraggeber zweifelsfrei zu identifizieren.

Die Alternativen zur Auflösung des Monogramms auf der Turnierdecke sind nicht weniger plausibel, können allerdings auch nicht recht befriedigen. In verschlungener Form stehen die beiden Buchstaben (AF oder FA) nämlich auch für König Ferdinand I. und seine Gemahlin Anna. Beim Ein-

159 Vgl. etwa das Wappen derer von Rechenberg: Des Conrad von Grünenberg, Ritters und burgers zu Costenz, Wappenbuch (1483), hg. von R. Graf Stillfried-Alcántara/Ad. M. Hildebrandt, Görlitz 1875, Bd. 3, Bl. 144b (zwei rote gekreuzte Rechen). Ferner Berlin, Staatliche Museen Preußischer Kulturbesitz, Kupferstichkabinett, Hs. 77 B 5 (Würzburger Turnierbuch, 16. Jahrhundert), Bl. 173r. Vgl. evtl. auch Schemel (wie Anm. 92), fol. 70v/71r (gelb-violette Renndecke mit vielen aufgemalten gekreuzten [silbergrauen] Rechen und Monogramm MF); Wien, Kunsthistorisches Museum, Hofjagd- und Rüstkammer, A 2290 (Turnierbuch des Caspar III. Ritter von Lamberg, Österreich um 1490 bis 1533), fol. 75v (Anthon von Yffan: Renndecke mit goldenen Rechen und grünem Grasbündel); zu diesem Turnierbuch vgl. Roben wie Rüstungen, Wien 1990, S. 282, Nr. 159.

160 Die Leuchter (oder Doppelpokale) sind von Baum (wie Anm. 5), S. 117, anscheinend mit dem Wappen der Ulmer Besserer gleichgesetzt worden. Zum abweichenden Wappenbild dieser Ulmer Familie (silberner Doppelpokal auf schwarzem Grund) vgl. Siebmacher (wie Anm. 121), Taf. 76; z. B. auch abgebildet bei Hartmut Boockmann, Die Stadt im späten Mittelalter, München 1986, S. 188, Nr. 294; 190, Nr. 297.

161 Erich Haenel (Hg.), Der sächsischen Kurfürsten Turnierbücher, Frankfurt a. M. 1910, Taf. 20; dazu S. 33 Nr. (und Bl.) 99; vgl. auch die Devisen ebd. Bl. 15 (»Mein Glück gehet uf Stelzen«), Bl. 29 (»Was achte ich des Mondes Schein, wen mir die Sonne wil gnedig sein.«).

162 Georg Leidinger (Hg.): Turnierbuch Herzog Wilhelms IV. von Bayern (Miniaturen aus Handschriften der Kgl. Hof- und Staatsbibliothek in München 3), München [1913], Bl. III 50.

163 München, Bayerische Staatsbibliothek, Cod. germ. 1930 2°, fol. 4v, 4r; sinngemäß begegnet uns das erste Sprichwort auch auf einem anonymen Holzschnitt des 15. Jahrhunderts (Schreiber IV, 1981).

164 J. von Hefner-Alteneck (Hg.), Hans Burgkmairs Turnier-Buch, Frankfurt a. M. 1527, Nachdruck Dortmund 1978, Einleitung [S. 5]. Zu einem möglichen allegorischen Sinn der Embleme vgl. W. Dilich, Ritterspiele anno 1596, Nachdruck: H. Broszinski/G. Schweikhart (Hgg.), Kassel 1986, Bl. 22: Aufzug der Laster, u. a. Teufel auf Pferd, dessen Renndecke mit Karten und Spielbrett »geschmückt« ist.

165 Norbert Lieb, Die Fugger und die Kunst im Zeitalter der Hohen Renaissance, München 1958, S. 307 mit Abb. 107.

166 Welt im Umbruch, Bd. 1, Augsburg 1980, S. 153; Lieb (wie Anm. 165), S. 181f.

167 Lieb (wie Anm. 165), S. 69.

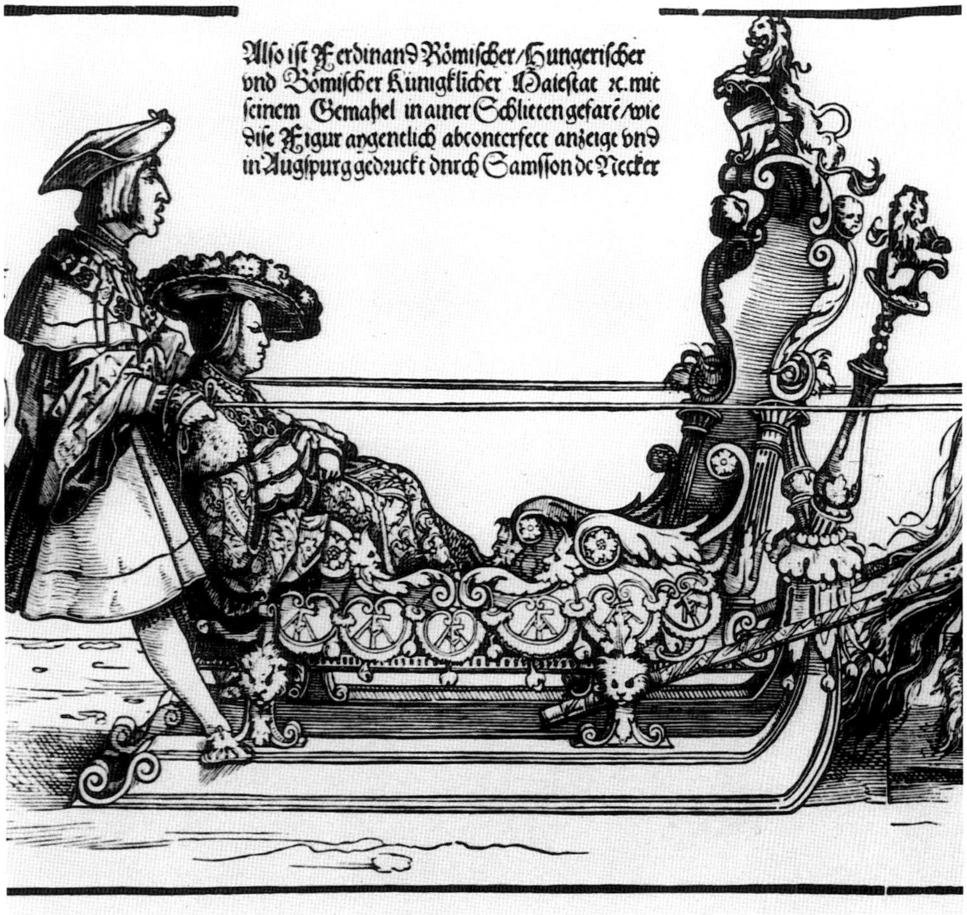

51 Christoph Amberger, Monogramm AF auf dem Schlitten Ferdinands I. Holzschnitt von zwei Druckstöcken. (Kein Exemplar nachgewiesen. Fotografie: Augsburg, Städtische Kunstsammlungen.)

zug Karls V. in Augsburg 1530 begleiteten ihn unter anderen 100 »Trabanten...ynn gelben leibröcken, und ynn dem einen erbel seiner Mai(estet) liberey, dazwischen ein gelb buchstab F und A gestickt«[168]. Genauso hat es Jörg Breu auch auf seinem Holzschnitt über das Einreiten des Kaisers wiedergeben. Ähnlich findet sich das Monogramm auf Holzschnitten Jörg Breus und Christoph Ambergers, auf denen die Schlittenfahrt des Königspaares während des Reichstags dargestellt ist (Abb. 51)[169]. Ferner ist es auf Medaillen, dem Spielbrett von Hans Kels und anderen Gegenständen zu sehen[170].

Andere Möglichkeiten sind freilich nicht auszuschließen. Das ligierte »AF« war etwa auch das Monogramm der Augsburger Kunsthandwerkerfamilie Forster[171]. Die Initialen könnten sich auch statt auf die Königsfamilie auf ritterliche Turnierteilnehmer beziehen[172]. Selbst der Gedanke, daß die beiden Buchstaben als Abkürzung einer Devise zu verstehen sind, wäre nicht ganz abwegig. Im Turnierbuch Herzog Wilhelms IV. von Bayern tummeln sich etwa Narren auf einer Turnierdecke, verbunden mit den Buchstaben W.S.N.A., die mit »Wir seind nit alain« aufzulösen sind[173]. Bei einem anderen Treffen tritt ein Teilnehmer mit dem Wahlspruch an: »All Freudt mitt fridt«[174]. Auf dem Augsburger Reichstag von 1530 waren die Leute Landgraf Philipps von Hessen an den am Ärmel aufgenähten Buchstaben V.D.M.I.E. kenntlich: »Verbum Domini manet in eternum«. Der Volksmund machte sich darauf seinen eigenen Reim: Und Du Mußt Ins Elend[175].

Anderer Art als die genannten Aufschriften ist das Monogramm, das sich auf der Tartsche mit dem roten Überzug auf der rechten Bildhälfte befindet. Das H.S.F.A. unter einer kleinen Krone sieht wie eine Signatur des Malers aus. Ob Hans Friedrich Schorer, der das Bild in späterer Zeit übermalt haben könnte, damit gemeint ist, muß offenbleiben. Über weitere Iden-

168 Förstemann (wie Anm. 60), S. 260.
169 Max Geisberg/Walter L. Strauss, The German Single-Leaf Woodcut. 1500–1550, New York 1974, Bd. 1, S. 40f. (G. 49/50), S. 335 (G. 365); Aulinger (wie Anm. 52), Abb. 12, 14; dazu ebd. S. 87, 268f., 329–339, 388f., Nr. 65f.; Welt im Umbruch, Bd. 1, Augsburg 1980, S. 174, Nr. 94; Wolfgang Hilger, Ikonographie Kaiser Ferdinands I. (1503–1564), Wien 1969, S. 46 (verschlungenes »FA«); bereits von H. Röttinger, Breu-Studien, in: Jahrbuch der Kunsthistorischen Sammlungen des Allerhöchsten Kaiserhauses, Bd. 28, 1909, S. 31–91, hier S. 60, Anm. 1 als »Ferdinand und Anna« gedeutet.
170 Hilger (wie Anm. 169), S. 33f. (Medaille von 1523, erstmals mit den Buchstaben »FA«), S. 65–67 (Hans Kels d. Ä.: Spielbrett für Ferdinand I., 1537); Kunsthistorisches Museum [Wien], Sammlungen Schloß Ambras: Die Kunstkammer, Innsbruck 1977, S. 85f., Nr. 189 (Notizbuch Ferdinands I., Deutsch 1526–31, bzw. Schiefertafel-Polyptychon, Einband aus Goldbrokat, in der Mitte in einem Kranz »AF« für Ferdinand und Anna); vgl. auch Küriß Ferdinands von 1526 bei Bruno Thomas/Ortwin Gamber, Katalog der Leibrüstkammer, 1. Teil (Der Zeitraum von 500–1530), Kunsthistorisches Museum [Wien], Wien 1976, Abb. 115.
171 Zimmermann (wie Anm. 106), Taf. 35, Nr. 1008; vgl. dazu Augsburger Stadtlexikon, S. 112; Georg Habich, Sixtus und Felicitas Forster, in: Archiv für Medaillen- und Plaketten-Kunde, 3, 1913/14, S. 152–160.
172 Schemel (wie Anm. 92), fol. 356r (Adam von Fronsperg auf roter Turnierdecke mit halber gelber Sonne und Monogramm A und darüber Querbalken für AF); »A« für Austria? Vgl. Turnierbild Cranachs mit diesem Monogramm auf einer Renndecke in: Lucas Cranach, Bd. 1, Basel 1974, S. 63, Nr. 14, und S. 227, Nr. 108.
173 G. Leidinger, Turnierbuch Herzog Wilhelms IV. von Bayern (Miniaturen aus Handschriften der königlichen Hof- und Staatsbibliothek in München, 3), München 1913, S. 16, 23 mit Bl. III 27.
174 Schemel (wie Anm. 92), fol. 355r.
175 C. Sender, Chronik, S. 256 mit Anm. 3. Grundsätzlich fällt auf, daß in den Faksimile-Ausgaben und Kommentaren der Turnierbücher die Monogramme und Buchstabenfolgen selten aufgelöst werden.

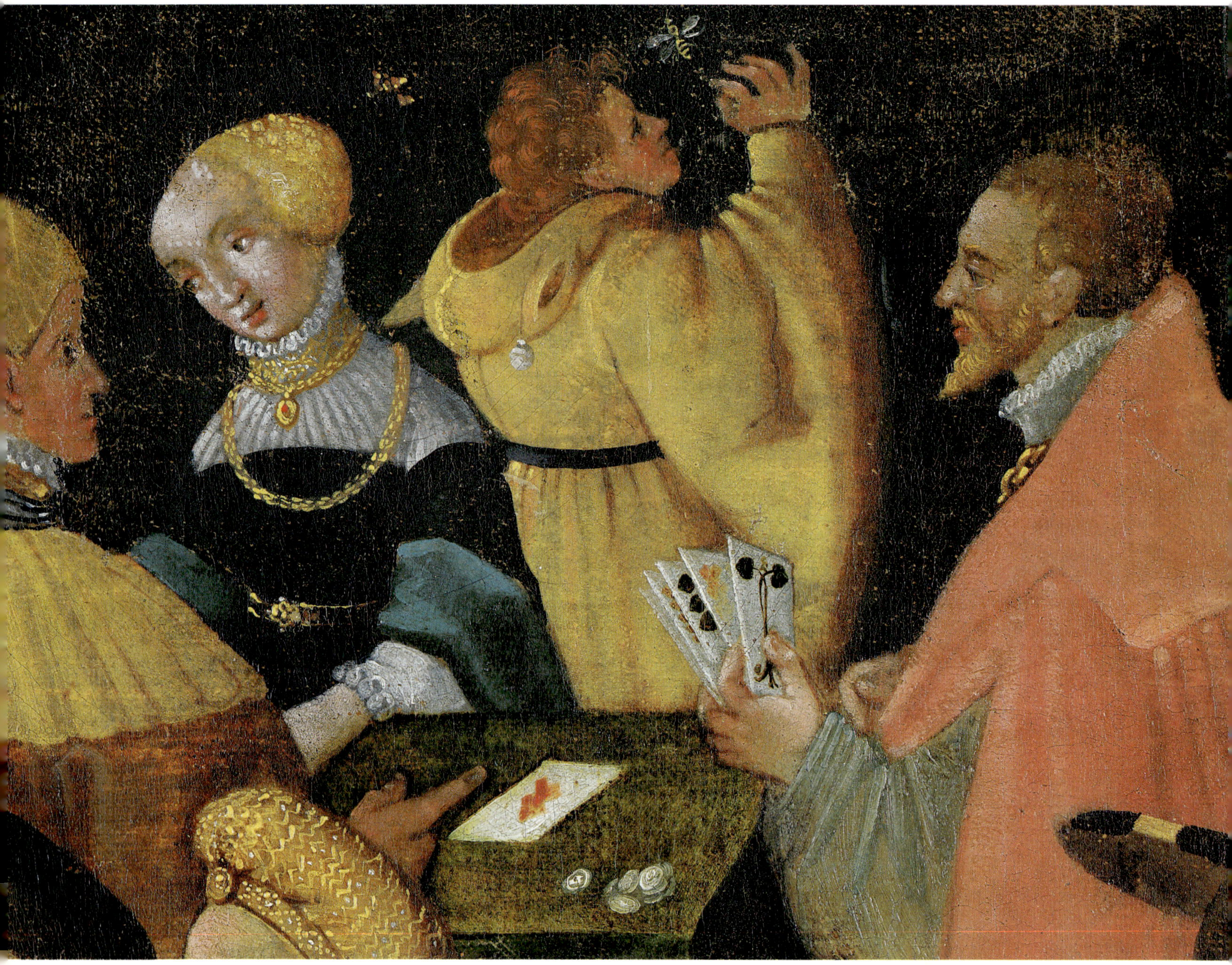

[176] Das Monogramm erstmals entdeckt von Wegner (wie Anm. 5), S. 34 (und aufgelöst mit HSF–N). Falls man die letzten beiden Buchstaben mit fecit Augustae/Augustanus o. ä. auflöst, könnte man auch an folgende Personen denken: Hans Wertinger (um 1465–1533), der auch mit HS (Hans Schwab Maler) signierte; Heinrich Steiner, Drucker in Augsburg (vgl. Essenwein [wie Anm. 153], S. 13); Hans Schenckh, Wappenmeister Hg. Wilhelms IV. (vgl. Turnierbuch 1544); Hans Schwarz, Medailleur; vgl. etwa Medaille mit Kunz von der Rosen, nach 1519 (Kunst der Reformationszeit, Berlin 1983, S. 188, Nr. C 29.3). Vgl. im übrigen den Beitrag von Gode Krämer, in diesem Band.

[177] Zu diesem oder diesen Juden siehe oben S. 175f.

tifizierungen mit Malern aus der ersten Hälfte des 16. Jahrhunderts kann man nur spekulieren[176]. Zur Identifizierung der Turnierteilnehmer trägt die Signatur jedenfalls nichts bei. Vorerst läßt sich also nicht entscheiden, ob das Februar-Bild ein historisches Turnier in der näheren oder weiteren Umgebung Augsburgs oder nur ein typisches Fastnachtsturnier vor einer eleganten Phantasiearchitektur wiedergibt.

Im weiten Innenhof des Renaissance-Baues halten sich weitere Personengruppen auf: die Schar derer, die dem Turnier zuschauen; dahinter eine Reihe von Händlern, Trauergäste um den Sarg herum, flanierende Passanten und eine Frau, die auf der Flöte spielt. Links hinter dem Sarg stehen und diskutieren Männer mit turbanartigen Kopfbedeckungen, darunter wenigstens ein Jude[177]. Die übrigen könnten orientalische Händler sein oder eher Augsburger Bürgersöhne, die sich entsprechend verkleidet haben. Auf der gegenüberliegenden Seite kommen drei Herren in langen roten Gewändern und roten Kopfbedeckungen ins Bild, die mit langen weißen Reiherfedern oder Pelzschwänzen verziert sind. Die auffällige Kleidung verweist auf echte oder kostümierte Janitscharen, eine muslimische Sondertruppe im Heer des Osmanischen Reiches[178]. Jedenfalls sorgten junge Bürgersöhne auch in anderen süddeutschen Städten während der Fastnacht als Türken und Ungläubige für Aufsehen[179]. Die Mummereien zur Fastnacht, die auf unserem Bild lediglich angedeutet sind, gehörten schon im 15. Jahrhundert zu den beliebten städtischen Vergnügen. Im Frühjahr 1477 verbot der Augsburger Rat jegliche »Verkleidung und Maske für Bürger und Geistliche sowie nächtliche Besuche und setzte den Aschermittwoch als absolutes Ende des närrischen Treibens fest«[180]. Die Versuche, die Mummerei wenigstens zeitlich auf die eigentlichen Fastnachtstage zu beschränken, fruchteten nichts. Auf taube Ohren stießen solche Verbote fast ein Jahrhundert später auch bei Veit Konrad Schwarz: »Es was verbotten, das niemant sollt in der mummerey geen, da fueren wir dann, hetten 2 stattpfeifer, kamen zu etlichen junckfrauenhöfen, da hett man uns nit ungern. Wir tantzten und sprangen wie die kölber, dann es wasen belle figlie da« [schöne Töchter]. In einem Glockenmantel, den ihm Hans Fugger als Fastnachtskostüm geliehen hatte, machte er mit seinen Kumpanen am 23. Februar 1561 die Nacht zum Tag[181]. Diese Seite des Fastnachtstreibens wurde in der Februar-Szene ausgeblendet. Wenig ist auf dem Bild davon zu spüren, daß die Augsburger Fastnacht die ausgelassenste im ganzen Reich gewesen sein soll[182].

Doch die Fastnacht gibt erneut einem Narren Gelegenheit zu einem Auftritt. Wie ein roter Faden ziehen sich diese Narren durch die vier Bilder: Auf dem Januar-Bild ist hinter der Gruppe der Kartenspieler ein Narr damit beschäftigt, Bienen zu fangen (Abb. 52). Ein typischer Fastnachtsnarr hält sich im Februar vor den Arkaden des Renaissance-Baus auf (Abb. 53), während beim Turnier selbst kleine als Narren verkleidete Helfer (»Grieswärtel«) assistieren. Im April lüftet ein Narr sein gelbes Narrengewand und wendet in einer obszönen Geste dem Betrachter sein Gesäß zu (Abb. 54). Auf der September-Szene warnt ein Narr eine Frau davor, ihrem Anbeter Gehör zu schenken. Nur auf dem »Winter«-Bild läßt sich kein Narr blicken. Der Maler hat also merkwürdigerweise darauf verzichtet, den einzigen echten Narren, der auf den Scheibenrissen zu sehen ist, in das Gemälde zu übernehmen. Auf der Oktober-Scheibe ist nämlich eindeutig ein älterer Mann im Narrengewand auszumachen, der die Wecken in seinem Brotkorb an den Mann bringen will (Abb. 55). Auf dem Januar-Scheibenriß sitzt ein Mann, dem die Hände durch ein Halseisen gebunden sind, etwas abgesetzt mit an der Tafel. Vielleicht war es ein Gefangener, den man am Essen teilhaben ließ, vielleicht aber auch ein Schalksnarr, der auf diese Weise seine Späßchen trieb.

Trotz des Verzichts auf den »Oktober-Narren« hat der Maler auf den vier Monatsbildern die Narren sehr viel nachdrücklicher ins Bild gesetzt als Jörg Breu auf seinen Scheibenrissen. Nur vage knüpft er an Motive der Monatsbilder an. Narren erscheinen seit etwa 1500 auch auf Monatsbildern, tauchen aber normalerweise nur einmal innerhalb des Zyklus und auch in anderem Zusammenhang auf. Gewöhnlich nehmen sie nämlich an der Fahrt im Maikahn teil, wie es etwa die Miniatur im Fuggerschen Ehrenbuch zeigt (Abb. 56)[183]. Die Augsburger Gemälde halten sich also weniger an das vorgegebene Bildprogramm, sondern beziehen die zeitgenössische Wirklichkeit und die Narrenidee in Literatur und Kunst mit ein.

Im 15. und 16. Jahrhundert konnte man im wesentlichen vier Narrentypen begegnen: den wirklichen Narren in der sozialen Realität, den Schalksnarren der höfischen und bürgerlichen Sphäre und den »künstlichen« Narren zur Fastnachtszeit und bei anderen Formen des gesellschaftlichen Zeitvertreibs. Nicht weniger präsent waren jedoch die Narren in Literatur und bildender Kunst[184].

Die »natürlichen Narren« des Alltags waren Tunichtgute, Bettler und »schräge Vögel«, die sich gern auf Festen sehen ließen und dann – in der

Linke Seite
52 *Monate Januar–März: Ein Narr fängt Bienen. Berlin, Deutsches Historisches Museum.*

Folgende Seiten
53 *Monate Januar–März: Ein Fastnachtsnarr vor den Arkaden. Berlin, Deutsches Historisches Museum.*

54 *Monate April–Juni: Ein Narr mit entblößtem Gesäß. Berlin, Deutsches Historisches Museum.*

178 Vgl. etwa die Amtstracht eines Janitscharen auf einem Kupferstich des Germanischen Nationalmuseums Nürnberg (HB 19052). Vgl. auch die Kostüme der Barbaren auf dem Ursula-Altar Jörg Breus d. Ä.: Gemäldegalerie Alte Meister, Dresden 1982, S. 118f.; Hermann Weiss, Kostümkunde vom 14. Jahrhundert bis auf die Gegenwart III 2, Stuttgart 1860, S. 709, Abb. 271; S. 715f.; 1530 hielt man einige gefangene Türken in der Stadt in Gewahrsam; diesen gelang es jedoch zu entkommen: C. Sender, Chronik, S. 321.

179 W. Mezger, Narrenidee und Fastnachtsbrauch. Studien zum Fortleben des Mittelalters in der europäischen Festkultur, Konstanz 1991, S. 40f.; vgl. auch Christensen (wie Anm. 44), S. 57f.

180 Augsburg, Stadtarchiv, Reichsstadt Augsburg, Literaliensammlung 1477 Februar 9; vgl. Rolf Kießling, Bürgerliche Gesellschaft und Kirche in Augsburg im Spätmittelalter. Ein Beitrag zur Strukturanalyse der oberdeutschen Reichsstadt, Augsburg 1971, S. 294.

181 Fink (wie Anm. 46), S. 256, Nr. II 40; Farbabbildung in: Die Fugger und die Musik, Augsburg 1993, S. 87, Taf. 11 (Druckfehler »1516« statt 1561).

182 P. Dirr (wie Anm. 42), S. 127; keine Hinweise auf Augsburg bei Harry Kühnel, Die städtische Fastnacht im 15. Jahrhundert, in: P. Dinzelbacher/H. D. Mück (Hgg.), Volkskultur des europäischen Spätmittelalters, Stuttgart 1987, S. 109–127.

183 Hansen (wie Anm. 39), S. 57, 80, Nr. 48 (Brügge, 1510–1520); 83, Nr. 52 (Flandern, erste Hälfte 16. Jahrhundert), 237 (Glockendon, Nürnberg 1535); Das Eichstätter Stundenbuch. Kommentar von Hermann Haunke, Nachwort von H. Kostler, Eichstätt 1977 (Teilfaksimile), S. 94–105, darunter Kahnpartie im Mai (ein Narr als Passagier mit Dudelsack).

184 Mezger (wie Anm. 179), bes. S. 27 (Spektrum des Narrenbegriffs um 1500 in einer allzu schematischen tabellarischen Übersicht).

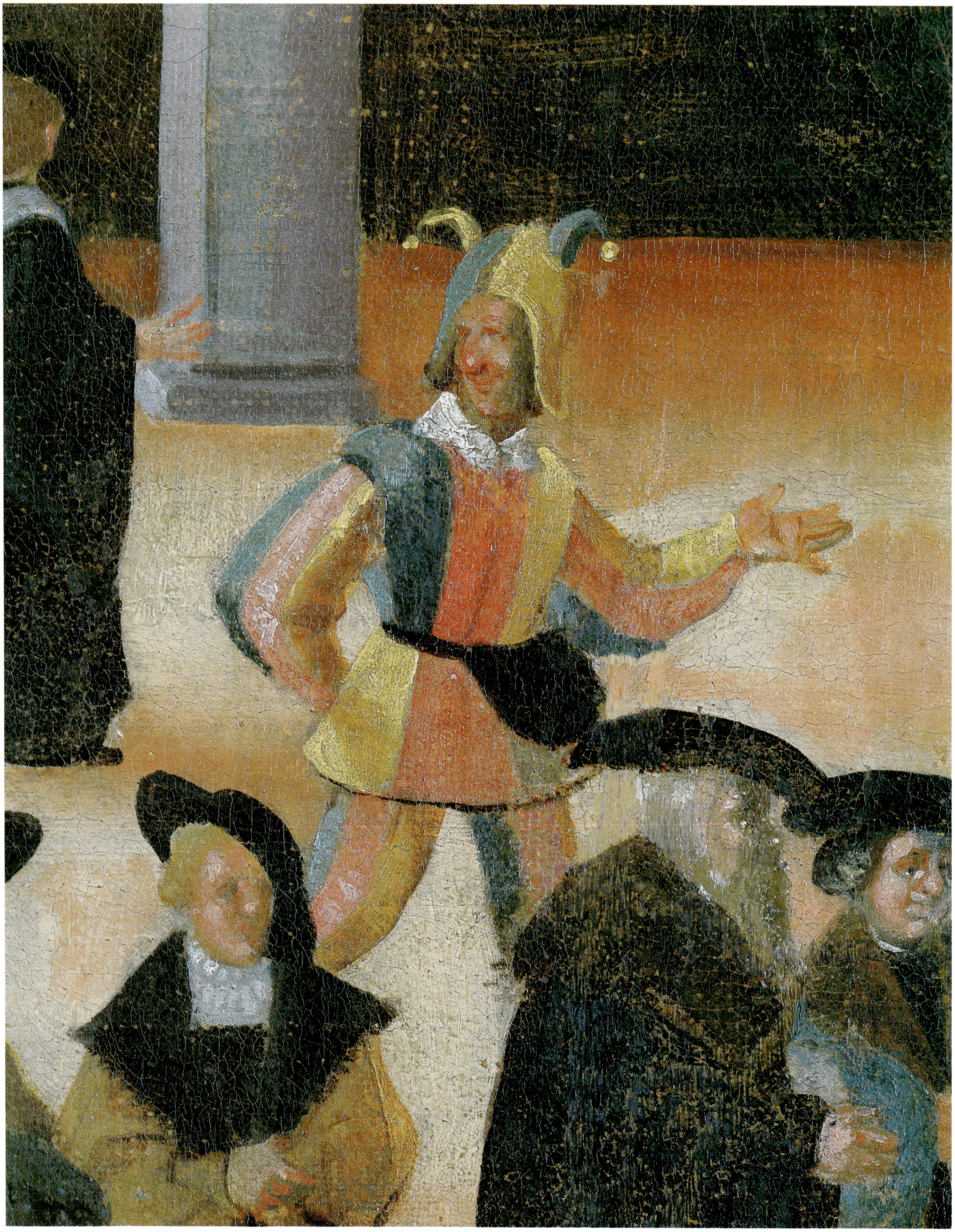

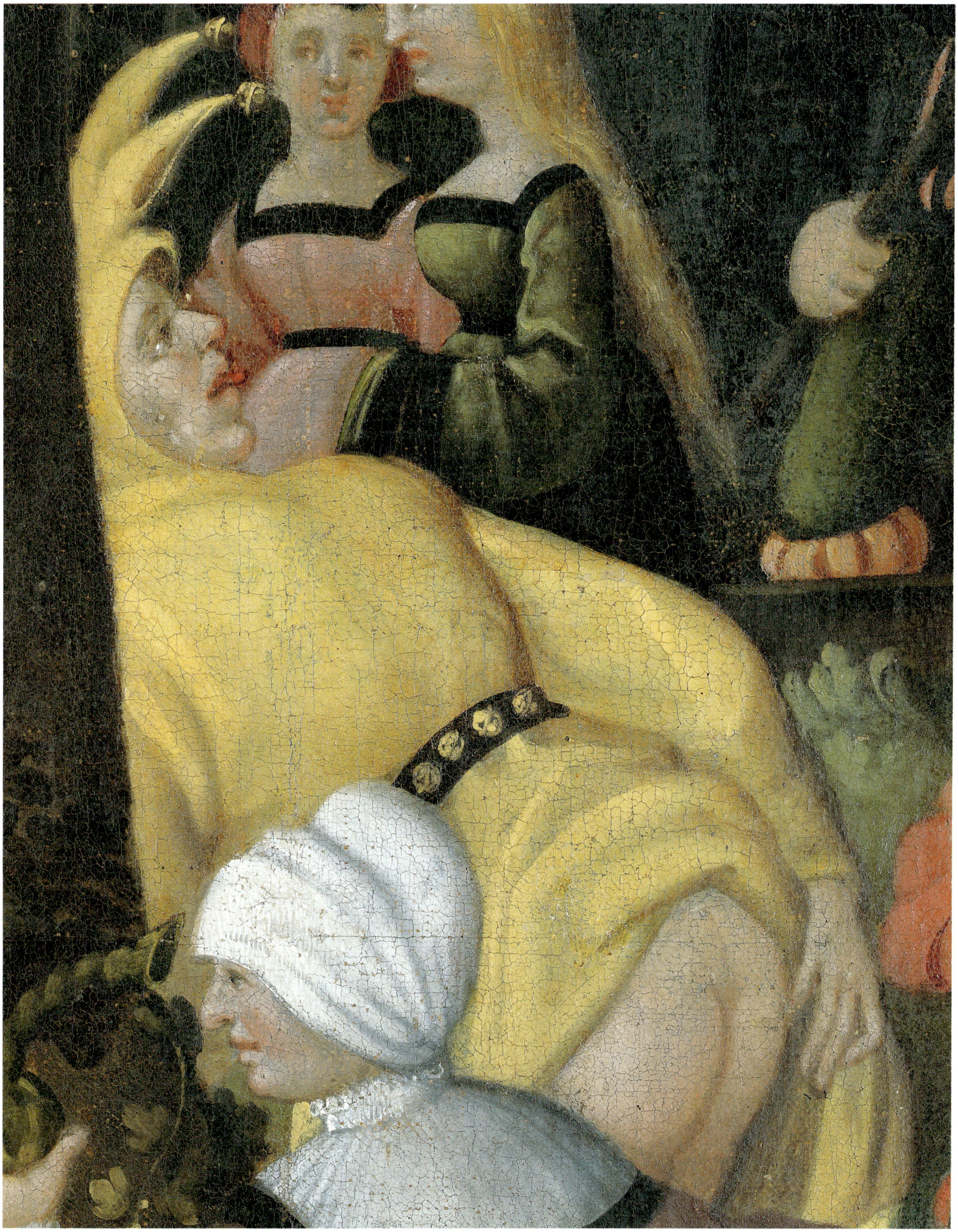

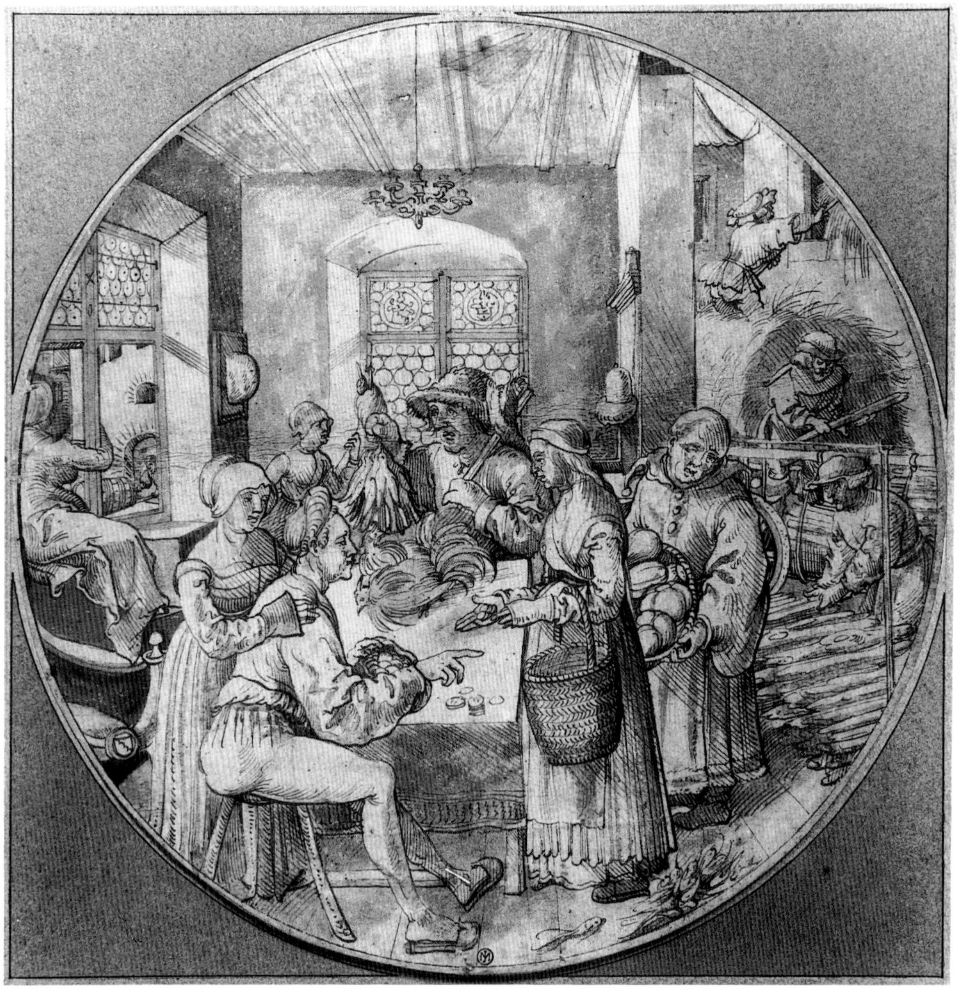

55 Nach Jörg Breu d. Ä., Scheibenriß des Monats Oktober. Zeichnung. Paris, Bibliothèque de l'Ecole Nationale Supérieure des Beaux-Arts, Collection Masson.

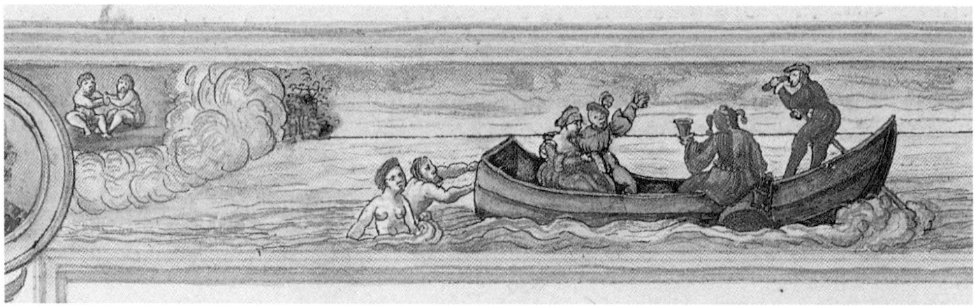

56 Jörg Breu d. J., Die Fahrt im Mai-Kahn. Miniatur aus dem »Geheim Ehrenbuch des Fuggerischen Geschlechts«, 1545. Babenhausen, Fugger-Museum.

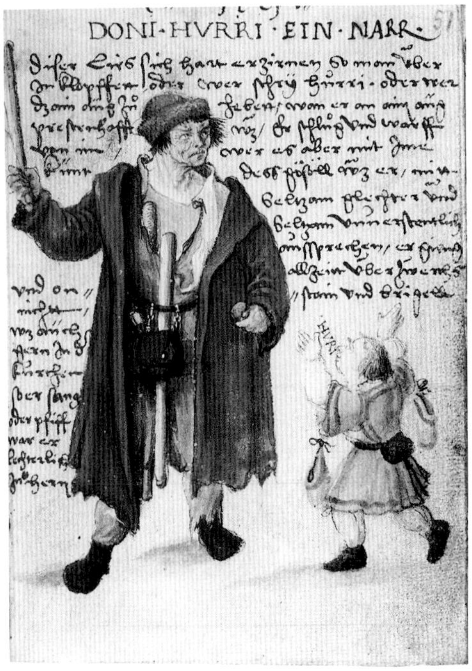

57 »Doni Hurri – ein Narr«. Miniatur aus dem Gebetbuch von M. Schwarz. Staatliche Museen zu Berlin – Preußischer Kulturbesitz, Kupferstichkabinett.

Sprache des Hans Sachs – zu »fressend Narren« werden konnten. Die schrulligen Typen aus Augsburg kennen wir besonders gut. Matthäus Schwarz war offenbar so sehr von ihnen fasziniert, daß er sie auf den leeren Seiten seines Gebetbuches porträtieren ließ. Er stellt uns etwa den wüsten »Meister Lauxlin« vor, der »khunt nichts denn lachen und vol biers sein«, Lenz Weienberger, der als großer Tänzer vor allem in der Fastnachtszeit seinen großen Auftritt hatte, und Kunz Schelklin, genannt Fugger, der so gern die Klarinette blies: »Der versäumett kein Hochzeit, er pfiff vorher, und auff all Burger- und Kaufmannstenntz tanntzt er jedermann vorher. Ließ sich ser erzirnen, so er on essen und drinckhen blib. So er was hätt, so reimet er fast gern… Die Oermel voll Brots, die gab er arm Laidenn. Er ist gwöst bey Jörg Fugger selig«. Die Galerie dieser »verkrachten Existenzen« beschließt ein »Doni Hurri« (Abb. 57): »Diser lis sich hart erzirnen, so man über in klopfett oder weer schry ›Huri‹.« Vermutlich litt der arme Mann unter Verfolgungswahn und war ein willkommenes Opfer für den Spott der Kinder[185]. Der eine oder andere dieser wilden Gesellen kehrt auch auf dem Gartenfest Renners (1522) wieder, aber offenbar nicht auf unseren Monatsbildern.

Im Gegensatz zu diesen stadtbekannten Stadtnarren waren die sogenannten Schalksnarren oder Hofnarren oft skurrile, aber intelligente Männer, die ihre Herren berieten, kritisierten und mit viel schauspielerischem Talent unterhielten. Einer von ihnen war zum Beispiel Kunz von der Rosen, der Schalksnarr Maximilians I., der später eine Augsburger Bürgerstochter heiratete. Wer es sich leisten konnte, hielt sich solch einen Schalksnarren. Auch der Bischof von Augsburg, Christoph von Stadion, ließ sich in Dillingen von seinem Hofnarren aufheitern[186].

Gegen Speis und Trank waren weniger privilegierte Schalksnarren gern bereit, ihren Teil zum Gelingen eines Festes beizutragen: »Da ich mit mein närischen Sachen/ Die Herrschafft kan fein frölich machn/ Mit heuchlerey die Leut ich blendt/ Darumm man mich ein Schalksnarren nennt«, so dichtete noch Hans Sachs im Ständebuch des Jost Amman[187]. In die »Policeyordnung«, die auf dem Augsburger Reichstag von 1530 verabschiedet wurde, fügte man eigene Bestimmungen über die »Schalksnarren« ein[188]. Um einen solchen Schalksnarren könnte es sich auf dem Januar-Bild handeln.

Die dritte große Gruppe sind verkappte Narren, junge Adels- und Bürgersöhne, die sich zu Fastnacht, aber auch zu anderen Gelegenheiten entsprechend verkleideten. Im Narrengewand traten sie etwa beim Geschlechtertanz, bei Schlittenfahrten (vgl. Abb. 39) oder als Sekundanten und Helfer bei Turnieren auf. Seit etwa 1480 mehren sich diesbezügliche Abbildungen in Turnierbüchern und auf Turnierbildern. Eindrücklich hat etwa Marx Walther die bunten Gestalten in seinem Turnierbuch wiedergeben[189]. Dieser Typ des Fastnachts- oder Turniernarren wird auch im Hintergrund des Februar-Bildes gemeint sein.

Das närrische Fastnachtstreiben und das Turnierbrauchtum sind eng mit den literarischen und künstlerischen Strömungen der Zeit verbunden. Das 16. Jahrhundert war in Literatur, Graphik und Malerei das Saeculum der Narren. Nachdem 1494 Sebastian Brants »Narrenschiff« und 1512 die Narrendichtungen des Franziskaners Thomas Murner erschienen waren, wimmelte es geradezu überall von ihnen. In Augsburg publizierte man die Werke Brants und Murners in Neudrucken und verbreitete einzelne Kapitel auf Flugblättern[190]. Narren begegnen scharenweise in Petrarcas Trostbuch »Von der Arznei beider Glück«, auch dort, wo man die Gestalt nicht erwartet[191]. In Kunst und Literatur wurde der Narr zu einer Symbolfigur für Vergnügen, Eitelkeit, Vanitas, Laster und Ausschweifungen aller Art[192].

Insbesondere törichte, blinde Liebe begriff man als Narretei. Was der Narr auf dem September-Bild eher zurückhaltend demonstriert, veranschaulicht etwa das launig-satirische Bild des »Narrenbaums« sehr viel deutlicher (Abb. 58). Eine modisch gekleidete Frau schüttelt einen Baum, von dem dann reihenweise die Früchte fallen: Narrenköpfe, die sich beim Herunterfallen in halbfertige und fertige Narren verwandeln. »Eine schöne Frau schafft Narren soviele sie will« – das ist der Sinn dieser Federzeichnung, die möglicherweise Jörg Breu d. Ä. um 1526 anfertigte[193]. Die literarischen Narrenvorstellungen und die Narrenbilder prägten Denken und Sprache in der ersten Hälfte des 16. Jahrhunderts. Das bezeugt wieder einmal Matthäus Schwarz, der in seinem Trachtenbuch mit einer bezeichnenden Redewendung von einem pikanten Erlebnis berichtet. In der Fastnachtszeit 1520, ausgerechnet an seinem Geburtstag (20. Februar), verliebte sich nämlich der junge Faktor der Fugger in eine Niederländerin oder, mit den Worten des »Betroffenen«: »Da stach mich der narr mit eyner niderlendischen jungkfrau«[194].

[185] Georg Habich, Das Gebetbuch des Matthäus Schwarz, mit 22 Tafeln (Sitzungsberichte der Kgl. Bayerischen Akademie der Wissenschaften, philosophisch-philologische und historische Klasse, Jg. 1910, 8. Abhandlung, München 1910, S. 16f. mit Taf. XII, fol. 51r, 35r).

[186] Roth, Reformationsgeschichte, Bd. 2, S. 380.

[187] Amman (wie Anm. 63), S. 113.

[188] Förstemann (wie Anm. 60), Bd. 2, S. 370.

[189] Leopold Schmidt: Das Wiener Maskenwesen des Mittelalters und der Renaissance, in: Jahrbuch der Gesellschaft für Wiener Theaterforschung, 1950/51, S. 22–37, bes. S. 32 (Schlittenfahrt); Fink (wie Anm. 46), S. 33f. (Geschlechtertanz); Walther (wie Anm. 79), Schemel (wie Anm. 92), Bl. 313v ff.; z. B. auch bei den »Mummereien« Maximilians I., im Freydal (wie Anm. 149), Taf. 48, 64.

[190] Thomas Murner: Schelmenzunft [1512], Faksimile der Ausgabe Augsburg (Silvan Othmar) 1513 [Bayerische Staatsbibliothek], mit Kommentar von Hans Rupé, Augsburg/Köln 1926; Michael Schilling, Bildpublizistik der frühen Neuzeit. Aufgaben und Leistungen des illustrierten Flugblatts in Deutschland bis um 1700, Tübingen 1990, S. 285f.

[191] Petrarca (wie Anm. 117), passim.

[192] Vgl. die zahlreichen Abbildungen und Texte bei Mezger (wie Anm. 179), passim.

[193] Veste Coburg: Kupferstichkabinett der Kunstsammlungen, Z 199 K–6; Welt im Umbruch, Bd. 2, Augsburg 1980, S. 608 (mit Literatur); Die Renaissance im deutschen Südwesten, Bd. 1, Karlsruhe 1986, Nr. E 10, vgl. Bd. 2, Nr. I 16 (Etlinger Narrenbaum).

[194] Fink (wie Anm. 46), S. 122f., Nr. I 42.

58 *Jörg Breu d. Ä.(?), Der Narrenbaum. Tuschfederzeichnung, um 1526. Kunstsammlungen der Veste Coburg, Kupferstichkabinett.*

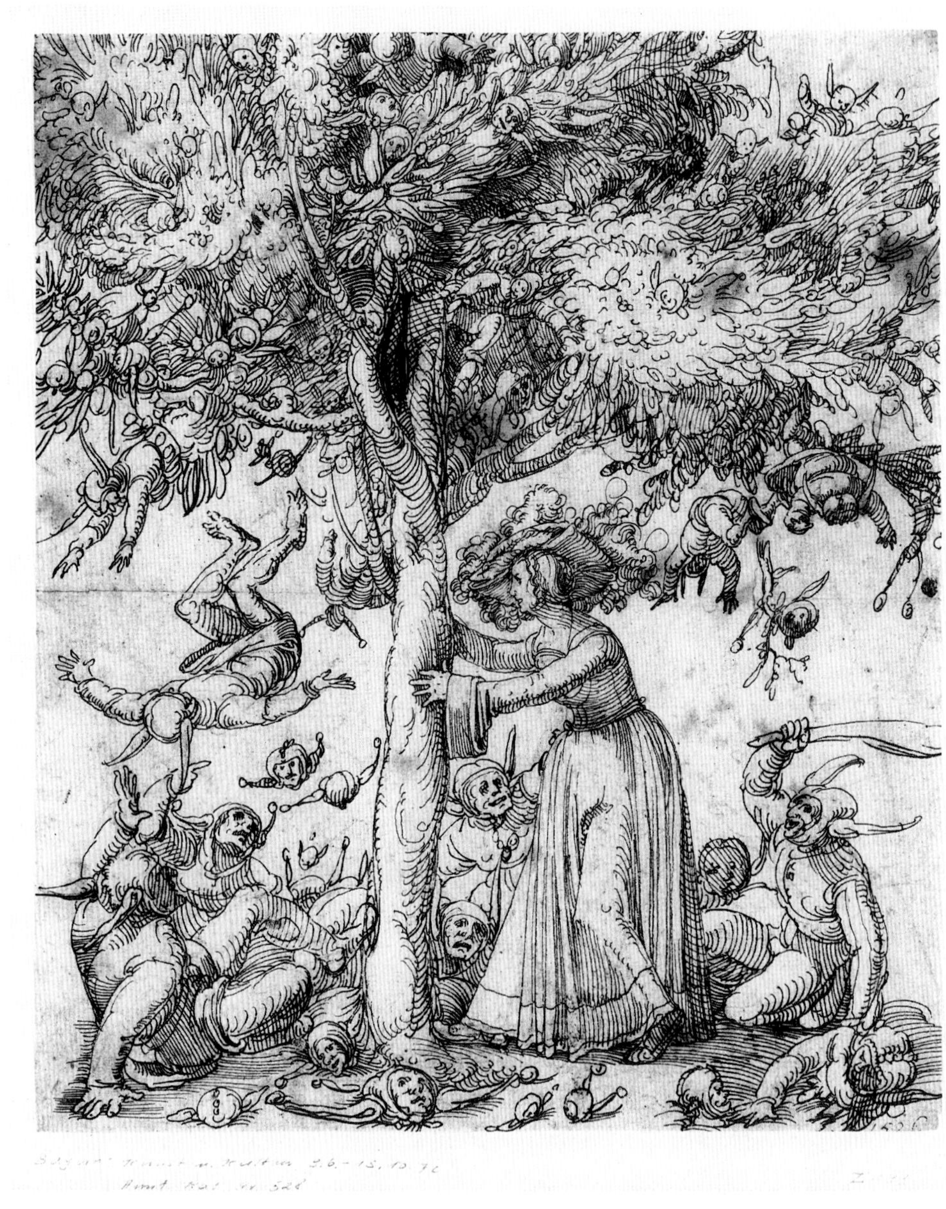

Narren gehören im frühen 16. Jahrhundert einfach zum festen Repertoire von Bildern, die um Kurzweil, Fest, Spiel und Tanz kreisen. Auch auf den Augsburger Monatsbildern durften sie daher – wie das Kinderspiel und die Bettler – nicht fehlen. Gleichwohl sind sie charakteristisch für eine neue Bildersprache. Ungefähr ein halbes Jahrhundert früher wären die Monatsbilder so nicht denkbar gewesen. Die so auffällig betonten Narrenmotive zwingen jedoch nicht zu einer allegorischen Umdeutung des gesamten Bildprogramms. Eine sprichwörtliche Redensart oder eine tiefergehende Aussage könnten allenfalls hinter der Narrenfigur stecken, die im April dem Betrachter das blanke Hinterteil entgegenstreckt[195]. Ansonsten wirken die Narren eher wie dekoratives Beiwerk, verstärken gewissermaßen den heiteren Charakter unbeschwerten Zeitvertreibs. Die Narren sind hier sicher nicht – wie etwa in Brants »Narrenschiff« – als satirische »Allzweckwaffe« gegen Kurzweil jeder Art eingesetzt. Denn dann hätten sie noch stärker präsent sein müssen, etwa beim Turnier, beim Liebesspiel und bei den Badefreuden im Mai, vielleicht auch – wie im Scheibenriß – beim Verkauf von Federvieh im Oktober oder auch bei der Schlittenfahrt im November. Außerdem wären sie vermutlich mit weiteren »Vanitas«-Symbolen kombiniert worden. Diese Lösung hat man beispielsweise auf dem Geschlechtertanz

195 Das Motiv kehrt als Nebenszene wieder bei Quentin Massys (?), Allegorie der Narrheit, 1510–1520, abgebildet und kommentiert von Mezger (wie Anm. 179), S. 295–297 mit Abb. 164.

196 Vgl. ferner das Kartenspielen im Vordergrund und im Hintergrund des Mai-Bildes. Dagegen ist das Würfelspiel der Patrizier auf dem November-Scheibenriß nicht auf das »Winter-Bild« übertragen worden; vgl. allerdings Wegner (wie Anm. 5), S. 26, der in den Spielern eine Gruppe Geldwechsler sieht.

197 München, Bayerisches Nationalmuseum, Cod. 3652, Bl. 71r (Wildschweine beim Tric-Trac-Spiel).

198 Vgl. allgemein Antje Kluge-Pinsker, Schach und Trictrac. Zeugnisse mittelalterlicher Spielfreude in salischer Zeit, Sigmaringen 1991; D. Hoffmann, Die Welt der Spielkarte. Eine Kulturgeschichte, München 1972; Geisberg/Strauss (wie Anm. 169), Bd. 3, S. 1062–1065.

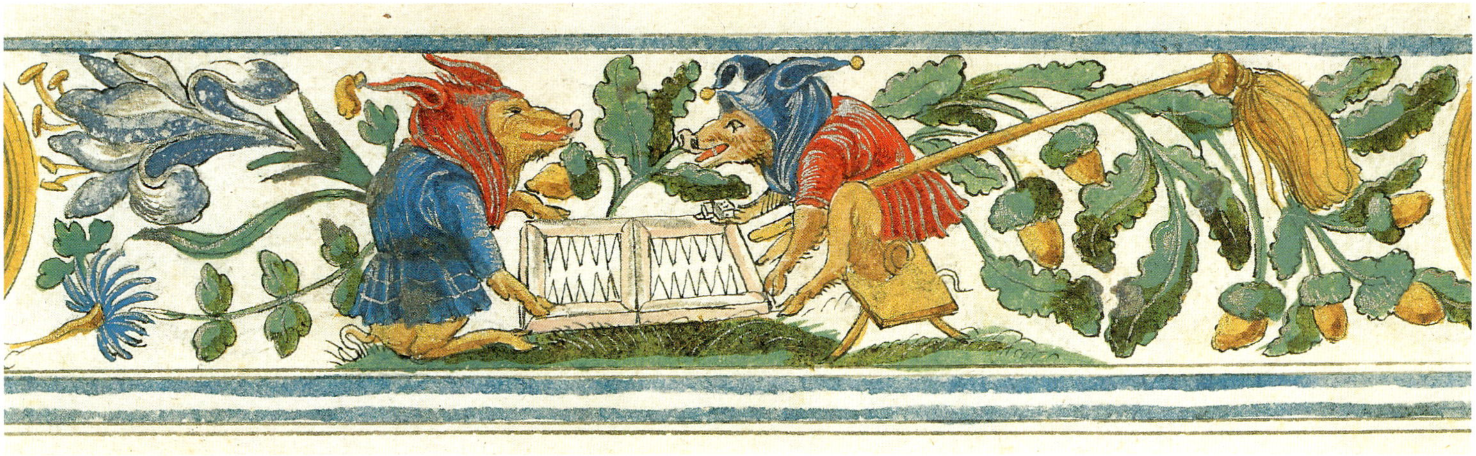

von 1522 vorgezogen, wo ein Todesbrunnen und der Schnitter Tod das unvoreingenommene Vergnügen an Tanz und Spiel störten. Auftraggeber und Maler dürften mit den Narren nicht einmal eine (selbst-)kritische Nebenabsicht verfolgt haben. Gleichwohl verändern die Häufung dieses populären Motivs und die mit ihm verbundenen Assoziationen bis zu einem gewissen Grad den Tenor der Bildaussage. Narren signalisieren zwangsläufig auch Eitelkeit, Genuß- und Ruhmsucht um jeden Preis. Die vordergründige Botschaft von heiterer Kurzweil, geselligem Zeitvertreib und Selbstdarstellung wird damit zwar nicht konterkariert, aber doch durch einen selbstironisch-moralisierenden Zug ergänzt.

Die Narren auf den Gemälden fangen sozusagen gesellschaftskritische Tendenzen auf, die nach 1500 allenthalben in recht unterschiedlichen Medien zu fassen sind: in Kunst und Literatur, aber auch in kirchlichen Mahnungen und Predigten oder in den städtischen Kleider- und Luxusordnungen. Die Grenzen zwischen einem prunkvollen Festmahl und Völlerei, zwischen gepflegtem Gesellschaftsspiel und Spielleidenschaft, zwischen Flirt oder Tanz und unziemlicher Annäherung, zwischen Badefreuden und Ausschweifung waren fließend. Wer die Augsburger Monatsbilder im 16. Jahrhundert betrachtete, konnte sich an den heiteren Szenen freuen, wird aber spätestens durch die Narren an die Kehrseite des Vergnügens erinnert worden sein.

Wie haben die Zeitgenossen beispielsweise die Brettspiele und das Kartenspiel gesehen, die während des Festmahls im Januar so deutlich herausgestellt sind[196]? Vielleicht haben sie die Szenen ohne weitere Hintergedanken als »realistisches« Abbild der gewohnten Freizeitbeschäftigungen hingenommen. Schach und Tric-Trac waren schließlich die bekanntesten Brettspiele im Mittelalter. Das Tric-Trac-Spiel stand oft stellvertretend für das Spiel schlechthin und war ein beliebtes Bildelement (Abb. 59)[197]. Augsburg war neben Ulm und Nürnberg ein Zentrum der Spielkartenherstellung; unter anderen ist ein Satz von 48 Spielkarten aus der Werkstatt Hans Schäufeleins (um 1535) bekannt[198]. Vielleicht haben die Bewunderer der vier Monatsbilder sogar von der Schrift über »Das goldene Spiel« gewußt, die der Straßburger Dominikaner Ingold Wild verfaßt und Günther Zainer in Augsburg 1472 erstmals gedruckt hatte. Die Holzschnitte des Drucks sind nach Federzeichnungen des Augsburger Kaufmanns Hektor Mülich angefertigt. Der Predigtzyklus handelt über sieben beliebte Spiele, die Wild als Gleichnis für die sieben Todsünden moralisierend auslegt (Abb. 60). Anders als erwartet gewinnt der Dominikaner den Gesellschaftsspielen auch gute Seiten ab und empfiehlt sie sogar als Heilmittel gegen die sieben Todsünden: zum Beispiel das Würfelspiel gegen Geiz, das Damespiel gegen

59 Wildschweine beim Tric-Trac-Spiel. Miniatur aus dem »Ratsbuch des Unteren Rats«. München, Bayerisches Nationalmuseum.

60 Das Tric-Trac-Spiel. Holzschnitt aus »Meister Ingolf Wills ›Gulden Spil‹«, Augsburg, 1472. Schweinfurt, Bibliothek Otto Schäfer.

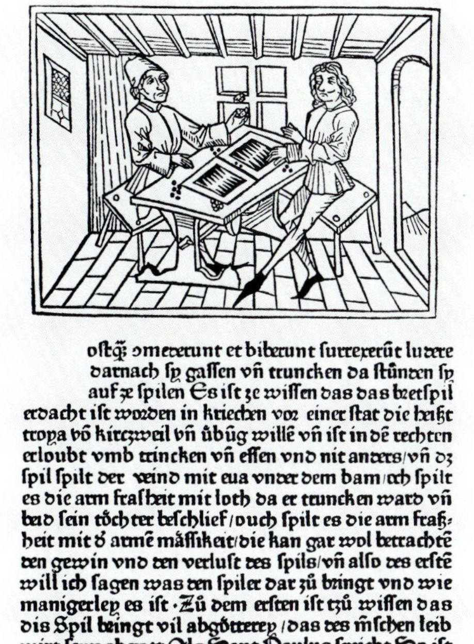

Hie hebt bretspil an oder spilen mit den schiblachen

ostq; comederunt et biberunt surrexerũt ludere
darnach sy gassen vñ truncken da stůnden sy
auf ze spilen Es ist ze wissen das das bretspil
erdacht ist worden in kriechen vor einer stat die heißt
troya võ kirczweil vñ übũg willẽ vñ ist in dẽ rechten
erloubt vmb trincken vñ essen vnd nit anders/vñ dz
spil spilt der veind mit eua vnder dem bam/och spilt
es die arm fraßheit mit loth da er truncken ward vñ
beid sein töchter beschlief/ouch spilt es die arm fraß-
heit mit d' armẽ mässikeit/die kan gar wol betrachtẽ
den gewin vnd den verlust des spils/vñ also des erstẽ
will ich sagen was den spiler dar zů bringt vnd wie
manigerley es ist · Zů dem ersten ist tzů wissen das
dis Spil bringt vil abgötterey /das des mẽschen leib
wirt seyn abgott Als Sant Paulus spricht So ist
die kirch die tabern vnd die kůchin die altar/d' tisch
das altar tůch das tisch tůch/die speis dz opfer / das

Gefräßigkeit, das Schachspiel gegen Hochmut, das Kartenspiel gegen Unkeuschheit und schließlich das den Spielen zugeordnete Tanzen gegen Trägheit[199].

Doch vielleicht haben die Zeitgenossen beim Blick auf das Januar-Bild auch an die vorherrschende (kirchliche) Auffassung gedacht, die Schachbrett und Kartenspiel als Inbegriff der verabscheuenswerten und nichtsnutzigen Freuden dieser Welt brandmarkte. Auf Darstellungen des Weltgerichts erscheinen sie als Symbole der Verdammnis[200]. Das Kartenspiel artete nicht selten zu einem Glücksspiel aus, bei dem es um viel Geld ging. Den einen oder anderen Fürsten kostete die Spielwut auf den Reichstagen ein kleines Vermögen[201]. Die flammenden Bußpredigten, die Johannes Kapistran im September 1454 in Augsburg gehalten hatte, waren nicht vergessen. Von einer Tribüne auf dem Fronhof herab hatte der berühmte italienische Wanderprediger vor angeblich 20.000 Zuhörern wie üblich gegen unnützen Zeitvertreib und Luxus gewettert. Am Sonntag vor seiner Abreise kam es nach gewohntem Ritual zum Höhepunkt seiner Predigtkampagne, der öffentlichen Verbrennung der Eitelkeiten. Drei bis vier Wagenladungen an Spielgeräten schafften die zerknirschten Augsburger auf den Fronhof, wo sie sonst bekanntlich ihre prächtigen Turniere abhielten. Ungefähr 1500 Spielbretter und 60 bis 70 Schlitten gingen in Flammen auf[202]. Die Lebensbeschreibung des Bußpredigers und Auszüge aus seinen Predigten sind 1519 in Augsburg im Druck erschienen. Der Titelholzschnitt zeigt deutlich das Teufelswerk, das Kapistran in Nürnberg, Augsburg und an anderen Orten verfluchte (Abb. 61): Tric-Trac-Brett, Spielkarten und Schnabelschuhe[203].

Kurzweil viel ohn' Maß und Ziel?

»Kaiser Carolus genant macht sy im Teutschland bekhant
Hielt ain Reichstag ernant Jar gar herrlich auch empfanngen war.
Von den Curfürsten botschafft am 15. tag Juni der monat
Der Kurtzweil und freden vil sach man an maß und zil«[204].

Mit diesen etwas holprigen Versen beschloß der Schreiber eines Augsburger Hochzeitsbuches das Jahr 1530. Nicht minder wichtig als die Wahl Karls V. in Bologna, der Reichstag und die Botschaft der Kurfürsten waren ihm Kurzweil und Freuden, die man »ohn' Maß und Ziel« in Augsburg genießen konnte. Politik und geselliger Zeitvertreib gehörten zusammen. Was die führenden Familien in der Reichsstadt hautnah miterleben konnten, das haben sie in etwas kleinerem Rahmen selbst verwirklicht – im Leben wie auf den Monatsbildern. Repräsentativ war bereits das große Format der Gemälde, die dem Festsaal eines Landschlosses eine feierlich-heitere Atmosphäre verliehen haben dürften. Der Eindruck wird verstärkt durch das Bildprogramm und die Komposition der geradezu ausschweifend gemalten Szenen. Vor allem aber sind die Motive der traditionellen Monatsdarstellungen auf Selbstdarstellung und Kurzweil ausgerichtet und ergänzt worden: Vor der Kulisse des politischen und wirtschaftlichen Zentrums der Stadt demonstrieren die Ratsherren auf den letzten Monatsszenen Wohlstand, Einfluß und Macht. Die übrigen Szenen stehen überwiegend im Zeichen »kurzweiliger« Vergnügungen: Festfreude in ausgewählter Runde, Spiel, Musik und Tanz, Liebesspiel und Badelust, Mummerei zur Fastnachtszeit, Jagd und Schlittenfahrt. Einige dieser Lustbarkeiten werden nur angedeutet, andere ungewöhnlich stark hervorgehoben, wieder andere als eigenständige Szenen ausgemalt. Alles wird jedoch überstrahlt vom großen Turnier zur Fastnacht, dem aristokratischen Freizeitvergnügen par excellence.

199 Augsburg, Staats- und Stadtbibliothek, an 2° Ink 298; vgl. Von der Augsburger Bibelhandschrift zu Bertolt Brecht, Augsburg 1991, S. 95–97, Nr. 10; Walter Endrei, Spiele und Unterhaltung im alten Europa, Hanau 1988, S. 9.

200 Zum Beispiel auf dem Pfullendorfer Weltgericht aus der Werkstatt Martin Schaffners, um 1500; vgl. Meisterwerke Massenhaft, Stuttgart 1993, S. 215, Abb. 297.

201 Aulinger (wie Anm. 52), S. 280.

202 Zum Besuch Capistrans in Augsburg Johannes Hofer, Johannes Kapistran. Ein Leben im Kampf um die Reform der Kirche, Bd. 2, Rom 1965, S. 305–307.

203 Martin Luther und die Reformation in Deutschland, Nürnberg 1983, S. 128, Nr. 145; Muller (wie Anm. 75), S. 180, 223 (Abb.).

204 Augsburg, Stadtarchiv, Reichsstadt, Schätze Nr. ad 83/6, S. 57; Friedrich Warnecke (Hg.), Augsburger Hochzeitsbuch, enthaltend die in den Jahren 1484 bis 1591 stattgefundenen Heirathen, Berlin 1886, S. 36.

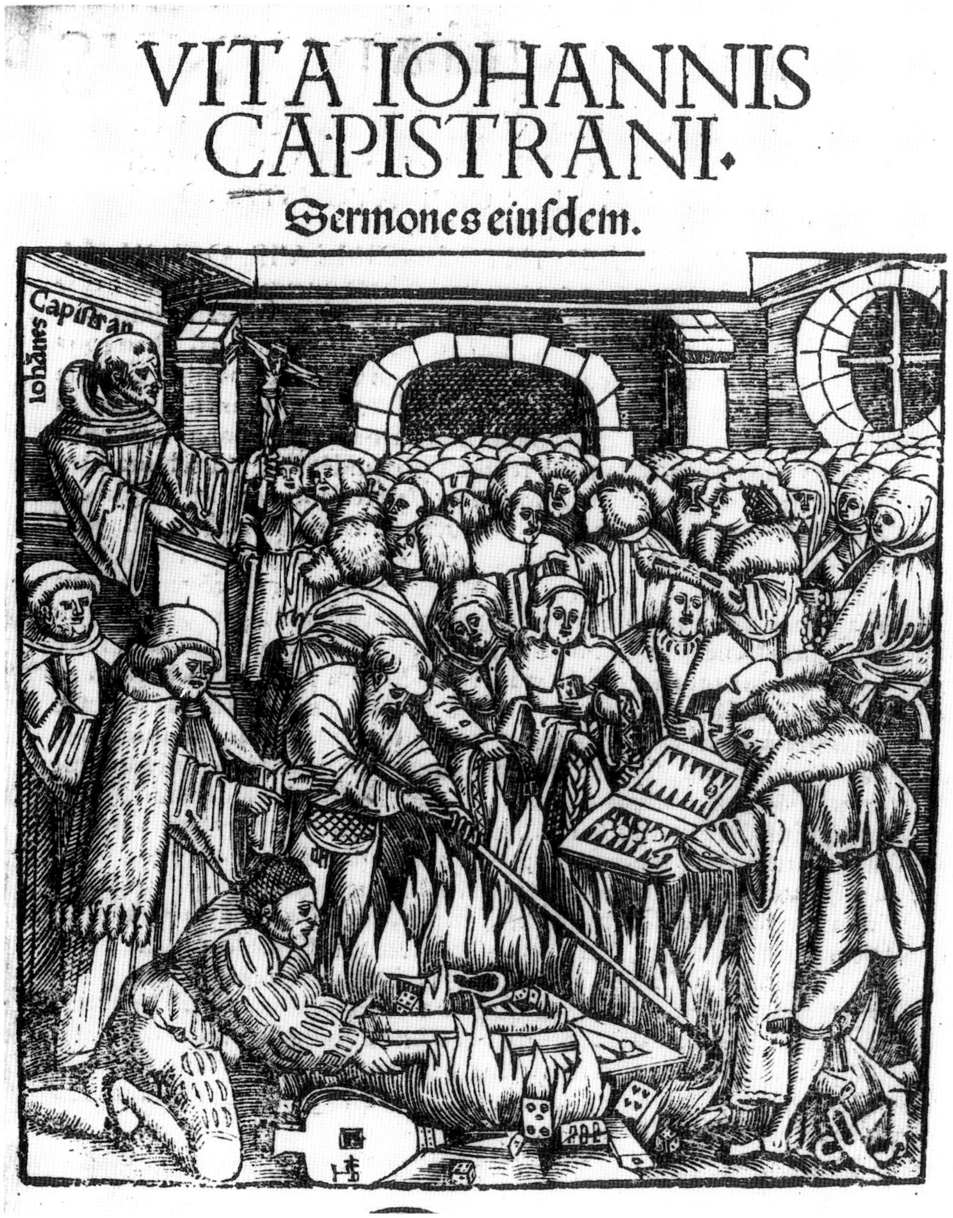

61 Monogrammist HS (Hans Schäufelein?, Heinrich Steiner?), Die Nürnberger verbrennen 1452 nach der Predigt von Kardinal Johannes von Capistran vor der Frauenkirche Karten- und Brettspiele. Holzschnitt. Berlin, Deutsches Historisches Museum.

Die Turnierdarstellung bietet als Schlüsselszene Kurzweil in »Reinkultur«. »Kurzweil« war der Sammelbegriff für Festschmaus, Turnier und Spiel, Mummerei, Jagd und anderen Zeitvertreib. In dieser Kombination begegnen die Spielarten der »Kurzweil« etwa auf Fest- und Turnierbildern oder auf Hochzeitsschüsseln. Der Begriff konnte neutral, aber auch polemisch verwandt werden, wie es eine deutsche Übertragung von Ciceros Officia tut. Der Textabschnitt stellt die Mildtätigkeit der Verschwendungssucht eines Reichen gegenüber und plädiert dafür, »das man auff kurtzweil kosten legt«. Der Holzschnitt illustriert diesen Appell (Abb. 62). Während der eine Reiche mit seinem Geld Gefangene auslöst, wirft der andere sein Vermögen zum Fenster hinaus »für lustbarliche köstliche ... speyß, auch zu den spieln oder Mummereyen, dem Waidwerck und anderen dingen, die ein kurtze oder gar kein gedechtnus hinder in verlassen«[205]. Wie »all kurtzweil, wollust dißer welt« manchem mitspielen kann, der sich nicht »in essen, trincken, freudenspiel« zurückhält, das illustriert – wieder mit Turnier, Würfel- und Kartenspiel, Liebesszenen und Festschmaus – das Schlußblatt der »Schachtafelen der Gesuntheyt«[206].

Aber »Kurzweil ohn' Maß und Ziel«, wie das Hochzeitsbuch das Rahmenprogramm des Augsburger Reichstags charakterisierte, liefern unsere

205 Der teutsch Cicero, bearbeitet von Johann von Schwarzenberg, Sammelband, Augsburg (H. Steiner) 1534, fol. LIIIIr (vgl. Anm. 70, 97); Welt im Umbruch, Bd. 1, Augsburg 1980, Nr. 308.

206 Schachtafelen der gesuntheyt (wie Anm. 38), Bl. 170.

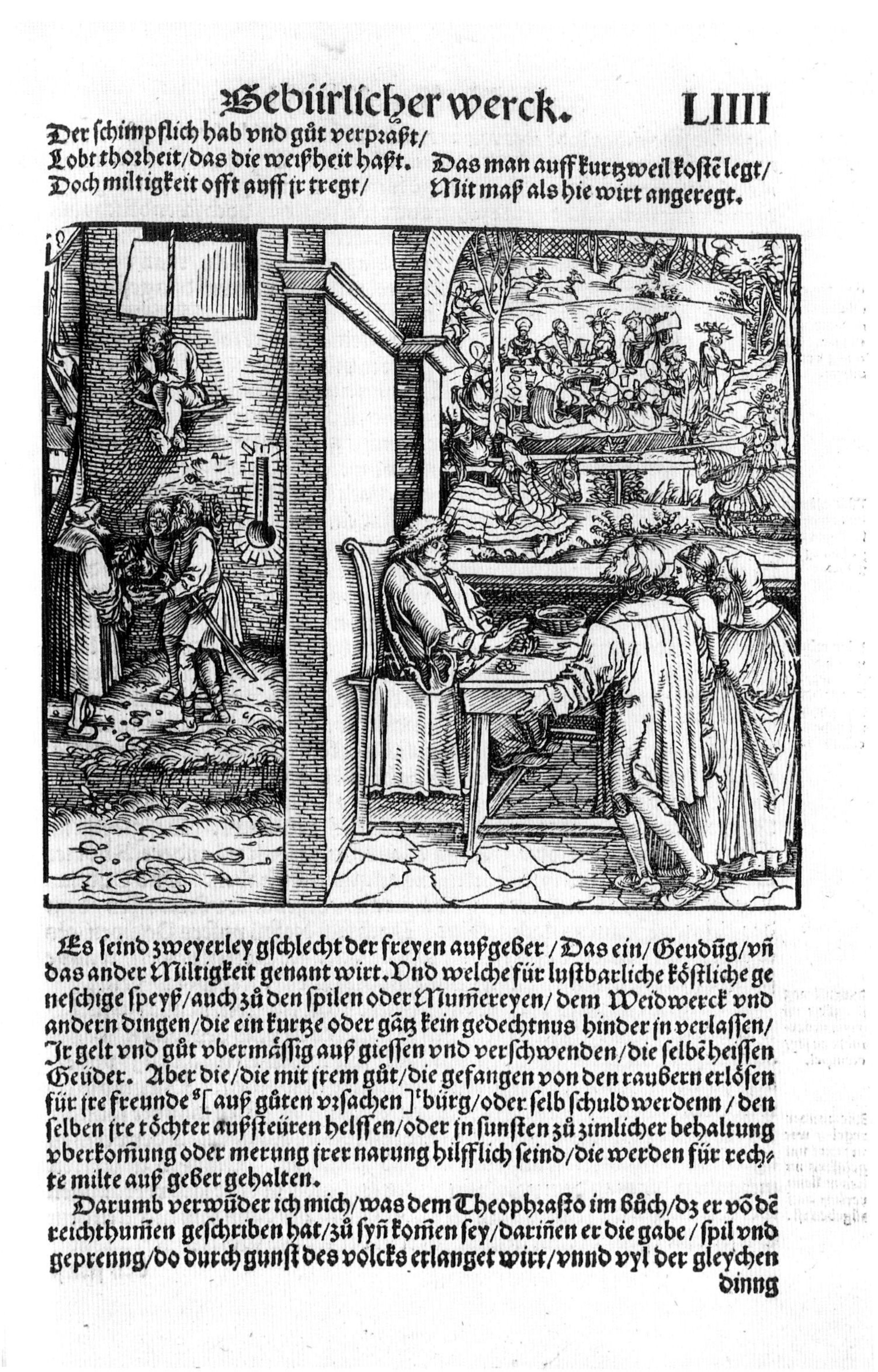

Gebürlicher werck. LIIII

Der schimpflich hab vnd gůt verprasst/
Lobt thorheit/das die weißheit hasst.
Doch miltigkeit offt auff jr tregt/

Das man auff kurtzweil kostẽ legt/
Mit maß als hie wirt angeregt.

Es seind zweyerley gschlecht der freyen außgeber / Das ein/ Geudũg/ vñ das ander Miltigkeit genant wirt. Vnd welche für lustbarliche köstliche geneschige speyß/ auch zů den spilen oder Mum̃ereyen/ dem Weidwerck vnd andern dingen/ die ein kurtze oder gãtz kein gedechtnus hinder jn verlassen/ Jr gelt vnd gůt vbermässig auß giessen vnd verschwenden/ die selbẽ heissen Geüder. Aber die/ die mit jrem gůt/ die gefangen von den raubern erlösen für jre freunde [s][auß gůten vrsachen][t] bürg/ oder selb schuld werdenn / den selben jre töchter außsteüren helffen/ oder jn sunsten zů zimlicher behaltung vberkom̃ung oder merung jrer narung hilfflich seind/ die werden für rechte milte auß geber gehalten.

Darumb verwũder ich mich/ was dem Theophrasto im bůch/ dz er vō dẽ reichthum̃en geschriben hat/ zů syñ kom̃en sey/ dariñen er die gabe / spil vnd geprenng/ do durch gunst des volcks erlanget wirt/ vnnd vyl der gleychen dinng

62 »Das man auff Kurtzweil kosten legt«. Holzschnitt des Petrarca-Meisters aus »M. Tullius Cicero, Officia«, Augsburg, 1531. Berlin, Deutsches Historisches Museum.

Monatsbilder nicht. Denn dieses Hauptthema der Bilder, Kurzweil und Geselligkeit der städtischen Oberschicht, ist nur in einem Ausschnitt dargestellt: Auf den ersten Blick muß es erstaunen, daß wichtige Formen der Repräsentation fehlen. Tanzszenen sind zwar mehrfach zu sehen, aber der exklusive Reigen der vornehmen Paare, der sogenannte Geschlechtertanz, ist nicht darunter. Nicht minder überrascht es, daß ein weiteres gesellschaftliches Großereignis, das Schützenfest, ausgespart blieb. Unter den öffentlichen Formen der Kurzweil und des geselligen Zeitvertreibs hat nämlich keine Veranstaltung so großes Interesse gefunden wie diese öffentlichen Preisschießen, die mit weiteren sportlichen Wettkämpfen und Lotterien verbunden waren. Das zeigt sich auch in der Ausführlichkeit, mit der die Augsburger Chronisten des 15. und 16. Jahrhunderts auf die verschiedenen Formen des geselligen Zeitvertreibs eingehen. Der gebildete Kaufmann Hektor Mülich hat dem »Schießspiel« von 1470 erheblich mehr Raum gewidmet als den Turnieren oder großen Tanzveranstaltungen[207]. Keine Form der »Kurzweil« hat einen so breiten Strom archivalischer Überlieferung hervorgebracht wie eben die Schießfeste um 1500.

Diese Lücke auf den Monatsbildern ist allerdings leicht zu erklären. Zwei Gründe dürften dafür maßgeblich gewesen sein: Erstens gehörte das Armbrustschießen nicht zum engeren Kanon der Monatsarbeiten. Nur ausnahmsweise taucht das Scheibenschießen einer Schützengilde einmal in einem Brügger Stundenbuch um 1520/30 auf[208]. Erneut werden wir an den Rahmen erinnert, den das Bildprogramm setzte. Der Maler hatte eben nicht den Auftrag, unter dem Deckmantel der »Monatsbilder« Lustbarkeiten und Repräsentationsformen des städischen Patriziats in all ihrer Vielfalt wiederzugeben. In dieser Hinsicht boten das Gartenfest des Narziß Renner, die Augsburger Geschlechtertänze oder auch das Rothenburger Patrizierfest Wilhelm Zieglers von 1538 mehr[209]. Zweitens war das Schießen im Unterschied zu Turnier, Jagd oder Schlittenfahrt kein spezifisches Vergnügen der Oberschicht, sondern stand breiteren Bevölkerungsgruppen offen. Maß und Grenzen werden den Lustbarkeiten weniger durch die Narrenfiguren gesetzt, die den unbeschwerten Genuß der Szenen zugleich erhöhen und beeinträchtigen, als vielmehr wieder einmal durch das traditionelle Bildprogramm. Mit Blick auf die thematische Auswahl und die Schwerpunkte der Monatsdarstellungen müßte das Motto der Monatsbilder also leicht abgewandelt lauten: »Kurzweil viel, mit Maß und Ziel«.

207 Weber (wie Anm. 128), S. 243f.

208 Hansen (wie Anm. 39), S. 96f., Abb. 79.

209 Zum Rothenburger Tafelbild, heute in Linz (Oberösterreichisches Landesmuseum) vgl. Adelheidis von Rohr, Die Freuden der Welt. Ein Rothenburger Patrizierfest, gemalt von Wilhelm Ziegler, in: Jahrbuch des Vereins Alt-Rothenburg 1985/86, S. 27–40; vgl. auch Beitrag von Hartmut Boockmann, in diesem Band.

GODE KRÄMER

Die vier Augsburger Monatsbilder. Stilfragen, Datierungs- und Zuschreibungsprobleme

Die vier mächtigen Bilder, ursprünglich zweifellos nahezu übereinstimmend in den Maßen[1], wirken nicht nur auf den ersten Blick einheitlich. Selbst nach längerer Beschäftigung mit ihnen, und nachdem man sich die unbestreitbaren Unterschiede in Perspektive, Räumlichkeit und Landschaftsauffassung zwischen den beiden »Sommer«-Bildern (April–Juni und Juli–September) und den beiden »Winter«-Bildern (Oktober–Dezember und Januar–März) immer wieder klar gemacht hat, überwiegt der Eindruck der Geschlossenheit, der Reihe, der Einheitlichkeit von Landschaft, Geschehen und Aussage. Das ist einerseits verständlich, da alle vier Jahreszeiten-Bilder dem gleichen Rhythmus von jeweils drei Monatsdarstellungen in ihren vertikalen Kompositionslinien unterworfen sind – wenn auch in unterschiedlicher Deutlichkeit – und darüber hinaus einen ähnlichen Bildausschnitt zeigen: eine wimmelnde Menschenmenge in Vorder- und Mittelgrund, einen sehr hoch liegenden Horizont mit einem nur schmalen Streifen Himmel darüber. Andererseits erstaunt der Eindruck von Einheitlichkeit des Gesamtzyklus, wenn man die einzelnen Bilder in ihrer Komposition, ihrer Räumlichkeit und Perspektive, ihrer malerischen Wirkung analysiert und miteinander vergleicht. Ehe die Unterschiedlichkeit beschrieben wird, sei der Grund für die in der Abbildung nicht so leicht erkennbare einheitliche Wirkung des Zyklus genannt: Die Bilder sind sehr groß, sie überragen den Betrachter bei weitem und ziehen sich in die Breite, so daß er sein Auge über die vorderen Figuren und in die Tiefe der Landschaft schweifen lassen kann und muß. Er wird durch die Größe und Weite der vor ihm ausgebreiteten Darstellung, gleich welches der Bilder er auch ansieht, in das Geschehen mit hineingezogen. Die Größe der vorderen Figuren entspräche, bedenkt man den Abstand, der nötig ist, die Bilder im Ganzen zu übersehen, der des Betrachters, wenn er ins Bild träte; und in der Darstellung verkleinern sich die Figuren nach hinten in perspektivisch nachvollziehbarer Weise, so daß sich ein Schritt ins Bild anbietet. Alle vier Gemälde sind weniger durch die hohe Qualität der Malerei, als durch ihre Inszenierung und ihre Dimensionen von großer suggestiver Kraft des Realismus. Der Betrachter nimmt direkt Teil am Geschehen: Er steht – schaut er die Bilder der Abfolge der Monate entsprechend an – vom Bankett auf und wird Teilnehmer an einem Turnier, begibt sich aufs Land und folgt den Damen und Herren beim Frühlingstreiben, besichtigt das Maienbad des Volkes, die Heuernte, die Vogeljagd, schließlich die Weinlese und das Weinkeltern, ehe er zurückkehrt in die Stadt, nach Augsburg, wo sich am Perlachplatz direkt beim Rathaus, aus dem gerade in ernster Reihe und von Stadtknechten geführt die Ratsherren strömen, auch die Metzg befand, die Fleischer Schweine schlachteten und verkauften und Händler zu Sankt Martin Gänse und andere Vögel feilboten.

Wenn selbst der heutige Betrachter, dem die Mode, die Architektur, die gesellschaftlichen Ereignisse und sogar Natur und Landwirtschaft fremd sind, von der Unmittelbarkeit der Wiedergabe fasziniert ist, wie sehr muß den damaligen Betrachter bzw. den Auftraggeber das Ergebnis befriedigt haben! Er hatte sich sozusagen seine Welt im Ablauf des Jahres in sein

[1] Die Monate Januar, Februar, März. Öl auf Leinwand, 214 x 352,5 cm. Die Monate April, Mai, Juni. Öl auf Leinwand, 228 x 341,6 cm. Die Monate Juli, August, September. Öl auf Leinwand, 227,5 x 362 cm. Die Monate Oktober, November, Dezember. Öl auf Leinwand, 227,5 x 353 cm.

Schloß oder Haus geholt. Es mag sein, daß die damaligen Betrachter wie auch der Auftraggeber die uns so sehr auffallenden Unterschiede in Räumlichkeit und Perspektive gar nicht als solche registrierten, und wenn, dann nur als positives Ergebnis, als zusätzliche Vielfalt.

In der Tat sind die vier Bilder trotz der einheitlichen Grundstruktur, die eine im wesentlichen ähnliche Komposition verlangte, von großer Unterschiedlichkeit. Es genügt nicht, die beiden »Winter«-Bilder, die die Stadt, deren gesellschaftliches und politisches Leben schildern mit Hinweisen auf Augsburg, auf die herrschenden Familien und ihre Wappen, von den beiden »Sommer«-Bildern abzusetzen, die dagegen ein geschichtsloses, in der Landschaft angesiedeltes Ambiente zeigen. Sicher wirken diese beiden Gruppen besonders unterschiedlich, vor allem, da die »Winter«-Bilder ein topographisches und durch die Wappen historisches Element in die traditionellen Monatsdarstellungen bringen. Das hat in der Literatur[2] dazu geführt, diese zwei Bilder nicht gleichzeitig mit den anderen beiden, sondern später zu datieren. Dagegen macht ein stilistischer Vergleich zwischen den zwei »Winter«-Darstellungen klar, daß sie gegenüber den anderen beiden Bildern zwar eine gewisse Fortschrittlichkeit im Thema gemeinsam haben, doch in der Raumerschließung und in der Landschaftsauffassung weniger zueinander passen als zu jeweils einem anderen Bild der »Sommer«-Gruppe[3]. Vergleicht man z.B. das Juli–September-Bild mit dem Oktober–Dezember-Bild, so zeigt sich die gleiche perspektivische Raumerschließung, die gleiche Verkleinerung der Figuren nach hinten. Zwar erstreckt sich im Juli–September-Bild die Landschaft durchgehend bis zum Horizont der fernen Berge, die im übrigen nichts von der Phantastik der beiden anderen Landschaften zeigen, während im Oktober–Dezember-Bild der Perlachturm mit den anschließenden Gebäuden den Platz nach hinten, ganz der Realität entsprechend, abriegelt, doch ist der dahinter angegebene Ausblick in die Landschaft auf dem Juli–September-Bild in seiner Realitätsbezogenheit durchaus vergleichbar[4].

Die Hintergrundslandschaften dieser beiden Bilder (Juli–September und Oktober–Dezember) sind wesentlich ruhiger, natürlicher, wesentlich weniger expressiv und phantastisch als die Landschaften der beiden anderen. Entsprechend sind im anderen Bilderpaar die Bergformationen durchaus verwandt, auch wenn die fernen, zackigen Gipfel im Januar–März-Bild realistisch, fast impressionistisch gemalt sind, im April–Juni-Bild dagegen eher märchenhaft, derb, naiv. Diese beiden Darstellungen, also Januar–März und April–Juni, haben zudem eine merkwürdige Versperrung des Bildes im Räumlichen nach hinten gemeinsam. Zwar geschieht das in völlig verschiedener Weise, insofern als im Januar–März-Bild im Vordergrund, eben bis zur Raumteilung im Mittelgrund, der Versuch einer perspektivischen Raumgewinnung deutlich wird, im anderen Bild dagegen überhaupt nicht. Doch findet sich dieses stilistische Charakteristikum bei den anderen beiden Bildern in dieser Form nicht. (Über den Raumabschluß durch den Perlachturm im Oktober–Dezember-Bild wurde schon gesprochen; er hat eine grundsätzlich andere Funktion.)

Auch andere Beobachtungen zeigen die stilistische Einheitlichkeit der vier Bilder. So ist z.B. die Architektur der herrschaftlichen, städtischen und ländlichen Häuser in ihrer Derbheit und Undifferenziertheit mit den teilweise rundbogigen, teilweise einfach in die Wand geschnittenen, viereckigen, plump wirkenden Fenstern und den wenigen schmückenden Details und Gesimsen auf allen vier Bildern gleich; ebenso ihre nicht ganz stimmige perspektivische Staffelung und das in allen Bildern überdeutliche Bemühen, den Stand der Häuser auf dem Boden zu verdecken. Der oder die Maler bzw. der Entwerfer der Serie war sich augenscheinlich zu unsicher in der Konstruktion des Raumes, als daß er die Schwächen offenlegen wollte. Eine

2 Wolfgang Wegner, Die Scheibenrisse für die Familie Hoechstetter von Jörg Breu d. Ä. und deren Nachfolge, in: Zeitschrift für Kunstgeschichte, 22, 1959, S. 17–36, hier S. 33. Welt im Umbruch, Bd. 1, Augsburg 1980, S. 119 (Gode Krämer). Ich habe meine damalige Meinung im Laufe der Jahre, durch genauere Kenntnis der Originale und zuletzt im Hinblick auf die Untersuchungsergebnisse der Restauratoren geändert.

3 Einzig wirklich und vollständig aus der Gesamtplanung herausfallend ist der Mittelteil des »Winter«- (Januar–März-)Bildes, worauf weiter unten eingegangen wird.

4 Vgl. hierzu den interessanten Vergleich, den Wegner (wie Anm. 2), S. 32 mit Abb. S. 31, zwischen der Hintergrundslandschaft Juli–August und einer Zeichnung der Münchener Staatsbibliothek, cgm 895/896, zieht.

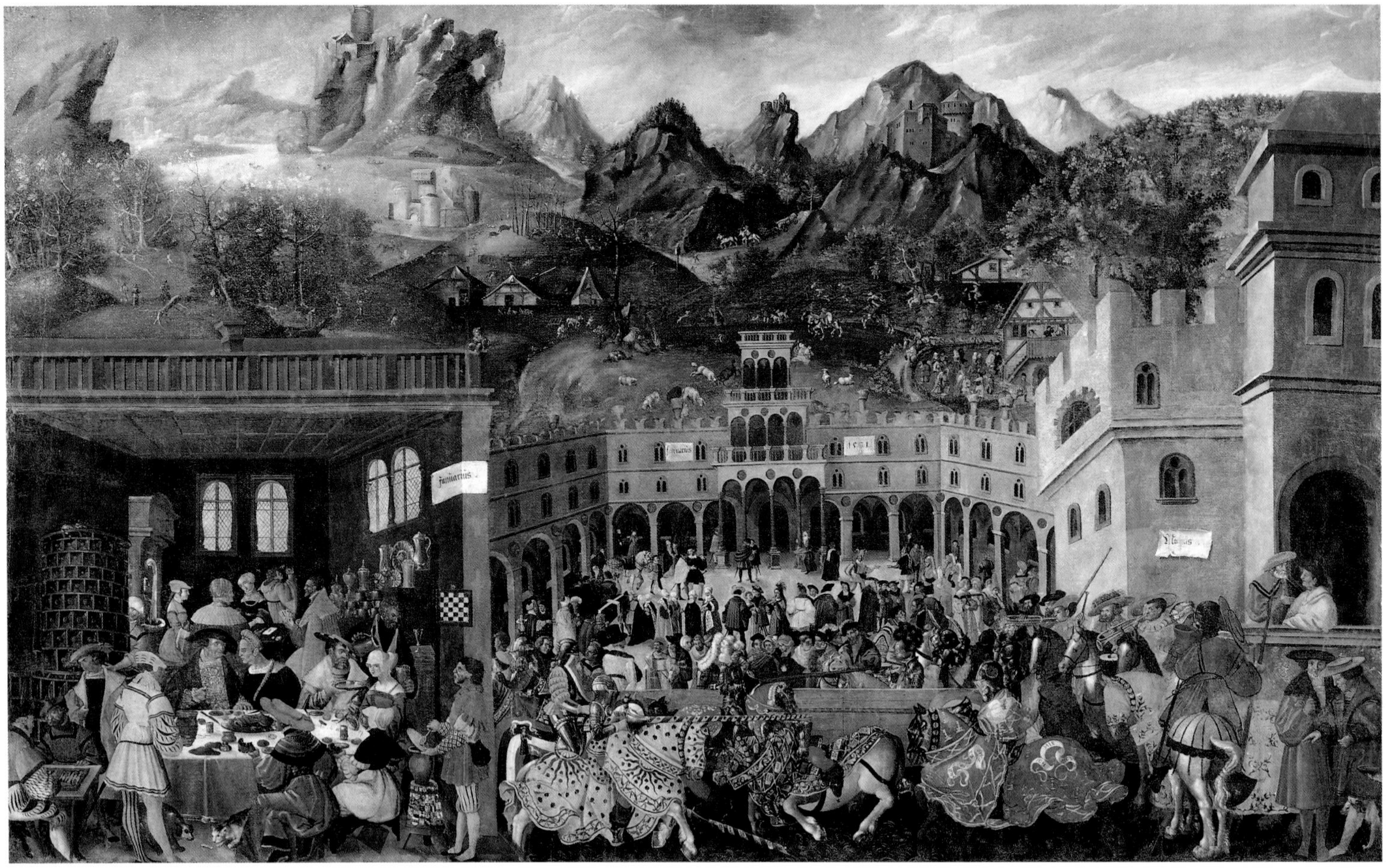

1 Monate Januar–März. Öl auf Leinwand. Berlin, Deutsches Historisches Museum.

erstaunliche Ausnahme in diesem Zusammenhang ist die im Turnier-Bild (Januar–März) im Mittelgrund unorganisch an die schwere Burg rechts anschließende, leichte, spätgotische Arkadenarchitektur. Ebenfalls völlig einheitlich in allen Bildern sind die im Vordergrund am unteren Rand aufgereihten und nach hinten sich verkleinernden Figuren. Nicht nur die Mode ist in der ganzen Folge übereinstimmend – und gehört der Zeit um und nach 1530 an –, auch die untersetzte Körperlichkeit der dargestellten Personen, ihre Bewegungen, die Farben ihrer Kleidung, ihre Gesichtstypen entsprechen sich auf allen vier Bildern, wobei aber ausdrücklich auf die von den Restauratoren erkannten Unterschiede in der malerischen Realisation hingewiesen sei[5]. Auch die Art, wie die Figuren im Raum agieren, ist die gleiche. Wie bei den bereits erwähnten Schwierigkeiten mit der Perspektive, vermeidet der Maler, soweit es geht, alle Verkürzungen: Die Figuren stehen oder sitzen frontal oder im Profil, und ihre Bewegungen werden möglichst in der Bildparallelität gezeigt. (Die Zeichnungen Jörg Breus d.Ä. beweisen dagegen ein weit größeres Können.) Besonders auffällig ist dies bei den in voller Breite im Profil dargestellten Pferden, die auf allen vier Bildern auftauchen. Nur zweimal – im Januar–März-Bild ganz rechts und im Juli–September-Bild ganz links – sind Pferde von hinten, d.h. in Verkürzung, dargestellt, und die Art, wie das geschieht, stimmt völlig überein. Das ist besonders aufschlußreich, da die beiden Bilder in räumlicher und ikonographischer Hinsicht sehr unterschiedlich wirken und im Gegensatz zu allen übrigen Darstellungen die Monate Februar und März nicht einem motivischen Vorbild der Scheibenrisse folgen. Hinzu kommt, daß der Kopf des Pferdes im Juli–September-Bild ausgesprochen ähnlich auch im Januar–März-Bild (links neben dem von hinten gezeigten Pferd) auftaucht. Auf die Landschaften und ihre stilistischen Übereinstimmungen wurde schon hingewiesen.

5 Vgl. Mathias Lang, Beatrice von Schmidt-Pauli-Haux und Ursula Fuhrer, in diesem Band.

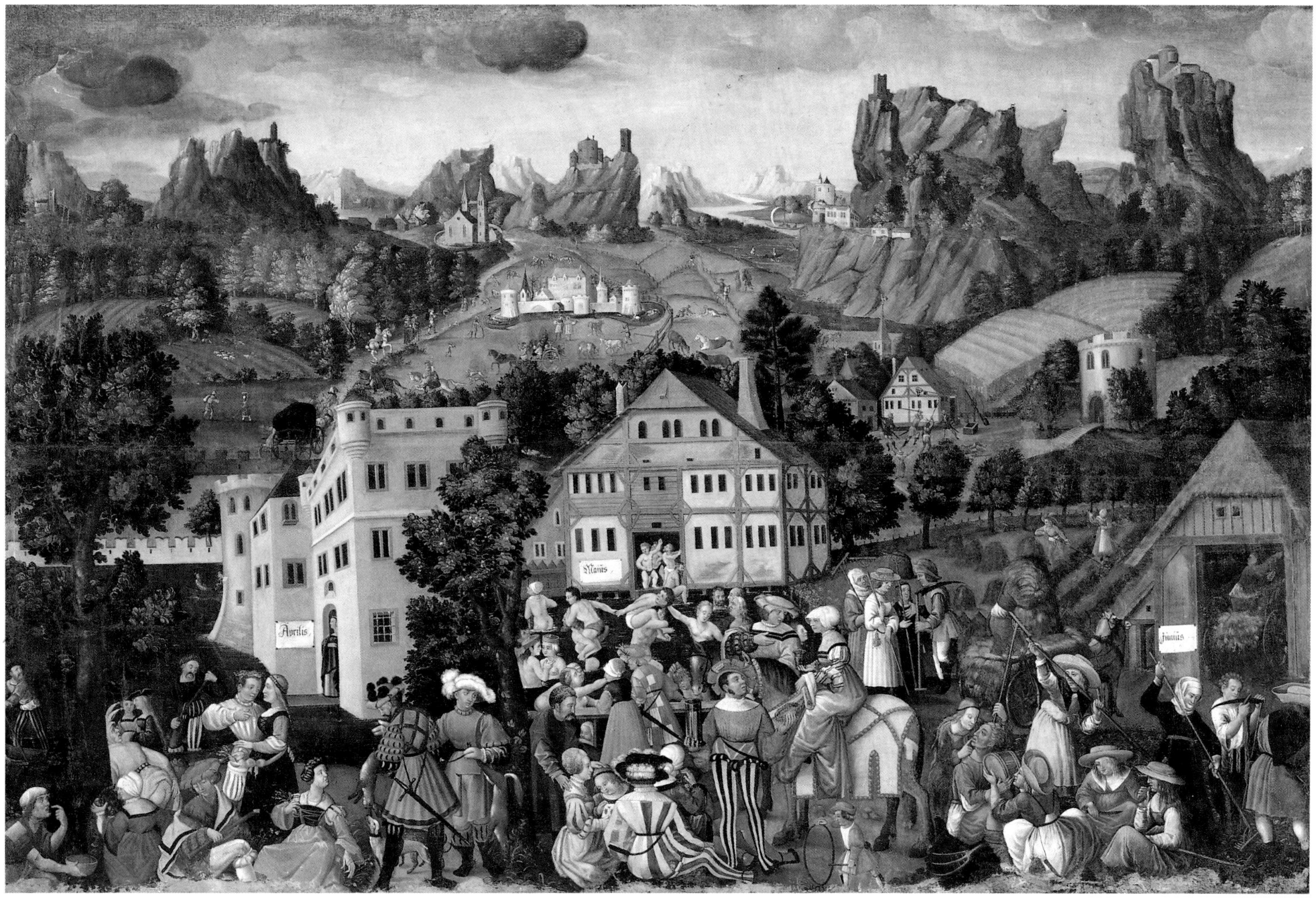

2 *Monate April–Juni. Öl auf Leinwand. Berlin, Deutsches Historisches Museum.*

Bei genauer Betrachtung kann also die scheinbar einleuchtende Zweiteilung der Serie in die sich an die ikonographische Tradition anschließenden, in der Gestaltung eher volkstümlich erscheinenden und auf die Darstellung der Landschaft beschränkten »Sommer«-Bilder einerseits und die moderner wirkenden, auf die Stadt und ihre Politik und Geschichte bezogenen »Winter«-Bilder andererseits, nicht als Argument für eine unterschiedliche Entstehungszeit gebraucht werden, wie es in der Literatur, auch durch den Verfasser, geschah[6]. Dies wird untermauert durch den Untersuchungsbefund der Restauratoren, die zwar unterschiedliche Handschriften von Malern feststellten, jedoch auch eine derartige Übereinstimmung im technischen Bildaufbau und in den verwendeten Materialien, daß nur eine *gleichzeitige* Entstehung in *einer* Werkstatt angenommen werden kann[7].

Aufgrund dieses Befundes der Restauratoren, den die stilistische Analyse bestätigt, ist zwar die Gleichzeitigkeit der vier Bilder sicher, doch stellt sich neben der später zu erörternden Frage nach der Entstehungszeit auch die nach dem Plan der ganzen Folge. Unzweifelhafter Ausgangspunkt waren die Scheibenrisse der Monatsdarstellungen von Jörg Breu d. Ä., nach denen Glasscheiben ausgeführt wurden. Zwar haben sich von diesen Scheiben selbst nur noch zwei Exemplare erhalten, doch beweist die Vielzahl von Kopien nach den Scheibenrissen die außerordentliche Beliebtheit der Serie. Da Heinrich Dormeier und Andrew Morrall in ihren Aufsätzen in diesem Band ausführlich die Scheibenrisse, ihre Verwendung und Vorbereitung allgemein und in Hinblick auf die vorliegenden Bilder behandelt haben und vor allem Julius Baum und Wolfgang Wegner[8] die Zeichnungen Breus und die gezeichneten Kopien danach in aller Genauigkeit diskutieren, soll hier nur

6 Vgl. die Literaturangaben in Anm. 2.

7 Vgl. Ursula Fuhrer/Mathias Lang/Beatrice von Schmidt-Pauli-Haux, in diesem Band. Eines der Hauptargumente, das eine Entstehung des Bildes um 1530 unmöglich erscheinen ließ, war das Schneegestöber im Januar–Februar–März-Bild, dessen Effekt durch weiße, pastos aufgetragene Farbspritzer erreicht wurde. Wie die Restauratoren feststellten, war ein Teil, und zwar der besonders impressionistisch wirkende, nicht original.

8 Vgl. Heinrich Dormeier, Kurzweil und Selbstdarstellung, und Andrew Morrall, beide in diesem Band. Julius Baum, Die Monatsscheiben des älteren Breu und ihre Nachbildungen, in: Altschwäbische Kunst, Augsburg 1923, S.110–120. Wegner (wie Anm. 2), S. 18ff.

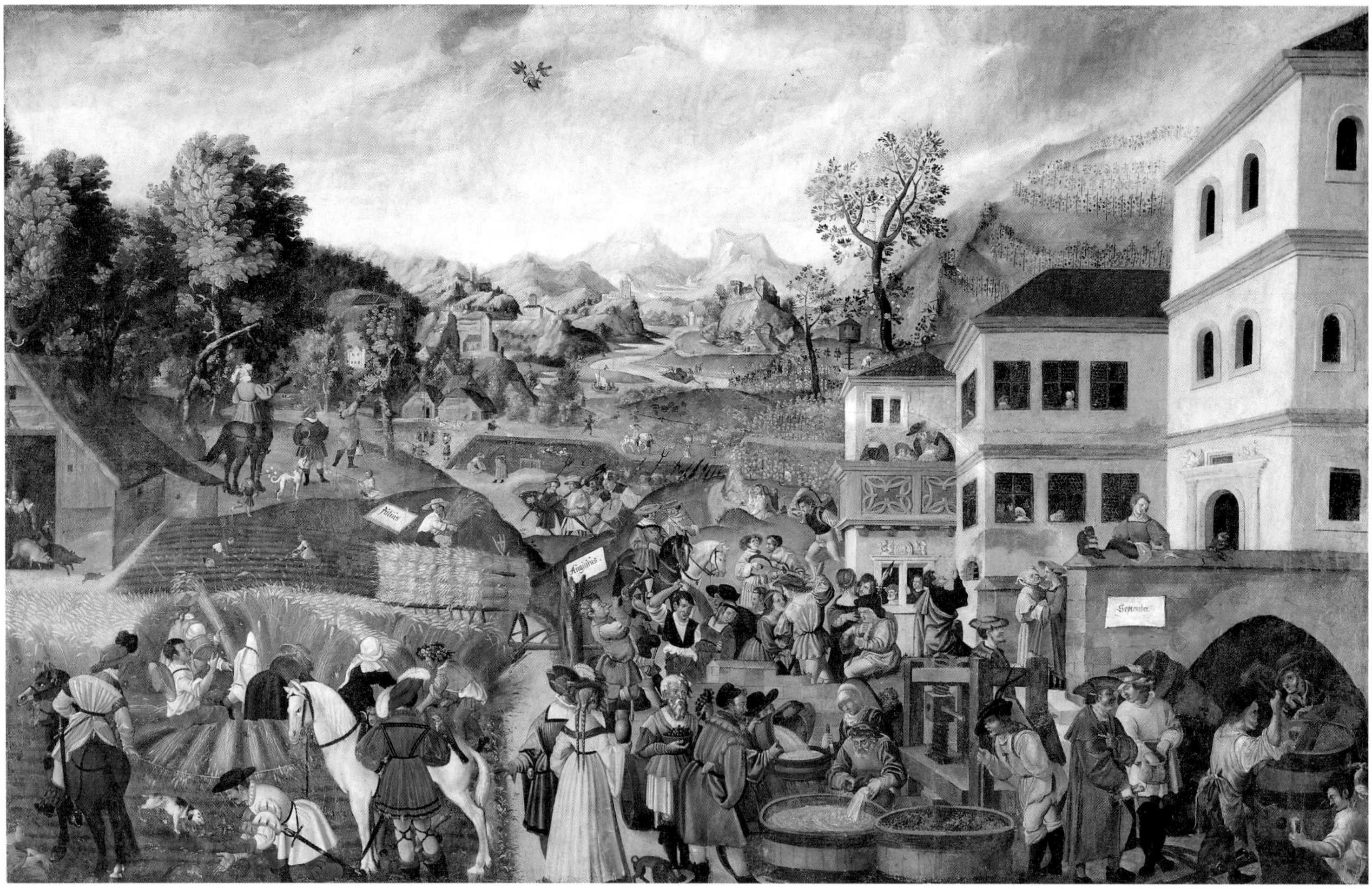

3 *Monate Juli–September. Öl auf Leinwand. Berlin, Deutsches Historisches Museum.*

kurz und in bezug auf die angeschnittene Frage nach dem Plan für die Bilderserie darauf eingegangen werden. Der Auftraggeber bzw. der Entwerfer der Serie hielt sich in unterschiedlicher Treue an die Vorlagen. J. Baum hat die Übernahmen und Abweichungen so kurz und präzise beschrieben, daß er hier zitiert sei: »Die Darstellungen der Monate April, Mai, Juni, Juli sind in allen Einzelheiten übernommen. Das August-Bild ist in dem Leutstetter Gemälde teilweise für den September verwendet. Oktober, November, Dezember folgen den Rissen Breus wieder genauer. Doch wird in dem Dezember-Bilde der Ratsherrenzug stärker betont.« Zusätzlich zu dieser statistischen Konkordanz ist festzustellen, daß der Entwerfer der Gemälde ganz souverän mit den Vorlagen, den Scheibenrissen, umging und sich durch Hinzufügungen, Umkehrungen, Akzentverschiebungen und räumliche Veränderungen von dem kompositorischen Zwang, der in deren Rundform begründet liegt, befreite. Das wird ebenso deutlich an der Januar-Darstellung, die er seitenverkehrt übernahm, um den Ofen als eine den linken Rahmen begleitende Vertikalbetonung zu gewinnen, wie in der Verkehrung von August und September, um die Architektur als rechten Bildabschluß zu nutzen. Um eine in den Scheibenrissen natürlich nicht vorgesehene Überleitung vom Juli zum August zu schaffen, fügte er das köstliche junge Patrizierpaar – fast in der Mitte des Bildes – hinzu. Es macht Vergnügen und lohnt sich, intensiv den Unterschieden zwischen den Bildern und ihren Vorlagen nachzuspüren, lernt man auf diese Weise doch nicht nur die Bilder besser kennen, sondern auch die Intention des Malers bzw. Entwerfers. Selbst im April–Juni-Bild, das den Vorlagen am treuesten folgt, fügt er links ikonographisch interessante Figuren hinzu und verstärkt die Bedeutung des Maienbades. Im August schiebt er das im Scheibenriß etwas unlogisch vorne ne-

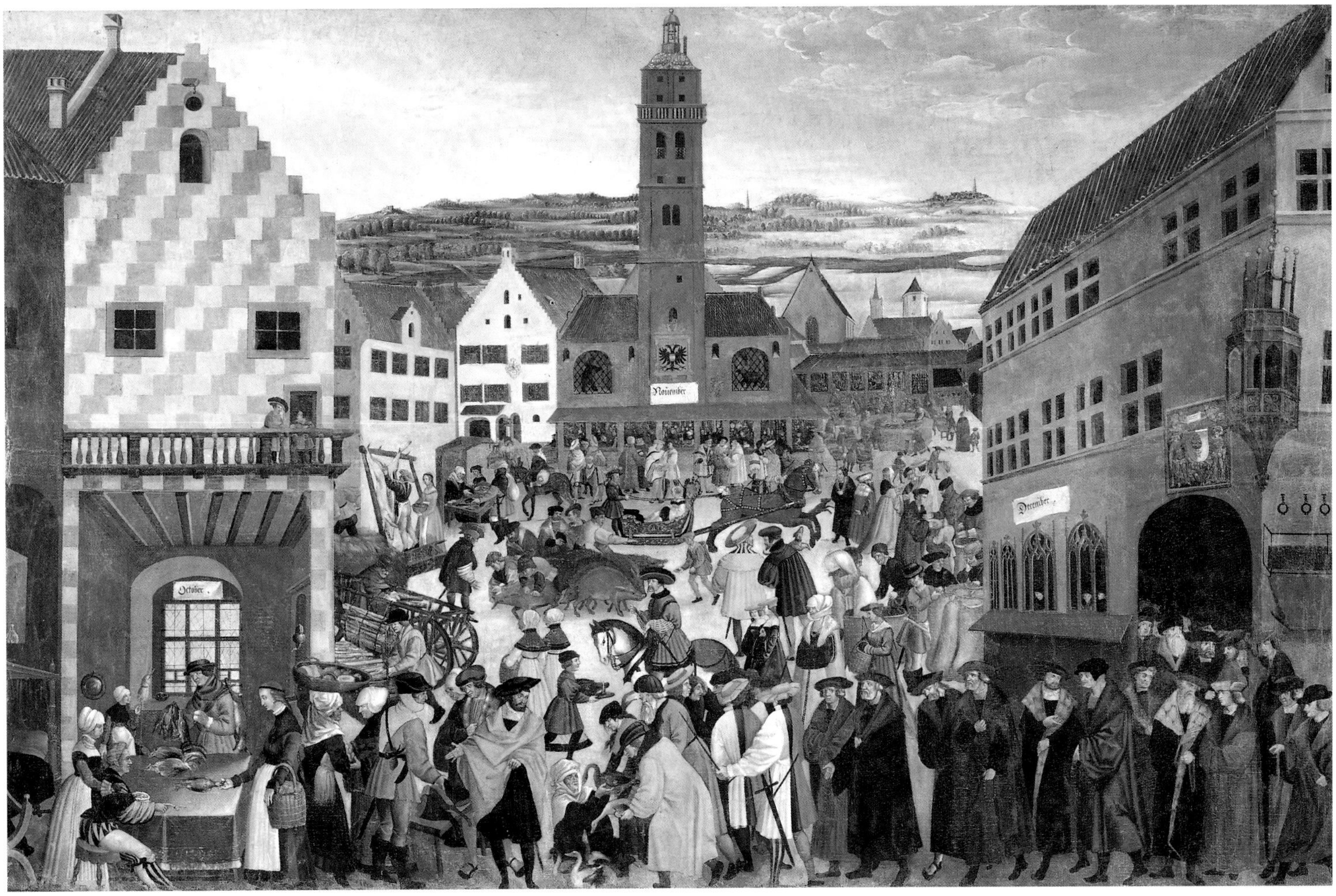

4 *Monate Oktober–Dezember. Öl auf Leinwand. Berlin, Deutsches Historisches Museum.*

ben den Küfern tanzende Paar in den Hintergrund; im Oktober–Dezember-Bild nimmt er, um dem Ratsherrenzug eine größere Bedeutung zu geben, die Fleischerszenen aus der Dezember-Scheibe in die November-Darstellungen und so fort.

Diese sich in der Souveränität gegenüber den Vorlagen dokumentierende Eigenständigkeit und der Einfallsreichtum des Entwerfers beweisen sich nicht minder in der großartigen Erweiterung, die die vorgegebenen Szenen hinterfängt. Zwar liegen Landschaften und Stadtansichten bereits in den Scheibenrissen hinter den Monatsdarstellungen; doch sind sie, da diese groß im Vordergrund ausgebreitet sind, meist nur angedeutet. In den Bildern dagegen sind Landschaft und Stadtansicht in ihrer Ausbreitung und Attraktivität überwältigend. Dies zeigt sich besonders in der Augsburg-Darstellung (Oktober–Dezember-Bild). Zwar folgt das Gemälde den drei Scheibenrissen in den wichtigen Szenen, doch mit welcher Fülle an Realismus! Das in der Vorlage angedeutete alte Rathaus wird im Bildbereich des Dezember klar und groß mit dem traditionellen Erker und dem Wappen der Stadt über dem Portal gezeigt; statt des alten Perlachturmes des November-Scheibenrisses ist der neue, 1526–1529 veränderte und erhöhte, dargestellt, und als Pendant zum Rathaus und ikonographisch zur Szene passend steht links die alte Metzg, das Schlachterhaus, das der Maler im Gegensatz zu den sonst undekorierten Architekturen mit dem zweifellos damals bestehenden ornamentalen Freskenschmuck malte[9]. Den Gipfel dieses erstaunlichen Realismus bietet der vom Rathausplatz gar nicht mögliche Ausblick auf die Anhöhen im Osten Augsburgs mit Friedberg ganz rechts, Stätzling, Wulfertshausen bis zu einer Burg ganz links, mit der vielleicht Scherneck gemeint ist.

9 Vgl. zu derartigem ornamentalem Freskenschmuck D. Hafner, Fassadenmalerei in Augsburg vom 16. bis zum 18. Jahrhundert, unveröffentlichte Diss., Augsburg 1992, Kat.Nr. 52.

Eine derartige topographische Treue ist außerordentlich in der Zeit, in der man die Serie ansetzen muß – »1531«, wie das Dezember-Bild als Datum angibt; sie ist aber nicht weniger erstaunlich innerhalb der Folge der vier Gemälde. Ist es allein die bekannte, in vielen Darstellungen überlieferte Ansicht, die den Eindruck topographischer Genauigkeit hinterläßt? Anders gefragt: Könnte es sein, daß das Juli–September-Bild mit seinen drei hintereinander gestaffelten Häusern, dem lieblich sich schlängelnden Flußlauf und der Bergformation im Hintergrund ebenfalls eine topographisch genau dargestellte Gegend wiedergibt? Im Gegensatz zum Oktober–Dezember-Bild, das die Motive der Scheibenrisse realistisch wiederholt, stellen die Zeichnungen für die Monate Juli–September keine dem Bild verwandten Architekturen dar. Im Gegenteil: Die in der August-Zeichnung erkennbaren Zinnenbekrönungen tauchen in dem zugehörigen Bild nicht, aber in dem des April und ähnlich in dem des November auf. Das heißt wohl, daß Jörg Breu als Erfinder der Scheibenrisse außer der Topographie Augsburgs, die er ja auch noch in der Januar-Darstellung mit dem Siegelhaus und der Ulrichskirche wiedergegeben hat, keine weitere Gegend genau beschreibt.

Das April–Juni-Bild ist am weitesten von einer realistischen Landschafts- bzw. Ortswiedergabe entfernt, während das zweite »Winter«-Bild geradezu dazu aufzufordern scheint, die Architektur des Mittelteiles und die Burg auf dem Berg im Hintergrund, die entfernt der in Kufstein ähnelt, zu identifizieren. Gelungen ist eine solche Identifikation nicht. Andererseits ist es unübersehbar, daß hier der Auftraggeber ganz entschieden in die Planung und Gestaltung eingegriffen hat. Denn erstens folgt dieses Bild mit Ausnahme des Januar, d.h. für die Monate Februar und März, auch nicht im entferntesten den Vorlagen, die im Februar die Bestellung der Felder, im März das Beschneiden der Bäume zeigen, und bricht damit aus der Serie der Monatsdarstellungen ebenso aus wie aus der thematischen Dreiteilung der Bilder – Februar und März sind durch *ein* Motiv, das Turnier, interpretiert. Zweitens ist darin im Mittelteil als Pendant zur Monatstafel »November« auf dem anderen »Winter«-Bild das Datum »1531« angebracht, und drittens ist dieses Bild wie keines der anderen drei auffallend uneinheitlich in der Komposition. Die Darstellungen links und rechts außen – das Gastmahl Augsburger Patrizier und die Zuschauer des Turniers –, auch die beiden mächtigen Architekturen am Rand rechts, entsprechen stilistisch völlig den übrigen drei Bildern. Der Mittelteil jedoch, d.h. die italienisch-spätgotische Arkadenarchitektur und die gegenüber den Figuren des Gastmahls merkwürdig verkleinerten Mittelgrundfiguren im Arkadenhof, fallen hier im Bild und auch gegenüber den anderen Bildern völlig heraus. Das wird besonders deutlich in dem Verhältnis des vorderen Geschehens zur Landschaft darüber, nicht dahinter. In keinem anderen der drei Bilder steht die Natur so bedrohlich, so unvereinbar, so übergangslos dem menschlichen Vergnügen in Vorder- und Mittelgrund gegenüber wie hier.

Dieses Bild unterscheidet sich also im Mittelteil so deutlich von den übrigen weitgehend einheitlich gestalteten, daß ein bewußter Eingriff wohl des Auftraggebers angenommen werden muß. Daß der Anlaß dieses Eingriffs vielleicht das dargestellte Turnier mit einem tödlichen Ausgang, auf den die Mittelgrundszene hinweist, gewesen sein könnte, läßt sich jedenfalls anhand der Jahreszahl und der – nicht zu identifizierenden – Wappen nicht beweisen.

Diese Unterschiede in der Räumlichkeit von Architektur und von Landschaft – im Mittelteil ist eine grundsätzlich andere Perspektive versucht worden – haben jedoch zu der Diskussion geführt, ob die Serie einheitlich sei und ob die »Winter«-Bilder um 1530 entstanden sein können. In diesem Zusammenhang warf Wegner[10] die Frage auf, ob das Monogramm »HSF« auf dem Januar–März-Bild rechts auf einer Rüstung nicht als das von Hans

10 Wegner (wie Anm. 2), S. 34.

Friedrich Schorer, einem Augsburger Künstler des frühen 17. Jahrhunderts[11], zu deuten sein könnte. Der Befund der Restauratoren und eine stilistische Analyse dürften die erste Frage geklärt haben, die Frage nach der Zeit der Entstehung der Serie bleibt offen. Neben dem Argument, daß alle Details der Mode, des Turniers, der sparsamen Ornamente am Perlachturm und auch im Juli–September-Bild[12] zur Zeit um 1530 passen, ist im Hinblick auf die Datierung zu bedenken, daß der Perlachturm ohne die Sonnenuhrbemalung von Jörg Sorg II von 1561 dargestellt ist und daß Paul von Stetten eine Kopien-Serie erwähnt, die Heinrich Vogtherr gemalt habe[13]: »Heinrich Vogtherr war ein ziemlich bekannter Maler, doch noch bekannterer Holzschneider. Um das Jahr 1541 findet man ihn in einem Gerechtigkeitsbuche. Mit Gewißheit wüßte ich kein Gemälde von ihm anzugeben, doch möchte er wohl diejenigen großen Stücke, die in dem izigen sogenannten großen Baugarten stunden, als er noch den Fuggern gehörte, und wovon nur noch eines daselbst zu sehen ist, gemalet haben. Die Figuren, einzeln betrachtet, sind gut, an der Zusammensetzung aber und an der Perspektive möchte manches zu erinnern sein. Man sieht sie in Stahl geäzet in dem von Wilhelm Peter Zimmermann herausgegebenen Geschlechterbuch, zu welchem Burgkmair und Vogtherr die ersten Figuren gezeichnet. Dieser mag sich hernach nach Strasburg gesetzet haben, wo er ein Tierbüchlein in Holz geschnitten herausgegeben hat.« Baum[14] hat von Stettens Hinweis auf Vogtherr im Hinblick auf das eine in Augsburg verbliebene Bild des Perlachplatzes so gedeutet, daß alle vier Bilder, von denen aber nur noch eines zu sehen sei, für die Fugger-Familie kopiert worden seien. Liest man den Text von Stettens jedoch genau, so spricht er keineswegs von Kopien, die Vogtherr gemalt hätte.

Sicher ist, daß die Figuren weder auf den Berliner Bildern noch auf der einzig überlieferten Kopie den Holzschnitten, den seltenen Bildern und Zeichnungen Heinrich Vogtherrs d.Ä. stilistisch so nahe stehen, daß man die Gemälde ihm als Autor zuweisen könnte[15]. Sicher ist jedenfalls auch, daß er sich 1531 und überhaupt in den dreißiger Jahren nicht in Augsburg aufhielt. Deswegen nahm Baum als den von Stetten angesprochenen Heinrich Vogtherr nicht den Älteren sondern dessen gleichnamigen Sohn an, der 1541 die Augsburger Malergerechtigkeit empfing. Doch bezieht sich die Erwähnung von Stettens eindeutig auf den Vater. Man wird die Frage nach dem Vogtherr, der gemeint ist, ungelöst stehen lassen müssen, doch weist der Name allein schon auf eine Entstehung der Bilder in der ersten Jahrhunderthälfte hin.

Das Bild, das von Stetten noch sah, hat sich in der Darstellung des Perlachplatzes, d.h. der Monate Oktober–Dezember, der Städtischen Kunstsammlungen erhalten. Es ist, wie Baum zu Recht schreibt[16], »eine kühle und dunkle Nachbildung«; interessant, da es ganz rechts noch einen größeren Teil des Giebels des alten Rathauses und einen Teil der Uhr überliefert. Auf der linken Seite zeigt diese ansonsten treue und harte Kopie eine die Ästhetik der Komposition stark vermindernde und schwer zu erklärende Veränderung: Die schöne Giebelfront der Metzg mit den diagonalen Freskenbändern ist in der Kopie öde begradigt und mit einer ebenso langweiligen horizontalen Dekoration geschmückt. Der Grund für diese Abweichung liegt – soweit sich nach überlieferten Ansichten der Metzg aus dem 16. Jahrhundert sagen läßt – nicht in einer baulichen Veränderung. Vielmehr könnte die Ursache darin liegen, daß der Kopist einen perspektivischen Fehler berichtigen wollte: Das originale Berliner Gemälde zeigt den Perlachplatz in einer völligen perspektivischen Verzerrung – das alte Rathaus stand ebenso wie sein Nachfolgebau etwa auf gleicher Höhe zum Perlachturm und ist im Gemälde ganz entschieden nach vorne gerückt dargestellt worden; es bildet nun ein Pendant zum Metzg-Gebäude, dessen Giebel- und Vorderfront aber zum Platz und damit zur Längsseite des Rathauses gekehrt war[17]. Im Berli-

11 Geboren um 1585 in Augsburg, gestorben nach 1646 ebenda. Von ihm ist eine umfangreiche zeichnerische Produktion bekannt, jedoch, obwohl er als Maler ausgebildet ist und 1616 die Malergerechtigkeit seines Vaters übernimmt, keinerlei Gemälde. Vgl. über ihn: Augsburger Barock, Augsburg 1968, S. 252.

12 Die Ornamente sind auf den Berliner Bildern nicht sehr gut erhalten, besser lassen sie sich in der Augsburger Kopie erkennen. Danach stehen sie in ihren breiten, teigigen Formen und den Motiven den Freskenresten des Arkadenhofes der Fuggerhäuser, die Jörg Breu 1537 ausführte, und auch den um 1543 zu datierenden Fresken der Jacobspfründe in Augsburg nahe. Vgl. dazu Hafner (wie Anm. 9), Kat.Nr. 74 und 10.

13 Paul von Stetten, Kunst-, Gewerb- und Handwerksgeschichte der Reichs-Stadt Augsburg, Bd. 1, Augsburg 1779, S. 279.

14 Baum (wie Anm. 8), S. 119. Baum hat ebenfalls bereits darauf hingewiesen, daß W. P. Zimmermanns Radierungen keineswegs die ganze Serie der Monatsbilder wiedergeben, sondern er davon nur den Perlachplatz reproduziert, während die übrigen drei Radierungen auf andere Vorbilder zurückgehen.

15 Vgl. Frank Muller, Heinrich Vogtherr der Ältere (1490–1556). Aspekte seines Lebens und Werkes, in: Jahrbuch des Historischen Vereins Dillingen, Bd. 92, 1990, S. 201.

16 Baum (wie Anm. 8), S. 120.

17 Vgl. zur tatsächlichen Stellung der Bauten zueinander das Bild von Elias Schemel »Perlachplatz im Winter«, vom Ende des 16. Jahrhunderts, Augsburg, Städtische Kunstsammlung, Inv.Nr. 3825.

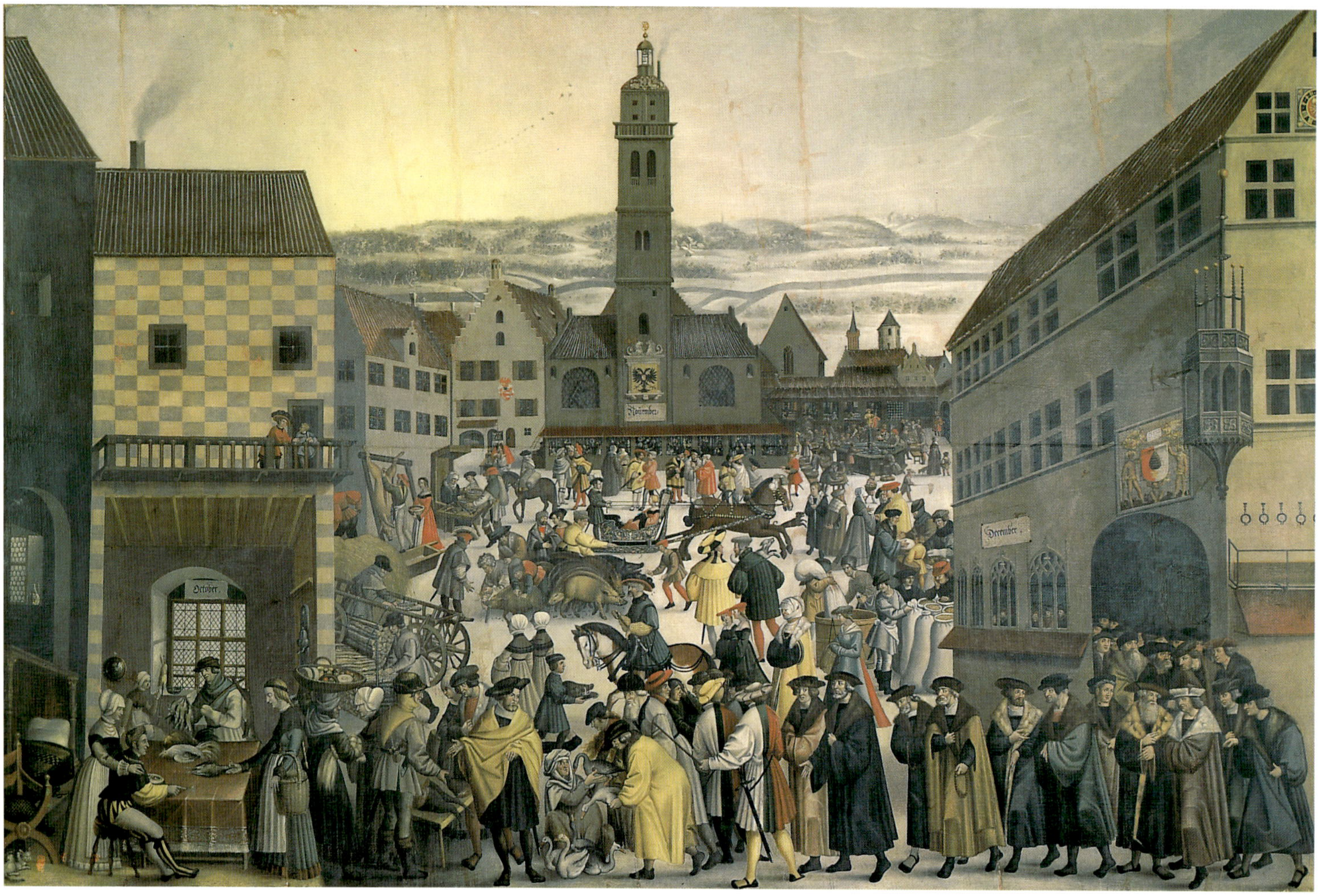

5 *Winter-Bild. Öl auf Leinwand, Augsburg, 1. Hälfte 16. Jahrhundert. Augsburg, Städtische Kunstsammlungen, Maximilianmuseum.*

ner Bild ist der Giebel gleichsam zweiansichtig dargestellt: bildparallel dem Unterbau folgend und zum Platz gewandt, wie das Gebäude tatsächlich stand. Der Kopist wollte an diesem Punkt wohl Klarheit schaffen und stellte deshalb die Giebelfront dem Rathaus gegenüber, womit das Dach horizontal abschließt.

Interessant ist, da man in diesem Fall eine Abfolge von den zugrunde liegenden Zeichnungen (Scheibenrissen) über das (Berliner) Gemälde, über die wiederum danach gezeichnete zur schließlich gemalten (Augsburger) Kopie nachvollziehen kann, folgende Beobachtung: Während Jörg Breu d.Ä. in den Zeichnungen durch den laternetragenden Knaben und durch Lichterkränze um die Fenster die Abendzeit und Dunkelheit deutlich macht, zu der die Ratsherren das Rathaus verlassen, geht auf dem Berliner Bild hinter dem Metzg-Giebel die Sonne goldgelb-rosafarben auf – die Ratsherren verlassen in früher Morgenstunde das Rathaus. Die (gemalte) Kopie folgt in etwa dem Original, bringt nur Schatten überall so an, als käme die Sonne von rechts, d.h. von Süden; andererseits färbt auch auf der Kopie die aufgehende Sonne den Himmel, wenngleich nicht so intensiv wie auf dem Berliner Bild.

Bis in unser Jahrhundert hat sich eine heute verschollene Zeichnung erhalten[18], die wohl als Nachzeichnung des Berliner Bildes und als Vorzeichnung zur Augsburger Kopie anzusetzen ist. Mit letzterer hat sie das horizontal abschließende, bildparallel dargestellte Dach gemein; daß es sich um eine Kopie handelt, machen die pauschalen aber genauen Übernahmen von Figuren, Architekturen und Landschaften deutlich. Kein Entwerfer hätte so gezeichnet. In Paris gibt es eine weitere Zeichnung sehr ähnlicher Art, die

[18] Feder, teilweise koloriert, 16,2 x 19,8 cm. Ursprünglich in Wolfegg, Fürstlich zu Waldburg-Wolfeggsches Kupferstichkabinett, Bd. 141, S. 288. In den Städtischen Kunstsammlungen Augsburg gibt es eine Fotonegativplatte mit der Neg.Nr. F II, 290. Das Original befindet sich nach freundlicher Mitteilung von seiner Durchlaucht Max Willibald, Fürst zu Waldburg-Wolfegg, brieflich 4.11.1992, nicht mehr an seinem Platz im Band 141.

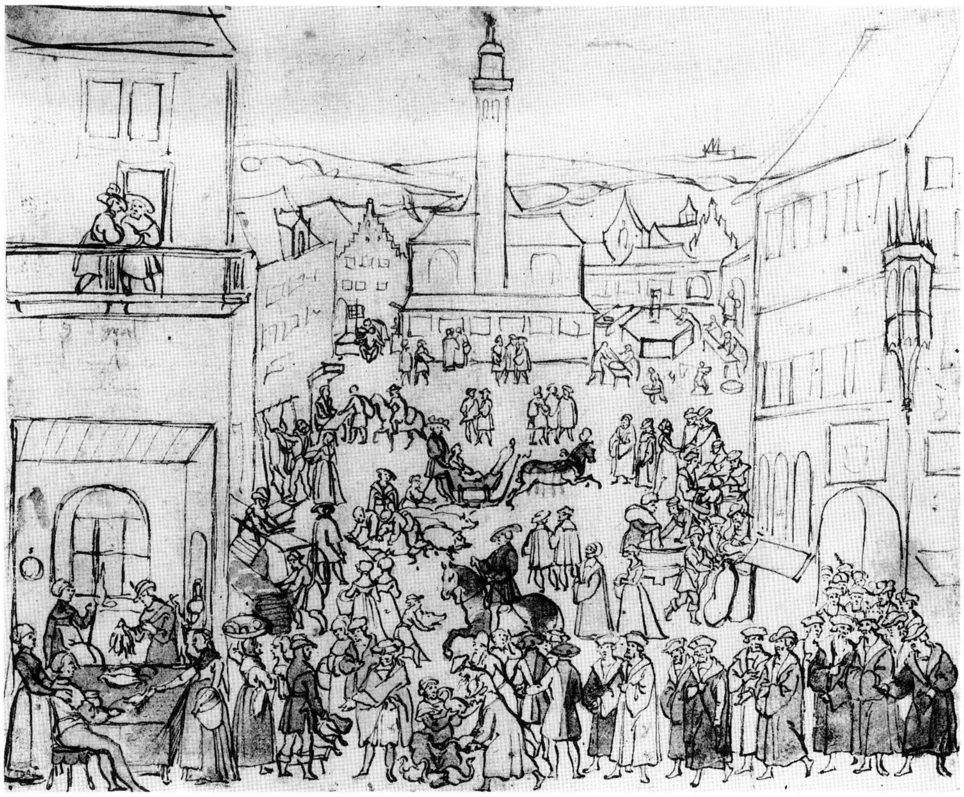

6 *Perlachplatz in Augsburg, Federzeichnung, teilweise koloriert. Früher: Wolfegg, Fürstlich zu Waldburg-Wolfeggsches Kupferstichkabinett.*

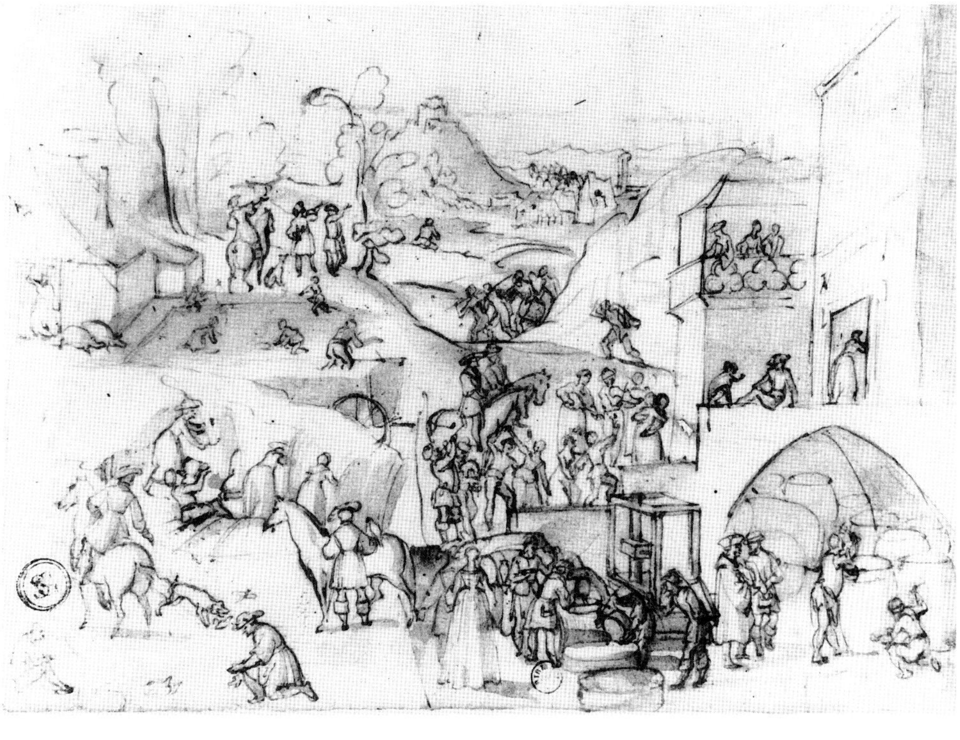

7 *Monate Juli–September, Federzeichnung, koloriert. Paris, Bibliothèque Nationale.*

zuerst Wegner bekannt machte und als Zwischenglied zwischen Breus Scheibenrissen und den Monatsbildern publizierte[19]. Sie ist ganz offenbar von der gleichen Hand wie die ehemals in fürstlich Waldberg-Wolfeggschem Besitz befindliche Zeichnung. Die häufig doppelt gezogenen Architekturlinien, die dunklen Figurenkonturen, die lang und flüssig gezogenen Linien sowie die merkwürdig willkürliche Lavierung verbinden die Blätter ebenso miteinander wie ihre Tendenz, sich nicht sklavisch an das Vorbild zu halten: Wie im »Winter«-Bild die Metzg verändert wird, wird im »Sommer«-Bild das architektonische Gedränge rechts vermindert, indem der

19 Wegner (wie Anm. 2), S. 31, Abb. 6. Feder, koloriert, 15,8 x 21 cm. Paris, Bibliothèque Nationale; vgl. F. Lugt/J. Vallery-Radot, Inventaire général des Dessins des Écoles du Nord, Paris 1936, Nr. 42.

Zeichner eines der drei Gebäude wegließ. Da der gleiche Zeichner zwei Bilder aus der Monatsbilder-Serie kopiert und nach einer dieser gezeichneten Kopien auch ein Bild entstand, könnte von Stetten mit seiner Nachricht von der Existenz einer ganzen Kopien-Serie recht haben. Auch wenn man den Zeichner dieser beiden Blätter nicht bestimmen kann, vor allem eine Zuschreibung an Heinrich Vogtherr nicht möglich ist, da vergleichbare Skizzen seiner Hand fehlen, so ist doch eine Entstehung der Blätter in der ersten Hälfte des 16. Jahrhunderts sicher, was die Datierung der vier Berliner Gemälde in das Jahr 1531 unterstützt.

Seit Wegners Aufsatz herrscht darüber Einmütigkeit, daß die Gemälde in naher Beziehung zu Jörg Breu d. Ä. und seiner Werkstatt stehen. Nicht nur die Zeichnungen zu den Monatsscheiben selbst weisen auf diese Abhängigkeit hin; darüber hinaus gibt es stilistische Beziehungen zum Werk Jörg Breus d. J., die Wegner auch aufzählt[20]. Dabei ist eine Zuschreibung der Gemälde an Breu d. Ä. oder d. J., der 1531 noch gar nicht Meister war, nicht nur aus stilistischen, sondern auch aus qualitativen Gründen auszuschließen. Es ist wegen der Größe der Bilder ohnedies kaum denkbar, daß *ein* Maler allein sie ausführte. Sie sind immerhin jeweils fast doppelt so groß wie die schon gewaltigen Formate des Historienbild-Zyklus für Herzog Wilhelm IV. von Bayern in München[21]. Es ist wichtig festzustellen, daß die Bilder dieser Serie, die von einer Reihe namhafter Künstler verschiedener Regionen in Bayern ausgeführt wurden – auch die beiden Breu waren daran beteiligt –, nach der Tradition auf Holz gemalt sind, während die Monatsbilder ungewöhnlicherweise auf Leinwand ausgeführt sind. Da Jörg Breu d. Ä. mit den großen Orgelflügeln für die Fuggerkapelle bei St. Anna bereits früher Riesenformate auf Leinwand gemalt hat, ist eine weitere Verbindung zu seiner Werkstatt gegeben[22].

Es erscheint daher im Falle der vier Gemälde auch gar nicht sinnvoll, nach dem Maler und seiner künstlerischen Eigenart zu suchen. Die Bilder sind wie Teppiche nach einem einheitlichen Entwurf und in einer Werkstatt, aber von Malern mit unterschiedlichen Temperamenten gemalt worden. Das künstlerisch Bedeutende an der Serie ist der Entwurf. Wegner schließt seinen Aufsatz mit einem schönen Satz, der hier ebenfalls am Schlusse stehen soll, zumal sein Wunsch durch dieses Buch und die nunmehr wieder öffentliche Ausstellung der Gemälde erfüllt wurde: »Nicht unberechtigt erscheint es wohl, wenn auf diese Bilder und ihre Problematik als auf ein bisher noch nicht genügend beachtetes Dokument der an Denkmälern so arm gewordenen Zeit des mittleren 16. Jahrhunderts in Augsburg hingewiesen wurde, das übr12igens wohl auch verdienen würde, der Öffentlichkeit zugänglich gemacht zu werden«.

20 Wegner (s. Anm. 2), S. 33.

21 G. Goldberg, Die Alexanderschlacht und die Historienbilder des bayerischen Herzogs Wilhelm IV. und seiner Gemahlin Jacobea für die Münchner Residenz. Bayerische Staatsgemäldesammlungen, 5 , Künstler und Werke, München 1983.

22 Ernst Buchner, Der ältere Breu als Maler, in: E. Buchner/K. Feuchtmayr (Hgg.), Augsburger Kunst der Spätgotik und Renaissance, 2 Bde., Augsburg 1928, Bd. 2, Abb. S. 344/345.

Mathias Lang, Beatrice von Schmidt-Pauli-Haux und Ursula Fuhrer

Die Restaurierung der vier Jahreszeiten-Gemälde und ihre zeitliche Einordnung aus maltechnischer Sicht

Zur Restaurierung der Gemälde

Die Aufgabenstellung der Restaurierung wurde im Fall der vorliegenden vier Gemälde durch das Ausmaß der Schäden und die Versuche zu deren Behebung bei früheren Restaurierungen bestimmt: Schmutz, ein stark gegilbter Firnis und großflächige Überarbeitungen beeinträchtigten die malerische Gesamtwirkung derart, daß man sich entschloß, Proben zur Entfernung des Oberflächenschmutzes, zur Reduzierung oder Abnahme des Firnisses und der Übermalungen vorzunehmen.

Diese Proben wurden zuerst an jenem Gemälde durchgeführt, das den bei der Voruntersuchung festgestellten schlechtesten Erhaltungszustand aufwies, um in den folgenden Konservierungs- und Restaurierungsarbeiten das Erscheinungsbild der vier zusammengehörigen Monatsbilder nicht »auseinanderzurestaurieren«. Um dies zu vermeiden, hat man sich während des gesamten Restaurierungsprozesses nach den für das am schlechtesten erhaltene Bild möglichen restauratorischen Eingriffen gerichtet.

Das Ergebnis der Proben zur Reduzierung und Abnahme des Firnisses zeigte eine völlig veränderte Farbigkeit in den gereinigten Stellen und ließ ein großes Ausmaß an Übermalungen erkennen. Erste Versuche, die Übermalungen zu entfernen, ergaben, daß diese großflächig und großzügig über Fehlstellen gelegt waren und daß die darunter zum Vorschein kommenden originalen Malereien detaillierter ausgeführt und bedeutend qualitätvoller waren. Somit entschloß man sich nicht nur für rein konservatorische, d.h. erhaltende Maßnahmen, sondern für weitergehende restauratorische Eingriffe. Damit sollte eine neue Lesbarkeit der beeinträchtigten künstlerischen Gesamtwirkung erzielt werden.

Die in diesem Rahmen notwendigen maltechnischen und naturwissenschaftlichen Untersuchungen dienten auch dazu, noch offene Fragestellungen zu erhellen. Dies betraf Unsicherheiten bezüglich der genauen Entstehungszeit der Gemälde, der tatsächlichen Urheberschaft und Fragen nach der Zusammengehörigkeit aller vier Bilder. Die Zuschreibung an den Maler Jörg Breu d. Ä. und seine Werkstatt erfolgte wegen der motivischen Wiederaufnahme seiner Darstellungen von Tätigkeiten im Zusammenhang mit den einzelnen Monaten, die er um 1525 in Scheibenrissen festgehalten hatte. Maltechnische Vergleiche mit anderen Werken Breus und seiner Werkstatt sollten weiteren Aufschluß über die ungesicherte Zuschreibung geben.

Zusätzlich zur schriftlichen, grafischen und fotografischen Erfassung der Arbeiten und Ergebnisse wurde eine neue Form der Dokumentation mittels Videokamera angewandt. Alle Konservierungs- und Restaurierungsarbeiten, die 1990 begonnen und im Sommer 1993 abgeschlossen wurden, konnten aufgrund der Übergröße der Gemälde nicht in der eigentlichen Gemälderestaurierung durchgeführt werden, sondern wurden in einem provisorisch eingerichteten Restaurierungsatelier geleistet und dokumentiert. Die Arbeiten unterlagen somit zusätzlichen Erschwernissen.

Allgemeine Beschreibung des Zustandes vor der Restaurierung

Die vier Gemälde waren, was den Zerstörungsgrad der originalen Substanz betraf, in unterschiedlich gutem Erhaltungszustand. Die spezifischen Schadensbilder der einzelnen Gemälde waren jedoch miteinander vergleichbar (Abb. 47–82).

Der Verschmutzungsgrad der Oberflächen aller vier Bilder war unterschiedlich. Auffällig stark waren die die Oberfläche bestimmenden und sichtbar werdenden Noppen der Leinwand, die weder durch Grundierung noch durch Malschicht bedeckt waren oder in Teilen spätere, großflächige Übermalungen aufwiesen.

Der bei allen Bildern vorhandene Firnisüberzug war unterschiedlich stark vergilbt.

Erkenntlich waren überall Kittungen unterschiedlichen Materials, die alte Fehlstellen ausfüllten und die oft in die originale Malschicht hineinreichten und übermalt waren. Zusätzlich gab es übermalte, ungekittete Bereiche von Fehlstellen und Ausbrüche der Malschicht. Über die Gemäldeoberflächen zogen sich in der Bildmitte querverlaufende Fehlstellenbereiche. Viele Fehlstellen verliefen in linienförmigen Anordnungen. Ansonsten wies die Malschicht zusammen mit der Grundierung eine gute Haftung zum Bildträger auf.

Durch die mit Bleiweiß ausgemischten hellen Farbpartien, die im Laufe der Zeit transparent geworden waren, ließen sich die ansonsten mit dem bloßen Auge nicht sichtbaren Unterzeichnungen erkennen (Abb. 12).

Alle originalen Leinwände sind beschnitten und auf neue Gewebe mit Kleister aufgebracht worden. Bei einer späteren Restaurierung wurden zusätzlich Leinwandstreifen entlang der Ränder angeklebt (Abb. 1). Die Naht der immer aus zwei Teilen in der Bildmitte querverlaufend zusammengefügten Bildträger zeichnet sich durch die Doublierung auf der Bildvorderseite deutlich ab. Im Juli–September-Gemälde wurden die Überstände der Naht vor der Doublierung abgeschnitten (Abb. 2). Bis auf wenige Risse und teilweise Loslösungen der Originalleinwand vom Doubliergewebe und unzureichende Befestigungen waren die Bildträger stabil. Eine zu geringe Spannung der Leinwände verursachte vor allem zu den unteren Bildkanten hin eine Beulenbildung. Alle Bildrückseiten waren verschmutzt. Die Keilrahmen, die bei allen vier Gemälden aus zwei einzeln zusammengefügten Querformaten bestanden, gefährdeten durch fehlende Holzverbindungen die Stabilität des Gesamtträgers.

Das Restaurierungskonzept

Die erste Überlegung bestand darin, die Gemälde rein konservatorisch zu behandeln. Aufgrund der starken Überarbeitung des Originals, die nach eingehender Untersuchung festgestellt wurde, entschloß man sich doch zu einer Abnahme der nicht mehr originalen und stark gegilbten Firnisschichten und der großflächigen Übermalungen und Überkittungen. Abnahmeproben von Schmutz, Firnis und alten Überarbeitungen hatten bei allen vorhandenen Zerstörungen die noch gut erhaltene Originalsubstanz freigelegt. Stabile, durch ihr Alter strukturierte und sich in die Oberfläche integrierende Kittungen sollten erhalten werden. Neukittungen sollten nur in reduziertem Maße und dann nur in Fehlstellen erfolgen, die den weiteren Verlust

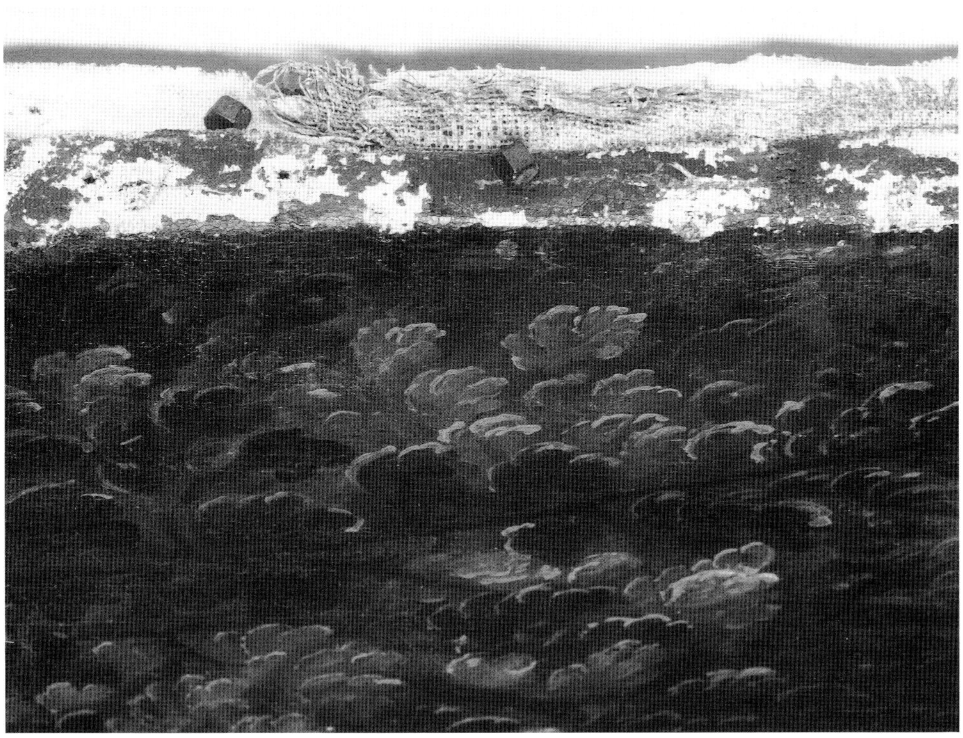

1 *April–Juni: Äußere linke, beschnittene Bildkante mit sichtbarem doublierten Spannrand.*

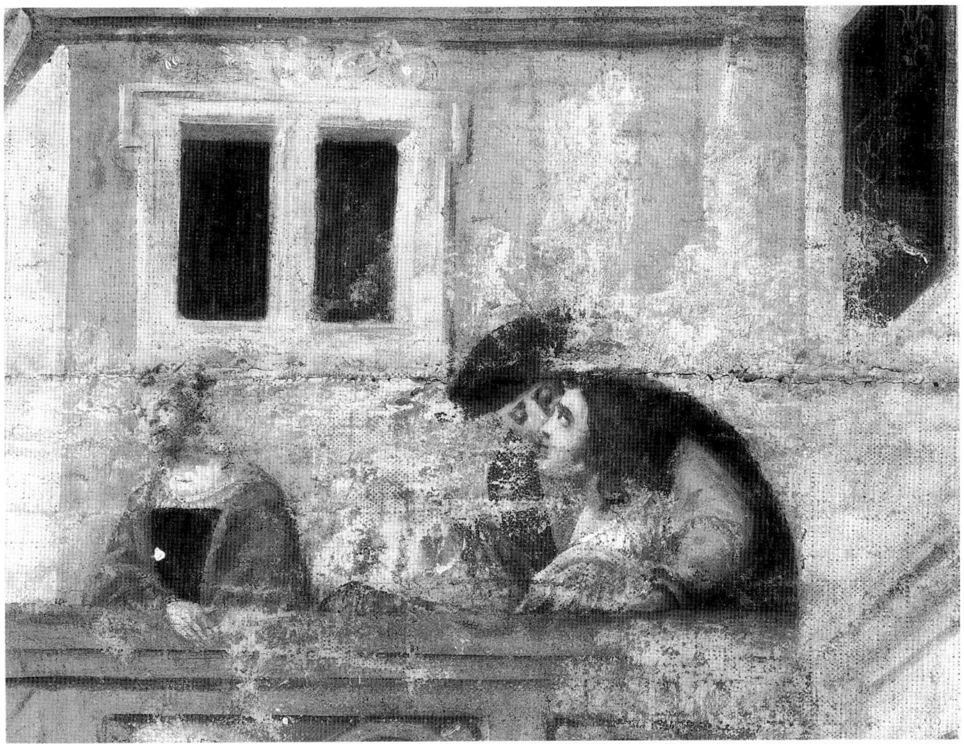

2 *Juli–September: In der Bildmitte verlaufende, vor der Doublierung beschnittene Naht; Zustand während der Abnahme der Übermalungen.*

von Malschicht provozierten oder die Oberflächengesamtwirkung stark beeinträchtigten.

Die Vorretusche sollte auf alten und neuen Kittungen und auf bereits übermalter Leinwand in Tratteggiotechnik durchgeführt werden[1]. Die abschließenden Lasuren sollten nach einem gestrichenen Firnisauftrag als Schlußretusche folgen. Bei näherer Betrachtung bleiben dann die Retuschen und damit der Verlust von originaler Malschicht durch diese Technik erkennbar. Kleinere, weniger stark zerstörte Bereiche können so weitgehend

1 »Tratteggiotechnik« bedeutet ein Nebeneinandersetzen von senkrecht verlaufenden, dünnen, kurzen Strichen in einer dem Original angepaßten Farbigkeit.

geschlossen werden, und größere Fehlstellen bleiben in einem neutralen Farbton der Umgebung angepaßt.

Keilrahmen und Bildträger sollten eine rein konservatorische und stabilisierende Behandlung erhalten.

Die Restaurierung

Keilrahmen: Die zwei jeweils zusammengesetzten Keilrahmen wurden durch vier leichte, aber stabile und mit Filz unterfütterte Aluminiumschienen zusätzlich noch einmal miteinander verbunden. Fehlende Holzverbindungen und Keile wurden ergänzt.
Leinwand: Bei allen vier Gemälden wurde die Leinwand nachgespannt und rückseitig gereinigt. Durch das Ersetzen fehlender Keile und ein erneutes Auskeilen der Rahmen konnte die Beulenbildung der Bildträger beseitigt werden. Ein Riß in der Originalleinwand in der rechten Bildhälfte des Juli–September-Gemäldes wurde mit Kleister geschlossen und wieder auf der Doublierleinwand verklebt.
Firnis und Malschicht: Löseproben zum Entfernen des Oberflächenschmutzes, des Firnisses und der alten Übermalungen erforderten den Einsatz von verschiedenen Lösemitteln und ein mehrschichtiges Reinigen. Der Oberflächenschmutz wurde wäßrig entfernt, der Firnis und die Übermalungen, die zum Teil aufgrund ihrer unterschiedlichen Alterung besonders in den weiß ausgemischten Partien sehr hartnäckig waren, ließen sich mit Gemischen aus organischen Lösemitteln beseitigen oder zumindest reduzieren. Während der Firnisabnahme wurde wiederholt unter UV-Licht kontrolliert. Nach der Reduktion der obersten Firnisschichten war diese Art der Untersuchung sehr hilfreich bei der Beurteilung der abzunehmenden Übermalungen (Abb. 63, 64, 71).
Überkittungen: Sie lösten sich zum Teil bereits während der Abnahme der Übermalungen. Ansonsten wurden sie mechanisch mit dem Skalpell entfernt.
Neukittung: Sie erfolgte in den Fehlstellen mit einem Gemisch aus Kreide und tierischem Leim.
Retusche: Die Retusche wurde mit Aquarellfarbe vorgelegt und mit Lasuren von Pigmenten in gelöstem Dammarharz abgeschlossen. Hierbei wurde die beschriebene Tratteggiotechnik angewendet (Abb. 3, 4, 13).
Firnis: Der verwendete Dammarfirnis[2] wurde in einer Zwischenlage nach Abschluß der vorgelegten Aquarellretusche aufgestrichen.

Resümee

Alle vier Gemälde zeigten in unterschiedlichem Ausmaß vergleichbare Schäden. Zumeist waren die Malschichten der rechten Bildhälften zerstörter und überarbeiteter als die übrigen Malschichten. Dies kann mit einer früheren unsachgemäßen Lagerung und Handhabung oder dem früheren Standort der Bilder zusammenhängen. Es können auch Fehler beim maltechnischen Aufbau der Gemälde eine Rolle spielen. Andere Verluste der Malschicht, wie die in vielen Fällen quer oder schräg über die Oberflächen laufenden Fehlstellenbereiche, sind bei der Abnahme der Leinwände von ihren Spannrahmen und durch unsachgemäße Lagerung mit Faltung oder Knicken und Rollen der Bildträger entstanden. Bei den Fehlstellen in Bereichen der dickeren Nahtstelle ist der Gewebeuntergrund eine natürliche Schwachstelle für die Haftung von Mal- und Grundierschichten.

Es ist nachweisbar, daß die Gemälde verschiedenen Restaurierungen unterzogen wurden. Alle Bildformate wurden vermutlich vor der Doublierung

2 Dammarfirnis: ein in einem Lösungsmittel gelöstes Harz (in diesem Fall Dammar), das als Schlußüberzug auf die Malerei aufgestrichen wird. Der Überzug verleiht der Malschicht mehr Tiefe und dient gleichzeitig ihrem Schutz. Bis in unsere Zeit finden solche Firnisse Verwendung.

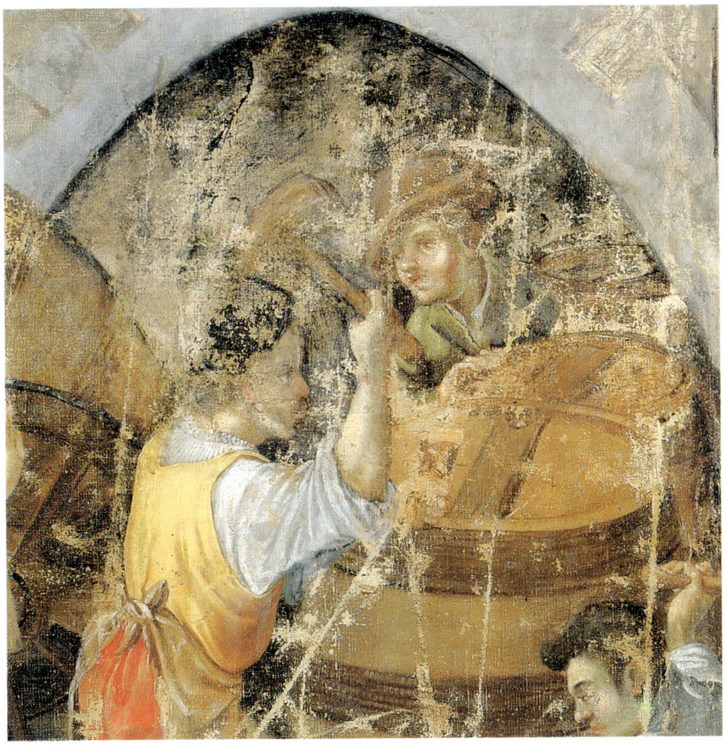

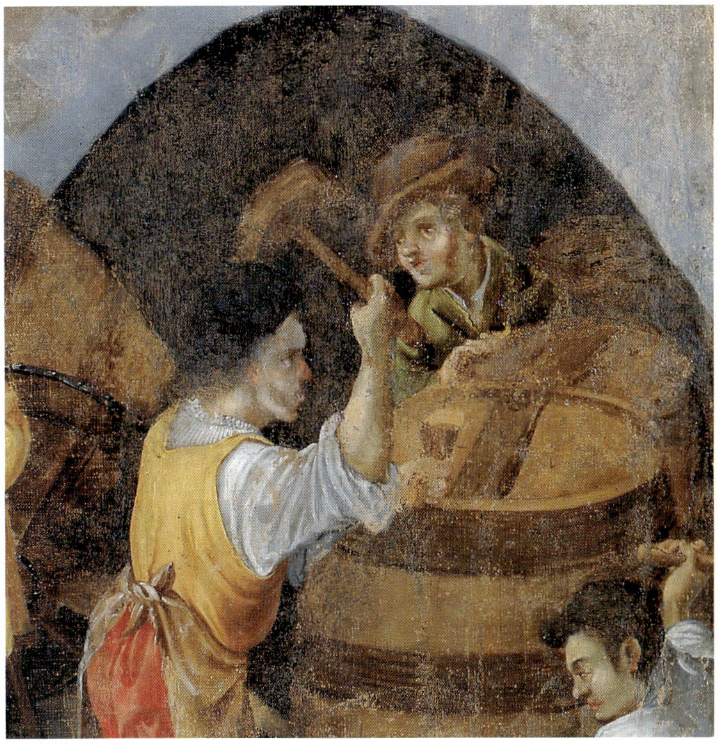

3 *Juli–September: Ausschnitt; Zustand nach der Abnahme des Firnisses und der Übermalungen.*

4 *Juli–September: Ausschnitt; Zustand nach der Retusche.*

verkleinert. Dies ist innerhalb ein und derselben Restaurierung durchgeführt worden. Allerdings läßt sich nicht sagen, wann diese stattgefunden hat.

Unterschiedliche Kittungsarten, nichtgekittete und über das Original hinaus übermalte Partien sind auf verschiedene Restaurierungen zurückzuführen. Die Übermalungen besaßen ebenfalls unterschiedliche Qualität. So existierten großflächige, auffällige Überarbeitungen und feiner ausgeführte, die schwerer zu erkennen waren. Dies können Hinweise auf unterschiedliche Hände oder verschiedene Restaurierungsphasen sein. Im Bereich der großflächigen Übermalungen bestand die Tendenz, die auffällig zutage tretenden Noppen der Leinwand und verstreute Fehlstellen zu verdecken. Überall war das unter der Überarbeitung befindliche Original intakter als angenommen. Allerdings wiesen die Malschichten einen unterschiedlichen Verputzungsgrad auf. Erstaunlicherweise sind empfindliche Farblacke gut erhalten geblieben.

Beim abgenommenen Firnis handelt es sich nicht mehr um den Originalfirnis. Er war in mehreren Schichten und unterschiedlich dick aufgetragen. Unter den Übermalungsschichten befanden sich bei einer vorangegangenen Restaurierung unvollständig abgenommene Reste von Originalfirnis (Abb. 5).

Technologische Untersuchung[3]

Keilrahmen: Es handelt sich um zwei jeweils im Querformat aufeinandergesetzte Keilrahmen, die ihrerseits wiederum durch Keile miteinander verbunden sind. Sie sind ohne diese Verbindung theoretisch »zusammenklappbar«.

Bildträger: Das sind hier Leinwände, die vergleichbare Webdichten aufweisen, deren Mittelwert zwischen 9 x 12 Fäden pro Quadratzentimeter liegt[4]. Zwei Leinwandbahnen sind bei allen Gemälden mittig und parallel zur Ober- und Unterkante zusammengenäht. Die jetzigen Maße der Bahnbreiten lassen darauf schließen, daß die ursprünglichen Bahnbreiten der Gewebe mindestens 130 cm betrugen – die in der damaligen Zeit übliche Webstuhlbreite.

3 Die technologischen Ergebnisse der Untersuchung des maltechnischen Aufbaus der Gemälde sind am Ende des Kapitels in einer Tabelle zusammengefaßt und können in entsprechenden Abbildungen miteinander verglichen werden.

4 Für die Untersuchung der Bildträger, die sich als Leinengewebe erwiesen, danken wir der Kollegin der Textilrestaurierung des Deutschen Historischen Musums, Sabine Josefine Brand.

5 *Oktober–Dezember: Dunkle gealterte Reste des Originalfirnisses auf einer Hauswand.*

Vorleimung: Die Anfärbungen der Schliffe ließen keine eindeutige Vorleimung der Leinwände mit tierischem Leim erkennen. Mikroskopisch konnte allerdings eine dünne Schicht, die aus Leim bestehen kann, zwischen Grundierung und Leinwand festgestellt werden.

Grundierung: Alle Bildträger besitzen eine erste, weiße Grundierungsschicht. Darüber befindet sich bei allen vier Gemälden eine im Verhältnis dünnere graue Farbschicht, die in die Farbwirkung der späteren Malerei miteinbezogen wurde. Es bleibt eine Frage der Definition, inwieweit diese Schicht eine zweite Grundierungsschicht ist oder eine sogenannte Imprimitur[5]. Sie ist in sich relativ dick und deckend aufgetragen (Abb. 17, 19, 21, 23).

Unterzeichnung: Sie ist mit bloßem Auge in Bereichen von Fehlstellen und in verseiften Partien erkennbar. Bei allen Gemälden liegt sie auf der zweiten grauen Schicht und umreißt häufig die Konturen der Darstellung. Bei dem April–Juni- und dem Oktober–Dezember-Gemälde ist sie in einem bräunlichen Farbton ausgeführt, bei den anderen beiden Bildern sind rote Vorzeichnungen sichtbar (Abb. 21). Vermehrt finden sich auch Pentimenti[6], das sind in der Malerei letztendlich nicht ausgeführte oder veränderte Anlagen (Abb. 12).

Farbschicht: Der Aufbau der einzelnen Farbschichten erfolgt in jedem Gemälde nach dem gleichen Prinzip: Die graue Untermalung oder letzte Grundierungsschicht wurde in die Schattenwirkung von modellierten Körpern durch teilweises Freilassen miteinbezogen. Ansonsten wurden auf diesen grauen Grund Mitteltöne gelegt, auf die wiederum noch dunklere Schatten oder hellere Partien gesetzt wurden. Darauf wurden die hellsten Höhungen gesetzt. Farbmischungen wurden meist direkt ausgemischt und nur in wenigen Partien durch Aufbringen lasierender Farblacke erreicht.

Firnis: Stellenweise konnte anhand von Resten des Originalfirnis belegt werden, daß die Gemälde einen Firnisüberzug besaßen, der möglicherweise direkt nach Beendigung der Malerei aufgetragen wurde (Abb. 5).

Oberflächenstruktur: Stark auffallende, nicht durch die Malschicht bedeckte Noppen der Leinwand, die den Oberflächencharakter prägen, weisen auf Vorgänge beim Grundierungsprozeß hin. Zwischenschleifgänge einzeln aufgetragener Grundierungsschichten können hier die Ursache für die Freilegung der oberen Noppen der Leinwand gewesen sein.

Spätere Eingriffe und Veränderungen: Die vier Bilder wurden mehrere Male restauriert. Der letzte Eingriff aus der ersten Hälfte dieses Jahrhunderts war eine Firnisabnahme und eine Abnahme von Übermalungen. Er ist anhand alter Fotos dokumentiert (Abb. 6). Es wurden alle Bildformate bis in die figürlichen Darstellungen hinein beschnitten. Wann dies geschah, ist nicht nachvollziehbar.

Naturwissenschaftliche Untersuchungen

Die vier Gemälde wurden zuerst im Tageslicht mit und ohne Technoskop untersucht. Dies ergab erste Aufschlüsse über das Ausmaß der Übermalungen und die spezifische Maltechnik der Bilder. Die Untersuchung unter ultraviolettem Licht sollte zur besseren Einschätzung des Erhaltungszustandes der originalen Malschicht und zur Beurteilung der unterschiedlich dicken Firnisschichten beitragen. Die Infrarotaufnahmen sollten die Unterzeichnungen und eventuelle Abweichungen davon in der ausgeführten Malerei deutlicher hervorheben und zeigen. Auf Röntgenaufnahmen mußte wegen des Fehlens einer mobilen Röntgenanlage und der geeigneten Räumlichkeiten verzichtet werden. Zur Bestimmung des Malaufbaus und der Bindemittel wurden Querschliffe von Malschichtproben aller vier Gemälde angefertigt, die anschließend angefärbt wurden.

[5] Unter einer Imprimitur versteht man eine in der Farbigkeit einheitliche Schicht, die als großflächige Untermalung auf die Grundierung gelegt ist, allerdings meist als Lasur.

[6] »Pentimenti« (»Reuezüge«). Bei der Ausführung einer Malerei von der Unterzeichnung bzw. ursprünglichen Konzeption abweichende Veränderungen, die mit bloßem Auge wahrnehmbar sein können, normalerweise aber nur bei Infrarotuntersuchungen zutage treten. Vgl. Meisterwerke Massenhaft, Stuttgart 1993, S. 493.

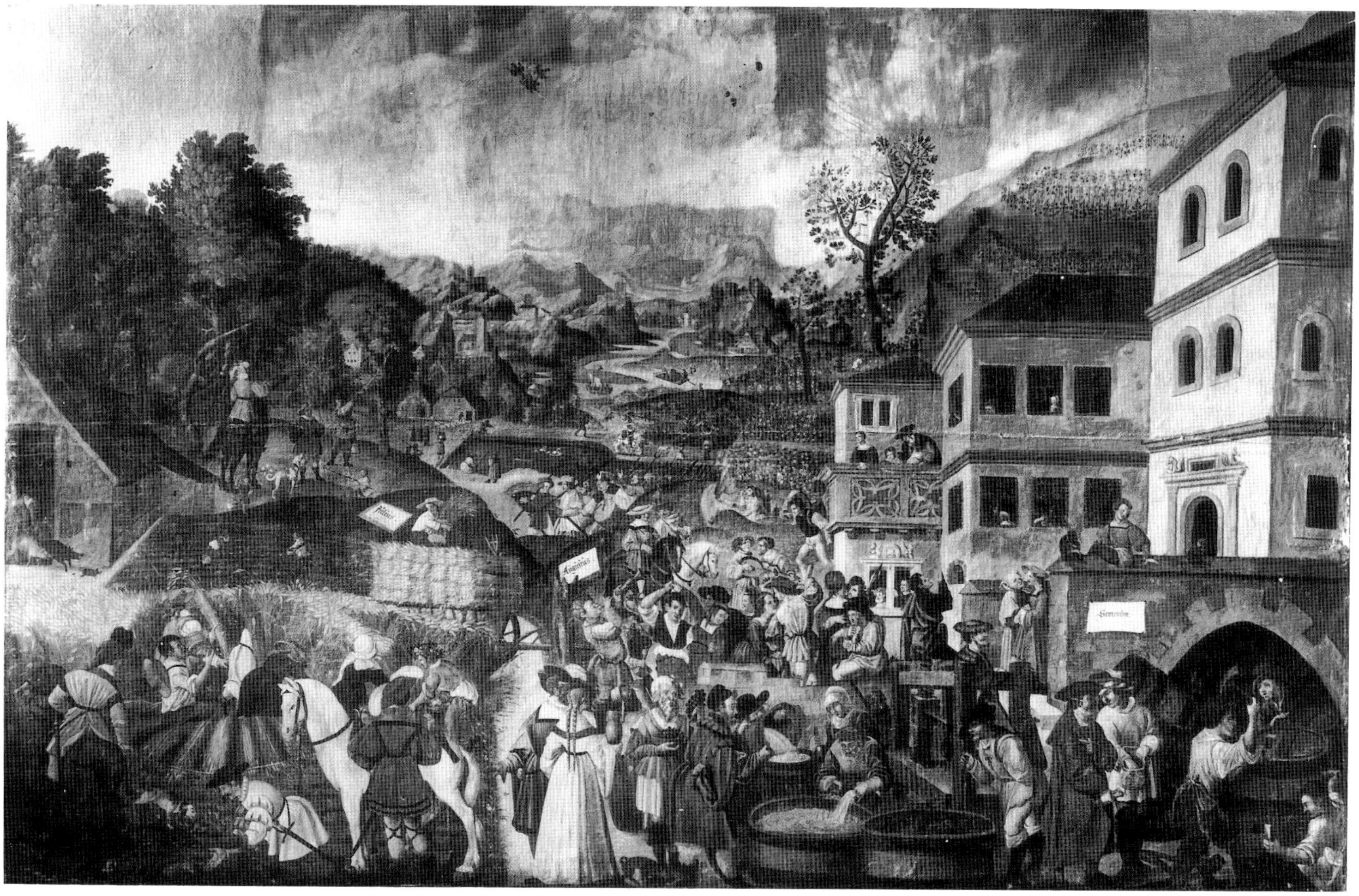

6 Juli–September: Dokumentation einer Firnisabnahme aus der ersten Hälfte dieses Jahrhunderts.

Das Rathgen-Forschungslabor in Berlin ergänzte diese Untersuchungen durch die Bestimmung einzeln verwendeter Pigmente in den Bildern. Diese Ergebnisse sollten mit zur Klärung der Entstehungszeit der Gemälde beitragen.

Die Ergebnisse

UV-Untersuchung: Bei der Betrachtung im ultravioletten Licht wurden nur einige der schon gealterten Firnis- und Übermalungsschichten erkennbar. Da das Bindemittel der Übermalungs- und Firnisschichten bereits stark oxidiert war, konnte jedoch mit dieser Untersuchung kein befriedigendes Ergebnis erzielt werden.
Infrarotuntersuchung: Die Unterzeichnung der Gemälde wurde nicht ersichtlich, dafür aber die starke Übermalung des Originals (Abb. 49)[7].
Bindemitteluntersuchung: Die Vorleimung zeigte kein positives Ergebnis in der Anfärbung auf Proteine. Ob die Vorleimung mit den sonst üblichen tierischen Leimen ausgeführt wurde, bleibt deshalb fraglich. Die weiße Grundierung zeigte eine positive Reaktion in der Anfärbung auf trocknende Öle und keine Reaktion auf Proteine. Die graue Schicht zeigte eine positive Reaktion in der Anfärbung auf trocknende Öle und ergab keinen Nachweis auf Proteine. Die Malschicht zeigte eine positive Reaktion in der Anfärbung auf trocknende Öle und keine Reaktion auf Proteine.
Pigmentuntersuchung: Zur Überprüfung vergleichbarer Pigmente aller vier Gemälde wurde vom Rathgen-Forschungslabor von Proben folgender, nicht sämtlicher, Pigmente eine Bestimmung durchgeführt:

[7] Die roten Unterzeichnungen können nicht sichtbar gemacht werden, da sie die Infrarotstrahlen nicht absorbieren, sondern von ihnen durchdrungen werden. Vgl. Knut Nikolaus, Dumonts Handbuch der Gemäldekunde, 3. Aufl., Köln 1986, S. 77.

a) Blau und Grün: Kupferverbindungen, die als Azurit und Malachit identifiziert werden konnten (Abb. 20), sowie grüne Erde.
b) Gelb: Es enthält viel Aluminium und Bleiweiß (Abb. 24).
c) Weiß: Bleiweiß, in der Grundierung und in allen Ausmischungen vorkommend.
d) Rot: Zinnober (Abb. 22) und Eisenverbindungen.

Beurteilung der Ergebnisse der technologischen und naturwissenschaftlichen Untersuchung und der Restaurierung

Der maltechnische Aufbau aller vier Gemälde ist ähnlich und vergleichbar. Dies betrifft auch die Ergebnisse aller durchgeführten Analysen. Das ist ein Hinweis darauf, daß alle vier Gemälde aus derselben Werkstatt stammen. Die Pigmentanalysen bestätigen die Möglichkeit einer Entstehung der Gemälde im 16. Jahrhundert. Diese Ergebnisse allein lassen jedoch keine genaue zeitliche Eingrenzung zu, da alle Pigmente auch noch nach dem 16. Jahrhundert Verwendung fanden. Eine zeitliche Grenze stellt unter Umständen zumindest die Verwendung des Azurits dar, das ab dem 17. Jahrhundert aufgrund von Beschaffungsschwierigkeiten nördlich der Alpen nur noch selten Verwendung fand. Die Bindemittelanalyse läßt keine zeitliche Eingrenzung zu, da die Verwendung von Ölen als Bindemittel ohne Unterbrechung bis in unsere Zeit üblich ist.

Der Zustand der Gemälde nach der Restaurierung zeigt in vielen Partien und trotz aller Beschädigungen, daß die originale Malerei nicht so zerstört war, wie zuvor angenommen. Die maltechnische Qualität kann nun klarer und wesentlich differenzierter in Erscheinung treten. Die Farbigkeit der Malerei hat sich sichtbar verändert und hat wesentlich an Aussagekraft gewonnen. Alle vier Gemälde näherten sich im Zuge der Abnahme aller Überarbeitungen in ihrem Erscheinungsbild immer mehr einander an.

Betont werden muß, daß auch der nun geschaffene Zustand keine Rückführung zum originalen Erscheinungsbild darstellt. Eine Alterung der Malschicht, wie z.B. eine farbliche Veränderung, ist unwiderruflich. Schäden, die durch im Laufe der Zeit entstandene natürliche Einwirkungen oder durch bewußte Eingriffe erfolgen, hinterlassen bei der Zerstörung oder dem Verlust von Originalsubstanz nachhaltige Spuren. Auch die aktuelle Restaurierung wird bei aller Zurückhaltung in der Wahl der Methoden immer geprägt sein durch die Anschauungen des späten 20. Jahrhunderts. Sie bedeutet hier den Versuch einer Annäherung an das originale Erscheinungsbild.

Anmerkungen zu den einzelnen Bildern

Januar–März (Abb. 47–55)

Die *Oberfläche* war weniger verschmutzt als bei dem April–Juni- und dem Juli–September-Gemälde.

Der *Firnis* ließ sich leichter lösen, da er unter anderem als dünnere Schicht aufgetragen war.

Die *Übermalungen* waren so flächig ausgeführt, daß das Ausmaß der Beschädigungen des Originals erst bei deren Abnahme erkannt werden konnte: So war die gesamte Waldpartie in der oberen rechten Bildhälfte übermalt (Abb. 47, 52, 53)[8]. In der linken Bildhälfte war die verschneite Landschaft mit noch mehr Schnee übermalt. Bei der Abnahme dieser Übermalungen

8 Vgl. Gode Krämer, Stadtbild und Baukunst, in: Welt im Umbruch, Bd. 1, Augsburg 1980, S. 116–120.

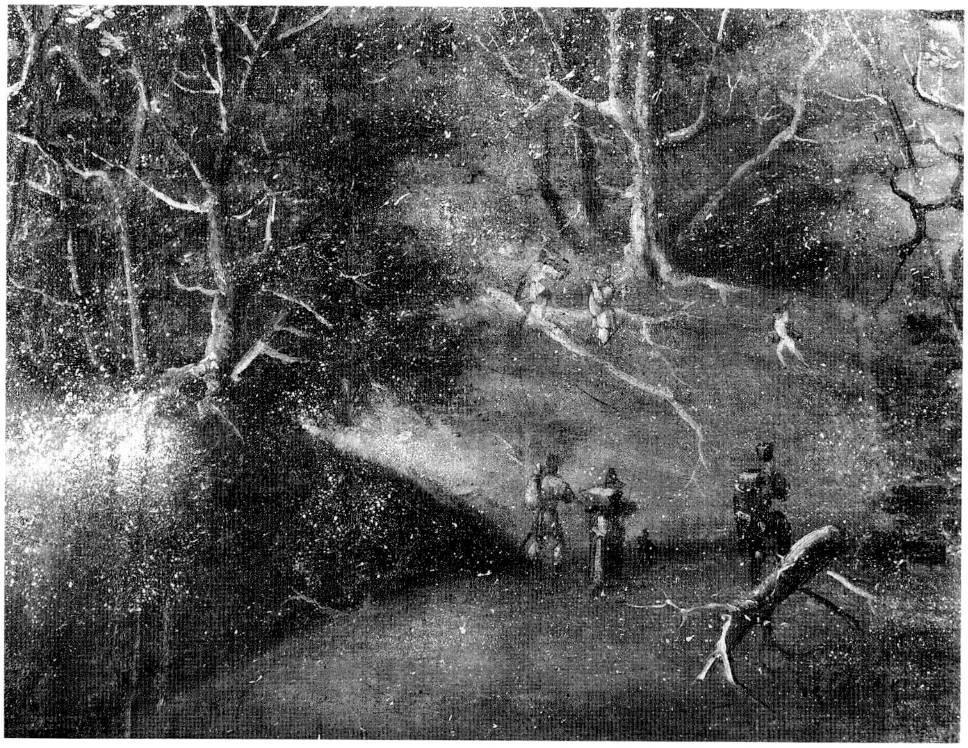

7 Januar–März: Ausschnitt; verschneite Landschaft vor der Abnahme der Übermalungen.

wurden, soweit möglich, später aufgetragene Schneeflocken entfernt. Um die Malschicht nicht durch eine zu starke Reinigung zu gefährden, wurden dabei in der jetzigen Restaurierung einige Flocken der Übermalung belassen. Diese Reste beeinflussen jedoch kaum das Erscheinungsbild (Abb. 7).

Die Figuren und die Reitergruppe in der rechten Bildhälfte sind dicht gedrängt, und es fehlen die Zusammenhänge: Es ist nicht klar, welcher Reiter auf welchem Pferd sitzt und zu welcher Figur welches Bein gehört (Abb. 8). Dies war vermutlich der Grund, warum ein in der Malschicht beschädigtes Bein, welches nicht eindeutig einer Gestalt zuzuordnen ist, bei einer früheren Restaurierung gänzlich übermalt wurde.

Die Turnierdecke mit der Inschrift »MEIN SPIES SPICZ – ICH HIE SICZ« ist während des ursprünglichen Malvorgangs verändert worden. Die aufgesetzten Leuchter verschwinden teilweise unter der darüberliegenden Malschicht und sind dann nochmals in doppelter Ausführung darüber gemalt worden. Alle drei Versionen gehören aber zu der ursprünglichen Fassung des Bildes. Die Farbigkeit und die Oberflächenstruktur der Malweise des Umhanges entsprechen nicht der sie umgebenden Malerei. Die Malschicht erschien mit bloßem Auge grau, enthält aber, wie man unter dem Mikroskop erkennen konnte, blaue Körnung (Abb. 55).

Es kommen zwei unterschiedliche *Kittungen* vor, die auf zwei vorangegangene Restaurierungen schließen lassen. Eine der Kittmassen ist in ihrer Farbigkeit hell und leicht lösbar, die andere ist gelblich und vermutlich in Öl gebunden. Sie konnte dort, wo sie die originale Malschicht bedeckte, nur mechanisch entfernt werden.

April–Juni (Abb. 56–64)

Bei diesem Gemälde sind die obere und die untere Bildkante auffällig stark beschädigt, und beide weisen weitreichende Farbschichtverluste auf.

Die *Firnisschichten* waren unterschiedlich dick aufgetragen, sehr stark gegilbt und teilweise nur in einem langwierigen Prozeß lösbar (Abb. 63, 64). Im oberen Drittel des Gemäldes war der Firnis im Vergleich zur restlichen

8 Januar–März: Unklare Zusammenhänge in der Gruppenanordnung.

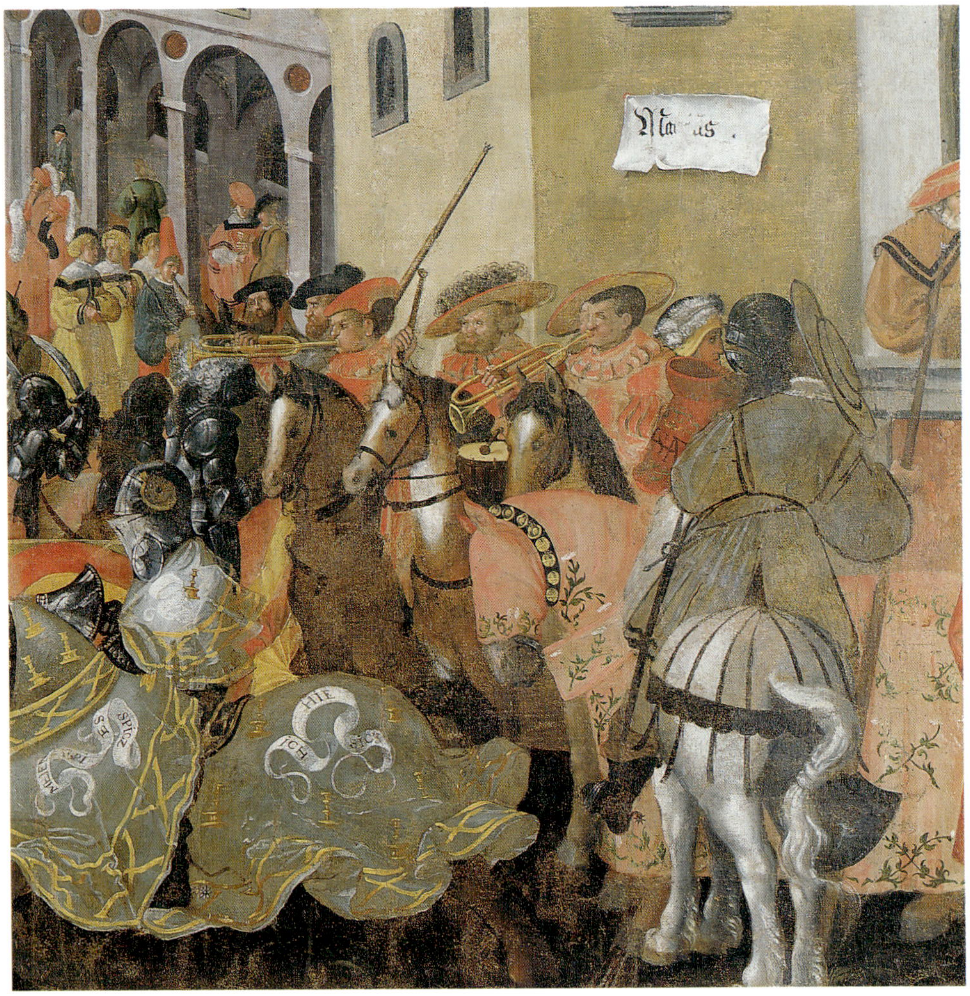

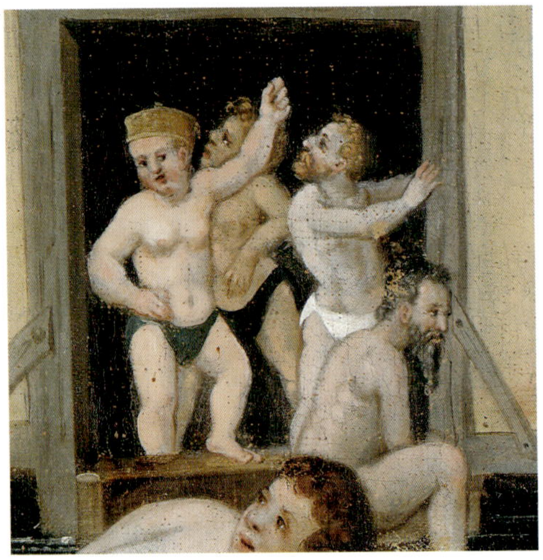

9 April–Mai: Ausschnitt; nachträglich veränderte, nicht originale, rosafarbene Inkarnatfassung des Mannes auf der linken Seite.

Oberfläche dünner aufgetragen worden. Alte, stark gedunkelte und wohl ursprüngliche Firnisreste wurden bei der jetzigen Restaurierung an der oberen Bildkante freigelegt und belassen.

Hartnäckige *Übermalungen*, die wohl kurz nach der Entstehungszeit der Bilder ausgeführt worden waren, wurden so belassen, z. B. auf den Körpern der Badenden und den Häusern im Bildvordergrund. Sie beeinträchtigen aber nicht die Form oder die Inhalte der ursprünglichen Darstellung. Zur gleichen Zeit wurden auch Gesichter und Körper der Figuren teilweise übermalt, einerseits um Schäden zu überdecken, aber auch um ihnen eine andere Farbigkeit oder einen anderen Ausdruck zu verleihen (Abb. 57, 61, 62). So wurde auf die ursprünglich hellrosa Fassung auf dem Körper des links im Badehaus stehenden Mannes eine noch hellere Inkarnatfassung aufgetragen, ohne daß die darunterliegende Malschicht beschädigt gewesen wäre (Abb. 9).

Das Gesicht, der auf dem Pferd sitzenden Frau war stark beschädigt, und so wurde es wegen der Fehlstellen ähnlich wie bei dem Badenden mit einem hellrosa Inkarnat übermalt (Abb. 57, 61). Die Wolken in der linken oberen Ecke des Himmels wiesen im Zusammenhang großer Malschichtverluste an der oberen und unteren Bildkante ebenfalls großflächige Übermalungen auf, die zwar die Form der Wolken wiederholten, aber wesentlich dunkler in der Farbgebung waren. Diese Übermalungen wurden, soweit es möglich war, entfernt (Abb. 56, 64). Die kleine Figur eines Erschlagenen wurde aufgrund ihrer Beschädigung ebenfalls vollständig übermalt. Sie wurde freigelegt und konnte wieder in die Gesamtszene integriert werden (Abb. 10, 11).

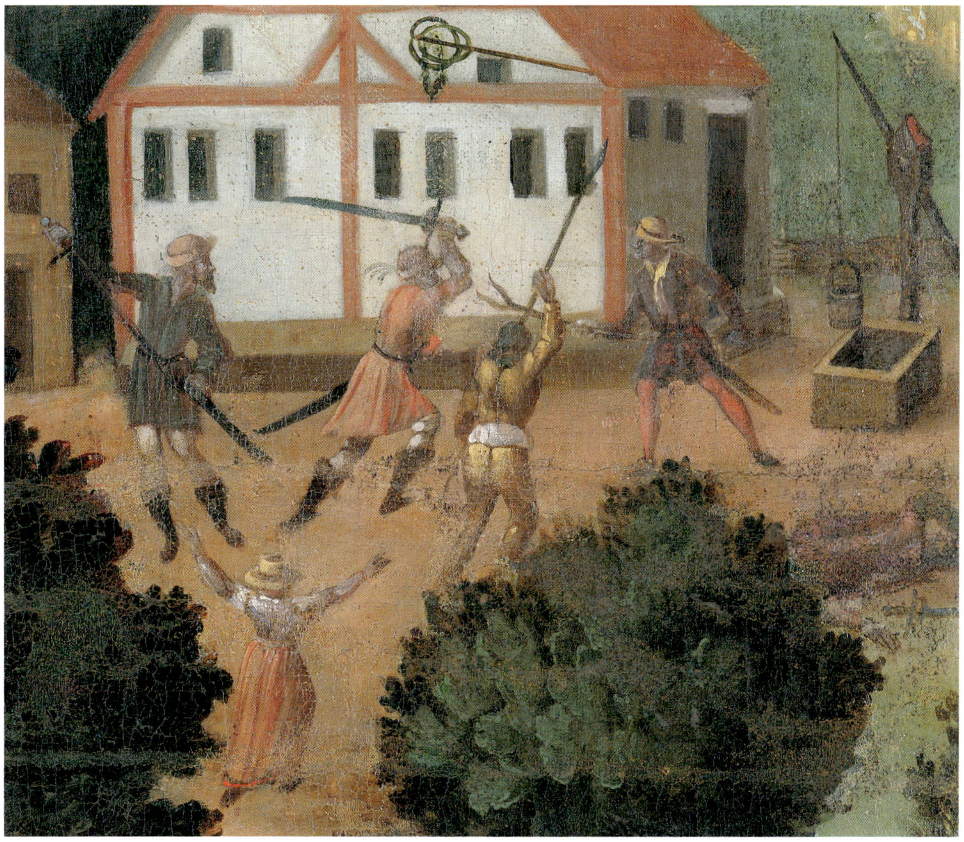

11 April–Juni: Ausschnitt; nach der Retusche; Integration einer freigelegten Figur in die Gesamtszene.

10 April–Juni: Ausschnitt; Zustand während der Freilegung einer übermalten Figur.

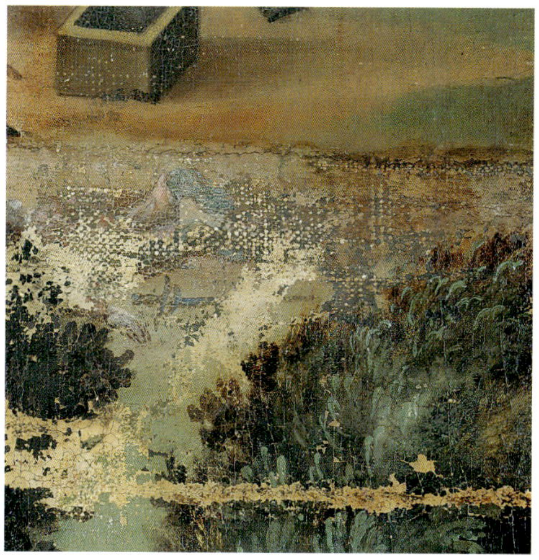

Die *Unterzeichnung* wurde bei einigen Gesichtern vom Maler im Bereich der Konturen belassen und mit in die Malerei einbezogen. Eine sichtbare Unterzeichnung eines nicht an dieser Stelle, sondern weiter oben ausgeführten Pferdes in der linken Bildhälfte ist ein interessanter Hinweis auf eine Veränderung während des Malens (Abb. 12). Ein weiterer Hinweis auf eine konzeptionelle Veränderung beim Malvorgang zeigt sich entlang der Fehlstellen im oberen Drittel, besonders im Bereich der Berge in der rechten Bildhälfte. An diesen Stellen weist das Gemälde eine andere Oberflächenstruktur auf. Entlang der offenen Fehlstellen ist ein Rest von Malerei unterhalb der darüberliegenden zu erkennen. Auf weitergehende Untersuchungen dieser Bildpartie wurde verzichtet, da sie ohne Zerstörung der originalen Malschicht nicht durchführbar gewesen wären und, wie bereits erwähnt, eine Röntgenuntersuchung nicht möglich war.

Auch hier kommen zwei Arten von *Kittungen* vor: eine helle, leicht lösbare und eine gelblich erscheinende, die kaum lösbar war und vermutlich mit Öl gebunden wurde. Dies deutet wiederum auf zwei Restaurierungsphasen hin.

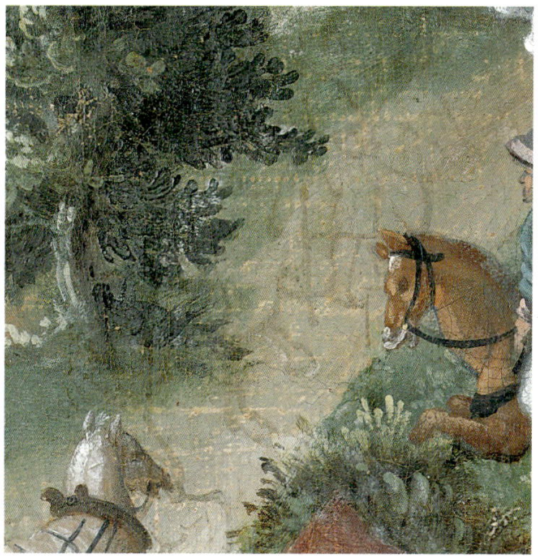

12 April–Juni: Ausschnitt; erkennbare Unterzeichnung eines an anderer Stelle ausgeführten Pferdes.

Juli–September (Abb. 65–73)

Die *Firnisschichten* waren wie bei dem April–Juni-Gemälde unterschiedlich stark aufgetragen (Abb. 69). Sie waren somit entsprechend und unterschiedlich schwer löslich.

Auch hier fanden sich zahlreiche *Übermalungen*. So ist die in der unteren rechten Ecke befindliche Darstellung der beiden Männer, die im Tunnel die Fässer öffnen, stark verputzt, zerstört und übermalt worden (Abb. 13). Die Übermalung verunklärte die ursprüngliche Ausführung. Die Kopfbedeckung des linken Mannes sah durch die Übermalung wie eine Melone aus und entsprach gewiß nicht der Vorstellung des Malers der Bilder. Leider

13 *Juli–September: Ausschnitt; stark zerstörte und übermalte Partie; Vorzustand.*

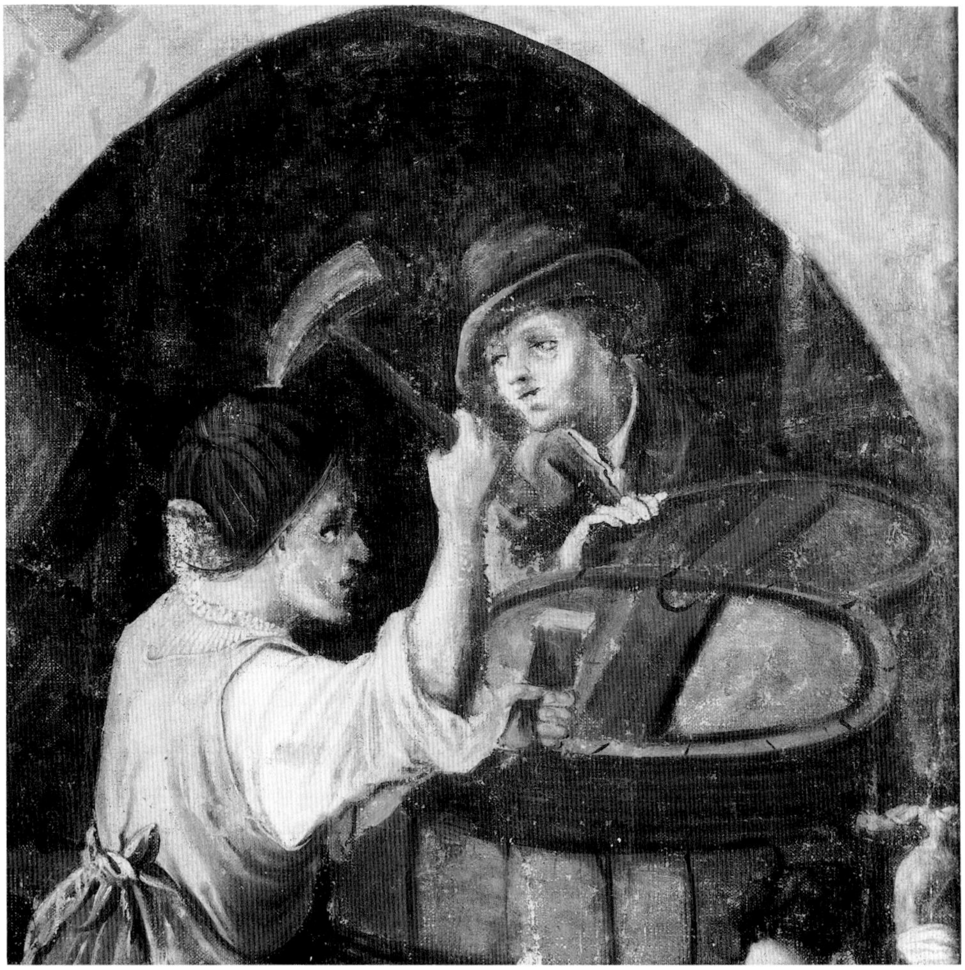

konnte aufgrund der starken Beschädigung auch nach der Abnahme von Übermalung und Überkittung die ursprüngliche Kopfbedeckung nicht rekonstruiert werden. In einem Scheibenriß von Jörg Breu d. Ä., in dem diese Darstellung fast identisch mit der auf dem Gemälde ist, trägt der Mann ein Kopftuch. Da aber eine Ergänzung in diesem Sinne eine neue Interpretation von Resten vorhandener originaler Malerei bedeuten würde und dies im Rahmen einer Restaurierung nicht üblich ist, wurde bei der abschließenden Retusche der jetzigen Restaurierung der Fehlstellenbereich neutral ergänzt (Abb. 3, 4). Das verwundete Bein des Bettlers in der linken unteren Ecke wurde bis zur Unkenntlichkeit mit dem Farbton der Umgebung übermalt; ebenso wurde die untergehende Sonne hinter den Bäumen im linken Bildbereich verändert: Ursprünglich war sie nur angedeutet und wurde bei einer früheren Restaurierung farblich verstärkt, mit Strahlen versehen und mit leuchtenden Wolken verziert. Diese Übermalung wurde bei der jetzigen Restaurierung dokumentiert und entfernt (Abb. 69–71). Feine Details in der Malerei wie der 1 cm klein gemalte Mann am Galgen im Hintergrund in der Bildmitte waren durch die gealterte Firnisschicht und die dunkle Oberflächenverschmutzung nicht mehr zu erkennen.

Bei dem Jungen mit dem Blumenkranz in der linken Bildhälfte scheint das Hemd transparenter geworden zu sein. Dies läßt auf eine Veränderung von Bindemittel und Pigment schließen (Abb. 14).

Bei einigen Gewandpartien wiederholt sich das Phänomen der grauen Farbschicht, die unter dem Mikroskop blaue Körnung enthält.

Die rote *Unterzeichnung* ist an einigen Stellen wie zum Beispiel im Mauerwerk am Tunnel in der rechten unteren Bildecke zu erkennen. Verände-

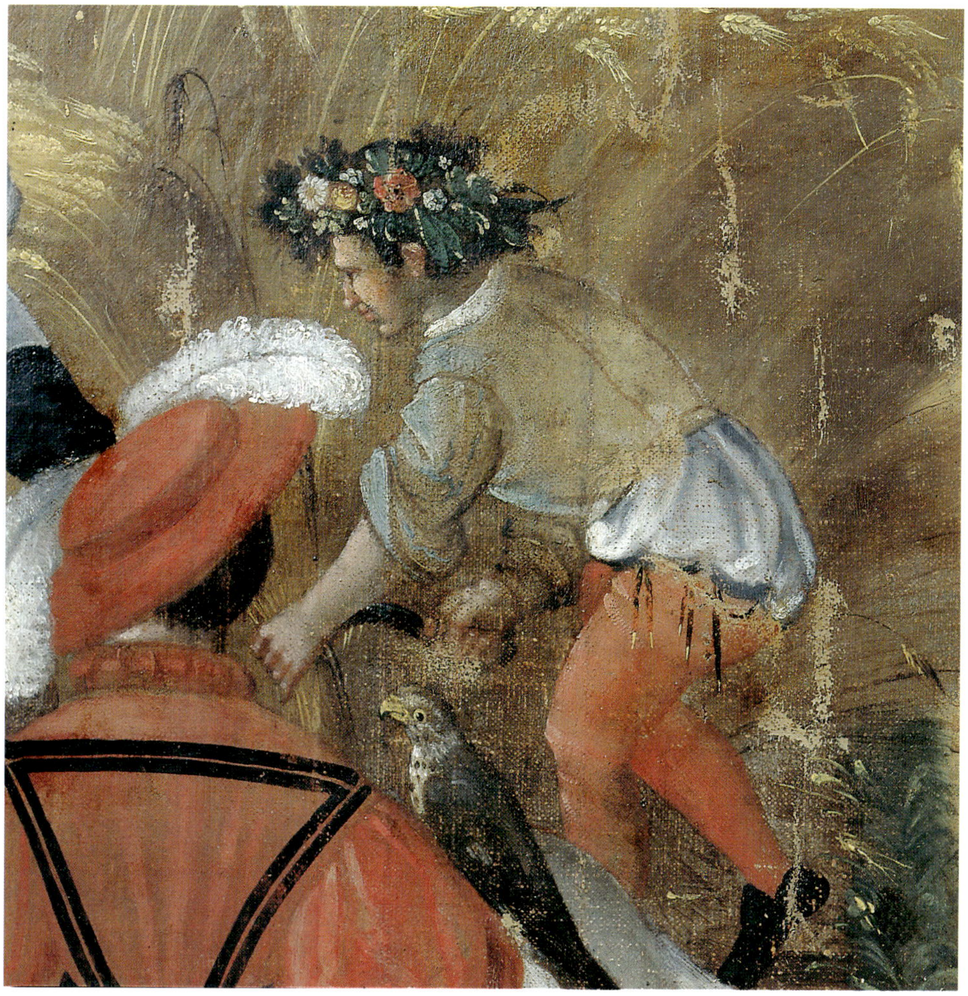

14 Juli–September: Ausschnitt; veränderte Gewandpartie; Zustand während der Abnahme der Übermalungen.

rungen von Darstellungen beim Malprozeß konnten nicht festgestellt werden (Abb. 21).

Wie bei allen Bildern sind zwei Arten der *Kittung* vorhanden: die weiße und die gelblichere, vermutlich in Öl gebundene Version.

Oktober – Dezember (Abb. 74–82)

Die *Oberfläche* war entsprechend dem Januar-März-Gemälde weniger stark verschmutzt als bei den anderen Gemälden.

Der *Firnis* wie auch einige Übermalungen ließen sich wie bei den drei anderen Gemälden lösen. Nach der Abnahme der Firnis- und Übermalungsschichten konnten Reste eines älteren, vermutlich ursprünglichen Firnisses in den Vertiefungen festgestellt werden. Sie wurden als Dokument belassen (Abb. 5).

Es gab jedoch eine Serie von *Übermalungen*, die im Vergleich zu den anderen drei Bildern kaum bzw. gar nicht lösbar waren. Bei einer Bindemitteluntersuchung konnten hier Proteine festgestellt werden, was die Schwierigkeit der Entfernung der Übermalungen erklärt[9].

Der dargestellte Schlitten und die goldene Skulptur auf dem Brunnen sind im Vergleich zur Umgebung eher pastos ausgeführt. Die ursprüngliche Vermutung, daß sie zu einem späteren Zeitpunkt ergänzt wurden, bestätigt sich jedoch nicht. Ungeklärt bleibt die Frage, ob sie von einer anderen Hand innerhalb derselben Werkstatt ausgeführt wurden (Abb. 15).

In der linken Bildhälfte an der rechten Hauswand gibt es Malschichtüberlappungen. Dies sind Korrekturen des Malers. Die darunterliegende

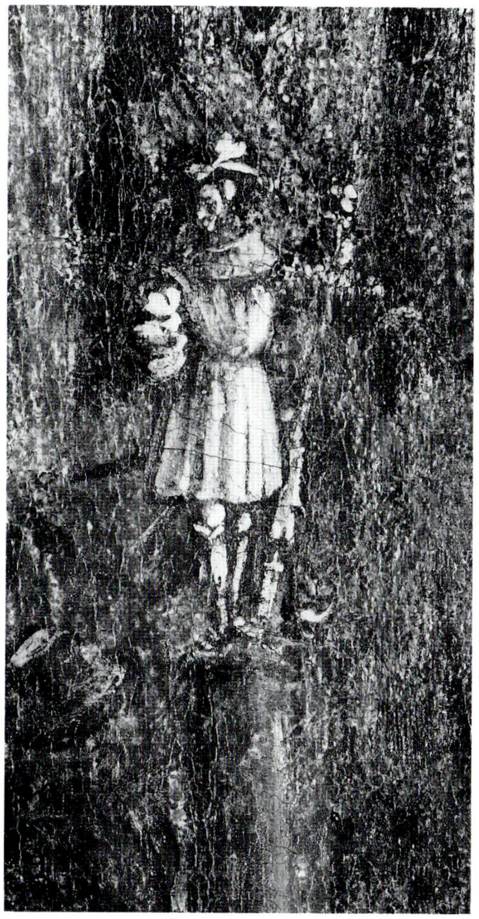

15 Oktober–Dezember: Ausschnitt; pastos ausgeführte Darstellung einer Brunnenskulptur; Zustand während der Retusche.

[9] Protein enthaltende Malfarben, wie z. B. Eitempera, entwickeln in ihrem Trocknungs- und Alterungsprozeß Eigenschaften, die sie schwer löslich machen.

16 Oktober–Dezember: Ausschnitt; sichtbare Unterzeichnungen, die mit in die Darstellung integriert wurden.

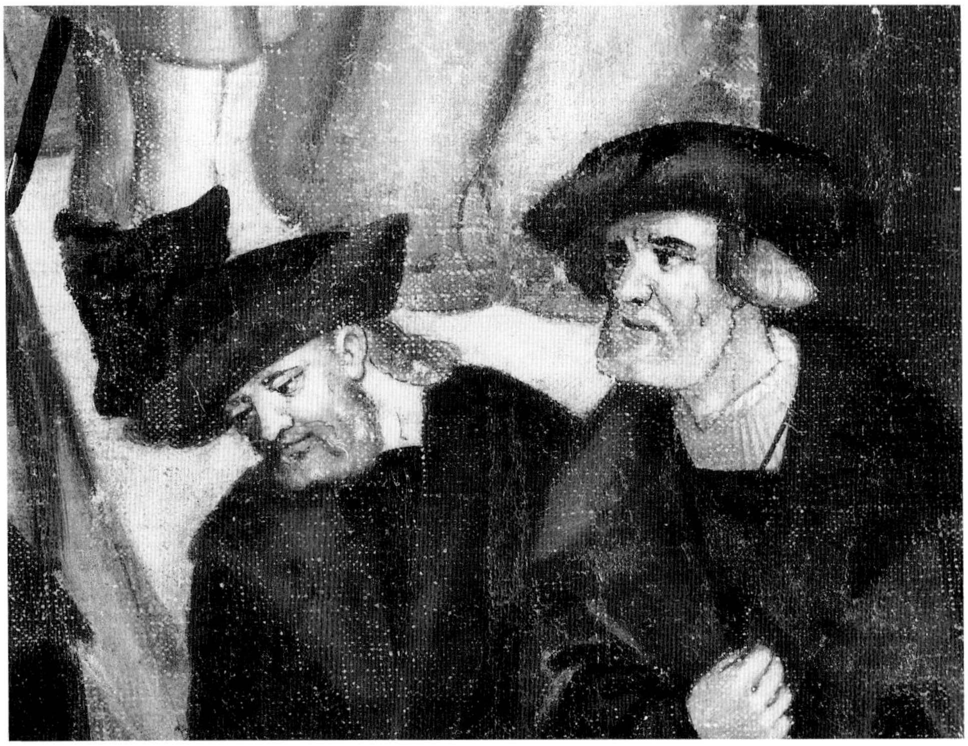

Malerei ist in ihrer Struktur zu erkennen, im Gegensatz zu der möglichen Korrektur der Berge im April–Juli-Gemälde, wo die untere Schicht sich nur im Fehlstellenbereich andeutet.

Die *Unterzeichnung* ist bräunlich. Bei den Gesichtern der Männer im rechten Bildvordergrund ist die Backenlinie teilweise akzentuiert (Abb. 16). Diese Art der Betonung kommt bei den anderen Gemälden nicht vor. Es handelt sich um eine Unterzeichnung, die mit in die Darstellung integriert wurde. Auffällig ist auch im Vergleich zu den anderen Bildern, daß hier die Konturen der Gesichter stärker vom Maler betont wurden.

Zusätzlich zu den weißlichen und gelblichen *Kittungen*, die bei den drei anderen Gemälden ausschließlich vorkamen, gab es eine weitere, kaum lösbare ockerfarbene Füllmasse, die auf drei vorangegangene Restaurierungsphasen hinweist.

Das Gemälde ist im Vergleich zu den drei anderen besonders stark bis in die Darstellung reichend beschnitten worden. Hinzu kommt der Verlust von Malschicht durch das frühere Aufspannen auf einen zu kleinen Keilrahmen. Auf den Spannkanten befinden sich Überreste der Turmspitze an der Bildoberkante, Reste von Schuhen an der Bildunterkante und des Schlafzimmers links im Bild.

10 Aufgenommen vom Rathgen-Forschungslabor unter dem Auflichtmikroskop in 120facher Vergrößerung.
11 Aufgenommen vom Rathgen-Forschungslabor unter dem Auflichtmikroskop in 120facher Vergrößerung.

Zusammenfassung der Ergebnisse der technologischen Untersuchung

Januar Februar März

Größe: 214 x 352,5 cm

Bildträger: Leinengewebe in einfacher Leinenbindung von 10 x 11 Fäden pro cm^2. Er besteht aus zwei aneinandergesetzten Leinwandbahnen.

Malschichtaufbau (von oben nach unten):

6. Firnis
5. Farbschicht: Grün
4. Dunkle rote Unterzeichnung
3. Graue Grundierung
2. Weiße Grundierung
1. Vorleimung

17 Querschliff der Malschicht in 20facher Vergrößerung unter dem Mikroskop.

18 Grün; Aufsicht einer Farbschichtprobe in 120facher Vergrößerung unter dem Mikroskop[10].

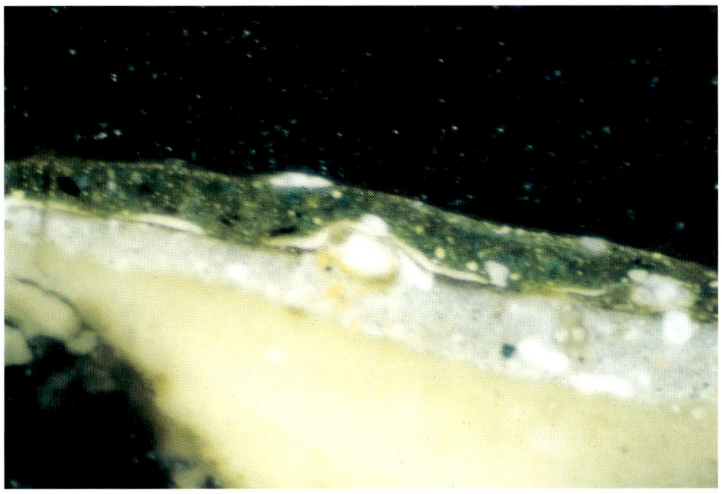

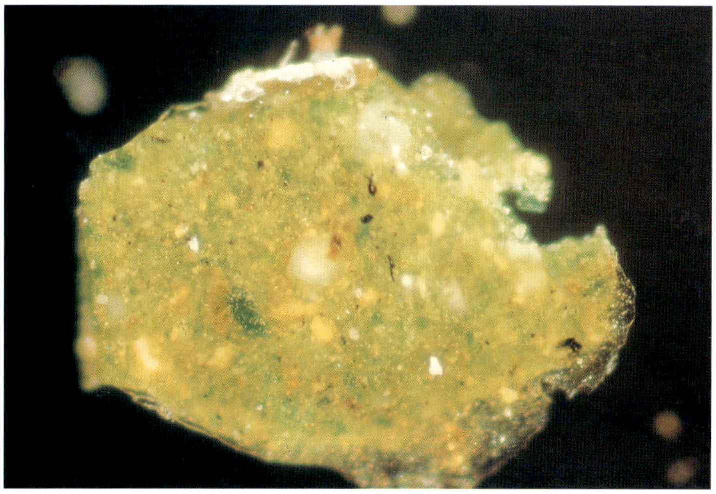

April Mai Juni

Größe: 228 x 341,6 cm

Bildträger: Leinengewebe in einfacher Leinenbindung von 10 x 12 Fäden pro cm^2. Er besteht aus zwei aneinandergesetzten Leinwandbahnen.

Malschichtaufbau (von oben nach unten):

6. Firnis
5. Farbschicht: Blau
4. Dunkle braune Unterzeichnung
3. Graue Grundierung
2. Weiße Grundierung
1. Vorleimung

19 Querschliff der Malschicht in 20facher Vergrößerung unter dem Mikroskop.

20 Blau; Aufsicht einer Malschichtprobe in 120facher Vergrößerung unter dem Mikroskop[11].

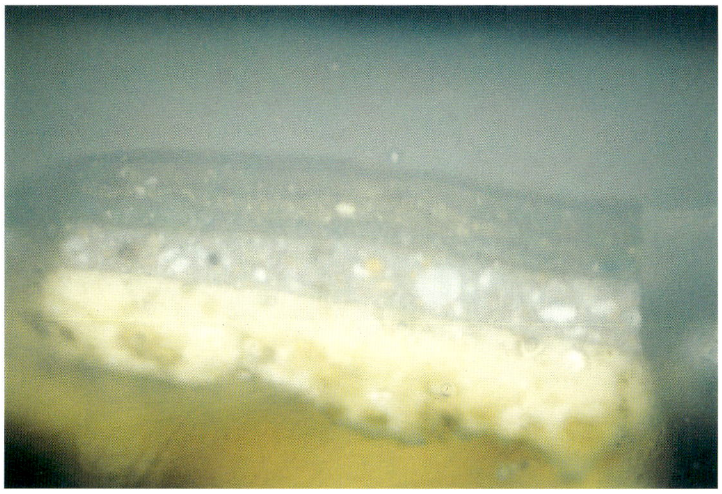

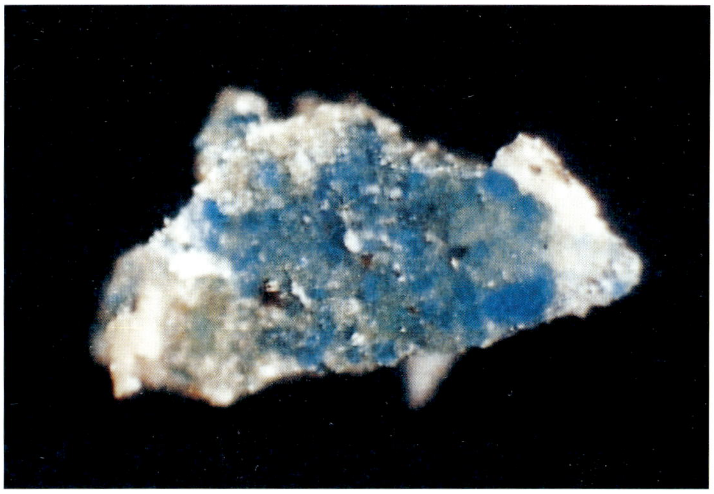

Juli August September

Größe: 227,5 x 362 cm

Bildträger: Leinengewebe in einfacher Leinenbindung von 10 x 10 Fäden pro cm². Er besteht aus zwei aneinandergesetzten Leinwandbahnen.

Malschichtaufbau (von oben nach unten):

6. Firnis
5. Farbschicht: Weiß
4. Dunkle rote Unterzeichnung
3. Graue Grundierung
2. Weiße Grundierung
1. Vorleimung

21 Querschliff der Malschicht in 20facher Vergrößerung unter dem Mikroskop.

22 Rot; Aufsicht einer Farbschichtprobe in 120facher Vergrößerung unter dem Mikroskop[12].

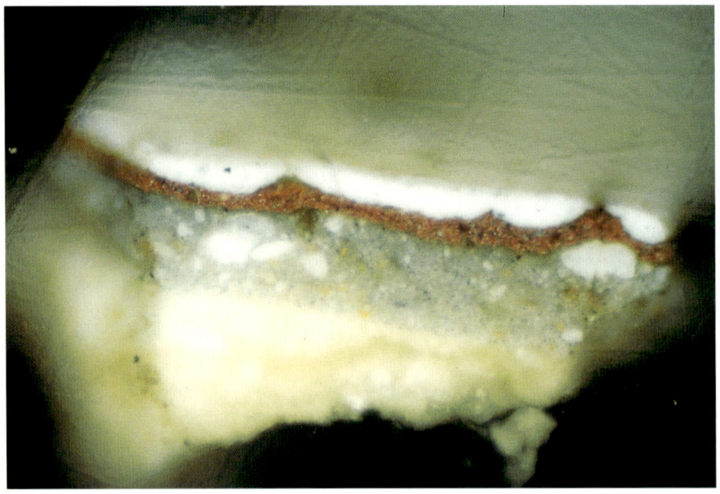

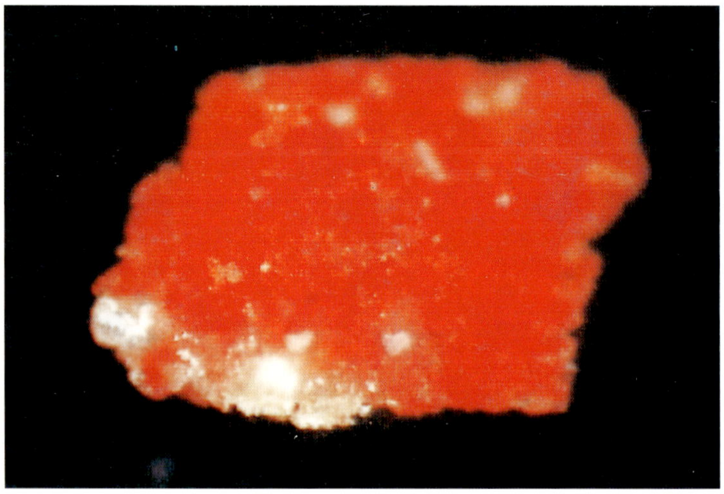

Oktober November Dezember

Größe: 227,5 x 353 cm

Bildträger: Leinengewebe in einfacher Leinenbindung von 10 x 12 Fäden pro cm². Er besteht aus zwei aneinandergesetzten Leinwandbahnen.

Malschichtaufbau (von oben nach unten):

6. Firnis
5. Farbschicht: Grün
4. Dunkle braune Unterzeichnung
3. Graue Grundierung
2. Weiße Grundierung
1. Vorleimung

23 Querschliff der Malschicht in 20facher Vergrößerung unter dem Mikroskop.

24 Gelb; Aufsicht einer Farbschichtprobe in 120facher Vergrößerung unter dem Mikroskop[13].

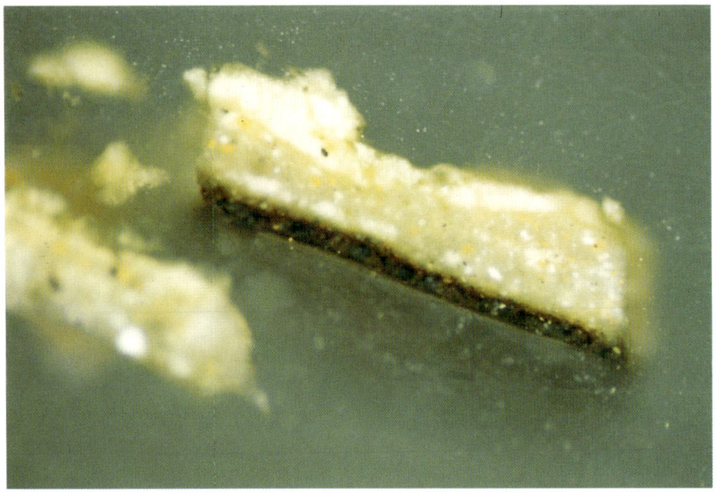

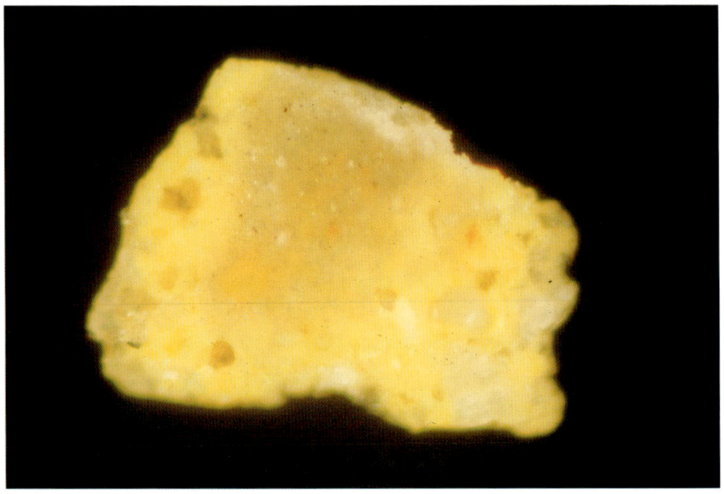

Zeitliche Einordnung aus maltechnischer Sicht

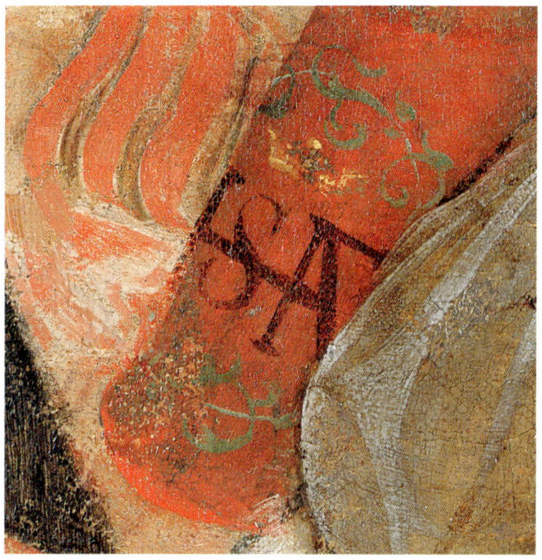

25 *Januar–März: Bisher nicht geklärtes Monogramm.*

Die Datierung 1531 auf dem Turnierbild und die in den vier Gemälden wiederkehrenden Motive, die von Scheibenrissen von Jörg Breu d. Ä. übernommen wurden, wie auch stilistische Ähnlichkeiten mit anderen Werken der Werkstatt Breus sind aus kunsthistorischer Sicht Veranlassung gewesen, den Jahreszeiten-Zyklus der Werkstatt Jörg Breus d. Ä. zuzuschreiben. Gode Krämer faßt 1980 die bisherigen Meinungen in der Literatur zusammen[14]. Er knüpft dabei an die von Wolfgang Wegner geäußerten Zweifel an der gleichzeitigen Entstehungszeit der Sommer- und der Winterbilder an[15]. Wie Wegner scheint auch ihm die Entstehung der Winterbilder erst gegen Ende des 16. Jahrhunderts wahrscheinlich; andererseits schließt er Wegners Meinung, das Monogramm HSFA auf dem Turnierbild sei das von Hans Friedrich Schorer (um 1585 bis nach 1654 in Augsburg) und dieser sei damit auch der Maler der Winterbilder, aus (Abb. 25)[16].

Um die Gemälde aus maltechnischer Sicht zueinander zeitlich einordnen zu können, wurde der maltechnische Aufbau der einzelnen Bilder zuerst miteinander verglichen. Dabei sollte die Frage, ob sie alle gleichzeitig und in einer Werkstatt entstanden sind, geklärt werden.

Die Authenzität der Beschriftungen auf den Bildern wurde geprüft, um ausschließen zu können, daß sie nicht zu einem späteren Zeitpunkt aufgetragen wurden.

Alle Untersuchungsergebnisse weisen darauf hin, daß die vier Gemälde aus einer Werkstatt stammen, da der maltechnische Aufbau bei allen vier Bildern gleich ist.

Die Inschriften, Wappen, Monatsschilder und die aufgemalte Datierung »1531« gehören zu der ursprünglichen Fassung der Bilder.

Die Ausführung der Darstellungen auf den einzelnen Gemälden ist gleich, aber es fallen auch Unterschiede auf, die auf eine Werkstattarbeit hinweisen. Dies kann am Beispiel zweier Frauengesichter im Vergleich zu dem Gesicht eines älteren und eines jungen Mannes verdeutlicht werden (Abb. 26–29). Die Frauenköpfe bestehen aus mehreren aufeinanderliegenden dünnen Farbschichten, die Licht und Schatten fließend modellieren. Sie sind klar von der Umgebung abgegrenzt. Im Gesicht der beiden Männer bildet die graue Imprimitur den Grundton des Schattens, auf dem klar ausgemischte helle Farbtöne aufgetragen wurden. Hier wird die Form nicht wie bei den Frauengesichtern modelliert, sondern Licht und Schatten liegen übergangslos nebeneinander.

Um die Frage, ob alle vier Gemälde wirklich um 1531 entstanden sein können, zu klären, wurden die vorhandenen Untersuchungsergebnisse ausgewertet und mit den wenigen maltechnischen Quellen der Zeit und Belegen aus der Sekundärliteratur verglichen. Des weiteren wurde der maltechnische Aufbau der vier Gemälde mit dem von originalen Werken Breus d. Ä. und seiner Werkstatt verglichen. Ausgewählt wurden Hauptwerke aus seiner Frühzeit und solche, die um 1530 entstanden sind, um die Entwicklung seiner Maltechnik bis 1530 nachvollziehen zu können. Ebenso wurden Werke von Hans Schöpfer d. Ä. und Hans Sebald Beham[17] in ihrem maltechnischen Aufbau mit Werken Jörg Breus d. Ä. verglichen, da beide im Umfeld Breus tätig waren, so z. B. an der Serie von Historienbildern für Wilhelm IV. und seine Gemahlin Jacobea von Baden für die Münchener Residenz. Es ist anzunehmen, daß dieser Zyklus und die Maler dieser Bilder Zeitgenossen und spätere Generationen anregten und beeinflußten.

Sämtliche Untersuchungen befassen sich mit dem Bildaufbau: dem Träger[18] der Grundierung, der Imprimitur[19], der Art der Unterzeichnung, dem Aufbau der Farben (sind sie lasierend aufgebaut, mehrschichtig oder ausge-

12 Aufgenommen vom Rathgen-Forschungslabor unter dem Auflichtmikroskop in 120facher Vergrößerung.

13 Aufgenommen vom Rathgen-Forschungslabor unter dem Auflichtmikroskop in 120facher Vergrößerung.

14 Krämer (wie Anm. 8).

15 Wolfgang Wegner, Die Scheibenrisse für die Familie Hoechstetter von Jörg Breu dem Älteren und deren Nachfolge, in: Zeitschrift für Kunstgeschichte, 22, 1959, S. 17–36.

16 Krämer (wie Anm. 8), S. 120: »Es lautet ganz eindeutig HSFA in Ligatur, doch die Auflösung, die Wegner vorschlug, auf Hans Friedrich Schorer ist sicher nicht richtig. Dagegen ist es sehr wahrscheinlich …, daß sich dahinter der Maler zumindest der Winterbilder verbirgt.«

17 In der Alten Pinakothek in München.

18 In diesem Zusammenhang Leinwand oder Holz.

19 Untermalung bzw. zweite Grundierungsschicht.

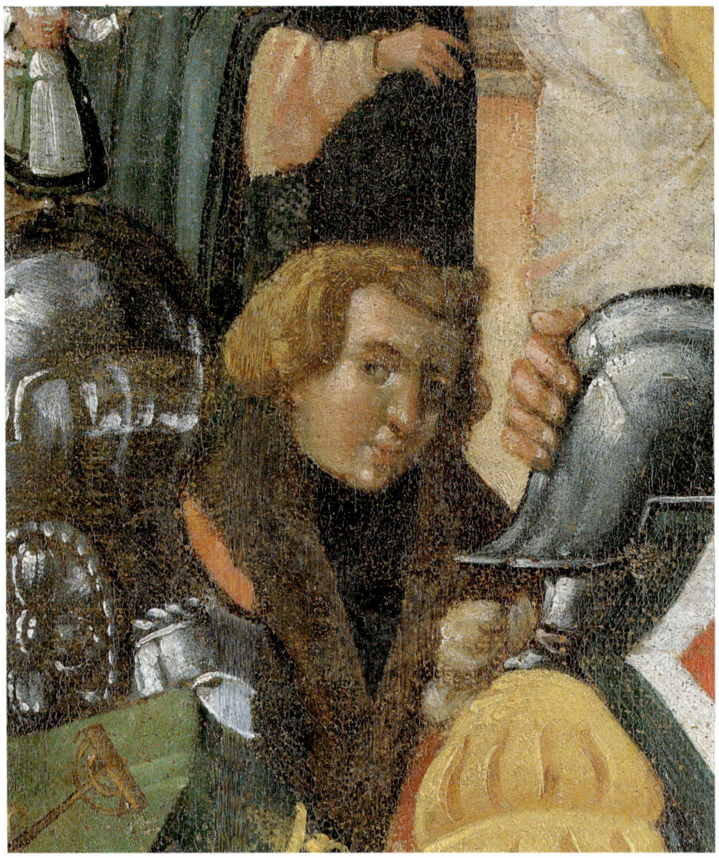 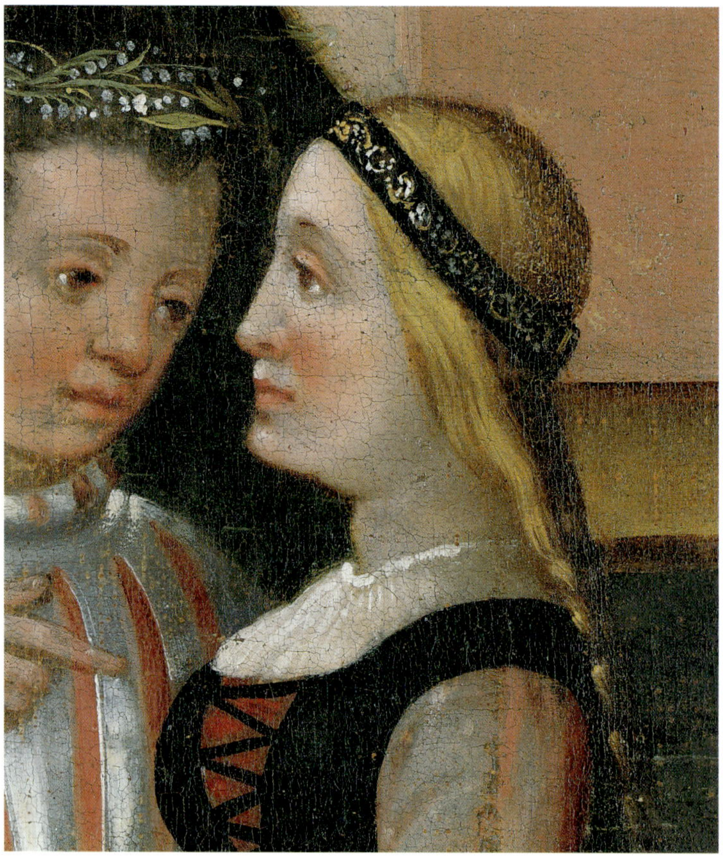

26 *Januar–März: Gesicht eines Mannes.*

27 *April–Juni: Gesicht einer Frau.*

mischt?) und vergleichbaren maltechnisch bedingten Veränderungen durch Anwendung ähnlicher Bindemittel und Pigmente.

Bildträger

Die Maltechnik um 1530 orientierte sich nördlich der Alpen noch vorwiegend an der spätgotischen Maltradition. Es war üblich, Malträger aus Holz zu verwenden oder wie Albrecht Dürer mit einem wäßrigen Bindemittel auf »Tüchlein« zu malen.

E. Bosshard datiert die anfängliche Entwicklung der Ölmalerei auf Leinwand in Italien um 1454 mit der »Heiligen Euphemia« von Andrea Mantegna[20]. Nach 1500 kommt diese Technik in Italien häufig vor. Aber: »Ganz anders als in Italien stellt sich die Situation nördlich der Alpen dar: In Deutschland tauchen die ersten Ölgemälde auf Leinwand erst ab 1550 auf …«. Aber: »… Eine Verwendung von Leinwand statt Holz könnte zumindest bei Altar und Orgelflügeln, auch in statischen Überlegungen begründet sein«[21]. Bosshard führt die Verzögerung auf die Tüchleinmalerei zurück, einen »Modus teutonicus«[22], eine Malerei auf ungrundierter, feiner Leinwand mit einem wasserlöslichen Bindemittel. »Zu einem absoluten Höhepunkt aber kommt diese Technik unter den Händen von Albrecht Dürer in Nürnberg und Niklaus Manuel Deutsch in Bern«[23].

In der evangelischen Kirche St. Anna in Augsburg befinden sich auf Leinwand gemalte Orgelflügel, die um 1518 datiert werden und Jörg Breu d. Ä. zugeschrieben sind. Dies wäre ein, wie E. Bosshard erwähnt, sehr frühes Erscheinen von Ölmalerei auf Leinwand im nördlichen Raum der Alpen, deren Verwendung vermutlich mit einer statischen Notwendigkeit zu begründen ist. Hierzu M. Koller: »Leinwandbemalte Orgelflügel als neue Bildgattung werden nach dem Vorbild Venedigs rasch auch nördlich der Al-

20 Emil D. Bosshard, Tüchleinmalerei. Geschichtliches zur Verwendung von Leinwand in der Malerei, in: Beiträge zur Konservierung textiler Bildträger, Vortragstexte der zweiten Fach- und Fortbildungstagung der Fachklasse Konservierung und Restaurierung an der Kunstgewerbeschule der Stadt Bern, 25. und 26. April 1983, im Selbstverlag der Kunstgewerbeschule für die Teilnehmer der Fachtagung, Bern 1983, S. 35–39.
21 Bosshard (wie Anm. 20), S. 38.
22 Bosshard (wie Anm. 20), S. 36: »Ferner wird in einer öffentlichen Akte aus Treviso von 1335 die Tüchleinmalerei als ›modus teutonicus‹ erwähnt: Es soll ein deutscher Klosterbruder gewesen sein, der als erster in Venedig Gemälde in dieser Technik hergestellt hat.« Bosshard bezieht sich hier auf C. L. Eastlake, Methods and Material of Painting of the Great Schools and Masters, New York 1847, Nachdruck 1961, Bd. 1, S. 90–93 (Note on a Venetian Manuscript in the British Museum).
23 Bosshard (wie Anm. 20), S. 38.

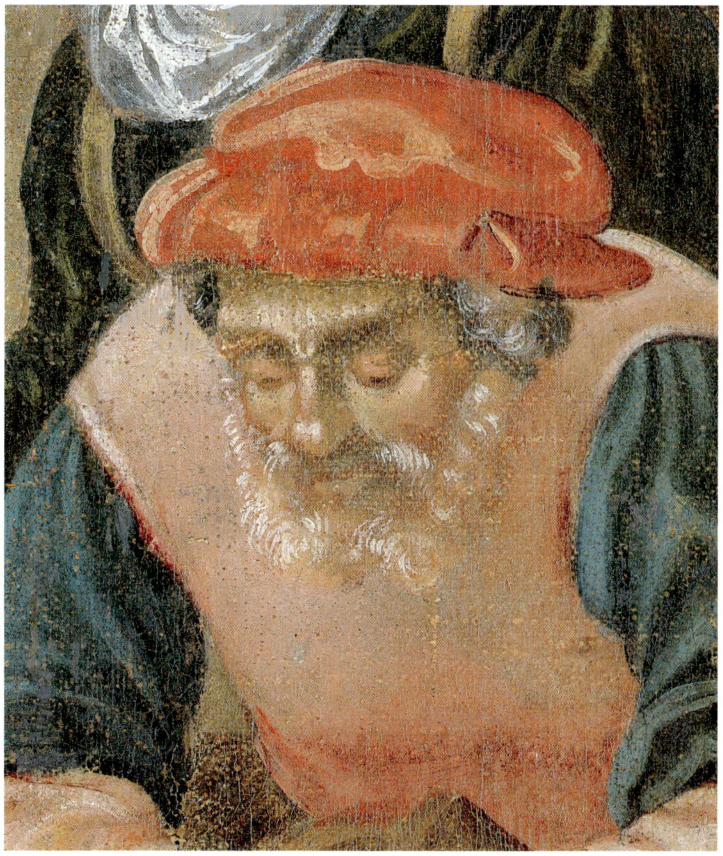

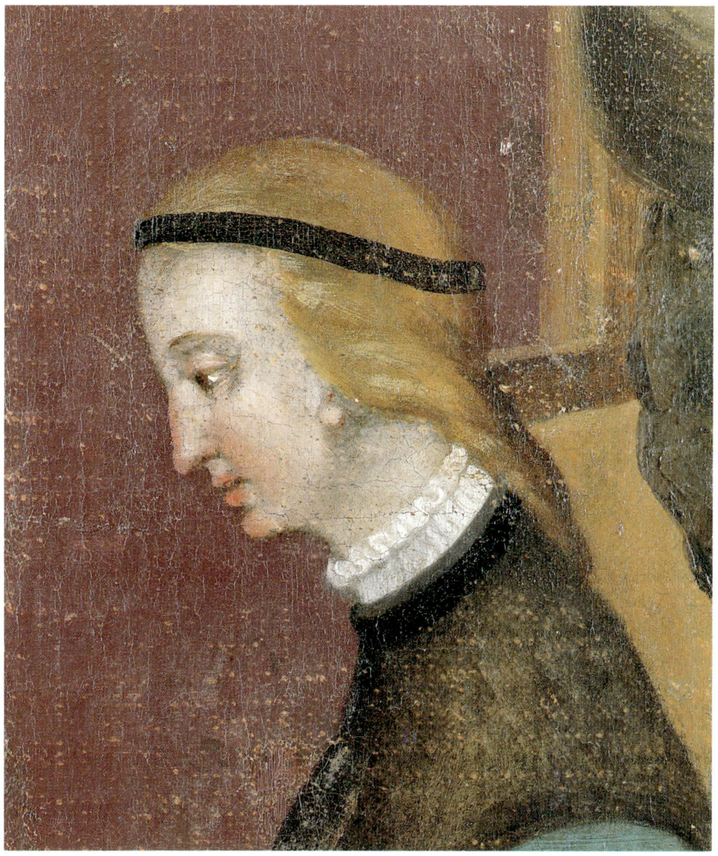

28 *Juli–September: Gesicht eines Mannes.*

29 *Oktober–Dezember: Gesicht einer Frau.*

pen übernommen (z. B. Augsburg, St. Anna, Fuggerkapelle: Jörg Breu d. Ä., 1518)«[24].

Die Größe der Orgelflügel ist vergleichbar mit der der vier Jahreszeiten-Bilder. Sie sind in direkter Anlehnung an italienische Vorbilder ausgeführt und unterscheiden sich sehr von den kleinen Orgelflügeln auf Holz, die sich am selben Altar befinden und sicherlich von Jörg Breu d. Ä. sind. Es gibt keinen Beleg, wann Jörg Breu d. Ä. die großen Orgelflügel wirklich fertiggestellt haben soll. Breu war 1514/15 in Italien und wird auch die derzeitige Entwicklung der Maltechnik in Italien gekannt haben. Mit Ausnahme der Orgelflügel läßt sich jedoch kein weiteres Leinwandgemälde von ihm belegen, noch eine Anlehnung an die italienische Manier zu dieser Zeit in seinem maltechnischen Bildaufbau[25].

Wenn der Vierjahreszeiten-Zyklus um 1531 entstanden ist, wäre dies in Anbetracht der Entwicklung der Leinwandmalerei im Raum der nördlichen Alpen spektakulär, auch wenn Jörg Breu d. Ä. Leinwand als Träger für die großen Orgelflügel verwendet hat. Es ist anzunehmen, daß diese aus statischer Notwendigkeit auf Leinwand gemalt wurden, da sie sehr groß sind und somit, wenn auf Holz gemalt, zu schwer wären, um sie bei gegebenen Kirchenfeiern öffnen und schließen zu können. Bei der Richtigkeit der Zuschreibung der Orgelflügel an Jörg Breu d. Ä. ist die Verwendung von Leinwand als Bildträger in seiner Werkstatt jedoch nicht auszuschließen.

Grundierung und Imprimitur

Die Leinwände der vier Gemälde sind weiß grundiert. Darauf befindet sich eine graue Schicht, die als farbiges Element mit in die Malerei einbezogen wurde. In diesem Sinne ist für die graue Schicht in ihrer Funktion eher der

24 Manfred Koller, Das Staffeleibild der Neuzeit, in: Reclams Handbuch der Künstlerischen Techniken, Bd. 1, Stuttgart 1984, S. 282–300.

25 Zur eigentlichen Datierung und zum Aufbau vgl. folgende Zitate: G. Preu, Chronik, S. 18–32: »Daß auch die Bilder auf den großen Orgelflügeln der Kapelle, von denen eines die Himmelfahrt Christi, das andere die der Maria darstellt, von Preu herrühren, wird allgemein angenommen, obwohl nicht alle Zweifel ausgeschlossen sind.« Es gibt keine eindeutigen Belege dafür, daß Jörg Breu d. Ä. die großen Orgelflügel gemalt haben soll. Dazu: Heinrich Röttinger, Breu-Studien, in: Jahrbuch der Kunsthistorischen Sammlungen des Allerhöchsten Kaiserhauses, Bd. 28, 1909, S. 31–91: »Da die Orgelanlage nach der zitierten Urkunde 1520 zum Abschlusse gebracht worden zu sein scheint, mögen um diese Zeit auch die großen Flügel die Werkstätte Breus fertig verlassen haben.« Dennoch nimmt auch Röttinger an, sie seien von Breu d. Ä. und beschreibt dessen hier angewendete Maltechnik bei diesen Bildern (S. 43): »Der

Begriff einer Imprimitur, d.h. einer farbigen Untermalung, deren Farbigkeit mit in die Malerei einbezogen wird, angebracht als der einer zweiten Grundierungsschicht, deren Farbigkeit die Gesamtwirkung aller darüberliegenden Farben beeinflußt[26]. Sie dient hier, wie schon beschrieben, z.B. bei den Gesichtern als Schattenpartie (Abb. 26–29). Sie enthält Öl als Bindemittel. Interessant wird dies im Hinblick auf den Inhalt folgender Anmerkungen:

»Die frühesten Farbimprimituren finden sich, wie zu erwarten, bei den Bildern venezianischer Maler. Nachdem für Spätwerke Giovanni Bellinis in London ... die bräunliche Färbung oberer Gipsgrundschichten inzwischen als Eidotterlösche bestimmt werden konnte ..., gilt weiterhin Tizians Londoner ›Madonna mit Kind und den hll. Johannes und Katharina‹ auf Leinwand um 1530 gemalt, als frühestes Beispiel einer farbigen Ölimprimitur über Gips-Leim-Grundierung erst mit Ocker, dann mit Grau«[27]. – »In Deutschland haben die Maler erst im späten 16. Jh. unter dem Einfluß niederländischer Manieristen Imprimituren des Kreidegrundes in ihren Malaufbau einbezogen«[28].

Vasari (1511–1574) beschreibt ausführlich die verschiedenen Möglichkeiten der Herstellung dieser Imprimituren:

»Ich muß jetzt erklären, wie mit der Arbeit zu beginnen ist. Wenn der Künstler anzufangen wünscht, das heißt nachdem er den Gips auf die Tafeln oder auf die aufgespannte Leinwand aufgetragen und geglättet hat, breitet er hierüber mit einem Schwamm vier oder fünf Schichten des glattesten Leimes und fährt fort, die Farben mit Walnuß- oder Leinöl aufzustreichen ... Zuerst muß jedoch eine Mischung von Farbstoffen, die trocknende Eigenschaften besitzen, aufgetragen werden, wie Bleiweiß, Trockner und Erde, wie sie zum Glockenguß benützt wird, alles gut durcheinander gemischt und von einem Farbton. Wenn der Leim trocken ist, muß diese Mischung über das Brett gestrichen [werden], ... so daß sie glatt verbunden Alles überzieht. Diese heißen viele ›Imprimatura‹«[29].

Die auf allen vier Bildern aufgetragene grau erscheinende Imprimitur enthält verschiedene Farbkörper. Dies setzt die Kenntnis dieser oder einer ähnlichen Rezeptur voraus. Es konnten bislang auch bei Tafelgemälden aus dieser Zeit im Raum nördlich der Alpen keine vergleichbaren Imprimituren belegt werden, daher erscheint in diesem Kontext das Entstehungsdatum der vier Gemälde um 1531 sehr früh.

Unterzeichnung

Die Gemälde sind mit Rot bzw. Braun unterzeichnet. Die Unterzeichnung ist an weiß ausgemischten, transparent gewordenen Partien, in Fehlstellenbereichen sowie als Kontur zu erkennen. Sie ist erhaben aufgetragen und von unterschiedlich starkem Strich. Dies läßt auf einen Auftrag mit dem Pinsel schließen. Schatten werden durch die Vorzeichnung nicht angegeben.

Knut Nicolaus beschreibt den Gebrauch von rötlichen und bräunlichen Pigmenten bei der Unterzeichnung: Sie gehören »zu den ältesten Formen der Unterzeichnung mit dem Pinsel ... Geht man von der Häufigkeit der bisher festgestellten roten oder braunen Unterzeichnungen aus, so scheint ihr Schwerpunkt in der deutschen Malerei um 1400 und in der niederländischen Malerei des 17. Jahrhunderts zu liegen«[30].

Die Feststellung, daß die rote Unterzeichnung in der deutschen Malerei um 1400 vorkommt, schließt nicht aus, daß sie auch um 1531 Anwendung fand, es ist jedoch zu bemerken, daß bei allen untersuchten Gemälden von Jörg Breu d. Ä. und seinem näheren Umkreis diese Farbigkeit nicht beobachtet werden konnte.

Körper Adams, dunkler pigmentiert wie die Männerfiguren stets gegenüber den weiblichen (Meitingsches Epitaph, Lukretia) zeigt nach alter Gewohnheit des Meisters braune Schatten. Die Schatten des rosig-gelblichen Inkarnates der Eva haben hingegen einen grünen Ton, den wir bisher nur an den grossen Orgelflügeln beobachten konnten.« Breu war vor der Fertigstellung der Orgelflügel in Italien und kannte die dort zu der Zeit übliche Maltechnik, von der er sich zumindest im Bildaufbau letztlich nicht beeinflussen ließ. Vgl. dazu Friedrich Antal, Breu und Filippino, in: Zeitschrift für bildende Kunst, 62, 1928/29, S. 29–37: »Daß einer dieser Orgelflügel – der mit der Auferstehung Christi – unter dem Einflusse des Botticelli Stiches der Gürtelspende entstanden war und mehrere Figuren von hier übernommen hat, ist durch H. Roettingers Breu-Studien bekannt. Hingegen ist der Forschung bisher entgangen, daß der andere Flügel mit der Himmelfahrt Maria ... sich in so starkem Maße an Filippinos 1489/90 entstandenes Assunta Fresko in der Caraffa-Kapelle der Kirche S. Maria sopra Minerva zu Rom ... anlehnt, daß man – in kunsthistorischem Sinne – von einer verhältnismäßig recht genauen Kopie sprechen kann.« Zu Breus (Nicht-) Annahme italienischer Maltradition vgl. Ernst Buchner, Der ältere Breu als Maler, in: Jörg Breu, Ein Süddeutscher Maler des 15. Jahrhunderts, Sonderdruck aus E. Buchner/K. Feuchtmayr (Hgg.), Beiträge zur Geschichte der Deutschen Kunst, Bd. 2, Augsburg 1928, S. 272–386: »Zu einer echten rein klingenden Synthese ... von Nordischem und Italienischem konnte es bei der Grundveranlagung Breus kaum kommen ... Die kleinen Orgelflügel sind das einzige Werk Breus, auf das etwas von südlichem Geist herübergerettet ist. Aber sie sind eine glückliche Ausnahme.«

26 Eine genaue Abgrenzung der Begriffe »Imprimitur« und »Untermalung« wurde in der Literatur noch nicht vorgenommen.

27 Koller (wie Anm. 24), S. 300–306.

28 Ebd., S. 305, 306.

29 Giorgio Vasari, zitiert nach A. P. Laurie, in: Technische Mitteilungen für Malerei. Zeitschrift der Deutschen Gesellschaft für rationelle Malverfahren, München 1933, Nr. 22, 49. Jg., S. 179.

30 Nicolaus (wie Anm. 7), S. 76–77.

Pigmente und Bindemittel

Die Ergebnisse der Pigmentuntersuchung geben keine Auskunft bezüglich der möglichen Entstehungszeit der Bilder. Interessant ist jedoch, wie die Farben aufgetragen wurden. Die Farbtöne sind meist ausgemischt und im Vergleich zu den untersuchten Werken aus dieser Zeit selten lasierend übereinander gemalt.

Das verwendete ölhaltige Bindemittel läßt sich sowohl im 16. Jahrhundert als auch später auf Tafelgemälden und dann auf Leinwandgemälden belegen.

Firnis

Entsprechend der spätgotischen Maltradition, aber auch der üblichen Maltechnik in den folgenden Jahrhunderten, waren die Bilder gefirnist. Da die Bilder aber schon bei einer früheren Restaurierung gereinigt worden sind und der Firnis dabei entfernt wurde, kann anhand kleiner Reste nur noch belegt werden, daß sie einen Firnis besaßen; aus welchen Materialien dieser Firnis zusammengesetzt war, wurde nicht analysiert. Es kann somit keine Aussage getroffen werden, ob seine Zusammensetzung um 1531 gebräuchlich war.

Resümee

Die aufgemalte Datierung »1531« ist nicht auf das Entstehungsjahr der Gemälde, sondern auf ein für den Auftraggeber wichtiges Ereignis oder auf eine Vorlage zurückzuführen.

Es wird angenommen, daß die großen Orgelflügel in der evangelischen Kirche St. Anna in Augsburg von Jörg Breu d. Ä. sind. Sollten diese und auch die Jahreszeiten-Bilder auf die Werkstatt bzw. den Umkreis Jörg Breus d. Ä. als Urheber zurückzuführen sein, so wäre dies ein seltenes und hervorzuhebendes Beispiel für die Anwendung von Ölmalerei auf Leinwand im frühen 16. Jahrhundert im Raum nördlich der Alpen. Die großen Orgelflügel sind um 1518 datiert. Weder von Jörg Breu d. Ä. noch aus seinem Umkreis gibt es einen weiteren Beleg für die Verwendung dieses Bildträgers. Es kann daher angenommen werden, daß die großen Orgelflügel aufgrund ihrer Größe und ihrer Verwendung eine zweckgebundene Ausnahme sind. Es sind im Raum Augsburg keine weiteren großformatigen Werke in Öl auf Leinwand gesichert. In Deutschland gibt es bisher vor dem späten 16. Jahrhundert kein weiteres Beispiel für die Verwendung von farbigen Gründen, die mit in die Malerei einbezogen wurden[31]. Es ist unwahrscheinlich, daß bereits um 1531 einerseits der für diese Zeit ungewöhnliche Bildträger »Leinwand« als auch die noch nicht verbreitete Technik der Imprimitur verwendet wurden, zumal dies gewiß Nachahmung gefunden hätte, wenn es von einer entsprechend prominenten Werkstatt, wie der von Jörg Breu d. Ä. oder seinem Umkreis, geschehen wäre.

Der Jahreszeiten-Zyklus im maltechnischen Vergleich zu Werken Jörg Breus d. Ä. und seiner Zeitgenossen

Das Frühwerk und Gemälde, die um 1530 von Jörg Breu d. Ä. geschaffen wurden, ein Gemälde von Jörg Breu d. J., »Die Eroberung von Rhodos durch die Königin Artemisia«, um 1535, und Werke von Hans Schöpfer d. Ä. und Barthel Beham, die auch um 1530 entstanden sind, wurden mit in die Untersuchung einbezogen[32].

31 Diese Maltechnik ist unabhängig von dem Bildträger.

32 Alle in der Alten Pinakothek in München.

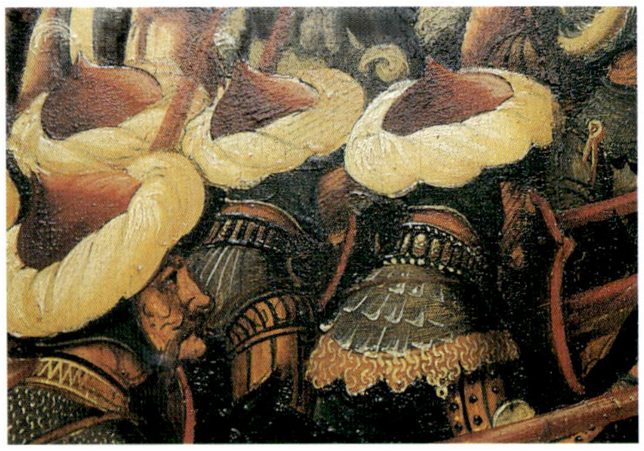

30 Jörg Breu d.Ä., Die Schlacht bei Zama, 1530; Ausschnitt. München, Alte Pinakothek.

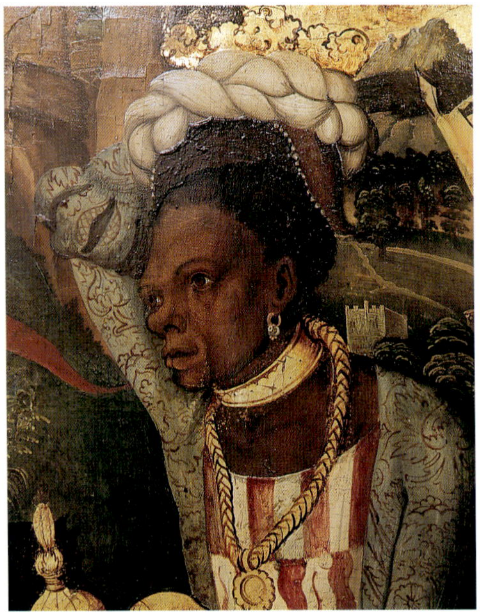

31 Jörg Breu d.Ä. und Mitarbeiter, Aggsbacher Altar, 1501; Gesicht des Caspar. Stift Herzogenburg/Österreich.

Georg Pencz ist von großem Interesse, weil seine um 1531 veröffentlichte Planetenkinderfolge zwar maltechnisch nicht verglichen werden kann, da es sich um Holzschnitte handelt, aber doch erwähnt werden muß, da erstens das Erscheinungsdatum, zweitens die Darstellungen und drittens das Thema dieser Folge gewiß in einem Zusammenhang mit dem Jahreszeiten-Zyklus stehen.

Alle Untersuchungen wurden am Aufstellungsort mit Hilfe eines transportablen Handmikroskops ohne jeglichen Eingriff in die Originalsubstanz vorgenommen.

Zu Werken von Jörg Breu d. Ä.

Folgende Werke von Jörg Breu d. Ä. wurden miteinander verglichen:

1. Der Bernhardi-Altar, nicht signiert, um 1500, Kirche des Zisterzienserstifts Zwettl/Österreich
2. Der Aggsbacher Altar, Breu und Schüler bzw. Mitarbeiter, signiert und datiert 1501, Museum von Herzogenburg/Österreich
3. Der Melker Altar, Breu und Schüler, nicht signiert und datiert, um 1500–1502, Museum Stift Melk/Österreich
4. Der Apostelabschied, signiert, 1514, Städtische Kunstsammlungen Augsburg
5. Die Verspottung Christi, nicht signiert und datiert, um 1522, Städtische Kunstsammlungen Augsburg
6. Die Geschichte der Lukretia, signiert und datiert, 1528, Alte Pinakothek München
7. Die Schlacht bei Zama, signiert und datiert, 1530, Alte Pinakothek München
8. Meitingsches Epitaph, nicht signiert und datiert, jedoch am Zierrahmen bezeichnet, um 1534, St. Anna Kirche in Augsburg

Bei all diesen Werken handelt es sich um Tafelmalerei.

Die Maltechnik entspricht bei allen Werken der spätgotischen Maltradition: helle Grundierung, heller Grundton, mit lasierenden Schatten, und zum Schluß Lichter durch helle Farbtöne akzentuiert.

Keines der Gemälde besitzt eine graue Imprimitur oder Grundierung.

Bei allen Tafelbildern konnte die Unterzeichnung als dunkel bzw. schwarz identifiziert werden. Schattenpartien waren häufig mit quer- und parallelverlaufenden Strichen vorgelegt.

Ein Beispiel für den beschriebenen maltechnischen Aufbau ist die »Schlacht bei Zama«, die 1530 signiert und datiert ist. Ein Jahr später soll der Jahreszeiten-Zyklus entstanden sein? Die Malerei ist auf einer hellen weißlichen Grundierung ausgeführt. Die an vielen Stellen heute gut sichtbare dunkle Unterzeichnung gibt Schatten bzw. Flächen durch parallel aneinander gesetzte Striche an. Die Gesichter haben einen einfachen hellen Grundton und sind durch Lasuren in Schattenpartien aufgebaut. Die Profile der Gesichter sind durch Konturen zur Umgebung abgegrenzt (Abb. 30).

Die Verwendung von Lasuren auf hellem Grundton wiederholt sich bei dem »Meitingschen Epitaph« von 1534. Dieselbe Art der Unterzeichnung ist deutlich durch die transparent gewordenen Malschichten zu erkennen.

Bei der »Verspottung Christi« von 1522 (im Bereich des Heiligenscheins) und bei der »Anbetung der Könige« (im Gesicht des Caspar) in Herzogenburg, um 1501, hat Breu die nasse lasierende Farbe mit dem Finger getupft; zurück bleiben eine ganz feine Reliefstruktur seiner Fingerabdrücke und ein Hauch von Farbe (Abb. 31).

Auffällige Frühschwundrisse, entstanden durch bindemittelreich aufgetragene Pigmente, sind bei Rot, Grün und Blau häufig zu beobachten. Diese Farben bilden ein starkes Oberflächenrelief (Abb. 32–34).

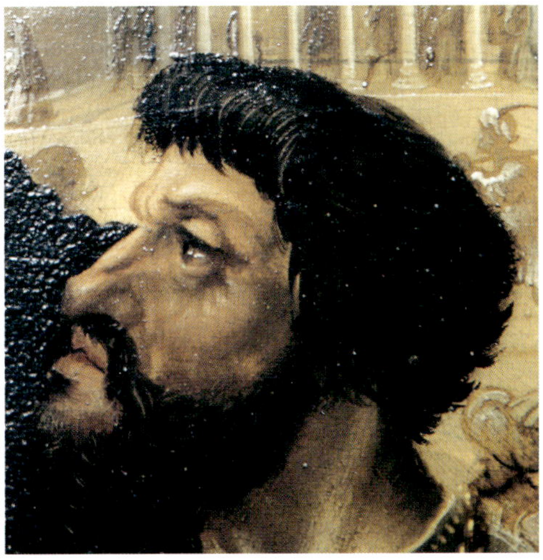 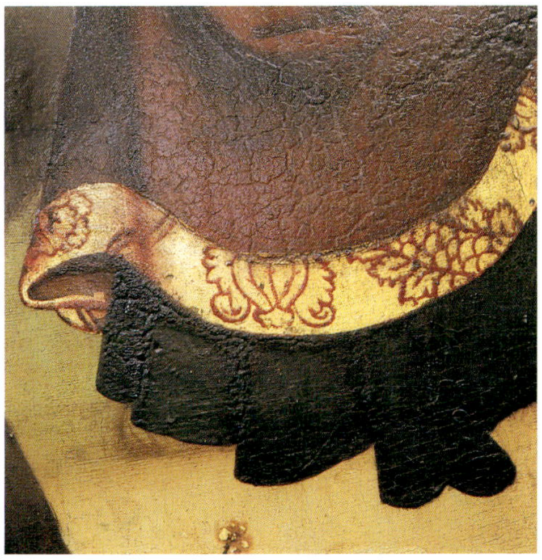 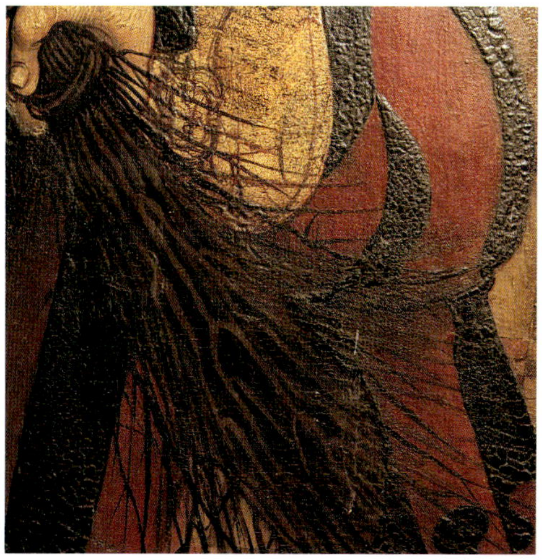

Auf den Bildern tauchen auch traditionelle Techniken gotischer Tafelmalerei auf, wie Vergoldungen von Hintergründen und Lichtsetzungen durch Höhungen aus Feingold z.B. am Gewand der Lukretia in dem Gemälde »Die Geschichte der Lukretia« (Abb. 35).

Am Melker Altar in Melk und am Aggsbacher Altar in Herzogenburg hat Breu das Konzept der Darstellung häufig geändert bzw. überarbeitet. Dies ist nicht nicht nur durch Abweichungen vorhandener Vorzeichnungen zu der ausgeführten Darstellung zu erkennen. An vielen Pentimenti und Malschichtüberlappungen, die bereits mit bloßem Auge erkennbar sind, wird deutlich, daß ganze schon ausgeführte Bildpartien verändert wurden (Abb. 36).

Sowohl bei den Beispielen in Melk als auch in Herzogenburg hat Breu in Zusammenarbeit mit Schülern oder anderen Malern die Altäre geschaffen. Es sind unterschiedliche Handschriften erkennbar, denen jedoch immer derselbe maltechnische Aufbau zugrunde liegt. Zur Verdeutlichung werden im folgenden zwei Christusköpfe verglichen (Abb. 37, 38). Das Inkarnat zeigt bei beiden einen lasierenden Schattenaufbau auf einem hellen Grundton mit abschließend aufgesetzten Höhungen. Die Lichtsetzung um Augen und Mund ist bei dem Beispiel des Melker Altars wesentlich feiner strukturiert. Vermutlich wurde dieser Kopf von Breu selbst gemalt. Beim Christuskopf aus der Darstellung der Verspottung Christi auf der Rückseite des Aggsbacher Altars von Herzogenburg sind bei diesem Beispiel Licht und Schatten im Vergleich wesentlich flächiger aufgetragen. Es wird hier deutlich, daß

32 Jörg Breu d. Ä., Die Geschichte der Lukretia, 1528; Ausschnitt. München, Alte Pinakothek.

33 Jörg Breu d. Ä., Melker Altar, 1500–1502; Ausschnitt. Stift Melk/Österreich.

34 Jörg Breu d. Ä., Melker Altar, 1500–1502; Ausschnitt. Stift Melk/Österreich.

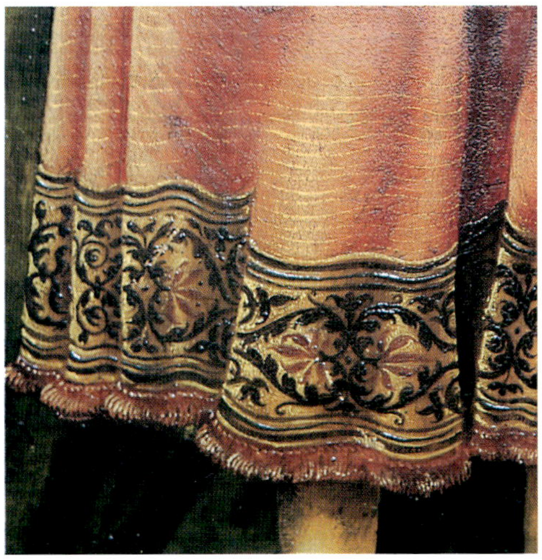 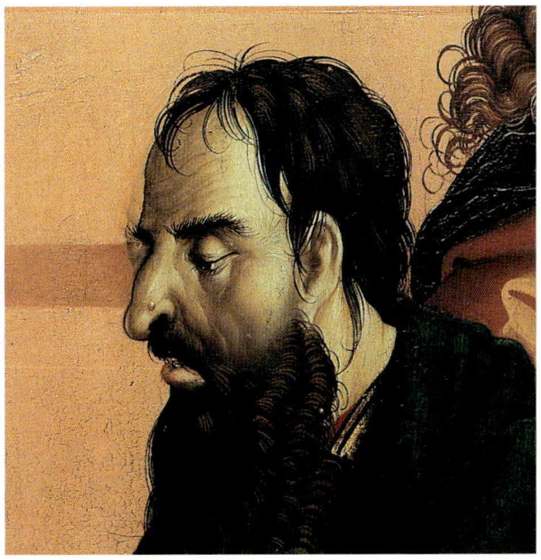

35 Jörg Breu d. Ä., Die Geschichte der Lukretia, 1528; Ausschnitt aus dem Kleid der Lukretia. München, Alte Pinakothek.

36 Jörg Breu d. Ä., Melker Altar, 1500–1502; Gesicht eines Mannes. Stift Melk/Österreich.

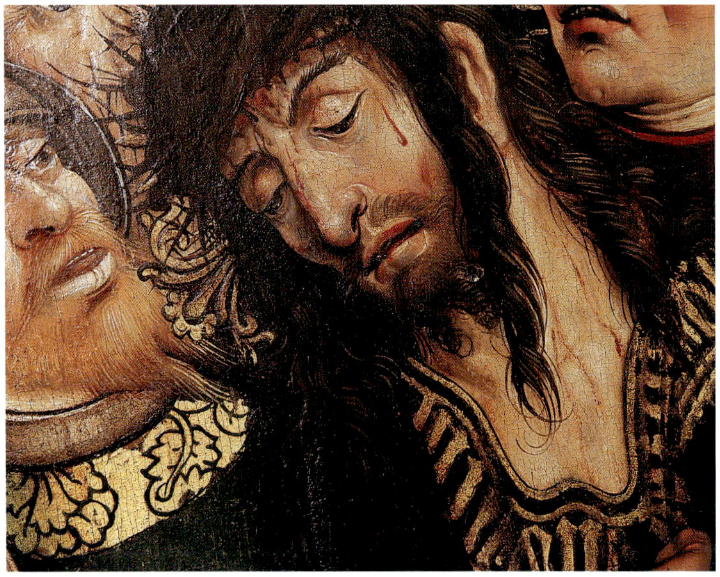

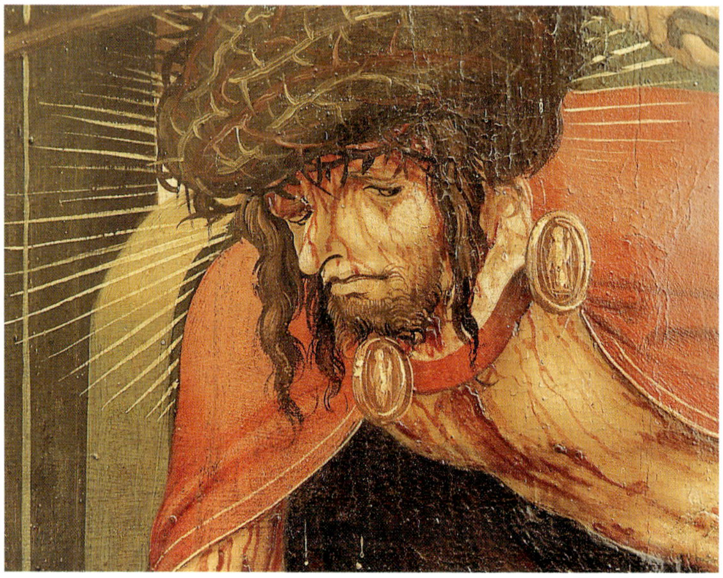

37 *Jörg Breu d. Ä., Melker Altar, 1500–1502; Kopf Christi. Stift Melk / Österreich.*

38 *Jörg Breu d. Ä. und Mitarbeiter, Aggsbacher Altar, 1501; Kopf Christi. Stift Herzogenburg / Österreich.*

der Maler (ein Schüler oder ein Mitarbeiter Breus) dieses Kopfes die Malweise und Maltechnik des Meisters Jörg Breu d. Ä. annimmt, wobei die abweichende Handschrift unverkennbar ist[33].

Die Malweise der Jahreszeiten-Bilder beinhaltet nur noch wenige Elemente spätgotischer Maltechnik. Der Bildaufbau ist vom Dunkeln ins Helle ausgeführt. Die einzelnen Farbtöne sind direkt ausgemischt und selten lasierend aufgetragen, daher sind kaum bindemittelbedingte Veränderungen wie z. B. ausgeprägte Frühschwundrisse in der Malschicht zu erkennen. Unterschiedliche Ausführungen einzelner Gesichter z. B. weisen auf eine Werkstattarbeit hin, wobei es nicht erkennbar ist, wessen Handschrift die des Meisters ist.

»Die Schlacht bei Zama« von Jörg Breu d. Ä. von 1530, auch ein Bild mit weltlicher Thematik, ist noch entsprechend dem spätgotischen Stil ausgeführt. In der Gegenüberstellung scheint es unmöglich, daß Breu, seine Werkstatt oder sein Umkreis ein Jahr später einen neuen Malstil entwickelt haben, auf einem bis dahin unüblichen Malträger, mit einer neuen Möglichkeit, Licht und Schatten plastisch darzustellen, ohne weiteren Einfluß auf andere Zeitgenossen, die diesen maltechnischen Stil erst mehr als 60 Jahre später aufnehmen.

In Italien war die Leinwandmalerei schon seit 1454 durch Mantegnas Werk bekannt, und erst 1530 malte Tizian das Gemälde »Madonna mit Kind«. Wie schon erwähnt, ist dieses Bild bisher das früheste Beispiel eines Gemäldes mit einer farbigen Imprimitur. Auch Jörg Breu d. Ä. wird, als er in Italien war, einige »moderne« Maltechniken kennengelernt haben. Warum finden sie bei keinem seiner signierten Werke, weder im Bildaufbau noch im Gebrauch von Leinwand als Bildträger, Anwendung? Wieso kann auch in seinem Umkreis kein weiteres Beispiel belegt werden, das eine vergleichbare Maltechnik aufweist? Wieso übernimmt kein anderer deutscher Maler schon viel früher diese neuen Techniken in der Malerei? Sind es die Wünsche der Auftraggeber oder (bzw. und) die Vorgaben der Zünfte, die dies verhindert haben können?

Zu Werken von Zeitgenossen Jörg Breus d. Ä.

Es konnte zum Vergleich das einzige von Jörg Breu d. J. erhaltene Tafelgemälde herangezogen werden. Die »Eroberung von Rhodos durch die Königin Artemisia« von 1535 weist jedoch auch keine maltechnische Bezie-

33 Es ist zu bemerken, daß der Erhaltungszustand bei dem Aggsbacher Altar auf vorangegangene Restaurierungen hinweist.

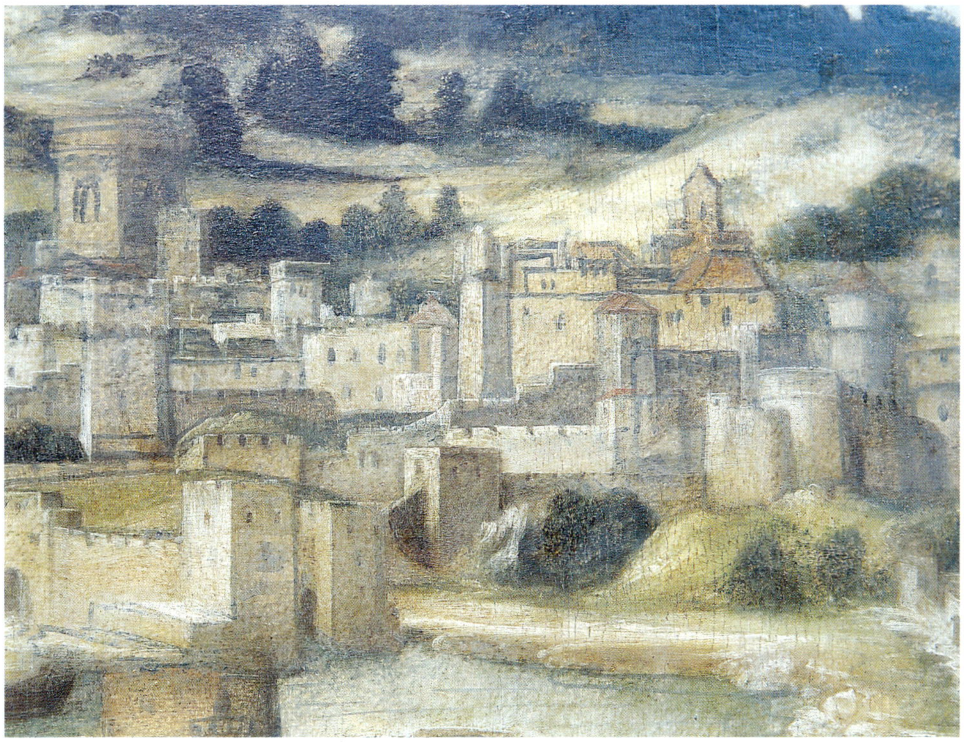

39 Jörg Breu d. J., Die Eroberung von Rhodos durch die Königin Artemisia, 1535; Ausschnitt. München, Bayerische Staatsgemäldesammlungen.

40 Hans Schöpfer d. Ä., Die Geschichte der Susanna, 1537. München, Alte Pinakothek.

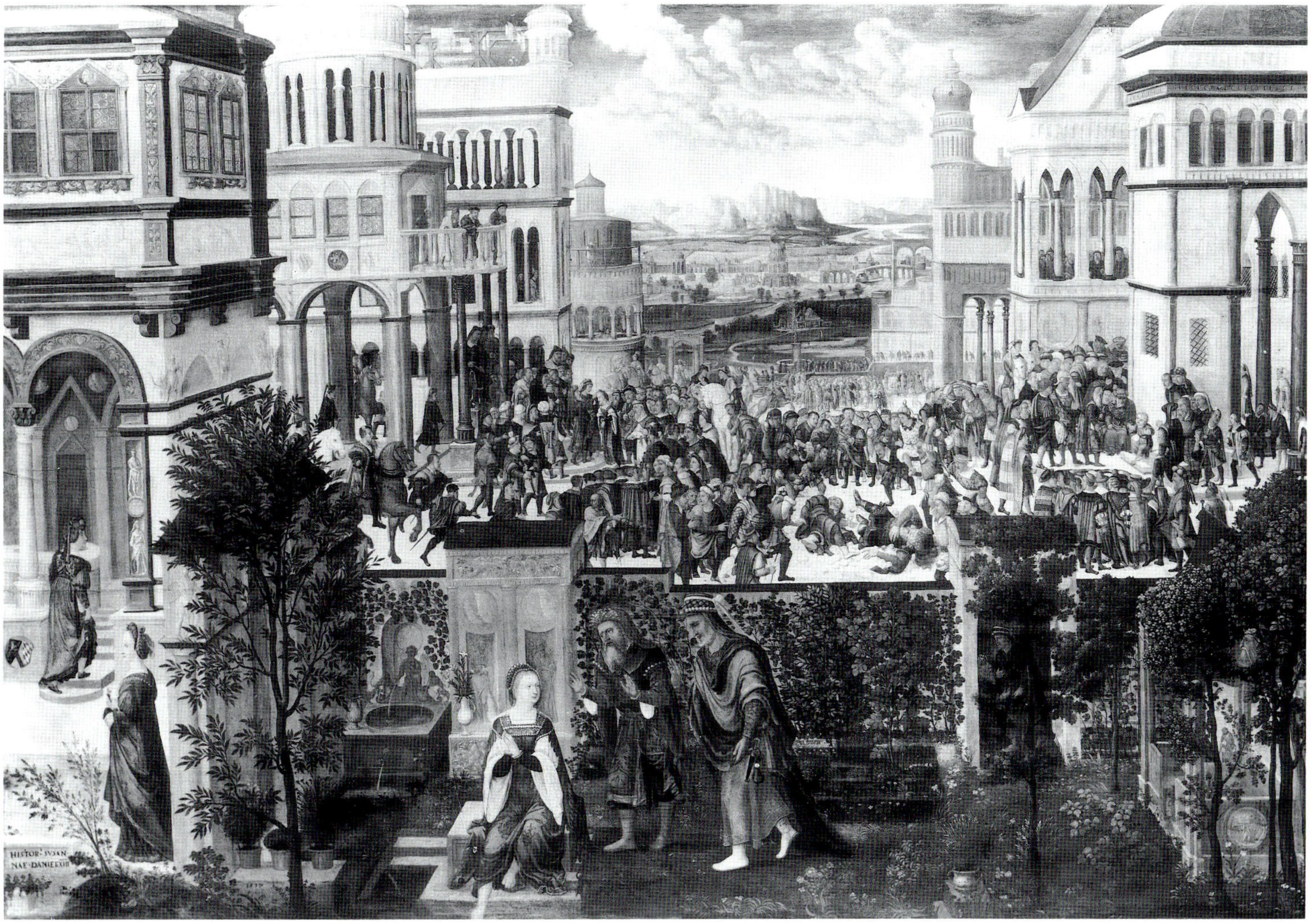

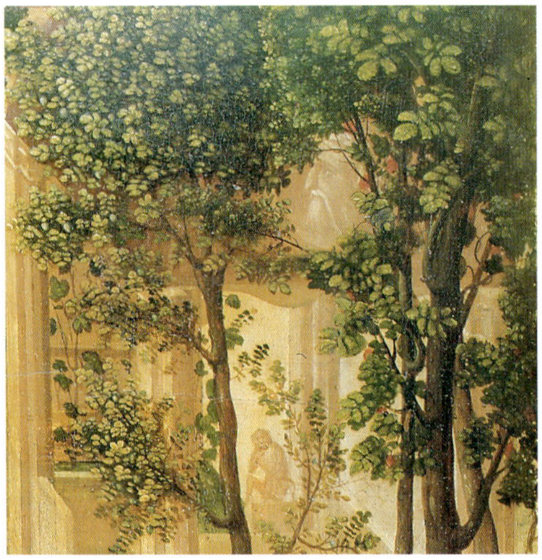

41 *Hans Schöpfer d. Ä., Die Geschichte der Susanna, 1537; Gesicht eines Mannes im rechten Bildhintergrund. München, Alte Pinakothek.*

42 *Oktober–Dezember: Gesicht eines Mannes in einem Spiegel.*

43 *Heinrich Vogtherr d. Ä. zugeschrieben, Kopie des Oktober–Dezember-Gemäldes; Gesicht eines Mannes in einem Spiegel. Augsburg, Städtische Kunstsammlungen.*

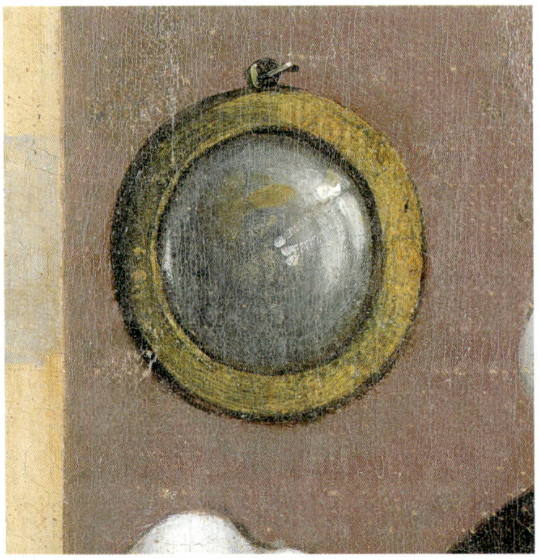

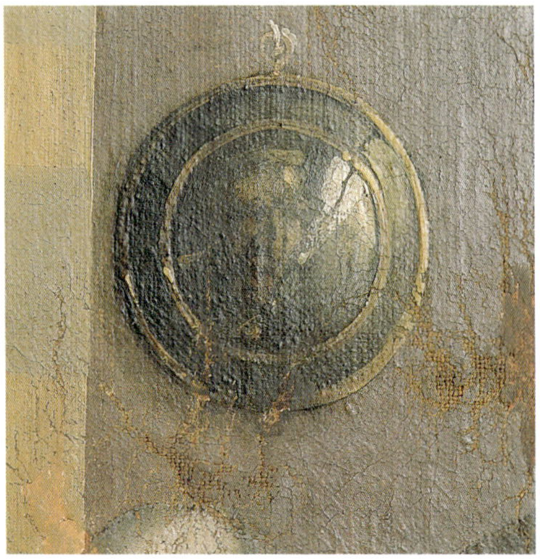

hung zum Jahreszeiten-Zyklus auf. Hier wirkt die Ölmalerei auf Holz fast wie ein Aquarell. Die Farbe ist sehr transparent auf einem hellen Grund aufgetragen. Allein der Duktus der Unterzeichnung ähnelt interessanterweise der Unterzeichnung des Jahreszeiten-Zyklus, nicht aber die Farbigkeit. Es ist ein sich verjüngender Strich zu erkennen, der anscheinend mit in die Malerei einbezogen wurde, so z. B. bei Konturen von Häusern (Abb. 39). Wie bei dem Jahreszeiten-Zyklus sind keine Schattenangaben durch die Vorgabe einer Unterzeichnung zu erkennen.

Die von Hans Schöpfer d. Ä. 1537 gemalte »Geschichte der Susanna« wurde zum Vergleich herangezogen. Im Rahmen desselben Historienbilder-Zyklus wurden u. a. sowohl Hans Schöpfer d. Ä. als auch Jörg Breu d. Ä. von Wilhelm IV. beauftragt. Die zeitliche Nähe dieser Bilder zum angenommenen Entstehungsdatum des Jahreszeiten-Zyklus und Ähnlichkeiten in der Ausführung einiger Gesichter gaben Anlaß zum Vergleich mit den Jahreszeiten-Bildern (Abb. 40). Auch hier kann die bis dahin übliche Maltechnik beobachtet werden: heller Grund, Aufbau der Farben vom Hellen ins Dunkle.

Bildliche Details wie die Ausführung der Berge oder die kippende Architektur erinnern an die Darstellungen in dem Jahreszeiten-Zyklus. Auch der scheinbar versteckte alte Mann im rechten Bildhintergrund erinnert an den im Spiegel versteckten alten Mann im Oktober–Dezember-Gemälde[34], der noch deutlicher in der Augsburger Kopie dieses Gemäldes zu erkennen ist (Abb. 41–43). Da die Maltechnik sich jedoch unterscheidet, stellt sich eher die Frage, ob vielleicht dieses Werk oder andere von Hans Schöpfer d. Ä. die Maler des Jahreszeiten-Zyklus beeinflußt haben. Das Gemälde »Geschichte der Helena«, 1530 von Barthel Beham gemalt, gehört auch zu dem Historienbilder-Zyklus und hat wie die beschriebenen Werke von Hans Schöpfer d. Ä. und Jörg Breu d. Ä. den bis dahin üblichen Bildaufbau.

Ergebnis

Das Ergebnis der vergleichenden Untersuchungen schließt das Entstehungsdatum des Jahreszeiten-Zyklus von 1531 aus. Die vier Gemälde wurden weder von Jörg Breu d. Ä., seiner Werkstatt, noch von seinem Sohn Jörg Breu d. J., der die Werkstatt 1534 übernahm, geschaffen. Der Zyklus muß zu einem späteren Zeitpunkt gemalt worden sein.

Die Zuschreibungsfrage

Georg Pencz, der wie Hans Sebald und Barthel Beham einer der sogenannten »drei gottlosen Maler«[35] von Nürnberg war, schuf die Folge der »Planetenkinder«, die Albrecht Glockendon 1531 verlegte. Die Darstellung »Sol« ist mit »Prima Augusti 1531« beschriftet. Diese Folge war nach Zschelletzky »in ungewöhnlich großem Format für einen Kleinmeister ausgeführt«[36]. Zu den einzelnen Blättern gehört eine Renaissance-Umrahmung, die mit einem zweiten Holzstock gedruckt wurde. Die einzelnen Drucke sind mit Umrahmung jeweils 350 mm hoch und 230 mm breit und können zu einem etwa anderthalb Meter langen Fries zusammengesetzt werden. Es gibt innerhalb dieser Blätter Motive, die sich in dem Jahreszeiten-Zyklus wiederholen. Hier sei nur eines erwähnt: Das Jagdmotiv in der Darstellung des Mars erinnert nicht nur durch die Darstellung der Waldlichtung und die Position des Pferdes mit Reiter, sondern auch durch die Häuser im rechten Hintergrund an die Darstellung in dem Juli–September-Gemälde (Abb. 44).

Ist es ein Zufall, daß die Darstellung »Sol« aus dieser Planetenkinder-Folge mit »1531« beschriftet ist und das Turnierbild aus dem Jahreszeiten-

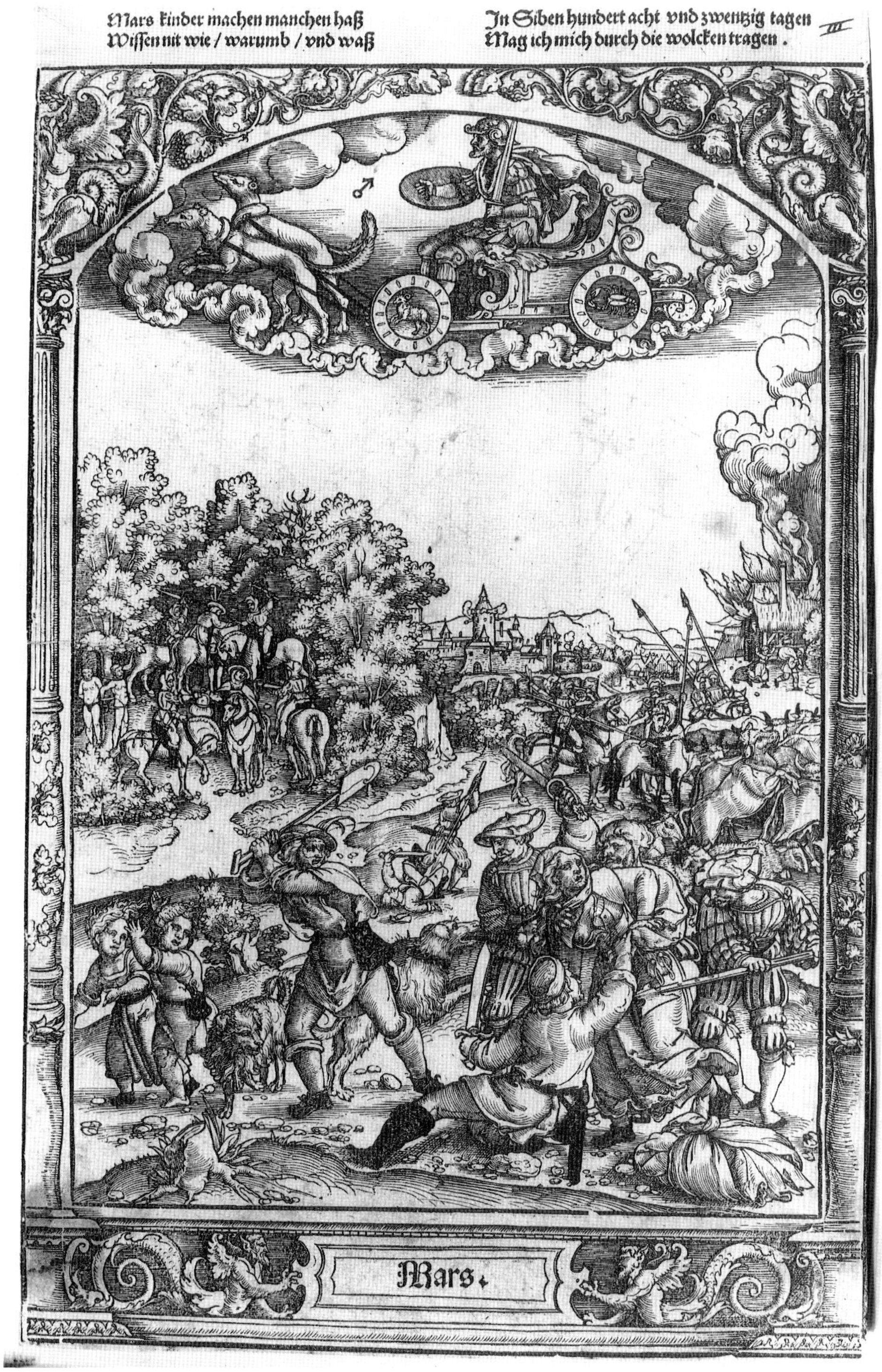

44 Georg Pencz, Mars. Holzschnitt aus der Planetenkinder-Folge, 1531. Nürnberg, Germanisches Nationalmuseum.

zyklus auch? Kann es sein, daß der Jahreszeiten-Zyklus diese Folge zitiert? Besteht ein Zusammenhang zwischen der Größe der Blätter der Planetenkinder-Folge, die in 10facher Verkleinerung der der vier Gemälde (zwar im Querformat) beinahe entspricht[37]?

Die Planetenkinder-Folge wird auf eine um 1460 in Italien entstandene Folge gleichen Inhaltes zurückgeführt. Die Arbeiten von Pencz wurden wiederum in veränderter Form bis ins 17. Jahrhundert hinein kopiert[38].

In Sebald Behams »Das große Kirchweihfest«[39] befinden sich zwei Darstellungen desselben Kopfes eines Mannes, dessen Haar nach hinten gekämmt ist. Dieser Kopf ähnelt einer ohnehin sehr auffälligen Darstellung in dem April–Juni-Gemälde (Abb. 45, 46). Hier werden wie bei dem Jahres-

34 Im linken unteren Bildbereich.
35 Herbert Zschelletzky, Die »Drei Gottlosen Maler« von Nürnberg, Leipzig 1975, S. 134–168.
36 Zschelletzky (wie Anm. 35), S. 134.
37 Siehe Tabelle der technologischen Untersuchung.
38 Zschelletzky (wie Anm. 35), S. 151.
39 Keith Moxey, Sebald Behams Church Anniversary Holidays, in: Simiolus, 12, Amsterdam 1981/82, S. 107–131.

45 Sebald Beham, Das große Kirchweihfest. Holzschnitt (Detail). Nürnberg, Germanisches Nationalmuseum.

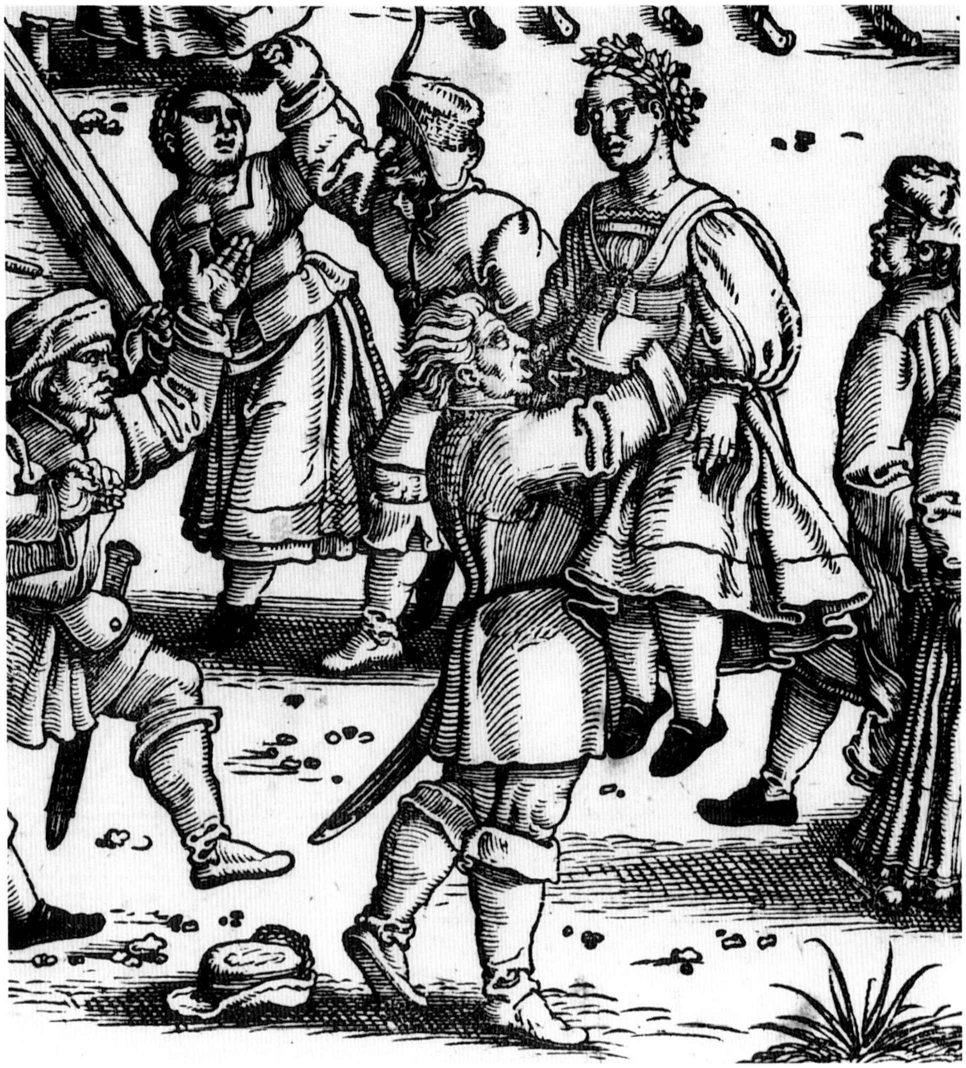

46 April–Juni: Gesicht eines Mannes.

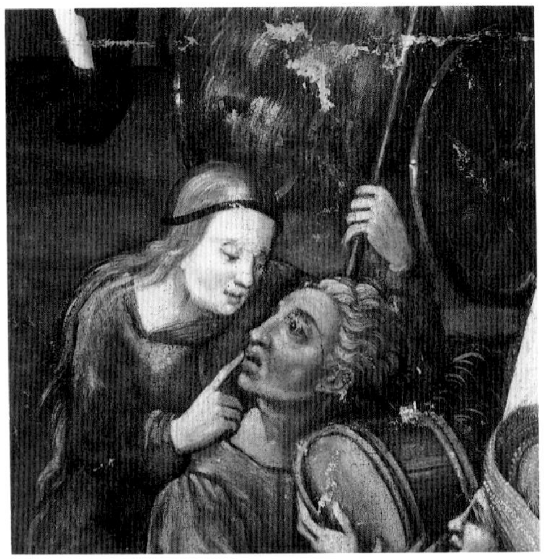

zeiten-Zyklus Szenen des alltäglichen Lebens dargestellt, wie der Besuch beim Zahnarzt, die Weinprobe und tanzende Bauern.

Die vier Bilder bestehen aus einer Fülle von Vorlagen und Zitaten. Ist die Turnierszene von Pferde- und Schlachtendarstellungen Paolo Uccellos beeinflußt? Wer ist der Mann im Spiegel in dem Oktober–Dezember-Gemälde?

In dem Jahreszeiten-Zyklus sind verwendete Vorlagen und Ähnlichkeiten zu Werken u.a. von den beiden Breus, von Georg Pencz und vielleicht Hans Schöpfer d. Ä. zu erkennen[40]. Es wird aber keiner dieser Maler der Urheber der Gemälde sein, weil sie in einer anderen Maltechnik, nämlich der, die ihrer Wirkungszeit entspricht, malen.

Auf dem Januar–März-Gemälde gibt es einen Hinweis auf das Jahr 1531 und ein Monogramm. Nach dem Hinweis von Wegener[41] und den Ausführungen im Monogrammisten-Lexikon[42] könnte eine Beziehung von HSFA zu Hans Friedrich Schorer hergestellt werden. Er war Maler und Zeichner. Ende des 16. Jahrhunderts lernte er in Italien, er lebte in Venedig und kehrte dann nach Nürnberg und Augsburg zurück, wo er 1639 noch als Bürger der Stadt nachgewiesen werden kann. Durch seine Studien kannte er die Entwicklung der italienischen Maltechnik im 16. Jahrhundert und ihren Einfluß auf die Maltechnik in Deutschland gegen Ende des 16. Jahrhunderts. Ihm waren die Werke der genannten Maler durch seine Tätigkeit in Nürnberg und Augsburg gewiß bekannt. Die Verwendung von Bildvorlagen war zu dieser Zeit gängig. Der Jahreszeiten-Zyklus selbst findet seine

40 Hierzu Kurt Löcher, Hans Schöpfers »Geschichte der Susanna«, in: Pantheon, 28, 1970, S. 279–282: »Die Nähe zu den Augsburgern, gerade zu Jörg Breus ›Schlacht bei Zama‹ (München, Alte Pinakothek), bestimmt die Zeichnung der Menschen und Pferde, ihre in die Tiefe führende Schrägstellung, selbst auch die Ringkomposition.«

41 Wegner (wie Anm. 15).

42 G. K. Nagler, Die Monogrammisten, Bd. 3, München 1919, S. 638, Nr. 1524: »... Hans Friedrich Schorer hinterliess aber auch Zeichnungen in schwarzer und rother Kreide ... Die Zeichnungen mit dem ersten Monogramme von 1600 sind sehr schön, und haben ganz das Gepräge der späteren italienischen Schule. Auch Zeichnungen mit Thieren und den Monogrammen kommen vor. ... es ist auch die Frage, ob Schorer die vier Landschaften mit Kindern, oder die vier Jahreszeiten von 1615 radirt hat, da das Monogramm aus HSR gebildet ist, wie wir unten sehen. Von dem 1610 geborenen J. F. Schorer können sie in keinem Fall herrühren, aber von dem folgenden Meister, welcher im Landschafts-

Wiederholung in dem einzigen, als Kopie des Oktober–Dezember-Gemäldes bezeichneten Bild in Augsburg.

Kann es nicht doch sein, daß Schorer in Absprache mit dem Auftraggeber Motive einiger der bedeutendsten Künstler im Augsburger Raum in dem Jahreszeiten-Zyklus zusammengefaßt hat? Daß die Ansammlung von Zitaten und Inhalten aus Werken im Besitz anderer prominenter Auftraggeber, wie z. B. die Serie der Historienbilder für die Münchener Residenz von Wilhelm IV. und seiner Gemahlin, das Repräsentationsbedürfnis eines Auftraggebers befriedigen sollte?

fache thätig war«. Der »folgende Meister« (S. 639, Nr. 1525) ist Hans Friedrich Schrorer [!], der »als Zeichner, Maler und Kupferstecher von Augsburg … um 1609–1649 thätig« war. Er war Landschaftsmaler, »zeichnete aber auch Figuren, doch nicht im italienischen Style …«

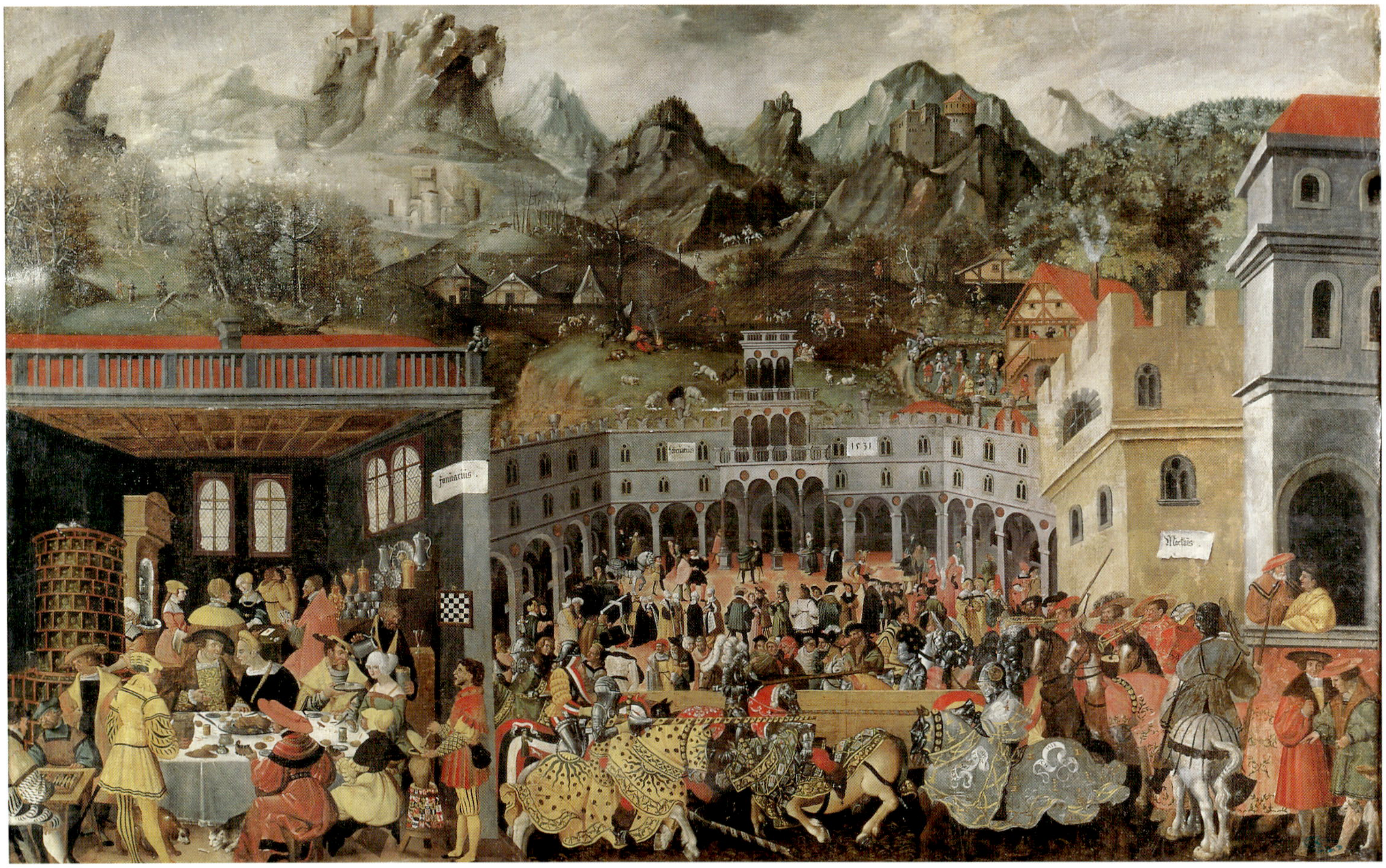

47 Januar–März: Gesamtaufnahme des Vorzustandes.

48 Januar–März: Rechte untere Bildpartie nach der Abnahme des Firnisses und der Übermalungen.

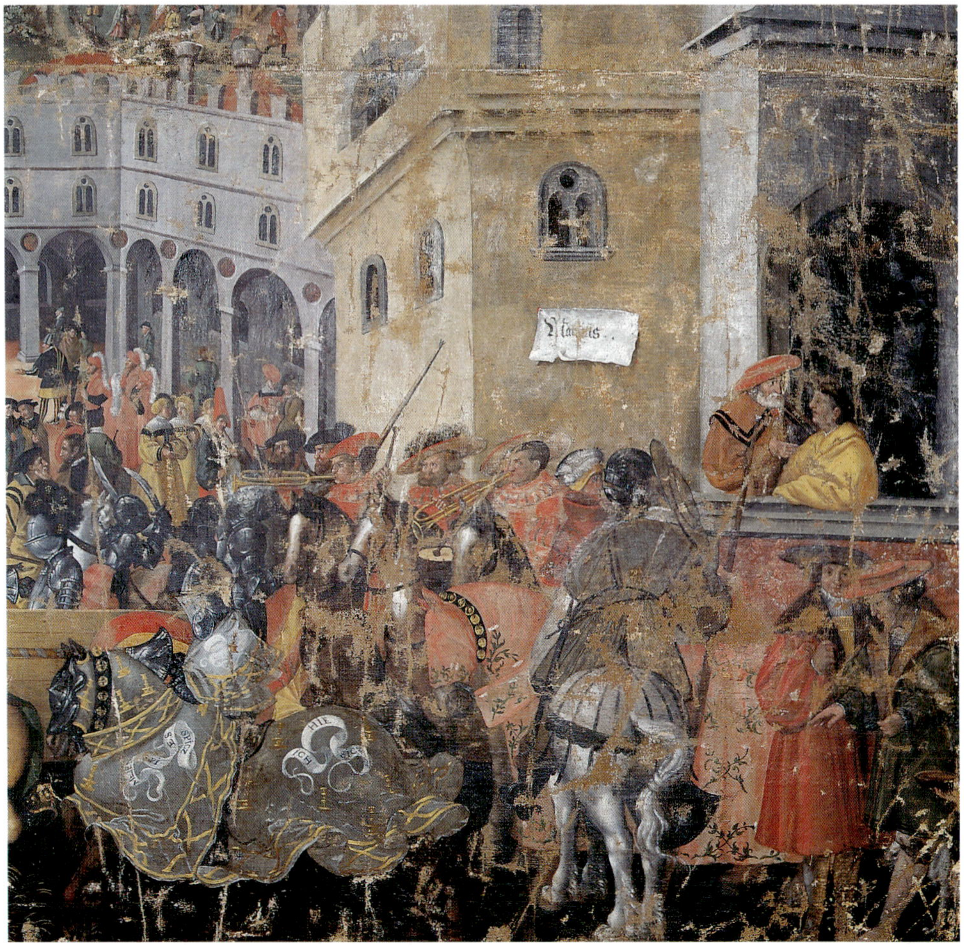

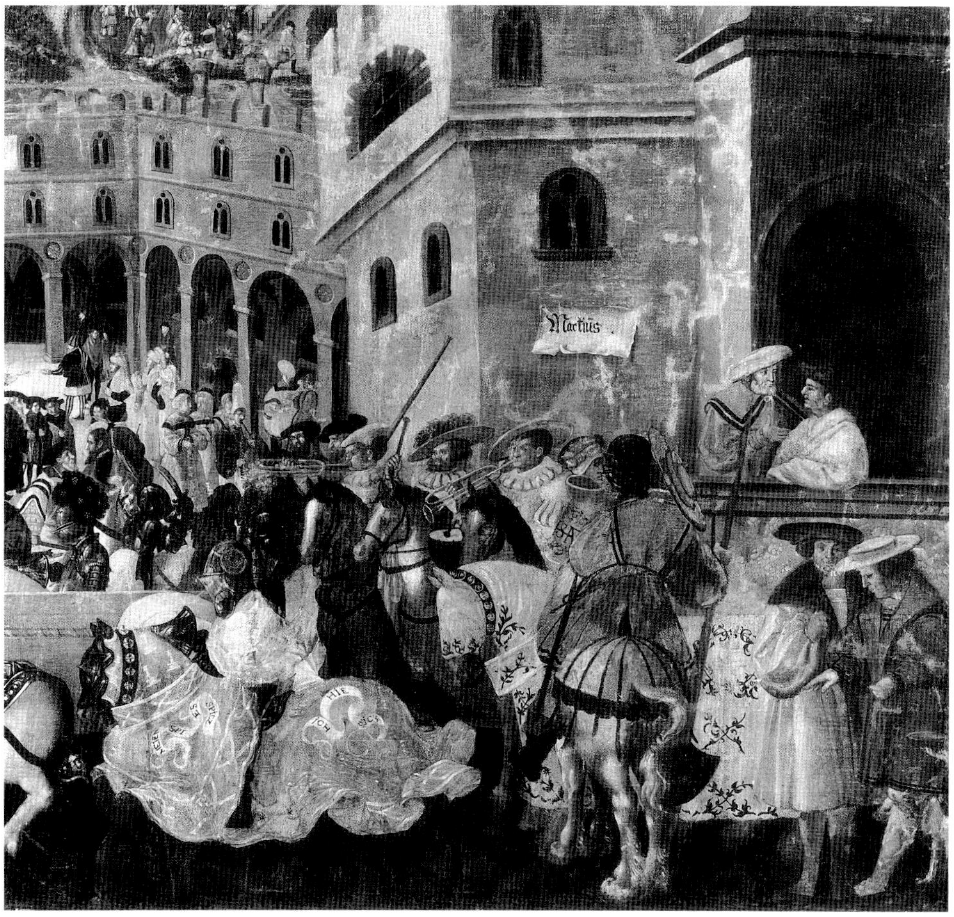

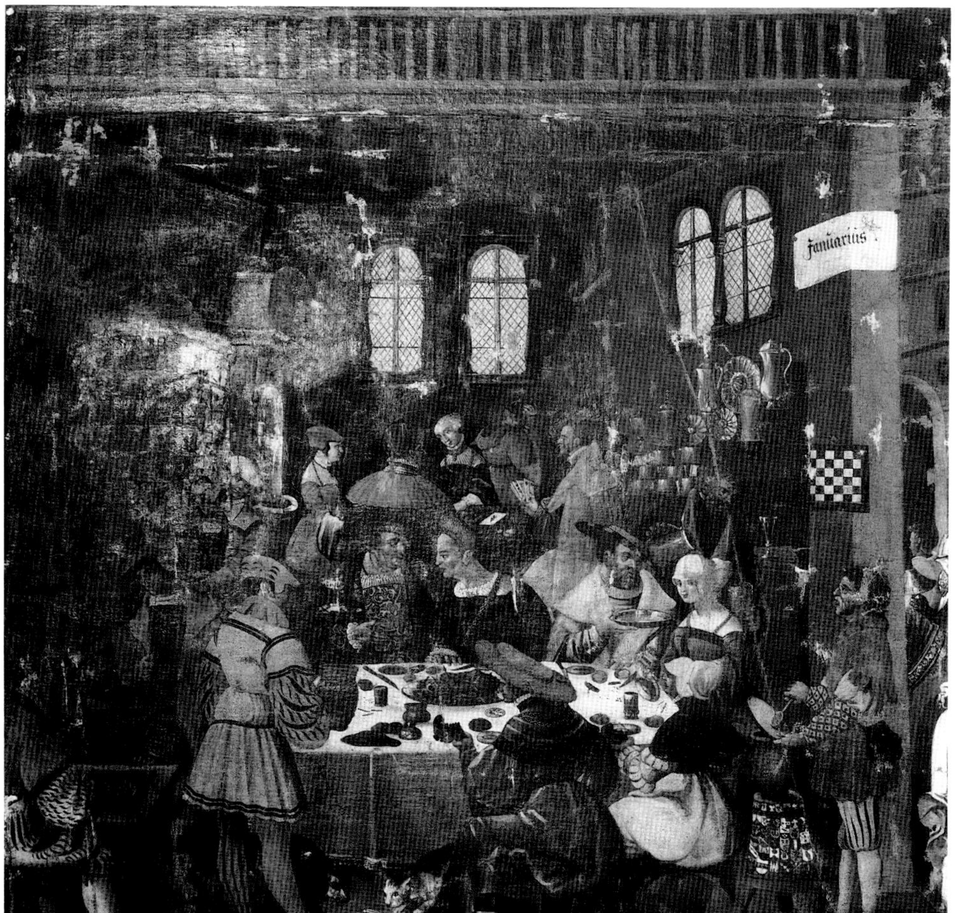

49 Januar–März: Infrarot-Aufnahme. Rechte untere Bildpartie während der Reinigung. Schäden und Übermalungen sind deutlich zu erkennen.

50 Januar–März: Linker unterer Bildteil während der Abnahme der Übermalungen.

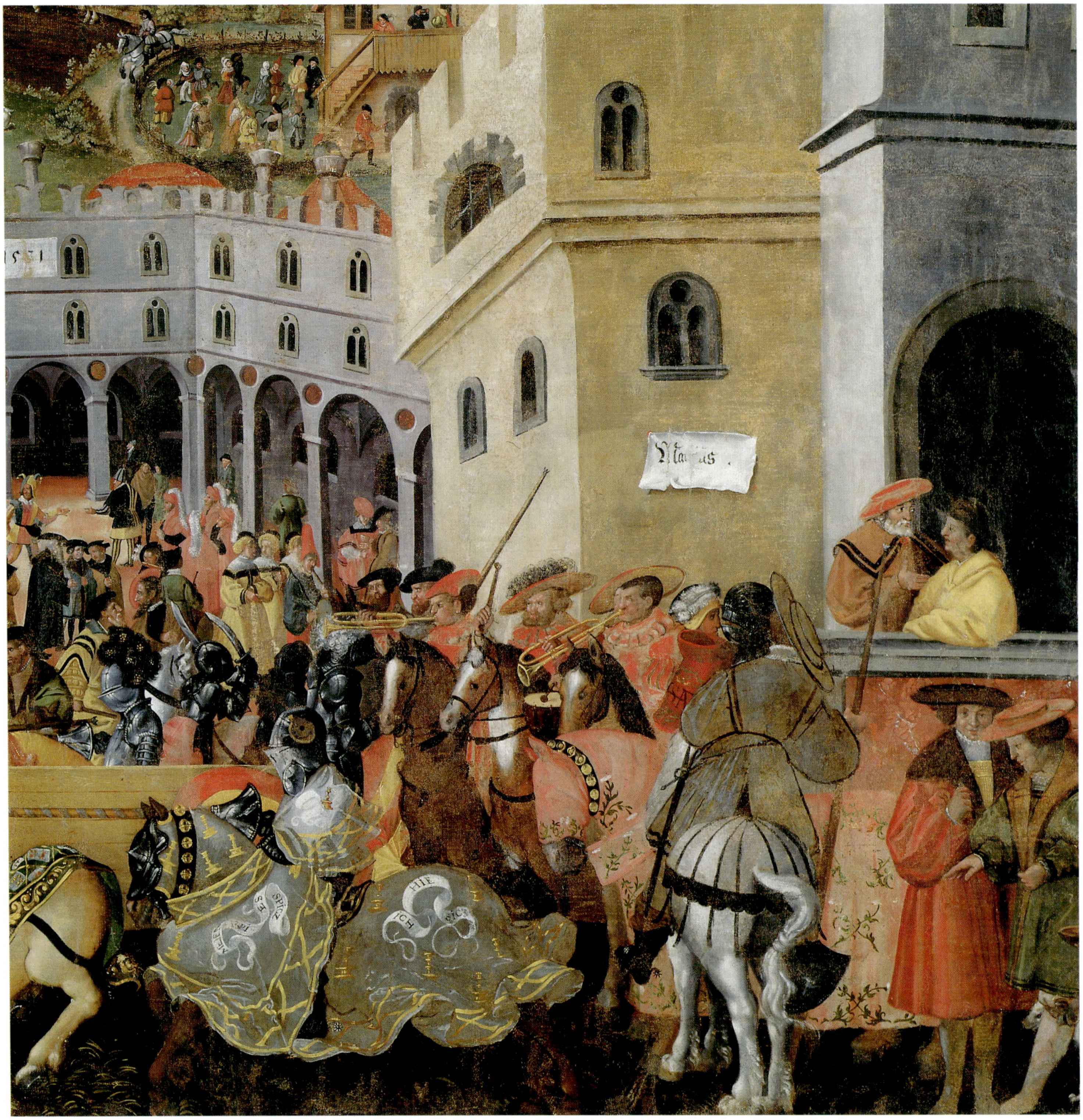

51 *Januar–März: Rechte untere Bildpartie mit abschließender Retusche.*

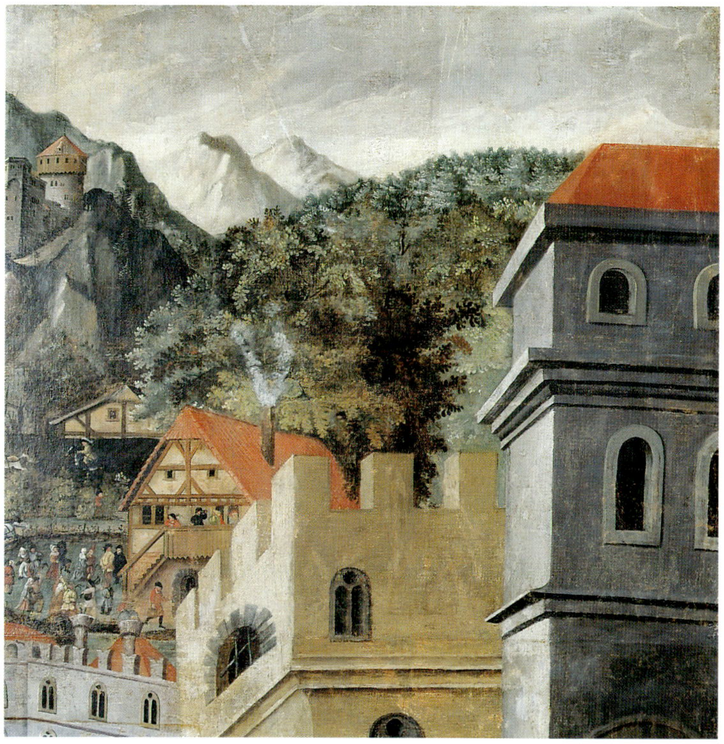

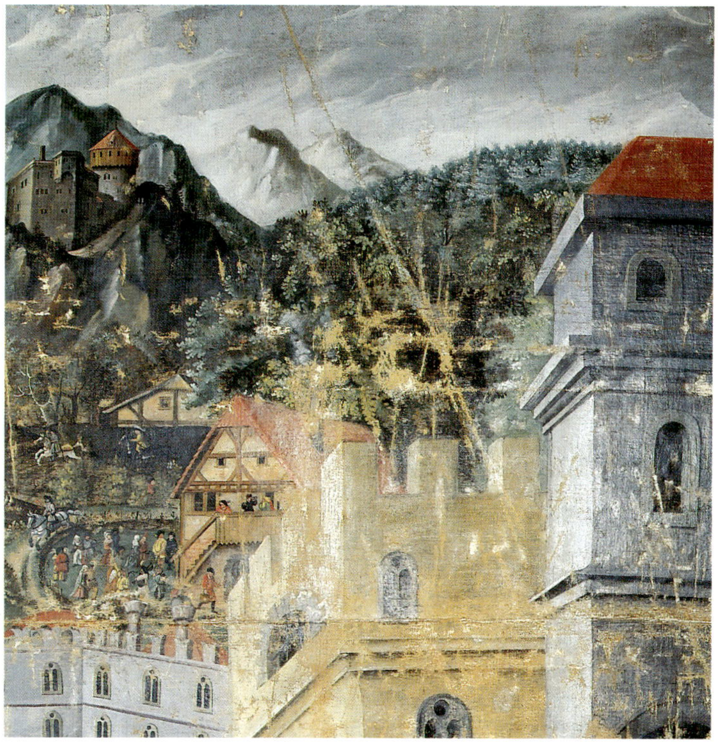

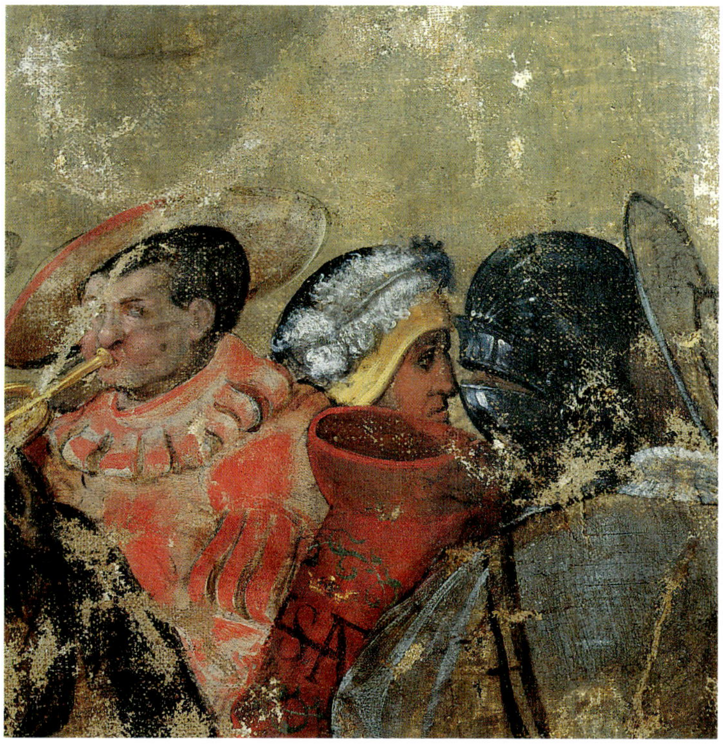

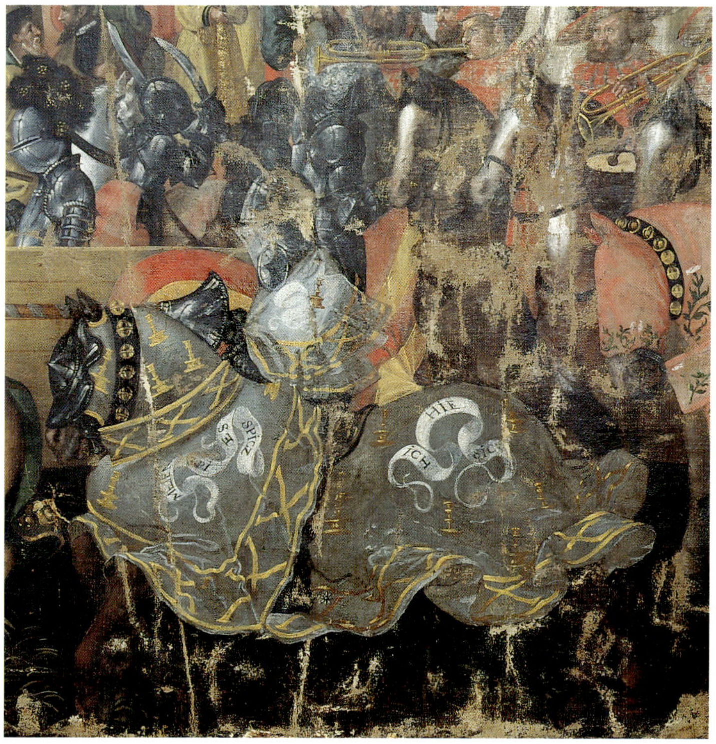

52 *Januar– März: Rechte obere Bildpartie im Vorzustand.*

53 *Januar–März: Rechte obere Bildpartie nach der Abnahme des Firnisses und der Übermalungen.*

54 *Januar–März: Ausschnitt; Zustand nach der Abnahme des Firnisses und der Übermalungen.*

55 *Januar–März: Ausschnitt; Zustand nach der Abnahme des Firnisses und der Übermalungen.*

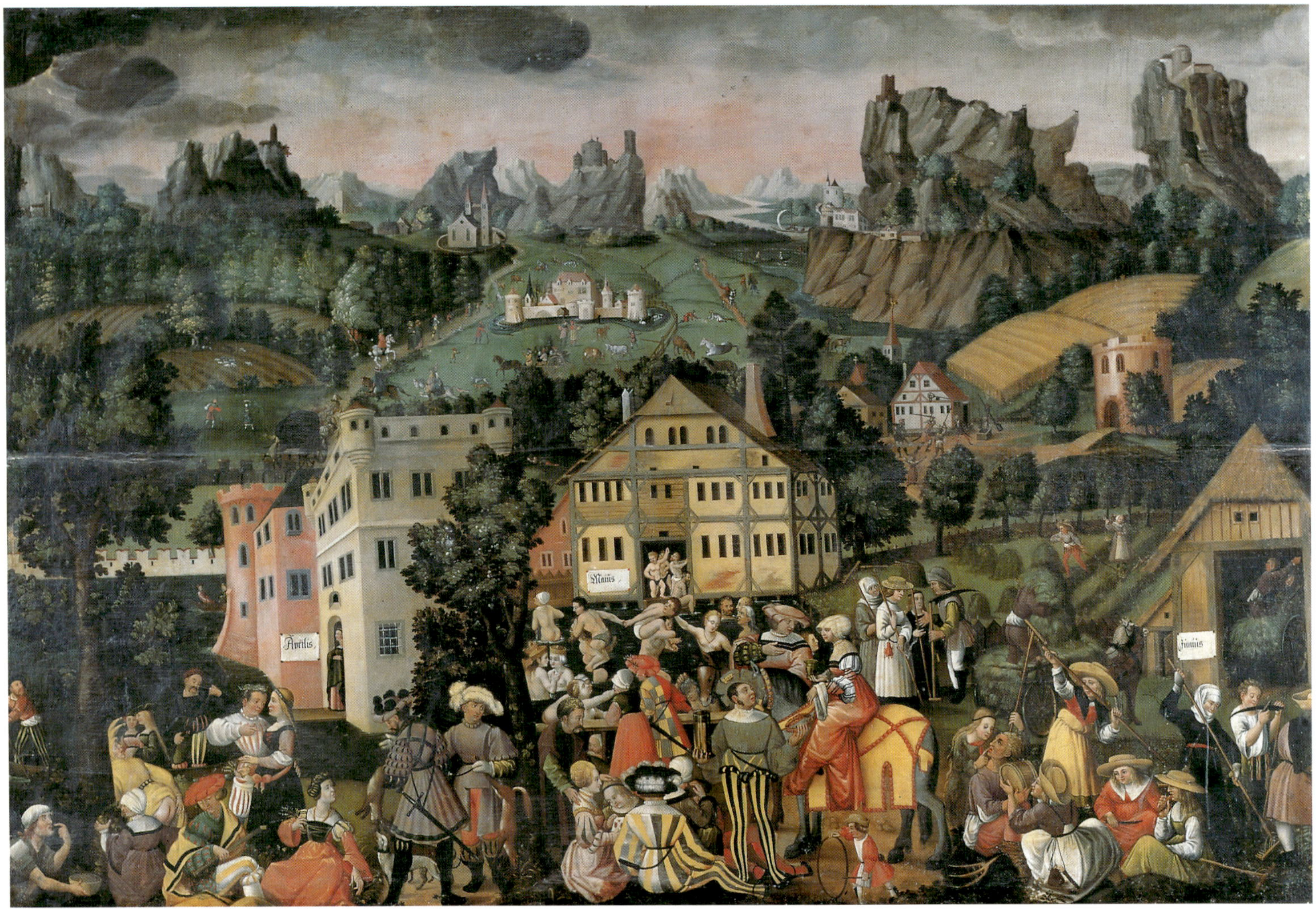

56 *April–Juni: Gesamtaufnahme des Vorzustandes.*

57 *April–Juni: Gesicht mit Resten noch nicht abgenommener Übermalung.*

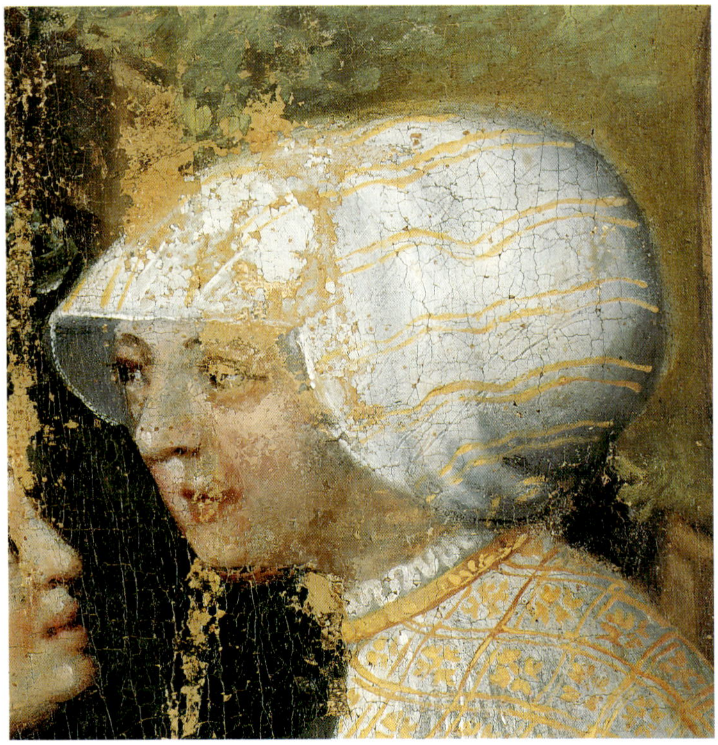

58 *April–Juni: Gesicht mit abschließender Retusche.*

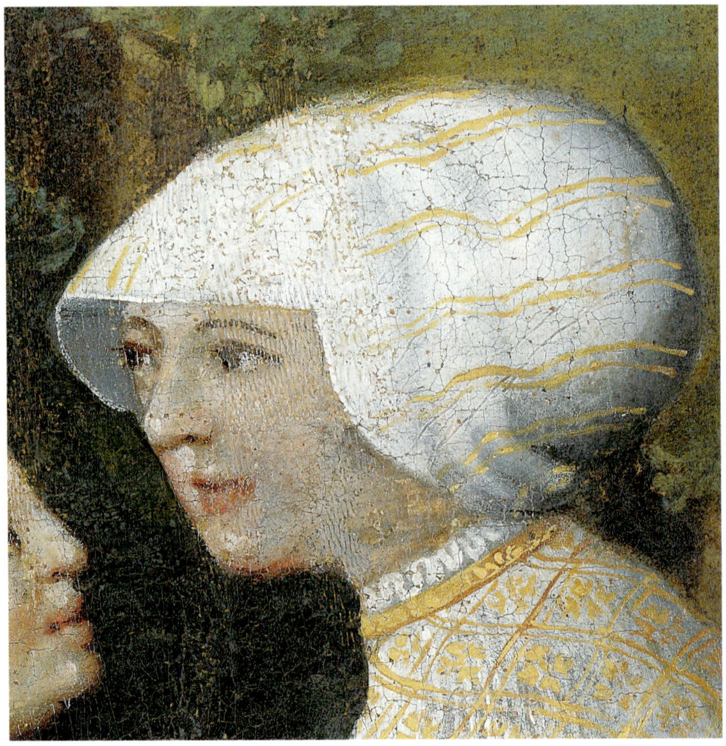

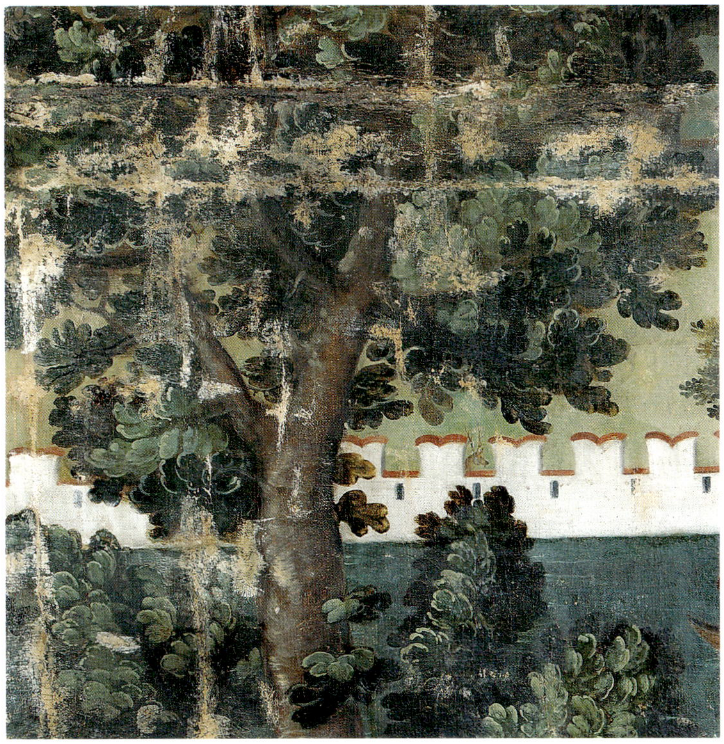

59 April–Juni: Zustand nach der Abnahme des Firnisses und der Übermalungen.

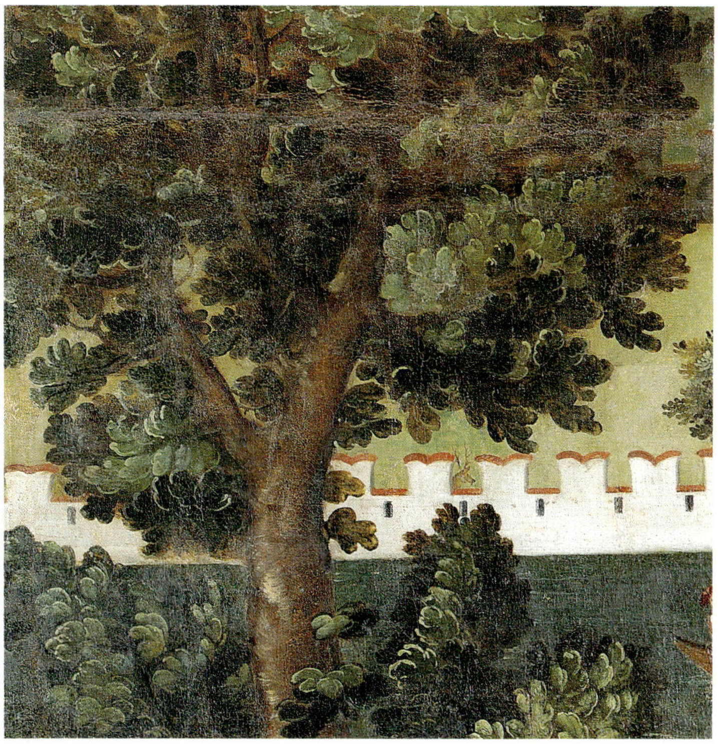

60 April–Juni: Zustand mit abschließender Retusche.

61 April–Juni: Gruppe mit übermalten Gesichtern; Vorzustand.

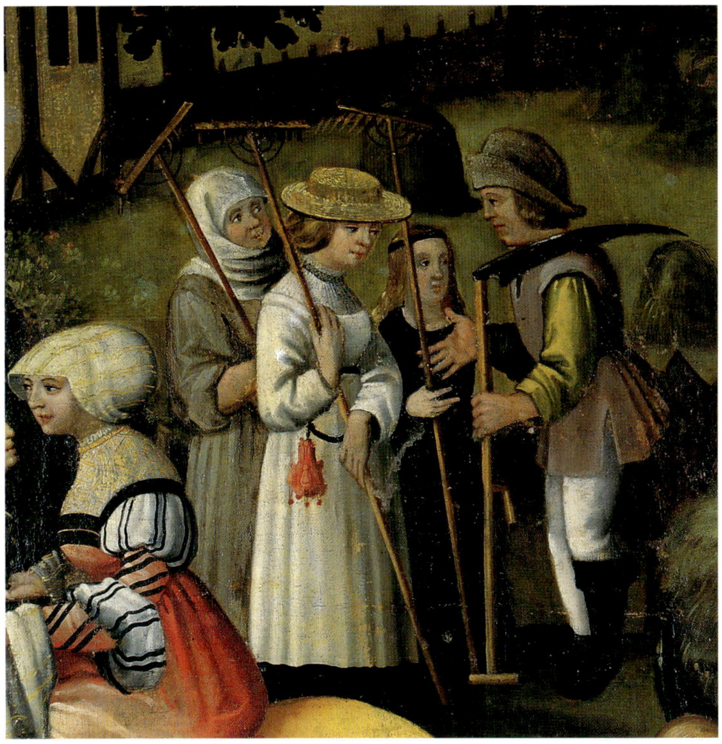

62 April–Juni: Zustand mit abschließender Retusche.

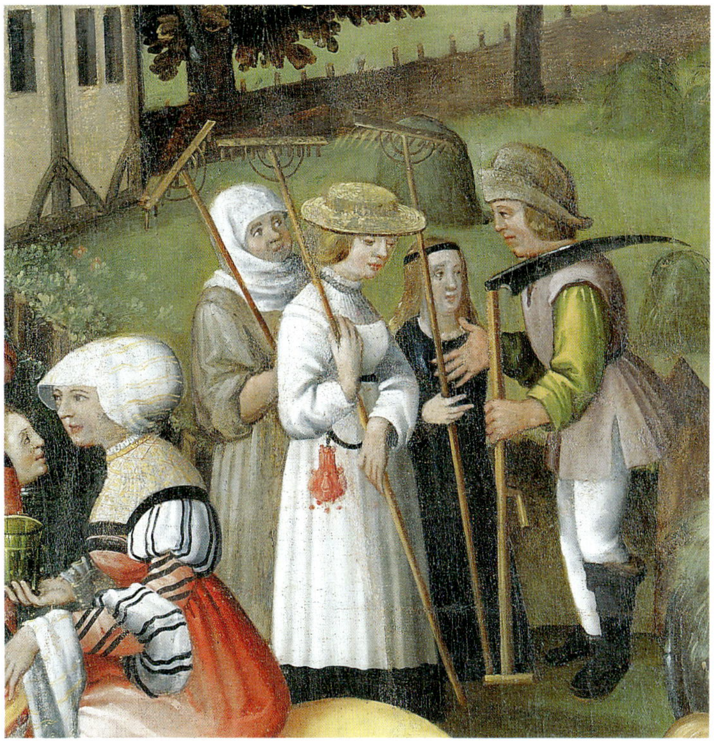

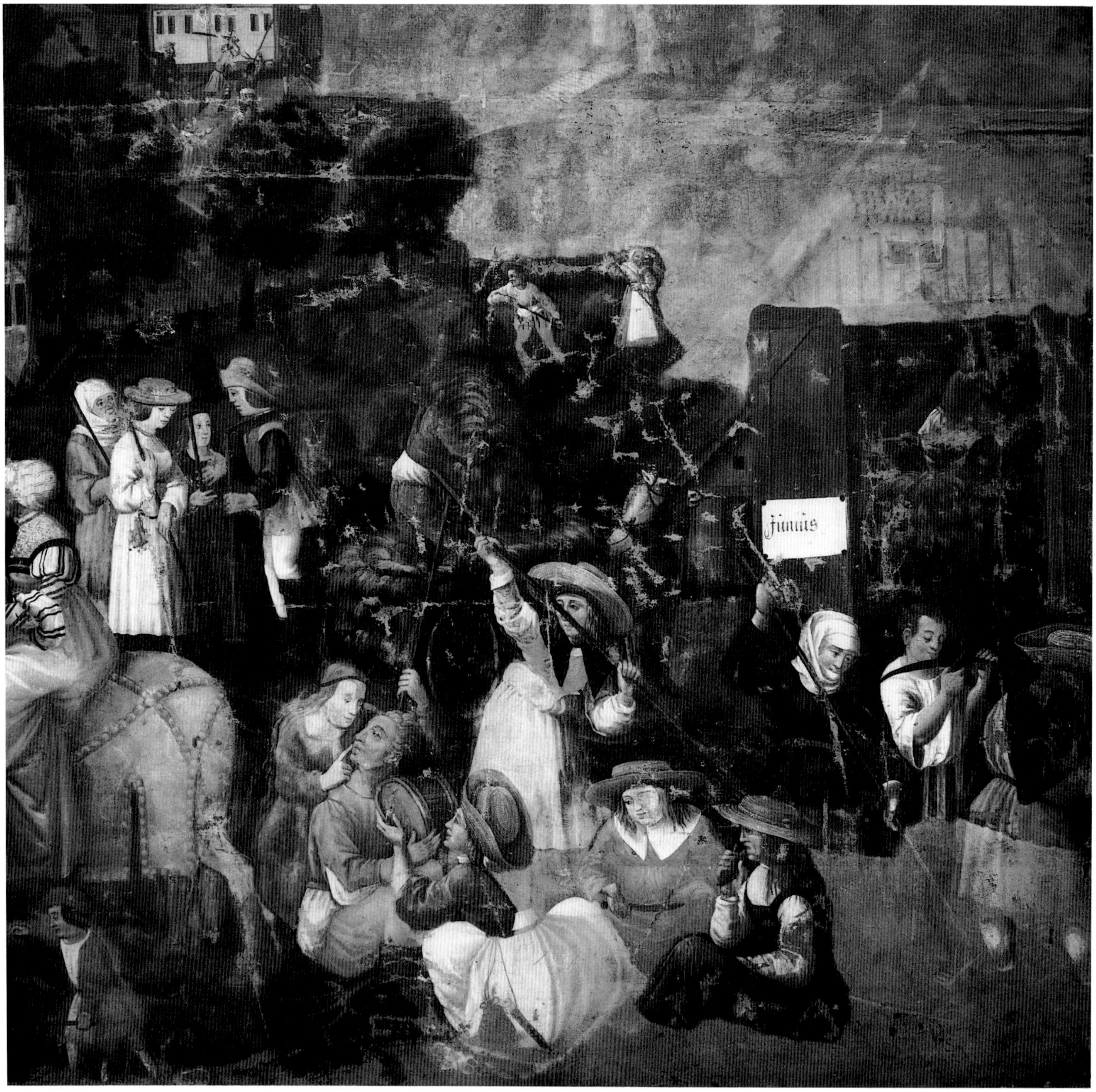

63 April–Juni: UV-Aufnahme; rechte untere Bildpartie; Abnahme des Firnisses und der Übermalungen.

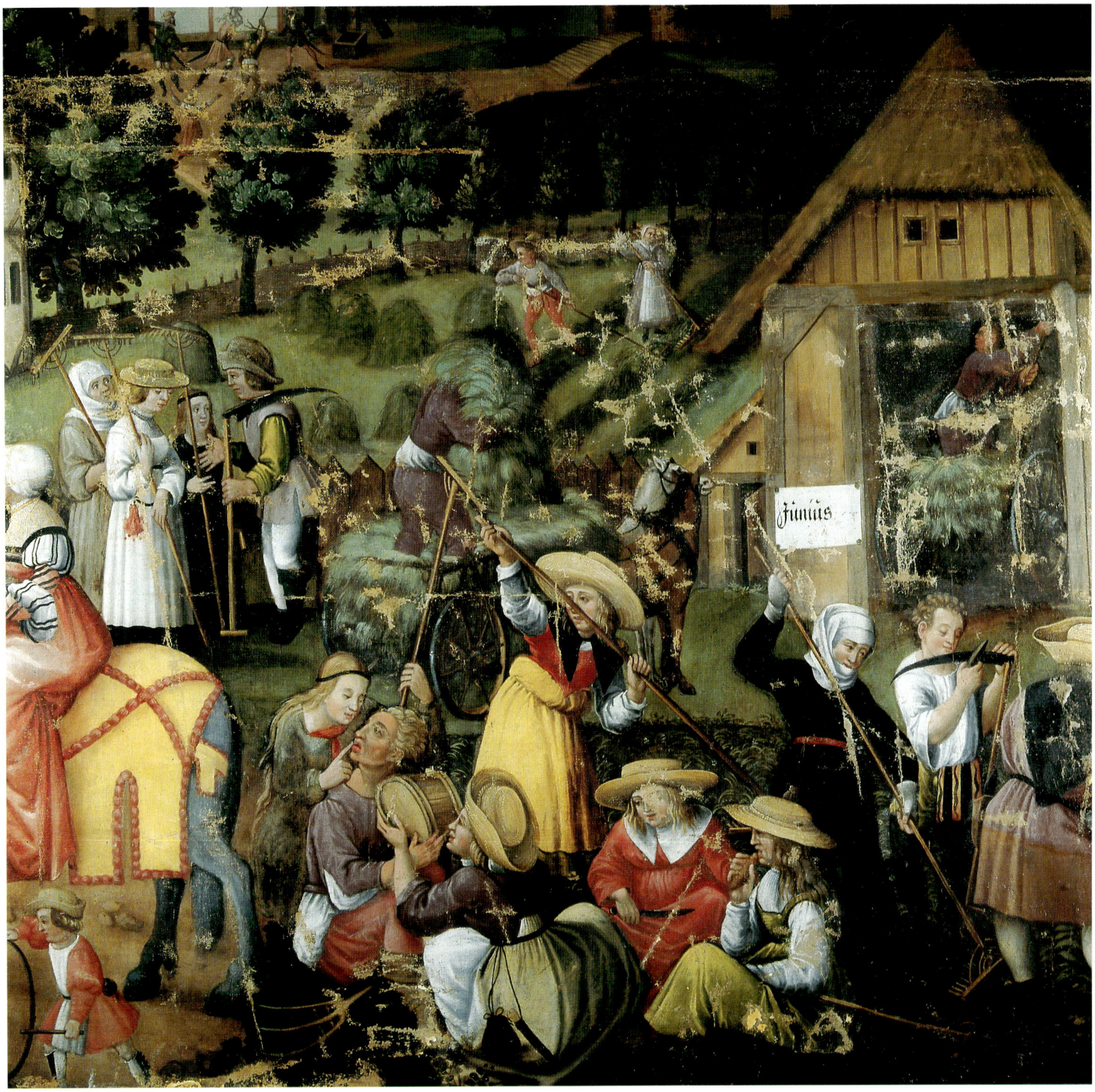

64 *April–Juni: Rechte untere Bildpartie; Abnahme des Firnisses und der Übermalungen.*

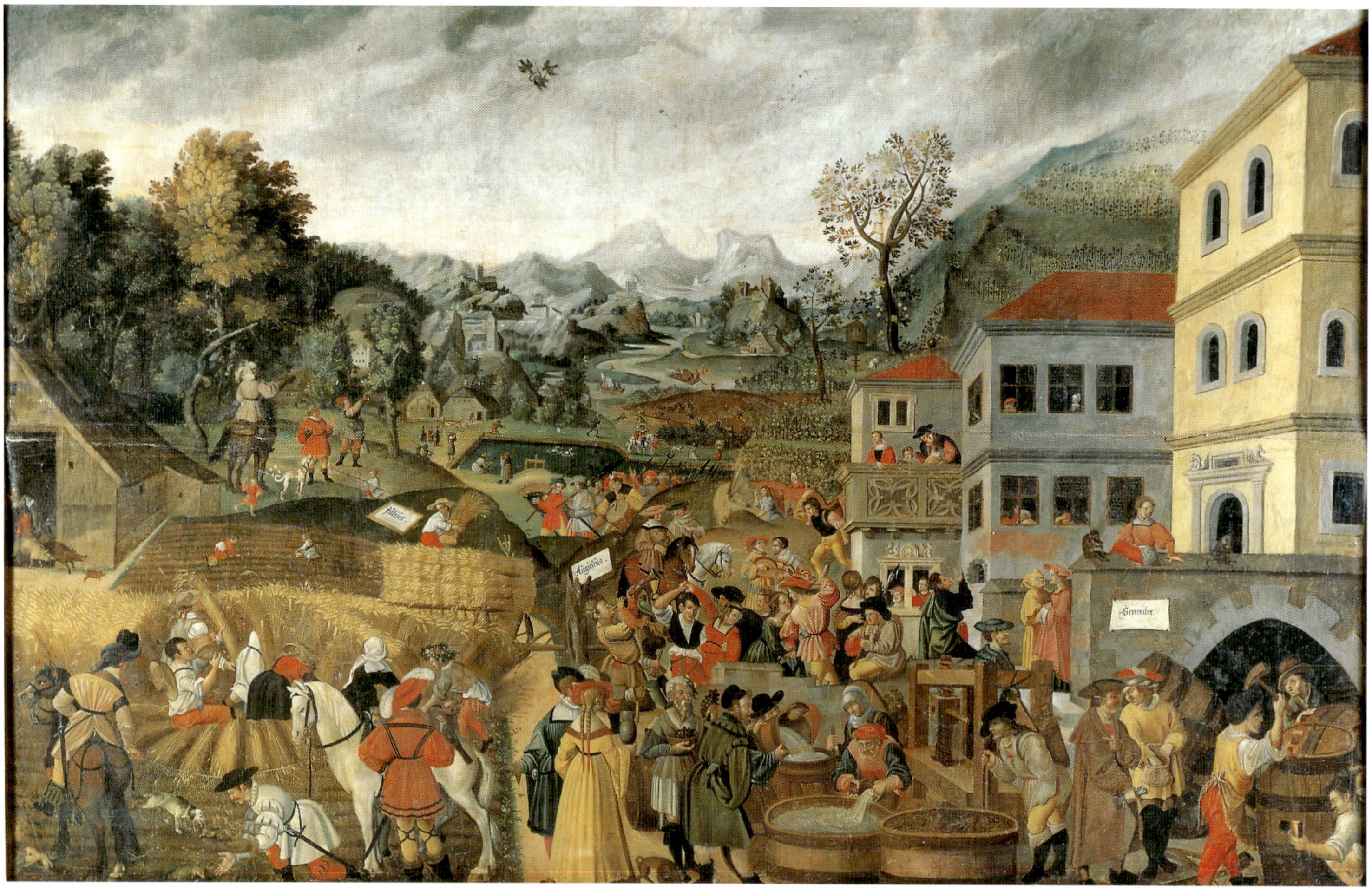

65 *Juli–September: Gesamtaufnahme des Vorzustandes.*

66 *Juli–September: Gruppe von Falknern vor der Restaurierung.*

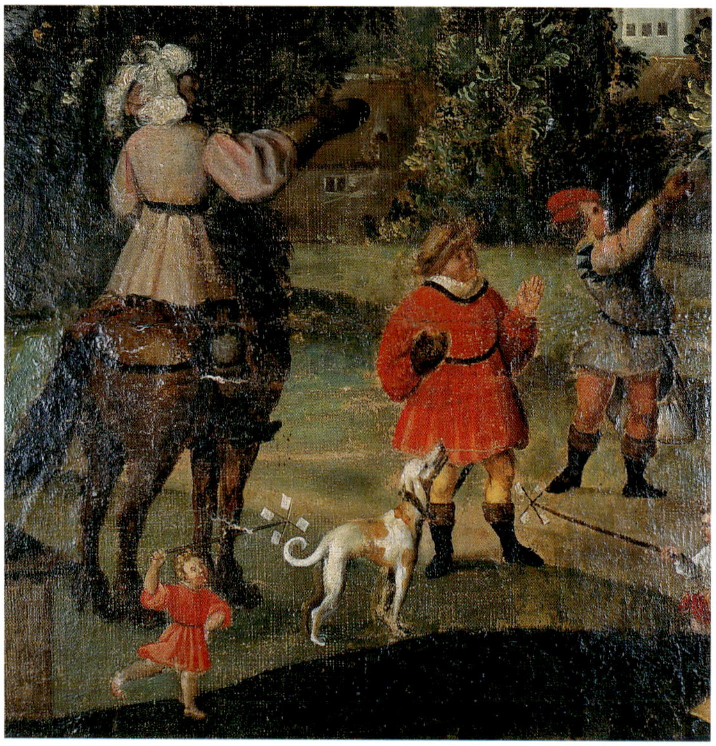

67 *Juli–September: Abschließende Retusche an einer Gruppe von Falknern.*

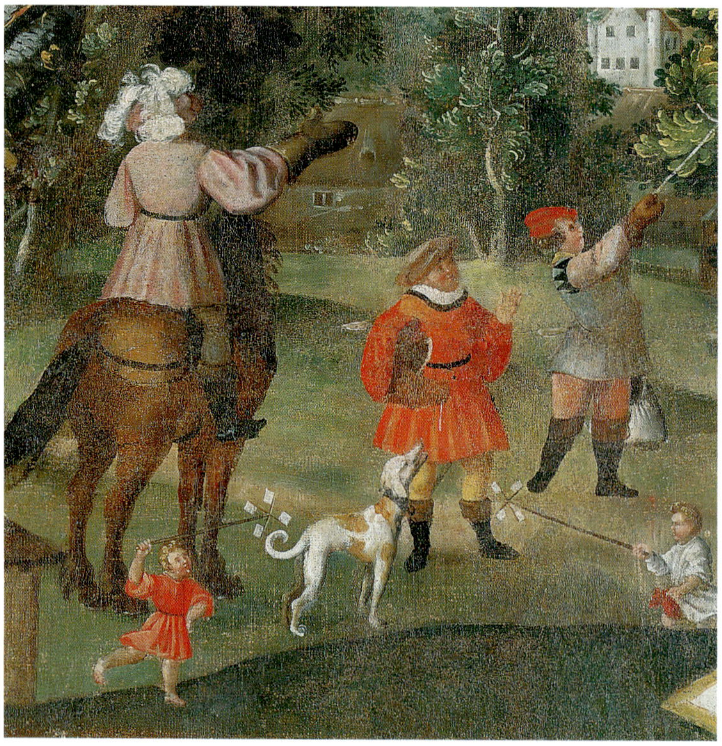

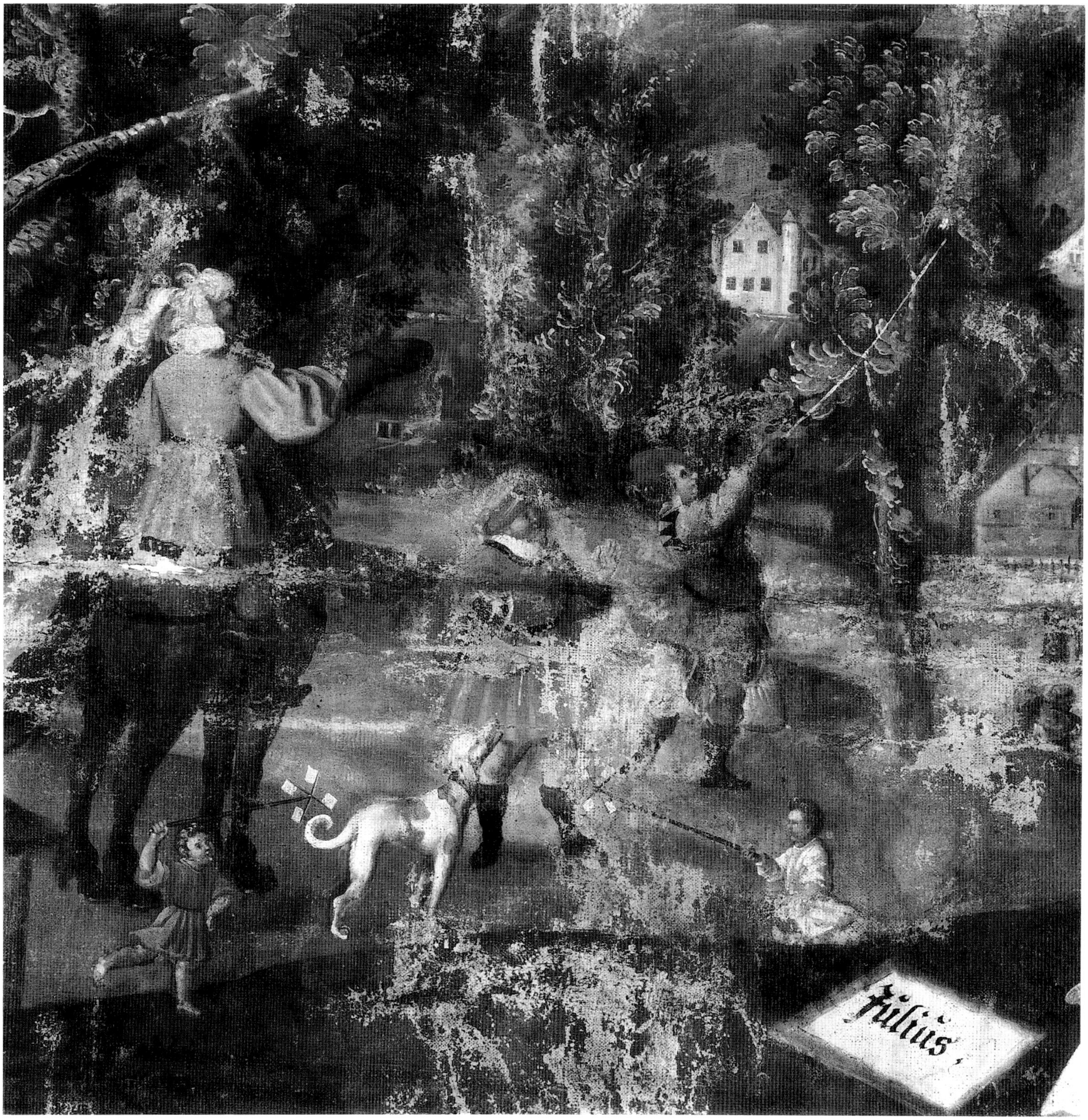

68 Juli–September: Gruppe von Falknern nach der Abnahme des Firnisses und der Übermalungen.

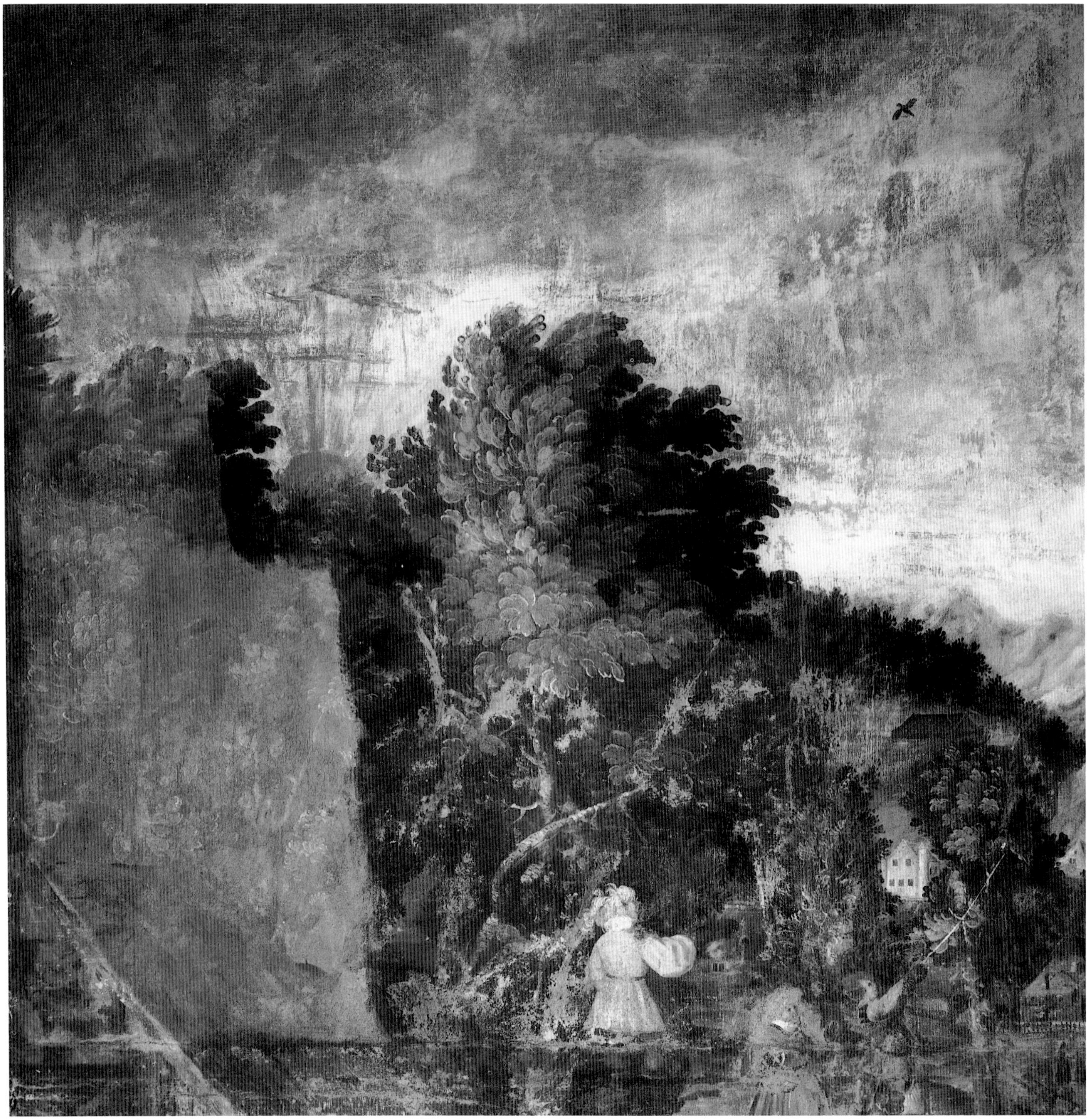

69 Juli–September: UV-Aufnahme; linke obere Bildpartie mit veränderter Sonne; Zustand während der Firnisabnahme und der Abnahme der Übermalungen.

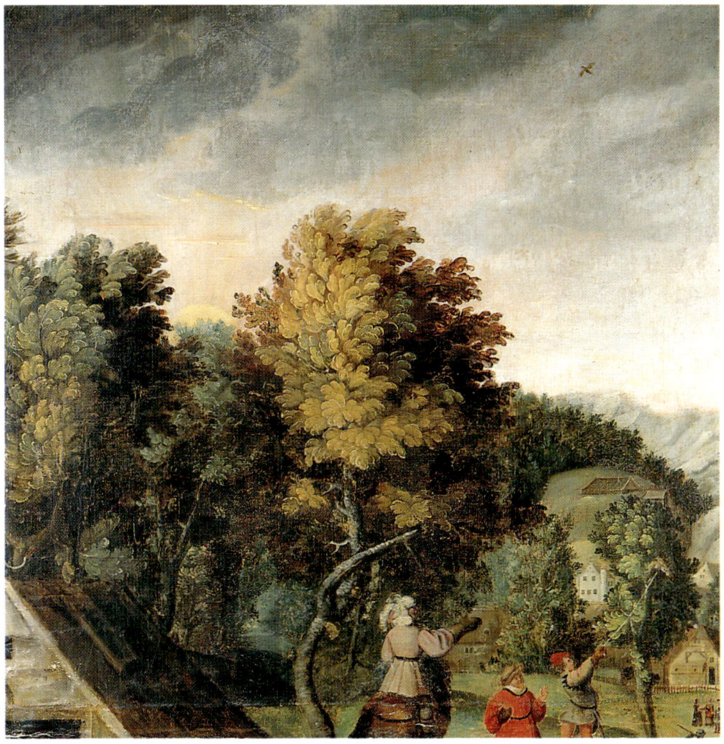

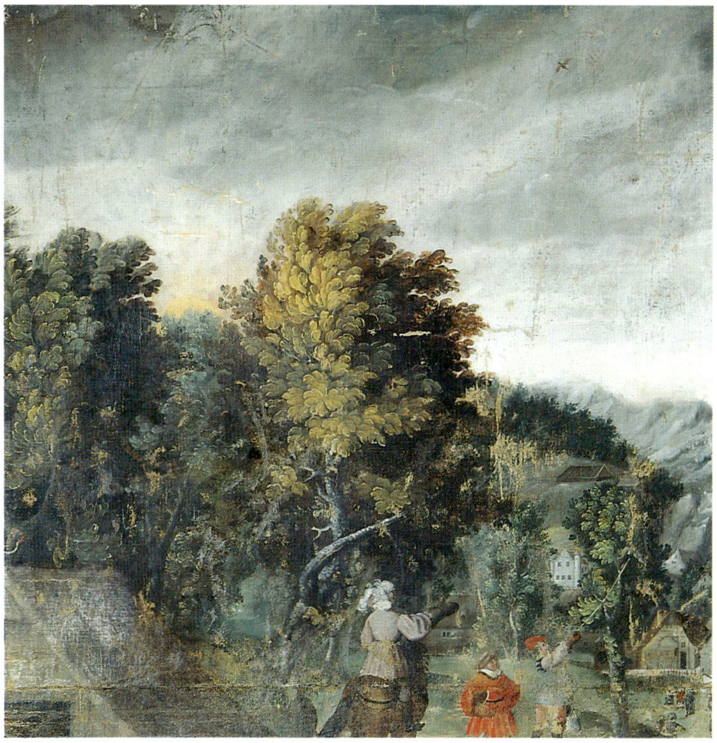

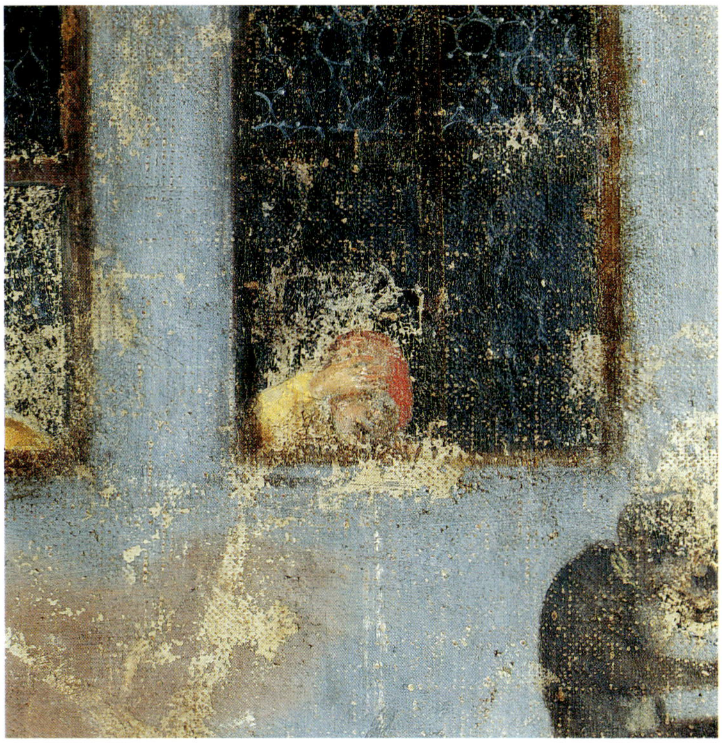

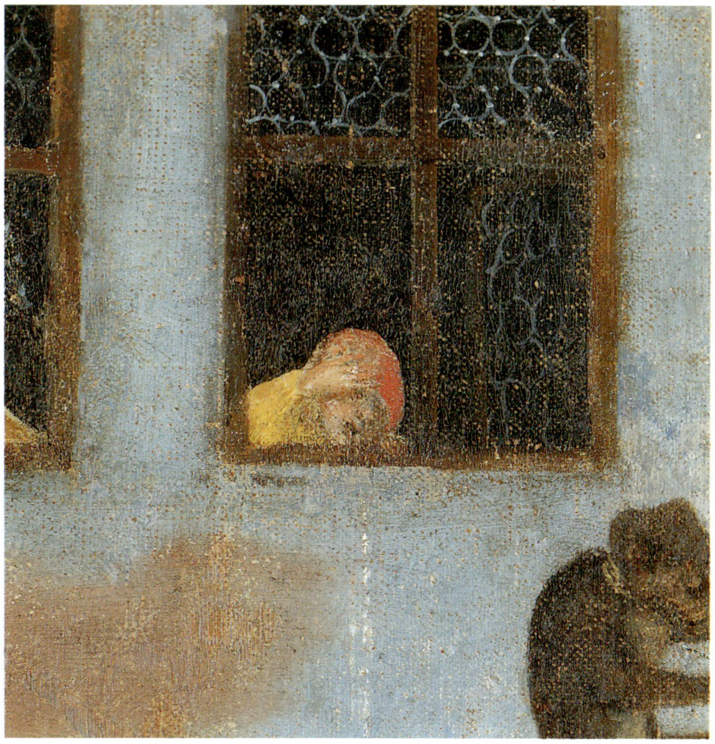

70 *Juli–September: Linke obere Bildpartie vor der Restaurierung.*

71 *Juli–September: Linke obere Bildpartie nach der Abnahme des Firnisses und der Übermalungen.*

72 *Juli–September: Wirtshausszene; nach der Abnahme des Firnisses und der Übermalungen.*

73 *Juli–September: Wirtshausszene; Zustand mit abschließender Retusche.*

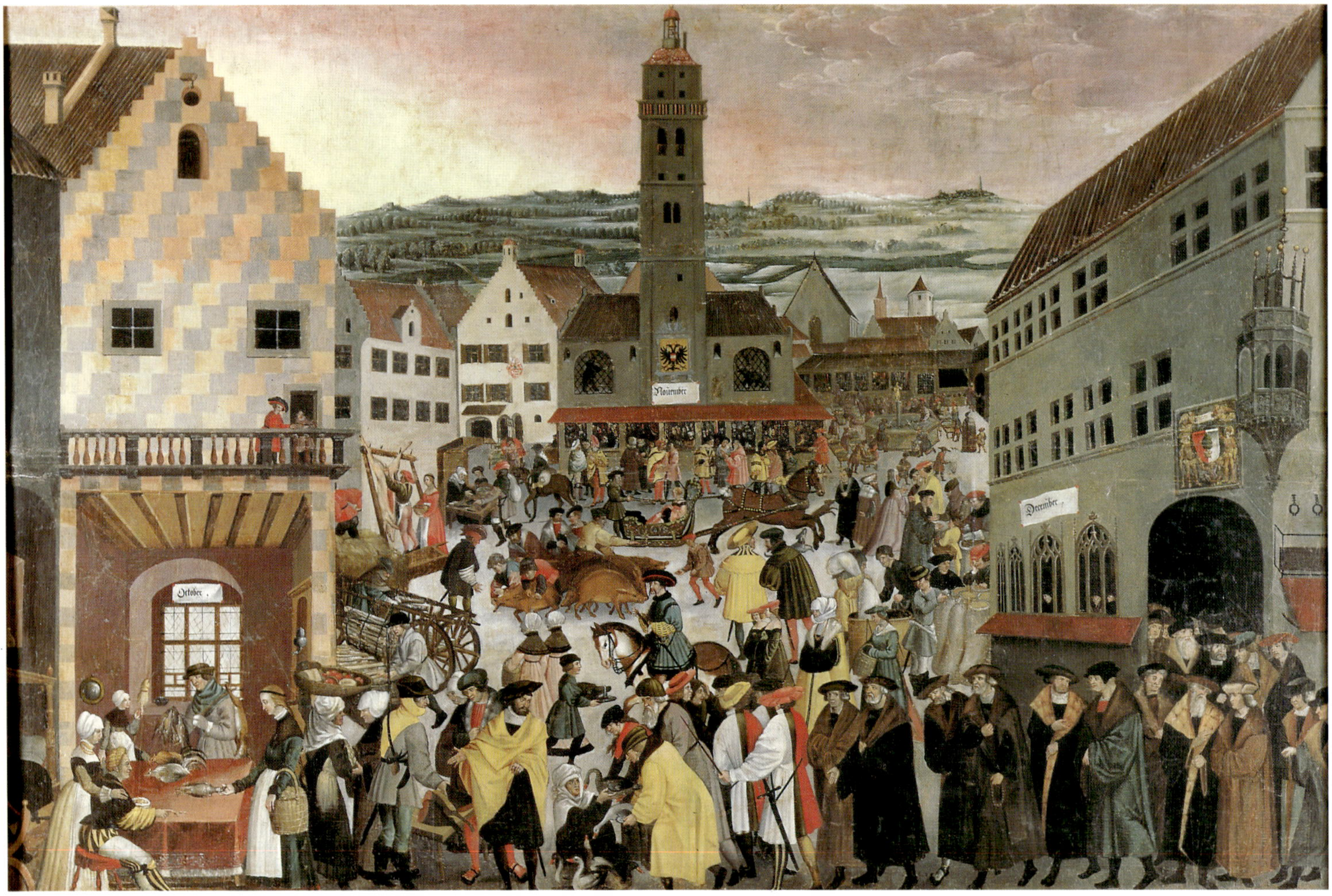

74 Oktober–Dezember: Gesamtaufnahme des Vorzustandes.

75 Oktober–Dezember: Rechte untere Bildpartie; Männergruppe; Vorzustand.

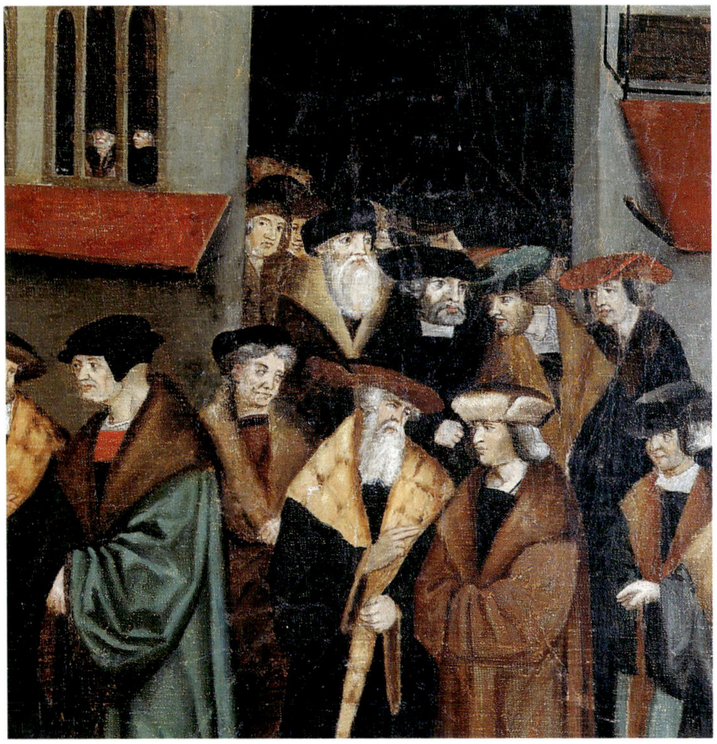

76 Oktober–Dezember: Rechte untere Bildpartie; Männergruppe nach der Abnahme des Firnisses und der Übermalungen.

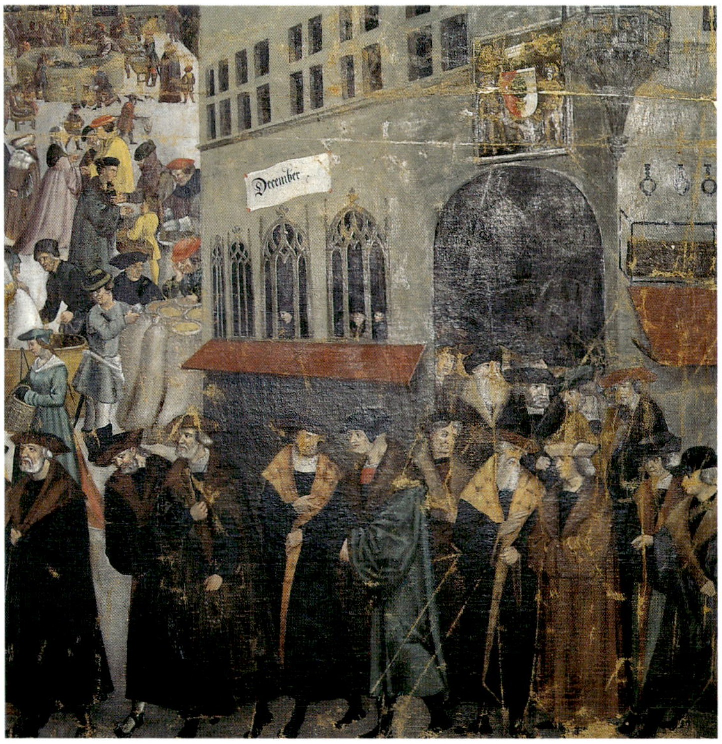

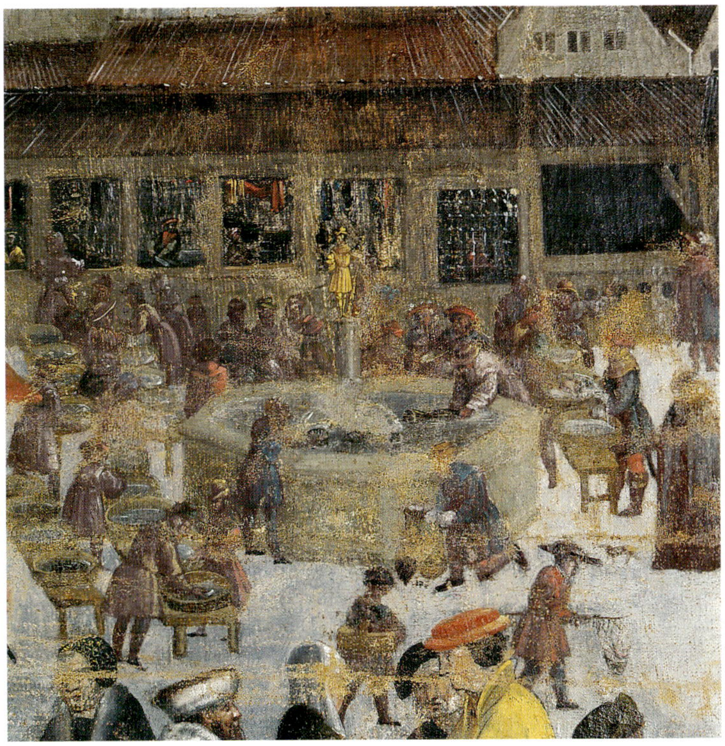

77 *Oktober–Dezember: Marktplatz mit Brunnen nach der Abnahme des Firnisses und der Übermalungen.*

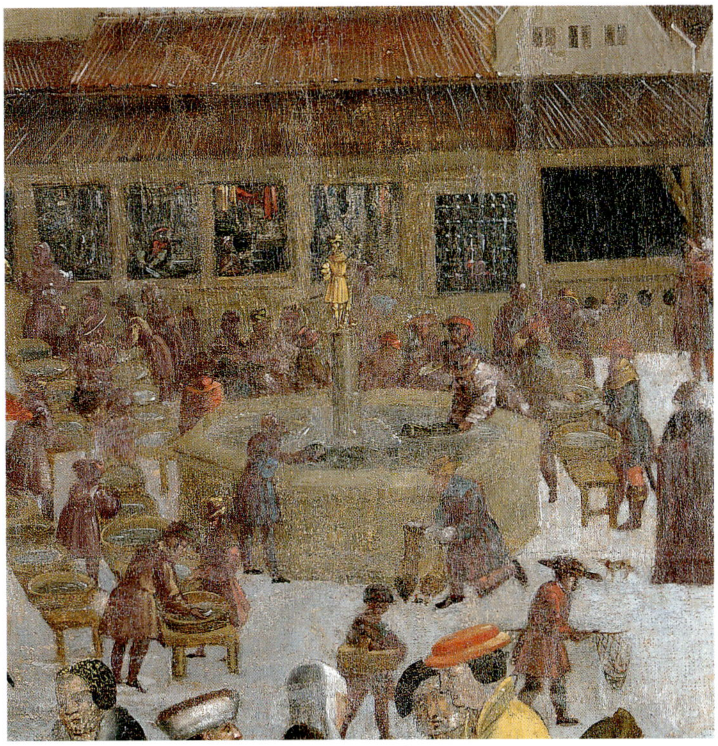

78 *Oktober–Dezember: Marktplatz mit Brunnen; Zustand mit abschließender Retusche.*

79 *Oktober–Dezember: Wappen an einer Hauswand während der Abnahme der Übermalungen.*

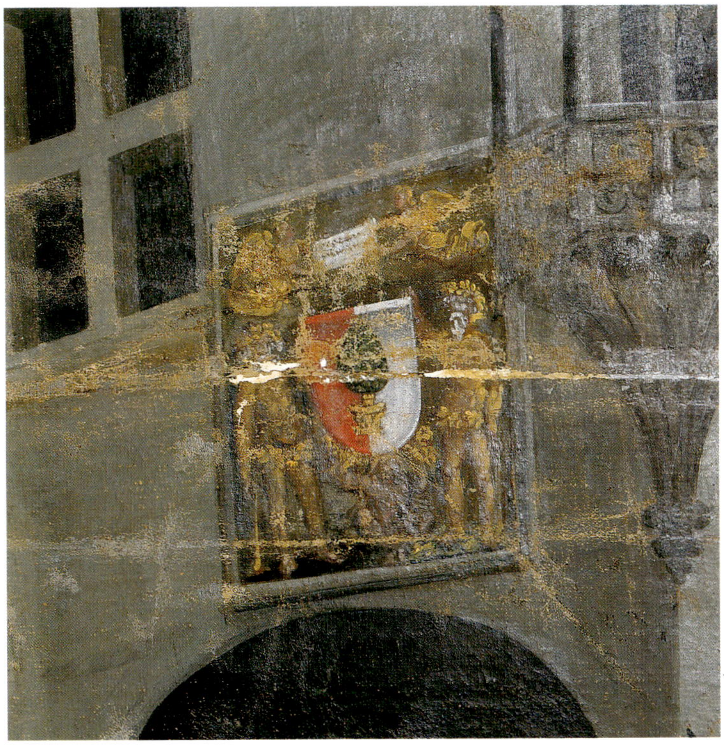

80 *Oktober–Dezember: Wappen an einer Hauswand; Zustand mit abschließender Retusche.*

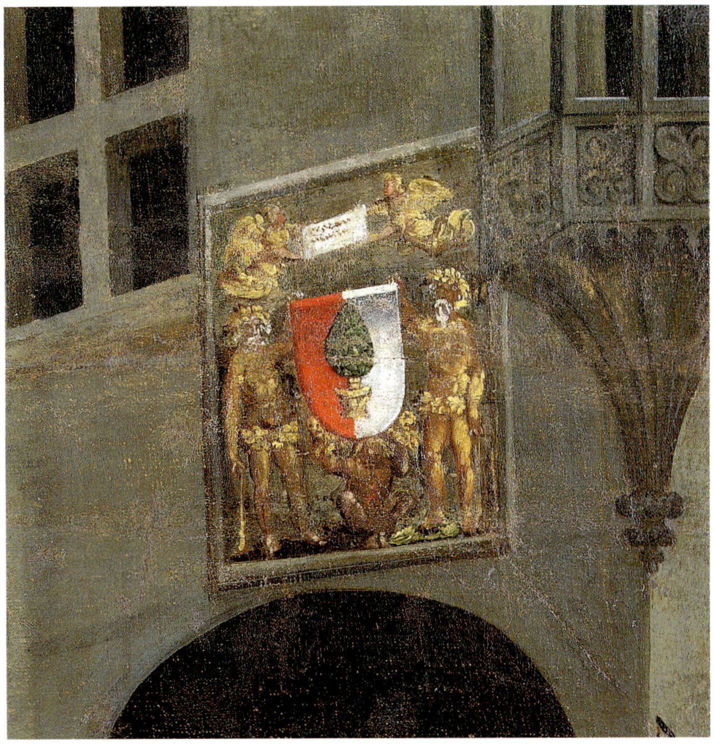

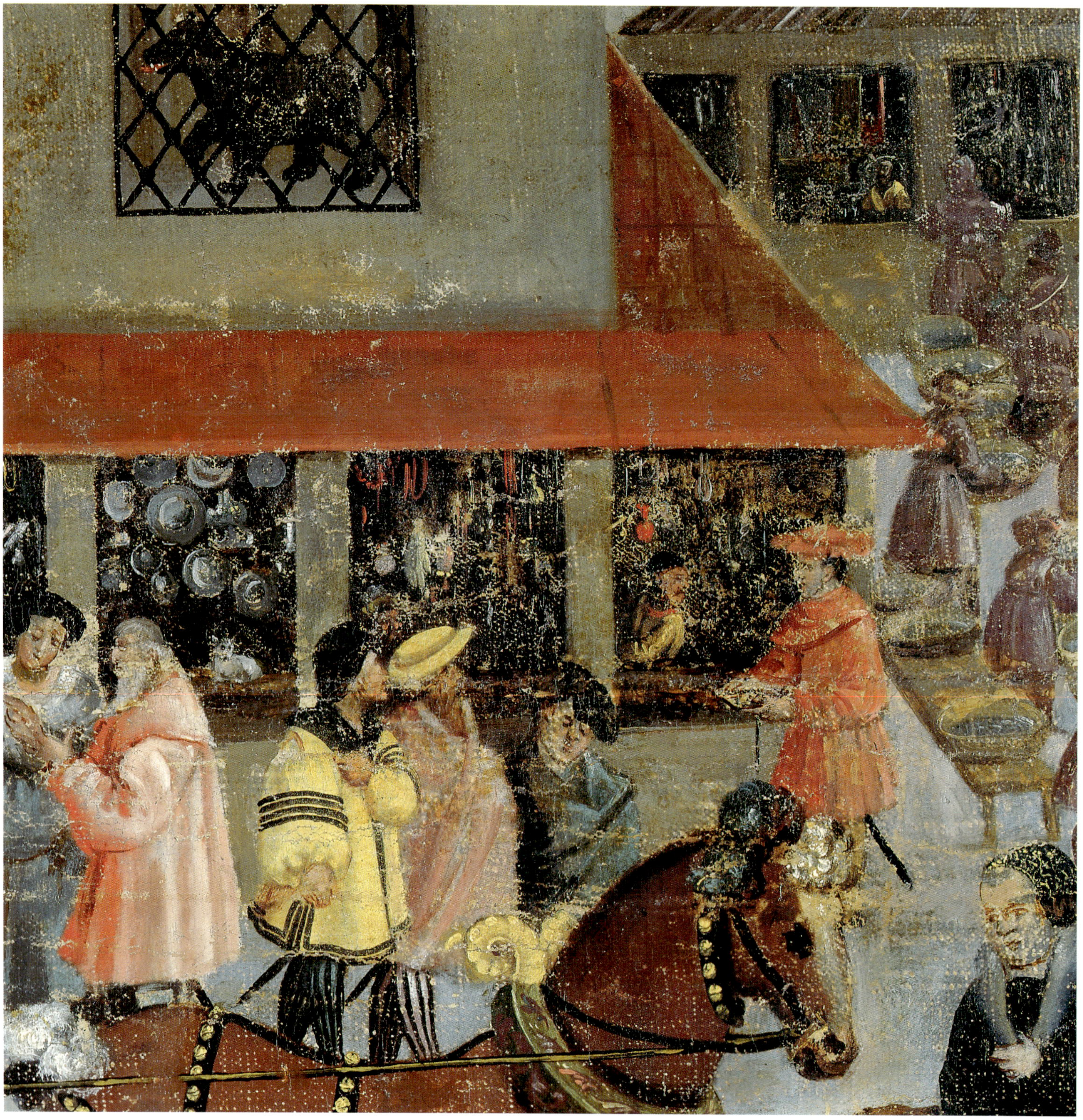

81 Oktober–Dezember: Marktszene; Vorzustand.

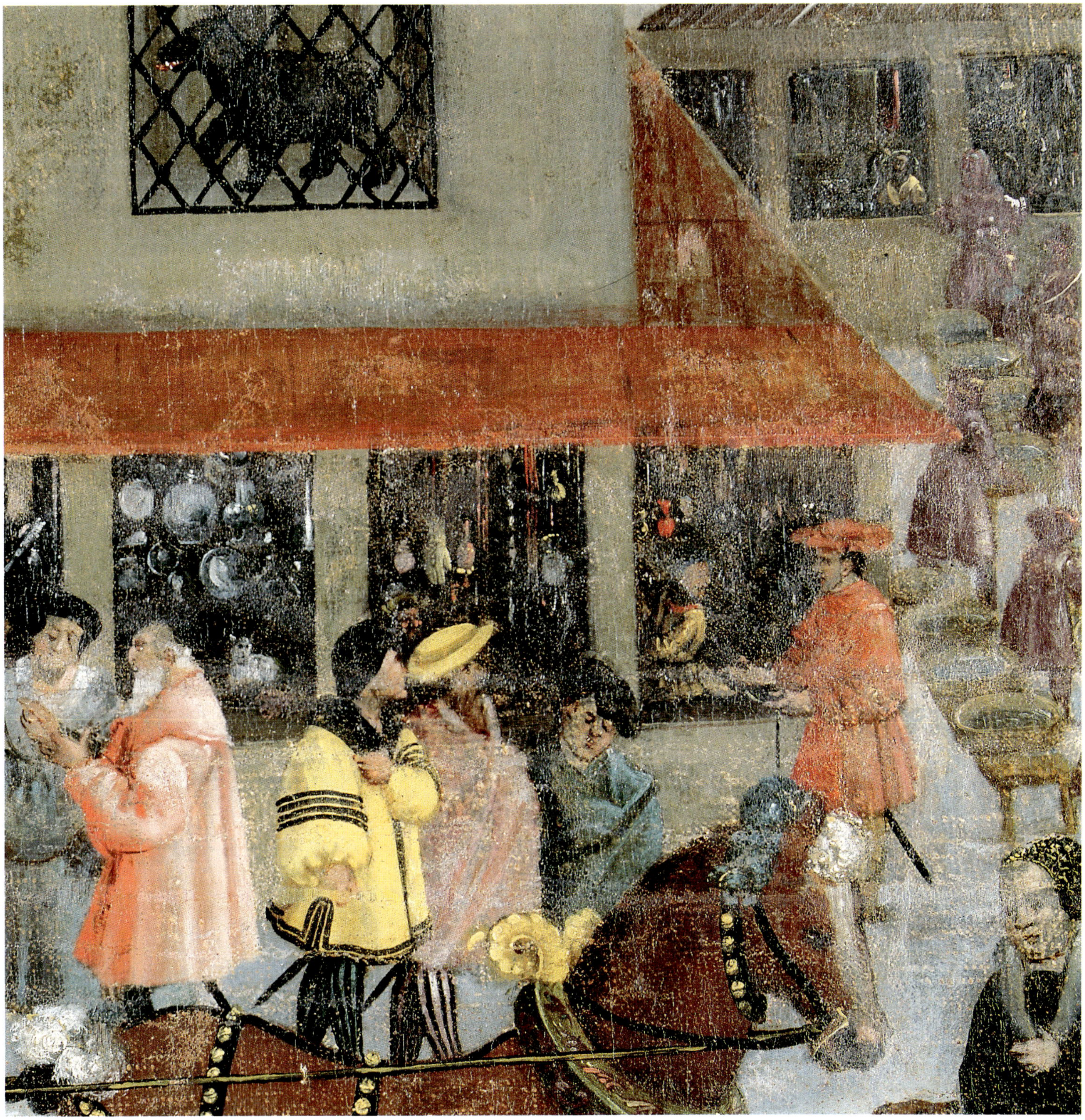

82 Oktober–Dezember: Markstszene; Zustand mit abschließender Retusche.

Anhang

ZEITTAFEL

Allgemeine Daten		Augsburger Daten
	um 1475	Jörg Breu d. Ä. wird in Augsburg geboren
	seit 1476	Jakob Fugger ist am römischen Ablaßhandel beteiligt
	seit 1484	Augsburger Handelsfirmen haben im Fondaco dei Tedeschi in Venedig eigene Kammern; Hochzeitsbücher der Patrizier
	1488	Augsburg tritt dem Schwäbischen Bund bei (bis 1533/34)
	1490	zu Ehren Maximilians findet im Tanzhaus ein Geschlechtertanz statt
	1491	die Fuggergesellschaft beginnt mit Großanleihen für Maximilian, Gegenleistung: Silber- und Kupferlieferungen
Christoph Kolumbus entdeckt Amerika	**1492**	
Maximilian I. wird Römischer König (Kaiser 1508–1519)	**1493**	Maximilian in Augsburg; insgesamt hält er sich von 1473 bis 1518 während 17 Besuchen über zweieinhalb Jahre lang in der Stadt auf – er wird daher von Zeitgenossen »Bürgermeister von Augsburg« genannt
Reichsreform: auf dem Reichstag zu Worms werden beschlossen: Ewiger Landfriede, Reichskammergericht, Gemeiner Pfennig (Reichssteuer)	**1495**	
	1497	(oder 1496) Hans Holbein d. J. wird in Augsburg geboren, das er wohl 1514/15 verläßt
	1498	Meisterrecht und Heirat des 1473 in Augsburg geb. Hans Burgkmair d. Ä. lebt bis zu seinem Tod 1531 in der Stadt
Reichsreform: auf dem Reichstag zu Augsburg werden beschlossen: Reichskreise, Reichsregiment, Türkenhilfe auf sechs Jahre	**1500**	zu Ehren Maximilians finden (wie auch schon 1496) Turniere, Schießen und Geschlechtertänze statt; zwischen 1500 und 1600 werden von 35 Reichstagen 12 in Augsburg abgehalten
	1502	Jörg Breu d. Ä. wird Meister in Augsburg, wo er 1537 als Anhänger der Reformation stirbt
Reichstag zu Augsburg	**1510**	Gastmahle, Maskeraden, Tänze, Rennspiele zur Unterhaltung Maximilians I. und seiner Gäste
	1512	Beginn der Chronik Jörg Breus d. Ä., die erst für die Jahre 1531–1537 lückenlos und relativ ausführlich ist
	1516	Jörg Breu d. Ä. führt Malereien im Rathaus aus; Jakob Fugger läßt die Fuggerei erbauen (bis 1523)
Beginn der Reformation durch Martin Luther (Veröffentlichung der 95 Thesen)	**1517**	
Reichstag zu Augsburg: Luther lehnt Widerruf ab; Beginn der Reformation in Zürich durch Ulrich Zwingli	**1518**	Geschlechtertanz in Anwesenheit Maximilians I.
Wahl Karls V. zum Römischen König (Kaiser 1530–1556), mitfinanziert durch Kredite der Fugger (über 500.000 Gulden) und der Welser (fast 150.000 Gulden)	**1519**	
Bis 1544 vier Kriege Karls V. gegen den französischen König Franz I. um die Vormachtstellung in Europa	**1521**	
Bis 1526 Bauernkrieg	**1524**	Augsburg liegt im Gebiet der Aufstände, wird aber von den Bauern nicht angegriffen
Sultan Suleiman II. besiegt die Ungarn bei Mohács, drei Jahre später belagern die Türken zum erstenmal Wien	**1526**	
Finanzierung der Erhebung Ferdinands zum König von Ungarn (1526) und Böhmen durch die Fugger	**1527**	Augsburg ist das süddeutsche Zentrum der Täufer (evangelische Sekte, die u. a. die ausschließliche Erwachsenentaufe und Gütergemeinschaft verlangt)
Reichstag zu Speyer: Neugläubige Stände lehnen den Reichsabschied ab (Beschluß des Reichstages: u. a. Bestätigung der Acht gegen Luther; daher der Name »Protestanten«)	**1529**	Ambrosius Höchstätter geht mit seiner Gesellschaft, der drittgrößten der Stadt, in Konkurs
Reichstag zu Augsburg: das »Augsburger Bekenntnis« wird verlesen; Maße u. Gewichte werden vereinheitlicht	**1530**	Einreiten Karls V. und Belehnung Ferdinands mit den österreichischen Erblanden (von Jörg Breu d. Ä. dargestellt)
Finanzierung der Erhebung Ferdinands I. zum Römischen König (Kaiser 1556–1564) durch die Fugger	**1531**	Jahreszahl, die auf dem Winterbild zu finden ist
	1534	Jörg Breu d. J. (in Augsburg um 1510 geboren und 1547 gestorben) übernimmt die Werkstatt des Vaters

Allgemeine Daten		Augsburger Daten
	1535	bis 1536 Pest in Augsburg mit etwa 1600 Toten
	1536	Augsburg tritt dem Schmalkaldischen Bund (Schutzbündnis der Protestanten) bei
	1537	Abschaffung des katholischen Gottesdienstes (bis 1547); »Bildersturm«; Gründung der Stadtbibliothek mit Büchern der aufgelösten Klöster
	1538	von den »Mehrern« werden 39 Familien ins Patriziat aufgenommen; der Rat läßt in den folgenden Jahren die Stadtbefestigung verstärken
Beginn der Reformation in Genf durch Johann Calvin	**1541**	
Nikolaus Kopernikus formuliert in der Schrift »De revolutionibus orbium coelestium« sein heliozentrisches Weltbild	**1543**	
bis 1563 (mit Unterbrechungen) Konzil zu Trient: Beginn der Gegenreformation	**1545**	
Luther stirbt; bis 1547 Schmalkaldischer Krieg (Karl V. gegen die im Schmalkaldischen Bund vereinten Stände)	**1546**	
bis 1548 sog. »Geharnischter Reichstag« zu Augsburg	**1547**	Augsburg wird von kaiserlichen Truppen besetzt; Karl V. residiert über ein Jahr in der Stadt
Augsburger Interim (Kompromißversuch in der Glaubensfrage bis zum Abschluß eines Konzils)	**1548**	bis 1549: Karl V. verordnet eine neue Stadtverfassung (Auflösung der Zünfte, Wiedereinsetzung des patrizischen Regiments, das 1368 durch ein zünftisches abgelöst worden war, neue Ordnung zur Rats- und Ämterwahl), die bis zum Ende des Reichs (1806) Gültigkeit hat; in der bikonfessionellen Stadt sind die Altgläubigen in der Minderzahl, haben aber nun im Rat die Mehrheit; Tizian hält sich 1548 und 1550/51 in der Stadt auf
Reichstag zu Augsburg: mit dem Augsburger Religions- und Landfrieden wird das dauerhafte Nebeneinander von Katholiken und Anhängern des »Augsburger Bekenntnisses« reichsrechtlich geregelt	**1555**	
	1557	der spanische und französische Staatsbankrott bringt viele Augsburger Firmen in Schwierigkeiten, von denen in den nächsten 30 Jahren etwa 80 in Konkurs gehen
	1559	bis 1566: der Jesuit Petrus Canisius ist Domprediger (er trägt u.a. mit seinen Katechismen zur kirchlichen Erneuerung und Rekatholisierung bei)
vernichtender Seesieg über die Türken bei Lepanto, womit der Niedergang ihrer Vorherrschaft im Mittelmeer eingeleitet wird	**1571**	
	1582	letzter Reichstag in Augsburg
	1590	bis 1630 sorgt v.a. der Rat mit Aufträgen für große bauliche Veränderungen, die bis heute das Stadtbild bestimmen
bis 1606 Türkenkrieg	**1593**	
um 1600 Erfindung des Fernrohrs in Holland	**1600**	
	1602	bis 1607 erbaut der Stadtwerkmeister Elias Holl das Zeughaus (mit der »Toskanischen Säulenhalle«)

Hauptsächliche Quelle für die Augsburger Daten: Chronik der Stadt Augsburg bis zum Ende der Reichsstadtzeit, in: Augsburg. Geschichte in Bilddokumenten, Friedrich Blendinger und Wolfgang Zorn (Hgg.), München 1976

Schemata der Augsburger Stadtverfassungen

Die Augsburger Stadtverfassungen des späten Mittelalters und der frühen Neuzeit bildeten den Rahmen für eine oligarchische Regierungsform. Es wurden zwar bis 1368 bestimmte demokratische Prinzipien angewandt (Wahlrecht eines Teils der Bevölkerung, Mehrheitsentscheid) und ein regelmäßiger Machtwechsel angestrebt. Aber es läßt sich feststellen, daß die politische Macht tatsächlich stets in Händen einiger weniger wohlhabender Familien lag, die sich die entscheidenden Ämter teilten. Kaiser Karl V. veränderte 1548/49 durch eine Revision der Verfassung die städtische Ordnung grundlegend: Nun waren nicht mehr länger die in Zünften politisch organisierten Handwerker und Kaufleute in der Vormacht, sondern – wie schon vor 1368 – die Patrizier. Hinzu kam, daß die Altgläubigen, die seit Einführung der Reformation in der Stadt in Minderheitsposition geraten waren, aber oft aus den reichsten Familien der Patrizier stammten, in der neuen Ordnung bevorzugt wurden (bis zur Parität durch den Westfälischen Frieden von 1648).

Die Verfassungsordnungen von 1368 und 1548/49 weisen einige grundlegende Gemeinsamkeiten auf:

- jährlich stattfindende Ratswahl
- gegenseitige Eidesleistung zwischen dem neugewählten Rat und der Bürgerschaft und zwischen Rat und Ratsführung
- Beschränkungen der Ämterkumulation
- keine »Gewaltenteilung«: der Kleine Rat etwa nahm exekutive, legislative und judikative Funktionen wahr
- Prinzip der Kollegialität (Doppelbesetzung) von Ratsämtern und Pflegschaften
- personelle Verflechtung von Rat und Verwaltung

Beide Schemata stellen lediglich ein vereinfachtes Idealbild dar. Sie verzeichnen keine historischen Veränderungen.

Ein Pfeil geht von dem Gremium aus, das einen Amtsträger wählt oder ernennt; eine Linie verbindet eine Korporation mit der Gruppe, aus welcher sich seine Mitglieder rekrutieren.

Literatur: Katharina Sieh-Burens, Oligarchie, Konfession und Politik im 16. Jahrhundert. Zur sozialen Verflechtung der Augsburger Bürgermeister und Stadtpfleger 1518–1618 (Schriften der Philosophischen Fakultäten der Universität Augsburg. Historisch-sozialwissenschaftliche Reihe, 29), München 1986.

Verfassungsordnung Augsburgs von 1368 bis 1548

Bürgermeister: Sitzungsleitung der verschiedenen Ratsgremien; Durchführung der Ratswahlen; Spitze der Verwaltung; Repräsentation

Dreizehner: Faktische politische Führung; Abwicklung der laufenden Stadtgeschäfte in fast täglichen Sitzungen; Vorbereitung der Entscheidungen des Kleinen Rats

Kleiner Rat: Oberstes Organ der städtischen Rechtsetzung und Rechtsprechung; maßgebliche Entscheidungsinstanz in Verwaltungsangelegenheiten und Fragen von politischem Gewicht

Großer Rat: Finanzpolitik; Besteuerung; Beratung von Entscheidungen, die eines breiten Rückhaltes in der Bürgerschaft bedurften: so geschehen bei der Unterzeichnung der Confessio Augustana 1530, der Einführung der Reformation 1534 oder der Patriziatsvermehrung 1538

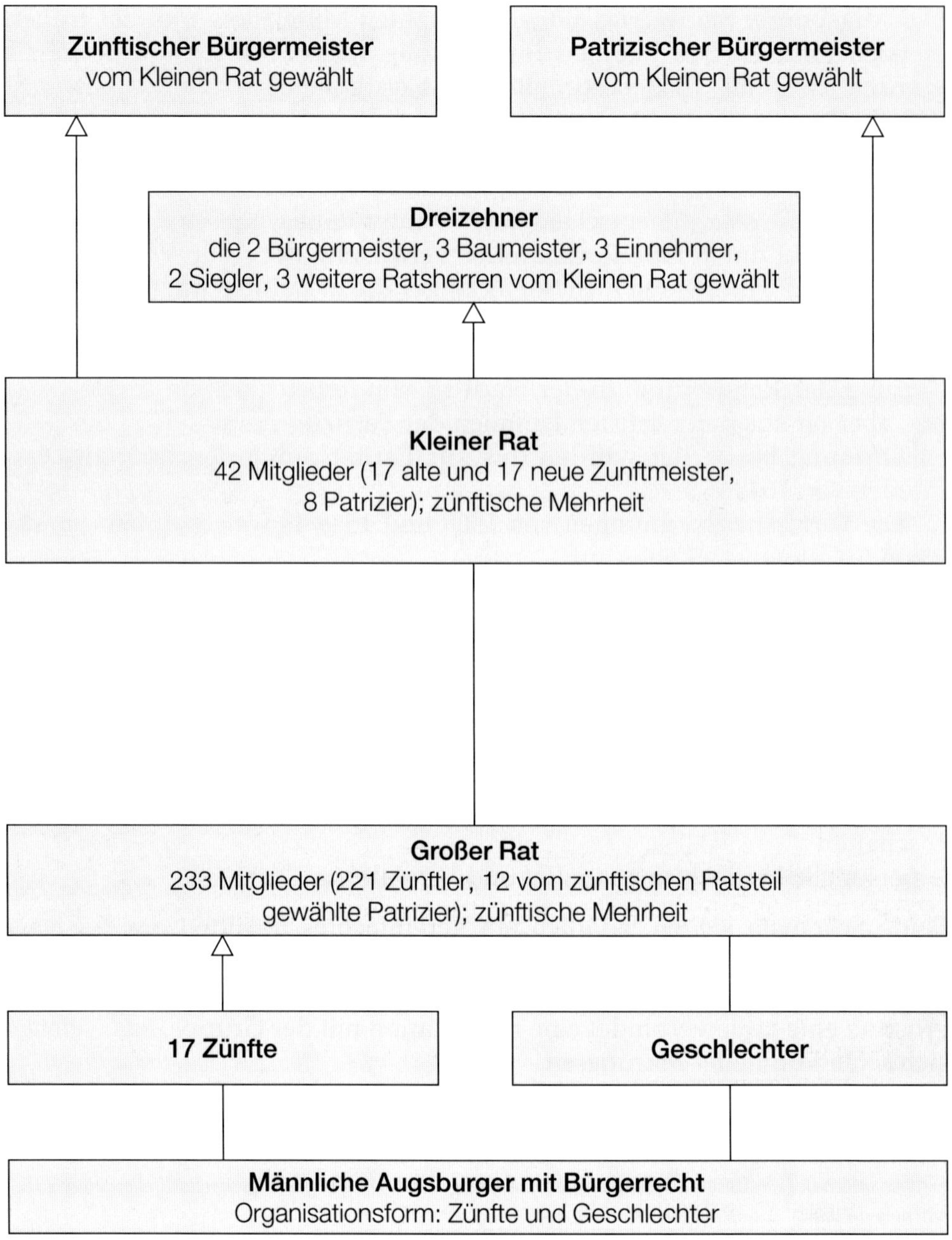

Die Ordnung von 1368 löste eine alte patrizische Verfassung ab, nachdem Kaufleute und Handwerker mit einem bewaffneten Aufstand die Partizipation am Regiment erlangt hatten. Besondere Kennzeichen sind:

– Dualismus zwischen den Zünften und dem Patriziat, d. h. zwischen den seit 1368 bestehenden Zusammenschlüssen der Handwerker oder Kaufleute und alten, zumeist wohlhabenden Familien (»Geschlechter«), deren Zahl 1538 um 39 vermehrt wurde (u. a. durch die Arzt, Fugger, Imhof, Meuting, Paumgartner, Peutinger, Rehm)
– personelles Übergewicht der Zünfte in Rat und Verwaltung
– ehrenamtliche Tätigkeit der Ratsherren und Amtsinhaber, was Abkömmlichkeit voraussetzt und sich daher in der Regel nur die Reicheren leisten konnten
– Prinzip der Annuität bei der Besetzung städtischer Institutionen
– Kontinuität der Amtsführung: erreicht dadurch, daß jeweils immer nur einer der beiden Amtsträger neu gewählt wurde
– Verbot der Ratsmitgliedschaft zweier direkter Blutsverwandter

Verfassungsordnung Augsburgs von 1548/49 bis 1806

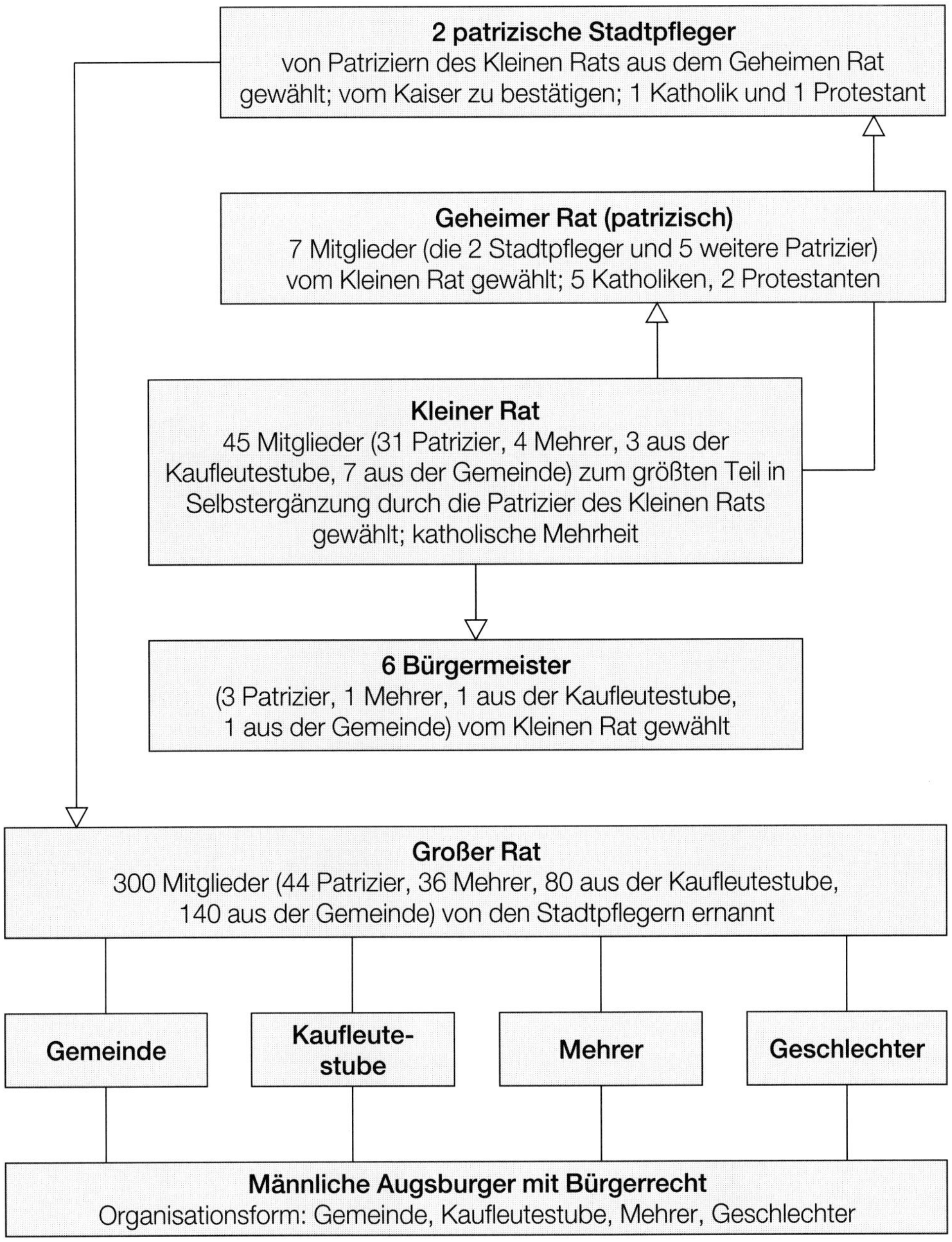

Aufgaben und Funktionen

Stadtpfleger: Vorsitz im Geheimen und Kleinen Rat, bestimmen deren Tagesordnung; als kaiserliche Räte sind sie Bindeglied zum Kaiser

Geheimer Rat: innen- und außenpolitische Entscheidungen; Finanzen; Oberaufsicht über Verwaltung; Vorbereitung der Entscheidungen des Kleinen Rates

Kleiner Rat: Oberstes Organ der städtischen Rechtsetzung und Rechtsprechung; maßgebliche Entscheidungsinstanz in Verwaltungsangelegenheiten und Fragen von politischem Gewicht

Bürgermeister: Vollstreckung von Beschlüssen des kleinen Rates; Sicherheit und Ordnung; Repräsentation

Großer Rat: keine politisch relevanten Mitwirkungsrechte; Repräsentation der Gesamtbürgerschaft

Durch kaiserlichen Erlaß der »Karolinischen Regimentsordnung« (1548) wurden die Zünfte aufgelöst, und es wurde wieder eine patrizische Verfassung etabliert; mit der kaiserlichen »Wahlordnung des Großen Rates« (1549) fanden die Ratsorgane ihre bis 1806 beibehaltene äußere Gestalt (mit der Unterbrechung von 1552, als die Zünfte kurzzeitig wieder ins Leben gerufen wurden). Als politische Korporationen neben dem Patriziat waren nunmehr die Mehrer der Gesellschaft (reiche, angesehene Familien), die Kaufleutestube und die Gemeinde (Handwerkervertreter) anerkannt. Karl V. führte die Revision der Verfassung durch, nachdem Augsburg im Schmalkaldischen Krieg zu seinen Gegnern gehört hatte und als besiegte Stadt von seiner Armee besetzt war. Er wollte damit einerseits die Reichsstadt besser unter Kontrolle halten und andererseits der katholischen Minderheit die größere politische Macht verleihen. Hiermit sollte die Einhaltung der Bestimmungen des Interims (Kompromißversuch in der Religionsfrage, der auf dem Augsburger Reichstag von 1548 bis zur Klärung auf einem Konzil beschlossen wurde) gewährleistet bleiben und die von Karl V. verfügte Restitution der katholischen Kirchen und des katholischen Gottesdienstes in der mehrheitlich protestantischen Stadt. Besondere Kennzeichen sind:

- die Konfession ist Kriterium für politische Partizipation; Bevorzugung der Altgläubigen
- personelles Übergewicht und politische Dominanz des Patriziats in Rat und Verwaltung
- Besoldung der Amtsträger und Ratsherren; gleichwohl finden sich fast ausschließlich wohlhabendere Bürger im Magistrat
- faktische Vergabe der Ratssitze und Ratsämter auf Lebenszeit

Bibliographie

Kursive Einträge verweisen auf in den Texten und Anmerkungen abgekürzt zitierte Literatur.

Chroniken

Augsburg-Chronik, Bd. 2
Die Chroniken der schwäbischen Städte. Augsburg, Bd. 2 (Die Chroniken der deutschen Städte vom 14. bis 16. Jahrhundert, Bd. 5), Leipzig 1866

Augsburg-Chronik, Bd. 3
Die Chroniken der schwäbischen Städte. Augsburg, Bd. 3 (Die Chroniken der deutschen Städte vom 14. bis 16. Jahrhundert, Bd. 22), Leipzig 1892, Nachdruck Stuttgart 1965

Augsburg-Chronik, Bd. 4
Die Chroniken der schwäbischen Städte. Augsburg, Bd. 4 (Die Chroniken der deutschen Städte vom 14. bis 16. Jahrhundert, Bd. 23), Leipzig 1894, 2. Aufl. Göttingen 1966

Augsburg-Chronik, Bd. 5
Die Chroniken der schwäbischen Städte. Augsburg, Bd. 5 (Die Chroniken der deutschen Städte vom 14. bis 16. Jahrhundert, Bd. 25), Leipzig 1896, Nachdruck Stuttgart 1966

Augsburg-Chronik, Bd. 6
Die Chroniken der schwäbischen Städte. Augsburg, Bd. 6 (Die Chroniken der deutschen Städte vom 14. bis 16. Jahrhundert, Bd. 29), Leipzig 1906, Nachdruck Stuttgart 1966

Augsburg-Chronik, Bd. 7
Die Chroniken der schwäbischen Städte. Augsburg, Bd. 7 (Die Chroniken der deutschen Städte vom 14. bis 16. Jahrhundert, Bd. 32), Leipzig 1917, Nachdruck Stuttgart 1966

Breu, Jörg
Die Chronik des Augsburger Malers Georg Preu des Älteren 1512–1537, in: Augsburg-Chronik, Bd. 6

Mair, Paul Hektor
Zwei Chroniken des Augsburger Ratsdieners Paul Hektor Mair von 1548 bzw. 1547–1565 bzw. 1564, in: Augsburg-Chronik, Bd. 7

Mülich, Hector
Chronik des Hector Mülich, 1348–1487, in: Augsburg-Chronik, Bd. 3. Beilagen zur Chronik des Hector Mülich, in: Augsburg-Chronik, Bd. 3, S. 379–442.

Rem, Wilhelm
»Cronica newer geschichten« von Wilhelm Rem 1512–1527, in: Augsburg-Chronik, Bd. 5

Sender, Clemens
Die Chronik von Clemens Sender von den ältesten Zeiten der Stadt bis zum Jahre 1536, in: Augsburg-Chronik, Bd. 4. Beilagen zur Chronik des Clemens Sender, in: Augsburg-Chronik, Bd. 5, S. 343–401

Gasser/Welser
A. P. Gasser/M. Welser, Augspurgische Chronica, ins Deutsche übertragen von Engelbert Werlichius, Teil 2, Frankfurt a. M. 1595

Zink, Burkard
Chronik des Burkard Zink, 1368–1468, in: Augsburg-Chronik, Bd. 2

Kataloge (nach Orten)

Augsburger Renaissance, Augsburg 1955
Norbert Lieb, Hannelore Müller, Günther Thiem (Bearb.), Augsburger Renaissance, Ausstellungskatalog Städtische Kunstsammlungen Augsburg, Augsburg 1955

700 Jahre Augsburger Stadtrecht, Augsburg 1976
700 Jahre Augsburger Stadtrecht, Ausstellungskatalog, Augsburg 1976

Welt im Umbruch, Augsburg 1980
Welt im Umbruch. Augsburg zwischen Renaissance und Barock. Ausstellung der Stadt Augsburg anläßlich des 450. Jubiläums der Confessio Augustana, Ausstellungskatalog, 3 Bde., Augsburg 1980/81

Elias Holl und das Augsburger Rathaus, Augsburg 1985
Wolfram Baer u. a. (Hgg.), Elias Holl und das Augsburger Rathaus, Ausstellungskatalog, Regensburg 1985

Freiheit und Ordnung, Augsburg 1987
Freiheit und Ordnung. Reformation in Augsburg, Ausstellungskatalog, Augsburg 1987

450 Jahre Staats- und Stadtbibliothek, Augsburg 1987
450 Jahre Staats- und Stadtbibliothek. Kostbare Handschriften und alte Drucke, Ausstellungskatalog Staats- und Stadtbibliothek Augsburg, Augsburg 1987

Von der Augsburger Bibelhandschrift zu Bertolt Brecht, Augsburg 1991
H. Gier/J. Janota (Hgg.), Von der Augsburger Bibelhandschrift zu Bertolt Brecht. Zeugnisse der deutschen Literatur aus der Staats- und Stadtbibliothek und der Universitätsbibliothek Augsburg, Ausstellungskatalog, Augsburg 1991

Die Fugger und die Musik, Augsburg 1993
Renate Eikelmann (Hg.), Die Fugger und die Musik. Anton Fugger zum 500. Geburtstag, Ausstellungskatalog Städtische Kunstsammlungen Augsburg, Augsburg 1993

Lucas Cranach, Basel 1974
Dieter Koepplin/Tilmann Falk (Hgg.), Lucas Cranach. Gemälde, Zeichnungen, Druckgraphik, Ausstellungskatalog Kunstmuseum Basel, 2 Bde., Basel 1974 und 1976

Kunst der Reformationszeit, Berlin 1983
Kunst der Reformationszeit, Ausstellungskatalog Staatliche Museen zu Berlin, Berlin 1983

Dasein und Vision, Berlin 1989
Dasein und Vision. Bürger und Bauern um 1500, Ausstellungskatalog Staatliche Museen zu Berlin, Berlin 1989

Eisenkleider, Berlin 1992
Gerhard Quaas (Hg.), Eisenkleider. Plattnerarbeiten aus den Sammlungen des Deutschen Historischen Museums, Ausstellungskatalog Deutsches Historisches Museum, Berlin 1992

Gemäldegalerie Alte Meister, Dresden 1992
Gemäldegalerie Alte Meister Dresden. Katalog der ausgestellten Werke, Bestandskatalog, 3. Aufl., Dresden 1992

Vivere nel contado al tempo di Lorenzo, Florenz 1992
G. C. Romby/M. Tarassi (Hgg.), Vivere nel contado al tempo di Lorenzo, Ausstellungskatalog, Florenz 1992

Die Renaissance im deutschen Südwesten, Karlsruhe 1986
Die Renaissance im deutschen Südwesten zwischen Reformation und Dreißigjährigem Krieg, Ausstellungskatalog Badisches Landesmuseum, Karlsruhe 1986

Andachtsbücher des Mittelalters, Köln 1987
Joachim M. Plotzek (Hg.), Andachtsbücher des Mittelalters aus Privatbesitz, Ausstellungskatalog Schnütgen-Museum, Köln 1987

Biblioteca Apostolica Vaticana, Köln 1992
Biblioteca Apostolica Vaticana. Liturgie und Andacht im Mittelalter, Ausstellungs-

katalog Erzbischöfliches Museum, Köln 1992
Victoria and Albert Museum I, London 1983
A. Burton/S. Haskins, Victoria and Albert Museum I (Kontinentaleuropäische Kunst), Bestandskatalog, London 1983
Sotheby's Old Master Paintings, London 1989
Auktionskatalog, London, 5. Juli 1989, S. 46–49
Benedetto Antelami, Mailand 1990
Arturo Carlo Quintavalle (Hg.), Benedetto Antelami, Ausstellungskatalog, Mailand 1990
Milano e la Lombardia, Mailand 1993
Milano e la Lomabardia in età comunale, secoli XI-XIII, Ausstellungskatalog, Mailand 1993
Alte Pinakothek II, München 1963
G. Golberg/Altgraf zu Salm (Bearb.), Bestandskatalog Bayerische Staatsgemäldesammlungen, Alte Pinakothek, Bd. 2, München 1963
Reichsstädte in Franken, München 1987
Reichsstädte in Franken, Ausstellungskatalog, München 1987
Martin Luther und die Reformation in Deutschland, Nürnberg 1983
Martin Luther und die Reformation in Deutschland, Ausstellungskatalog Germanisches Nationalmuseum, Nürnberg 1983
Adel im Wandel, Rosenburg 1990
Adel im Wandel. Politik, Kultur, Konfession 1500–1700 (Katalog des Niederösterreichischen Landesmuseums, NF, 251), Ausstellungskatalog Rosenburg, Wien 1990
Bauern in Bayern, Straubing 1992
Michael Henker (Hg.), Bauern in Bayern: Von der Römerzeit bis zur Gegenwart, Ausstellungskatalog Straubing, Haus der Bayerischen Geschichte, München 1992
Stadt im Wandel, Stuttgart-Bad Cannstadt 1985
C. Meckseper (Hg.), Stadt im Wandel. Kunst und Kultur des Bürgertums in Norddeutschland. 1150–1650, Ausstellungskatalog, Stuttgart 1985
Meisterwerke Massenhaft, Stuttgart 1993
Meisterwerke Massenhaft. Die Bildhauerwerkstatt des Niklaus Weckmann und die Malerei in Ulm um 1500, Ausstellungskatalog Württembergisches Landesmuseum, Stuttgart 1993
Die schönsten Stundenbücher aus der Biblioteca Apostolica Vaticana, Vatikan 1988
G. Morello, Die schönsten Stundenbücher aus der Biblioteca Apostolica Vaticana, Ausstellungskatalog Vatikan, Stuttgart/Zürich 1988
Leibrüstkammer, Wien 1976
Bruno Thomas/Ortwin Gamber, Katalog der Leibrüstkammer. 1. Teil (Der Zeitraum von 500–1530), Bestandskatalog Kunsthistorisches Museum, Wien 1976
Roben wie Rüstungen, Wien 1990
Roberto Capucci, Roben wie Rüstungen. Mode in Stahl und Seide einst und heute, Ausstellungskatalog, Neue Burg, Hofjagd- und Rüstkammer, Kunsthistorisches Museum, Wien 1990
Wolfenbütteler Cimelien, Wolfenbüttel 1989
Wolfenbütteler Cimelien. Das Evangeliar Heinrichs des Löwen in der Herzog August Bibliothek. Ausstellungskataloge der Herzog August Bibliothek, 58, Wolfenbüttel 1989
Die Manessische Liederhandschrift, Zürich 1991
Die Manessische Liederhandschrift in Zürich, Ausstellungskatalog, Zürich 1991

Allgemeine Literatur

Altenburg, Detlef u. a. (Hgg.), Feste und Feiern im Mittelalter, Sigmaringen 1991
Amman, Jost, Das Ständebuch, Nachdruck Frankfurt a. M. 1976
Antal, Friedrich, Breu und Filippino, in: Zeitschrift für bildende Kunst, 62, 1928/29, S. 29–37
Augsburger Stadtlexikon; siehe Baer, Wolfgang
Augusta 955–1955; siehe Rinn, Hermann
Aulinger, Rosemarie, Das Bild des Reichstages im 16. Jahrhundert. Beiträge zu einer typologischen Analyse schriftlicher und bildlicher Quellen (Schriftenreihe der Historischen Kommission bei der Bayerischen Akademie der Wissenschaften, 18), Göttingen 1980
Aulinger, Rosemarie, Augsburg und die Reichstage des 16. Jahrhunderts, in: Welt im Umbruch, Bd. 3, Augsburg 1981, S. 9–24

Baccini, Peter/Paul H. Brunner, Metabolism of the Anthroposphere, Berlin/Heidelberg etc. 1991
Baer, Wolfgang u. a. (Hgg.), Augsburger Stadtlexikon. Geschichte, Gesellschaft, Kultur, Recht, Wirtschaft, Augsburg 1985
Barber, Richard/Juliet Barker, Tournaments, Jousts, Chuivalry and Pageants in the Middle Ages, Woodbridge 1989
Bauer, Clemens, Conrad Peutingers Gutachten zur Monopolfrage. Eine Untersuchung zur Wandlung der Wirtschaftsanschauungen im Zeitalter der Reformation, in: Archiv für Reformationsgeschichte, 45, 1954, S. 1–43
Bauer, Clemens, Conrad Peutinger und der Durchbruch des neuen ökonomischen Denkens in der Wende zur Neuzeit, in: Augusta 955–1955, S. 219–228
Baum, Julius, Das alte Augsburger Rathaus, in: Zeitschrift des Historischen Vereins für Schwaben und Neuburg, 33, 1907, S. 63–73
Baum, Julius, Die Monatsscheiben des älteren Breu und ihre Nachbildungen, in: Altschwäbische Kunst, Augsburg 1923, S. 110–120
Beer, Ellen J., Die Rose der Kathedrale von Lausanne und der Kosmologische Bilderkreis des Mittelalters (Berner Schriften zur Kunst, 6), Bern 1952
Bellot, Josef, Humanismus, Bildungswesen, Buchdruck und Verlagsgeschichte, in: Gottlieb, Geschichte der Stadt Augsburg, S. 343–357
Bening, Kalender; siehe Simon Bennings Flämischer Kalender
Beutler, Christian/Gunther Thiem, Hans Holbein d. Ä. Die spätgotische Altar- und Glasmalerei (Abhandlungen zur Geschichte der Stadt Augsburg, Bd. 13), Augsburg 1960
Biehn, Heinz, Feste und Feiern im alten Europa, München o. J. [ca. 1960]
Blaich, Fritz, Die Reichsmonopolgesetzgebung im Zeitalter Karls V. Ihre ordnungspolitische Problematik (Schriften zum Vergleich von Wirtschaftsordnungen, 8), Stuttgart 1967
Blaich, Fritz, Die Wirtschaftspolitik des Reichstags im Heiligen Römischen Reich. Ein Beitrag zur Problemgeschichte wirtschaftlichen Gestaltens (Schriften zum Vergleich von Wirtschaftsordnungen, 16), Stuttgart 1970
Blaich, Fritz, Zur Wirtschaftsgesinnung des frühkapitalistischen Unternehmers in Oberdeutschland, in: Tradition, 15, 1970, S. 273–281
Blendinger, Friedrich, Versuch einer Bestimmung der Mittelschicht in der Reichsstadt Augsburg vom Ende des 14. bis zum Anfang des 18. Jahrhunderts, in: Erich Maschke/Jürgen Sydow (Hgg.), Städtische Mittelschichten (Veröffentlichungen der Kommission für Geschichtliche Landeskunde in Baden-Württemberg, Reihe B: Forschungen, 69), Stuttgart 1972, S. 32–78
Blendinger, Friedrich/Fritz Zorn (Hgg.), Augsburg. Geschichte in Bilddokumenten, München 1976
Blendinger, Friedrich, Zur Geschichte der Messinghütte am Stainenberg bei Pflach bzw. Reutte, in: Franz Huter/Georg Zwanowetz (Hgg.), Festschrift für Herbert Hassinger (Tiroler Wirtschaftsstudien. Schriftenreihe der Jubliläumsstiftung der Kammer der gewerblichen Wirtschaft für Tirol, 33), Innsbruck 1977, S. 53–66
Blendinger, Friedrich, Die Zunfterhebung von 1368, in: Gottlieb, Geschichte der Stadt Augsburg, S. 150–153
Boccia, Lionello Giorgio/Lotte Kurras, Il libro dei tornei della nobiltà del Kraichgau, 1615 circa, Faksimile des Codice Rossiano 711 [Vaticana], Mailand/Zürich 1983
Boehn, Max von, Die Mode. Eine Kulturgeschichte vom Mittelalter bis zum Barock, München 1976
Boockmann, Hartmut, Die Stadt im späten Mittelalter, 2. Aufl., München 1987

Borries-Schulten, Sigrid von, Die romanischen Handschriften der Württembergischen Landesbibliothek Stuttgart, Stuttgart 1987
Bosl, Karl, Gesellschaft im Aufbruch. Die Welt des Mittelalters und ihre Menschen, Regensburg 1991
Boutemy, M., Un calendrier illustré du British Museum (ms. Cotton Julius A VI), in: Bulletin de la société nationale des antiquaires de France, 1970, S. 79–98
Brandt, Paul, Schaffende Arbeit und bildende Kunst, 2 Bde., Leipzig 1927/28
Brant, Sebastian, Das Narrenschiff, Nachdruck Frankfurt a. M. 1980
Brant, Sebastian, Sebastian Brants Narrenschiff, F. Zarncke (Hg.), Nachdruck Leipzig 1854
Bresciani, Bruno, Figurazione dei mesi nell'arte medioevale italiana, Verona 1968
Breviarium Grimani, siehe Grote, A.
Bringemeier, Martha, Priester- und Gelehrtenkleidung. Ein Beitrag zur geistesgeschichtlichen Kostümforschung, Münster 1974
Broadhead, P., Popular Pressure for Reform in Augsburg, 1524–1534, in: B. J. Mommsen (Hg.), Stadtbürgertum und Adel in der Reformation. Studien zur Sozialgeschichte der Reformation in England und Deutschland, Stuttgart 1979, S. 80–87
Brunner, Wolfgang, Städtisches Tanzen und das Tanzhaus im 16. Jahrhundert, in: Alfred Kohler/Heinrich Lutz (Hgg.), Alltag im 16. Jahrhundert, München 1987, S. 45–64
Buchner, Ernst, Monats- und Jahreszeitenbilder Hans Wertingers, in: Zeitschrift für bildende Kunst, 61, 1927/28, S. 106–112
Buchner, Ernst, Der ältere Breu als Maler, in: Ernst Buchner/Karl Feuchtmayr (Hgg.), Jörg Breu. Ein Süddeutscher Maler des 15. Jahrhunderts. Beiträge zur Geschichte der deutschen Kunst, Bd. 2: Augsburger Kunst der Spätgotik und Renaissance, Augsburg 1928, S. 272–383
Buff, Adolf, Augsburg in der Renaissancezeit, Bamberg 1893
Bulst, N./Jean-Philippe Genet (Hgg.), La Ville, la bourgeosie et la genèse de l'état moderne (12.–18. siècles), Paris 1988
Burgkmair, Turnierbuch; siehe Hefner-Alteneck, J. v.
Burgkmair, Turnierbuch; siehe Pallmann, Heinrich
Burke, Peter, Städtische Kultur in Italien zwischen Hochrenaissance und Barock, Berlin 1986

Castelnuovo, Enrico, Il ciclo dei Mesi di Torre Aquila a Trento, Trient 1987
Cazelles, Raymond/Johannes Rathofer, Das Stundenbuch des Duc de Berry. Les Très Riches Heures, München 1988
Cennini, Cennino, Das Buch von der Kunst oder Tractat der Malerei, ins Deutsche übersetzt von Albert Ilg, 1871, Nachdruck Osnabrück 1970
Chojecka, Ewa, Astronomische und astrologische Darstellungen und Deutungen bei kunsthistorischen Betrachtungen alter wissenschaftlicher Illustrationen des XV. bis XVIII. Jahrhunderts (Veröffentlichungen des Staatlichen Mathematisch-Physikalischen Salons, 4), Berlin 1967
Christensen, Carl H., Municipal patronage and the crisis of the arts in reformation Nürnberg, in: Church History, 36, New York 1967, S. 140–150
Christensen, Sigrid Flamand, Die männliche Kleidung in der süddeutschen Renaissance (Kunstwissenschaftliche Studien, 15), Berlin 1934
Cicero, M. Tullius, Officia, deutsch von Johann von Schwarzenberg und Johann Neuber, Augsburg (Heinrich Steiner) 1531
Clasen, Claus-Peter, Die Augsburger Steuerbücher um 1600, Augsburg 1976
Curtius, Ernst Robert, Europäische Literatur und lateinisches Mittelalter, 2. Aufl., Bern 1954
Czok, Karl, Die Bürgerkämpfe in Süd- und Westdeutschland im 14. Jahrhundert, in: Jahrbuch für Geschichte der oberdeutschen Reichsstädte 12/13, 1966/67, S. 40–72

Dal, Erik/Povl Skårup, The Ages of Man and the Months of the Year. Poetry, Prose and Pictures outlining the Douze mois figurés Motif, mainly found in Shepherds' Calendars and in Livres d'Heures, 14th to 17th Century (Det Kongelige Danske Videnskabernes Selskab Historisk-filosofiske Skrifter, 9, 3), Kopenhagen 1980
De Coo, Jozef, Die bemalten Holzteller, bekannte und neuentdeckte. Ihr Schmuck und ihre Herkunft, in: Wallraf-Richartz-Jahrbuch, 37, 1975, S. 85–118
De Vries, Jan, European Urbanization 1500–1800, London 1984
Decot, Rolf (Hg.), Vermittlungsversuche auf dem Augsburger Reichstag 1530, Stuttgart 1989
Degering, Hermann/Frauke Steenbock, Albrecht Glockendon, Kalendar von 1526. Ms. germ. oct. 9 der Staatsbibliothek Preußischer Kulturbesitz Berlin. Faksimile, Bd. 2, Stuttgart 1977
Diederichs, Eugen, Deutsches Leben der Vergangenheit, Bd. 1, Jena 1908
Dielitz, J., Die Wahl- und Denksprüche, Feldgeschreie, Losungen, Schlacht- und Volksrufe besonders des Mittelalters und der Neuzeit, Frankfurt a. M. 1881, Nachdruck Vaduz 1963
Dilich, W., Ritterspiele anno 1596, H. Broszinski/G. Schweikhart (Hgg.), Nachdruck Kassel 1986
Dirr, Pius, Aus Augsburgs Vergangenheit, o. O., o. J. [Augsburg 1906]
Dirr, Pius, Kaufleutezunft und Kaufleutestube in Augsburg zur Zeit des Zunftregiments (1368–1548), in: Zeitschrift des historischen Vereins für Schwaben und Neuburg, 35, 1909, S. 133–151
Dirr, Pius, Augsburg (Stätten der Kultur, 20), 2.Aufl., Leipzig 1917
Dodgson, Campbell, Ein Miniaturwerk Jörg Breus d. J., in: Münchner Jahrbuch der bildenden Kunst, NF 11, 1934/35
Doehaerd, Renée, Etudes Anversoises. Documents sur le commerce international à Anvers 1488–1514, Bd. 2: Certificats 1488–1510; Bd. 3: Certificats 1512–1513. Lettres échevinales 1490–1514 (Ecole Pratique Des Hautes Etudes. VIe Section. Centre De Recherches Historiques. Ports. Routes. Trafics XIV2), Paris 1963
Dogaer, G., Flemish Miniature Painting in the 15th and 16th Centuries, Amsterdam 1987
Dörnhöffer, Friedrich, Ein Cyclus von Federzeichnungen mit Darstellungen von Kriegen und Jagden, in: Jahrbuch der Kunsthistorischen Sammlungen des Allerhöchsten Kaiserhauses, Bd. 18, 1897, S. 1–55
Duerr, Hans Peter, Der Mythos vom Zivilisationsprozeß: »Obszönität und Gewalt«, Frankfurt a. M. 1993
Dülmen, Richard von, Kultur und Alltag in der frühen Neuzeit, Bd. 2, München 1992

Egg, E., Der Glasmaler Gumpolt Giltlinger, in: Tiroler Heimatblätter, 25. Jg., H. 3/4, 1950, S. 38ff.
Egg, E., Kunst in Schwaz, Innsbruck 1974
Ehrenberg, Richard, Das Zeitalter der Fugger. Geldkapital und Kreditverkehr im 16. Jahrhundert, 2 Bde., Bd. 1: Die Geldmächte des 16. Jahrhunderts, Jena 1896, Nachdruck Hildesheim 1963
Ehret, Gloria, Hans Wertinger. Ein Landshuter Maler an der Wende der Spätgotik zur Renaissance, München 1976
Eir, C., War against the Idols: The Reformation of Worship from Erasmus to Calvin, Cambridge 1986
Eirich, Raimund, Memmingens Wirtschaft und Patriziat von 1347 bis 1551. Eine wirtschafts- und sozialgeschichtliche Untersuchung über das Memminger Patriziat während der Zunftverfassung, Weißenhorn 1971
Eisenbart, Liselotte Constanze, Kleiderordnungen in deutschen Städten zwischen 1350 und 1700. Ein Beitrag zur Kulturgeschichte des deutschen Volkes (Göttinger Bausteine zur Geschichtswissenschaft, Bd. 32), Göttingen/Berlin/Frankfurt a. M. 1962
Elias, Norbert, Der Prozeß der Zivilisation, Basel 1939

Endrei, Walter, Spiele und Unterhaltung im alten Europa, Hanau 1988
Engel, Evamaria, Die deutsche Stadt des Mittelalters, München 1993
Ennen, Edith, Frauen im Mittelalter, 2. Aufl., München 1985
Epperlein, Siegfried, Der Bauer im Bild des Mittelalters, Leipzig/Jena/Berlin 1975
Essenwein, August von, Hans Tirols Darstellung der Belehnung Ferdinands I. mit den österreichischen Erblanden durch Kaiser Karl V. auf dem Reichstage zu Augsburg 1530, in: Mitteilungen aus dem Germanischen Nationalmuseum, 2, 1887–1889, S. 1–22

Fantelli, Pier Luigi/Franca Pellegrini (Hgg.), Il Palazzo della Ragione in Padova, Padua 1990
Fink, August, Die Schwarzschen Trachtenbücher, Berlin 1963
Förstemann, Karl Eduard, Urkundenbuch zu der Geschichte des Reichstages zu Augsburg im Jahre 1530, Bd. 1, Halle 1833, Nachdruck Hildesheim 1966
Foucault, Michel, Sexualität und Wahrheit, Bd. 1: Der Wille zum Wissen, Frankfurt a. M. 1983
François, Etienne, Des républiques marchandes aux capitales politiques, in: Revue d'Histoire Moderne et Contemporaine, 25, 1978, S. 587–603
François, Etienne, Die unsichtbare Grenze. Protestanten und Katholiken in Augsburg 1648–1806 (Abhandlungen zur Geschichte der Stadt Augsburg, 33), Sigmaringen 1991

Gamber, Ortwin, Ritterspiel und Turnierrüstung im Spätmittelalter, in: Josef Fleckenstein (Hg.), Das ritterliche Turnier im Mittelalter. Beiträge zu einer vergleichenden Formen- und Verhaltensgeschichte des Rittertums, Göttingen 1980, S. 513–531
Gamber, Ortwin, Führer durch die Rüstkammern Erzherzog Ferdinands, in: Die Rüstkammern (Kunsthistorisches Museum. Sammlungen Schloß Ambras), Wien 1981
Geisberg, Max, Der deutsche Einblattholzschnitt, Leipzig 1924ff.
Gensthaler, Gerhard, Das Medizinalwesen der freien Reichsstadt Augsburg bis zum 16. Jahrhundert (Abhandlungen zur Geschichte der Stadt Augsburg, 21), Augsburg 1973
Gottlieb, Gunther u. a. (Hgg.), Geschichte der Stadt Augsburg. 2000 Jahre von der Römerzeit bis zur Gegenwart, 2. Aufl., Stuttgart 1985
Greiff, B. (Hg.), Tagebuch des Lucas Rem aus den Jahren 1494–1541. Ein Beitrag zur Handelsgeschichte der Stadt Augsburg, in: Historischer Kreisverein im Regierungsbezirk von Schwaben und Neuburg. Jahresbericht 26, 1860, Augsburg 1861, S. 48
Groos, Walter, Beiträge zur Topographie von Alt-Augsburg (Bericht der Naturforschenden Gesellschaft Augsburg, 21), Augsburg 1967
Grote, A. (Hg.), Breviarium Grimani. Faksimileausgabe der Miniaturen und Kommentar, Berlin 1973

Habermas, Jürgen, Strukturwandel der Öffentlichkeit. Untersuchungen zu einer Kategorie der bürgerlichen Gesellschaft, 4. Aufl., Neuwied 1969
Habich, Georg, Das Gebetbuch des Matthäus Schwarz (Sitzungsberichte der Kgl. Bayerischen Akademie der Wissenschaften, philosophisch-philologische und historische Klasse, Jg. 1910, 8. Abhandlung), München 1910
Habich, Georg, Der Augsburger Geschlechtertanz von 1522, in: Jahrbuch der Kgl. Preußischen Kunstsammlungen, 32, 1911, S. 213–235
Habich, Georg, Sixtus und Felicitas Forster, in: Archiv für Medaillen- und Plaketten-Kunde, 3, 1913/14, S. 152–160
Haemmerle, Albert (Hg.), Die Hochzeitsbücher der Augsburger Bürgerstube und Kaufleutestube bis zum Ende der Reichsfreiheit, Privatdruck, München 1936
Haemmerle, Albert, Die Hochzeitsbücher der Bürger- und Kaufleutestube in Augsburg, Nachtrag, in: Vierteljahreshefte für Kunst und Geschichte Augsburgs, 2, 1937, H. 4., S. 216ff.
Haenel, Erich (Hg.), Der sächsischen Kurfürsten Turnierbücher, Frankfurt a. M. 1910
Hagen, Bernt von, Beobachtungen zum Bieselbacher Altar des Daniel Mauch, in: Zeitschrift des Historischen Vereins für Schwaben, 81, 1988, S. 51–62
Hammersley, George (Hg.), Daniel Hechstetter the Younger. Memorabilia and Letters 1600–1639. Copper Works and Life in Cumbria (Deutsche Handelsakten des Mittelalters und der Neuzeit, 17), Wiesbaden/Stuttgart 1988
Hansen, Wilhelm, Kalenderminiaturen der Stundenbücher. Mittelalterliches Leben im Jahreslauf, München 1984
Harasimowicz, J., Contra Calviniorum idolomachiam. Die Bilderstürmer der zweiten Reformation und die lutherische Kunst um 1600, in: L'art et les révolutions, Straßburg 1992, S. 151–170
Haunke, Hermann (Bearb.), Das Eichstätter Stundenbuch, Teilfaksimile, Eichstätt 1977
Heers, Jacques, Vom Mummenschanz zum Machttheater. Europäische Festkultur im Mittelalter, Frankfurt a. M. 1986
Hefner-Alteneck, J. v. (Hg.), Hans Burgkmairs Turnier-Buch, Frankfurt a. M. 1527, Nachdruck Dortmund 1978
Heinemann, Otto von, Die Augusteischen Handschriften 1 (Kataloge der Herzog August Bibliothek Wolfenbüttel, 4), Frankfurt a. M. 1965
Heinzer, Felix (Hg.), Der Landgrafenpsalter. Vollständige Faksimile-Ausgabe im Originalformat der Handschrift HB II 24 der Württembergischen Landesbibliothek Stuttgart (Codices Selecti, Facs. 93, Commentarium 93), Graz/Bielefeld 1992
Heitz, Paul/Konrad Haebler, Hundert Kalender-Inkunabeln, Straßburg 1905
Henning, Friedrich-Wilhelm, Handbuch der Wirtschafts- und Sozialgeschichte Deutschlands, 1. Deutsche Wirtschafts- und Sozialgeschichte im Mittelalter und in der frühen Neuzeit, Paderborn 1991
Hero, Schachtafelen der gesundtheyt; siehe Schachtafeln
Hilbich, Eberhard P., Das Augsburger spätgotische Rathaus und seine Stellung unter den süddeutschen Rathausbauten, Diss. München, Augsburg 1968
Hildebrandt, Reinhard, Augsburger und Nürnberger Kupferhandel 1500–1619. Produktion, Marktanteile und Finanzierung im Vergleich zweier Städte und ihrer wirtschaftlichen Führungsschicht, in: Hermann Kellenbenz (Hg.), Schwerpunkte der Kupferproduktion und des Kupferhandels in Europa 1500–1650 (Kölner Kolloquien zur internationalen Sozial- und Wirtschaftsgeschichte, 3), Köln/Wien 1977, S. 190–224
Hildebrandt, Reinhard, Interkontinentale Wirtschaftsbeziehungen und ihre Finanzierung in der ersten Hälfte des 17. Jahrhunderts, in: Hermann Kellenbenz (Hg.), Weltwirtschaftliche und währungspolitische Probleme seit dem Ausgang des Mittelalters (Forschungen zur Sozial- und Wirtschaftsgeschichte, 23), Stuttgart/New York 1981, S. 61–76
Hilger, Wolfgang, Ikonographie Kaiser Ferdinands I., 1503–1564 (Veröffentlichungen der Kommission für Geschichte Österreichs, 3), Wien 1969
Hoechstetter-Müller, Adelheid, Die »Company of Mines Royal« und die Kupferbergwerke in Keswick, Cumberland, zur Zeit Joachim und Daniel Hoechstetters (1526–1589), in: Aus Schwaben und Altbayern. Festschrift für Pankraz Fried zu seinem 60. Geburtstag (Veröffentlichungen der Schwäbischen Forschungsgemeinschaft bei der Kommission für Bayerische Landesgeschichte. Reihe 7. Augsburger Beiträge zur Landesgeschichte Bayerisch-Schwabens, 5), Sigmaringen 1991, S. 75–91
Hofer, Johannes, Johannes Kapistran. Ein Leben im Kampf um die Reform der Kirche (Bibliotheca Franciscana), 2 Bde., Rom 1965
Hoffmann, Detlef, Die Welt der Spielkarte. Eine Kulturgeschichte, München 1972
Hoffmann, R., Die Augsburger Bäder und das Handwerk der Bader, in: Zeitschrift

des Historischen Vereins für Schwaben und Neuburg, 12, 1885, S. 1–33
Hoffmann, R., Der Maler Gumpolt Giltlinger, in: Zeitschrift des Historischen Vereins für Schwaben und Neuburg, 21, 1894, S. 115ff.
Hofmann, Hanns Hubert, Nobiles Norimbergenses. Beobachtungen zur Struktur einer reichsstädtischen Oberschicht, in: Untersuchungen zur gesellschaftlichen Struktur der mittelalterlichen Städte in Europa, Konstanz/Stuttgart 1966, S. 53–92
Hohenberg, Paul M./Lynn Hollen Lees, The Making of Urban Europe, 1000–1950, Cambridge/Mass. 1985
Holweg, W., Der Augsburger Reichstag von 1566 und seine Bedeutung für die Entstehung der Reformierten Kirche und ihres Bekenntnisses, Neukirchen-Vluyl 1964
Hubay, Ilona, Incunabula der Staats- und Stadtbibliothek Augsburg (Inkunabelkataloge bayerischer Bibliotheken, 37), Wiesbaden 1974
Huizinga, Jan, Herbst des Mittelalters, Haarlem 1919
Husband, Timothy, Stained Glass before 1700 in American Collections: Silver-Stained Roundels and Unipartite Panels. Corpus Vitrearum Checklist IV (Studies in the History of Art, Bd. 39), Washington o. J. [1991]
Huth, Hans, Künstler und Werkstatt der Spätgotik, 2. Aufl., Darmstadt 1967
Hüttenhain, Trude, Die astronomische Uhr im Dom zu Münster, Münster 1987

Immenkötter, Herbert, Kirche zwischen Reformation und Parität, in: Gottlieb, Geschichte der Stadt Augsburg, S. 391–413
Isenmann, Eberhard, Die deutsche Stadt im Spätmittelalter, Stuttgart 1988
Iserloh, Erwin (Hg.), Confessio Augustana und Confutatio. Der Augsburger Reichstag 1530 und die Einheit der Kirche, Münster 1980

Jackson, W. H., The Tournament and Chivalry in German Tournament Books of the Sixteenth Century and in the Literary Works of Emperor Maximilian I., in: Christopher Harper-Bill/Ruth Harvey (Hgg.), The Ideals and Practise of Medieval Knighthood (Papers from the first and second Strawberry Hill Conferences, 1: Chivalry), Woodbridge 1986, S. 49–73
Jahn, Joachim, Die Augsburger Sozialstruktur im 15. Jahrhundert, in: Gottlieb, Geschichte der Stadt Augsburg, S. 187–193
Jesse, Horst, Christoph von Stadion, Bischof zu Augsburg während der Reformationszeit, 1517–1544, in: Zeitschrift für Bayerische Landesgeschichte, 49, 1980

Karg, Franz, Die Fugger im 16. und 17. Jahrhundert, in: Die Fugger und die Musik, Augsburg 1993, S. 99–109
Kellenbenz, Hermann, Jakob Rehlinger, ein Augsburger Kaufmann in Venedig, in: Hermann Aubin u. a. (Hgg.), Beiträge zur Wirtschafts- und Sozialgeschichte. Festschrift für Hektor Ammann, Wiesbaden 1965, S. 362–379
Kellenbenz, Hermann, Die fremden Kaufleute auf der Iberischen Halbinsel vom 15. Jahrhundert bis zum Ende des 16. Jahrhunderts, in: ders. (Hg.), Fremde Kaufleute auf der Iberischen Halbinsel (Kölner Kolloquien zur internationalen Sozial- und Wirtschaftsgeschichte, 1), Köln/Wien 1970, S. 265–376
Kellenbenz, Hermann, The Role of the Great Upper German Families in Financing the Discoveries, in: Terrae Incognitae, 10, 1978, S. 45–49
Kellenbenz, Hermann, Augsburger Sammlungen, in: Welt im Umbruch, Bd. 1, Augsburg 1980, S. 76–88
Kellenbenz, Hermann, Die Finanzierung der spanischen Entdeckungen, in: Vierteljahrschrift für Sozial- und Wirtschaftsgeschichte, 69, 1982, S. 153–181
Kellenbenz, Hermann, Wirtschaftsleben zur Blütezeit, in: Gottlieb, Geschichte der Stadt Augsburg, S. 258–301
Kellenbenz, Hermann, Die Fugger in Spanien und Portugal bis 1560. Ein Großunternehmen des 16. Jahrhunderts (Schriften der Philosophischen Fakultäten der Universität Augsburg. Historisch-sozialwissenschaftliche Reihe, 33. Schwäbische Forschungsgemeinschaft bei der Kommission für Bayerische Landesgeschichte, Reihe 4, Bd. 23), 3 Bde., München 1990
Kern, Ernst, Studien zur Geschichte des Augsburger Kaufmannshauses der Höchstetter, in: Archiv für Kulturgeschichte, 26, 1936, S. 162–198
Kießling, Rolf, Bürgerliche Gesellschaft und Kirche in Augsburg im Spätmittelalter. Ein Beitrag zur Strukturanalyse der oberdeutschen Reichsstadt (Abhandlungen zur Geschichte der Stadt Augsburg, 19), Augsburg 1971
Kießling, Rolf, Die Stadt und ihr Land. Umlandpolitik, Bürgerbesitz und Wirtschaftsgefüge in Ostschwaben vom 14. bis ins 16. Jahrhundert, Köln/Wien 1989
Klinkert, Ulrich, Die Augsburger Handelsgesellschaft der Höchstetter. Zusammenbruch 1529, Gläubiger und soziale Verflechtung, unveröffentlichte Zulassungsarbeit, Augsburg 1983
Klötzer, Wolfgang, Schwerpunkte kulturellen Lebens in der mittelalterlichen Stadt, in: Hans Eugen Specker (Hg.), Stadt und Kultur, Sigmaringen 1983, S. 29–56
Kluge-Pinsker, Antje, Schach und Trictrac. Zeugnisse mittelalterlicher Spielfreude in salischer Zeit (Forschungsinstitut für Vor- und Frühgeschichte. Römisch-Germanisches Zentralmuseum, Bd. 30), Sigmaringen 1991
König, Eberhard, Les Heures de Marguerite d'Orléans. Reproduction intégrale du calendrier et des images du manuscrit latin 1156B de la Bibliothèque nationale (Paris), Introduction et commentaire de Eberhard König, Paris 1991
König, Erich (Hg.), Konrad Peutingers Briefwechsel (Veröffentlichungen der Kommission für Erforschung der Geschichte der Reformation und Gegenreformation. Humanisten-Briefe, 1), München 1923
Koseleff, Olga, Die Monatsdarstellungen der französischen Plastik des 12. Jahrhunderts, Diss. Marburg 1934
Krämer, Gode, Stadtbild und Baukunst, in: Welt im Umbruch, Bd. 1, Augsburg 1980, S. 116–120
Krämer, Gode, Jörg Breu d. Ä. als Maler und Protestant, in: Welt im Umbruch, Bd. 3, Augsburg 1981, S. 115–133
Kramer-Schlette, Carla, Vier augsburger Chronisten der Reformationszeit. Die Behandlung und Deutung der Zeitgeschichte bei Clemens Sender, Wilhelm Rem, Georg Preu und Paul Hektor Mair (Historische Studien, 421), Lübeck/Hamburg 1970
Kriedte, Peter, Spätfeudalismus und Handelskapital. Grundlinien der europäischen Wirtschaftsgeschichte vom 16. bis zum Ausgang des 18. Jahrhunderts, Göttingen 1980
Kroos, Renate, Psalter, in: Stadt im Wandel, Bd. 2, Stuttgart-Bad Cannstadt 1985, S. 1189, Nr. 1036
Kroos, Renate, Psalter aus Wöltingerode, in: Wolfenbütteler Cimelien, Wolfenbüttel 1989, S. 148–154
Kühnel, Harry, Die städtische Fastnacht im 15. Jahrhundert, in: Peter Dinzelbacher u. a. (Hgg.), Volkskultur des europäischen Spätmittelalters, Stuttgart 1987, S. 109–127
Kurras, Lotte, Ritter und Turniere. Ein höfisches Fest in Buchillustrationen des Mittelalters und der frühen Neuzeit, Stuttgart/Zürich 1992
Kurth, Betty, Ein Freskenzyklus im Adlerturm zu Trient, in: Jahrbuch des Kunsthistorischen Instituts der K.K. Zentral-Kommission für Denkmalpflege, 5, 1911, S. 9–104

Laube, Adolf, Studien über den erzgebirgischen Silberbergbau von 1470 bis 1546. Seine Geschichte, seine Produktionsverhältnisse, seine Bedeutung für die gesellschaftlichen Veränderungen und Klassenkämpfe in Sachsen am Beginn der Übergangsepoche vom Feudalismus zum Kapitalismus (Forschungen zur mittelalterlichen Geschichte, 22), Berlin 1974

Laurioux, Bruno, Tafelfreuden im Mittelalter. Kulturgeschichte des Essens und Trinkens in Bildern und Dokumenten, Stuttgart 1992

Le Goff, Jaques, Il tempo del lavoro. Agricoltura e segni dello zodiaco nei calendari medievali (Storia e Dossier), Florenz 1988

Leidinger, Georg (Hg.), Turnierbuch Herzog Wilhelms IV. von Bayern (Miniaturen aus Handschriften der Kgl. Hof- und Staatsbibliothek in München, 3), München o. J. [1913]

Leitner, Quirin von, Freydal. Des Kaisers Maximilian I. Turniere und Muemmereien, 2 Bde., Wien 1880–1882

Lemmer, Manfred (Hg.), Petrarca, Franciscus. Von der Artzney bayder Glück, des guten und widerwärtigen, Augsburg (Heinrich Steiner) 1532, Faksimileband, Hamburg 1984

Lieb, Norbert, Die Fugger und die Kunst, Bd. 1: ... im Zeitalter der Spätgotik und Frührenaissance; Bd. 2: ... im Zeitalter der Hohen Renaissance (Studien zur Fuggergeschichte, 10. Schwäbische Forschungsgemeinschaft bei der Kommission für Bayerische Landesgeschichte, Reihe 4, Bd. 1), München 1952 und 1958

Lieb, Norbert, Octavian Secundus Fugger (1549–1600) und die Kunst (Studien zur Fuggergeschichte, 27. Schwäbische Forschungsgemeinschaft bei der Kommission für Bayerische Landesgeschichte, Reihe 4, Bd. 18), Tübingen 1980

Lutz, Elmar, Die rechtliche Struktur süddeutscher Handelsgesellschaften in der Zeit der Fugger, Bd. 1: Darstellung; Bd. 2: Urkunden (Studien zur Fuggergeschichte, 25. Schwäbische Forschungsgemeinschaft bei der Kommission für Bayerische Landesgeschichte, Reihe 4, Bd. 16), Tübingen 1976

Lutz, Heinrich, Conrad Peutinger. Beiträge zu einer politischen Biographie (Abhandlungen zur Geschichte der Stadt Augsburg, 9), Augsburg o. J. [1958]

Lutz, Heinrich, Normen und gesellschaftlicher Wandel zwischen Renaissance und Revolution – Differenzierung und Säkularisierung, in: Saeculum, 26, 1975, S. 166–180

Lutz, Heinrich, Augsburg und das Reich 1518–1555, in: Welt im Umbruch, Bd. 1, Augsburg 1980, S. 40–42

Lutz, Heinrich, Das Ringen um deutsche Einheit und kirchliche Erneuerung. Von Maximilian I. bis zum Westfälischen Frieden. 1490–1648, Berlin 1983

Lutz, Heinrich, Augsburg und seine politische Umwelt 1490–1555, in: Gottlieb, Geschichte der Stadt Augsburg, S. 413–432

Mane, Perrine, Calendriers et techniques agricoles (France-Italie, XII-XIII siècles), Paris 1983

Mane, Perrine, Comparaison des thèmes iconographiques des calendriers monumentaux et enluminés en France aux XII-XIII siècles, in: Cahiers de la civilisation médiévale, 29, 1986, S. 257–264

Marle, Raimond van, Iconographie de l'art profane au moyen-age et à la Renaissance, Bd. 2: Allégories et symboles, New York 1971

Martin, Alfred, Deutsches Badewesen in vergangenen Tagen, Jena 1906

Maschke, Erich/Jürgen Sydow (Hg.), Stadt und Ministerialität, Stuttgart 1973

Mazal, Otto, Prinz Eugens schönste Bücher. Handschriften aus der Bibliothek des Prinzen Eugen von Savoyen, Graz 1986

McGovern, John F., The Rise of New Economic Attidudes – Economic Humanism, Economic Nationalism – During the Later Middle Ages and the Renaissance, A. D. 1200–1500, in: Traditio, 26, 1970, S. 217–253

Meilinger, Johannes, Der Warenhandel der Augsburger Handelsgesellschaft Anton Haug, Hans Langnauer, Ulrich Link und Mitverwandte (1532–1562), Diss. Leipzig 1911

Merten, Klaus, Die Landschlösser der Familie Fugger im 16. Jahrhundert, in: Welt im Umbruch, Bd. 3, Augsburg 1981, S. 66–81

Mezger, Werner, Narrenidee und Fastnachtsbrauch. Studien zum Fortleben des Mittelalters in der europäischen Festkultur (Konstanzer Bibliothek, 15), Konstanz 1991

Michalski, Sergiusz, The Reformation and the Visual Art, London/New York 1993

Moeller, Bernd, Reichsstadt und Reformation, Gütersloh 1962

Mori, Gioa, Arte e Astrologia, Florenz 1987

Mörke, Olaf, Die Fugger im 16. Jahrhundert. Städtische Elite oder Sonderstruktur?, in: Archiv für Reformationsgeschichte, 74, 1983, S. 141–162

Mörke, Olaf, Die Ruhe im Sturm. Die katholische Landstadt Mindelheim unter der Herrschaft der Frunsberg im Zeitalter der Reformation, Augsburg 1991

Mörke, Olaf/Katarina Sieh, Gesellschaftliche Führungsgruppen, in: Gottlieb, Geschichte der Stadt Augsburg, S. 301–311

Moxey, Keith, Sebald Behams Church Anniversary Holidays: Festive Peasants as Instruments of Repressive Humour, in: Simiolus, 12, Amsterdam 1981/82, S. 107–131

Muller, Frank, Heinrich Vogtherr der Ältere (1490–1556). Aspekte seines Lebens und Werkes, in: Jahrbuch des Historischen Vereins, Dillingen an der Donau, 92, 1990

Müller, Achatz von, Die Fiesta S. Giovanni in Florenz, in: Uwe Schulz (Hg.), Das Fest, München 1988, S. 153–163

Müller, Karl-Otto, Quellen zur Handelsgeschichte der Paumgartner von Augsburg, 1480–1580 (Deutsche Handelsakten des Mittelalters und der Neuzeit, 9), Wiesbaden 1955

Müller, Karl-Otto, Welthandelsbräuche, 1480–1540 (Deutsche Handelsakten des Mittelalters und der Neuzeit, 5), Stuttgart/Berlin 1934, Nachdruck Wiesbaden 1962

Münch, Paul, Lebensformen in der frühen Neuzeit, Frankfurt a. M. 1992

Nehlsen, Hermann, Cives et milites de Friburg, in: Schau-ins-Land, 84/85, 1966/67, S. 79–124

Niedermayr, Hans, Ein Leumundszeugnis für Ambrosius Hoechstetter jun. (1501–1550), in: Zeitschrift des Historischen Vereins für Schwaben, 74, 1980, S. 120–130

Niedermayr, Hans, Ein Gesellschaftsvertrag der Höchstetter von 1515, in: Zeitschrift des Historischen Vereins für Schwaben, 76, 1982, S. 76–91

Nübel, Otto, Das Augsburger Kaufherrengeschlecht Hoechstetter und die Restitution König Christians II. von Dänemark, in: Zeitschrift des Historischen Vereins für Schwaben, 73, 1979, S. 126–147

Otte, Enrique, Cedulario de la Monarquía Española relativo a la Isla de Cubagua (1523–1550), Bd. 2, Caracas 1961

Otto, Gertrud, Bernhard Strigel (Kunstwissenschaftliche Studien, 33), München/Berlin 1964

Pallmann, Heinrich (Hg.), Hans Burgkmair des Jüngeren Turnierbuch von 1529, Leipzig 1910

Petrarca, Trostbuch; siehe Lemmer, Manfred

Petz, Wolfgang, Reichsstädte zur Blütezeit, 1350 bis 1550. Alltag und Kultur im Allgäu und in Oberschwaben, Kempten 1989

Pickl, Otmar, Das älteste Geschäftsbuch Österreichs. Die Gewölberegister der Wiener Neustädter Firma Alexius Funck (1516–ca.1538) und verwandtes Material zur Geschichte des steirischen Handels im 15./16. Jahrhundert (Forschungen zur geschichtlichen Landeskunde der Steiermark, 23), Graz 1966

Pitz, Ernst, Kapitalausstattung und Unternehmensformen in Antwerpen 1488–1514, in: Vierteljahrschrift für Sozial- und Wirtschaftsgeschichte, 53, 1966, S. 53–91

Plöse, D./G. Vogler, Buch der Reformation. Eine Auswahl zeitgenössischer Zeugnisse (1476–1555), Berlin 1989

Pognon, E., Das Stundenbuch des Herzogs von Berry. Ausgemalte Handschrift des 15. Jahrhunderts, Freiburg 1979

Pölnitz, Götz von, Jacob Fugger, 2 Bde., Tübingen 1949 und 1951

Pölnitz, Götz von, Fugger und Hanse. Ein hundertjähriges Ringen um Ostsee und Nordsee (Studien zur Fuggergeschichte, 11. Schwäbische Forschungsgemeinschaft bei der Kommission für Bayerische Landes-

geschichte, Reihe 4, Bd. 2), Tübingen 1953
Pölnitz, Götz von, Anton Fugger (Studien zur Fuggergeschichte 13, 17, 22, 29), 4 Bde., Tübingen 1958–1986
Portemann, Karel (Bearb.), De maanden van het jaar, Wommelgem 1987
Pöschko, Hans H., Turniere in Mittel- und Süddeutschland von 1400 bis 1550, Katalog der Kampfspiele und der Teilnehmer, Diss. Stuttgart 1987
Post, Paul, Das Kostüm der deutschen Renaissance 1480–1550, in: Anzeiger des Germanischen Nationalmuseums 1954–1959, Berlin 1960, S. 21–42
Prien, Hans-Jürgen, Luthers Wirtschaftsethik, Göttingen 1992

Rasmussen, Jörg, Bildersturm und Restauration, in: Welt im Umbruch, Bd. 3, Augsburg 1981, S. 95–114
Rehberg, Karl-Siegbert, Form und Prozeß. Zu den katalysatorischen Wirkungschancen einer Soziologie aus dem Exil: Norbert Elias, in: P. Gleichmann u. a. (Hgg.), Materialien zu Norbert Elias' Zivilisationstheorie, Frankfurt a. M. 1979, S. 101–169
Reinhard, Wolfgang (Hg.), Bekenntnis und Geschichte, Die Confessio Augustana im historischen Zusammenhang (Schriften der philosophischen Fakultät Augsburg, 20), München 1981
Reinhard, Wolfgang, Geschichte der europäischen Expansion, Bd. 2, Stuttgart 1985
Reisner, Jacob, Gang durchs Jahr, ein altbayerisches Kalendarium, in: Die Kunst und das schöne Heim, 61, 1963, S. 588–593
Reitzenstein, Alexander von, Rittertum und Ritterschaft (Bibliothek des Germanischen Nationalmuseums zur deutschen Kunst- und Kulturgeschichte, 32), München 1972
Riebartsch, Joachim, Augsburger Handelsgesellschaften des 15. und 16. Jahrhunderts. Eine vergleichende Darstellung ihres Eigenkapitals und ihrer Verfassung, Bergisch-Gladbach 1987
Riechental, Ulrich, Das Konzil zu Konstanz, Faksimileausgabe: O. Feger (Hg.), Starnberg/Konstanz 1964
Rinn, Hermann (Hg.), Augusta 955–1955. Forschungen und Studien zur Kultur- und Wirtschaftsgeschichte Augsburgs, Augsburg 1955
Roeck, Bernd, Elias Holl, Architekt einer europäischen Stadt, Regensburg 1984
Roeck, Bernd, Eine Stadt in Krieg und Frieden. Studien zur Geschichte der Reichsstadt Augsburg zwischen Kalenderstreit und Parität (Schriftenreihe der Historischen Kommission bei der Bayerischen Akademie der Wissenschaften, 37), Bd. 1, Göttingen 1989
Roeck, Bernd, Lebenswelt und Kultur des Bürgertums in der frühen Neuzeit, München 1991
Rohr, Adelheidis von, Die Freuden der Welt. Ein Rothenburger Patrizierfest, gemalt von Wilhelm Ziegler, in: Jahrbuch des Vereins Alt-Rothenburg, 1985/86, S. 27–40
Roper, Lyndal, The Holy Household. Women and Morals, in: Reformation Augsburg, Oxford 1989
Rörig, Fritz, Die europäische Stadt und die Kultur im Mittelalter, Göttingen o. J. [1955]
Rosenfeld, Mosche N., Der jüdische Buchdruck in Augsburg in der ersten Hälfte des 16. Jahrhunderts, London 1985
Roth, Friedrich, Augsburger Reformationsgeschichte, 4 Bde., München 1901–1911, Nachdruck München 1974
Roth, Friedrich, Das Aufkommen der neuen Augsburger Stadtpir mit dem Capitäl und dem Cisa- oder Cybelekopf um 1540, in: Zeitschrift des Historischen Vereins für Schwaben und Neuburg, 35, 1909, S. 115–127
Rott, Hans, Ottheinrich und die Kunst, Heidelberg o. J. [1905]
Röttinger, Heinrich, Breu-Studien, in: Jahrbuch der Kunsthistorischen Sammlungen des Allerhöchsten Kaiserhauses, 28, 1909, S. 31–91
Rublack, Hans Christoph, Grundwerte im Spätmittelalter und in der Frühen Neuzeit, in: Horst Brunner (Hg.), Literatur in der Stadt. Bedingungen und Beispiele städtischer Literatur des 15. und 17. Jahrhunderts (Göppinger Arbeiten zur Germanistik, 343), Göppingen 1982, S. 9–36
Rummel, Peter/Wolfgang Zorn, Kirchengeschichte 1518–1555, in: Welt im Umbruch, Bd. 1, Augsburg 1980, S. 30–39
Rupé, Hans (Bearb.), Die Schelmenzunft des Thomas Murner [1512], Faksimile der Ausgabe Augsburg (Silvan Othmar) 1513 in der Bayerischen Staatsbibliothek (Günther Müller [Hg.], Schriften zur deutschen Literatur für die Görresgesellschaft, Bd. 3), Augsburg/Köln 1926

Schachtafelen der gesuntheyt, verteutscht durch Michael Hero, Leibarzt zu Straßburg, Straßburg 1533, Nachdruck Weinheim 1988
Schad, Martha, Die Frauen des Hauses Fugger von der Lilie, 15.–17. Jh. (Studien zur Fuggergeschichte, 31), Tübingen 1989
Schiedlausky, Günther, Über den flachen Holzteller, in: Anzeiger des Germanischen Nationalmuseums 1954–1959, Berlin 1960, S. 179–181
Schiessl, Ulrich, Die deutschsprachige Literatur zu Werkstoffen und Techniken der Malerei von 1530 bis ca. 1950, Worms 1989
Schilling, Heinz, Aufbruch und Krise. Deutschland 1517–1648 (Deutsche Geschichte: Das Reich und die Deutschen, Bd. 1), Berlin 1988
Schilling, Heinz, Die Stadt in der frühen Neuzeit, München 1993
Schilling, Heinz (Hg.), Kirchenzucht und Sozialdisziplinierung im frühneuzeitlichen Europa (Zeitschrift für Historische Forschung, Beiheft 17), Berlin 1994
Schilling, Michael, Bildpublizistik der frühen Neuzeit. Aufgaben und Leistungen des illustrierten Flugblatts in Deutschland bis um 1700 (Studien und Texte zur Sozialgeschichte der Literatur, 29), Tübingen 1990
Schmid, K.-P., Die Lutherstiege im ehemaligen Karmeliterkloster bei St. Anna in Augsburg, Augsburg 1984
Schmidt, Georg, Der Städtetag in der Reichsverfassung. Eine Untersuchung zur korporativen Politik der Freien und Reichsstädte in der erste Hälfte des 16. Jahrhunderts, Stuttgart 1984
Schmidt, Heinrich Richard, Reichsstädte, Reich und Reformation. Korporative Religionspolitik 1521–1529/30, Stuttgart 1986
Schmidt, Leopold, Das Wiener Maskenwesen des Mittelalters und der Renaissance, in: Jahrbuch der Gesellschaft für Wiener Theaterforschung, 1950/51, S. 22–37
Schmied, Robert, Die Formen der Kapitalbeschaffung und der Vergrößerung des Eigenkapitals der frühkapitalistischen Kaufleute und Handelsgesellschaften des 15. und 16. Jahrhunderts, München 1936
Schmugge, Ludwig, Feste feiern, wie sie fallen. Das Fest als Lebensrhythmus im Mittelalter, in: Paul Hugger (Hg.), Stadt und Fest, Unterägeri/Stuttgart 1987, S. 61–87
Schöffler, H., Wirkungen der Reformation. Religionssoziologische Folgerungen für England und Deutschland, Frankfurt a. M. 1960
Schöningh, Franz Josef, Die Rehlinger von Augsburg. Ein Beitrag zur deutschen Wirtschaftsgeschichte des 16. und 17. Jahrhunderts, Paderborn 1927
Schreiner, Klaus, Die Stadt des Mittelalters als Faktor bürgerlicher Identitätsbildung, in: Stadt im Wandel, Bd. 4, Stuttgart-Bad Cannstadt 1985, S. 517–541
Schubert, Ernst, Einführung in die Grundprobleme der deutschen Geschichte im Spätmittelalter (Grundprobleme der deutschen Geschichte), Darmstadt 1992
Schubert, F. H., Die Reformation in Augsburg, in: Augusta 955–1955, S. 290ff.
Schulte, Aloys, Geschichte der Großen Ravensburger Handelsgesellschaft (1380–1530), 3 Bde. (Deutsche Handelsakten des Mittelalters und der Neuzeit, 1–3), Stuttgart 1923
Schulz, K., »Denn sie liebten die Freiheit so sehr …« Kommunale Aufstände und Entstehung des europäischen Bürgertums im Hochmittelalter, Darmstadt 1992

Schulze, Winfried, Augsburg und die Reichstage im späten 16. Jahrhundert, in: Welt im Umbruch, Bd. 1, Augsburg 1980, S. 43–49
Schulze, Winfried, Augsburg 1555–1648: Eine Stadt im Heiligen Römischen Reich, in: Gottlieb, Geschichte der Stadt Augsburg, S. 433–450
Schulze, Winfried, Deutsche Geschichte im 16. Jahrhundert. 1500–1618 (Neue Historische Bibliothek 1268), Frankfurt a. M. 1987
Schulze, Winfried, Vom Gemeinnutz zum Eigennutz. Über den Normenwandel in der ständischen Gesellschaft der Frühen Neuzeit (Schriften des Historischen Kollegs, 13), München 1987
Schuster, P., Das Frauenhaus. Städtische Bordelle in Deutschland (1350–1600), Paderborn 1992
Schwarz, Reinhard (Hg.), Die Augsburger Kirchenordnung von 1537 und ihr Umfeld, Gütersloh 1988
Selge, Kurt Viktor, Die Augsburger Begegnung zwischen Luther und Kardinal Cajetan. Ein erster Wendepunkt auf dem Weg zur Reformation, in: Jahrbuch der Hessischen Kirchengeschichtlichen Vereinigungen, 20, 1969, S. 37–54
Sieh-Burens, Katarina, Die Augsburger Stadtverfassung um 1500, in: Zeitschrift des Historischen Vereins für Schwaben, 77, 1983, S. 125–149
Sieh-Burens, Katarina, Oligarchie, Konfession und Politik im 16. Jahrhundert. Zur sozialen Verflechtung der Augsburger Bürgermeister und Stadtpfleger 1518–1618 (Schriften der Philosophischen Fakultäten der Universität Augsburg. Historisch-sozialwissenschaftliche Reihe, 29), München 1986
Simon Benings Flämischer Kalender, Faksimile-Ausgabe des Münchner Exemplars, Luzern 1987
Simonsfeld, Henry, Der Fondaco dei Tedeschi in Venedig und die Deutsch-Venetianischen Handelsbeziehungen, 2 Bde., Stuttgart 1887
Specker, Hans Eugen (Hg.), Stadt und Kultur, Sigmaringen 1983
Stamm, Heide, Das Turnierbuch des Ludwig von Eyb (cgm 961). Edition und Untersuchung. Mit einem Anhang: Die Turnierchronik des Jörg Rugen, Textabdruck (Stuttgarter Arbeiten zur Germanistik, 166), Stuttgart 1986
Stetten, Paul von, Geschichte der Heil. Röm. Reiches Freyen Stadt Augspurg, 2 Bde., Frankfurt/Leipzig 1743 und 1758
Stetten d. J., Paul von, Geschichte der adelichen Geschlechter in der freyen Reichs-Stadt Augsburg, Augsburg 1762
Stetten d. J., Paul von, Erläuterungen der in Kupfer gestochenen Vorstellungen, aus der Geschichte der Reichsstadt Augsburg, Augsburg 1765
Stetten d. J., Paul von, Kunst-, Gewerb- und Handwerksgeschichte der Reichs-Stadt Augsburg, 2 Bde., Augsburg 1779 und 1788
Stiassny, Robert, Jörg Breu von Augsburg, in: Zeitschrift für christliche Kunst, 6, 1893, Sp. 289–298
Stierhof, Horst H., Eine Allegorie der Beständigkeit von Jörg Breu d. J. im Schlosse zu Neuburg an der Donau, in: Ars Bavarica, 7, 1977, S. 39–42
Stillfried-Alcántara, R. / Ad. M. Hildebrandt (Hgg.), Des Conrad von Grünenberg, Ritters und burgers zu Costenz, Wappenbuch (1483), Bd. 3, Görlitz 1875
Strauss, Walter L. (Hg.), The German Single-leaf woodcut: 1500–1550, New York 1974
Strieder, Jakob, Die Inventur der Firma Fugger aus dem Jahre 1527 (Zeitschrift für die gesamte Staatswissenschaft. Ergänzungsheft 17), Tübingen 1905
Strieder, Jakob (Hg.), Aus Antwerpener Notariatsarchiven. Quellen zur deutschen Wirtschaftsgeschichte des 16. Jahrhunderts (Deutsche Handelsakten des Mittelalters und der Neuzeit, 4), Stuttgart/Berlin 1930, Nachdruck Wiesbaden 1962
Strieder, Jakob, Zur Genesis des modernen Kapitalismus. Forschungen zur Entstehung der großen bürgerlichen Kapitalvermögen am Ausgange des Mittelalters und zu Beginn der frühen Neuzeit, zunächst in Augsburg, 2. Aufl., München/Leipzig 1935
Strieder, Jakob, Studien zur Geschichte kapitalistischer Organisationsformen. Monopole, Kartelle und Aktiengesellschaften im Mittelalter und zu Beginn der Neuzeit, 2. Aufl., New York 1971
Swarzenski, Hans, Die lateinischen illuminierten Handschriften des 13. Jahrhunderts, Berlin 1936

Thiel, Erika, Geschichte des Kostüms. Die europäische Mode von den Anfängen bis zur Gegenwart, Wilhelmshaven etc. 1985
Thornton, Peter, The Italian Renaissance Interior, 1400–1600, London 1991

Uitz, Erika, Die Frau in der mittelalterlichen Stadt, Stuttgart 1989

Valentinitsch, Helfried, Das landesfürstliche Quecksilberbergwerk Idria 1575–1659. Produktion, Technik, rechtliche und soziale Verhältnisse, Betriebsbedarf, Quecksilberhandel (Forschungen zur geschichtlichen Landeskunde der Steiermark, 32), Graz 1981
Vincenzi, Carlo, Gli arazzi di casa Trivulzio, in: Dedalo, 10, 1929/30, S. 45–66
Vischer, Robert, Studien zur Kunstgeschichte, Stuttgart o. J. [1886]
Vogt, Wilhelm, Johann Schilling der Barfüßer-Mönch und der Aufstand in Augsburg im Jahre 1524, in: Zeitschrift des Historischen Vereins für Schwaben und Neuburg, 6, 1879, S. 1–32

Warmbrunn, P., Zwei Konfessionen in einer Stadt. Das Zusammenleben von Katholiken und Protestanten in den paritätischen Reichsstädten Augsburg, Biberach, Ravensburg und Dinkelsbühl von 1548–1648, Wiesbaden 1983
Warnecke, Friedrich (Hg.), Augsburger Hochzeitsbuch, enthaltend die in den Jahren 1484 bis 1591 stattgefundenen Heirathen, Berlin 1886
Warnemünde, Christel, Augsburger Handel in den letzten Jahrzehnten des 16. Jahrhunderts und dem beginnenden 17. Jahrhundert, Diss. Freiburg 1956
Wayment, Hilary G., The Great Windows of King's College Chapel and the Meaning of the Word 'Vidimus', in: Proceedings of the Cambridge Antiquarian Society, 69, 1979, S. 365–376
Weber, Dieter, Geschichtsschreibung in Augsburg. Hektor Mülich und die reichsstädtische Chronistik des Spätmittelalters (Abhandlungen zur Geschichte der Stadt Augsburg, 30), Würzburg 1984
Webster, J. C., The Labors of the Months in Antique and Medieval Art to the End of the 12th century, Evanston 1938
Wegner, Wolfgang, Die Fresken im Falkenturm in Trient, in: Der Schlern, 31, 1957, S. 303
Wegner, Wolfgang, Die Scheibenrisse für die Familie Höchstetter von Jörg Breu dem Älteren und deren Nachfolge, in: Zeitschrift für Kunstgeschichte, 22, 1959, S. 17–36
Weiss, Hermann, Kostümkunde vom 14. Jahrhundert bis auf die Gegenwart, Stuttgart 1860
Wensky, M., Die Stellung der Frau in der stadtkölnischen Wirtschaft im Spätmittelalter, Köln/Wien 1990
Westermann, Ekkehard, The Brass-Works of the Höchstetter at Pflach near Reutte in the Tirol, 1509–1529, in: Ian Blanchard u. a. (Hgg.), Industry and Finance in Early Modern History (Vierteljahrschrift für Sozial- und Wirtschaftsgeschichte, Beiheft 98), Stuttgart 1992, S. 161–185
Wiesner, Merry E., Working Women in Renaissance Germany, New Brunswick 1986
Wilhelm, Johannes, Augsburger Wandmalerei 1368–1530. Künstler, Handwerker, Zunft, Augsburg 1983 (Abhandlungen zur Geschichte der Stadt Augsburg, 29)
Willemsen, Carl Arnold, »Das Rätsel von Otranto«. Das Fußbodenmosaik in der Kathedrale. Eine Bestandsaufnahme, Magnus Ditsche/Raymund Kottje (Hgg.), Sigmaringen 1992
Winckelmann, Otto (Bearb.), Politische Correspondenz der Stadt Strassburg im

Zeitalter der Reformation, Bd. 2 (1531–1539), Straßburg 1887
Wozel, Heidrun, Turniere. Exponate aus dem Historischen Museum zu Dresden, Berlin 1979
Wunder, Heide, »Er ist die Sonn', sie ist der Mond«. Frauen in der Frühen Neuzeit, München 1992

Zander-Seidel, Jutta, Textiler Hausrat: Kleidung und Haustextilien in Nürnberg von 1500 bis 1650, München 1990
Zeeden, Ernst Walter, Das Erscheinungsbild der frühneuzeitlichen Stadt, in: Hans Eugen Specker (Hg.), Stadt und Kultur, Sigmaringen 1983, S. 70–84
Zimmermann, Eduard, Augsburger Zeichen und Wappen, Augsburg 1970
Zorn, Wolfgang, Augsburg. Geschichte einer deutschen Stadt, 2. Aufl., Augsburg 1972
Zorn, Wolfgang, Humanismus und Wirtschaftsleben nördlich der Alpen, in: Heinrich Lutz (Hg.), Humanismus und Ökonomie (Mitteilung der Kommission für Humanismusforschung, 8), Weinheim 1983, S. 31–69
Zotz, Thomas, Adel, Bürgertum und Turnier in deutschen Städten vom 13. bis 15. Jahrhundert, in: Josef Fleckenstein (Hg.), Das ritterliche Turnier im Mittelalter. Beiträge zu einer vergleichenden Formen- und Verhaltensgeschichte des Rittertums (Veröffentlichungen des Max-Planck-Instituts für Geschichte, 80), Göttingen 1985, S. 450–499
Zschelletzky, Herbert, Die »Drei Gottlosen Maler« von Nürnberg. Sebald Beham, Barthel Beham und Georg Pencz. Historische Grundlagen und ikonographische Probleme ihrer Graphik zu Reformations- und Bauernkriegszeit, Leipzig 1975
Žak, Sabine, Musik als »Ehr und Zier«. Studien zur Musik im höfischen Leben, Recht und Zeremoniell, Neuss 1979

Register

PERSONENREGISTER

ORTSREGISTER

SACHREGISTER

Fotonachweis

Augsburg, Foto Sepp Rostra
Schilling, Abb. 14
Augsburg, Staats- und Stadtbibliothek – Stadtbildstelle
Schilling, Abb. 15; Burschel, Abb. 4; Dormeier, Bildersprache, Abb. 24, 25; Dormeier, Kurzweil, Abb. 22, 23, 31, 38, 45, 60
Augsburg, Städtische Kunstsammlungen – Stadtbildstelle
Schilling, Abb. 12, 13; Boockmann, Abb. 5, 6; Burschel, Abb. 5, 6; Dormeier, Bildersprache, Abb. 27, 28, 29, 30, 31, 32, 33, 34; Morrall, Abb. 5; Dormeier, Kurzweil, Abb. 33, 34, 35, 40, 43, 47, 50; Krämer, Abb. 5, 6; Lang, Abb. 43
Augsburg, Richter – Fink Fotografie: Schilling, Abb. 3; Dormeier, Kurzweil, Abb. 6, 36, 48, 55
Babenhausen, Fugger-Museum
Schilling, Abb. 8
Basel, Öffentliche Kunstsammlungen
Morrall, Abb. 3
Berlin, Archiv für Kunst und Geschichte
Schilling, Abb. 4; Dormeier, Bildersprache, Abb. 8, 17, 18, 19, 20
Berlin, Deutsches Historisches Museum
Schilling, Abb. 17, 18; Dormeier, Bildersprache, Abb. 6, 7, 22; Morrall, Abb. 9; Krämer, Abb. 1, 2, 3, 4; Dormeier, Kurzweil, Abb. 3, 4, 5, 7, 9, 11, 12, 13, 14, 15, 16, 17, 18, 19, 21, 26, 28, 29, 30, 32, 42, 44, 49, 51, 52, 53, 61; Lang, Abb. 1, 2, 3, 4, 5, 6, 7, 8, 9, 10, 11, 12, 13, 14, 15, 16, 17, 18, 19, 20, 21, 22, 23, 24, 25, 26, 27, 28, 29, 30, 31, 32, 33, 34, 35, 36, 37, 38, 39, 41, 42, 43, 46, 47, 48, 49, 50, 51, 52, 53, 54, 55, 56, 57, 58, 59, 60, 61, 62, 63, 64, 65, 66, 67, 68, 69, 70, 71, 72, 73, 74, 75, 76, 77, 78, 79, 80, 81, 82, 83, 84, 85, 86
Berlin, Jörg P. Anders
Dormeier, Kurzweil, Abb. 56
Berlin, Siedler Verlag
Schilling, Abb. 1, 2, 10
Berlin, Staatliche Museen zu Berlin – Preußischer Kulturbesitz, Kupferstichkabinett
Burschel, Abb. 8; Morrall, Abb. 2; Dormeier, Kurzweil, Abb. 20
Berlin, Staatsbibliothek Preußischer Kulturbesitz
Boockmann, Abb. 7; Dormeier, Bildersprache, Abb. 1, 9, 25
Bern, Historisches Museum
Morrall, Abb. 10
Braunschweig, Herzog Anton Ulrich-Museum
Schilling, Abb. 5, 9; Dormeier, Bildersprache, Abb. 23; Dormeier, Kurzweil, Abb. 4, 37
Coburg, Kunstsammlung der Veste Coburg
Schilling, Abb. 20; Dormeier, Kurzweil, Abb. 57
Emden, Ostfriesisches Landesmuseum
Schilling, Abb. 19
Gotha, Schloßmuseum
Burschel, Abb. 7; Dormeier, Kurzweil, Abb. 39
Göttingen, Kunstsammlungen der Universität
Morrall, Abb. 4
Göttingen, Niedersächsische Staats- und Stadtbibliothek
Dormeier, Abb. 21
Kiel, Helmut G. Walther
Dormeier, Bildersprache, Abb. 13
Linz, Oberöstereichisches Landesmuseum, Foto: Max Eiersebener
Boockmann, Abb. 4
München, Alte Pinakothek
Burschel, Abb. 2; Lang, Abb. 40
München, Bayerische Staatsbibliothek
Dormeier, Kurzweil, Abb. 46
München, Bayerisches Nationalmuseum
Boockmann, Abb. 1; Morrall, Abb. 6; Dormeier, Kurzweil, Abb. 58
München, Haus der Bayerischen Geschichte
Dormeier, Bildersprache, Abb. 10, 11, 12
München, Staatliche Graphische Sammlung
Morrall, Abb. 1
New York, Metropolitan Museum of Art
Morrall, Abb. 7
Nürnberg, Germanisches Nationalmuseum
Schilling, Abb. 6, 7, 14, 16; Burschel, Abb. 1; Dormeier, Bildersprache, Abb. 35, 36; Morrall, Abb. 11, 12; Dormeier, Kurzweil, Abb.8, 10; Lang, Abb. 44, 45
Orsay, Editions Photographiques Auguste Allemand
Dormeier, Bildersprache, Abb. 2, 3, 4, 5
Padua, Musei Civici di Padova
Dormeier, Bildersprache, Abb. 15, 16
Paris, Bibliothèque de l' Ecole Nationale Supérieure des Beaux-Arts
Dormeier, Kurzweil, Abb. 54
Paris, Bibliothèque Nationale
Krämer, Abb. 7
Schweinfurt, Bibliothek Otto Schäfer
Dormeier, Kurzweil, Abb. 59
Trient, Archivio dei documenti inventariali del Servizio Beni Culturali della Provinzia Autonoma di Trento
Dormeier, Bildersprache, Abb. 39, 40, 41; Dormeier, Kurzweil, Abb. 27
Ulm, Ulmer Museum, Foto: Helga Schmidt-Glassner, Stuttgart
Burschel, Abb. 3
Wien, Lichtbildwerkstätte »Alpenland«
Morrall, Abb. 8
Winterthur, Gottfried-Keller-Stiftung
Boockmann, Abb. 2
Zürich, Schweizerisches Landesmuseum
Boockmann, Abb. 3; Dormeier, Bildersprache, Abb. 16